정치 편

지방제도(1)

통감부 시기와 1910년대

정치편

일제침탈사
자료총서 16

지방제도(1)

–통감부 시기와 1910년대

동북아역사재단 일제침탈사 편찬위원회 기획
김윤정·천지명 편역

동북아역사재단
NORTHEAST ASIAN HISTORY FOUNDATION

| 발간사

일본이 한국을 침탈한 지 100년이 지나고 한국이 일본의 지배로부터 벗어난 지 70년이 넘었건만, 식민 지배에 대한 청산은 이루어지지 못하고 있다. 일본의 독도영유권 주장은 도를 넘어섰다. 일본은 일본군'위안부', 강제동원 등 인적 수탈의 강제성도 인정하지 않고 있다. 일본군'위안부'와 강제동원의 피해를 해결하는 방안을 놓고 한·일 간의 갈등은 최고조에 이르고 있다. 역사문제를 벗어나 무역분쟁, 안보위기 등 현실문제가 위기국면을 맞고 있다.

한·일 간의 갈등은 식민 지배의 역사를 어떻게 볼 것인가 하는 역사인식에서 기인한다. 역사는 현재와 과거의 대화이며 이를 기반으로 미래로 나아갈 수 있다. 과거 침략의 역사를 미화하면서 평화로운 미래를 말하는 것은 불가능하다. 식민 지배와 전쟁발발의 책임을 인정하지 않고 반성하지 않으면 다시 군국주의가 부활할 수 있고 전쟁이 일어날 위험성도 배제할 수 없다. 미래지향적 한일관계를 형성하고 나아가 동아시아의 평화와 번영의 기틀을 조성하기 위해 일본은 식민 지배의 책임을 인정하고 그 청산을 위해 노력해야 할 것이다.

식민 지배의 역사를 청산하기 위해서는 식민 지배는 어떻게 이루어졌는지 그 실상을 명확하게 규명하는 일이 긴요하다. 그동안 일본제국주의에 맞서 조국의 독립을 위해 헌신한 독립운동가들의 활동을 찾아내고 역사적으로 평가하는 일에는 상당한 성과를 거두었다. 반면 일제 식민침탈의 구체적인 실상을 규명하는 일에는 충분한 노력을 기울이지 못했다. 제국주의가 식민지를 침탈했다는 것은 너무나 당연한 사실로 여겨졌기 때문에, 굳이 식민 지배에서 비롯된 수탈과 억압, 인권유린을 낱낱이 확인할 필요가 없었는지도 모른다. 그러는 사이 일본은 식민 지배가 오히려 한국에 은혜를 베푼 것이라고 미화하고, 참혹한 인권유린을 부인하는 역사부정의 인식을 보이는 데까지 이르고 있다. 일제의 통치와 침탈, 그리고 그 피해를 종합적으로 조사하고 편찬할 필요성이 여기에 있다.

일제침탈사를 체계적으로 정리하는 일은 개인이 감당하기 어렵다. 이에 우리 재단은 한국학계의 힘을 모아 일제침탈사 편찬위원회를 꾸렸다. 편찬위원회가 중심이 되어 일제의 식민지 침탈사를 정치·경제·사회·문화 모든 방면에 걸쳐 체계적으로 집대성하기로 했다. 일제 식민침탈의 실체를 파악하기 위해 2020년부터 세 가지 방면으로 사업을 추진하고 있다. 하나는 일제침탈의 실상을 구체적이고 생생한 자료를 통해서 제공하는 일로서 〈일제침탈사 자료총서〉로 편찬한다. 다른 하나는 이들 자료들을 바탕으로 연구한 결과물을 〈일제침탈사 연구총서〉로 간행한다. 그리고 연구의 결과를 대중들이 이해하기 쉽게 〈일제침탈사 교양총서〉를 바로알기 시리즈로 간행한다. 자료총서 100권, 연구총서 50권, 교양총서 70권을 기본목표로 삼아 진행하고 있다.

〈일제침탈사 자료총서〉에서는 정치·경제·사회·문화 모든 방면에 걸쳐 침탈의 역사를 자료적 차원에서 종합했다. 침략과 수탈의 역사를 또렷하게 직시할 수 있도록 생생한 자료를 제공하는데 목표를 두었다. 그동안 관련 자료집도 여러 방면에서 편찬되었지만 원자료를 그대로 간행한 경우가 많았다. 이번에 발간되는 자료총서는 해당 주제에 대한 침탈의 실상을 체계적으로 이해할 수 있는 구성방식을 취했으며, 지배자의 언어로 기록되어 있는 자료들을 독자들이 쉽게 읽을 수 있도록 모두 번역했다. 자료총서를 통해 일제 식민 지배의 실체와 침탈의 실상을 있는 그대로 이해할 수 있게 되기를 기대한다.

2022년

동북아역사재단 이사장

| 편찬사

1945년 한국이 일제 지배로부터 해방된 지 77년의 세월이 지났다. 그럼에도 불구하고 일본 사회 일각에서는 여전히 일제의 한국 지배를 합리화하고 미화하는 주장이 나오고 있으며, 최근에는 한국 사회 일각에서도 일제 지배를 왜곡하고 옹호하는 주장이 나오고 있다. 이는 한국과 일본 사회, 한일 관계와 동아시아 국제관계의 미래를 위해서도 결코 바람직하지 않은 일이다.

이에 동북아역사재단은 일제의 한국 침략과 식민 지배에 대한 학계의 연구 성과를 총정리한 〈일제침탈사 연구총서〉를 발간하기로 하였다. 이에 따라 2019년 9월 학계의 전문가를 중심으로 편찬위원회를 구성하였으며, 편찬위원회는 학계의 연구 성과를 토대로 정치·경제·사회·문화 부문에서 일제의 침탈이 어떻게 이루어졌는지 정리하여 연구총서 50권을 발간하기로 하였다.

주지하듯이 1905년 일제는 러일전쟁에서 승리한 뒤, 한국에 군대를 주둔시키면서 한국의 외교권을 빼앗고 통감부를 두어 내정에 간섭하였다. 1910년 일제는 군사력으로 한국 정부를 강압하여 마침내 한국을 강제 병합하였다. 이후 35년간 한국은 일제의 식민 통치를 받았다.

일제는 한국의 영토와 주권을 침탈하였을 뿐만 아니라, 군사력과 경찰력으로 한국을 지배하면서, 정치·경제·사회·문화의 모든 부문에서 한국인의 권리와 자유, 기회와 이익을 박탈하거나 제한하였다. 정치적으로는 군사력과 경찰력, 각종 악법을 동원하여 독립운동을 탄압하고, 한국인의 정치활동을 억압하고 참정권을 박탈하였으며, 집회와 결사의 자유를 억압하였다. 경제적으로는 일본자본이 경제의 주도권을 장악하고, 일본인 위주의 경제정책을 수행했으며, 식량과 공업원료, 지하자원 등을 헐값으로 빼앗아 갔고, 농민과 노동자 등 대다수 한국인의 경제생활을 어렵게 하였다. 사회적으로는 한국인들을 차별적으로 대우하고, 한국인의 교육의 기회를 제한하고, 한국인으로서의 정체성을 박탈하여 결국은 일본의 2등 국민으로 만들고자 하였다. 문화적으로는 표현과 창작의 자유, 종교와 사상의 자유를 억압하고,

한글 대신 일본어를 주로 가르치고, 언론과 대중문화를 통제하였다. 중일전쟁, 아시아태평양전쟁을 도발한 뒤에는 인적·물적 자원을 전쟁에 강제동원하고, 많은 이들을 전장에 징집하여 생명까지 희생시켰다.

〈일제침탈사 연구총서〉는 침탈, 억압, 차별, 동화, 수탈, 통제, 동원 등의 단어로 요약되는 일제의 침략과 식민 지배의 실상과 그 기제를 명확히 밝히고자 하였다. 이를 통해 일제의 강제 병합을 정당화하거나 식민 지배를 미화하는 논리들을 비판 극복하고, 더 나아가 일제 식민 지배의 특성이 무엇이었는지, 식민 통치의 부정적 유산이 해방 이후에 어떤 영향을 미쳤는지를 밝히고자 하였다.

편찬위원회는 연구총서와 함께 침탈사와 관련된 중요한 주제들에 관하여 각종 법령과 신문·잡지 기사 등 자료들을 정리하여 〈일제침탈사 자료총서〉도 발간하기로 하였다. 아울러 일반인과 학생들이 보다 쉽게 읽을 수 있는 〈일제침탈사 교양총서〉를 바로알기 시리즈로 발간하기로 하였다.

일제의 한국 침략과 식민 지배의 역사는 광복 후 서둘러 정리해냈어야 했지만, 학계의 연구가 미흡하여 엄두를 내기 어려웠다. 이제 학계의 연구가 어느 정도 축적되어 광복 80주년을 맞기 전에 이와 같은 작업을 할 수 있게 된 것을 다행으로 생각한다. 한일 양국 국민이 과거사에 대한 올바른 역사인식을 갖고 성찰을 통해 미래를 향해 함께 나아갈 수 있기를 기대하면서 삼가 이 책들을 펴낸다.

2022년

동북아역사재단 일제침탈사 편찬위원회

| 차례

제2부 1910년대 지방제도

해제

Ⅳ 관련 법령

Ⅴ 실행 결과

일러두기

1. 국한문 혼용 자료는 현대어로 바꾸되 최대한 원문을 훼손하지 않는 방향으로 정리하였다. 내용 이해에 큰 문제가 없을 경우 한자어를 그대로 두었고, 현재 사용하지 않는 용어의 경우 현대어로 바꾼 후 괄호 안에 한자를 써주거나 내용이 길면 주석으로 설명했다. 한문 번역에 가까운 경우, 한문 부분의 해석을 해주고 괄호로 해당 한문 문구를 넣었다. 어려운 한자어는 각주로 설명했다.
2. 모든 사료는 현대어로 번역하거나 풀어쓰는 것을 원칙으로 했다. 단 인명, 지명 등의 고유명사나 특정 한자어 등 원 상태로만 의미가 분명하게 전달되는 단어는 한자나 원어를 괄호 속에 병기하였다. 풀어 쓴 단어, 외국인명의 원음 표기 등의 경우에도 괄호로써 병기하였다.
3. 각 장과 절의 서두에 배치된 해제에서는 시대적 배경과 사료의 역사적 의미를 서술하였다.
4. 원 자료에 각주가 있는 경우 각주에 '*원저주'로 표기하였다. 편역자의 각주는 일반 각주 처리를 하였다. 원 자료에 있는 '중략'은 '중략-원문', 편역자가 중략한 경우 '중략-편역자' 등으로 기재하여 구분하였다.
5. 원문이 보이지 않는 경우에 '■■'로 입력했다. '…' 등으로 입력한 것은 원문 그대로 입력한 것이다.

| 편역자 서문

일제의 지방 지배 실태나 지방사회의 특성을 구명하는 것은 식민지 사회를 파악하기 위한 핵심적인 작업이다. 식민 지배 정책 중에서도 지방정책과 제도는 주민의 일상에 직접 침투하여 지배력을 행사한 대표적인 도구 중 하나다. 오늘날에도 주민의 삶에 큰 영향을 끼치는 복지정책이나 편의시설 건설 등이 지방자치단체에서 결정되는 것처럼 식민지 시기의 지방제도와 운영은 지역의 세금, 교육, 산업 등 지역민의 실질적 생활에 직결되는 문제를 다루는 하나의 정치적 장이었다.

일제강점기 이전에 한국은 자체적으로 지방행정제도의 '근대화'를 시도하고 있었고, 여기에 일제는 지방행정제도 '정비'를 내세우며 일본의 지방제도를 이식하고 통제와 협력을 강요했다. 그 과정에서 이전의 자치적인 요소는 제거되고, 일제의 의도에 부합하는 행정제도로 개편되었다.

이 자료집은 일제강점기 지방제도 자료를 총정리함으로써 그 성격을 밝히고, 중앙 권력의 지역 침투로 파생된 지역 사회 재편을 보여주고자 한다. 지방제도 개정이 실제 운용에 어떠한 효과를 가져왔고, 일제의 지방정책이 지역민에게 파급되는 역사적 진행 과정을 통시적으로 파악하고자 한다. 지방제도의 변화와 시대적 특징, 자료량을 감안하여 3권으로 기획하였으며, 이 책은 첫 번째에 해당한다.

제1권은 통감부 시기와 1910년대가 대상이며 1906년 지방행정구역과 명칭, 지방관 관제 등 법령 개정 때부터 1910년 조선총독부 지방관 관제, 1914년 부제 실시, 1917년 면제 공포 등 1920년 지방제도 개정 전까지를 담았다. 제2권은 1920년대 부제와 면제 시행규칙 등 지방제도가 개정되고 도평의회 설치, 부협의회와 면협의회 선거 실시기를 대상으로 한다. 제3권은 1930년 개정된 지방제도로 도평의회가 도회로 개정되고, 부회와 읍회가 자문기관이 아닌 의결기관이 된 1931년부터 중일전쟁 이후 사회 전반에 통제정책이 시행되고 1943년부터 선거가 '추천 선거'라는 변형된 형태로 바뀌는 시기까지의 제도 변화를 다룰 것이다.

이 책의 대상인 통감부 시기와 1910년대는 일제의 지방제도와 정책이 말단 행정구역까지 실시되면서 한국의 전통적인 향촌 자치 기능이 소멸되어 가는 초기 단계다. 1906년 2월에 통감부가 설치된 후 4월, 통감부는 지방제도조사소를 두어 지방제도 개정을 준비하였다. 일제가 강점 초기부터 지방제도 개편을 서두른 까닭은 지방사회의 효율적인 통제가 선결되어야만 통치에 필요한 재원을 확보할 수 있었기 때문이다. 이 시기의 개편으로 국세 징수, 지방 재정, 사법에 관한 권한 등이 부윤과 군수의 손에서 떠나게 되고, 경찰에 대한 군수의 간여도 배제되었다. 이전까지 부윤과 군수를 보좌했던 향장(鄕長)은 폐지되고 주사를 설치했으며, 이 자리는 점차 일본인들로 충당되었다. 이어 1910년 병합 직후에는 '조선총독부 지방관 관제'를 공포하여 도(道)-부·군·도(島)-면-동리로 이어지는 중앙집권적 지방통치 체제 정비를 준비하고, 1914년에는 거류민단 및 거류지 등을 폐지하고 부제를 공포했으며, 1917년에는 면제를 시행했다. 이로써 일제는 강력한 중앙의 행정력이 하부 단위까지 미칠 수 있는 토대를 마련했다. 이러한 일련의 과정을 통해 군(郡)은 기형적으로 약화되고, 지방행정제도의 왜곡된 위계구조가 창출되었다. 면에 대한 행정 지배 강화는 동리로부터 시작하여 발전하는 '근대적 자치' 이행 가능성을 단절시켰다.

이 자료집은 통감부 시기와 1910년대를 각각 하나의 부로 구성했고, 동북아역사재단의 편찬지침에 따라 각 부는 'Ⅰ. 신문 기사, Ⅱ. 잡지 기사, Ⅲ. 실행 계획 및 내용, Ⅳ. 관련 법령, Ⅴ. 실행 결과' 등으로 장을 나누었다. 각 장은 주제에 따라 절을 구성하였고, 각 장의 첫머리에 해제를 두어 이해를 도왔다. 기본적으로 제도 변천에 초점을 맞추었으나 운영 실태와 민의 반향을 보여주는 다양한 자료를 싣고자 했다. 제도 자체에 대해서도 식민지 당국자들과 조선·일본 각계각층의 의견을 다각적으로 보여주는 데 힘을 쏟았다.

편역자는 역사 연구자는 물론 역사 연구에서 한 걸음 떨어져 있는 독자와 함께 수록 자료를 공유하며 지나간 역사를 되짚어 보자는 자세로 편찬에 임했다. 역사적 사실을 설명하는 데 꼭 필요하나 편역자의 부주의와 얕은 지식으로 인해 누락된 자료도 있을 것이다. 또 선별된 자료가 가장 적합한가에 대한 판단도 편역자의 생각과 독자들의 생각이 다를 수 있다. 다만 지금까지의 여러 지방제도 자료집이 법령이나 총독부 관료의 연술이 중심이었다면 한 걸음 나아가, 지금까지 많이 활용되지 않은 자료를 풍부하게 소개하고 제시함으로써 지방제도를 둘러싼 긴장과 상호 관계를 입체적으로 드러내고자 애썼다. 부족하지만 이 자료집으로 일제강점기 지방제도의 변천과 흐름이 구체적이고 생동감 있게 전달되기를 기대한다. 아울러 현 지방제도의 역사적 배경과 우리가 살고 있는 지역사회의 형성과 발전을 이해하는 데 조금이라도 도움이 될 수 있다면 더 바랄 나위가 없겠다.

편역자를 대표하여

김윤정

1부

통감부 시기의 지방제도

해제

지방제도에 대한 이해는 국가의 지방 지배정책이 어떠한 목표하에 추진되었는지를 확인하는 작업의 일환이다. 일제는 통감부 설치 후 시정 개선 명목으로 조선의 제반 제도를 식민정책의 현실화를 위해 개편해 갔다. 당시 그들이 가장 관심을 가졌던 것은 식민지 운영의 기본이 되는 재정 부문이었다. 재정 확보는 곧 징세권과 관련된 것이었고, 징세권은 중앙권력이 지방을 지배하는 관건이었다. 이에 일제는 원활한 식민통치를 위해 자신의 구미에 맞게 지방제도를 개편할 필요가 있었고, 통감부 시기는 이를 위한 시험무대이자 준비기였다고 볼 수 있다.

통감부는 그 방편으로 기존의 군(郡)을 중심으로 한 지방행정을 대신할 새로운 말단 행정조직으로 면(面)을 설정하고, 이를 통해 중앙의 지방 지배력 강화와 지역 유력자층 포섭까지 하고자 하였다. 이에 지방제도조사소 설치를 시작으로, 지방관 관제 제정 및 개정, 지방위원회 설치 등 일련의 지방제도 개정을 통해 의도적으로 군을 약화시키고 면을 새로운 지방제도의 말단 행정구역으로 삼고자 하였다. 그러나 전통적인 지방제도와의 충돌, 지방사회의 저항 등으로 쉽게 관철할 수 없었다. 이러한 개정은 식민지 시기에 이어져 실현되는데, 통감부 시기는 일제의 의도가 준비·확인되는 측면이 있으므로 그 내용이 이후 시기와 어떻게 연계되는지의 관점에서도 살펴볼 필요가 있다.

조선 후기 지방행정구역은 8도(道)·5부(府)·5대도호부(大都護府)·20목(牧)·75도호부(都護府)·77군(郡)·148현(縣)으로 책정되어 있었다. 중앙정부에서 지방관을 파견하는 관치적(官治的) 행정구역이었고, 그 이하는 면·리제(面里制)로 수령을 통한 간접 지배였다. 지방관 임용은 대개 품계(品階)를 기준으로 이조(吏曹)에서 심사·천거하여 국왕이 임명하는 형식으로 이루어졌는데, 군·현 이하의 이서층(吏胥層)은 숫자만 정하고 중앙정부가 임명에 관여하지 않았다.[1] 당시 지방관은 정해진 재임기간과 상피제(相避制)로 인해 토착세력이 되기는 어

1 윤정애, 1985,「한말 지방제도 개혁의 연구」,『역사학보』105, 70~72쪽.

려웠지만, 이서층의 힘이 커지면서 지역사회의 폐해가 되었다. 지방관은 토착세력화하지는 않았지만 일반 행정권에서부터 군사권, 재판권 등 지역의 전권을 행사하면서 횡포화하는 문제가 발생했다.[2]

이에 이러한 문제들을 해결하기 위한 지방제도 개혁이 요청되었다. 첫 번째 시도는 갑오개혁 시기에 있었다. 1894년 6월, 일본 주한특명전권공사(駐韓特命全權公使) 오토리 게이스케(大鳥圭介)가 '내정개혁방안강령(內政改革方案綱領)' 5개조를 조선 정부에 제시하고 수락을 요청하였다. 요구 사항은 ① 중앙정부 제도와 아울러 지방제도를 개정하고 인재를 등용할 것, ② 재정을 정리하고 부원(富源)을 개발할 것, ③ 법률을 정돈하고 재판법(裁判法)을 개정할 것, ④ 국내의 민란(民亂)을 진정시키고 안녕을 유지하는데 필요한 병비(兵備)를 설치할 것, ⑤ 교육제도를 확립할 것 등이었다.[3] 이때 일본 측은 지방제도와 관련하여 세부적으로 "현재의 부·군·현(府郡縣)은 그 수가 많으므로 마땅히 이를 작량(酌量)·폐합(廢合)하여 민치(民治)에 무방하도록 소수(少數)로 할 것" 등을 요구했다. 이 내용은 일제가 지방제도와 관련해서 지속적으로 관철하고자 하는 것이므로 주목할 필요가 있다.

이 시기 지방제도 개정은 일제의 의도대로 이행되지 않고 중앙관제를 개정하는 선에서 마무리되었다. 1895년 5월에 기존의 8도제(道制)를 폐지하고 26부제(府制)를 반포하였다. 전국을 23부로 나누고, 그 아래 종래 부·목·군·현(府牧郡縣) 등으로 나뉘어져 있던 것을 모두 군(郡)으로 단일화하여 337군을 두었다. 제도 간소화를 통해 이전까지 문제가 되었던 지방관과 이서층의 폐해를 해결하고자 하였다는 데 개정의 의의가 있었다. 특히 지방 재정을 합리적으로 운영하기 위해 재정사무를 탁지아문(度支衙門)으로 일원화하고, 이전까지 지방

2 윤정애, 앞의 논문, 73~75쪽.

3 『駐韓日本公使館記錄』 2, 六 - (3) - 2; 『고종시대사』 17, 1894.6.1.

관이 전담하였던 징세권을 분리하여 징세기구를 따로 설정하였다. 1895년 3월에는 관세사(管稅司) 및 징세서(徵稅署) 관제(官制)가 반포되고, 동(同) 4월 각읍부세소장정(各邑賦稅所章程)이 반포되어 지방관의 징세권을 박탈하는 동시에 관리·감독할 수 있는 체제를 만들었다.

또 한 가지 주목할 사항은 면·리의 지방자치화 시도이다. 1895년 11월 향회조규(鄕會條規)[4]

4 鄕會條規

제1조 鄕會는 大中小 三會로 定함

一 里會 小會 三十戶에 不及하는 里에서는 편의로 隣里와 협의하고 합병 개회함을 得함

二 面會 中會 西路의 坊과 北關의 社에도 面會例로 함

三 郡會 大會

제2조 里會 會員은 尊位와 該里 內 每戶 1인으로 함

단, 징역 및 조세 체납 처분을 受한 자는 회원을 못함

제3조 面會 회원은 執綱과 該面 소속 각 리 존위 및 각 리에서 임시 公擧한 2인 이하로 함

제4조 郡會 회원은 郡守와 각 면 집강 및 각 면 공거인 각 2인으로 함

제5조 향회에 회의하는 사항 대강은 左와 如함

一 교육에 관하는 사항

二 戶籍 및 地籍에 관하는 사항

三 위생에 관하는 사항

四 社會에 관하는 사항

五 道路橋梁에 관하는 사항

六 殖産興業에 관하는 사항

七 公共山林 및 堤堰洑港에 관하는 사항

八 諸般 稅目 및 納稅에 관하는 事項

九 歉荒 및 患難의 救恤에 관하는 사항

十 公共復役에 관하는 사항

十一 諸般 稧會에 관하는 사항

十二 新式 令飭에 관하는 사항

제6조 當里 內에 회의할 사항이 有한 時는 該里 존위가 前期하야 서기로 하여금 회의 處所 및 일자를 里內 각 호에 통보함

제7조 數里에 關涉하는 사항이 有한 時는 各 該里 회원과 該面 집강이 회의하미 可하니 처소 및 일자는 집강의 정하 는 바를 從함(중략-편역자)

제11조 里會하는 席에는 서기가 회의사항을 낭독하고 각 회원이 논란하야 다수의 의견을 從하야 決하되 존

와 향약판무규정(鄕約辨務規程)[5]을 공포하여 기존의 향회를 제도화하고 면·리 단위의 행정 조직을 정비하고자 하였다. 면·리를 기반으로 한 향회의 지방자치적 운영은 면·리를 지방 행정의 한 단위로서 강력한 중앙지배의 통제하에 두고자 한 것이었다.[6] 전통적인 향회와 향약을 바탕으로 하고 있지만 신분제적 운영 원리를 배제하고, 사족(士族) 중심 사회를 개편하여 면·리 지배기구를 일원화하려 한 것으로도 평가되었다.[7]

그러나 1896년 대한제국이 다시 한번 지방제도 개혁을 하면서 갑오개혁기 지방제도 개정과는 다소 다른 성격의 지방제도가 성립되었다. 갑오개혁이 중단되면서 '구본신참(舊本新參)'의 원칙하에 다시 전반적인 개혁이 진행되었고, 지방제도도 그 틀을 완전히 바꿔 1896년 8월에 13도제(道制)로 변경되었다. 이 개혁으로 단일화를 추구했던 부제(府制)를 버리고 다시 이전의 도제로 회귀하였고, 징세권도 지방관과 이서층에게 돌아갔다. 이에 따라 13도(道), 8부(府), 1목(牧), 332군(郡)의 지방행정구역이 정비되었다.

위가 否타 하는 時는 再議를 행하고 재의를 행해도 猶且 前議와 같은 時는 면집강에게 재결을 請함 (중략-편역자)

제14조 凡 里面郡會에 首席은 표결하는 數에 參치 아니함

郡에는 守가 수석이요, 面에는 집강이 수석이요, 里에는 존위가 수석으로 함

제15조 凡 里面郡會에 표결하는 可否가 同數할 時는 수석의 裁決을 從함

제16조 凡 里面郡會 하는 의석에는 賦役이 多한 上等 戶民이 집강 존위 次席에 座함(중략-편역자)

제17조 각 국회 의결 末案은 每歲 春秋로 2次式 군수가 관찰사에게 報하야 內部에 전달함

제18조 郡會를 事項의 多少로 因하야 行하되 雖少하야도 1歲 2次는 행함이 可함

內閣編錄課(朝鮮) 編, 『議奏』 36冊, 73~76면.

宋炳基·朴鎔玉·朴漢卨 共編著, 『韓末近代法令資料集』 I, 國會圖書館, 600~602쪽.

5 面里任의 직능과 명칭, 보수 등을 제시한 것이다.
內閣編錄課(朝鮮) 編, 『議奏』 36冊, 79~83면.
宋炳基·朴鎔玉·朴漢卨 共編著, 『韓末近代法令資料集』 I, 國會圖書館, 602~605쪽.

6 윤정애, 앞의 논문, 84~86쪽.

7 이상찬, 1989.6, 「1894~5년 地方制度 개혁의 방향」, 『震檀學報』(67), 86~87쪽.

대한제국기의 지방제도 개정은 통감부가 설치되면서 일제의 의도에 따라 부정되고 변모하였다. 1905년 8월부터 지방제도 개정 문제 제기를 시작하여 통감부 설치 후에는 '시정개선'이라는 명목으로 통감부가 한국 지방제도 개정에 본격적으로 관여하였다. 1906년 4월에는 '시정개선협의회'를 통해 지방제도 개정을 준비·추진할 지방제도조사소를 설치하고, 지방제도 개정에 대한 전반적인 조사를 지시하였다.

일제의 지방제도 개정 노력의 첫 결과물은 1906년 9월 '지방관 관제' 개정으로 나타났다. 이를 통해 경찰권, 사법권, 징세권 등을 조정·박탈하여 관찰사의 권한을 축소시키고, 자신들의 정책을 지지하는 새로운 세력을 조성하고자 하였다. 1906년 10월에는 징세기구로서 면장을 처음 법제화하였고, 1907년 5월에는 지방위원회를 조직하여 징세기구를 법제화하였다. 그 과정에서 각 지역의 향반세력은 배척되고, 일제의 요구에 부합하는 인물들이 지역사회에서 자리잡게 되었다. 1908년 6월에는 '군수 임용령'을 제정하여 군수는 관찰사가 구역 내에 거주하고 있는 자 중 적임자를 내부에 천보(薦報)하여 임명하도록 하였으며, 동 7월에는 지방관 관제를 개정하여 각 도에 경찰부를 설치하여 일본인을 경찰부장으로 임명하고, 지방경찰 지휘권을 관찰사에게 부여함으로써 관찰사의 권한을 강화하여 관찰사를 통해 지방행정기구를 통제하는 체제로 재편하였다. 일련의 개정 과정을 통해 볼 때 통감부는 합군(合郡)을 통해 기존의 행정구역을 파괴하여 지역 세력을 약화하고, 가장 말단 행정기구인 면의 지위를 강화하여 자신들의 필요를 충족시키는 인물들로 배치함으로써 지방행정을 완전히 장악할 수 있는 방향으로 지방제도를 개편해 나갔다. 또 개항 이후 거주하기 시작한 외국인과 관련된 거류지 제도 역시 이 시기에 개정이 모색된다. 이들과 관련된 사무를 담당하였던 감리서를 폐지하고 이사청이 업무를 담당하면서 외국인 거류지 관련 권리가 완전히 일제에게 넘어가게 되었다.

큰 틀에서 통감부 시기 지방행정을 장악하기 위한 통감부의 지방제도 개정 방향은 이상과 같다. 이 자료집에서는 위 개정 내용을 상세하게 확인할 수 있는 자료들을 총 다섯 개의 장으로 나누어 수록하였다. 신문과 잡지, 기관의 제도 개정을 위한 계획 과정과 내용, 관련 법령, 개정 결과 등이다. 각 장에서는 이상에서 살펴본 내용을 자료를 통해 좀 더 구체적으로 확인하고자 하며, 이를 통해 통감부 시기 일제의 지방제도 개편 의도에 대한 이해를 돕고자 한다.

I

신문 기사

〈해제〉

통감부 시기 지방제도에 대한 신문 기사는 통감부의 지방제도 개편 방향과 관련하여 크게 네 가지 주제로 분류하여 수록하였다. 지방행정구역 개편과 지방행정직제 개정, 지방자치 모색, 외국인 거류지 관계 등이다.

'지방행정구역 개편'은 통감부 시기 지방제도 개정과 관련하여 일제가 지방제도 개정을 위해 행정구역을 어떻게 개편하고자 하였는지, 특히 갑오개혁 시기부터 일관되게 실현하고자 했던 합군(合郡)과 관련된 내용을 살펴보았다. 일제는 전면적인 군 폐합(廢合)을 바탕으로 한 지방제도 개정을 구상하였고, 이를 통해 새롭게 개편된 행정구역을 장악함으로써 자신들의 이익을 관철하고자 하였다. 그러나 이 같은 침략적 구상은 주권을 완전히 침탈하지 못한 통감부 시기에는 관철되기 어려웠다. 이 시기 신문 기사에서는 일제의 행정구역 개편과 관련된 정책 소개, 문제점과 그에 대한 비판, 이에 대한 반(反) 비판으로써 정책에 대한 찬성, 민인의 반향 등을 확인할 수 있다.

먼저 합군 실시의 문제점을 비판한 대표적인 신문 기사로 〈합군(合郡)이 부당기시(不當其時)〉[《황성신문(皇城新聞)》, 1906.7.23, 24: 자료 05·06], 〈재론(再論) 지방제도 개정(地方制度改正)〉(《황성신문》, 1906.9.6: 자료 07) 등을 수록하였다. 〈합군이 부당기시〉는 제목에서부터 합군을 반대하는 것이 확인되는 자료로, 현재의 행정구역에서 다른 곳으로 이속되었을 때 나타나는 백성들의 두려움, 의병 소요라는 불안한 상황, 통감부 정책에 대한 민인의 비상한 관심, 합군의 혼란으로 가중될 이서배의 세금 포탈과 민심 이반 등을 들어 합군을 반대하였다. 아울러 현 시점에서 백해무익한 정책이라 비판하며 이를 담당하는 지방제도 조사 위원들까지 비판하였다. 〈재론 지방제도 개정〉은 군폐합을 통한 군세(郡勢) 균등이라는 통감부의 지방제도 개편 방향을 소개하며 이것이 진행되더라도 지방행정의 문제점은 개선되지 않을 것이며, 백성들을 번거롭게 하여 소요만 일으킬 것이라고 합군을 반대하였다.

정책을 찬성하는 기사로는 〈논설: 지방제도(地方制度)〉(《만세보(萬歲報)》, 1906.7.1: 자료 03),

〈논설: 경고 전국이민(全國吏民)〉(《황성신문》, 1906.10.25: 자료 09), 〈논설: 의도 귀화방법(義徒歸化方法)의 설(說)〉(《황성신문》, 1907.12.20: 자료 10) 등을 수록하였다. 이 기사들은 현 지방제도에 문제가 있는 것은 사실이므로 지방제도 조사 위원들의 조사가 끝난 후 기존의 제도를 크게 변경하지 않는 범위에서 합군을 실시한다면 문제가 되지 않을 것이며, 오히려 폐정(弊政)을 개혁하지 않는 것이 문제라는 의견을 제시하였다.

합군 반대·찬성 기사 모두에서 합군을 반대하는 민심이 확인되며, 이로 인해 통감부가 합군을 적극적으로 실시하지 못한 것을 〈합군실시(合郡實施)〉[《大韓每日申報(국한문)》, 1909.12.21: 자료 12] 등에서 확인할 수 있다.

통감부 시기 일제의 지방제도 개정 의도는 지방행정권 장악에 있었다. 지방관제를 포함한 지방행정제도의 개정 내용을 통해 일제의 지방행정권 장악과 관련된 통감부의 지방제도의 개정 의도를 확인할 수 있다. 당시 신문 기사에서는 지방관제 개정 등 지방행정제도의 개정 내용을 시기 순으로 확인할 수 있을 뿐만 아니라, 의도 또한 파악할 수 있다.

일제가 지방행정권을 장악하기 위해서는 이전의 전통적인 위계질서를 해체할 필요가 있었고, 처음 선택한 방식이 지방관 관제 개정이었다. 지방제도 개정을 논의하기 위해 설치한 지방제도조사소의 지방제도 개혁안도 지방관 관제 개정 쪽으로 의견을 모았다. 통감부 시기 초반의 지방제도 개정의 큰 틀은 이사청을 통해 도(道) 단위로 지방행정을 감독하고, 관찰사 권한은 축소하며, 군주사(郡主事)를 신설하여 기존의 지방 유력층을 대신할 인물들을 두고자 하였다. 이 같은 개정은 일제가 1907년 지방자치를 표방하며 조직한 지방위원회를 기점으로 또 한 번 변화가 모색된다. 이들은 점차 지방 재무와 관련된 활동을 하게 되는데, 군을 중심으로 한 새로운 기구의 조직은 직접적인 지방제도 개정은 아니었지만 지방제도 개정의 효과를 낳는 것이었고, 이러한 방식이 이 시기 지방제도 개정의 특징이기도 하였다.[1] 1908년 6월에는 군수임용령을 통해 관찰사가 군수를 천보(薦報)하여 내부에서 임명하도록 하였다. 이는 이후 일제의 지방 지배정책 의도를 파악할 수 있는 주요 사항이었다. 또 지방제도 개정의 핵심적인 부분은 군(郡) 기능을 약화하고 면(面) 기능을 강화하는 것이었다.

이와 관련하여 '지방행정제도 개정'을 다룬 절에서는 일련의 과정을 시기순으로 확인

---

1 윤해동, 1998, 「'통감부설치기' 지방제도의 개정과 지방지배정책」, 『한국문화』 20, 413쪽.

할 수 있도록 자료를 수록하였으며, 당시 신문에서 이에 대한 문제점을 비판한 내용을 수록하여 일제의 지방제도 개정에 대한 당대 인식을 확인하고자 하였다. 특히 관찰사의 지방군수 천보(薦報) 문제를 다룬 〈논설: 숨기고자 하는 일은 더욱 드러나느니라〉(《대한매일신보》, 1908.10.14: 자료 24)와 〈논설: 지방관을 천거하여 쓰는 방법〉(《대한매일신보》, 1910.7.9: 자료 39), 관찰사와 이사청 합병의 문제점을 다룬 〈논설: 관찰도를 폐지한다는 말〉(《대한매일신보》, 1909.12.29: 자료 30) 등은 일제의 지방제도 개정의 침략성을 잘 보여주는 자료로서 주목할 만하다.

'지방자치 모색'을 다룬 절에서는 통감부 시기 자치 논의와 관련된 내용을 주로 수록하였다. 일제가 말단 행정기구인 면 기능을 강화하려고 했던 것과 관련하여 당시 이를 한국의 자치제 실시로 오해하여 자치제에 대한 관심이 크게 확대되기도 하였다. 지방제도조사소에서는 기존에 다소 자치기구적 성격을 가졌던 향회를 발전시켜 자치제를 실시하고자 하였으며, 일반에서도 자치제를 인권의 발전적인 방향이라 생각하여 실시를 기대하였다. 〈준비시대(準備時代) 부향자치(附鄕自治)〉[《만세보》, 1906.8.26: 자료 40]는 당시 지방제도조사소에서 모색한 향회를 발전시킨 지방자치 실시에 대한 내용이다. 이후 중앙과 지방에서 이러한 유형의 지방자치를 실시하고자 했던 사실은 〈강서향약(江西鄕約)〉(《황성신문》, 1906.10.20: 자료 42), 〈자치의의(自治擬議)〉(《황성신문》, 1906.10.30: 자료 43) 등에서도 확인할 수 있다. 또 이러한 전통적 자치제 모색이 면(面)이라는 새로운 기구로 대체되는 과정과 그마저도 좌절되는 상황을 〈자치제도청의(自治制度請議)〉(《만세보》, 1907.5.30: 자료 47), 〈자치제 지연(自治制遲延)〉(《황성신문》, 1908.6.7: 자료 49) 등을 통해 확인할 수 있다.

'외국인 거류지 관계'를 다룬 절에서는 일제가 이전부터 숙제로 생각해 왔던 외국인 거류지를 정리해 가는 과정을 수록하였다. 외국인 거류지 관계는 언뜻 한국의 지방제도에 속하는 것인지에 대해 의문을 가질 수 있지만, 개항 이후 외국인들이 한국에 거주하게 되면서 이들과 관련된 행정제도도 한국의 지방행정과 관련하여 큰 축을 이루었다. 일제는 통감부 시기에 특히 한국의 주권 침탈을 위해 재한 일본인의 이익을 보장하는 제도를 모색하였고, 이는 동 제도 개편 내용을 통해 확인할 수 있다. 이와 관련해서는 국내 신문의 보도는 많지 않으며, 정책 방향 등은 일본 측 신문을 통해 알 수 있다. 외국인 관계라 하지만 사실상 당시 국내 외국인은 일본인이 대다수였고, 청일전쟁 이전에 일본보다 우위를 점하고 있던 청국의 전관거류지 문제나 외국인들의 치외법권 문제에 관한 것이었다.

일제는 자국민의 이익을 보호하기 위해 외국에 있으면서도 본국의 통치를 받는 속인적 형태의 거류민단법을 실시하는 한편, 이들이 속한 각국 거류지회에서 우위를 점하기 위한 정책을 계속 모색하였다. 일본인 거류민단의 침략성에 대해서는 〈거류민장회의 결의(居留民長會の決議)〉[《東京日日新聞》, 1905.7.16: 자료 54], 청국거류지와 관련해서는 〈청인거류규정(清人居留規程)〉(《황성신문》, 1909.2.25: 자료 59), 〈거류문제실시기(居留問題實施期)〉(《황성신문》, 1910.3.13: 자료 61), 외국인의 치외법권 관련해서는 〈조선과 외인 토지소유권(朝鮮と外人土地所有權)〉[《神戶新聞》, 1910.10.4: 자료 62] 등을 수록하였다.

1. 지방행정구역 개편

〈자료 01〉 논설: 의선수내정(宜先修內政)[《황성신문(皇城新聞)》, 1905.9.1, 2면 1단]
〈자료 02〉 합군 실시(合郡實施)(《황성신문》, 1906.3.23, 2면, 1단)
〈자료 03〉 논설: 지방제도(地方制度)(《만세보(萬歲報)》, 1906.7.1, 1면 1단)
〈자료 04〉 감저의결(監邸議決)[《大韓每日申報(국한문)》, 1906.7.25, 2면 5단]
〈자료 05〉 논설: 합군이 부당기시(合郡이 不當其時)(《황성신문》, 1906.7.23, 2면 1단)
〈자료 06〉 논설: 합군이 부당기시(속)[合郡이 不當其時(續)](《황성신문》, 1906.7.24, 2면 1단)
〈자료 07〉 재론 지방제도 개정(再論 地方制度改正)(《황성신문》, 1906.9.6, 2면 1단)
〈자료 08〉 지제제의(地制提議)(《황성신문》, 1906.9.19, 2면 2단)
〈자료 09〉 논설: 경고 전국이민(警告 全國吏民)(《황성신문》, 1906.10.25, 2면 1단)
〈자료 10〉 논설: 의도 귀화방법의 설(義徒歸化方法의 說)(《황성신문》, 1907.12.20, 2면 1단)
〈자료 11〉 구역 변경과 면장(區域變更과 面長)(《황성신문》, 1909.12.3, 2면 3단)
〈자료 12〉 합군 실시(合郡實施)[《大韓每日申報(국한문)》, 1909.12.21, 2면 1단]

2. 지방행정제도 개정

〈자료 13〉 정부 반대(政府反對)[《大韓每日申報(국한문)》, 1906.9.7, 2면 6단]
〈자료 14〉 회의제건 결정(會議諸件決定)[《大韓每日申報(국한문)》, 1906.9.12, 2면 5단]
〈자료 15〉 지방제도 결정(地方制度決定)(《만세보》, 1906.9.21, 2면 2단)
〈자료 16〉 지방관제(地方官制)[《大韓每日申報(국한문)》, 1906.11.21, 1면 6단]
〈자료 17〉 지방세 조사(地方稅調査)(《황성신문》, 1906.11.29, 2면 3단)
〈자료 18〉 지방위원회 설립 훈칙(地方委員會設立訓飭)(《황성신문》, 1907.6.4, 2면 3단)
〈자료 19〉 면장체차필신(面長遞差必愼)(《황성신문》, 1907.7.1, 1면 4단)

〈자료 20〉 일인으로 군주사(《대한매일신보》, 1907.10.27, 2면 2단)

〈자료 21〉 면장직제 반포(面長職制頒布)[《大韓每日申報(국한문)》, 1908.5.17, 2면 2단]

〈자료 22〉 지방관제 개정 내용(地方官制改定內容)(《황성신문》, 1908.7.3, 2면 3단)

〈자료 23〉 지방관청의 일인 임명(地方官廳의 日人任命)(《황성신문》, 1908.8.19, 2면 3단)

〈자료 24〉 논설: 숨기고져 하는 일은 더욱 드러나나니라(《대한매일신보》, 1908.10.14, 1면 1단)

〈자료 25〉 협잡거리 생겼네(《대한매일신보》, 1909.3.11, 2면 1단)

〈자료 26〉 면장직제 반대(面長職制의 反對)[《大韓每日申報(국한문)》, 1909.6.6, 2면 2단]

〈자료 27〉 면장협의회(面長協議會)[《大韓每日申報(국한문)》, 1909.9.4, 2면 2단]

〈자료 28〉 논설: 면장직제 실시(面長職制實施)(《황성신문》, 1909.9.12, 2면 1단)

〈자료 29〉 지방행정조사회(地方行政調査會)(《황성신문》, 1909.11.18, 2면 2단)

〈자료 30〉 논설: 관찰도를 폐지한다는 말(《대한매일신보》, 1909.12.29, 1면 1단)

〈자료 31〉 소네 통감의 정책(曾禰統監의 政策)(《황성신문》, 1910.1.16, 2면 4단)

〈자료 32〉 행정통일설(行政統一說)[《大韓每日申報(국한문)》, 1910.1.21, 2면 1단]

〈자료 33〉 점점 우 심하다(《대한매일신보》, 1910.1.29, 2면 1단)

〈자료 34〉 지방행정 통일 문제(地方行政統一問題)[《경성신보(京城新報)》, 1910.1.21, 2면 4단]

〈자료 35〉 지방관제 개정(地方官制改正)[《경남일보(慶南日報)》, 1910.2.16, 2면 2단]

〈자료 36〉 면장직제의 교섭(面長職制의 交涉)(《황성신문》, 1910.5.20, 2면 4단)

〈자료 37〉 지방행정을 쇄신키 위하야(地方行政을 刷新키 爲하야)(《황성신문》, 1910.5.25, 3면 2단)

〈자료 38〉 지방제도 개혁설(地方制度 改革說)(《황성신문》, 1910.6.16, 2면 5단)

〈자료 39〉 논설: 지방관을 천거하여 쓰는 방법(《대한매일신보》, 1910.7.9, 1면 1단)

3. 지방자치 모색

〈자료 40〉 준비시대 부향자치(속)[準備時代 附鄕自治(續)](《만세보》, 1906.8.26, 1면 1단)

〈자료 41〉 경상북도 대구부 민의소장 김광제의 경고문(慶尙北道 大丘府 民議所長 金光濟氏의 警告文)[《大韓每日申報(국한문)》, 1906.8.26, 3면 2단]

〈자료 42〉 강서향약(江西鄕約)(《황성신문》, 1906.10.20, 2면 6단)

〈자료 43〉 자치의의(自治擬議)(《황성신문》, 1906.10.30, 2면 2단)

〈자료 44〉 논설: 지방자치제도(地方自治制度)(《황성신문》, 1906.11.2, 2면 1단)

〈자료 45〉 제의 자치(提議自治)(《황성신문》, 1906.12.18, 2면 3단)

〈자료 46〉 시제 준비(市制準備)(《황성신문》, 1907.5.10, 1면 4단)

〈자료 47〉 자치제도 청의(自治制度請議)(《만세보》, 1907.5.30, 2면 3단)

〈자료 48〉 시사평론(《대한매일신보》, 1907.8.23, 2면 5단)

〈자료 49〉 자치제 지연(自治制遲延)(《황성신문》, 1908.6.7, 2면 3단)

〈자료 50〉 논설: 농업계에 새 복음(《대한매일신보》, 1908.6.10, 1면 1단)

〈자료 51〉 사설: 지방자치제에 주의함(地方自治制에 注意함)(《경남일보》, 1909.11.28, 2면 1단)

4. 외국인 거류지 관계

〈자료 52〉 개동명정〈改洞名町〉(《황성신문》, 1905.5.13, 3면 2단)

〈자료 53〉 대한정책의 밀수(對韓政策의 密受)(《황성신문》, 1905.5.24, 1면 4단)

〈자료 54〉 거류민장회의 결의(居留民長會の決議)(《東京日日新聞》, 1905.7.16)

〈자료 55〉 거류민단법 세칙(居留民團法細則)(《大阪朝日新聞》, 1906.7.15)

〈자료 56〉 이사지난(理事持難)(《황성신문》, 1906.9.6, 3면 3단)

〈자료 57〉 거류지수세(《대한매일신보》, 1908.5.10, 2면 3단)

〈자료 58〉 외인 거류지 세칙(外人居留地稅則)[《大韓每日申報(국한문)》, 1908.5.22, 2면 3단]

〈자료 59〉 청인거류규정(淸人居留規定)(《황성신문》, 1909.2.25, 2면 3단)

〈자료 60〉 거류지협정(《대한매일신보》, 1909.12.18, 3면 1단)

〈자료 61〉 거류 문제 실시기(居留問題實施期)(《황성신문》, 1910.3.13, 1면 5단)

〈자료 62〉 조선과 외인 토지소유권(朝鮮と外人 土地所有權)(《神戸新聞》, 1910.10.4)

1. 지방행정구역 개편

〈자료 01〉 논설: 의선수내정(宜先修內政)[2](《황성신문(皇城新聞)》, 1905.9.1, 2면 1단)

(상략-편역자) 대저(大抵) 한 나라(一國)를 한 몸(一身)에 비유하면 중앙정부(中央政府)는 사람(人)의 장부(臟腑)요, 지방(地方) 군현(郡縣)은 팔다리(肢體, 지체)라. 지금 우리 한국의 정형을 보면 여러 해에 걸쳐 오랜 병환(沈痼, 침고)에 원기(眞元)가 크게 훼손(大損)하여 안으로는 오장육부부터(內自臟腑) 밖으로는 팔다리에 이르기까지(外達肢體) 병에 걸리지 아니한 곳이 없거늘(無不受病), 이를 치료하고자 한다면 먼저 그 안을 치료하는 것이(先治其內) 좋은가(可乎), 그 밖을 치료하는 것이(先治其外) 좋은가(可乎). 이는 좋은 의사(良醫)를 기다리지 아니(不待)하고도 모두 알 수 있다(人皆可知). 현금(現今) 정치쇄신의 날(政治刷新之日)에 지방제도 개정의 일(以地方制度改善事)로 이제 곧(方將) 모처(某處)에 충고가 재촉(催促)이 있다 하며, 각 신문사의 소재(各報館所載)가 상세 혹은 간략히 말하기를 어느 부(某府)는 어느 부에 합하고(合於某府), 어느 군(某郡)은 어느 군에 속한다(屬於某郡) 하니, 정부(政府)에서 여하한 중대 발표(發落)를 하는지 아직 알 수 없거니와(姑未的知), 우리(吾儕)는 금일 정부의 정형(情形)을 관찰함에 이 일(事)의 시행과 조치(施措)가 아마 그 선후완급의 마땅함에 부적절(恐其不適於先後緩急之宜)이라 하노니. 유래(由來) 우리 한국에 주현(州縣)을 합병(合併)하는 소문(言議, 언의)이 지금에만 있었던 것이 아니라(匪今斯今) 삼백년래(三百年來)에 일반(一般) 정치가(政治家)가 모두(皆) 주의하고 토론한 바라. 하물며 지금 정치쇄신의 날(政治刷新之日)에 지방제도(地方制度)의 개선이 본디 단행할 수 없는 일이랴(固是斷行不可已之事). 그러나(然而) 금일 중앙정부(中央政府)의 정형(情形)으로는 아직 급하게 의논할 만하지 않다(未可遽議). 대저 전국의 근본은 중앙정부이니, 근본이 세워지지 아니하고(不立) 곁가지(枝條)가 발달함은 이치에 맞지 않는 것이다(理所必無). 국가의 정치를 아주 새롭게(一新) 개량하고자 하면 먼저 중앙정부부터(先自中央政府) 기초가 완고해야 주무대신(主務大臣)이 모두 그 인재를 얻고(皆得其人), 각자 그 직에 소임을 다해야(各盡其職) 정령으로 일을 하는 것이(政令事爲) 금

---

2 마땅히 먼저 내정을 다스려야 한다.

석처럼 견고하고(堅如金石) 사계절처럼 믿음직(信如四時)하여 국론(國論)이 흔들리지 아니(不撓)하고, 민심(民心)이 두루 미치게(咸孚) 한 연후에 지방제도(地方制度)를 차제 정리하면 각 항 경비의 절약(節省)과 허다한 민폐(民瘼, 민막)의 제거가 충분히(十分) 무해하여 공과 사 모두 이익(公私俱利)이다. 하지만 지금(今) 우리 한국(我韓) 정부를 보니(觀) 주무대신이 식견과 지조가 없어(旅進旅退) 아침에 저녁의 일을 알 수 없음(朝不及夕)일새. 관직의 재임 기간이 매우 짧음(五日京兆)과 공적인 사무가 사흘이 지나기 전에 변경됨(三日公事)은 훨씬 약한 것으로, 앞으로 더 어려운 일이 있을 것이라는 말이라(猶屬歇后語). 가위(可謂) 조정에 인물이 없음(廊廟無人)에 국내 공허, 즉 비록 이 작은 일(雖些小事件)이라도 반드시 그 행해지는 것을 볼 수 없음(未見其必行)이요, 그 신뢰할 수 없음(未見其可信)이거늘. 하물며 이 지방제도의 대경장(大更張),[3] 대시위(大施爲)[4]가 어찌 공들인 보람이 용이하게 나타날 수 있겠는가(豈可容易奏功乎). 지금 화폐 교환의 날(矧今貨幣交換之日)에 공사 간 돈의 길(公私間錢路)이 도저 장애(窒碍)가 있어 갑자기 유통하기 어려움(猝難流通)으로 적체의 공화(積滯之公貨)가 이제 청쇄가 어려워(愈難淸刷) 안으로는 정부로부터(內自政府) 밖으로는 부·군(外至府郡)의 이름에 만반 곤란을 말로 다 할 수 없음(不可名狀)이라. 곧 이 시기(乃於斯時)에 군현합병설(合倂郡縣之說)이 나라 안에 자자(喧藉國中)함으로 관찰(觀察)·군수(郡守) 모두가 이로 인(擧皆因此)하여 거의 종일 계획이 없고(殆無終日之計) 길에서 방황하는 듯(有若彷徨道路)하니, 공납 연체(公納之愆滯)가 날로 심하고(由是而益甚), 이민의 소화(吏民之騷訛)[5]가 이에 더욱 오름(由是而尤騰)이라. 이를 비유(譬, 비)하건데 병인(病人)을 대하여 장부(臟腑)의 내허(內虛)를 보충하지 아니(不補)하고, 팔다리(肢體)의 외환(外患)을 급하게 치료(急治)하고자 하여 도리어 그 원기(元氣)를 날로 해하게(益敗) 함이니, 어리석은 의사(庸醫, 용의)의 잘못된 처방(誤方, 오방)이 사람을 죽이기에 적당함이라(適足以殺人而已). 두렵지 아니하리오(可不懼哉). 대개 금일 시기가 내외 정치를 물론(無論內外政治)하고, 절대 구습의 관철이 불가함(斷不可因循舊轍)이오. 반드시 일절 갱신(更新)하여 전국(全局)을 정돈(整頓)할 시(時)라. 먼저 중앙정부에서 주요 지위의 제

---

3 경장(更張): 정치적·사회적으로 묵은 제도를 개혁하여 새롭게 함.

4 시위(施爲): 어떤 일을 베풀어 이룸.

5 소동을 일으킨 소문.

공(當軸諸公)이 모두 한평생 인망(一代人望)이 있는 자를 획득(得)하여 백 가지 어려움(百難)을 배각(排却)하고, 일심으로 실행해 나아가(一心做去) 법을 세우고, 명령을 행함(法立令行)이 뇌려풍비(雷厲風飛)[6] 하는 듯 전진만 있고 후퇴는 없게(有進無退) 할 기상(氣象)이 활발하여 막히지 아니(活潑不滯)한 연후에 지방제도를 차제 개정하면, 비록 약간의 장애가 있더라도(雖有如干障碍) 또 모두 절단하고 다스려(亦皆剸理) 내외 국면을 완전 정제(整齊)하려니와, 만약 현 정부의 허약(以若現政府之虛弱)으로는 지방 개정의 일이(地方改定之事) 도리어 분란을 일으킴(徒滋紛亂)이요, 용이하게 그 일의 성공을 볼 수 없을 것(未見其容易奏功)이니, 먼저 중앙정부의 기초를 완실확고케 하고, 다음으로 이 치료하기 어려운 고질병(使此沈痼難醫)을 군현제도(郡縣制度)로 개량·정리하여 국맥(國脉)으로 원기를 보충하고, 양기를 회복함(補元回陽)의 실효가 있기를 간절히 축원(切切顒祝)하노라.

〈자료 02〉 합군 실시(合郡實施)(《황성신문》, 1906.3.23, 2면, 1단)

요즈음(近日) 정부에서 합군회의(合郡會議)를 누차 의론하여 거쳤으나(經議) 시말(始末) 확정이라더니 전하는 이야기(傳說)를 들은(聞)즉, 이토 통감(伊藤統監)이 각 부(各部) 대신을 대하야 성언(聲言)하되, 한국(韓國)에서 시정 개선을 실시하자면 우선(爲先) 합군(合郡)하고, 이 경비(經費)로 각 군에 소학교(小學校)를 설립하야 인재를 교육함이 제일 급무라 하는 고로, 내부(內部)에서 장차 합군 사건에 착수할 모양이라더라.

〈자료 03〉 논설: 지방제도(地方制度)(《만세보(萬歲報)》, 1906.7.1, 1면 1단)

행정구역의 개량 방책이 지난해(年前)부터 논의가 분분(紛紜, 분운)하나 선량한 방책이 없어(無) 여하히 일의 진척(就緖)함을 보(見)지 못하였더니, 본년에 이르러(至) 내부에서 지방조사에 착수하야 아직 지방제도의 여하한 결과는 알(知得)지 못하였거니와, 혹자의 누설한 이야기(漏傳)를 들은(得聞)즉, 50여 군의 작은(至小) 군읍을 합병하고, 큰 군(大郡) 지역이 군

6 우레가 격렬하고 바람이 빠르게 인다는 뜻으로 위세가 맹렬하고 행동이 신속함을 비유적으로 이름.

에서 빠진 것(闕郡)에 침입한 것을 할당(割付, 할부)하야 345군을 280여 군으로 제정한다 하니, 이 말이 적확한지는 알기(知) 어려우나(難) 만약 사실과 같을 것이면 전일 소문과는 크게 다르도다(大異). 전 일(前日) 소문에는 백 군(百郡)으로 분합한다는 항설(巷說)이 있어 지방의 인심이 불온한 정태가 있을까 염려하는 자도 적지 아니(不少)하더니, 지금하야 50여 군의 감소(減省, 감생)를 볼(見)지면 이 분합의 대공황은 별로 없을 듯하도다. 그러나(雖然) 우리(吾儕)는 내부에서 조사·개량의 방책이 필경 타당(得當, 득당)한 줄로 신앙하는 바이라. 췌설(贅說)[7]을 감히 발키 어려운(難) 우의(愚意)[8]에는 지방조사를 대개량(大改良)할 시대를 당하야, 대략(草草) 개정함이 심히 불가한 기회라 하노니 무엇이오(何者). 우리 한국(我韓) 지방의 행정구획을 정리할 겨를이 없는(不遑) 자(者) 이미 오래 한지라. 단 기회를 조우치 못하야 금일에 미루고(延至) 있거니와, 현금 정치 개선의 시대를 당하야 제일 급선무는 지방 개량이라 이를(謂)지라. 지방 개량의 급선무에 조사할 조목이 다수 있으니, 일왈(一曰) 인구 실수(實數)의 조사요, 이왈(二曰) 편호(編戶) 실수의 조사요, 삼왈(三曰) 전답 등 수의 조사요, 사왈(四曰) 결부(結賦) 실수의 조사요, 오왈(五曰) 산진(山鎭) 천택(川澤)의 조사요, 육왈(六曰) 도로 교통의 조사요, 칠왈(七曰) 진관(津關) 주즙(舟楫)[9]의 조사요, 팔왈(八曰) 토산 방물(方物)[10]의 조사요, 구왈(九曰) 광업 구역의 조사요, 십왈(十曰) 장시(場市) 교역의 조사요, 십일왈(十一曰) 관유 사유의 진황지(陳荒地) 조사요, 십이왈(十二曰) 삼림 노전(蘆田) 죽전 등 실수(實數)의 조사요, 십삼왈(十三曰) 어전(魚箭) 염정(鹽井)의 조사요, 십사왈(十四曰) 둔공토(屯公土)의 조사요, 십오왈(十五曰) 폐혁(廢革) 공해(公廨)[11]의 조사요, 십육왈(十六曰) 사원(寺院) 승니(僧尼)의 조사요, 십칠왈(十七曰) 제언(堤堰)[12]의 조사요, 십팔왈(十八曰) 점사(店舍) 탄막(炭幕)의 조사요, 십구왈(十九曰) 사환(社還)[13] 곡총(穀總)의 조사요, 이십왈(二十曰) 오래된(陳久) 군물(軍物)의 조사니, 기타 조조(條條)히 기록하야 벌여

7 하지 않아도 좋을 쓸데없는 말.

8 자기의 의견의 겸칭.

9 배와 삿대 배.

10 토산물.

11 관아의 건물, 관공서.

12 제방.

13 환곡.

놓을(臚列, 여열) 자를 가리킬(屢指) 겨를이 없을지라(不暇). 특히(就中) 매 1조(條) 하에 다수의 명목이 걸려 있는(懸列) 자 있거니와, 장황설(長皇說)[14] 버리기(去) 불능하나 지방제도의 개량 방책을 착수할지면 위의 항목에 기록한 20조를 상세 조사한 연후에 가히 정리할 자를 정리하고, 평균할 자를 평균하고, 합병할 자를 합병하고, 분할할 자를 분할하야 일제히 지방 정치상에 조금(一毫, 일호)이라도 불정제한 유감이 없이 일신(一新) 개량하여야 가위 지방 정리라 이를(謂)지라. 지금 지방제도 조사위원이 조사에 열심 중이라 하니 위의 항목 조사에 하나도 남김 없게(無遺) 상세할지면, 각 지방에 조사 위원을 파송하야 일일 세즐(細櫛)[15]하야 13도 관하 각 군을 조사하려면 1년 광음을 소비한 연후에 가히 사득할 것이오. 지방조사를 끝마친(了竣) 연후에 내부에서 계산을 온당하게 작정(妥定)하고, 구역을 분장하야, 충분(十分, 십분) 모호 처분, 잡처(雜處)가 없이 완전무결이 제정하여야 가위 개량이라 이를(謂) 것이어늘, 지방제도 조사위원은 경성에 재(在)하야 각 지방 군수로 대략(草草) 조사하야 화도(畫圖)[16]상, 공문서(文報)상으로 구역을 논정함이 충분(十分) 완전무결할는지. 절공(竊恐)[17]하노니 지방 조사위원과 내부 주무대신은 정신을 따로 분명히(另著) 하야, 지방제도의 조금(一毫) 흠결한 점이 없게 한(無) 연후에 안건을 반포하야, 전국 인민의 신앙을 도우며(副), 내국 군현의 질서를 균열(均列)케 함이 전국 이천만 동포의 행복으로 희망하노라.

〈자료 04〉 감저의결(監邸議決)[《大韓每日申報(국한문)》, 1906.7.25, 2면 5단]

재작일(再昨日) 통감(統監) 관저(官邸)에서 각 대신이 회의한 일(事)은 작보(昨報)에 이미 게재(已揭)하였거니, 이토 통감(伊藤統監)이 3대 문제를 제출하였는데, 일(一)은 지방제도를 개정하야 합군(合郡)이 경제상에 적당하나 지방 인심이 일의 전말(始末) 정돈(整頓)하야 이민(吏民)이 그 정책을 알지 못(莫知其政策)하고 스스로 소동을 일으키니(自爲騷動), 합군문제는 잠시(姑爲) 정지하는 것이 좋다(可)고 결정하였고. (하략-편역자)

---

14 張의 오기로 추정됨. 장황(張皇)하다.

15 참빗처럼 촘촘하게 조사.

16 여러 종류의 그림. 여기에서는 지도를 이름.

17 조심스레 걱정.

〈자료 05〉 논설: 합군이 부당기시(合郡이 不當其時)(《황성신문》, 1906.7.23, 2면 1단)

기자(記者)가 합군을 장차 실시한다는 것을 듣고(聞合郡之將實施) 그 이해의 소재를 연구(究其利害之所在)하며 그 시세의 부당을 살펴보니(察其時勢之當否), 삼가 근심스러우며(方蹙然而憂) 수심에 잠겨 탄식(愀然而歎)하고 답답하야 편안하지 않다가(悶然以不寧焉), 갑자기 스스로 위로하야 기뻐 말하기를 일본 정부의 서무를 남모르게 살펴보건데(忽怡然自慰曰竊觀近日政府之庶務), 대개 또 혁폐·개선의 도에 유의(盖亦留心於革弊改善之道)하니 우리 어찌 불평할 것이리오(吾何爲不平哉). 몇 냥(幾兩)이 근이 되고(爲斤), 몇 근(幾斤)이 칭[18]이 됨(爲秤)이라. 권형(權衡)도 여전(猶然)하거든 같은 이름의 군이라도 5면, 6면의 군이 있으며(同名爲郡而或有五面六面之郡), 혹 30면, 40면의 군이 있음(或有三十面四十面之郡)이 가능하며(可乎), 몇 전(幾錢)이 각이 되며(爲角), 몇 각(幾角)이 원이 됨(爲圓)이라. 화폐(貨幣)도 여전(猶然)하거든 같은 이름의 읍이나 혹 천 가의 읍이 있으며(同名爲邑而或有千家之邑), 혹 만 가의 읍이 있음이(或有萬家之邑) 가능한 것인가(可乎). 군의 적합한 것이(郡之宜合者) 많음이요(多矣), 합군 운운하는 것(合郡云云者) 역시 이미 오래된 것이러니(亦已久矣), 지금 정부의 의론을 들음(今聞政府之議)에 실시의 기약이라(期於實施)하거늘, 칭찬은 생각하지 아니하고(不思贊賀) 오히려 불평이 마음에 있는 자(反有不平於心者)는 무슨 이유인가(何故) 하며, 반복하여 그것을 생각하다가(反覆思之) 무의식 중 책상을 치며 크게 외치며 말하기를 '불가 불가'(不覺拍案而大叫曰不可不可)하다. (중략-편역자) 현재(現今) 국민의 지위 정도(國民之地位程度)가 오로지 암매한 중에 있어(猶在闇昧之中), 이 군이 저 군으로 이속하면 이 군의 민(移屬於彼郡則此郡之民)은 일반 압제의 위엄과 업신여김을 받는 것을 두려워(恐受一般壓制之威凌) 하고, 저 군의 인민(彼郡之人)은 고통이 더해질 것 같음을 두려워(恐有如何弊瘼之添貽)하야 서로 시기함(互相猜嫌)에 서로 미워(互相疾惡)하다가 문제가 생기기 쉬움(易至生梗滋事之端)이 첫 번째 불가함이오(一不可也). 각 지방의 의요 토비(各地方之義擾土匪)[19]가 진정이 되지 않음(蔓不鎭靖)에 인심(人心)이 또 안온하지 아니(尙未安穩)하고, 소와(騷訛)[20]가 또 서로 움직여(尙此胥

18 열다섯 근.

19 의병.

20 잘못 전해서 소동을 일으킨 소문.

動) 정부의 일거수일투족(政府之一擧一動)을 보지 않는 것이 없나니(莫不屬目), 작은 경장(小小變張)도 오로지 쉽지 않은 일이거늘(猶非易事) 하물며 이 13도 300여 주 중(況此十三道三百餘州之內)에 작은 것(小者)을 크게(大之)하며 큰 것(大者)을 작게(小之)하야 한 번으로 편성하는 대경장(便成一番之大更張)하면, 혹 이로 인한 뜬소문을 퍼트림(或有因此而流播浮言)에 선동 민심(煽動民心)하야 소란에 이름(以致騷亂) 역시 어떠한지 알 수 없으니(亦未可知) 두 번째 불가함이오(二不可也). 물론 모도모군(無論某道某郡)하고 무릇 유래(凡其由來之)의 이호공형(吏戶工刑)[21]은 손에 쟁기를 들지 아니(手不知耒耟)하며, 입에 지게미와 쌀겨를 넣지 아니(口不知糟糠)하고, 그 듣고 보는 것(其耳聞目見)이 다만 세금, 화속[22] 사이의 생활이라(只是生活於稅末火粟之間而已). 글을 놀려 농간함(舞文弄奸)이 이들에게 항상 말미암고(常由此人), 공적인 세금의 포흠(公稅逋欠)[23]이 이들에게 항상 말미암이니(常由此人), 이 원래 마땅히 일정 개정해야 할 것이(此固當一切改正者)로데, 하물며 다스리지 않는 것이 점차 증가(苟非治之有漸)하며, 그것을 혁파할 방도가 있다(革之有術)하고, 하루아침에 합군을 명령(一朝而下合郡之令)하면 이 무리들에게 물음(試問此輩衆人)이 장차 어디로 귀결할 것이오(將歸何處). 소란 민정(擾亂民情)이 반드시 이들에게 말미암은 것이 아니지 않음(未必不由此人)이니, 세 번째 불가이오(三不可也). 좋다(善乎), 다산 정약용의 말(茶山丁氏之言)에 이르는 것이 있데(有云) 목민의 관(牧民之官)은 해서는 안된다(不可爲也). (중략-편역자) 지금(今也)에 교육(教育)이 미진(未進)하고 인재(人材)가 요락(寥落)[24]커늘 통합 군현(統合郡縣)에 2등·3등의 계급을 소거(掃去二等三等之階級)하면 장차 있을 몇 만의 대읍(將有幾萬家之大邑)을 초보의 시험에 맡기(付了初手之試)는 것이니, 네 번째 불가이오(四不可也). (중략-편역자) 이 합군의 때를 엿보아(窺此合郡之際) 책상에 편안히 앉고자 소읍의 관장(依几安坐而小邑之官長)에 일시진봉(一時進捧)[25]이 몇천 냥(幾千兩)이오. 직접 나서지 않으나 협소한 읍의 이민(袖手無言而峽邑之吏民)이 각 처에 뇌물을 드림(各處賂獻)이 몇만 냥(幾萬兩)이라 하야 이 인민의 어리석음(愚此人民)이

21 6조의 이호예병형공.

22 화전(火田)에 대하여 물리는 세금.

23 사사로이 사용.

24 황폐하고 없음.

25 진상.

공연히 눈썹을 찡그리게 함(空然嚬眉)에 분주하게 달리고(褰足奔走), 저 관인의 모략(智彼官人)은 기쁘게 배를 두드림(欣然捫腹)에 어깨가 높이 오른다(肩高數丈) 하야 이러한 뜬소문 같은 것(如此浮言)이 여항[26]에 널리 퍼짐(暄播閭巷)에 의심스러움(疑雲, 의운)이 첩첩(疊疊)하리니, 민심(民心)이 아직 장차 있을 경정을 신뢰하지 않음(未孚而將有所更改)인데 또한 어렵지 아니한가(不亦難乎). 즉 이것이 다섯째 불가라(此則五不可也). 이에 1905년의 분을 생각함(仍念光武九年之分)에 이미 이 의논이 있었거늘(已有此議) 기자(記者)가 그것을 논빙(著論駁之)하야 중앙정부의 행함이(以爲中央政府) 견고할 수 없거늘(不能鞏固), 어느 겨를(奚暇)에 그 곁가지를 다스릴 것이리오(治其末哉) 하야 그것을 간곡하게 고하야 마지 않으니(諄諄告之而不已), 아직 때를 알 수 없음(未知此時)에 정부가 돌아서서 이 설을 멈춤(政府之旋止此說)이 혹 나의 간곡한 고함을 채택한 것인가(其或有採於蒭說歟), 혹 별도의 소견이 있었던 것인가(或亦別有所見歟) 질문할 수 없거니와(是未可質言者), 금일의 정부(今日之政府)도 아직 견고하지 않다고 할 것이오(謂之鞏固則未也). 비록 견고하다고 하더라도(雖已鞏固) 이 다섯 가지 불가(其奈此五不可)에 어찌하리오(何哉). (중략-편역자) 이 합군의 의론(使此合郡之議)으로 지금의 시세에 적합(適合於今日之時勢)하야 이익이 있고 무해(有利而無害)인데, 억하심장(抑何心腸)으로 이미 전에 반빙(既駁於前)하고 또 후에 반빙(又駁於後)하야 말이 많은 사람인 것 같지만은(作此多言之人哉), 다만 미숙의 과실을 염려함(但恐未熟之果)을 너무 이르게 먹음(食之太早)에, 다만 복중에 병폐가 있을까(徒自有梗於腹中) 하야 또 이 말을 남기노라(又有此言也). (미완-원문)

〈자료 06〉 논설: 합군이 부당기시(속)[合郡이 不當其時(續)](《황성신문》, 1906.7.24, 2면 1단)

혹 말하기를(或曰) 금일이 합군의 때가 아니라(非合郡之時)라 하니, 그러한즉(然則) 합군이 마땅한 때(合郡當行之時)는 과연 어느 때이리(果何時耶)오. 어찌 2~3년 후인가(豈謂二三年之後歟) 4~5년 후인가(四五年之後歟), 아니면 또한 몇 십 년 후인가(抑亦在幾十年之後歟). 기자(記者)가 탄식하야 말하길 이는 기자가 감히 단언할 수 있는 것이 아니로다(喟然曰此非記者之

26 인가(人家)가 모여 있는 곳.

所敢斷言也). (중략-편역자) 합군의 일(合郡之事)을 논할 겨를이 없으리니(有不暇論者矣) 어찌 2~3년 안에 논할 수 있으랴(奚可與論於二三年之內哉). 탄식하노라(噫噫, 억억). 우리 국가의 소위 정치 개선이란 것(我國之所謂政治改善者)을 또한 누차 보니(余亦屢屢見之矣) 금일(今日) 내부(內部)에 1관제를 정리(釐一官制)하고, 내일(明日) 농부(農部)에 1장정을 첨부(添一章程)하야 각 부, 부원청(各府部院廳)에 경정 개혁(更定改革)은 없으로데(無日無之) 정계의 폐단(政界之弊弛)은 갈수록 더욱 심하고(愈往愈甚), 창립 지계아문(創立地契之衙門)에 전국의 지구, 곧 지국의 정리를 조사함(調査全國之地區則地區之整理)은 보기 어렵고, 감리위원(難見而監理委員)이 단 협잡의 악습에 사로잡혔다(但逞挾雜之惡習) 하고, 각 도의 시찰을 아뢰어 보냄(奏遣各道之視察)에 인민의 폐막 곧 폐막의 도태를 고찰함(考察人民之弊瘼則弊瘼之除汰)은 기대하기 어렵고, 마패유척(難期而馬牌鍮尺)[27]이 다만 민을 성가시게 만들어(但作擾民之前導) 십수 년래 행정의 경계(十數年來行政之界)에 혹 창조, 혹 개조, 혹 축소, 혹 증가(或創或改或減或增)의 수를 가리킬 수 없어(不可指數) 무익할 뿐 아니라(非徒無益) 또 그것이 해로워(而又害之) 국계 민정(國計民情)이 요양미정(擾攘未定)[28]하니, 이 어찌 지사의 분개할 것이 아닐 것인가(此豈非志士之所憤慨者耶). (중략-편역자) 하물며 우리나라 사람(況乎我國之人)은 부패 습관도 버리지 아니(都不洗擲)하며, 내용 위병(萎病)[29]도 생각하야 헤아리지 아니(都不思議)하고, 구차한(區區) 외모의 형식(外貌之形飾)과 말류의 중요하지 않은 부분(末流之枝葉)에만 개혁에 힘쓰니(徒思改革), 오호(嗚乎)라 지금 이 관제와 지구의 제도(官制與地區之制度)를 일일이 개정(一一改之)하야 당우[30]의 백규[31] 사악[32]과 같으면(如唐虞之百揆四岳) 가히 당우의 다스림이라 이를 만할 것(可以謂唐虞之治乎)이며, 3대의 구주오복[33]과 같으면(如三代之九州五服) 가히 3대의 성세에 이를 수 있을 것이며(可以及三代之盛乎), 구미열강의 형식 배포(歐米列

27 마패는 관원이 공무 나갈 때 역마징발의 부신으로 쓰던 패이고 유척은 놋쇠로 만든 자임.

28 정신이 어질어질하여 결정하지 못함.

29 몸이 점차적으로 시들어 쇠약해지는 병.

30 중국 고대 요임금과 순임금을 이름. 요순시대는 중국사상의 이상적 태평시대임.

31 재상.

32 요임금 시대 사방 제후의 관명.

33 중국의 영토 개념으로 하나라의 시조 우가 치수 이후 전국을 9개의 지방으로 구분하고, 천하는 5분한 것을 이름.

强之形式排布)를 본떠서 획득(依㨾畵得)하고 실천하지 않으면(不踐實際면) 열강과 다툴 수 있을 것인가(可以與列强而爭衡乎). 대저 이 제도 전범[34]의 사이(夫此制度典範之間)에도 본디 교주고슬[35]이 불가로데(固不可膠柱而皷瑟), 정부의 안(政府之內)에 쇠약하야 피로해진 기상(萎靡氣象)을 제거하지 아니(未嘗小除)하며, 주군 간(州郡之間)에 탐욕스러운(庸貪, 용탐) 관리(官吏)를 축출할 수 없다(未能盡黜) 하고, 먼저 합군의 일에 착수하면(先下手於合郡之事) 어떠한 이익이 있을 것이오(竟有何益哉). 한마디로 그것을 단절하기를 요청하여(請一言以斷之) 이로써 합군의 마땅한 때가 언제인지 증거(以證合郡之當在何時)하리니, 중앙정부(中央政府)는 쇠하야 없어진 많은 행사를 모두 행하여(百廢悉擧) 일령의 하(一令之下)에 사람들(人人)이 신복하고, 이민(吏民) 지식은 일 배 개발(一倍開發)하야 이합의 때(離合之際)에 소동을 일으키는 소문(騷訛, 소와)을 만들지 아니(不作)하고, 교육이 크게 나아감(大進)에 이재(吏材)가 임립(林立)[36]하야 백 리의 책임을 기탁할 수 자(可以寄百里之任者), 그 인재가 결핍하지 아니하거든(不乏其人), 이에 서서히 일어나 그것을 도모(於是乎徐起而圖之)하면 전국의 민(全國之民)이 기뻐하지 않겠는가(孰不喜悅哉). (중략-편역자) 몇 년간의 불신 정령(幾年未孚之政令)에 합군의 의논을 갑자기 행하면(猝行合郡之議) 민이 편안할 것인가(民其安之乎). 근래 이 의논에 대해 들은 것(近聞此議) 또한 통감의 권고에 말미암은 것(亦由統監府之勸告)이라 하니, 지금 비록 아직 행하지 않았거니와(今雖未得其的) 절념[37] 외국 사람(竊念外國之人)이 높은 식견인 것이나(雖是知見高明) 본국의 시세 정도(本國之時勢程度)는 자국인이 결정하는 것만 못함(决不如自國人)이 스스로 그 상세한 것을 아는 고로(自知之詳細故) 붓을 들어 상세히 설명함(提筆覼縷)에 번잡함을 개탄하지 아니(不憚煩絮)하노니, 정부 인사 여러분에게 바라는 것(維望政府諸公)은 여러 번 생각하고 살펴(三思加察) 무익한 일에 힘쓰지 말고(毋勞心於無益之事), 지방제도조사 위원(地方制度調查之委員)은 잠시 휴식하다가(姑此休暇) 또 수삼 년 후를 기다려(且待數三年之後) 다시 의론을 할 것이어다(亟與議之哉).

---

34 본보기가 되는 규범.

35 거문고 기둥을 아교로 붙이고 거문고를 탄다는 뜻으로 너무 경직되어 융통성이 없는 것을 뜻함.

36 나무처럼 늘어섬.

37 가만히 생각함.

〈자료 07〉 재론 지방제도 개정(再論 地方制度改正)(《황성신문》, 1906.9.6, 2면 1단)

지난번(向者)에 합군의 설로(以合郡之說) 각 군 관리(各郡官吏)가 일시 분파(一時奔波)하고, 각 도(各道) 인민(人民)이 여러 가지로 소요(萬端騷擾)하야 모군(某郡) 수령(守令)에 요로자에 주선한 자(周旋於要路者)가 몇 인(幾人)이오. 모군(某郡) 이서(吏胥)에 경성자에 강요한 자(逗遛於京城者)가 몇 인(幾人)이오. 혹 향민에게 몰래 부탁함(或潛囑鄕民)에 치적을 허위로 진술하게 하고 무단으로 관리의 유임을 청원하도록 하는 자(臚陳治蹟而無端願留者)도 있다(有之) 하며, 혹 관아의 손님을 보냄(或起送衙客)에 권문세가에 분주하게 촉탁하는 자(奔走權門而爭相囑託者)도 있다(有之) 하고(중략-편역자) 장차 우리 13도 각 군의 관민(將我十三道各郡之官民)이 수 년 전(幾乎作數年之前) 성진과 길주 두 읍이 쟁론(城津吉州兩邑爭論)하니, 다행히 당국자(何幸當局者)가 기회를 보고 명백하게 결단(見機明決)하야 백성의 지식 정도가 미개하다(以爲民智未開) 하고, 시기가 아직 가능하지 않다(未可)고 하야 훈령을 각 도에 발함(發訓各道)에 그 분란의 정형을 멈추고자 한 것이(諭止其紛擾之情形者) 지금 얼마 안 되었거늘(今未幾日), 지금(今也) 또 어찌 342군(又何三百四十二郡)의 균일 획정의 설(均一劃定之說)이 돌연 나왔는가(突然而出乎). 이에 우리(吾輩於此)에게 그 의혹(其惑)이 더욱 심(滋甚)하노니, 지난번(嚮也)에 백성의 지식 미개(以民智之未開)로 어지럽게 떠들썩하더니(有此紛聒), 지금 얼마 되지 않아(今不過幾旬之餘) 미개 백성의 지식(未開之民智)이 이미 열렸으며(已開乎), 지난번(嚮也)에 시기가 합당하지 않음(以時機之未合)으로 중지하더니(有此中止), 지금 얼마 간의 시일 후(今不過幾日之後)에 합당하지 아니한 시기(未合之時機)가 이제 합당한 것인가(已合乎). (중략-편역자) 단, 그 합군의 의론(但其合郡之議)은 전과 같이 실행이 불가능(不能如前實行)하고, 다만 이 군(只謂此郡)의 지단(地段)[38]이 저 군(彼郡)에 횡입(橫入)한 것(者)만 옮겨(移付) 각 군(各郡)을 평균(平均)케 한다고 운운(云云)하니, 이로 말미암아 그것을 보면(由此觀之) 백성의 지식(民智)이 여전히 미개함(依舊未開)을 당국자(是當局者)가 스스로 알고 있는 바요(所自知也). 시기에 여전히 합당하지 않음(依舊未合)도 당국자(是當局者)가 스스로 믿고 있는 바(所自信也)로다. 그러한즉(然則) 당국(當局)의 인사 여러분(諸公)은 무슨 이유로 다시 이 의논을 제기한 것이오(何故而更提此議也). 같은 경장인 것이요(同一更張也), 같은 분합인 것이오(同一分合也). 단, 점점 그 방침을 변경하야

38 넓고 큰 땅을 몇 단으로 나누어서 가른 때의 한 부분.

획정 지단(但稍變其方針曰劃定地段)의 장점을 취하고, 단점을 보완(截長補短)하고, 군의 수(郡數)는 하나하나 그대로(一一依舊)라 하면 경장과 분합의 실리를 획득할 수 있고, 경장 분합의 폐해는 없을 것인가(可以得叓張分合之實而無叓張分合之擾歟). (중략-편역자) 지난번(向日) 합군의 설(合郡之說)로 이를 스스로 근심하는 관민(自貽伊慼之官民)이 어찌 자신의 군에 묵은 폐단을 없애는 것을 싫어할 것인가(豈徒惡其自郡之革去者耶). 혹 자신의 군에 이익(或恐自郡之利益)을 다른 군에 빼앗길까(見奪於他郡) 하며, 혹 다른 군에 딸려 오는 것을 우려함(或慮他郡之來屬)에 자신의 군에 해를 끼칠까(貽害於自郡) 하고, 혹 이 군의 인민(或此郡之人)이 저 군의 인민이 되는 것을 원하지 아니하여(不願爲彼郡之人) 지방제도(地方制度)를 개정함에 이를 수 없었으니(迄未能釐定), 생각건대 이 미개한 인민의 지식(維此未開之人智)은 실로 답답하거니와(實是可悶), 그 실제는 대경장 · 대분합이 아님(不唯大叓張大分合)이 지금 그 시기가 아니(今非其時)라, 소경장 · 소분합(小叓張小分合) 또한 그 시기가 아니(亦非其時)니, 만약 이 말을 믿지 아니하거든(若謂斯言之不信) 또 이 의논이 제출된 지 불과 며칠 후를 봄(且觀此議提出不過幾日之後)에 각 군 관리의 그릇되고 소란스러운 거동(各郡吏民之訛擾擧動)이 전 일에서 조금도 줄지 않음이러니(必無小減於前目), 이미 이 일반의 극수[39](旣是一般之棘手)인데 무슨 연고(何故)로 전에 멈췄다 다시 제출한 것이며(前停而後提歟), 큰 것을 피하고 작은 것을 행하려 하는가(避大而行小歟). 설령(設令) 이번(今番) 경혁(叓革)은 관민(官民)이 춤추며 기뻐(舞蹈而喜悅)하야 아무런 지장이 없다(都無如何之阻礙) 할지라도 나로서(愚)는 그대로 가능하지 않다(猶以爲不可) 하노니, 하나는 중앙정부(一則中央政府)가 아직 견고하지 못한 것이요(未能鞏固也), 둘은 지방 관리(二則地方官吏)가 또 욕심이 많고 하는 짓이 더러운 것이 많다는 것이니(尙多貪汚也), 그 근본을 버리고 그 지엽을 다스리면(捨其本而治其末) 무슨 이익이 있으리오(庸有何益). 비록 경계 구역(雖經界區域)을 극히 마땅히 분배(分排極當)하더라도 국계(國計) 민정(民情)에 필경 반푼의 이익도 없는 것(竟無半分利益)이어든, 하물며 이와 같이 그것을 작게 분합하는 것(況乎如此之小小分合)으로는 지방제도(地方制度)를 아주 훌륭하게 할 수 없을 것이니(不可以盡善盡美也), 어쩔 수 없이 몇 년 후(不得不幾年之後)에 백성의 지혜가 크게 좋아지는 것을 기다려(待此民智之大開) 시기가 적합하여(時機之適合) 또 1차 대경장을 행할 것(又行一次大叓張)이라 하노니. 수십 면의 군이 있고

39 까다로움. 곤란함.

(有數十面之郡), 4~5면의 군이 있으며(有四五面之郡), 수만 가의 읍이 있고(有數萬家之邑), 수천 가의 읍이 있어(有數千家之邑) 크고 작은 것이 섞인 차이(大小叅差)에 일정한 것이 없다(都無一定) 하니, 아아(噫) 지방제도(地方制度)가 이와 같이 불평균한 것을(如是不平均者) 만약 단 이 군과 저 군 사이(若但以此郡彼郡間)에 횡인의 지단(橫人之地段)만 동서로 옮김(東西移付)의 형식에 따라 구획을 정(隨形劃定)하고는 지방제도 개정이라 할 수 없을 것이니(不可謂地制之改正也), 반드시 큰 것을(必也大者) 작게(小之)하며, 작은 것을(小者) 크게(大之) 하고, 긴 것을(長者) 짧게(短之)하며, 짧은 것을(短者) 길게(長之) 하고, 나눌 수 있는 것을(可分者) 나누며(分之), 합할 수 있는 것을(可合者) 합하니(合之), 작게 그것을 개정한다 해도(小以改之) 사무의 번잡(事務之繁劇)과 민정의 분요(民情之紛擾)가 없을 수 없을 것이오(不能無也). 크게 그것을 고치더라도(大以改之) 그 일과 그 소요(其事其擾)는 일반이리니(一般也). 지방제도 개정(地方制度之改正)에 착수하지 아니하거니와(不着手則已) 착수 후(着手之後)에도 또 전과 같이 불평 불균이며(尙如前不平不均) 백성을 성가시게 하는 데 불과함이요(不過擾民而已), 재화를 소비하는 것이니(費財而已), 개정에 어떤 필요(何貴於改正)이며, 만약 시기의 적합을 기다리건데(若待時機之適合) 정부(政府) 인사 여러분(諸公)이 급급(汲汲) 개도(改圖)하야 제반(諸般) 정무(政務)를 아주 새롭게(一新) 고쳐서 좋게 하고(更革, 경혁), 크고 작은(大小) 관리(官吏)를 진심으로 정성스럽게 택하여(盡心精擇) 우리 백성의 지혜를 더함으로(俾我民智) 점점 개발한 연후(稍稍開發然後)에 실행할 수 있으니(始可實行也), 현재 이와 같은 개정(現今如是之改正)은 어찌 구차하고 심한 것이 아니겠는가(豈非苟且太甚者耶). 우리(吾輩)는 이 지방제도 개정에 대하여(對此地制之改正) 눈을 씻지 않고 보기를 원하는 것이 아니로데(非不拭目而願覩者) 일이 그렇지 아니한 것이 있고(事有不然), 때가 불가한 것이 있으므로(時有不可故) 또 이 한 마디를(此一言) 하노라.

〈자료 08〉 지제제의(地制提議)(《황성신문》, 1906.9.19, 2면 2단)

재작일 내부(內部)에서 지방제도 조사 사무를 마친(畢了) 고로 정부에 청의서(請議書)를 제출하였는데, 지방 형편을 조사하야 비래면(飛來面)을 옮기고(移付), 군치(郡治)의 땅 경계(界限)를 확정하였고, 감리(監理)는 부윤(府尹)으로 개칭하고, 참서(叅書) 1인, 주사(主事) 3인을 두어(置) 내부 관할 하에 두었고, 강화(江華)·개성(開城)·광주(廣州) 3부윤(府尹)은 군수

(郡守)로 개정하였고, 관찰부(觀察府)는 도(道)로 개정하고, 관찰도(觀察道)에 소속 관리는 참서 1인, 경무관(警務官) 1인, 통역관(通譯官) 1인, 통역관보(通譯官補) 1인 아울러 주임(奏任)이요, 주사 5인이니, 전 일 자벽(自辟)[40] 주사[41] 는 폐지하고, 서기(書記) 10인은 8인으로, 통인(通引) 4인은 대청직(大廳直)이라 개명하야 2인으로, 사령(使令)은 사환(使喚)이라 개칭하야 18인으로 확정하였는데, 다만 관찰도(觀察道)가 사람이 적고 관직이 간략(人小事簡)한 경우에는 참서관(叅書官)을 잠시 설치하지 아니하기로(不設置) 하였더라.

〈자료 09〉 논설: 경고 전국이민(警告 全國吏民)(《황성신문》, 1906.10.25, 2면 1단)

매우 심함이라(甚矣). 경장의 어려움이여(更張之難也). 이래 정부에서 지방제도를 조사하고 각 군(各郡)을 분합(分合)할새 또 시기가 합당하지 않음(尙以時機之未合)으로 겨우 그 비래면과 두입지[42](其飛來面斗入地)를 이곳에서 저곳으로 옮기어(移此付彼) 대소 광협(廣狹)을 큰 차이가 없게(無甚叅差) 하더니, 즉 이 작은(小小) 경혁(更革)도 대부분 처리하기에 까다로움이 있기에 이르러(致有多般棘手), 혹 이 군민(郡民)이 저 군에 속하는 것을 싫어하며(惡屬於彼郡), 혹 저 군민이 이 군에 속하기 싫어하고(惡屬於此郡), 혹 모(某) 군리(郡吏)가 자신의 군을 할거하는 것을 싫어하여(惡自郡之割去) 본군에 하소연함이 있다 하며(有仰訴於本郡) 관

---

40 해당 관아에서 독자적으로 추천하여 임용하는 제도.

41 일과(一窠) 규정에 따라 정해놓은 벼슬자리 중 하나.

42 비래면(월경지, 월입지, 비입지, 비지 등)은 갑군토가 월경하여 을군에 있는 것으로 이르고, 두입지는 병군토가 정군에 들어간 것을 이른다.
議政府官報課, 「(칙령 제49호) 지방구역정리건(地方區域整理件)」, 『官報』 附錄, 1906.9.29.
1906년 9월 칙령 제49호로 전국의 월경지를 부근 지역에 귀속시키는 조치를 시행하였고, 이에 대해 『매천야록』에서도 그 제도의 복잡함을 지적한 바 있다.
均十三道道郡疆界, 以文義屬忠北, 鬱陵島屬慶南, 求禮屬全南, 興德·高敞·茂長屬全北, 其郡界則凡甲地之隔在乙郡者曰飛來面, 丙地之揷入丁郡者曰斗入面, 各就所近附之, 又改觀察府曰道, 置參書·通譯等官, 制度紛紜, 莫得以準焉(13도의 道郡 경계를 개정하여 文義는 충북으로 속하고, 鬱陵島는 경남으로 귀속하고, 求禮는 전남, 興德, 高敞, 茂長 등지는 전북으로 귀속하였으며, 그 郡界는 甲地가 乙郡에 있는 곳은 飛來面, 丙地가 丁郡에 들어간 곳은 斗入面이라고 하여 각각 그 부근 지역에 귀속하고, 또 관찰부는 道로 개칭하여 참서관과 통역관을 두어 제도가 복잡하므로 어떻게 기준을 둘 수가 없었다).
「31. 道郡境界改正」, 『梅泉野錄』 卷之五, 光武十年丙午③

찰부에 아뢰고(申呈於觀察府), 또 두려움이 천 리에 이르러(有千里裹足) 정부에 억울함을 호소(鳴冤政府)한다고 하니 참으로 애석하다(嗚乎惜哉). 우리 동포의 우매여(我同胞之愚迷). 모두 귀가 있거늘(莫不有耳) 단지 세계 대세에 대해서는 듣지 못하여(獨不聞世界大勢) 풍조가 사나운 것 같으며(如風潮之怒搏乎), 모두 눈이 있거늘(莫不有目) 단지 본국의 형세를 보지 못함(獨不見本國情形)이 머지않아 붕괴가 닥쳐올 것 같다(如大厦之將傾乎). 각 이민 등(竊聞各吏民等)에 호소의 말을 하건데(呼訴之言), 어느 군의 사람을 논하지 않고(無論何郡之人) 기백년 동안 부모의 고향이었던 것(莫不曰幾百年父毋之鄉)이 하루아침(一朝)에 다른 읍으로 옮긴다(移付於他邑)함을 편안히 앉아서 볼 수 있으리오(安可坐視). (중략-편역자) 그러한즉(然則) 우리 금일에 마땅히 힘써야 할 것은(所當相勉者) 정당하게 마음을 넓혀(定當恢擴心胷) 개혁에 용맹히 나아가야 할 것(勇進猛革)이오. 부당하게 눈앞의 것만 살펴(不當察見目睫) 편견을 고집함(墨守偏執)이라. 정부 합군의 일이(政府合郡之事) 해로운 것이 있고 이익이 없거든(有害而無利) 스스로 머리를 부수어 죽어 그것에 저항하는 것이(碎首而抗之) 옳을 것이오(可也). 이익이 있고 해가 없거든(有利而無害) 일제히 소리 질러 그것에 찬성하는 것이(齊聲而贊之) 옳은 것이어늘(可也). 지금에 본말을 따지지 아니하고(不究本末) 스스로 느끼는 대로(自貽伊慼) 하야 곧 말하기를 부모의 고향(父母之鄉)을 옮기는 것은 불가하다(不可任其移去)고 하니, 이 면을 저 군에서 옮기면(移付於彼郡) 저 군의 관리(彼郡之官吏)는 단지 대한의 사람이 아니며(獨非大韓之人歟), 이 면의 산천(此面之山川)이 갑자기 대한의 땅이 아닌 것인가(忽非大韓之地歟). (중략-편역자) 옛날부터(自來, 자래) 우리나라(我國) 법규에 실시되지 않은 것(法規之未得實施者)도 혹(或) 유(有)하고, 제도가 옳지 않은 것(制度之未得盡善者) 또한 많아(多) 개량 실행이 급하지 않으면 아니되나(不可不急), 그 가장 큰 것은(其最大者) 군현의 제도(郡縣之制)가 그렇다(是已). 크고 작은 것이 하나가 아님(大小不一)에 장단이 고르지 아니하여(長短不齊), 혹 이 군의 한 면(郡之一面)이 저 도의 한 군보다 크며(大於彼道之一郡), 혹 저 도의 여러 군(彼道之數郡)이 이 도의 한 군보다 작아(小於此道之一郡) 외관(外觀)이 볼썽사납고(不雅) 내용이 불편하니 정부의 개정이 없더라도(雖無政府之改正) 마땅히 이민이 의견을 올리는 것이 있어야 하거늘(當有吏民之獻議), 개혁에 반대하는 때(反於改革之際)에 움직임을 막고 천천히 거니는 것이(漫行沮擾) 과연 어떤 마음인고(是果何心). (중략-편역자) 우리 금일의 고난은(今日之所遭) 대개 폐단이 많은 정치를 개혁하지 아니한 것에서 말미암은 것

(盖由於弊政之未革)이니 잘 생각할지어다(念之哉). 우리 이민 동포여(我吏民同胞), 각 군의 이서자를 위해서(爲各郡之吏胥者)도 연구 학문에 양성 명예하면, 금일의 속리 출신(今日之屬吏出身)으로 나중에 대장경[43]이 된(奄作他日之大藏卿) 일본유신의 송방정의(日本維新之松方正義)[44]가 저 과연 누구(彼何人我何人)이니. (중략-편역자) 각 향토의 토착자(爲各鄕之土着者)도 정신을 단련하는 데 힘써(磨勵精神) 문명을 흡수(吸收文明)하면, 금일의 깊은 산속의 농부(今日之窮谷耕夫)가 나중의 청년교육을 창도(唱導他日之青年教育)한 이태리 독립의 마치니(意國獨立之馬志尼)[45]가 될 것이니, 과연 어떤 장부(彼丈夫我丈夫)가 어찌 생업에 종사하는 사이(豈但於禾田黎畝之間)에 시대의 변화에 적응하지 않을 것인가(作此株兎之守哉). 오호(嗚呼)라, 참으로 처자식을 버리는 것이 아니라(寔非驅去妻孥) 무덤을 옮기는 것(遷去墳墓)인즉, 이거(移去)해도 부모의 고향인 것(是父母之鄕)이요, 이거하지 않더라도(不移去) 부모의 고향인 것(是父母之鄕)이니, 편견과 오해로 도리 없이(無以偏見誤解) 부모의 고향이라 망언하여(妄言父母之鄕) 무뢰배의 언사 낭비(無徒浪費唇舌)에 나라가 번잡함에 이르고(致煩於京鄕), 이 기회에 기운을 북돋아 기회를 기다리고 개혁함(叚此磨拳張膽)에 부모의 나라를 돌아볼지어다(回顧父母之國哉).

〈자료 10〉 논설: 의도 귀화방법의 설(義徒歸化方法의 說)(《황성신문》, 1907.12.20, 2면 1단)

요즈음(近日) 떠도는 이야기(巷說)를 거한즉, 내부(內部)에서 지방 소란의 진정 방책을 연구하는 중인데 의도(義徒)[46]의 귀화방법이란 설(說)을 들은즉, 의론(議論)이 떠들썩(紛紜)하야 말하기를(曰), 기왕(已往)에 선유사(宣諭使)를 파견하였으나 별로 효력이 없고, 자위단(自衛團)을 조직하라 하여도 도리어 인심(人心)을 요동할 뿐이오. (중략-편역자) 그러함으로 정부에서 물침표(勿侵票)[47]를 발급하자는 방법이 나왔으나(生) 그렇지만(雖然) 이 물침표를 발

43 재정, 통화, 금융 등을 담당한 대장성의 장관.

44 마쓰카타 마사요시(松方正義, 1835~1924).

45 주세페 마치니(1805~1872).

46 의병.

47 통행증.

급하는 사람(人)은 누구로 할 것이오(爲誰). 반드시 지방 관리에게 위임할지라도 이때 만약 지방 관리된 자가 그 사람을 얻지 못(不得)할지면 또한 무궁한 폐해를 반대로 반생(反生)하야 물침(勿侵)[48]의 효력을 잃게 할지어늘, 지금에 그 훈령(訓令)의 사의(辭意)를 본(觀)즉, 귀화하는 자가 경찰관(警察官), 헌병수비대(憲兵守備隊)에 신명(申明)[49]하고, 면죄(免罪) 문빙(文憑)은 경찰관(警察官) 헌병(憲兵)에서만 성급(成給)[50]할 일이라 하였으니, 우리(吾輩)의 소견(所見)에는 만약 귀화자로 하야금 우리나라(我國)의 관리를 허용하지 아니(不由)하고 단지 일본의 경관과 헌병에게 위임할지면 저들(彼等)이 반드시 의구의 정(情)을 품어(抱) 용이히 효력이 나타날(奏効)는지 지키기 어려우(難保)리로다. 고로 우리(吾儕)는 생각건대(以爲) 현재(現今) 지방제도를 개정하는 동시에 군시(郡市)·방면(坊面)·촌리(村里)의 제도(制)도 개정하야 구역을 획정하고, 지방자치의 제도를 반포하야 점차(稍稍) 실행케 하며, 의무교육 제도(制)도 이에 따라 연구(從此硏究)하야 힘에 따라 시행(隨力施行)케 하면, 각 방리(坊里) 인민이 자연 서로 연합(自然中互相聯絡)하야 폭동의 폐해(弊)도 제거할 것이오. 단체(團體)의 힘(力)도 결합하야 정부의 명령에 복종하는 의무를 이행할지니 이를 강박으로 어지럽힐(撓撓) 것이 아니오. 규칙을 제정하고 각기 지방관장에게 위임하야 순서에 따라 점진(循序漸進)케 하며, 시방면촌(市坊面村)의 장(長)도 반드시 그 가감자(可堪者)[51]로 선거케 하야 자치의 기술(術)을 실행하면 전국에 이를 기쁘게 따를(樂從) 자가 심히 많을지라(甚多). 이러한(此等) 문명의 제도로서 인민을 유도하야 그 마음(心)을 복종(服)케 함이 사실상 실효가 있을(有) 줄로 생각(思)하노니, 만약 도리어 형식상으로써 일시 망민(罔民)[52]의 책략(策)을 사용(用)코져 하면, 이는 원대의 효력(効)을 아뢰기 어렵고(難奏) 헛된 수고(徒勞)의 탄식(歎)이 있을까(有) 두려우노라(恐).

48 건드리지 못하도록 함.
49 사실을 거듭하여 밝힘.
50 문권을 만들어 내어줌.
51 감당자.
52 백성을 속임.

〈자료 11〉 구역 변경과 면장(區域變更과 面長)(《황성신문》, 1909.12.3, 2면 3단)

내부(內部)에서 13도(十三道) 구역을 변경한다 함은 기보어니와 다시 들은(更聞)즉, 변경 제도는 민가(民家) 1천 호(一千戶)로 1면(一面)을 정하고, 1백 호(一百戶)로 1리(一里)를 두고(寘), 면장(面長)은 판임관(判任官) 대우로 실행하기로 관제(官制)에 편입한다더라.

〈자료 12〉 합군 실시(合郡實施)[《大韓每日申報(국한문)》, 1909.12.21, 2면 1단]

합군(合郡)은 지방행정(地方行政)에 중대 문제이나 민심(民心)이 소동(騷動)될까 우려하야 지금까지 실시치 못하였더니, 금년 내 몇 개 군(幾個郡) 합병에 대하야 그 결과가 양호하다 하여 명년에는 합군을 단행하기로 당국에서 결의하고 현재(目下) 조사에 착수하였다더라.

2. 지방행정제도 개정

〈자료 13〉 정부 반대(政府反對)[《大韓每日申報(국한문)》, 1906.9.7, 2면 6단]

이왕에는 군수(郡守)를 주본(奏本)[53]할 때(時) 이 의안(議案)을 정부에 제의하여 여러 사람의 의견이 동일(僉議詢同)하여야 서임(敍任)하더니, 이번(今番) 개정안에는 군수를 전고[54]에 따라 시행(依銓考施行)하되, 각의(閣議)를 거치지 아니(不經)하고 내부(內部)에서 직행 주본(奏本)한다 함으로 각 대신이 이의를 부르짖었고(唱起), 또 감리(監理)를 부윤으로 개정(改以府尹)하여 일본(日本) 이사(리事)[55]와 교섭 사무를 판별하여 밝히되(妥辦), 부윤도 내부에서 주관하기로 한지라 정부에서 반대하기를 내부에서 외교(外交) 사항을 상관하면 외사국(外事局)은 자연 폐지하는 것이 가(可)타 하였더라.

〈자료 14〉 회의 제건 결정(會議諸件決定)[《大韓每日申報(국한문)》, 1906.9.12, 2면 5단]

그제(再昨日) 정부회의(政府會議)에 지방제도(地方判度)를 개정(改定)한다는 사(事)는 작보(昨報)에 이미 게재(已揭)되어니와 회의 자리(會席)에서 반대 이론(異論)이 있는 것 같은지라(似有). 그날(伊日) 회석(會席)에 조사위원 시오카와 다이치로(鹽川太一郎)가 참석하여 이론(異論)을 변명하며 청의(請議)[56]대로 의결하여 각 관찰부(觀察府)는 관찰도(觀察道)로 개정 사(改定事). 각 항(各港) 감리(監理) 군수(郡守)는 부윤으로 합(合爲府尹)하고, 제주목(濟州牧)은 폐지 사(廢止事). 관찰·부윤(觀察府尹) 월봉(月俸)은 100환(圜)으로, 군수는 4등으로 나누어(分四等) 60환, 각수(角數)로 40환 마련 사(磨鍊事).

경기(京畿) 내 전 부윤(府尹)은 개칭 군수 사(郡守事). 지방관(地方官) 전고위원(詮考委員)

---

53 임금에게 올리는 글.

54 대상자를 여러 모로 따져 고름.

55 理事.

56 다수의 의견으로 의결하기를 요구함.

각 부(各部) 협판(協辦)과 내부(內部) 지방국장(地方局長)으로 차정[57] 사(差定事). 각 부(各部) 관하 주임관(奏任官)은 해당(該) 대신(大臣)이 직행 주본(奏本) 서임 사(敍任事). 각 관찰도(觀察道) 및(及) 부(府) 하에 참서관(參書官), 통역관(通譯官) 혹 보좌 2인, 주사(主事) 4인을 설치 사(設寘事). 현금 이후 각 군수는 전고(詮考) 중으로 시행 사(施行事). 각 군(郡)에 주사 1인씩 설치 사(設寘事). 각 관찰사는 정부에서 회의하여 주천(奏薦)[58] 시행 사(施行事)인데, 이상은 시행 차(施行次)로 가결하였고, 각 군 구역 경정 사(區域更定事)는 일(日) 중 결정하지 아니(不決)한지라 어제(昨日) 정부에서 다시 의논(更議) 결정하였다더라. 각 항(港) 감리(監理)의 직권은 의정부(議政府) 외사국(外事局)에서 구관(句管)[59]하더니 부윤을 개정하여 내부에서 구관한지라 정부 외사국은 폐지하고 내부 외사과를 다시 설치(更設)할 터이라더라. 정부에서 각 부(部)·부(府)·원(院)·청(廳)·제의(諸議)와 각 항구 및 내지의 외국인 관련 사항 사무를 분간하여 처리(處辨)하더니 이 직권을 아울러 내부에 부쳤은즉(付內部), 정부에는 하나도 없사오니(政府一無所) 이 또한 장차 폐지 영향(此亦行將廢止之影響)이라 참정(參政) 이하가 통탄해 마지 아니(痛歎不已)하였더라. 내부에서 각 군수를 전고(詮考)[60] 실시하고, 지방 사무를 정돈(刷)한다 하여 특별히 일본에 고문관(顧問官)을 청하여 왔다(請來)더라. 내부에 군수 전고소(詮考所)를 영위 설치(永爲設置)하고, 전고 합격인을 한(限) 10명씩 예비로 뽑았다가(預爲拔寘) 그 결원시 대신 충원(對機其闕塡充)한다더라.

〈자료 15〉 지방제도 결정(地方制度決定)(《만세보》, 1906.9.21, 2면 2단)

지방제도 조사 안건은 통감부의 지도로 경기(經起)되었는데, 이(該) 안건을 누차 정부에서 합의하여 의석에서 이론(異論)하기를, 이 안(案)을 직행(直行)하면 의정부(議政府)가 폐지될 터이니 대세에 상관이라 하여 참정(參政) 이하 각 대신의 의론(議論)이 일치하지 아니(不一)하여 재작일 어전회의(御前會議)에도 결정 못하다가 필경 제의(提議)를 의하여 시행하기로

57 임명하여 사무를 맡김.
58 임금에게 상주하여 천거함.
59 관장.
60 서로 의논하여 자세히 검토함.

결정하고, 각 대신이 차제로 폐현(陛見)[61]하여 각 부(各部) 학무를 상주하고, 야심(夜深) 후에 퇴공(退公)하였다더라.

〈자료 16〉 지방관제(地方官制)[《大韓每日申報(국한문)》, 1906.11.21, 1면 6단]

각 지방(地方)을 그 구역에 따라(隨其區域) 합군(合郡)한다함은 이미 신보에 게시(已爲揭報)하였거니와 이번(今番) 관제개정(官制改定件)에 대하여 340여 군을 합하여 140군으로 마련하고, 각 군에 세무주사(稅務主事)를 선발하여 둔다(選置)는 설이 유(有)하더라.

〈자료 17〉 지방세 조사(地方稅調査)(《황성신문》, 1906.11.29, 2면 3단)

지방 각 군청(郡廳)에 경비를 우리(我) 정부에서도 각국에 예를 의하야 이(該) 지방 구역 내에서 수입하는 지방세(地方稅)로 군경비(郡經費)와 치도(治道), 교량(橋梁), 제언(堤堰) 등 각 항 경용(經用)을 예산하기로 재정고문(財政顧問)과 협의 중이라더니, 재작일(再昨日) 정부회의에서 지방세(地方稅) 규칙(規則)을 의정(議定)할 차로 조사위원을 차정(差定)하얏는데 내부협판(內部協辦) 최석민(崔錫敏), 탁지협판(度支協辦) 유정수(柳正秀), 지방국장(地方局長) 유성준(兪星濬), 탁지사세국장(度支司稅局長) 이건영(李健榮) 등 네 명이 피임(被任)하얏더라.

〈자료 18〉 지방위원회 설립 훈칙(地方委員會設立訓飭)(《황성신문》, 1907.6.4, 2면 3단)

탁지부(度支部)에서 13도(道)에 훈령(訓令)하되 지방위원회(地方委員會) 설립 사(事)로 이미 전훈(業已電訓)인 바, 그 위원 사령 용지(該委員辭令用紙)를 이에 먼저 날인하여 내려보내니(先此捺章下送ᄒᆞ니) 도달하는 즉시 그곳 재무관(到卽與該地財務官)과 협의(協議)하야 극히 사무를 담당할 수 있는 인물을 선정한 후(極選可堪人差定後)에 도·부·군·면명(道府郡面名)과 원(員)의 성명(該員姓名)과 위원회명 및 교부일자(委員會名及交付日字)를 사령지(該辭令

61 폐하를 만남.

紙)에 상세하게 전사하여 제출(詳細塡書出付)하며, 위원 성명 및 이력서(該委員姓名及履歷書)를 즉시 수보(卽爲修報)하라 하얏더라.

〈자료 19〉 면장체차필신(面長遞差必愼)[62](《황성신문》, 1907.7.1, 1면 4단)

탁지부(度支部)에서 내부(內部)에 조회(照會)하되, 각 면(面) 면장(面長)이 공전영수와 관계가 있음(有關該公錢徵收)에 담당하는 임무가 가볍지 아니한즉(擔任非輕), 그것의 임면(其所任免)을 마땅히 극히 조심하고 삼가야 하거늘(宜克審愼), 대저 어찌 몇 해 전부터(夫何挽近以來) 외군(外郡)이 일의 모양새를 생각지 아니(不念事體)하고, 관원을 수차례 교체함(類數改差)에 말썽을 일으켜(徒事紛競) 이로 인하여 납세가 침체되므로(自致稅納之因此滯緩) 조회를 의뢰하오니(仰照), 각 군수에게 훈칙(訓飭于各郡守)하여 지금 이후부터(從玆以往)는 면장(面長) 차출(差出)[63]과 체개(遞改)[64]를 반드시 해당 구역의 세무관(必與該區域稅務官)과 협의하여 서명(協議聯署)하며, 각 해당 면인의 공의를 널리 구하여(博採各該面民人之公議) 감히 쉽게 움직일 수 없게(更無敢輕易遷動) 하여 일의 모양새를 중시(以重事體)하고, 세금의 방식을 엄하게(以嚴稅式) 하라 하였더라.

〈자료 20〉 일인으로 군주사(《대한매일신보》, 1907.10.27, 2면 2단)

이번 관제 개정하는 안건을 들은즉, 지방 각 군에 군주사를 2인씩 마련하여 한 자리는 일본 사람으로 서임한다는 말이 있더라.

---

62 면장의 교체와 임명에 반드시 신중.

63 관원 임명.

64 관원 교체.

〈자료 21〉 면장직제 반포(面長職制頒布)[《大韓每日申報(국한문)》, 1908.5.17, 2면 2단]

각 군(各郡)에 면(面)이 있고, 면 아래(面下)의 동촌리(洞村里)가 유(有)한데, 면(面)의는 면장(面長)이 유(有)하고, 동촌리(洞村里)에도 각기 장(長)이 유(有)하여 관내 공무(公務)를 장악하고, 차정(差定)[65] 방법은 관내 유지인사의 추선(推選)으로 군수(郡守)에게 신청하여 승인하고, 임기는 많으면(多則) 1년으로 하는 것이 일반 통칙(通則)이나 잠시(姑) 전국의 통행하는 법규(法規)가 무(無)한 고로, 내부에서 금번(今番) 그 직제(職制)를 반포할 차로 현재(目下) 조사 중인데, 유래(由來) 습관과 각지 현상을 참작하여 전혀(嘗) 변혁치 아니하는 정도로 제정한다더라.

〈자료 22〉 지방관제 개정 내용(地方官制改定內容)(《황성신문》, 1908.7.3, 2면 3단)

근근히 지방관제를 개정한다는데 그 내용은 관찰도(觀察道)에 내무(內務)와 경찰(警察) 양부(兩部)를 설치(設)하고, 경찰부는 지방경찰에 관한 사무를 처리하고, 내무부는 경찰 이외 지방행정사무를 처리케 하고, 내무부장은 도서기관(道書記官)으로 그 사무를 전문적으로 담당(專掌)케 하고, 경찰부장은 도경시(道警視)로서 그 사무를 분장케 한다더라.

〈자료 23〉 지방관청의 일인 임명(地方官廳의 日人任命)(《황성신문》, 1908.8.19, 2면 3단)

지방행정 쇄신을 도모(圖)하기 위하야 관찰부(觀察府) 및 군(郡)에 다수의 일본인 관리를 임명할 터인데, 소입(所入) 경비(經費)를 인하여 실행치 못하였는데 당국자가 위선(爲先) 모범적으로 일본인 약간을 관리로 임명하여 점차 지방관청의 쇄신을 도모(圖)할 방침이라더라.

---

65 사무를 담당시킴.

〈자료 24〉 논설: 숨기고져 하는 일은 더욱 드러나나니라(《대한매일신보》, 1908.10.14, 1면 1단)[66]

본 보는 매양《국민신보》의 싸움 돋우는 일을 당하는 고로, 대답하여 변명치(明治) 아니치 못하여 진을 서로 대하고, 기와 북을 겨루는 것 같이 함이 도리어 수치가 되고 창피가 되지만은, 만일 이것을 받기만 하고 비교도 아니하며 듣기만 하고 변명도 아니하면, 저희 양양자득함이 더욱 심할 뿐 아니라 세계에 공변된 눈으로 보아도 흑백을 분변치 못하는 흠처가 되겠기로 참지를 못하고 또 다시 붓을 들어 한번 논란하노라.

대개 저《국민신보》는 내부대신의 기관 신문인고로 한 말과 한 귀절이 다 내부대신의 명령이라. 그 신보에 훼척하고 공박하는 자는 내부대신과 불합한 자요, 그 신보에 포양하고 칭예하는 자는 내부대신의 친당이라. 이러므로 대한 세계에서 그 신보를 보는 자는 그러한 이유를 모두 자세히 아는 바이니, 신보가 내부대신을 위하야 극력으로 변호하기는 능히 말지 못할 일이나 내부대신의 내력이 어떠함과 행위가 어떠한 것은 세계 사람의 공변됨 눈과 내의 각 신문 평론이 자재하니, 만일 그 득실에 관계가 되여 옳으나 그르나 전연히 배척하고 변호하기로만 일을 삼으면 세상 사람이 공론을 자아내며 은닉하려 하는 것이 도리어 더욱 밝히 드러나나니, 이것이 어찌 그 어리석은 꾀가 아닌가.

내부대신이 지방 군수를 천거하여 보하는 권한을 각 도 관찰사에게 맡긴 것이 저희에 먹이 마르지도 아니하며, 대단히 출생 첩출하고 추루한 말이 낭자하니 이것을 잘못한 정사라 이르지 아니치 못할 것이어늘, 그 신보는 이것을 위하여 변론하여 가로되, 지방 군수를 천거하는 권한을 관찰사에게 맡긴 것은 지방자치제도를 실시할 방침이라 하였으니, 과연 내부대신의 주의가 이 방침에서 났는가. 한국 내각의 식견이 이에 지나지 못하면 정치의 개량함과 문명 진보할 날이 없으리로다.

대저 지방자치는 인민의 각 보통학문이 있어서 자치하는 지식이 있은 연후에야 비로소 능히 행할 것인고로 국민의 자치제도를 시행코자 할진대, 교육을 널리 하는 것이 제일 급한 일이어늘, 이제 한국 내각은 국민을 교육하는 데는 꿈에도 생각이 없으되 자치제도를 실시한다 하는 것이 무슨 맹랑한 장담인가. 우리는 한국 내각의 행동을 볼진대 일반 교육계에 대

---

66 〈論說: 欲盖彌彰〉,《大韓每日申報(국한문)》, 1909.10.14, 1면 1단.

하여 제한하는 명령은 있으나 권면하는 뜻은 보지 못하겠으며 냉락한 태도는 있으니 열심하는 의향은 아주 없는지라. 일개인의 관계로 말할지라도 이용호는 한국 안에 제일 교육가로 치는 사람이어늘 내부대신이 어떻게 대접하였는가. 이런 일로 볼지라도 교육계를 쳐 없애고자 한다 하여도 가할지라. 이렇게 교육을 멸시하는 내각에서 지방자치를 실시하리라 하면 그 누가 믿으리오. 하물며 각 관찰사에게 명령하기를 재산이 있고 풍력이 있는 자로 천거하라 하였으니, 지방자치는 과연 어떠한 문명 제도인데 저 돈만 아는 수전노와 토호배들이 무슨 학식과 무슨 심법으로 인민에게 자치권을 가르치겠는가. 어리석다 그 신보 기자여. 내부대신을 위하여 노노히 변명하는 것이 실로 숨기고자 하는 것이 더욱 드러나는 것이니 이후부터는 삼갈지어다.

〈자료 25〉 협잡거리 생겼네(《대한매일신보》, 1909.3.11, 2면 1단)[67]

면장을 판임관으로 정하여 군수의 천거로 임용하고, 군수가 감독하야 지방행정사무를 처리케 할 터인데, 그 임명하는 규칙을 발포할 뜻으로 내각회의에서 결정하여 방금 통감부에 인허를 요구하는 중이나 불원간에 그 규칙이 발포된 터이라더라.

〈자료 26〉 면장직제 반대(面長職制의 反對)[《大韓每日申報(국한문)》, 1909.6.6, 2면 2단]

각 군 면장의 직제를 판임관 대우(判任官待遇)로 한다 함은 각 신문에 누보(累報)한 바어니와 금번(今番) 도서기관회(道書記官會)에 제출하였더니 반대가 기(起)하여 말하기를(曰), 이를 도득(圖得)[68] 하려는 자(者)의 알력을 일으킴(傾軋)과 협잡(挾雜)이 층생(層生)[69]할 터이니 불가(不可)한 일(事)이오. 한국인(韓國人)의 습관으로 그것을 이야기(論之)하면 관직을 도득(圖得)하려는 것이 국사(國事)이나 월봉(月俸)에는 별노히 생각(念)이 무(無)하고, 단 한 개 탕건(宕巾)에만 유의함인즉, 면장(面長)은 종전대로 시행하자 하여 의론(議論)이 일치하지 아

67 〈挾雜件又生〉,《大韓每日申報(국한문)》, 1909.3.11, 2면 1단.

68 꾀하여 얻음.

69 거듭하여 일어남.

니(不一)하다더라.

〈자료 27〉 면장협의회(面長協議會)[《大韓每日申報(국한문)》, 1909.9.4, 2면 2단]

한국(韓國) 지방위원(地方委員)은 1군(壹郡)에 12(壹貳)명의 소수인 고로 법령 주지를 민속(敏速)키 불능하다 하여, 각 재무서(財務署) 관내를 1(壹)구역으로 하고, 면장협의회(面長協議會)를 개(開)하야 지방위원과 함께(共히) 관민(官民)의 의사(意思) 소통과 법령 주지의 목적을 달성(達)케 할 방침이라더라.

〈자료 28〉 논설: 면장직제 실시(面長職制實施)(《황성신문》, 1909.9.12, 2면 1단)

면장(面長)의 직제가 실시된다고 한 것이 이미 오래된지라 금번 관찰사회의에 제출한 결과로 내각을 경유하여 장차 반포를 행한다는 전설(傳說)이 비비(沸沸) 입문(入聞)하니, 이(此)에 대하야 일반 여론이 그(其) 시조(施措)의 당부를 여하히 추측하는고. 혹자는 생각건대(以爲하되) 사환(仕宦)의 열(熱)이 소래(素來)로 우리(我) 한국 인사(韓人士)의 뇌수에 충만하여 비록 개자(芥子)[70]만 불여(不如)한 차함(借啣)[71]의 명색이라도 생명을 버리고 돌보지 아니(委棄)하고, 어둡고 깊은 밤(昏夜) 구걸(乞哀)하여 부탁을 들어주는 것을 요구함(圖囑)에 종사하든 이미 관례(已例)가 명백(昭然)한지라. 더군다나(何況) 금일을 당하야 환로(宦路)가 점점 좁아지니(漸窄) 만일 이 길(此路)을 개통하면 잡배의 다툼(紛競)이 과연 여하하겠는가. 필경은 정계(政界)상 부정(不靖)한 폐단을 환기할지니 면장직제의 실시함은 결코 불가하다고 단언하며, 혹자는 생각건대(以爲) 면장직제의 실시가 비록 불가하나 그(其) 실시됨이 필연하니 어찌 그러한고(何則). 우리(我) 한국 인사(韓人士)에 환열(宦熱)이 정곡을 찌름(綳中)[72]은 한편(一邊)에서 앞서 기위기파(旣爲覬破)[73] 하였는지라. 그러나(然而) 추요한 지위는 여석이 갱

---

70 겨자.

71 명분상의 벼슬.

72 관리가 되고자 하는 열기가 크다.

73 앞서 파괴하기를 바람.

무(更無)[74]한즉, 종일 뜸을 떠도 그 맛을 알지 못(執灸而不知其味)하면 감정이 고유하며 이를 고념(顧念)하여 한산(閒散)한 직제(職制)로 우롱(愚弄)을 시험(故試)코자 함이니, 면장직제는 필히 실시될 것이(必施乃已)라 하여 논평이 일치하지 아니(不一)하도다.

그러나(雖然) 우리(吾儕)는 이에 대하여 그 실시 여부는 당국 제씨의 정략이 자재(自在)하니 논단(論斷)을 필요로 하지 아니(不要)하거니와 대저 면장을 설치하여 면무(面務)를 관리할 이상에는 직제를 반포하여 관리로 대우함이 국계(國計)와 민생(民生)에 적절(得宜)타 칭하노라.

대개(盖) 우리 한국(我韓)의 정도(程度)가 문명에 이진(已臻)[75]하여 지방자치제가 착착 실행하여 이면(里面)을 물론하고, 각기 공민(公民)의 자격으로 의무를 담부(擔負)하면 직제를 반포하지 아니(不頒)하나, 자기의 자격이 이미(旣已) 직제라 고유한 인사(人士)와 무이(無異)하니, 1면(一面)의 업무(事爲)에 번극(煩劇)을 따지지 아니(不計)하고, 우리(我)의 맡은 바(所擔)를 우리(我)가 스스로 담당(自擔)하려니와 금일 현상을 관찰함에 자치제도가 상미(尙未) 시행하여[76] 공민(公民)적 의무를 밝게 아는(曉知) 자(者)가 절무(絶無)한즉, 각 도 군·면장의 고임(苦任)을 그 누구(誰)가 좋아(樂爲)하리오. 또 면장 임명을 이서(吏胥)의 무리 행동(輩行)으로 고르지 않게(參錯) 사용하는 자(者)가 간혹 있으니(有之), 이로 인하여 지방 장관은 면장 모두(諸人)를 이서(吏胥)로 대우하고, 촌리 인민은 면장 모두(諸人)를 이서로 꺼리고 피(厭避)하여 관에 민(於官於民)에 서로 용납되지 않음(扞格)이 증가(滋多)할 뿐 적당하지 아니함이라(不是). 저 또한(彼亦) 이서의 명의로 신분을 자처하여 자중치 아니하고 고통(獘瘼)을 야기한다, 세부(稅賦)를 흠포(欠逋)[77]한다, 국계(國計) 민생의 이해(貽害)[78]가 적지 아니(不少)하니, 그러한즉(然則) 마땅히(不可不) 그 직제를 실시하여 명의를 확정하고 신분을 귀중케 하여 달아난(趍走) 소리(小吏)[79]와 대우가 유이한 후에 직무의 근만(勤慢)[80]을 비로소 경계하여

---

74 다시 없다.

75 이미 도달하다.

76 아직 시행하지 아니하여.

77 관청의 물건을 사사로이 써버림.

78 해를 끼침.

79 아전.

80 근태.

논하는 것이 가(始可論警)할 줄로 사유하여 이에 일언을 더하는 것을 시도(試加)하노라.

〈자료 29〉 지방행정조사회(地方行政調査會)(《황성신문》, 1909.11.18, 2면 2단)

통감부(統監府)에서는 우리나라(我國)의 지방행정은 수미(首尾)가 연락치 못하고, 질서가 정연치 못하여 쇄신 개선되는 성적으로 인정할 자(者)가 일무(一無)한즉, 이를 근본적으로 진흥하기 위하야 지방행정조사위원회를 조직하기로 내정하고, 현재(目下) 이에 관한 심의를 행하는 중인데, 재작일 대신회의에도 이가 제출되었다더라.

〈자료 30〉 논설: 관찰도를 폐지한다는 말(《대한매일신보》, 1909.12.29, 1면 1단)[81]

한국에 관찰도를 폐지한다는 말이 있도다. 일본인이 한국에 관찰도를 폐지한다는 말이 있도다. 통감부 안에서 하는 행정조사회에서 한국 관찰도를 폐지하자는 말을 제출하였도다. 이 관찰도를 폐지코져 함은 무슨 이유가 있어서 그리하는가. 말하기를 각 지방에 일본 식민이 점점 퍼져서 곳곳이 없는 데가 없은즉, 이를 관리함은 일본 이사의 직권에 있는지라 관찰사와 이사를 함께 두면 그 직권상에 서로 충돌되어 일인에게 불편한 일이 있을 염려가 있는 고로 이사청만 두고 관찰도는 폐지코자 함이라더라.

슬프다. 한국 관찰도를 폐지하고 일본 이사청만 두는 것은 무슨 연고인가.

슬프다. 한국은 나라가 아니라 할진데 이 말이 오히려 그러할 듯하다 하려니와 그렇지 아니할진대 한국 지방에 한국 관찰도는 폐지하고 일본 이사청만 두는 것이 무슨 연고인가.

대저 연래로 한국에 소위 관찰도가 있고, 소위 관찰사가 있으며, 소위 관찰도 관리가 있기는 있으나 그 실상인즉 일인이 마음대로 휘두르고 한국 관리는 명령대로 지휘대로 할뿐인즉, 이것이 비록 보인 이름뿐이라 하겠지만 그러나 이는 오히려 대한제국 정청이라 할지며, 대한의 나라된 이후에 지방 정청이라 할지며, 대한 신민의 통치하는 행정관청이라 할지어늘, 금일에 이르러서 이 허명까지 머물러 두지 아니하고 일본 이사청으로 대신하자함이 무

---

81 〈論說: 觀察道廢止設〉, 《大韓每日申報(국한문)》, 1909.12.29, 1면 1단.

슨 연고인가.

가로되 알겠도다. 나는 그 무슨 연고를 알겠도다. 일인이 항상 말하기를 한국 안에서 일인으로 주장을 삼는 것이 가하고, 한국인으로 주장을 삼는 것이 불가하다 하더니 오늘 날에 이르러 과연 일인으로 주장을 삼을 목적으로 이런 말을 제출함이 아닌가.

만일 그렇지 아니하면 설사 관찰도와 이사청의 권한이 충돌될까 하여 폐지할지라도 이사청을 폐지하고 관찰도만 두는 것이 가하거늘 무슨 연고로 관찰도를 폐지하고 이사청만 두고자 하는가. 일본 식민은 아무리 많다 하여도 몇 십만 명에 지나지 못하고, 한국 인민은 이천 만이니, 인민의 다소로 볼지라도 관찰사를 폐지함이 불가하고, 설사 저희 경영과 같이 저희 인민 몇 천만 명이 건너와서 한국인보다 수가 더 많을지라도 한국은 일본의 영토가 아닌즉, 결단코 관찰도를 폐지하고 이사청만 두는 것은 만만불가하다 하노라.

그러나 저희는 한국의 안녕을 꾀하는 자가 아니며, 일본의 안녕을 꾀하는 자이오. 한국인의 이익을 위하는 자가 아니며, 일본인의 이익을 위하는 자이오. 한국 사람을 돕는 자가 아니며, 일본 사람을 돕는 자임으로 저희 소위 일인으로 주장을 삼는 목적을 가지고 이런 정책을 쓰고져 함이 아닌가.

과연 이대로 될진대 한국 인민은 장차 일본 이사청의 관치를 받을 것이오. 한국 지방은 장차 일본 이사의 관할이 될 터요. 한국 관찰도에는 장차 일본 이사청기를 세울지니, 이 같이 하면 한국 인민은 미국에 토민적 인종과 같이 될 터요. 한국 지방은 법국 총독기 아래 있는 서공이 될 터이니, 통석하도다.

그러나 한국은 한국인 2천만 동포의 한국이라, 저 일인이 아무리 기탄이 없은 들 어찌 이런 정책을 경선히 실행하리오. 이것이 다만 한 가지 정책으로 고동만 하는 말이오. 실상으로 행함은 아닌지도 알 수는 없지만 과연 그렇게 할 지경이면 이것이 웬 괴변인고.

그러나 저 일인이 한국을 경영하는데 날마다 조금씩, 달마다 조금씩, 해마다 조금씩 하여 점점 심하게 하는 것은 세상 사람이 다보는 바라. 어찌 이런 정책인들 생각지 아니하리오. 급히 되고, 더디 될 것은 말할 수 없지만 그 사실이야 필경 없으리라 하기는 어렵도다.

오호라, 한국 동포들이여. 이 말을 들으니 제군의 마음이 어떠한가.

〈자료 31〉 소네 통감의 정책(曾禰統監의 政策)(《황성신문》, 1910.1.16, 2면 4단)

소네 통감(曾禰統監)이 귀국함에 대하야 혹은 통감이 경질된다 하며 혹은 통감이 대한정책을 근본적으로 해결키 위함이라 하야 도청도설(道聽道說)[82]이 분분하더니 일본대판(日本大阪), 조일신문(朝日新聞)에 게재한 바를 거(據)한즉, 통감의 귀국은 좌개한 정책을 게의(提議)코자 함이라더라.

일(一), 지방행정(地方行政) 통일(統一)

이는 지난번(曩者) 본보(本報)에도 게재한 것과 같이(如히) 지방 정무기관(政務機關)이 이사청(理事廳)과 관찰도(觀察道)로 분(分)하야 경제상·행정상에 불편함이 심할 뿐 아니라 관찰도는 한정부(韓政府)에 관할인 고로 통감의 정술(政術)이 직접으로 지방에 보급치 못한다 하야 내부(內部) 강차관(岡次官)이 수창한 자(者)인 고로 강차관은 설명하기 위하야 16일에 귀국한다 하며…. (하략-편역자)

〈자료 32〉 행정통일설(行政統一說)[《大韓每日申報(국한문)》, 1910.1.21, 2면 1단]

한일(韓日) 지방행정 통일설은 소위 통감부(統監府) 지방행정조사회 성립 이전부터 유(有)한 바이나 이 회(該會) 설립 이후에 그 설(其說)이 점점 번성(愈盛)하야 이 회(該會)에서 계속하여(連次) 협의한 문제인데, 지방행정 합병은 협약 등 형식을 필요로 하지 아니(不要)하고, 통감의 권력으로 단행한다 하며, 또 통일 후 조직은 이사관(理事官)으로 하여금 한국 지방장관을 겸임케 하며, 그 실시기는 금번 소네(曾彌)가 가지고 온(帶去) 중앙통일 문제와 같이 결정(共決)되리라더라.

〈자료 33〉 점점 우 심하다(《대한매일신보》, 1910.1.29, 2면 1단)[83]

소네 통감이 일본에 건너간 이유 중에 한국 지방행정청을 폐하여 일본 이사청에 합병할

---

82 道聽途說의 오기. 항간의 뜬소문을 그대로 믿고 다른 사람에게 이야기하는 것.

83 〈漸進政策〉,《大韓每日申報(국한문)》, 1910.1.29, 2면 1단.

사건을 품었다는 말은 다 아는 바, 어니와 소네가 귀임한 후에 이 일을 실행할 터이나 만일 급히 하면 민심이 소동될까 근심하여 위선 한성부를 폐지하여 이사청에 합병하고, 함경북도 관찰도를 폐지하여 이사청에 합한 후에 각 도에 차차 실행케 한다더라.

〈자료 34〉 지방행정 통일 문제(地方行政統一問題)[《경성신보(京城新報)》, 1910.1.21, 2면 4단]

일한(日韓) 지방행정 통일 일설(一說)은 예(例) 지방행정조사위원회 개설 이전의 문제로서 아무래도 그 필요를 부인하는 자는 없다. 이제 동회(同會)의 설립으로 한층 그 뜻을 높이하고, 그 후 동회의 문제로 누차 부의되었다. 그런데 지방행정 합병을 실행한 후 중앙부(中央部)의 통일을 어떻게 할 것인가 그 의론 일어났는데, 이는 동회의 범위 외에 이르는 것으로 문제가 되지 않는다. 결국 지방행정 연구 범위에 그쳐서 토의하고, 그 형식을 어떻게 할 것인가, 또 합병 후 정비(政費)를 어떻게 부담할 것인가, 혹은 또 일한(日韓)을 어떻게 통일할 것인가에 대해서 현재 충분히 연구 중이다. 그리고 듣는 바에 따르면 양자(兩者)의 통일은 반드시 협약과 같은 주권적 형식을 필요로 하지 않는다. 통감의 권능으로 그것을 단행할 수 있다. 또 통일 후 조직은 이사관으로서 한국 측 지방 장관을 겸임하게 하는 것에 이르렀고, 또 그것에 수반하여 각종의 곤란한 문제가 끓어오르고 있다면 앞으로 다소의 시일이 필요로 하는데, 어쨌든 통감이 가져오게 될 중앙통일 문제와 함께 결정할 것이라고.

〈자료 35〉 지방관제 개정(地方官制改正)[《경남일보(慶南日報)》, 1910.2.16, 2면 2단]

정부에서는 본 연도 지방 관리에 경시(警視), 경부(警部) 및 주사(主事)를 증원하기 위하야 지방관제(地方官制) 개정건을 각의(閣議)에 제출하얏다더라.

〈자료 36〉 면장직제의 교섭(面長職制의 交涉)(《황성신문》, 1910.5.20, 2면 4단)

내부(內部)에서는 각 군 면장(面長)이 지방행정의 최하급 기관으로 직접 인민(人民)과 접하여 중요 위치에 재(在)함으로 그(其) 동정(動靜) 여하가 일반 정치상에 영향이 다(多)하다

하야 면장의 직제(職制)를 의정(議定) 중인데, 특히(就中) 세무(稅務)는 탁지부(度支部)가 구관(區管)하는 자(者)인즉, 번극(煩劇)함이 심한 고로 이(此)를 통일할 차 탁지부와 교섭한 바, 동부(仝部)는 권한이 축소될까 염려하야 또 지금(今) 동의치 아니한다더라.

〈자료 37〉 지방행정을 쇄신키 위하야(地方行政을 刷新키 爲하야)(《황성신문》, 1910.5.25, 3면 2단)

지방행정을 쇄신키 위하야 면장직제(面長職制)가 실시된다니 최하급 근민(近民)의 위치(位)에 재(在)한 면장(面長)을 이서(吏胥)로 대우함은 명의(名義)상, 직권(職權)상에 결점이 파다한즉, 불가불(不可不) 직제를 실시할지나 환열(宦熱)은 날로 번성(日熾)하고, 벼슬길(仕路, 사로)은 날로 좁아진(日窄) 이때에 지방 다툼(紛競)이 오작할나구.

〈자료 38〉 지방제도 개혁설(地方制度 改革說)(《황성신문》, 1910.6.16, 2면 5단)

통감부 관제가 개정됨에 따라(隨) 우리나라(我國) 정부의 현 제도에 대개혁을 가(加)한다는 설이 유(有)함은 기본이어니와 그 확실 여부는 보도할 시기가 아직 이르지 아니(未到)하였고, 지방제도에 이르러서는(至於地方制度) 대변개(大變改)가 유(有)함이 확실하니, 즉 관찰사(觀察使)와 이사관(理事官)을 하나로 아울러 폐지(一幷廢止)하고, 칙임(勅任) 이상의 자격이 유(有)한 일본인으로 지방 장관을 임명하야 종래의 행정을 개혁하리라는 모 통신이 유(有)하더라.

〈자료 39〉 논설: 지방관을 천거하여 쓰는 방법(《대한매일신보》, 1910.7.9, 1면 1단)[84]

대범 정치에 한숙한 사람이 있으면 그 정사가 잘 되고, 그 사람이 없으면 그 정사가 잘 되지 못하나니, 사람을 택하여 쓰는 것은 나라의 제일 큰일이오. 인민으로 더불어 정치상 직접

84 〈論說: 地方官薦用의 方針〉, 《大韓每日申報(국한문)》, 1910.7.9, 1면 1단.

관계가 있는 자로 말할진대 지방관보다 더 긴절한 자가 없으니, 바람이 돌려버려서 불이 꺼지고, 범이 하수를 건너서 북방으로 피하게 한 것은 명치(明治)한 수령의 사적이오. 혹독한 더위보다 더 뜨거우며, 이를 갈고 피를 빠는 것은 탐관오리의 학정이라. 백 리 되는 지방의 일을 맡길 때 어찌 어진 재목을 택하지 아니하리오.

근년 이래로 사람을 선발하여 쓰는 법이 점점 소홀하여 권리를 잡은 자가 마음대로 출척을 하여 비록 소부와 두모(두 사람은 옛적 선치 수령) 같은 재료가 있을지라도 사랑하는 자면 쓰고, 미워하는 자면 쓰지 아니하여, 인민의 어육이 되든지, 유리거산을 하든지 고념치 아니하여, 이것을 구하는 자도 생각이 인민을 위하는 데 있지 아니하고 돈 먹는 데만 있으며, 사람을 택하는 자도 생각이 인민을 위하는 데 있지 아니하고 뇌물이나 받아먹는 데만 있으니, 어찌 재목의 재료를 얻어 인민을 편안케 다스리리오. 이러함으로 국운이 날마다 점점 비색하며, 민심이 날마다 점점 이산이 되어 그 여독으로 오늘날 어찌할 수 없는 지경까지 되었으니, 그 책망이 어데 있다 하겠는가.

근일에 이르러서는 그 법의 폐단을 징계하여 수령이 지목 천거하는 법을 새로 정하여, 관찰사가 어데 군수는 어느 사람이 가합하다고 내부에 수보하면, 내부에서는 심사회를 하고 그 사람의 자격을 심사하여 서임하나니, 이 법은 송병준의 무식한 주견으로 중인에게 문의도 아니하고 창설한 지라. 이것이 법례가 되어 지금까지 시행을 하나, 그 가운데 협잡이 층생첩출하여 전일 세도로 사람을 택용하던 시대보다 그 협잡은 조금도 감하지 아니하였도다.

가사 관찰사가 임명한 자라도 그 사람의 현 불초를 능히 알아서 천거하기 어렵거든, 하물며 관찰사라고 하는 자부터 염직 공평치 못한 자이며, 또 그곳 경찰 관리를 위임하여 그 천보된 자의 신분을 조사하니 가사 그 경찰 관리가 총명한 자라도 그 사람의 이력과 선악을 능히 바로 조사하기가 어렵거든, 하물며 경찰 관리라 하는 자 또한 총명정직치 못한 자이며, 또 내부 심사회에서는 어떤 자격을 어떻게 심사하는지 가사 외모는 순량하고도 내심은 음험한 자도 있으며, 언사는 염직하고도 내심은 탐욕이 많은 자도 있나니 잠시 심사로 어찌 그 사람의 자격이 적합하고 아니함을 알리오. 그런즉 이것이 어찌 사람을 택용하는 법이라 하리오.

그러하면 군수의 자격을 택하는 법은 어떻게 하여야 적당한 사람을 택하여 쓰겠는가. 가로되, 그 법을 자세히 말하면 심히 장황하여 그 대강을 말할진대, 군수를 서임할 시에는 반드시 그 고을 사람의 지식이 유여하고, 사리에 통투하며, 그 고을 일을 익숙하게 아는 자로 택하여 서임함이 가하니, 어떻게 하여야 그 사람을 선발하겠는가. 그 법이 있으니, 한 동리에는 동회가 있고, 한 면에는 면회가 있어서 일 년에 두 번 혹 네 번씩 집회하여 그 동리 일과 면의 일도 처리하며, 그 동회에서 사무 처리에 종사 여부를 시험하여 일 년에 두 번씩 면회로 천거하면 각 면에서는 일 년에 한 번씩 군회를 하고, 각 면에서 군수 자격이 되는 자 한 사람씩 군회에 천거하나니, 이 사람들은 즉 군수 후보자라. 군수의 궐이 나는 대로 군회를 이미 천망된 후보자를 투표하여 표의 다수한 자로 관찰사에게 보하고, 관찰사는 내부로 보하여 서임제하면 가히 그 사람을 얻을지니라.

3. 지방자치 모색

〈자료 40〉 준비시대 부향자치(속)[準備時代 附鄕自治(續)](《만세보》, 1906.8.26, 1면 1단)

향자치란 것은(鄕自治者) 무엇을 이르는가(何謂也). 향(鄕)은 면(面)이며, 자치는 즉 그 일을 자치함을 이름(云)이라. 대저(夫) 국가의 정치는 위(上)의 대정부(大政府)가 유(有)하고, 그 아래(下)에 도(道)가 유(有)하며, 도 아래(下)는 군(郡)이 유(有)하니, 이를 지방 정부라 하여(謂) 그 단독권의 능력(獨權之能力)은 아직 있지 아니(未有)하고 오직(惟) 대정부의 명령을 시행할 뿐이며, 군 아래에는 향이 유(有)하여 정치기관의 최하급이 되나, 그러나(然) 향의 다스림을(鄕之治) 세우지 아니하면(不立) 전국의 정사가(全國之政) 움직이지 아니(不擧)하는 고로, 국가 향제(鄕制)를 의하여서 자치케 함이니, 향은 말하기를(曰) 자치체(自治體)요, 그 법은 말하기를(曰) 자치제(自治制)라. 지금(今)에 가령(假使) 한 향(一鄕)을 설치(設)할새 그 제도(制)를 논하면 향인(鄕人)은 공민(公民)과 주민(住民)이 반드시 있으니(必有), 공민이란 것은(公民者) 향(鄕)의 장리(長吏), 향회(鄕會)의 의원(議員)을 할만한(可爲) 자격이 유(有)한 사람(人)이요, 주민이란 것은(住民者) 그 자격이 없는(無) 사람(人)이라. 소위 그 자격은 무엇으로 정할고. 그 납세액을 보아서(視) 기준으로 함이니(爲準), 국세(國稅) 몇 냥(幾兩) 이상을 연납(年納)하여 또 호주(戶主)된 자라야 그 자격이 비로소 있고(始有), 비록(雖) 호주라도 그 납세의 액이 그 기준(準)에 미치지 아니(不及)한 자는 가능하지 아니(不能)함이라. 향의 사람(鄕之人)에 호주된 자 중 또 자격이 유(有)한 자로서 향회(鄕會) 의원을 선거하야 의원된 자 중에 또 그 자격이 유(有)한 자로서 향장(鄕長)이 향의 수세원(收稅員)을 선거(擧)하나니, 그 선거하여 된 자는 진정 부득이한 사고가 아니면 사퇴를 할 수 없고(不得), 만약(若) 무고(無故) 사퇴함을 강하게 하고자(强欲) 하는 자는 공민의 권리(權)를 잃을 것이오(失). 선거 이원의 성명을 모두(皆) 알리고(報), 향장에 이르러서는(至) 군에 승인을 반드시 받아야(必受) 함이라.

향장은 그 사무를 주관하기(辦) 위하야 그 처소(處所)가 어쩔 수 없이 있어야 할 새(不可不有) 한 향(一鄕)의 비용(費)으로써 그 청사를 세우니(建), 말하기를(曰) 향무소(鄕務所)요, 또 보좌의 사람(補佐之人)이 반드시 있어야(必有) 하니 말하기를(曰) 서기이다(書記也). 뽑아서 쓰는 것(選用)은 향장에게 그것을 위임(委之)하되 의원의 승인을 반드시 거쳐야(必經)함이라.

향무소 인원(人員)

향장

부장(副長) 그것을 둘(置之) 필요가 유(有)하면 의원 중에서 선거(擧)함

수세원(收稅員)

서기(書記) 그 인원수(員數)는 사무 번잡과 간략(繁簡)을 보아서(視) 증감(增減)함

향무소 직장(職掌)

지적(地籍) 사무

호적(戶籍) 사무

민업(民業) 사무

도로(道路) 사무

수세(收稅) 사무

소학교 유지 사무

위생 사무

징병(徵兵) 사무

향유재산(鄕有財産) 관리 사무

공동묘지 사무

기타 일정 공공사무(公共事務)

(미완-원문)

〈자료 41〉 경상북도 대구부 민의소장 김광제의 경고문(慶尙北道 大丘府 民議所長 金光濟氏의 警告文)[《大韓每日申報(국한문)》, 1906.8.26, 3면 2단]

경상북도(慶尙北道) 대구부(大丘府) 민의소장(民議所長) 김광제(金光濟)의 경고문(警告文)이 다음과 같음(如左).

대저 국권의 확립(夫國權之確立)은 백성의 기운 진작에 있고(在乎民氣之振作), 국정의 맑고 깨끗함(國政之澄清)은 백성의 지식의 창을 여는 데 있고(在乎民智之啓牖), 지혜를 깨우치는 도(牖智之道)는 강구에 있고(在乎講究), 기를 진작하는 방책(振氣之策)은 단결에 있음(在乎團結)이라. 소이(所以)로 동서문명 제국(東西文明諸國)에 인민을 위한 자(爲人民者) 각 자치·자강의 방책을 도모(各圖自治自强之策)하여 혹 의소를 설치(或設議所)하고, 혹 역장을 설치(或置役長)하고, 혹 회두를 선출(或選會頭)하여 각 촌·정·현·시에 연단을 설치(各置演壇於村町縣市)하고, 그것을 명분으로 편제(編之以名)하며, 마음으로 맹세(誓之以心)하여 애국심(愛國底精神)과 성업 저변의 사상(成業底思想)으로 오직 강토에 격렬(惟事講討而激裂)한 언론(言論)은 능히 사람의 마음을 감동시키며(能感發人心), 민명(敏明)[85]한 사리(事理)는 능히 사리에 통달(能透達愚迷)하여 개인(箇人)이 각 국민이 있음을 알음(各知有國民)에 의무의 관중[86](義務之關重)하니, 스스로 남의 압박과 모멸을 면할 수 있어야(自可免人之壓侮) 그 민력을 길러 국권에 이르를 것(植其民力而達其國權)이거늘, 어찌 우리 한국 동포(奈之何我韓同胞)는 구습에 얽매여(恬於舊俗) 의뢰하는 듯하고, 서로 폭거(有若依賴而自相暴弃)하니, 비록 2천만이라 하지만(雖云二千萬人衆) 하나하나 배반(一一離叛)에 실책을 지키고 보증(守保失策)하여 대세가 이에 이르니(大勢至此) 어찌 한심하지 않은가(寧不寒心哉). 생각건대 이 달부(達府)[87]는 삼남의 요충(三南要衝)이요, 각국이 교제라(各國交際). 인민회의소가 없으면 안 되므로(不可無人民會議之所故) 우리가(鄙等) 공인을 이어 받아(業承公認) 현 민역소를 산기슭에 설치하여 취지, 즉 노소존비를 가리지 아니(現設民役所於下陬而趣旨則不計老少尊卑)하고 한 가지로 규합(糾合一省)하여, 무릇 민사에 관계된 일을(凡係民事) 한마음으로 서로 보호(一心相護)하여 자치의 권한을 기대함(冀圖自治之權)일새. 마땅히 먼저 한 번 모여 충분히 논의할 방편(宜先一會而爛商方便)이기, 이에 감히 널리 알리라(玆敢輪佈) 하였더라.

85 총명.

86 중대한 관계.

87 달성부. 대구.

〈자료 42〉 강서향약(江西鄕約)(《황성신문》, 1906.10.20, 2면 6단)

강서(江西) 군수(郡守) 이인영(李宇榮) 씨는 일본(日本)의 자치제도를 모방하여 향회약장(鄕會約章)을 실시하여 인민의 자유권을 보유(保維)케 한다더라.

〈자료 43〉 자치의의(自治擬議)(《황성신문》, 1906.10.30, 2면 2단)

내부(內部)에서 지방자치제도를 실시 차로 현금 의의(擬議)[88] 중인데, 이 규칙은 원래 우리 한국(我韓)에 자유(自有)[89]하던 향약조례(鄕約條例)와 동일히 정하고, 지방 인민을 법률 범위 내에서 자유 활동케 할 예정이라더라.

〈자료 44〉 논설: 지방자치제도(地方自治制度)(《황성신문》, 1906.11.2, 2면 1단)

(상략-편역자) 만약(若) 지방의 자치는 곧(乃) 제도를 개혁하는 데 있어 제1선무이다(維新中第一先務者也). 이(斯) 민(民)이 일 동(洞)의 자치로 말미암아(由一洞之自治) 이로써 일 면(面)에 이르고(以及於一面), 일 면(面)의 자치로 말미암아(由一面之自治) 이로써 일 군(郡)에 이르면(以及於一郡) 일 군의 일을 알 수 있는(可以知一郡之事) 치와 불치(治與不治)가 이 모두 우리에게 있으리오(是皆在我). 일 군(郡)의 정사를 깨달을 수 있는(可以悟一國之政) 치와 불치(治與不治)가 모두 우리에게 있으리니(是皆在我), 이 2천만 인에 따름(從此二千萬人)에 애국사상이 빠르게(駸駸) 발달하여 이로써 국권을 만회하게(雖以之挽回國權) 될 것이오(可也). 이로써 열강과 어깨를 나란히 하게(雖以之並駕列强) 될 것이니(可也), 자치여, 자치여(自治乎自治乎), 어찌 우리 대한이란 것을 다시 만드는 소이가 아닐까(豈非所以再造我韓者乎).

그렇지만(雖然) 두려워 할 것은(所可懼者) 우리 정부가 일을 행하는 것이(我政府之行事) 번번히 처음보다 끝이 선한 경우가 드물고(每每有初鮮終) 유명무실(有名無實)하여, 3일(日) 공사(公事)와 용두사미의 책망을(龍頭蛇尾之誚를) 항상 면하지 못(常不免焉)하니, 이 좋은 제목

---

88 실행에 앞서 의논.

89 원래 있다.

인 것 같은 것(竊恐如此好題目)이 또 한 때 그림의 떡이 되어(成一時畵餠) 타인의 조소를 불러 일으키면(謾招他人之笑) 장차 다시 어찌하리오(將復奈何). 이 제공의 마땅히 주의해야 할 것이오(諸公之所當注意者也). 하물며 듣기에 그 모방하여 행하는 제도(況聞其倣行制)가 곧 예전의 향약(乃是舊日之鄕約)이라 하니 남전 여씨(藍田呂氏)[90]가 비록 옛 선현(雖是先儒往哲)이나 아마도 유신의 인물이 아니며(恐非維新之人物), 유림향약(儒林鄕約)이 비록 고대의 아름다운 제도(雖是古代美制)나 아마도 문명의 제도는 아닐까 두려움이라(恐非文明之制度). 자치의 제도(自治之制)가 과연 이에 있으되(果在於是), 산림(山林) 유신(儒臣)이 과연 모두 금일 쓸모가 있을 것인가(果皆合今日之需用歟). 서로 돕기를 바라며(守望相助), 환난에서 서로 구하라(患難相救) 하는 등 4개 강령(綱領)이 과연 지방의회의 조례로 마땅할 것인가(果可盡地方議會之條例歟). 비록 금일의 인정 풍속(雖今日之人情風俗)에 혹 향약의 한두 개를 채택이나(或有鄕約之一二可採) 할지나 이 규약에 오로지 모방하면(專倣此規) 어찌 소위 지방의 자치라 할 것인가(豈所謂地方之自治歟).

오직 당국의 제공에게 원하는 것(維願當局諸公)은 어리석게 그것을 행하지 말고(毋魯莽而行之), 비록 그것을 연구하는 데 몇 년이 걸릴(雖至幾年之硏究)지라도 반드시 문명의 제도를 채용(必也採用文明之制度)하여 유신의 사업을 실시(實施維新之事業)하면 이로써 장차(將以此)로 나중 우리 한국의 역사상(爲他日我韓之歷史上)에 잊을 수 없는 대기념비를 남기는 것이리니(留一沒世不忘之大紀念碑), 힘써야 할 것이며(勉之哉) 경계해야 할 것이어다(戒之哉). 이미 이로써 여러분의 실행에 힘쓰고(旣以勉諸公之實行), 또 이로써 국민의 앞길을 축하(又以祝國民之前途)하노라.

〈자료 45〉 제의 자치(提議自治)(《황성신문》, 1906.12.18, 2면 3단)

금일 내부(內部) 국과장회(局課長會)에서 의견서를 이 부(該部) 협판(協辦)에게 제출하는데 지방과장 송지헌(宋之憲)은 지방 인민의 정황과 행정 쇄신의 방침으로 지방자치의 제도 실시함이 지금(方今) 급무라 한 사유를 제출하더라.

---

90 중국 북송시대 성리학자 여대림을 이름.

〈자료 46〉 시제 준비(市制準備)(《황성신문》, 1907.5.10, 1면 4단)

시제준비회(市制準備會)에서 오가키 다케오(大垣丈夫)가 연설함이 다음과 같음(如左). (續)

대개(盖) 본 제도(本制)의 취지는 자치(自治) 및 외권(外權) 원칙을 실시하려 하는 자(者)니, 현금(現今)의 정세와 정도를 인(因)하여 정부 사무를 지방에 분임하고, 또 인민(人民)으로 하여금 이에 참여케 하여 정부의 번잡함을 생략(省)하고, 인민의 본무(本務)를 다하게(盡)함에 재(在)하니, 정부는 정치의 대강을 처리(執)하고 방침(方針)을 전수(授)하여 국가 통치의 실리(實)를 거두며(擧), 인민은 자치의 책임을 분담하여 오로지(專) 공익(公益)을 도모(圖)하는 생각(念)이 발생(生)함에 이를(至)지라. 지금(今)에 귀국(貴國)의 전도(前途)를 상찰(想察)[91]컨데, 시제(市制) 혹 군제(郡制)라던지, 또 최소한 행정구역으로는 면제(面制)라던지, 이러한(此等) 지방자치의 제도를 실행함이 필요한 고로 모범적으로 한성(漢城)에 시제를 시행함이 급무로 인정(認)하노라. 이 법제(法制)를 시행함에는 우선(爲先) 자치구(自治區)를 불가불 조성할지니, 자치구는 특립(特立)의 조직을 이루고(成), 공법(公法)과 민법(民法) 양자에 모두(皆) 1개 인민(人民)과 권리를 동일케 하야 이 이사자(理事者)된 기관을 유(有)한 자(者)니, 그 기관은 법제의 정한 바를 의하여 조직하고, 자치구는 이에 의하여 그 의사를 발표하여 이를 집행함을 획득(得)하는 자(者)라. 고로 자치구는 법인(法人)으로 재산을 유(有)하고, 이를 수수(授受) 매매하여 타인과 계약을 체결(結)하고, 권리를 획득(得)하며, 의무를 부담(負)하고, 또 그 구역 내는 독립하여 이를 통치하는 자(者)라. 그런데(然) 그 구역은 원래 국(國)의 일부분이니 국의 통할 하에서 불가불 그 의무를 다(盡)할지라. 고로 국(國)은 법률로 그 조직을 정하고 부담의 범위를 설정(設)하여 항상 이를 감독할 자(者)라. 무릇(凡) 국민의 인민이 각기 자치 단결하고 정부에서 통일하여 그 기축(機軸)을 잡는 것(執)이 국가의 기초를 공고케 하는 소이니, 국가의 기초를 공고케 하랴 할진데 지방의 구획으로 자치단체를 이루어(成) 그 부 내(部內)의 이해를 부담케 할지니라.

위(右)에 진술한 바는 자치의 본의를 총설(総說)함에 불과하고, 그 방법 세칙(細則)은 일조일석(一朝一夕)에 상세히 설명(詳說)키 불능(不能)하노니, 내가(余) 자강회월보(自强會月報)에 일본의 자치제도를 강술(講述)하여 귀국(貴國) 조야(朝野)의 참고에 제공(供)한지라. 국민

91 생각하여 헤아림.

으로 하여금 국가를 사랑(愛)함이 자기를 사랑(愛)함과 같게(如) 할진대 자치제도를 실행하여 국가적 사상을 함양하는 것과 같다(莫如). 일본에서는 인구 5만 미만의 시(市)에서는 의원(議員)을 30인으로 하고, 인구 5만 이상의 시에서는 36인으로 하고, 인구 10만 이상의 시에서는 인구 5만 명에 의원 3인씩(式) 증가하고, 인구 20만 이상의 시에서는 인구 10만의 의원 3인씩 증가하여, 여하한 큰 도시(大市)라도 의원은 60인을 정원 한도(定限)로 하여 이 한도(此限)에 불과(過)함은 부득하나니, 이 의원은 시민의 선거(撰擧)를 인(因)하여 시민(市民)의 대의자(代議者) 되고, 대의자는 시장(市長)을 선거하여 시내(市內)의 자치사항(自治事項)을 의논하여 결정(議定)하나니, 민에게는 그것을 시킬 것인지(民可使由之) 그것을 알게 하는 것은 불가하다(不可使知之)고 함은 상고(上古) 몽매(蒙昧)의 시대에 적응한 정치방침이다. 지금(今)에는 그렇지 아니(不然)하니 민(民)으로 하여금 이를 알게(知) 하며, 이를 임명(任)케 하여 부담심(負擔心)을 흥기(興起)하고, 협동일치(協同一致)하여 국가를 유지하고, 부강을 기도하는 관념(念)이 발생(生)케 할지라. 즉 자치제도(自治制度)는 이 목적을 달성(達)하는 좋은 법(良法)이니, 한국과 같이(如) 관민(官民)이 반목(反目)하여 일치 결합(一致結合)키 어려운(難) 나라(國)에 재(在)하여는 또(尙且) 자치제도가 필요함으로 인정(認)하노라. 그런데(然) 전국에 시행하기 전에 우선(爲先) 한성(漢城)에 시제(市制)를 실행하여 전국에 모범의 이룸(成)이 적당하니, 즉 한성의 호수(戶數) 4만 3,412호(戶) 내(內)에 남(男) 10만 8,942인, 여(女) 9만 2,237인, 합계 20만 1,168인의 큰 도시(大市)인즉, 하나의 자치구(一自治區)로 하여 시제(市制)를 시행하고 완전히 정무를 행(擧)하여 민의 이익(民利)을 힘씀(進흠)에 모범이 될 만하다 하노라. (完)

〈자료 47〉 자치제도 청의(自治制度請議)(《만세보》, 1907.5.30, 2면 3단)

내부대신 임선준(任善準)이 지방 각 군(各郡)에 면장(面長)을 선임하여 지방의 자치제도를 실시하기로 정부에 청의하였다더라.

〈자료 48〉 시사평론(《대한매일신보》, 1907.8.23, 2면 5단)

내대 임선준은 향일[92]에 지방자치를 실시하겠노라고 장담하더니, 이제 사회를 압제하고 민론을 거절코져 하여 무단히 자강회를 먼저 혁파하니, 이것이 인민의 자치를 실시하려는 본의인가. 여보 쓸데없는 말만 하지마오. 대단히 빤빤스럽소.

〈자료 49〉 자치제 지연(自治制遲延)(《황성신문》, 1908.6.7, 2면 3단)

내부(內部)에서 한성(漢城) 부윤(府尹)의 의견을 인하여 한성 자치제도를 실시하겠다고 통감부(統監府)에 동의를 청하였더니, 이 부(該府)에서 또 지금 승인(尙今承認)치 아니함으로 자연 실시가 되지 못한다더라.

〈자료 50〉 논설: 농업계에 새 복음(《대한매일신보》, 1908.6.10, 1면 1단)[93]

김해군 북외리에서 농가 일백여 호가 농무회를 조직하고, 일절 농업에 관한 일은 동신협의하며, 유의유식하는 것과 후주잡기하는 것을 엄금하고, 민사상에 사소한 송사는 회중으로 심판하여 결정하며, 농시를 당하여 만일 신병이나 가환으로 실농하는 자가 있으면 회중에서 보조로 일을 하여 주고, 여항간에 전하여 내려오는 무익한 잡가는 일병 폐지하고, 농무애국가를 새로 지어 병창하며, 겸하야 야학을 설시하여 농부의 지식을 개발케 하기로 열심중이라 함은 전보의 임의 게재한 바이어니와 기자가 이 소식을 듣고 한 조각 감동한 마음이 뇌수에 찔려 곧 뛰놀며 크게 불러 가로되, 이것은 실업계에 광명이며, 한국 지방자치제도의 근본이며, 일반 농부 형제의 새 복음이로다. 그 구역은 김해군 외복 일면에 지내지 못하며, 그 사람은 백 호에 차지 못하여 아직 멀리 실시되고 널리 미친 것은 아니로되, 침침 장야에 한 닭의 소리가 문득 새벽을 보하는 소식이니, 우리가 이 일에 대하야 어찌 감하한 뜻을 표하지 않으리오.

---

92 저번.

93 〈論說: 農業界新福音〉, 《大韓每日申報(국한문)》, 1908.6.10, 1면 1단.

슬프다. 수백 년 이래 한국 농민들의 지위와 사상이 과연 어떠한 경우에 있었는가. 괴롭기가 예서 더한 것이 없는 이가 농민이오. 천하기가 예서 더한 것이 없는 이가 농민이라. (중략-편역자) 기이하다. 저 도회처도 아니요, 유지자의 중식점도 아닌 김해군 하향 농가 인물들이 지방자치제도의 선봉으로 분발하여 일어나 농회를 창기하고, 겸하야 학문을 수습하는데, 그 내용의 어떠한 것은 아직 자세히 듣지 못하였으나 우선 그 외양으로 발표된 것만 보아도 거의 구라파 문명국의 시민 자치제도와 부합할 뿐더러 더구나 몇 백 년 이래로 다만 압제 아래에서 죽어가며 몸은 관리의 한 노래요, 협중에 한 동물인 줄로 자작 인정하며, 국가의 흥망과 민족의 성쇠는 꿈 밖에 부쳐 두고, 학문이 무엇인지 애국하는 것이 무엇인지 모르던 저 농민들이 지금에 그 사상이 이렇듯이 크게 뛰어나서 노동하는 여가에는 야학교에 가서 삼상한 노래를 할 적에도 애국가를 부른다하니 장하도다.

내가 또한 이에서 감동한 일 하나히 있으니, 김해군은 옛적에 가락국의 도성이라. 우리나라 사기를 상고컨대 자치제도가 맨 처음 발달되어 향회의 규모가 서국민회와 방불하고, 또 그 국민의 정신이 뇌확하여 동방에 강국을 처음으로 건설하던 민족이 아닌가. 침침하게 지내던 천백 년간을 나와 지금에서야 다시 깨닫는도다.

슬프다. 대한 전국 십삼도 농부들이여. 일제히 흥기하고 분발하여 김해군을 모범할지어다.

〈자료 51〉 사설: 지방자치제에 주의함(地方自治制에 注意함)(《경남일보(慶南日報)》, 1909.11.28, 2면 1단)

본보 제1호부터 지방민권자치제(地方民權自治制)라 하는 조규(條規)를 게재하여, 또(尙且, 상차) 그 결국에 이르지(至) 못하였거니와 이 규제(規制)는 우리나라(我國)에서 아직 민법(民法)으로 발포한 사(事)가 무(無)함으로 현금 일본에서 시행하는 제도를 채술(採述)하여 앞으로(逐日) 제군의 열람에 제공(貢)함이나, 현재(目下) 국내에 시행하는 제반 법령도 몽연(朦然)[94] 불성(不省)[95]하고 도외(度外) 포기하는 자가 다(多)하거든, 하물며(況) 태어난 이래(生來) 몽상(夢想)에도 미치지 아니(不及)하던 민권자치제라 하는 것을 보면, 월인(越人)의 유생(章甫)과

94 몽연(蒙然)의 오기. 몽연은 환하지 못하고 어두운 상태를 이름.

95 사물이나 사람을 알아보지 못함.

원거(居爰)의 대향(大饗)[96]과 여(如)하야 망연히 이가 무슨 법(何法)인지 어느 곳(何處)에 적용하는 것인지 반드시(想必) 무미(無味)한 설로 인정하고 포기 불성(不省)하여, 조금(絲毫)이라도 깨달아 회득(理會) 강구(講究)하지 아니할 줄로 사유하노라.

대개(大槪) 현재(目今) 우리(我) 국민의 정도로써 논하건대, 소위 지방자치제라 하는 것을 아직 시행할 시기가 이르지 아니(未及) 하였으나 그 정도가 미급하다고 영원(永)히 버려 둘(棄置) 뿐이오. 하등 준비가 무(無)하면 비록(雖) 기 10년(幾十年)을 경과 하더라도 가급할 정기(程期)가 아직 없을지니(未有), 그러한즉(然則) 금일부터 지방자치에 대한 준비를 더욱 더(益益) 연구하며, 점점(稍稍) 시험하여 장래 실행할 기초를 예히 건축함이 가(可)하니, 인민이 법률의 의의를 깨달아 터득(曉解)한 자라도 처무(處務) 실행에 당(當)하여는 틀어져서 어긋난(齟齬) 사(事)가 무(無)키 난(難)하거늘, 하물며(況) 법률이 여하한 의미인지, 권리·의무라 하는 것이 어떤 것(何物)인지, 소위 의원(議員)의 자격이라 하는 것이 무엇을(何를) 가르킴(指)인지, 그 피면적(皮面的)으로도 원래(素來) 견습(見習)이 무(無)한 지위에 처한 자가 어찌 자치의 제(制)를 여론(與論)하리오.

소이(所以)로 현금(現今) 경성(京城)에만 한계로 하고(爲限), 중앙점의 모범적으로 자치제를 조직하였으니, 만약(若) 지방 인민의 정도가 발달하는 동시에는 지방에도 자치제를 시행할 것은 자연한 원칙이라. 근일(近日)에 면·이장(面里長)을 설치하고, 각 군 군회(郡會)를 개하여 관민(官民)이 협의 타결하는 사(事)가 다(多)한 것은 곧(便是) 지방자치의 효시라. 누구를(何人) 물론하고 능히 법률의 의미를 연구하야 인민된 권리와 의무를 스스로 깨달을진대(自悟), 이 사람(人)을 의원의 자격에 적합한 자라 이르(謂)나니, 만약(若) 그 제도의 편리함과 관계의 어떠(何如)함은 다른 날(異日)에 점차 설명하려니와 대강은 본지에 일일 게재하는 지방민권자치제에 대(就)하여 사람들(人人)마다 강구(講究)·해득(解得)에 충분(十分)한 주의를 가(可)하여 속히 자치제의 시행준비에 응함을 간절히 희망하노라.

---

96 성대한 잔치.

4. 외국인 거류지 관계

〈자료 52〉 개동명정(改洞名町)(《황성신문》, 1905.5.13, 3면 2단)

경성(京城) 일본거류지(日本居留地)를 일본(日本) 정명(町名)으로 개칭한다 함은 이미 들었거니와(已聞) 가까운 시일(近日) 확정되어 오는 20일경(來二十日頃)에 발표될 터이라는데, 이현(泥峴)은 본정(本町)으로, 남산동(南山洞)·회동(會洞)·주동(鑄洞)은 남산정(南山町)·우수정(又壽町)으로, 명동(明洞)은 명치정(明治町)으로, 죽동(竹洞)은 영락정(永樂町)으로 개칭한다더라.

〈자료 53〉 대한정책의 밀수(對韓政策의 密受)(《황성신문》, 1905.5.24, 1면 4단)

일본 신문을 의거(據)한즉, 주한(駐韓) 하야시 공사(林公使)가 조선으로 돌아올(歸朝) 때(時) 대한 정책 일(對韓政策事)로 각종 훈령(訓令)을 받았다(受)는데, 들은(聞) 바를 의거(據)한즉, 이(該) 훈령 중 가장(最) 중요한 자(者)가 거류지 제도를 철폐하고, 내지(內地) 잡거(雜居)를 허가(許)하는 일(事)과 토지소유권(土地所有權)을 허가(許)하는 것(事)이라 하였더라.

〈자료 54〉 거류민장회의 결의(居留民長會の決議)(《東京日日新聞》, 1905.7.16)

일찍이 거류민단법안이 의회에 제출될 당시, 우리는 이러한 종류의 법률 제정이 진실로 그 시기가 마땅함을 인정하고, 해외에 우리 국민의 재류함이 오래되고 그 수(數)의 증가와 함께 거류지의 경영을 완전하게 하기 위해서 재정의 독립 견고를 계획하는 것이 급무임을 간취하고, 이를 찬성함에 있어서 도리어 인후(咽喉)에 추락하지 않음을 기대하였다. 그런데 이번 봄 3월 초순으로 재가(裁可) 공포를 거친 이 법이, 그 실행세칙이 아직 제정되지 않은 것 때문에 실시의 운(運)에 이르지 않는다라 하는 것 같음은 격화소양(隔靴搔痒)[97]의 감(感)

97 '신발을 신은 채 가려운 곳을 긁는다'는 뜻. 일을 하느라고 애는 쓰나 정곡을 찌르지 못한 안타까운 상황을 이름.

을 견딜 수 없는 바, 한국 각지에서 우리 거류민장(居留民長)이 지난달 말 경성에 거류민장회의를 열고, 거류민단법 실시를 빨리할 것을 청원함은 추호도 괴이하지 않다. 즉 거류지민(居留地民)의 수는 날로 달로 증가하나 확실한 재원이 없기 때문에 제반의 경영을 진행할 수 없고, 교육과 위생 같은 문명 국민에게 있어서 그 필요를 하루도 결여해서는 안 되는 설비를 한각(閑却)[98]하는 것 같음은 한국 경영상의 한 결점으로 우리는 재한 거류민과 이 법의 긴급한 실시(急施)를 당국자에게 권고하고자 한다. 그렇지만 거류민장회의의 결의 사항이란 것을 통람(通覽)하여 알게 된 거류민단 경영에 관한 국비 보조, 거류지 내 관립 중학교·실업학교 설치, 영사관 내 위생사무관 설치, 철도 정거장과 부근 시장과의 연락 개통 등에 대해 우리 거류민은 이를 심히 유감으로 생각하는 바이다. 이와 같은 결의는 필경 거류민장의 고안(考案)에서 나온 것이나 결코 해외에 대발전의 선구라 할 만한 일반 거류민의 본 뜻이라 할 수 없다. (중략-편역자) 국고를 해외에 낭비하기 때문에 국력의 쇠미를 초래할 우려가 있을 수 있는 것이다. 즉 이와 같음은 불국 식민정책의 실패에 비추어보면 분명하며, 만약 제국 국민으로서 그 본국에 있음과 마찬가지로 정부의 보호를 향유하고 싶거나 나아가 해외 발전에 용기가 없다면 이와 같은 국민을 해외에 보내서 도리어 국가의 경비를 증가시키는 어리석음을 범하기보다는 오히려 그 이주를 단연 막는 편이 나을 것이다. 우리가 저들에게 절망하는 소이로써, 이와 같은 국고 보조의 요구가 이민 증가와 함께 계속된다면 장래의 국가 재정이 여하한 곤란을 초치할 것인가에 대해서는 반드시 냉정하게 생각해보지 않으면 안 될 것이다.

요약함에 거류민단법 실시의 급무인 논의를 기다리지 않는 바로써, 또 일찍이 한국 거류민장의 결의 사항 중 특히 국고 부담을 증가할 필요가 없는 적절한 긴급 보호에 대해서는 찬성을 아끼지 않지만, 국고 보조에 유(類)하는 청원과 같음은 이를 전연 부인하는 것으로, 또 당국자도 반드시 이와 같은 이유 없는 청원에 대해서는 그것을 거절함에 주저하지 않을 것이라 믿는다.

98 무심하게 내버려 둠.

〈자료 55〉 거류민단법 세칙(居留民團法細則)(《大阪朝日新聞》, 1906.7.15)

거류민단법시행세칙은 예보와 같이 발표된 전문 59조로 이루어졌다. 민장은 거류민회에서 선거하고, 통감의 인가를 받으며, 그 임기는 3개년으로 한다. 거류민회 의원의 정수는 8명 이상 24명 이하로 하며 이사관이 정한다. 거류민으로서 공거를 갖는 만 25이상의 남자로 1년간 거류민단세 5원 이상 납부한 자는 선거권을 갖는다. 선거권을 갖는 자는 피선거권도 갖는다. 나머지는 그것을 생략한다.

〈자료 56〉 이사지난(理事持難)(《황성신문》, 1906.9.6, 3면 3단)

삼화항(三和港)[99] 온 사람(來人)이 전하는 바(所傳)를 의거한즉(據혼則), 정부에서 감리(監理)를 폐지하고 부윤(府尹)으로 개정한다는 설을 이 항(該港) 이사(理事)가 듣고(聞) 이항 감리를 대하여 논란하기를, 현재(現今) 한국 정부의 행정관 개정 여부는 본 이사의 알(知홀)바 아니나 감리를 폐지(廢)한즉, 이사청(理事廳)의 교섭 사안(事案)은 누구와(何人과) 기다리며(待等), 재판소에 부역인(役丁)을 관찰부(觀察府)로 이송할 경우 죄수의 식비도 변통할 곳(區處)이 무로(無路)인데, 하물며(況) 죄수를 압송하여 멀리 옮길 때의 비용(移押盤費)은 어디(何處)에서 변통(辦出)하며, 또(又) 어려운 일이 있으니(有所難事) 본 이사청에 소관 구역이 16군(郡)이라 교섭할 때(時)에는 각 군에 직행 훈령(訓令)할 터이니 좌우(左右) 사세(事勢)가 심히 처리하기 어려움(甚爲難處)이라고 지루하게(支離) 담화하였다더라.

〈자료 57〉 거류지수세(《대한매일신보》, 1908.5.10, 2면 3단)

외국인 거류지에 있는 지단세를 수입하는 규칙을 탁지부에서 수정하여 각 재무감독국과 재무서에 훈령하였다더라.

---

99 평안남도 진남포.

〈자료 58〉 외인 거류지 세칙(外人居留地稅則)[《大韓每日申報(국한문)》, 1908.5.22, 2면 3단]

탁지부(度支部)에서 외국인 거류지에 대한 지세(地稅) 및 잡세(雜稅) 징수사무취급규정(徵收事務取扱規程)을 다음과 같이(如左) 정하였다.

제1조 외국인 거류지에 대한 지세 태납(怠納) 이자 및 토지 경매 대금의 징수 사무는 본 규정에 의하여 처리함이 가(可)함.

제2조 전조(前條) 지세 기타의 수입이 유(有)한 때(時)는 일본국 이사관(理事官)이 각 항 수입 금액을 소할 재무서(財務署)의 통지가 유(有)할 터이니, 재무서장은 이 통지로 인하여 한국 정부의 수입이 될 금액을 조정하여 일본국 이사관 및 거류지사(居留地舍)에 대하여 납입 고지서를 발함이 가(可)함이라 하였더라.

〈자료 59〉 청인거류규정(淸人居留規定)(《황성신문》, 1909.2.25, 2면 3단)

한청(韓淸) 양국 간에 체결한 재한국 청국 전관거류지(專管居留地) 문제는 일청전쟁(日淸戰爭) 후에 버림(放擲)되었더니 그 후에 다시(再) 한청 간에 조약을 체결함에도 불구하고 거류지 문제에 대하여(就) 어떠한(何等) 규정한 바가 무(無)한 고로 청국에서는 재작년(一昨年) 3~4월경 각지 개항장을 시찰한 결과 전관거류지 규정의 필요를 인정(認)하여 인천(仁川)과 부산(釜山), 원산(元山) 등에 이를 설정할 예정인데, 경성(京城)에 있는(在) 청국 총영사(総領事) 마정량(馬廷亮)은 오는(來) 3월 10일경에 통감과 교섭 담판을 개시할 터라고 하더라.

〈자료 60〉 거류지협정(《대한매일신보》, 1909.12.18, 3면 1단)

청국 총영사와 통감부 간에 협의 중인 청국 거류지 문제는 삼차 협의한 결과로 협정이 되어 각기 정부에 보고한다 하며 거류지 실시 기한은 내년 2월경이라더라.

〈자료 61〉 거류 문제 실시기(居留問題實施期)(《황성신문》, 1910.3.13, 1면 5단)

청국(淸國) 전관거류지 문제의 낙착됨은 기보하였거니와 그 내용을 들은(聞)즉, 국내에 청국 거류지를 신설함이 아니라 단순(單)히 예전부터(自來) 구구(區區) 분할된 청국인 거류지를 통일하고, 또 불문법(不文法)을 성문(成文)으로 명확하게 정함에(明定) 불과하며, 실시는 일본 정부의 승인을 기다릴(待) 터인 고로 약 1개월 이후가 되리라더라.

〈자료 62〉 조선과 외인 토지소유권(朝鮮と外人 土地所有權)(《神戶新聞》, 1910.10.4)

조선에서 시행될 법령에 관해서는 당분간 현행 법률의 효력을 존속시키고, 이후 필요에 따라서 칙령 또는 총독부령으로 발포되어질 것이다. 외인(外人)과의 관계는 사정이 허락하는 한 현행 조약을 적용하고, 내지(內地)와 마찬가지의 권리 및 특전을 향유함은 정부가 일찍이 열국에 분명히 널리 밝혀 알린 바인데, 조선에서 외국인의 토지소유권을 인정하느냐 마느냐의 문제는 조야(朝野) 간에 종종 의론이 있어 앞으로 무언가 결정하지 않으면 안 되는 긴급의 요건이다. 현행 규모에 따르면 조선의 외국인(일본인을 포함)은 거류지 외에는 토지 소유 권리를 인정하지 않는다. 토지소유권의 금지를 원칙으로 함에도 불구하고 한편으로는 토지증명법에 따라 질권(質權), 저당권(抵當權) 등을 인정하고 또 질류(質流), 저당류(抵當流)로 토지에 관한 일종의 권리(이론상 소유권으로 인정되지 않음)를 인정하고 있다. 위 권리의 실질을 말하자면 소유권과 다를 바 없음에도 불구하고, 또 소유권으로서는 그것을 인정하는 것이 가능하지 않은 것으로 자못 변칙(變則)한 일시의 편법을 행하고 있음에 다름 아니다. 종래와 같이 조선에 대한 일본의 지위가 확정되지 않은 시대에는 이러한 종류의 불편 또한 어쩔 수 없이 인정하였으나 이후 영원히 애매한 현 제도를 유지할 수 없다. 이미 동양척식회사의 이민규칙에 근거한 소작지에 대해 소유권 취득 규정을 설치한 것이라면 조선의 일본인 일반이 토지 소유의 권리를 얻을 수 있는 것은 물론이다. 그리고 외인의 권리에 관한 문제로써 현재의 소유권 및 질권 저당권 등 처분 및 장래의 방침에 대해서 결정을 필요로 하는 것인데, 현재 권리의 처분 여하는 원래부터 중대한 이해 문제가 아니다. 그것을 광업권 등과 마찬가지로 외인의 기득권으로 존중해도 장차 또 소유권을 인정하지 않는다는 이론을 관철하여 적당한 처분을 해도 요점은 현재의 애매한 관계를 확정함에 지나지 않아서 격별히 번거로울 것이 없다. 다음으로 장래의 방침, 즉 26의회를 통과한 외인의 토지소유권에 관한 법률안 실시기(實施期)에 조선을 어떻게 해야 할 것인가에 대해서는, 외국 측의 편리를 말하자면 종종의 주문(註文)이 일어날 것이나 현재 본법에는 대만, 화태(樺太),[100] 홋카이도(北海道) 등에 적용되지 않는다는 것을 명기함으로써 조선에 있어서 외인의 토지 소유 금지는 그것을 기정의 방침이라 해도 불가하지 않을 것이다. 이번에 무엇보다 의론이 있을 예정이다. 그리고 이러한 것에 대한 제 문제는 정부에서 조사를 하고 있다면, 나아가 대저 결정 후 발포될 것이다.

100 사할린의 일본식 표현.

II

잡지 기사

〈해제〉

통감부 시기 지방제도 개정과 관련하여 잡지 기사는 많이 확인되지는 않는다. 직접적으로 행정구역 개편이나 지방관제 개정을 논의하기보다는 당시 계몽운동을 위해 조직된 단체들이 발간한 잡지에서 자치제와 관련하여 지방제도를 어떻게 개편할 것인지 개편 방향을 이야기하는 정도가 확인된다. 당시 일반에서는 지방제도 개편을 지방자치 실시로 인식한 부분도 있었고, 이에 일본의 시정촌제와 관련하여 그 내용을 소개하고 한국의 개편 방향을 모색하였다. 오가키 다케오(大垣丈夫)의 〈일본의 자치제도(自治制度)〉[《(대한자강회월보(大韓自强會月報)》第4號, 1907.10.25: 자료 64]는 일본의 자치제도를 소개하는 내용이지만 대한자강회 고문이었던 그의 영향력으로 볼 때 이 기사가 한국인들에게 미칠 영향력, 즉 자치제에 대한 이해도를 확인하는 차원에서 수록하였다.

오가키 다케오는 《야마토신문(大和新聞)》, 《이시카와니치니치신문(石川日日新聞)》 등의 주필을 거쳐 《사쿠라신문(さくら新聞)》을 창간한 언론인으로 일본의 대한정책과 관련하여 수많은 글을 발표하였다. 그는 1906년 한국으로 건너와 대한자강회 창립에 관여하고 고문으로 취임하였다. 한국의 문명화를 표방하며 기고를 통해 조직의 확대, 선전활동 등에 힘썼고, 대한자강회 강제해산 후에는 다시 대한협회를 창립하여 고문으로 취임하였다. 통감통치를 찬성하는 그의 견해는 회원들과 차이를 보이기도 하였으나 한국의 문명화와 내정개혁 등과 관련해서는 뜻을 같이하였고, 그의 기고는 회원들에게 큰 영향을 미쳤다. 위와 관련한 실제 수록 기사 중에 차종호(車宗鎬)의 〈법률상 자치의 관념(法律上 自治의 觀念)〉[《서우(西友)》 제9호, 1907.8.1: 자료 63], 윤효정(尹孝定)의 〈지방자치제도론(地方自治制度論)〉(《대한자강회월보》 제4호, 1907.10.25: 자료 65) 등에 오가키 다케오의 영향을 직접 이야기하고 있는 것이 확인된다. 당시 잡지 기사들을 보면, 자치제의 방향을 대체로 일본의 정촌제(町村制)를 따라서 실시하는 것으로 이야기하고 있어 지식인 일반에서는 이 부분과 관련하여 일본의 영향력이 강력했음을 확인할 수 있고, 그 이론의 제공자는 오가키 다케오였다고 볼 수 있다.

이렇게 일반에서는 일본의 정촌제를 도입한 자치제 실시를 원하고 있었지만, 통감부는 이를 허용하지 않았다. 자국민에게는 거류민단이라는 속인적 법리까지 이용하여 자치제를 허용하면서 한국인들이 시도한 자치제인 '한성시제(漢城市制)'에 대해서는 설립부터 인정하지 않았다. 한국인들은 1907년 3월 시제준비회(市制準備會)를 조직[1]하여 자치제도를 연구하고, 일본의 정촌제를 모델로 한 자치제도의 실시를 모색하였다. 이후 지속적으로 자치제 실시를 시도하였지만[2] 통감부는 허용하지 않았다. 한국인들에게 자치를 허용할 경우 이와 관련하여 이어질 후속 요구를 사전에 차단하고자 했던 것이다.

자치제 성격을 갖는 한성부민회는 한일 공동설립으로 1908년 5월 조직되었다.[3] 설립 취지, 조직의 성격은 〈한성부민회 창립 이유서(漢城府民會創立理由書)〉[4][《대한협회회보(大韓協會會報)》 제10호, 1909.1.25: 자료 70]를 통해 확인이 가능하다. 전통적인 향회를 기반으로 한 자치제 시도가 억압되고, 일본의 정촌제를 바탕으로 한국인들이 모색하던 자치제 시도도 허용되지 않았다. 이러한 상황에서 한일 공동의 한성부민회 설립은 이후 지방자치의 방향성에 시사하는 바가 크다고 할 수 있다. 민의소(民議所), 민회(民會), 방회(坊會), 군민회(君民會), 면의소(面議所), 인민협의회(人民協議會) 등의 명칭으로 지방자치단체들이 설치되기도 하였지만, 일본의 정촌제에 따르지 않으면 강제해산되었고, 조직이 친일적 성격을 띠지 않으면 허용되지 않았다.

외국인 거류와 관련된 지방제도의 개정에 대해서는 일본인 거류민단과 관련하여 두 편의 기사를 수록하였다. 1908년 6월 통감부령 제23호로 거류민장을 관선하게 된 것에 대한 일본 헌정본당의 입장을 확인할 수 있는 기사이다. 원래 거류민단법의 모체가 된 시정촌제의 장(長)은 관선(官選)이었지만, 재외국민에게 거류상의 혜택을 부여하기 위해 민선으로 해왔던 것이다. 통감부는 당시 10만이 되는 재한 일본인의 행정조직을 장악할 필요가 있었고, 민

---

1 「市制新會」, 『大韓每日申報(국한문)』, 1907.3.21.

2 「市制準會의 請認」, 『大韓每日申報(국한문)』, 1907.5.31: 「市制會請願」, 『皇城新聞』, 1907.6.1: 「市制會 청원」, 『公立新報』, 1907.7.5: 「市制改良」, 『大韓每日申報(국한문)』, 1908.1.18.

3 1907년 10월 일본 황태자 방한을 계기로 그 환영회를 위해 大日本(帝國)皇太子殿下奉迎漢城府民會(대일본황태자전하봉영한성부민회)라는 이름으로 조직된 반관반민(半官半民)의 비상설단체 한성부민회와는 구별해서 보아야 한다. 이용창, 2004, 「'漢城府民會'의 조직과정과 활동」, 『한국독립운동사연구』 제22집, 26쪽.

4 『皇城新聞』, 1908.12.12; 『유길준전서』Ⅳ, 1971, 314~315쪽.

장 관선 조치는 그러한 의도에서 나온 것이었다.

거류민단은 거류민단법상 법인으로서 관의 감독을 받는다는 조항(제2조)이 있어서 사실상 통감부의 감독을 받는 기구였지만, 민장관선으로 확실히 관변기구가 되는 상황이었기 때문에 이에 대한 재한 일본인들의 반발은 컸다. 이에 재한 일본인뿐만 아니라 본국에서도 이에 대한 관심이 컸다. 초기 일본 국내의 여론은 다소 차이는 있었지만 통감부가 거류민과의 갈등까지 유발하면서 제도를 개편할 필요가 있는가 하는 문제 제기가 주류였는데, 점차 통감부의 입장을 이해하는 주장도 나오게 되었다. 사실상 민장관선령이라는 통감부령은 '한일병탄'을 고려한 통감부의 정책이었다. '병탄' 이후 정리되어야 할 제도적 문제로 외국인 거류지를 보고 있었던 것이다. 여기에 수록한 〈시사: 민단장의 관선(時事: 民團長の官選)〉[《헌정본당당보(憲政本黨黨報)》 제2권 제12호, 1908.9.10: 자료 67], 〈정무조사 제12회 정무조사회(政務調査 第12回 政務調査會)〉(《헌정본당당보》 제3권 제1호, 1908.10.10: 자료 68)는 민장 관선을 반대하는 입장에서 일제의 식민정책을 잘 대변하고 있는 자료로써 주목할 만하다.

〈자료 63〉 법률상 자치의 관념(法律上 自治의 觀念)[차종호(車宗鎬), 《서우(西友)》 제9호, 1908.8.1]
〈자료 64〉 일본의 자치제도(日本의 自治制度)[오가키 다케오(大垣丈夫), 《대한자강회월보(大韓自强會月報)》 제4호, 1907.10.25]
〈자료 65〉 지방자치제도론(地方自治制度論)[윤효정(尹孝定), 《대한자강회월보》 제4호, 1907.10.25]
〈자료 66〉 한 내지의 시찰(韓內地の視察)[시가 시게타카(志賀重昻), 《조선(朝鮮)》 제1권 제4호(通卷4號), 1908.6]
〈자료 67〉 시사: 민단장의 관선(時事: 民團長の官選)[《헌정본당당보(憲政本黨黨報)》 제2권 제12호, 1908.9.10]
〈자료 68〉 정무조사 제12회 정무조사회(政務調査 第12回 政務調査會)(《헌정본당당보》 제3권 제1호, 1908.10.10)
〈자료 69〉 자치의 의의를 개론함(自治의 義意를 概論함)[정달영(鄭達永), 《대한협회회보(大韓協會會報)》 제8호, 1908.11.25]
〈자료 70〉 한성부민회 창립 이유서(漢城府民會創立理由書)(《대한협회회보》 제10호, 1909.1.25)

〈자료 63〉 법률상 자치의 관념(法律上 自治의 觀念)[차종호(車宗鎬), 《서우(西友)》 제9호, 1908. 8.1]

(상략-편역자) 자치(自治)는 국가(國家) 안(內)의 단체가 자기의 독립 의사로 공공사무를 처리함을 말(云)함이니, 단체 자신이 완전(全)히 그 의사의 독립을 향유치 아니하고 국가의 지휘 명령에 복종(遵服, 준복)하야 그 사무를 처리하면 자치라 어찌 말(豈云)하리오. 그렇지만(雖然이나) 자치체는 국가 하에 존재하야 절대적 독립을 유(有)한 단체가 아니라 이로써(是로以하야) 그 단체의 의사는 국가의 의사에 위반치 못할지라. 만약 혹 자치체가 국가의 의사에 위반하야 절대적 의사의 자유를 갖느냐(有焉) 하면 자치체는 독립 국가됨에 이를(庶至할)지니, 국가의 통일을 하물며 유지하고자 하(苟欲維持)면 일정한 범위 이내에 자치체의 의사를 제한함이 당연하니, 이 소위 자치체에 대한 감독권(監督權)이라. 그러나(然而) 자치체에 대한 국가의 감독권은 법규에 일정한 한도가 유(有)하니, 이 한도를 만약 초월(越)하면 국가는 자치체의 의사를 제한하기 부득한즉, 자치체는 법규 범위 이내에서는 의사의 자유를 보유함이라.

이상으로(以右)는 자치 관념의 여하를 설명하얏스니, 최근 이웃 나라(鄰國)의 자치제도의 창설을 대략 논(略論)호리라. 일본의 자치제도 창설이 오직 최근(唯以近時)에 비롯(始)한지라. 메이지유신(明治維新) 후에 각 지방의 권력을 삭제하고, 한 중앙에 통어(統御)하야 만기(萬機)대소(大小)를 중앙 정부에 전속하더니, 1877년 비로소(始於明治11年) 부현회규칙(府縣會規則)을 제정하고, 그다음 1879년(明治 13)에 구정촌회법(區町村會法)을 반포하야 지방자치의 제도가 그 단서를 조금 열게(稍開)함에, 일본 정부는 그 자치제도의 완성에 노력하되 문명의 정도가 유독 유치한 고로 예를 갖추어 독일국인 모세[5]를 초빙(延聘, 연빙)하야 시정촌제(市町村制)를 기안케 하고, 1888년(二十一年) 법률 제1호 및 제2호로써 시정촌제를 공포하고, 1890년(二十三年) 법률 제35호 및(及) 제36호로 시현군제(市縣郡制)를 정한 후로 자치제

---

5 아이작 알베르트 모세(Isaac Albert Mosse, 1846~1925), 독일의 판사, 법률가였던 그는 1882년 일본 정치가, 관리 등에게 서양의 정부 형태에 대하여 강의한 것을 계기로 1886년 일본 정부에 초청되어 일본제국 헌법 및 지방자치제도 수립에 힘썼다.
1888년 발표된 시정촌제는 1887년 내무대신을 위원장으로 지방제도 편찬위원을 두고 위 모세를 고문으로 1884년 기초된 시제와 정촌제 안을 바탕으로 하여 새롭게 기안된 것이었다.
清水澄, 1907, 「自治制度」, 『開國五十年史』 上卷, 461면.

도의 기초가 확립하야 공공의 이익을 획득(獲遂)하며, 일단 협동의 길(協同之途)에 제휴하고 힘써(努勵하야) 금일의 문명을 얻기에 이르렀(獲致하얏)으니, 최근 이웃 나라가 된 우리나라(我邦)의 귀감이 아니리오. 고로 자강회(自强會)의 창론(倉論)이 먼저 있(先有하)고, 한성시제연구회(漢城市制硏究會)가 다음으로(次而) 맹기(萌起)하야 자치제도의 기원이 점점 진보(稍進)에 찬하를 금하지 아니할새(不禁攢賀일식), 이에 되는 대로 진술(玆陳蕪辭)하야 여러분(僉君子, 첨군자)의 참고에 제공(供)하노라.

〈자료 64〉 일본의 자치제도(日本의 自治制度)[오가키 다케오(大垣丈夫), 《대한자강회월보(大韓自强會月報)》 제4호, 1907.10.25]

대저(夫) 문명국의 자치제도(自治制度)를 설명코져 한즉, 먼저 구미 열국의 실례(實例)를 거시(擧示)함이 가(可)하나 연(然)이나 인정풍속(人情風俗)이 현수(懸殊)[6]하고 국토가 원융(遠隔)한 지방제도를 설명하는 것보다 동문동종(同文同種)으로 고사(古事)의 습관과 풍속에 대차(大差)가 무(無)한 인국(鄰國) 일본의 지방제도를 상설(詳說)하는 것이 양해하기에 편의가 다(多)할 줄은 인(認)함으로 이에 일본의 자치제도를 설명코져 하노니, 대개(盖) 일본의 자치제도는 구미 열국의 지방제도에 대조하고 자국의 습관과 인정을 참작하야 설정한 자(者)인 고로 각국에 비교하야 상당(頗)히 완전하다는 세평(世評)이 유(有)하니, 먼저 일본의 자치제도에 정통한즉 족히 구미 열국의 지방제도를 추지(推知)하리로다.

일본 지방제도 중에 혹 촌(村)이라 운(云)하며, 혹 정(町)이라 운(云)함은 최하급 자치구역을 지칭함이니, 정(町)은 오로지(專히) 상공업에 종사하는 구역을 지칭하고, 촌(村)은 오로지(專히) 농어업에 종사하는 구역을 지칭할 뿐인즉, 촌(村)과 정(町) 사이(間)에 여하한 등급이 유(有)함은 아니라. 다만(盖) 일본의 지방에 산재한 부락은 작은 것(小則) 40~50호(戶), 큰 것(大則) 170~180호를 통상으로 하고, 간간히 1,000호나 2,000호의 소도회(小都會)가 유(有)하니, 이(此) 소도회는 상공의 영업을 위주하야 인가(人家)의 단집(團集)한 처(處)인즉, 이를 정(町)이라 명(名)하야 정제(町制)를 시행하고, 농업·어업의 부락은 3개소 내지 5개소를 합하

---

6 현저히 다름.

여 촌이라 명하여 촌제(村制)를 시행하며, 군(郡)은 구관(舊慣)에 기초(基)함이 다수를 차지(居多)하여 대하(大河)나 산악을 경계로 하고, 그(其) 구역 내의 촌과 정(町)을 관할함이 대군(大郡)은 25~26개 촌과 7~8정(町)을 병합하고, 소군(小郡)은 17~18개 촌과 4~5개 정(町)을 병합하여 1구역이 되어 군제(郡制)를 시행하는 자(者)요. 시(市)는 옛날(古昔) 제후의 성지(城地)나 또(又)는 개항지 등 중도회(中都會)를 군(郡)의 구역 외에 특립(特立)케 하야 시행하는 자(者)니, 군과 상이한 바는 완전(專)히 상업을 영위하는 번화한 시가지라. 소위 정(町)보다 대(大)한 자(者)를 시(市)라 칭함이라.

현(縣)은 옛날(古昔) 제후의 영지를 1구역으로 한 자(者) 다수를 차지(居多)하야 대현(大縣)은 2시(市)와 15~16군(郡)을 관할하고, 소현(小縣)은 1시(市)와 8~9군(郡)을 관할하며, 유독 도쿄(東京)와 교토(京都), 오사카(大坂) 3대도회(大都會)에는 부제(府度)를 행하야 부근 각 군을 병합하니, 소위 일본의 삼부(三府)라 칭하는 자(者) 이(是)라. 고로 일본의 지방제도는 부현제(府縣制)·시군제(市郡制)·정촌제(町村制) 3계급이 유(有)함을 알 수 있을(可知할)진뎌.

국(國)-부현(府縣)-시군(市郡)-정촌(町村), 고로 국(國)에 국회(칭 중의원)가 유(有)하고, 부(府)에 부회(府會)가 유(有)하고, 현(縣)에 현회(縣會)가 유(有)하고, 시(市)에 시회(市會)가 유(有)하고, 군(郡)에 군회(郡會)가 유(有)하고, 정(町)에 정회(町會)가 유(有)하고, 촌(村)에 촌회(村會)가 유(有)하야 각 회(各 會)가 모두(皆) 그(其) 인민(人民)의 대표자로서 조직하고, 대표자는 선거법을 용(用)하야 정연(情緣)과 촉탁(囑托)을 불허하니, 소위 적재(適材)가 적처(適處)에 배치하야 공공(公共)의 이익을 계도(計圖)함으로 목적을 정하야 인재를 거용(擧用)하는데 문벌(門閥)을 불문함이라. 이상(以上)에 계급의 계통과 자치체의 명칭을 거시(擧示)하였은즉, 이하에 차례에 따라(逐序) 상세히 설명(詳說)코져 하노라.

정촌제(町村制)

정(町)과 촌(村)은 자치하는 1단체가 된즉, 법률상으로는 이를 1개체로 간주(見做)하고 타(他)에 대하야 권리를 유(有)하며 또는 의무를 부담하야 무릇(凡) 촌정(村町)의 공공(公共)한 사무는 관(官)의 감독만 수(受)할 뿐이오. 자행(自行) 처리하는 자(者)며, 정촌(町村)에 주거하는 자(者)는 모두 주민이라 칭하고, 이 주민된 자(者)는 정촌(町村)의 공공한 영조물과 재산을 통용하는 권리가 유(有)하며, 또 정촌(町村) 사무의 부담 및 분임(分任)하는 의무가 유(有)

하나 주민과 공민(公民)의 구별이 유(有)하야 공민은 정촌(町村)의 선거에 참여하야 투표를 행하며, 정촌의 공직(公職)에 피선(被選)하는 권리도 유(有)하고, 또는 공직을 담임하는 의무도 유(有)하나 주민에는 이(此) 권리와 의무가 무(無)한지라. 무슨 이유(何故)로 공민과 주민의 구별을 입(立)하였나뇨. 왈(曰) 독립 남자가 2년 이상을 정촌의 주민이 되어 그 정촌의 부담을 분임하야 그(其) 정촌 내에서 지조(地租)를 납(納)한 자(者)와 또는 전지(田地)의 소유가 무(無)하야 지조(地租)는 납(納)하지 못하여도 영업상 국세(國稅) 연액(年額) 2원(圓) 이상을 납(納)하는 자(者)는 정촌의 공민이라 칭하고, 이(此) 자격을 구비치 못한 자(者)는 단순(單)히 주민이라 칭하여 권리와 의무를 행하기 부득하며, 소위 독립 남자는 만(滿) 35세 이상으로 1호(戶)를 성립하고, 또(且) 금치산(禁治産) 처분을 수(受)치 아니한 자(者)를 위(謂)함이라. 대개(盖) 공권(公權)을 행하며 공직을 대(帶)하는 신분에는 이 자격을 필요로 함은 공공사무(公共事務)를 중히 하는 소이로 주민과 공민의 구별을 설(設)한 이유도 완전히 이에 재(在)함이라. 그러나 여하한 인재가 타처(他處)로부터 내왕(來往)할지라도 2년 이상을 주거치 아니함으로 공민의 자격이 무(無)하야 공직에 선거키 불능타 함은 실리(實利)상에 불편한 고로 특례를 설(設)하야 그(其) 불편을 제(除)하니, 즉 정촌(町村) 정회(町會)의 결의로써 2개년의 제한을 특면(特免)하기를 득(得)함이 이것이라(是也). 고로 중망(衆望)이 유(有)한 인재는 촌(村)에 주거하기 2개년에 달(達)치 아니하여도 정촌회(町村會)의 결의로써 제한을 특면(特免)하고 공직에 선거함이라.

무릇(凡) 자치제도의 본지(本旨)는 국가 분권(分權)의 주의를 실행하고 인민(人民) 자주(自主)의 본분(本分)을 발휘하야 건전한 방국(邦國)을 조직하기에 재(在)한즉, 국가는 인민의 권리를 중히 여기는 대의(代意)로 인민도 국가에 대하야 의무를 중히 여기지 아니함이 불가하니, 고로 정촌(町村) 공민으로 공직에 피선한 자는 그 직(職)을 거절(拒辭)하기 부득(不得)하며, 또는 임기 중 퇴직하기 부득하는 규정을 설(設)하대, 단 좌개(左開) 이유가 유(有)한 자는 혹 거절(拒辭)이나 혹 퇴직을 가득(可得)하고, 기타는 일절 불허함이라.

1. 질병에 이(罹)하야 공무(公務)에 불감(不堪)할 자
1. 영업을 위하야 항상(常히) 그(其) 정촌(町村) 내에 부재한 자
1. 연령 만 60세 이상 자

1. 관직을 인하야 정촌의 공무를 집(執)하기 부득할 자

1. 4년간 무급(급은 월급)으로 정촌 이원(吏員)의 직에 임(任)하고 이후 4개년 휴식을 경과치 아니한 자와 및(及) 6년간 정촌회 의원의 직에 근무하고 이후 6개년 휴식을 경과치 아니한 자

1. 기타 정촌 회의의 결의로 정당한 이유 유(有)한 줄로 인(認)하는 자

만약(若) 혹 이로써(或以) 열기(列記)가 무(無)하고 공직을 거절(拒辭)하거나 또는 임기 중 퇴직하거나 혹은 그 직무를 실제에 집행치 아니하는 자는 정촌회(町村會)의 결의로 3년 이상 6년 이하의 기간에 그 정촌(町村) 공민(公民)된 권(權)을 정지하고, 또(且) 본인의 부단한 정촌비의 8분의 1 이하 4분의 1 이상을 수의(隨宜) 증과(增課)하는 처분을 필요하나니, 여차히 아니하면 사람들(人人)이 공직에 임(任)함을 피하야 여러 사람으로부터 신용과 인망(衆望)이 유(有)한 인재로 하야금 정촌(町村) 사무를 처리케 하기 불능할지라. 고로 인민이 되어 공직에 피선된 자는 국가에 대하는 의무로 그(其) 임무에 복근(服勤)[7]치 아니함이 불가함은 장정(壯丁)이 징병역(徵兵役)에 복종함과 원칙이 동(同)하야 국민된 자가 그 노고로써 국가에 복근함을 본무(本務)로 인정(認)하는 소이라. (하략-편역자)

〈자료 65〉 지방자치제도론(地方自治制度論)[윤호정(尹孝定), 《대한자강회월보》 제4호, 1907.10.25]

인민(人民)이 자치(自治) 정신을 유(有)한 그러한 뒤(然後)에 가히 국가의 독립 실력을 양성(養)할지니, 국가에 자치제도가 유(有)하고 인민이 자치 정신을 발(發)함은 국가 독립의 기본이라 위(謂)할지로라.

민(民)은 도리를 따르게 할 수는 있으나(可使由之) 그것을 알게 할 수는 없음이(不可使知之)라 함은 전제시대(專制時代)에 적합한 말(語)이요, 세계가 교통하야 생존을 경쟁하는 현대에 여차한 유치(幼稚) 시대의 정법(政法)으로써 사물을 논(論)하기 불가하고, 또 군자(君子)가 시대의 흐름에 따라 변할 수 있다(能與世推移)라 함은 시의(時宜)에 적응함을 표(示)함

---

7 몹시 힘든 일에 종사.

이로다.

오늘날(現今) 세계의 문명은 어떤 나라(何國)을 물론하고 지방자치의 제도를 이야기(說)하나니, 소위 자치구역은 독립체 외 조직으로 각기 1구역을 통치하는 자라. 비록 그러하나(雖然) 그 구역은 원래 국가의 일부분으로 국가 통치의 하(統治之下)에서 그 권리를 행하며 그 의무를 부담(負)하는 자인즉, 국가는 정당한 법률로써 항상 이를 감독할 주권이 유(有)하니 대개(蓋) 국내외 인민이 각기 자치하는 단체를 이루(成)고 정부가 이를 통일하야 그 중심(機軸)을 잡음(執)은 국가의 기초를 공고코져 하면 지방의 구역으로써 자치의 기체(機體)를 만들어(作) 그 구역 내의 이해를 부담케 함이 가(可)하도다.

대저(夫) 1사인(私人)의 단결한 바는 즉 1촌락이요, 1촌락의 단결한 바는 1방면(坊面)이요, 1방면의 단결한 바는 즉 1군(郡)이며, 1군의 단결한 바는 즉 1도(道)이며, 1도의 단결한 바는 즉 1국(國)이라. 각기 적당한 구역에서 자치의 제도를 세워(立) 역 내(域內)의 공동한 사무를 자임(自任)할 뿐 아니라 비록(雖) 일반 행정에 속한 사무라도 전국 통치에 필요로써 정부가 자행(自行) 처리할 자(者)를 제외(除)한 것 외에는 지방자치체에 분담함이 가(可)하도다.

고로 그 1촌력(村力)에 감당할 수 없는(不堪) 자(者)는 1면(面)에 임명(任)하며, 면력(面力)에 감당할 수 없는(不堪) 자는 군(郡)에 임명(任)하며, 군력(郡力)에 감당할 수 없는(不堪) 자는 도(道)에 임명(任)하며, 사무에 성질이 능히 각 도에 통행함이 가(可)한 자(者)를 국(國)에 임명(任)하나니, 정부의 사무를 지방에 분임하야 인민으로 하야금 참여케 함은 정부의 번잡을 생략하며 인민의 본무(本務)를 담부(擔負)케 함이라.

그러한즉(然則) 정부는 정치의 대망을 장악(握)하며 방침을 전수(授)하야 국가 제어의 실리(國家統御之實)를 거두고(擧), 인민은 자치의 책임을 다(盡)하여 오로지(專) 지방의 공익을 계도(計圖)하는 생각(念)을 야기(引起)하리로되, 대개(蓋) 인민이 참정하는 사상의 발달함을 따라(隨) 이를 이용하야 지방 공사(公私)를 연습케 하며, 시정(施政) 난이(難易)에 지각(覺知)케 하여 국사를 담임(任)하는 실력을 양성하고, 입헌 대의의 제도(立憲代議之制)를 수행하여 국가 만년의 기초(國家萬年之基礎)를 수립(立)함은 문명국에서 제도 진보의 순서라 말(謂)함이라.

대개(蓋) 1촌락의 인민(一村落之人)이 그 촌(其村)을 자신과 같이(如) 보(視)고, 1방면의 인민(一坊面之人)이 그 방면을 자신과 같이(如) 보(視)고, 1군의 인민(一郡之人)이 그 군(其郡)을 자신과 같이(如) 보(視)고, 1도 1국의 인민(一道一國之人)이 그 도, 그 국(其道其國)을 또한 자신과 같이(如) 보아야(視) 비로소 곧(始乃) 건전 독립하는 국가를 조성하여 군민일체(君民一體)와 상하 일심(一心)을 얻을 수 있으리니(可得), 이에 있어서(於是乎) 국권의 확장과 국력의 부강을 기일 기다릴(期日可待할)진더, 고로 분권주의에 의하여 행정사무를 지방에 분임하여 국민으로 하야금 공공한 사무를 부담하야 자치의 실리(自治之實)를 완전케 아니함이 가능하지 않도다(不可).

또 자치체는 그 인민으로 하야금 그 직무에 관계되는 일(職事)을 스스로 처리(自執)케 함을 필요(要)로 하리로다. 인민은 다수한 지우(智愚)에게 어진 자와 불초한 자(賢不肖)가 유(有)하여 차례로(輪番) 교대키 불가한즉, 선거법을 설치(設)하여 지방에 명망이 유(有)한 자에게 그 직(職)을 맡게(執) 하고, 지위(位地)를 높이(高히) 하며, 대우를 후히 하야 권태의 마음(倦怠之念)이 발생(生)치 않게 하여 책임에 중대를 알(知)며, 참정의 명예를 분별(辨)케 함을 필요(要)하리로다.

대저(夫) 백성은 오직 나라의 근본(民維邦本)이니, 근본이 공고해야 나라가 편안하다(本固邦寧) 함은 이(此是) 옛 성인(古聖)의 창도(唱道)한 바나 수천 년 이래 그 실행을 얻지 못(不得)한지라. 고로 동방의 쇠운을 이르(致)고, 구미 각국은 먼저(先) 이 주의를 실행하야 선진문명국 지위에 높이 솟아있으니(屹立), 소위 근본의 공고(本固) 방법은 자치의 제도(自治之制度)에 재(在)하니 가히 깊이 살피지(深察) 아니하리오. 하루 이틀 만에 어진 정치(仁政)나 높은 다스림(隆治)을 그 군주에게만 간절히 바라(切望)는 것은 현대 인민의 득책이 아니니, 국가는 필수 국민의 부담함이 옳다(可) 하는 대주의에 기초(基)하여 시대에 적응한 국정을 시행하고, 자치의 정신(自治之情神)을 작흥하여, 국가 사직의 안태(安泰)를 도모(謀)하여 그 군주(君)를 요순(堯舜)케 아니함이 불가하도다.

지금(今)에 지방자치의 제도(地方自治之制度)로 시대에 적응한 제도라 이를(謂)진대, 선진문명국의 자치제도를 상설하야 독자(讀者) 여럿(諸員)의 참조에 제공(供)할 필요가 유(有)하고, 또 아국의 자치제도는 먼저(先) 일본에 참고할 필요가 유(有)한데, 본회(本會) 고문(顧問)인 일본의 명사 오가키 다케오(大垣丈夫)는 정치, 법률 등 학리에 정통할 뿐 아니라(不是) 일본 유신(維新) 이래 40년간 사(事)가 모두(皆) 경험하여 숙련함으로 일본의 자치제도는 동씨(同氏)의 강술을 필요(要)로 하여 본 잡지(左紙)로부터 다음 호(次號)에 연재(續載)할 터이어니와 대개(蓋) 자주(自主)하는 국가를 조직코자 한즉, 먼저(先) 자치하는 인민을 양성할 것이요 자치하는 인민을 양성코자 한즉, 자치하는 제도를 연구치 아니함이 불가하고 자치 자주는 즉 자강(自强)의 실지 정신이니, 애독 제군은 이를 국가의 소명단(甦命丹)으로 아(認看) 시기를 마음과 정성을 다하여 바라노라(心香暗祝).

〈자료 66〉 한 내지의 시찰(韓內地の視察)[시가 시게타카(志賀重昂), 《조선(朝鮮)》 제1권 제4호(通卷4號), 1908.6]

시가 시게타카[8]는 정치가의 견지에서 지리학을 연구하는 인물이다. 지금 이 사람이 조선 내지 시찰 길에 있어 그 취미 있는 관찰력과 풍부한 의견은 실로 당대의 보배라 하기에 족하다. 이 사람을 따라 한국 내지의 사정을 세상 사람들에게 흥미롭게 소개할 수 있다면 식민 발전에 일조일 것이다.

일본에 거주하는 사람들은 한국 내지 사정을 알 수 없는 것이 상상 외이다. 다만 다수는 경성에만 주목하고 있다. 경성은 정치상의 중심으로 주목하는 것이 당연하지만 정치만능주의의 사람과는 별도로 한국을 개척하려면 지방을, 즉 각지에 소일본(小日本)을 비석(飛石)처럼 여기저기 점점이 흩날려 세력을 부식할 수 있어야 한다. 영국인은 남반구의 태즈메이니아(タスマニア)[9]를 센다이(仙臺)[10]의 정거장을 내걸고 광고하고 있다. 영국인이 신개지(新開地) 개척에 힘쓰는 것은 비상한 것이다. 영국인은 스스로 도항하고, 스스로 개척하여 집회소(集會所)를 만들고, 자치체(自治体)를 조직하고 있는 바로, 이와 같이 소영국(小英國)을 만들었다. 또 프랑스는 반대로 정치만능주의를 취하여 호족(豪族)은 대지면(大地面)을 매수하여 대규모 농장(プランテーション)[11]을 만들고 그것을 경영한다. 고로 하루아침에 정치상의 세력이 실추하면 자본이 결핍하게 되어 급작스럽게 그 식민지는 자멸한다. 저 미국(米國) 유일의 부원(富源)인 미시시피강 대평원은 원래 프랑스의 소령(所領)이었는데, 미국은 그것을 구매

---

8 오카자키(岡崎) 출신의 지리학자.

9 남호주.

10 일본 미야기현(宮城縣) 현청 소재지.

11 plantation.

했다. 프랑스는 이 대평원 경영을 중단하고 마침내 미국에 팔았다. 그런데 미국에서는 이것이 제1의 부원이 되었다. 미국인은 영국의 인종인 고로 모든 것이 영국식이다. (중략-편역자) 우리도 어쨌든 영국식 같은 것이 없지 않지만 일본도 태전(太田), 대구(大邱) 등과 같이 소거류지를 많이 만들어 둔다면 밀사(密使)가 헤이그로 몇 사람이나 함께 가는 일은 없을 것이다. (중략-편역자) 내지인이 한국을 알 수 없는 것은 심하다. 일본 시가의 번성과 일본인의 발전력을 알고 있는 일본 내지인은 금일의 부산, 인천, 원산, 경성, 평양 등을 도저히 예상할 수 없다. 한국에 와서 보면 한국에 있는 사람들조차 종종 조선 내지의 일을 알지 못한다. 내가 부산에 왔을 때 부산의 사람들이 영천에는 일본인이 살고 있지 않다고 했으나 내가 여행을 해보니 여관도 있고, 맥주가게도 있고, 목욕탕도 있었다. 그런데 대구에 가보면 대구의 유력자들은 영천에 여관이 없다고 하는 자가 없었다. 이미 영천의 여관에서 숙식을 했던 것이다. 이와 같은 모양으로 조금씩 향방을 알 수는 없다. 어떻게 해서라도 그것을 알아서 가능한 한 다수의 사람들을 흡수하고 모으는 데 힘쓰지 않으면 안 된다. (하략-편역자)

〈자료 67〉 시사: 민단장의 관선(時事: 民團長の官選)[《헌정본당당보(憲政本黨黨報)》 제2권 제12호, 1908.9.10]

한국 통감부에서는 8월 초순 부령 제23호로 거류민단법(居留民團法) 시행규칙 일부를 개정하고, 민장은 통감이 그것을 임면(任免)하는 것으로 개정하였다.

거류민단법은 지난 1905년 제국의회의 협찬(協贊)을 거쳐 공포했던 것으로, 외국에 있는 우리 전관거류지(專管居留地), 기타 거류지에 재류하는 제국 신민(臣民)의 상태에 따라 외무대신이 필요하다고 인정할 때 일정 지역 내에 거류민단을 설립하고, 그것을 법인(法人)으로 하고, 공공의 사무를 처리할 수 있는 것으로 하고, 거류민단을 형성하는 거류민회(居留民會) 및 이원(吏員) 조직 등 시행 상의 세칙(細則)은 명령으로 그것을 정한다고 규정하였다.

그리고 이 법률 공포 후 제1로 실시한 것은 한국의 우리 거류지에 1906년 통감부령으로 현재 시행세칙을 규정한 것인데, 그중 거류민단을 대표하여 행정사무를 담임하는 민장(民長)은 거류민회에서 선거하고, 통감의 인가를 받는 것으로 하였다. 즉 내지(內地)의 시정촌제와 대략 유사한 선임법(選任法)이었는데, 이번에 갑자기 그것을 개정하여 관선(官選)으로 한 것은 여하한 이유에 기초한 것인가. 생각건대 당국자는 종래의 민장 선거가 격렬한 당쟁(黨爭)을 발생할 뿐 아니라 민장으로 인재를 얻을 수 없고, 각종 폐해(弊害)를 양산한 사실에 비추어 이러한 폐해를 없애고 건전하고, 상당의 신용을 갖는 관리로 그 임무를 담당하게 함을 득책(得策)이라 인정한 결과, 이러한 개정을 행하였던 것이다.

그런데 한국 거류지의 본방인(本邦人)은 그것에 크게 반대를 하고, 혹은 결의를 하고, 혹은 연설회를 여는 등 자못 소요를 극히 하는 것 같다. 거류민이 반대를 제창하는 소이는 이미 거류민단 조직을 허락하고, 우리나라 사람(我國人)의 재외(在外) 단체에도 내지와 마찬가지로 자치권(自治權)을 부여한 이상 그 자치권의 주요 부분인 민장 선거 건과 같은 것은 거류민에게 주어야 한다는 것은 사실상 기득의 권리이므로, 가능한 한 그것을 존중하는 것이 당국자의 덕의(德義)라 하지 않을 수 없다. 특히 거류민단은 내지 시제(市制)의 참사회(參事會) 같은 것을 갖지 않고, 민장으로서 단독 집행기관이므로 민장 일개의 직권·책임은 비교적 큰 것이다. 만약 그것을 관선으로 하여 거류민회 민장 선거권을 폐지하고자 한다면 우리 재외인 단체에게 부여한 자치권의 효력 대부분이 상실하고 말 것이다. 혹은 그것을 칭하여 거류민의 자치능력을 근본부터 빼앗아 가는 것이라 해도 과언이 아니다.

또, 종래 거류민단에 각종의 폐풍이 있는 것은 실제 사실이라 해도, 이는 단지 거류민단에만 한하는 것이 아니라 내지(內地)의 자치체에도 이따금 유사한 사실이 있음을 면할 수 없다. 연곡(輦轂)의 아래에 속하는 도쿄시(東京市)에서도 끊이지 않고 어떠한 풍설을 발생할 정도라면, 하물며 자치체가 창립된 지 얼마 되지 않은 한국의 거류지에서 폐풍이 다소 보여도 하는 수 없음으로, 오직 오랜 세월에 걸쳐 점차 그 폐풍을 개선할 것을 기약할 뿐 그것을 이유로 바로 민장의 선임법을 고치는 것은 다소 성급한 처치일 뿐 아니라 자치체 발달을 도모하는 정신에 위배하는 것이다.

또, 한국의 거류민단은 그 유래하는 바 심히 오래되어 일청전쟁 이전에 이미 거류민회란 것을 설치한 지방도 있고, 일청전쟁 이후에 도한(渡韓) 방인의 수가 현저하게 증가하고 거류민회도 점차 각지로 증가하기에 이르고, 이러한 거류민회는 각자 유기적 조직으로 거류지의 교육, 경찰, 위생 등 당장 필요한 행정사무를 처리하고 있었던 것으로, 저 거류민단법이란 것은 이러한 사실에 기초하여 편제된 것이다. 그런데 지금 일편의 부령(府令)으로 갑자기 이 발달한 역사를 무시하고 거류민 다수의 기득권을 유린하고자 함은 실로 난폭의 처리라 하지 않을 수 없다.

지금 한국의 경영은 오직 초보에 속하고, 장래의 발전을 기약한 후에는 단지 관리뿐 아니라 저 땅에서 직접 상공업에 종사하는 거류민의 힘을 빌지 않으면 안 되고, 즉 관민 협력의 필요가 심히 중대한 때에 저 개정을 행하는 것이다. 제1 거류민 기득의 자치권을 손상하는 것으로 그 감정을 해친 후 개개 거류민의 의지를 참작하여 관선 민장을 임명한 것이 아니므로, 이제 거류민단 사무를 집행함에 있어서 의결기관인 거류민회 혹은 거류민과의 사이에 각종 충돌을 초래하고, 관민의 반목이 심하게 되면 국면의 장애가 될 것이다.

〈자료 68〉 정무조사 제12회 정무조사회(政務調査 第12回 政務調査會)(《헌정본당당보》 제3권 제1호, 1908.10.10)

9월 21일 오전 10시 개회. (중략-편역자) 민단장 문제에 관해 다시 특별위원회를 열고, 사쿠라이(柵瀨)[12] 대의사와 함께 협의한 각종의 전말을 보고하였다. 사쿠라이 · 오우치(大內)[13] 양 대의사(代議士)의 조정안은 ① 관선에 관한 법령 실시를 무기 연기할 것. ② 실시한다면 민단에서 세 명의 후보자를 선출하여 통감부에서 그 1인을 선임할 것. 두 가지 중 하나를 선택하도록 한다는 것이다. 한국 거류민회는 그것에 모두 동의하고, 소네(曾禰) 부통감 또한 제2안에 대략 동의하는 것 같은데, 이때 재경(在京) 이토(伊藤) 통감을 면회하여 통고해두는 것이 필요하다고 이야기하였다. 이에 대해 결국 별도로 당(黨)의 결의 혹은 합의 등에 의하지 않고, 종래 해오던 대로 사쿠라이가 이토 통감에게 이 뜻을 통고할 것, 당에서는 호의(好意) 상 위원 중 1인을 동반하는 것으로 하였다. (하략-편역자)

---

12 사쿠라이 군노스케(柵瀨軍之佐, 1969~1932).

13 오우치 초조(大內暢三, 1874~1944).

〈자료 69〉 자치의 의의를 개론함(自治의 義意를 槪論함)[정달영(鄭達永), 《대한협회회보(大韓協會會報)》 제8호, 1908.11.25]

자치(自治)라 함은 일정한 법률 범위 내에서 지방에 관한 행정을 지방세(地方稅) 지불(支辨, 지판)에 의하여 명예직으로 그 사무를 자유 처리하는 자(者)이니, 간언(簡言)하면 즉 자기(己)의 사(事)를 자치하고 타인에게 대신 다스리게(代治)함을 적합하지 아니(不受)함이니, 자치는 자치단체의 권리(權利)요, 이를 이행함은 법률 복종에 대하는 자치단체의 의무라. 이에 주체되는 자(者)는 공공단체니, 공공단체라 함은 국가주권에 대하야 적극적 의무를 부담하는 자(者)이니, 그(其) 사무는 공무(公務)요, 그 단체는 주권자의 시정 기관이 되는 자(者)를 말(云)함이라.

무엇이오(何者). 법률이 공공단체에 자치의 권능을 부여(與)함은 정무(政務)의 성적을 거두기(擧) 위(爲)함이라. 고로 공공단체가 만일 그 사무에 관하야 태만(懈怠, 해태)히 할 시(時)는 주권(主權)은 이를 강제로 행케 하는 권리를 함포(含包)하나니라.

그러나(然) 이에 주할할 바가 유(有)하니, 자치단체는 모종(某種) 사무에 관하여는 법률상 의무를 부담(負)함은 유(有)한데 일반 인민에 대하여 사무 처리하는 의무를 부담함은 아니오. 특히 자기의 생존 목적된 사무를 행하는 의무를 유(有)함이라. 요컨대 공공단체는 주권자에 대하여 자기의 생존 목적으로 부여된 일정한 국가 사무를 처리하는 권리·의무를 유(有)한 자(者)이니라. 이러(如斯)할진대 자치단체와 일개 인간에 여하한 관계가 유(有)하며, 또는 국가 주권과 여하한 관계가 있는가(有乎). 이를 구별하고 설명코자 하나 단체 및 개인은 구별키 심난하도다.

무엇이오(何者). 개인은 단체의 원인이요, 단체는 개인의 집합한 결과라. 사람(人)이 세상에 처(處)하여 일가(一家)를 구성하고, 생활적 주의를 취(取)하는 동시에 가족단체가 성립되고, 가족단체가 성립되는 동시에는 지방 단체가 성립되리니, 그러한즉(然則) 개인 및 단체의 관계는 밀접 또는 가히 동떨어지지(得離) 못할 바 됨이라. 단체와 주권의 관계에 이르러서는(至) 먼저 관치(官治)와 자치의 구별이 필요(要)할지라. 관치는 즉 중앙행정이요, 자치는 지방행정이라. 중앙행정이라 함은 군주(君主)의 대권(大權)을 발(發)하는 기관이요, 지방행정은 인민의 생활 정도를 단합하는 기관이라. 고로 중앙행정은 직접 또 상급(上級)이 되고, 지방행정은 간접 또 하급이 되나니, 이 또한 본말(本末)의 관계가 유(有)함으로 단체는 주권을 떠나(離) 존재하기 불능하며, 주권은 단체를 도외에 두어(置) 자순(諮詢)[14]에 불응하기 어렵다(不得) 하나니라. 이에 우리나라(我國) 유래의 민제(民制)를 연론(沿論)할진대, 이 또한 자치제와 방불하도다.

무엇이오(何者). 말하기를(曰), 향약(鄕約)이라 밀집한 편호(魚鱗編戶, 어린편호)가 빈번(井井) 조밀(稠密)하여 이임(里任), 동장(洞長)의 명(名)과 좌수(座首), 향감(鄕監)의 칭하여(稱) 상하 차례(挨次, 애차)하여 향촌(鄕村)의 사무를 분담하고, 능히 1향(鄕) 1촌(村)을 영호(領護)하야 인민의 권리를 침해함이 무(無)하고, 타인의 간여(干豫, 간상)를 불수(不受)하니, 시세를 인(因)함으로 차제(次第) 절목(節目)의 차이함이 유(有)하나, 자치의 실질상 효과는 일반이라.

그러나(然) 법구폐생(法久弊生)[15]은 자연의 이세(理勢)라. 500년을 지나서는(歷) 미규(美規)는 허지(虛地)[16]에 귀(歸)하고, 그 문구만 다만(只) 존재(存)하니 심히 탄식할 것이라(甚可歎也). 그 폐단(弊端)의 원인을 논(論)하건대, 소위 임장자(任長者)가 1향(鄕)의 중역(重役)과 1촌(村)의 중역으로 공중의 논의는 거두지 아니(不收)하고, 처리의 방편이 멋대로(擅自, 천자) 조롱하여 권리를 남용하니, 민심(民心)이 서로 떨어져(相離) 각자 사리를 꾀(營私, 영사)하고, 공덕(公德)의 사상이 타락하니, 국가사상이 어느 곳(何處) 유래하리오. 심히 통탄하도다(甚可痛矣).

그러나(然) 시세의 변천을 따라(隨) 우리나라(我國) 민인(民人)도 자치사상이 점차 발생(漸生)하여 단체를 조성하고, 법률의 위임을 수(受)하기 위하여 법률이 반포되기를 고대하는 자(者)도 유(有)하며, 혹 사재(私財)를 거취(據聚)하여 공중의 사용(用)에 제공(供)하는 자(者)도 유(有)하니, 자치제가 완성되기를 축원(預祝, 예축)하는 바이라.

〈자료 70〉 한성부민회 창립 이유서(漢城府民會 創立理由書)(《대한협회회보》 제10호, 1909.1.25)

민(民)이 능히 자치하는 도(道)를 지(知)한 후에 국가의 다스림(治)을 받(被)기에 당(當)하여 그 본분(分)에 편안(安)하며, 국가의 다스림(治)을 관장(掌)하기에 임(臨)하여 그 직무(職)

14 윗사람이 아랫사람에게 의견을 물어 의논함.

15 좋은 법도 오래되면 폐단이 생김.

16 이용하지 않는 땅.

에 훌릉(善)하나니, 고로 자치제(自治制)는 나라 다스림(國治)의 근본(根)이라. 지금(今) 대저(夫) 큰 나무(大木)가 견고한 줄기와 무성한 잎(勁幹茂葉)으로 하늘의 구름을 막(雲霄에 干하)는 세(勢)를 유(有)하나, 그 뿌리(根)의 재배(培栽)가 두텁(厚)치 아니면 무엇(何)을 의하여 세우(立)리오. 영국의 문명을 관(觀)하거든 그 근원(源)을 지방 습관에 둘(掬) 것이며, 미국(米國)의 부강을 논하거든 그 근본(本)을 인민 권리에 구(究)할지어다. 만 리(萬里) 푸른 물결(滄波)을 사이에 두어(隔) 궁벽하고, 먼 땅(涯角, 애각)에서 전해들은 이야기(傳聞)는 고사하고, 인근한 일본으로 말(言)하여도 그 개명(開明) 일진(日進)하는 발전해 나가는 속도(步趨, 보추)의 기점(起點)은 자치하는 민지(民智)의 계발(啓發)에 재(在)하니, 저 진고개(泥峴, 이현)의 민단(民團) 역소(役所)를 보(見)라. 그 속속(屬屬) 흘송(屹聳)[17]한 걸각(傑閣)[18]이 통감부(統監府)의 풍릉(風稜)[19]을 협조하야 능히 자존(自尊)치 아니하는가. 이로 말미암아(由) 관(觀)하건대, 국본(國本)을 자치상에 수립하여 그 화(花)가 문명되며, 그 실(實)이 부강되고저, 그 재성(裁成)[20]하는 제도는 행정상 편리와 주거민의 상태로 인(因)하여 대즉(大則) 도시며, 소즉(小則) 향촌으로 각기 계역(界域)[21]을 구획하고, 그 1구역 내의 주거민을 합하여 1자치단체를 작(作)하고, 그(其) 자치에 관하는 사(事)를 법률로 제정하야 그 구역 내 공공사무를 자치케 하나니, 대개(蓋) 그 사무를 행하기에 자연 그 인원을 필요(要)하고, 또 그 경비를 요하는 고로 구역 내의 주거민이 빈부귀천을 의론(論)치 않코, 그 사무 인원을 공공(公共) 선출하며, 경비는 공공 부담하여서 자치의 실익(實)을 거두어(擧) 국가의 행정에 초급이 되는지라. 고로 자치단체는 국가의 기초라 말(云)하나니라.

지금(今) 우리(我) 한성부(漢城府)는 제국의 도성(都城)이요, 한성부민은 제국 도성의 주거민이라. 이 지(地)가 우리나라(吾國)의 가장 소중한 땅(最尊地)된즉, 외도(外道) 지방(地方)의 표준됨이 가(可)한 표준이 유(有)하여야 가(可)하니, 그러한즉(然則) 이 땅(此地), 이 인민(此人)이 이 국가에 대하여 그 위처(位處)는 고상하고 그 책임은 중대하다 말(謂)할지로다. 생

---

17 우뚝 솟은.

18 아주 큰 누각.

19 위력.

20 재량껏 조처하여 일을 이루어 냄.

21 경계.

각건대(惟) 우리(我) 한성부민 동포여! 이 땅(此地)의 위처에 재(在)하여 이 인민(人)의 책임을 부과(負) 하였은즉, 어떤 방도(何道)로써 그 광영을 선익(宣翼)코져 하고, 무슨 일(何事)로써 그(其) 의무를 이행코져 하는가. 우리(吾儕)의 일찍이 품은(夙抱) 뜻(志)과 확집(確執)한 견해(見)로 감(敢)히 5부(部) 48방(坊) 형제자매에게 고하노니, 이 말(此言)을 청(聽)할지어다. 이 말(此言)이 고원(高遠)하여 행키 난(難)한 자(者) 아니로라. 이 말(此言)을 신(信)할지어다. 이 말(此言)이 간략하고 진지(簡摯, 간지)하여 알기 쉬운(知키 易한) 자(者)이로다. 이 말(此言)은 무엇(何)을 이름(謂)인고. 융희(隆熙) 시대의 유신(維新)한 운(運)을 당(當)하여 우리(吾) 부민(府民)이 한성부민회(漢城府民會)를 창립하여 1자치단체(自治團體)로 설립(立)코져 함이로라.

그러나(然) 진정(眞)한 자치는 법률에 나오나니(出), 우리(吾儕)가 무슨 근거(何據)하여 설립(立)코져 하는가. 말하기를(曰), 금일의 한성부민회가 규약으로 성립하는 이유가 이(此)에 재(在)하노라. 법령(法令)이 제정한 자치를 행치 못하는 고로 부민의 합동한 의사가 규약으로써 1단체를 조직하야 그 목적하는 바는 공동한 이익을 증진함으로 주(主)하니, 비록(雖) 말하기를(曰), 완전한 체재를 준비(備)치 못하다 하나, 시일(時日)의 경험이 문화 경제의 정도와 반진(伴進)하여 익숙하고 통달(練達)한 지경(域)에 오른(躋한, 제한)즉, 법정(法定)한 단체로 화성(化成)[22]하는 그날(其日)이 반드시 있을(必有)지라. 고로 우리(吾儕)의 이 거사(擧)가 한성부로 하야금 전국의 표준을 표(示)하는 위처(位處)를 담보(保)케 하고, 한성부민으로 하야금 전국의 모범을 만드(作)는 책임을 행케 하여, 사방(四方)에 감화(風動, 풍동)하는 효력이 전국의 지방 인민으로 하여금 도회(都會) 및 면사(面社)의 구역을 따라(從) 모두(皆) 이 규약을 본떠서 시행(倣行, 방행)케 함이니, 이 곧 우리(我) 제국민의 자치 사상을 계발하야 그 진입하는 문로(門路)를 열게(開)함이로다. 타국(他國)의 문명을 도습(蹈襲)[23]코져 하는가. 속히 자치단체 되기를 구할지어다. 타국의 부강에 비의(比擬)[24]코져 하는가. 급히 자치단체 되기를 도모(圖)할지어다. 생각건대(惟) 우리(我) 한성부민 동포여, 1908년(隆熙 2) 12월 26일은 즉 우리(我) 한성부민회 총회의 규약 성립하는 날(日)이니, 내임(來臨)하시오. 생각건대(惟)

---

22 좋게 고쳐짐.

23 전부터 해온 정책이나 방식, 수법 등을 그대로 본받아 따라 함.

24 맞는 조례가 없을 때 비슷한 조문이나 전례에 따라 적용하는 것.

우리(我) 한성부민 동포여, 부민(府民)이 되는 광영이 이 날(此日)을 맞이(逢)하여 시발(始發)함이오. 부민이 되는 의무가 이 날(此日)에 달(至)하여 시현함이란, 이 해(此年), 이 달(此月), 이 날(此日) 총회에 래임하시기를 간절히 바라(切望)나이다. (하략-편역자)

III

실행 계획 및 내용

〈해제〉

이 장에서는 제도 개정의 주체인 한국 정부와 통감부의 지방제도 개정 방향과 그 내용을 확인할 수 있는 자료들을 수록하였다. 주제는 지방제도 연혁 및 개정 내용과 외국인 관련 제도로 절을 달리하였다.

지방제도 연혁과 관련하여 수록한 주요 자료는 지방제도 조사위원들의 조사 결과 보고서인 『지방제도조사(地方制度調査)』(자료 71~73), 통감부의 『한국 시정 개선에 관한 협의회(韓國施政改善ニ關スル協議會)』 제1~15회(4·7·11·13회 제외), 『통감부문서(統監府文書)』 1권(자료 74), 한국시정개선협의회의 결과물이라 할 수 있는 『한국시정일반(韓國施政一般)』[1] 중 한 주제인 「한국지방제도(韓國地方制度)」(자료 75), 지방위원회 관련 내용을 확인할 수 있는 『재무주보(財務週報)』 관련 기사(자료 76~77), 지방관 회의록인 『각도관찰사회의개요(各道觀察使會議概要)』(자료 78)와 『한성부 사무관 및 각 도 서기관 회의 요록(漢城府事務官及各道書記官會議要錄)』(자료 81), 당시 면(面)의 실상을 확인할 수 있는 『면에 관한 조사(面ニ關スル調査)』[탁지부(度支部)](자료 79)와 『동래부 각 면 보고서(東萊府各面報告書)』(자료 82~83) 등이다.

통감부 시기 일제의 지방제도 개정과 관련한 큰 축은 '한국시정개선협의회'를 통해 마련되었다고 볼 수 있다. 일제는 '시정 개선'이라는 미명하에 한국 시정과 관련된 전반을 개정하려 하였다. 지방제도도 일제가 크게 신경을 기울인 것 중 하나로 '한국시정개선협의회'에서 논의가 계속되었다. 본 자료집에는 동 협의회의 총 15회 회의록 중 제4·7·11·13회

---

1 이 책이 한국시정개선협의회와 관련된 조사의 결과물이라는 것이 명시되어 있지는 않지만, 확인되는 주제들이 동 협의회를 통해 주로 논의된 내용이고, 시기상 동 협의회가 주로 개최된 1906년 말에 발간되어 동 협의회와의 관련성이 추정된다. 다루고 있는 주제는 한국토지제도, 한국교육, 한국광업, 통감부통신사업, 통감부철도사업, 원예모범장사적, 이민보호법 제정, 재한제국민에 대한 행정, 한국고문제도, 면화재배사적, 농림학교 설립, 한국임업, 한국경찰, 통감부권업모범장사적, 한국토목사업, 공업전습소 설립, 재한 제국의 제관청 및 예산, 대한의원 설립, 한국재판제도, 한국의 재정 및 금융, 한국의 지방제도, 대한부인회부속양잠전습소사적 등이다. 통감부 시기 및 이전 시기에 이와 관련된 제반의 사항을 간단히 이해할 수 있는 자료이다.

를 제외한 총 11개 협의회에서 논의된 내용을 수록하였다. 차수에 따라 논의 정도는 차이가 있지만 이들의 지방제도 개정 의도는 잘 확인할 수 있다. 여기서 결정된 것 중 가장 주목할 만한 것은 제2회 회의록(1906.3.21)에 수록된 지방제도 조사위원의 조직이다. 합군(合郡) 반대 여론을 누그러뜨리기 위해 실지 조사가 논의되었고, 이후 이 조사위원들의 활동 등에 대한 논의가 이어진다. 합군 문제에 대한 여론 대응, 합군을 대신할 만한 방책 논의 등도 확인되어 흥미롭다. 외국인 관계는 절을 달리하여 자료를 수록하였으나, 동(同) 회의록 12회(1906.11.16)와 14회에서는 외국인 거류지를 포함하여 통감부가 한국의 지방제도를 개정하려는 의도가 확인된다. 결국 이들이 지방제도 개정을 통해 획득하고자 했던 것은 징세의 성적을 거두기 위한 것이었다. 제15회 동 협의회에서는 인민들의 납세에 대한 이해를 강화한다는 목적으로 지방위원회 조직을 논의하는 내용을 확인할 수 있다.

「한국지방제도」(『한국시정일반』)는 한국의 지방제도 개정 연혁을 갑오개혁 당시부터 설명하는 한편, 통감부가 주도하여 추진한 1906년 일련의 지방관 관련 제도 개정과 내용을 요점 정리해놓아 개정 전후 상황을 일목요연하게 이해하는 데 도움이 된다. 다만 개정 이유와 관련하여 결과론적인 한국 지방제도의 문제점들을 나열한 것은 주의를 기울여 살펴볼 필요가 있다. 당시 한국의 지방제도가 문제가 있었던 것이 사실이라고 해도, 일제의 개혁 내용이 과연 바람직한 것이었는지는 별개의 문제이다. 당시 통감부의 지방제도 개편은 단순히 지방행정상 편의를 부여하기 위한 것이 아니라 경찰, 징세, 재판 등 여러 문제, 특히 징세 부분과 관련한 실적을 거두기 위한 수단이었음을 분명히 해야 할 것이며, 동 자료에도 제도 개정의 결실로 그러한 수확이 있을 것으로 예상하고 있다.

한국의 자치기구로 모색된 지방위원회가 우선 납세 담당으로 설치되어 재정을 담당하는 탁지부에 소속되었다는 사실도 통감부의 지방제도 개정 방향을 이야기해 준다. 지방위원회의 사무를 보면 이러한 사실을 보다 분명하게 확인할 수 있을 것으로 생각되어 『재무주보』에서 지방위원회의 사무 내용을 확인할 수 있는 「(휘보의 부) 감독분임관서장 및 지방위원회 회의 전말(監督分任官署長及地方委員會會議顚末)」(자료 76)과 「제1회 개성지방위원회(開城地方委員會)」(자료 77)를 수록하였다. 이 자료들에는 지방위원의 현재 역할과 향후 역할까지 논의하고 있어, 이를 통해 일제가 한국의 말단 지방행정조직을 어떻게 개편해 가려고 했는지 그 의도를 확인할 수 있다. 일반적으로 지방행정조직이라 생각하는 면에 대한 조사도 당시 탁지부의 조세 사무를 주관하는 사세국(司稅局)에서 행해졌고, 『면에 관한 조사』(1908)가 그 결과물로 만들어졌다. 각 지역 재무감독국에서 지역 면에 대해 조사한 내용을 수록하고, 향후 그것을 어떻게 활용할 것인지에 대한 내용을 담고 있어 당시 지방제도 개편 방향을 확인할 수 있다.

지방관들의 회의록인 『각 도 관찰사 회의 개요』와 『한성부 사무관 및 각 도 서기관 회의요록』은 당시 관련 실무 담당자들의 의견이 확인되는 자료로, 지방제도 개정 주도 측의 실제 계획 방향과 내용을 확인할 수 있는 점에서 의의가 있다 할 수 있다. 관찰사급과 실무를 담임하는 사무관, 서기관급이 다루고 있는 내용이 서로 다른 점도 지방제도 개정에 대한 이해의 폭을 넓히는 데 도움이 될 것이다. 후자에는 면장 직제에 대한 내부와 탁지부의 의견안이 각각 수록되어 있어 이들의 입장차도 확인할 수 있다.

'외국인 관련 지방제도'의 절에서는 외국인 거류지와 관련하여 일제의 개정 방향을 확인할 수 있는 자료들을 수록하였다. 일제는 '을사늑약'으로 한국의 외교권을 박탈하고, 외국인에 대한 업무는 이사청(理事請)이 맡도록 하였다. 하지만 치외법권을 누리고 있는 외국인 거류지 문제, 즉 재한 자국민들에게 최대한 이권이 돌아가게 하고, 각국 거류지에서도 일본인이 실권을 장악하며, 청의 전관거류지(專管居留地) 문제도 해결하고자 하였다. 위와 관련하여 자국민의 이익을 위해서 속인주의에 입각한 '거류민단법(居留民團法)'을 제정하여 이를 한국에서 실시하였다. 이에 대한 자료로 거류민단법 제정과 거류민단과 관련하여 가장 큰 분쟁을 일으킨 민장 관선 문제를 다룬 제국의회 회의록을 수록하였다.

거류민단법 제정과 관련된 「제21회 제국의회 중의원 거류민단 법안위원회 회의록(필기) 제2회[第21回 帝國議會衆議院居留民團法案委員會會議錄(筆記) 第2回]」(자료 85)와 민장 관선과 관련된 「제25회 제국의회 중의원 거류민단법 중 개정 법률안위원회 회의록(속기) 제2회[第25回 帝國議會衆議院居留民團法中改正法律案委員會會議錄(速記) 第2回]」(자료 86)는 재한 일본인의 한국 거류지에서의 특혜와 일본의 재한 일본인 정책, 민장 관선에 이르러서는 제도 개편 방향을 확인할 수 있는 자료이다. 외국인 거류지 연혁과 당시 이사청의 제도 개정 방향을 확인할 수 있는 자료로는 「인천 거류지제의 상황 및 장래(仁川ニ於ケル居留地制ノ狀況及將來)」(자료 84)를 수록하였다. 이 자료에는 일본 거류지, 청국 거류지, 각국 거류지의 연혁뿐 아니라 거류지제의 장래라 하여 일제의 거류지 제도 개정 방향이 확인된다. 이 자료에 따르면 거류지제는 당시 이미 폐지되었어야 하고, 일반 행정조직에 편입시켜 지방 공비(地方公費)를 부담시켜야 한다고 문제 제기를 하고 있다. 일제가 각국 거류지를 포함하여 지방제도를 개편하려는 이유 중 하나는 공공시설에 대한 세금을 부담시키고자 하는 것이 컸고, 이 내용은 각국 거류지와 관련된 일본 측 각종 문서에서 손쉽게 확인된다. 이들은 식민지 운영과 관련된 자금을 조선 안에서 절대적으로 해결하고자 하였고, 지방제도 개정과 관련하여 징세 성적에 사활을 건 것도 이러한 이유에서였음을 알 수 있다.

1. 지방제도의 연혁 및 개정

〈자료 71〉 지방제도 개정 청의서[「地方制度改正請議書」, 『지방제도조사(地方制度調査)』, 1906]

〈자료 72〉 지방행정구역 분합 설명서(「地方行政區域分合說明書」, 『지방제도조사』, 1906)

〈자료 73〉 지방구역 분합 설명서(「地方區域分合說明書」, 『지방제도조사』, 1906)

〈자료 74〉 한국 시정 개선에 관한 협의회 제1~15회[「韓國施政改善ニ關スル協議會 第1~15回」(4·7·11·13回 제외), 『통감부문서(統監府文書)』 1권]

〈자료 75〉 한국 지방제도[統監府, 1907, 「韓國地方制度」, 한국시정일반(韓國施政一般)]

〈자료 76〉 (휘보의 부) 감독분임관서장 및 지방위원회 회의 전말[統監府財政調査廳, 1907.9, 〈(彙報의 部)監督分任官署長及地方委員會會議顚末〉, 《재무주보(財務週報)》 71]

〈자료 77〉 (휘보의 부) 제1회 개성지방위원회[統監府財政調査廳, 1907, 〈(彙報의 部) 第1回開城地方委員會〉, 《재무주보》 30]

〈자료 78〉 각 도 관찰사 회의 개요(統監府, 1908.6, 『各道觀察使會議概要』)

〈자료 79〉 면에 관한 조사[탁지부 사세국(度支部司稅局), 1908.10, 『面ニ關スル調査』]

〈자료 80〉 지방비법 제정의 이유 및 입법의 취지에 대해서[사와다(澤田) 지방국장(地方局長), 1909, 「地方費法制定ノ理由並ニ立法ノ趣旨ニ付テ」, 『지방비법관계법령요록(地方費法關係法令要錄)』, 내부 지방국(內部地方局)]

〈자료 81〉 (부록) 사무관 및 서기관 협의회 의사 요록[내부, 1909.6, 「(附錄)事務官及書記官協議會議事要錄」, 『한성부 사무관 및 각 도 서기관 회의 요록(漢城府事務官及各道書記官會議要錄)』]

〈자료 82〉 (보고 제137호) 면·동·리 합병에 건[「(報告 第137號) 面洞里合併에 件」, 『동래부 각 면 보고서(東萊府各面報告書)』 3책(冊), 1910.2.21]

〈자료 83〉 동래부 사하면 규약 등본책(「東萊府沙下面規約謄本冊」, 『동래부 각 면 보고서』 1책, 1910.6.11)

2. 외국인 관련 지방제도

〈자료 84〉 인천 거류지제의 상황 및 장래[「仁川ニ於ケル居留地制ノ狀況及將來」, 『거류지관계서류(居留地關係書類)(1908~1910)』, 1908.2.10]

〈자료 85〉 제21회 제국의회 중의원 거류민단법안 위원회 회의록(필기) 제2회[「第21回 帝國議會衆議院居留民團法案委員會會議錄(筆記) 第2回」, 『제국의회회의록(帝國議會會議錄)』, 1905.2]

〈자료 86〉 제25회 제국의회 중의원 거류민단법 중 개정 법률안 위원 회의록(속기) 제2회[「第25回 帝國議會衆議院居留民團法中改正法律案委員會議錄(速記) 第2回」, 『제국의회회의록』, 1909]

〈자료 87〉 인천 각국 거류지회에 관한 보고[「仁川各國居留地會ニ關スル報告」, 『거류지관계서류(居留地關係書類)(1908~1910)』]

〈자료 88〉 각국 거류지 정리 방침[「各國居留地整理方針(原案)」, 재선 외국거류지 정리에 관한 하협의회 개요 참고서류(在鮮外國居留地整理ニ關スル下協議會槪要參考書類)]

1. 지방제도의 연혁 및 개정

〈자료 71〉 지방제도 개정 청의서[「地方制度改正請議書」, 『지방제도조사(地方制度調査)』,[2] 1906]

어진 정치는 반드시 토지의 경계(經界)를 다스림으로부터 시작되니, 하물며 시정 개선(施政改善)에 지방 구역을 부당하게 개정해서 될 것인가. 이러한 바, 본부(本部)에 지방조사소(地方調査所)를 설치하고 지방과 관계된 일절의 사항을 조사한 바, 대개 우리나라가 군현(郡縣)의 대소(大小)를 나누었던 기준은 우리 성조가 법전으로 남길 겨를이 없음이라. 지금의 많은 어려움이 나라를 일으키고 고심하여 창업하사 (중략-편역자) 시정 개선을 잘 하고자 하면 지방 구역을 빨리 개정한 연후에 지방 정부의 행정사법(司法)이 순서하여 대강을 들면 세목도 저절로 밝혀질 것이니, 도계(道界)는 13으로 그대로 두고, 부·군(府郡)은 219로 개정하야 균세(均勢)를 힘쓰고자 하니, 지방의 제도와 구역조사안(區域調査案)을 첨부하고, 개정하는 칙령안(勅令案)을 각의(閣議)에 제출함.

1906년(광무 10) 7월

---

2 지방제도조사 해제.

『지방제도 조사』는 1906년 지방제도 개편을 위해 설치된 지방제도조사소(地方制度調査所)의 활동 내용을 정리한 결과보고서 성격의 자료이다.

각 지방에서 조사한 지방제도 연혁, 당시 지방제도(행정구역), 한성부 관하 방동(坊洞) 호구 결수표, 관찰부 관하 각 군 호구 결수표, 목·부·군 관하 각 면 호구 결수표, 지방 관리직제, 지방 관리 사무장정, 지방 관리 직무권한, 한성부윤 직무권한, 관찰사, 목사, 부윤, 군수, 향장, 면장, 동장 등의 직무권한, 각 부목 판임관 임면규칙, 지방 관리 부임·재임·급유 규칙, 지방 관리 임기, 지방 관리 응행 체제, 명심 세칙, 사무 내용 등의 내용을 담고 있다. 대한제국기의 관제 개혁 요청의 내용도 담고 있는데, 「지방전제도폐지청의서(地方前制度廢止請議書)」(1896.8.4)이다.

본 자료집에는 지방제도조사소 활동의 결과물이자 이들의 현 지방제도 관련 요구사항인 「지방제도개정청의서(地方制度改正請議書)」, 「지방행정구역설명서(地方行政區域說明書)」, 「지방구역분합설명서(地方區域分合說明書)」를 수록하였다. 지방제도조사소는 통감부가 본인들이 원하는 방향으로 한국의 지방제도를 개편하기 위해 조직한 것으로, 지방조사위원들로 하여금 지방제도의 문제점을 조사하여 개편 방향을 제시하도록 하였다. 위 자료들은 각 지역에서 올라온 자료들을 위원들이 정리한 것으로 이들이 어떻게 지방제도를 개편하고자 하였는지 살펴볼 수 있다. 이들이 주장하는 핵심 내용은 합군을 통한 균세, 사실상 통감부는 자체적인 지방제도 개정 계획을 가지고 있었기 때문에 이들의 조사 및 개정 청의는 참조를 위한 것일 뿐이었다. 실제로 1906년 9월 '지방관 관제'에서 확인되는 지방제도 개편에 이들의 요청사항은 거의 반영되지 않았다.

〈자료 72〉 지방행정구역 분합 설명서(「地方行政區域分合說明書」, 『지방제도조사』, 1906)

(상략-편역자) 1895년(개국 504) 을미(乙未)에 8도(道) 행정구역을 23부(府)로 두(寘)ᄒᆞ고, 1896년(개국 505) 병신(丙申)에 행정구역을 변경하야 13도(道)로 감정(減定)하야 관찰부만 존속하고, 목·부·군·현(牧府郡縣)에 여수(麗水), 지도(智島), 완도(莞島), 돌산(突山), 진남(鎭南), 오천(鰲川), 울도(鬱島)[3] 등 군을 증설하였으나 목·부·군·현의 행정구역은 획정한 강계(疆界)를 수(守)하고 단지 고산자(古山子)[4]에 나타난(著) 바 이정 거리와 면적 범위만 본뜬(准) 외에는 별도로 고려할 만한 것이 없음이오. (중략-편역자) 목·부·군·현이 처음 정해진 제도와 가르침이 없어(初無定制指劃) 대읍(大邑)은 30~40면(面)이요, 소읍(小邑)은 4~5면이 균등하지 아니하니(不等), 대읍은 면촌(面村)이 아주 멀어(活遠) 관령(官令)을 민에게 주지시키기 불능(民不能周知)하고, 민폐(民弊)를 관이 통찰 불능(官不能洞察)하여 징수의 일이 있으면(遇有徵收之事) 관속(官屬)과 면임(面任)이 중간에서(從中) 간악한 짓을 함(作奸)에 막으려야 막을 수가 없으니(防不勝防), 이는 읍이 큰 것의 폐이오(邑大之弊也). 소읍은 전 군(全郡) 면적이 40~50리에 불과하니 이 지방에 거두는 부세(所收賦稅)로 이 군(該郡) 관리의 봉급이 부족하여 타군(他郡)에서 옮겨오는(移劃) 군이 많이 있고(多有), 민정(民情)으로 말(言)하면 무릇 주구의 간섭(凡干誅求)에 읍은 점차 작아지고 민은 점차 곤궁(邑愈小而民愈困)하니, 이는 읍이 작은 폐이라(邑小之弊也). (하략-편역자)

〈자료 73〉 지방구역 분합 설명서(「地方區域分合說明書」, 『지방제도조사』, 1906)

(상략-편역자) 각 도(各道) 각 군(各郡)의 비입지(飛入地)는 곧 속토(屬土) 재관(在官)하고, 두입지(斗入地)는 할속(割屬) 부근 읍(邑)하여 구역을 균세(均勢)하게 힘쓰니, 아울러 큰 것을 작게 나누는 형편이 대략 다음과 같음. (하략-편역자)

---

3 진남은 1900년(칙령 제19호), 오천은 1901년(칙령 제11호), 울도는 1901년(칙령 제41호)로 설치됨.

4 대동여지도를 만든 김정호의 호.

〈자료 74〉 한국 시정 개선에 관한 협의회 제1~15회[「韓國施政改善ニ關スル協議會 第1~15回」 (4·7·11·13回 제외), 『통감부문서(統監府文書)』 1권]

① 한국 시정 개선에 관한 협의회 제1회

개회 시기: 1906년(明治 39) 3월 13일 오전 10시 45분

장소: 통감 관사

열석자: 통감(統監) 후작(侯爵) 이토 히로부미(伊藤博文), 참정대신(參政大臣) 박제순(朴齊純), 내부대신(內部大臣) 이지용(李址鎔), 탁지부대신(度支部大臣) 민영기(閔泳綺), 군부대신(軍部大臣) 이근택(李根澤), 법부대신(法部大臣) 이하영(李夏榮), 학부대신(學部大臣) 이완용(李完用), 농상공부대신(農商工部大臣) 권중현(權重顯)

통역자: 통감부서기관 겸 통감비서관 고쿠부 쇼타로(國分象太郎)

필기자: 통감비서관 후루야 히사쓰나(古谷久綱)

(상략-편역자)

이토 통감: 관찰사, 군수의 수는 어떻습니까?

이 법상(法相): 관찰사는 13인, 군수는 345인이고, 군수 아래 향장(鄕長)이란 자가 있지만 중앙정부에서 임명한 관리는 아닙니다. 군수가 임면하고 있으나 일본에서 우리 통신기관을 인수한 때부터 향장을 우편국장으로 임명하고 있어, 불합리한 행위를 한 향장이라도 군수는 그 것을 해직하는 것이 가능하지 않기 때문에 군수 중에는 불평을 하는 자가 있다고 합니다.

이토 통감: 이해했습니다. 이케다(池田) 통신국장에게 훈시하겠습니다.

(하략-편역자)

② 한국 시정 개선에 관한 협의회 제2회

개회 시기: 1906년 3월 21일 오전 11시 5분

출석 인원: 전 회(前回) 대로, 재정고문(財政顧問) 메가타 다네타로(目賀田種太郎)

(상략-편역자)

메가타 고문: 참고로 한마디 하자면 새로 지금고(支金庫)[5]를 설치하면 종래의 수입은 현저하게 감소하므로 작년도 증봉(增俸)을 행하고자 하였으나 군수의 수를 예전대로 두면 거액의 경비가 갑자기 증가하지 않으면 안 되므로 증봉과 함께 합군(合郡) 계획을 제출하였는데, 합군을 시행하지 못하고, 증봉도 또 행하지 못하고 그만두었습니다. 지금도 나는 작년과 마찬가지의 의견을 품고 있습니다. 다소의 합군을 단행하여 증봉하는 것이 좋을 것입니다. 관찰사나 군수는 비교적 괜찮지만 하급 지방 관리에 이르러서는 실제 곤궁(困窮) 상태에 있다고 합니다. 순사는 봉급이 겨우 3원에 지나지 않습니다. 요컨대 적당한 합군이 단행된다면 경비 증가에 찬성합니다.

이 내상(內相): 경찰력을 증가시키지 않는다면 합군은 곤란합니다.

이토 통감: 지방에는 관찰사 및 부속 관리, 군수 및 부속 관리 외에 관비(官費)를 지급하는 관리가 또 있습니까?

이 내상: 향장(鄕長)이란 자가 있습니다.

이토 통감: 향장은 관급(官給)이 아니라고 생각합니다.

이 법상(法相): 관급입니다.

이토 통감: 그 수는 어떻습니까?

이 법상: 각 군에 1명입니다.

이토 통감: 관봉(官俸)을 받는 이원(吏員)의 합계는 몇 명입니까? 그 수를 분명하게 하는 것이 어떻습니까?

이 내상: 대저 명확하게 내부에 인명(人名)이 있고, 정원(定員)은 탁지부의 예산에도 올라 있습니다.

이토 통감: 예산액은 얼마입니까?

메가타 고문: 지방 관청 56만 원입니다.

이토 통감: 장차는 그 3배가 될 것이므로 적어도 150만 원은 필요합니다.

메가타 고문: 경비는 조금 초과하고, 청비(廳費) 같은 것은 전혀 없어서 문방구의 유무조

5 분고(分庫).

차도 분명하지 않습니다. 그러나 실제 집무도 하지 않는 것 같고, 필경 13도(道)는 너무 많고, 군(郡)의 수도 또 그렇습니다. 필경 다수의 관리를 두고자 하는 것 같고, 또 내부대신이 가장 우려하는 소란도 합군으로 실직하는 군수 등의 선동에 기인하므로 이번 각지에 사업을 실시하는 것에 대해서는 이러한 실직자를 사용한다면 합군을 단행해도 심한 분요를 보지 않을 것이라 믿습니다.

이 내상: 대략 좋은 방책입니다.

이토 통감: 이 문제는 충분히 그것을 조사할 필요가 있습니다. 본년 6~7월에 이르면 경찰력 증가를 실현할 예정이므로 그 이전에 충분히 조사를 마치고, 경찰의 정리를 기다려서 관찰사·군수의 도태 및 지방정치 개선에 착수할 수 있을 것입니다. 조사에는 위원을 설치할 필요가 있고, 개정안을 기고(起稿)하는 데는 일본인 중 적당한 인물을 선정하여 원조하더라도 한인 중에서도 적임자를 위원으로 선정해야 할 것입니다. 경비론(經費論)은 후일 내년도 예산에 편성하는 것으로 결정합니다.

이 내상: 귀하의 이야기를 이해하였고, 그에 동의합니다. 합군의 필요는 단순히 경비상 필요할 뿐 아니라 사실 취급상에도 필요합니다. 유래 군(郡)은 다수의 면(面)으로 구분하여 한 군(郡) 중에서 다른 군(他郡)에 부속하는 면(面)도 있습니다. 어떤 방면에서 보아도 실정 조사가 필요합니다.

(중략-편역자)

이토 통감: 위원은 앞서 말한 것과 같이 한인 중에서 적당한 인물을 선정하고 일본인을 추가하여 원조시키도록 합시다.

이때 각 대신이 서로 논의를 한다. 그 취지는 실지조사를 위해서 관리를 각 지방에 파견할 필요의 유무에 관한 것으로, 결국 지방에 훈령(訓令)을 발해서 실정을 보고하는 것으로 결의하였고, 고쿠부(國分) 서기관이 통감에게 통역하였다.

이토 통감: 물론 그것을 위해 관리를 순회시킬 필요는 없습니다. 내부대신이 조속히 위원을 임명하여 보고의 도착 이전에 위원을 조직해 두는 것으로 하고, 위원이 조직되면 내가 그것에 대해 상당한 유시(諭示)를 할 것입니다.

이 내상: 위원은 의정부에서 선정할 것입니다.

(하략-편역자)

③ 한국 시정 개선에 관한 협의회 제3회

개회 시기: 1906년 4월 9일 오후 0시 30분

(상략-편역자)

이토 통감: 법부대신은 감옥 개량에 착수하였는가. 전국을 일시에 개량하는 것은 곤란하겠으나 경성만이라도 속히 개량하지 않으면 안 됩니다.

이 법상(法相)은 이 문제에 대해서 평리원(平理院)과 한성재판소의 합병에 대해서는 경비금(金) 10만 원을 요구할 것 아울러 감옥소 내에 남녀 수감인(囚人)을 구별할 필요가 있다는 것을 이야기한 후 대체적인 요점(大要) 다음과 같이 진술함.

이 법상: 전국의 지방관은 재판권을 갖으나 재판에 신용이 없으므로 일진회원 및 교도와 같음은 그에 복종하지 않고, 또 현재 각지에 있는 일본 경찰관은 한국의 국법(國法)을 잘 알지 못하지만 관찰사가 재판에 간섭하여 불법인 판결을 내리는 것 없지 않습니다. 이와 같은 이유에서 한국은 거의 국법이 없는 것과 같은 상태에 있으므로 사법과 행정을 구별할 필요가 있지만 한국 법관에게는 신용이 없으므로 일본에서 법무보좌관과 같은 것을 용빙하여 그것으로 공평한 재판을 함은 한국의 재판권을 존중할 수 있는 것이라 믿습니다. 이러한 것을 정부 각 대신에게는 이야기하였으나 아직 폐하께는 상주하지 않았습니다.

(중략-편역자)

이토 통감: 사법제도 개선은 일시에 그것을 행할 수 없고, 점차 그것을 수행해야 합니다. 일본에서도 지금 이로써 또 개량을 하고 있고, 예를 들면 종래의 영사재판과 같이 영사는 결코 전문적인 지식을 갖는 재판관이 아니므로 이번 새로 설치한 이사청에서 오로지 법무에 종사하는 부이사관을 두는 것으로 하고, 한국에서도 지방관으로 재판

을 하는 것은 불공평을 초래할 우려가 있으므로 적당한 개량을 해야 함은 의론이 없습니다. 그 실행 방법에 이르러서는 나중에 계속해서 협의해야 할 것입니다.

(하략-편역자)

④ 한국 시정 개선에 관한 협의회 제5회

개회 시기: 1906년 4월 19일 오전 10시 30분

(상략-편역자)

이토 통감: 지방제도의 조사는 앞서 선정한 통감부원(統監府員)으로 귀부(貴部)의 위원과 함께 힘쓰시길 바랍니다.

이 내상: 어제 촉탁서를 보내고, 2~3일 안에 위원 일동의 회합을 요청할 것이라 합니다.

이토 통감: 이번 지방제도조사위원을 설치한 것은 장래 지방제도를 개혁하고자 하는 것이나 현재의 실황을 살피지 않으면 적절한 입안(立案)을 할 수 없으므로, 생각건대 지방제도를 기록한 서류 등은 사실과 달라 확실한 참고로 할 수 없습니다. 마땅히 실제에 대해 조사하지 않으면 안 됩니다. 한국의 지방관은 수취하는 데 심하다라는 비난이 있는데, 정부에서는 종래 지방의 부담과 중앙의 부담을 명확하게 구별하지 않고, 더욱이 지방관은 박봉으로 관리의 체면을 유지할 수 없어 자연 나쁜 일을 하지 않을 수 없는 상태에 있습니다. 금일 돌연 지방관의 나쁜 일을 금지하면 지방의 정치는 행해지지 않을 지경에 이를 것이므로, 한편으로는 상당의 봉급을 부여하고, 다른 한편으로는 그 행위를 엄중하게 단속하지 않으면 안 됩니다. 듣건대 지방에 청비(廳費), 여비(旅費) 등의 예산도 없고, 출장 때는 마을들에 그 비용을 부담시키므로 이와 같은 상태는 어쨌든 그것을 개선하지 않으면 안 되므로 내년도 예산을 편성할 때까지 어느 정도로 지방의 경비를 할 것인가, 지방청의 공무 분배법은 어떻게 할 것인가, 지방행정구역은 현재대로 하지 않으면 안 되는가, 아니면 만약 합병한다면 어떠한 정도까지 사무의 민활(敏活)을 꾀하여 경비의 절감을 할 수 있을 것인가 등의 조사를 할 것을 필요로 합니다. 또 이 조사를 함과 동시에 주의하여 힘써 연구(攻究)해야 할 것은 장래 행정사무와 사법 사무는 어떻게 구별할 것인가, 교육과 같은 것은 중앙정부

에서 지방청에 그 일부를 위임하면 어떠한 사항에 한해야 할 것인가, 또 조세 징수와 같은 것은 지방청에게 어떠한 점까지 관장시킬 것인가 등의 문제입니다. 경찰에 이르러서는 일종 특별한 문제이나 이 또한 밀접한 관계가 있으므로 충분한 주의로 힘써 연구하지 않으면 안 되고, 나아가 경찰관과 지방관의 충돌을 피할 방법과 같은 것은 가장 신중하게 힘써 연구해야 할 것입니다.

(하략-편역자)

⑤ 한국 시정 개선에 관한 협의회 제6회

개회 시기: 1906년 6월 25일 오전 ○시 ○분

(상략-편역자)

이토 통감: 내부대신의 부재로 참정대신에게 묻고자 하는데, 내부에서 종사하는 지방제도 개선의 조사는 진행 중입니까?

박 참정: 저는 아직 서류에 대해 그것을 보지 못하였지만 대체의 방안은 이미 조사의 보고를 받아 알고 있습니다.

이토 통감: 이 문제는 경비에 관계하는 것이므로 조사가 끝난 후에는 예산을 편성하여 실제의 운용 여하를 사찰하지 않으면 안 됩니다. 무엇보다 지방의 경비를 다소 증가하지 않으면 어떠한 개정도 기도할 수 없습니다.

박 참정: 그렇습니다. 지방관의 봉급 및 지방청의 경비는 그것을 증액하지 않을 수 없습니다.

이토 통감: 본 문제에 관해서는 나아가 메가타 고문이 재정상 실제 어떠한 점까지 개혁을 결행할 수 있을 것인가를 조사시킬 생각입니다.

(하략-편역자)

⑥ 한국 시정 개선(韓國施政改善)에 관한 협의회 제8회

개회 시기: 1906년 7월 12일 오전 10시 30분

(상략-편역자)

이 날 이토 통감은 사토(佐藤) 군의총감 및 우메(梅) 법학박사와 함께 응접 사이에 나와서 각 대신이 참석하기 위해 모임(參集)에 따라 양 박사를 소개함. 이때 통감이 각 대신에게 교섭한 사항 중 특기할 만한 것은 다음과 같음.

1. 본년 8월 영국의 중국(支那) 함대사령장관 '무어(ムーア)' 중장이 함대를 이끌고 정식으로 내방할 것을 보고 받아 알고 있으므로 통감부는 그것을 환영할 예정이고, 한국 측에서도 통감부와 협력할 것인가, 혹 단독으로 동(同) 중장 이하를 환대할 방법을 강구할 것인가 제의함에 각 대신은 지극 동감하여 그 방법에 대해 협의 후 귀의(貴意)를 얻고자 한다고 즉답함.
2. 통감은 군부대신에게 인천 월미도에 한국 포대가 있어 구식(舊式) 포(砲) 2문(門)을 구비하여 동항에 출입하는 외국 군함에 대해 예포(禮砲)를 발사해 왔으나 근래 세계 각국 군함과 포대와의 예포 교환은 모두 그것을 폐지함으로써 한국에서도 이 예에 따라 그것을 폐지해야 할 것임.

(중략-편역자)

이외에 통감은 광업법 및 이민보호법을 본인이 관보로써 발포할 시기에 이른 것은 농상공부대신의 진력함에 따른 것이라고 동 대신을 칭송하고, 사토 박사의 지휘하에 근일 합동 신설할 병원은 대한병원(大韓病院)이라 명명하고, 그중에 적십자부란 것을 설치함은 당초의 목적을 달성하는 것이란 것을 개진하고, 또 근래 도착한 신문지로 영국 외무대신이 동국(同國) 하원(下院)에서 한 연설에 관한 '로이타(ルーター)' 전보를 각 대신에게 보이고, 영국 당국자는 일본이 공공심(公共心)으로 한국의 시정을 개선하고 있다는 것을 인정한다는 뜻을 말함.

(중략-편역자)

이토 통감: 지방행정 개선 조사위원의 보고가 가능하면 그것을 열람하고 싶습니다.

이 내상: 알겠습니다. 조사가 되는대로 종결하면 정서(淨書) 후 열람을 제공할 생각으로 시오카와(鹽川) 통역관이 현재 번역 중입니다.

(중략-편역자)

이토 통감: 지방행정 개선에 관한 서류가 완성된 후에는 그것을 보고 어떠한 개선을 실시할 것인가 판단하고자 하므로 가능한 한 속히 조사를 마칠 것을 바랍니다.

이 내상: 알겠습니다.

⑦ 한국 시정 개선에 관한 협의회 제9회

개회 시기: 1906년 7월 23일 오전 10시 30분

(상략-편역자)

이 중 탁지부대신은 공무(公務)상 선약이 있어서 다른 제 대신에 앞서 퇴거한 것이 3시 40분임. 이때부터 통감 이하 식탁을 떠나 잡담으로 옮기고, 그중에서 특기(特記)할 것은 다음과 같음.

1. 이 내상이 통감에게 '현재 합군(合郡) 의사가 없다는 뜻을 지방관에게 훈령(訓令)하고, 또 신문지상에 발표하는 것이 좋겠다'라는 질문에 대해 통감은 '물론 지장없다'라고 언명함.
2. 이 내상은 이어 '군(郡) 합병은 보류하나 경기도에서는 현재 한성에 판윤(判尹)이 있음에도 불구하고 별도로 관찰사를 두지만 이중에 속하므로 다른 합병은 그것을 보류해도 경기도의 관찰사는 그것을 부속으로 하고 한성부에 합병하는 방법이 좋겠다고 생각된다.'는 질문에 대해 통감은 '각기 감독으로서 군수를 겸장시키고, 또 그것을 부윤(府尹)이라는 명칭으로 개정하는 것도 대체에 있어서 나쁘지 않을 것'으로 결정함.
3. 이 내상이 '지방관의 봉급은 옳고 그름을 떠나 그것을 인상하지 않을 수 없고, 또 지방청비 및 여비 아울러 거류 외국인이 다수인 지방의 지방관에 대해서는 봉급 외 상당의 수당을 부여할 필요가 있다.'라고 제의하자, 통감은 '지방제도 조사가 완결된 후가 아니라면 그것을 확언(確言)할 수 없지만 약 40만 원 내외는 지방의 경비러 증액할 수 있다고 예상한다.'라고 명언함.
4. 이 내상이 '일본에서 용빙(傭聘)한 경찰관이 점차 도착해 각지에 부임하고 있다.'고 보고하자 통감은 '지방에 작은 폭동이 일어날 때마다 군대를 움직이는 것은 종종 불편함

이 있으므로 일본 육군성(陸軍省)에서 무상(無償)으로 연발총(連發銃) 1천 정을 양수(讓受)하여 경찰서에 배부하고 비축할 예정이다.'라고 말함.

(하략-편역자)

⑧ 한국 시정 개선에 관한 협의회 제10회

개회 시기: 1906년 8월 15일 오전 10시 15분

(상략-편역자)

이 내상: 지방제도조사 결과를 어느 정도 실시하고자 함에 대해 그 대체적인 요점을 기록하여 휴대하였습니다. 일람(一覽)을 청합니다.

이토 통감: 이 내상이 제출한 서류를 한 번 보니 다음과 같습니다.

-경기관찰사(京畿觀察使)와 한성판윤(漢城判尹)을 합병하는 것으로 할 것

-각 항(各港) 감리(監理)와 군수(郡守)를 합병하여 부윤(府尹)으로 할 것

-대전역(大田驛)에 지방관청을 둘 것

-평안북도관찰부(平安北道觀察府)의 위치를 강계(江界)로 변경할 것

-지방관 임용에 관한 사(事)

-지방관 봉급 아울러 경비 증액의 사(事)

이토 통감: 대체적으로 이의가 없으나 제6항은 탁지부와 미리 협의를 필요로 합니다. 또 관찰사, 군수, 면임(面任), 향장(鄕長) 등의 직무 권한은 그것을 조사시켰습니까?

이 내상: 그렇습니다. 조사 중입니다.

이토 통감: 전고법(詮考法)을 적용함은 거듭 군수에 대한 것입니다. 이 방법을 실시한 이상 그에 따라서 자격이 있는 자를 채용하지 않으면 안 됩니다.

이 내상: 전고법을 설치하는 것은 시험 후 합격자를 정해서 결원(缺員)이 있을 경우에 임보(任補)할 생각입니다.

이토 통감: 전고법 및 임용법이 탈고되면 나도 한 번 열람하고 싶습니다.

이 내상: 조사가 완료되면 열람에 제공하겠습니다.

이토 통감: 지방 관리라고 하면 관찰사도 포함합니까?

이 내상: 관찰사는 칙임(勅任)이므로 제외합니다.

(하략-편역자)

⑨ 한국 시정 개선에 관한 협의회 제11회

개회 시기: 1906년 9월 1일 오후 4시 15분

장소: 통감 관사

열석자: 통감(統監) 후작(侯爵) 이토 히로부미(伊藤博文), 참정대신(參政大臣) 박제순(朴齊純), 내부대신(內部大臣) 이지용(李址鎔), 탁지부대신(度支部大臣) 민영기(閔泳綺), 군부대신(軍部大臣) 이근택(李根澤), 법부대신(法部大臣) 이하영(李夏榮), 학부대신(學部大臣) 이완용(李完用), 농상공부대신(農商工部大臣) 권중현(權重顯)

통역자: 통감부서기관 겸 통감비서관 고쿠부 쇼타로(國分象太郎)

필기자: 통감비서관 후루야 히사쓰나(古谷久綱)

(상략-편역자)

이토 통감: 내부 지방제도조사위원회의 심사에 기초하여 지방관 관제안(地方官官制案)을 이미 가메야마(龜山)·시오카와(鹽川) 양 위원의 허락 하에 이 안(案)대로 실행할 방침입니다.

이 법상(法相): 본 안은 본인이 탈고한 것으로 저는 이미 그것을 한 번 보았으나 기타 동료 대신은 아직 그것을 볼 겨를이 없었습니다.

이토 통감: 그렇다면 능히 본 안에 대해 협의해야 할 것입니다.

이 내상: 알겠습니다.

이토 통감: 본 안에 기초하여 계상한 경비 예산을 보면 현재 지방청비 약 70만 원을 증가하여 102만 원으로 하고자 하는 것입니다. 이 증가에 대해서는 탁지부와 숙의를 필요로 하는 것이라 인정하며, 지난번 메가다 고문이 말한 바에 따르면 내년도 지방비를 약 20만 원 증액할 예정이라고 해도 본 안에 따르면 다시 20만 원을 증가하지 않

으면 안 됩니다. 물론 본 안으로서도 충분한 개선이라 할 수 있는 것은 아니지만 하루 아침에 지방제도를 근본적으로 개선하는 것은 어려운 일이므로 현재로서는 이 정도의 개정에 만족하고자 합니다.

이때 이 내상이 지방비 증액 이유를 통계적으로 설명함. 그 대요는 화폐제도 개정에 기인한 금액의 증가이며, 감리서(監理署) 경비는 종래 세관 수입으로 그것을 충당하는 것도 이 예산에서는 보통 국고(國庫) 부담으로 하였고, 한편 수원관찰부(水原觀察府) 폐지와 같은 경비를 절감함에도 불구하고 약 30만 원 증가한 것은 보기에 이른 것이라고 하였다.

이토 통감은 그 변명을 수긍한 후 다시 지방관 관제 중 지방관의 직무를 열거한 조항에 대해 단순히 이 열거하는 것만으로는 지방관의 직무 실행을 참고하기에 불충분하므로 세칙(細則)을 분명하게 설치하여 신중하게 설명할 필요가 있다고 주의시켰다.

(하략-편역자)

⑩ 한국 시정 개선에 관한 협의회 제12회

개회 시기: 1906년 11월 16일 오전 10시 30분

(상략-편역자)

참정대신이 지금 진술한 조세(租稅)의 문제는 지방세에 관한 것으로, 지방세를 징수하는 것은 우선 지방관 관제 제정 때 이미 결정한 문제이나 지방관, 관세관 인선·임명 등에 분주함이 극심하여 아직 그 방법을 고안할 겨를이 없으나, 메가타 고문과 협의한 결과 지방세 징수의 대체 방침을 기고(起稿)하였고, 본건은 외국인에게도 관계되는 문제이므로 통감의 열람을 바랐다.

탁지부대신이 지방세안(地方稅案)을 통감에게 넘기고, 통감이 그것을 열독하였다.

이토 통감: 순서로는 먼저 이와 같은 것이어야 합니다. 단 지방세의 종목(種目), 세칙(稅則) 등을 정하는 것은 자못 연구를 필요로 하니, 각 관찰사에게 개별로 제정할 것을 허락하면 비상한 차이를 발생할 것임에, 따라서 세액을 달리하는 것은 물론이지만

부과의 표준은 대저 그것을 일정하게 하지 않으면 안 됩니다. 이어 외국인에 대한 징세는 나도 숙려를 하여 메가타 고문과도 협의하였으나 현행 조약이 존재하는 한은 그것을 실시할 수 없다고 생각합니다. 일본에서도 조약 개정 이전에는 외국인에게 징세하는 것이 가능하지 않았고, 더욱이 한국에서는 거류지의 1리 이외에 외국인은 조약상 부동산을 소유할 권리가 없는데, 나는 이 경우 한국 국법에 따라 조건으로 외국인에게 위의 권리를 승인하면 과세(課稅)를 할 수 있을 것이라 믿습니다. 요컨대 외국인 관계의 것은 다시 한층 숙려를 필요로 합니다.

박 참정: 현행 조약에 따라도 거류지 외 10한리(韓里, 일본 이수 1리) 이내에 외국인은 1지소(地所) 관사를 소유하고, 혹은 임차하여 거주하는 경우에는 한국의 지방장정(地方章程)에 따라 납세 의무가 있는 것이라면, 10한리 이외에 부동산 소유를 승인하면 과세를 할 수 있을 것이라 믿습니다.

(중략-편역자)

민 탁상: 지방세는 속히 조사위원을 조직하여 내년 1월경부터 징수를 실시하고자 합니다. 경성 주민에게 과세하는 것도 가령 재류 외국인이 다수라도 아직 한인의 1/3에 지나지 않는다면 지금 그것을 실시할 것을 바랍니다. 외국인에 관계한 점은 통감의 충분한 배려를 구합니다.

(중략-편역자)

내부대신의 소관 사항에 이르러 저의 지방제도 개혁은 결코 충분한 것이 아니라 최초는 간단하게 하지 않으면 실행이 곤란한 감이 있으므로 이에 그치고 희망하는 것은 정확하게 신법규를 실시하고자 하며, 경찰도 확장함으로써 한인뿐 아니라 일본인이라도 악행을 행하는 자는 아주 용서 없이 그것을 처벌해야 함. 요컨대 지방 인민의 편의를 도모할 목적으로 이 목적으로 함. 이 목적이 충분히 달성할 수 없는 이유는 법의 악(惡)함으로 인한 것인데, 과연 또 법을 실시할 수단과 방법이 악함에 기초를 충분히 주의하지 않으면 안 됨.

이 법상: 경찰의 제1기 확장은 이에 그치고 경찰관의 총수는 2,200명으로 이 중 일본인은 600명이고, 외에 한국 순검(巡檢) 및 고원(雇員)을 합하면 총계 3,000인에 달합니

다. 이로써 앞서 실제로 시도하고, 만약 부족한 감이 있으면 다시 확장할 계획을 의정합니다. 지방관 관제도 다행히 제정을 한다면 행정은 가능한 한 간이(簡易)하게 하고, 농상공부와 협력하여 효과를 거두는 것에 힘써야 합니다. 지방관 선정에 대해서는 저의 책임이 직접 있다면 힘써서 그것을 신중하게 할 것을 기약합니다.

(하략-편역자)

⑪ 한국 시정 개선에 관한 협의회 제14회

개회 시기: 1907년 4월 9일 오후 2시 30분

(상략-편역자)

민 탁상: 저번 회의에서 단서를 열었던 지방세 문제는 이미 세법 실시의 기한을 넘겼으므로 실행할 수 없고, 이제 그 실시를 보류하고자 한다면 그 훈령(訓令)을 발하지 않으면 안 되나, 외국인에 대한 과세는 어떻게 할 것인가의 대체론을 결정한 후에 위의 훈령을 발하는 것이 좋다고 인정됩니다.

이토 통감: 외국인 관계의 문제는 급히 해결할 수 있는 것이 아니므로, 이에 세법 실시는 연기하는 방편이 마땅할 것입니다.

민 탁상: 지방세규칙은 본년 1월 1일부터 실시할 취지를 해당 칙령(勅令) 중에 규정하였으나 당시 마침 국세 징수 시기이므로 혼잡하여 인민의 오해를 불러일으킬 우려가 있어 탁지부에서 재무관에게 훈령을 발하여 실시를 4월 1일로 연기하였습니다. 이 훈령에 기초하여 재무관과 세무관이 동일한 지역에서 근무하는 지방에서는 대저 징수를 보류할 수 있었지만, 세무관만 주재하는 지방에서는 그것을 징수하기 위해 지방세를 징수하는 자와 그렇지 않은 자가 발생하였습니다. 세무관 중에서는 전보(電報)로 사정을 탁지부에 고문(誥問)하는 자도 있고, 상경(上京)해서 부주의함을 호소하는 자도 있어, 탁지부에서는 지방기관이 완비하지 않았으므로 잠시 징수를 중지하자고 변명합니다. 당국에서는 연기하거나 칙령을 실시하지 않는 것으로 끝나는 예가 없고, 이 칙령은 그것을 실시하지 않으면 현 정부의 체면에도 관계가 있으므로 미리 기한을 한정하여, 예를 들면 본년 7월 1일 또는 9월 1일, 혹은 10월 1일부터 완전히

실행하는 것으로 한다고 하고, 그에 대해서는 우선 결정해야 함은 외국인 관계의 사정으로 이에 관한 의견이 있으므로 내일에라도 정부의 뜻은 결정해야 합니다.

이토 통감: 외국인에 관한 것은 번거로운 것이 무엇이냐면 이 외인(外人)의 권리 문제입니다. 일본 정부에서도 이 문제로 자못 고심하며, 내가 보는 바로는 현행 조약을 개정하지 않으면 실행은 기약할 수 없습니다. 그러고 조약 개정은 당분간은 곤란하고, 광산법(鑛產法) 규정과 같은 것이 외인의 내지 거주는 지방세 부담을 조건으로 허가할지도 모릅니다. 기타는 실행이 약속된 것 없습니다.

민 탁상: 조약 개정은 하루아침에 가능한 것이 아닙니다. 일한(日韓) 양국만이라면 가능하겠지만 몇 십 개 나라에 걸친 문제이므로 급하게 결정하기 어렵습니다. 현행 조약을 보면 외국인은 내지로 들어갈 수 없고, 거류지의 10한리 이내에 주거하는 것은 지방세 규정에 따라 납세의 의무가 있기 때문에 이 규정에 따라 과세하는 것이 가능하다고 생각합니다. 외국인에게 과세하는 것이 가능하지 않아 한인에게도 과세하지 않기에 이르면 지방의 경제는 자못 곤궁하게 되므로 고려해 주시길 바랍니다.

이때 고쿠부(國分) 서기관이 한영 조약 제4관의 한문(韓文)과 영문(英文)은 그 의미가 달라 영문에는 '한국 관헌이 제정하는 지방의 제규칙(local requlations)을 존중하여 지조(land tax)를 납부해야 한다'라고 되어 있고, 조약의 의심가는 부분은 영문으로 해석해야 하는 것이므로 이 조관으로 바로 외국인에게 지방세를 부담시킬 수 없다고 변명함.

이토 통감: 중앙 및 지방의 한인에게는 과세하지 않을 이유가 없습니다. 원래 한국과 일본은 조약을 실시한 후에 큰 차이가 있고, 일본에서는 치외법권을 문자대로 엄수함에 따라 외인에게 토지 소유를 허락하지 않고, 거류지 이외의 거주를 허락하지 않습니다. 여행과 같은 것은 일본 정부가 발행하는 내지여행 허가장을 휴대함을 조건으로 그것을 허가합니다. 그런데 한국은 그에 반해 조약에는 금지하고 있음에 불구하고 실제는 자유입니다. 고로 조약 개정이 일본에서는 외국인에 대해서 득책이나 한국에서는 그렇지 않습니다. 지방세와 같은 치외법권이 존속하는 이상 외국인에 대해서 그것을 부과할 수 없고, 한인만으로 제한할 수밖에 없습니다. 작년 본 문제를 토의

할 때 나는 지방세를 징수한 이상 지방 단체를 만들지 않으면 안 된다고 이야기하였습니다. 지방 단체를 조직하지 않고서 함부로 지방세를 부과하면 인민은 국세(國稅)와 지방세의 구별을 알 수 없으므로 국세를 증세하는 것이라 속단할 수 있습니다. 그래서 지방 단체 설치에 관한 연구 및 준비는 하루아침에 수행할 수 있는 것이 아니므로, 따라서 명령을 발할 때까지 연기하는 것이 좋을 것입니다.

민 탁상: 일단 지당하신 말씀입니다. 실로 지방자치체에 관해서 내부에서 이미 그 초안을 만들었지만 그 실시까지는 또 수개월을 필요로 합니다. 탁지부의 의견으로는 우선 각 지방에 평의원을 설치하고, 그 결의에 기초하여 징세하여 내부에서 지방제도의 발포가 있을 때 그에 적합한 개혁을 하고자 하나, 마침내 중지되어 어쩔 수 없기에 이르렀습니다. 그렇지만 그것을 무한으로 연기하면 지방은 비상히 곤란할 수 있습니다. 작년 예산 편성의 때에도 지방의 경비 중에는 본년부터 지방세를 징수하는 것으로 하여 그것을 지방 예산으로 양여하여 총예산에서 삭제한 것도 있습니다. 그렇다면 무엇인가 방법을 강구하지 않으면 지방은 자못 곤란할 것입니다.

이토 통감: 이러한 사정은 조만간 도래할 것이라 생각합니다. 메가타 고문도 조만간 귀임하므로 동 고문과도 자세히 상의하여 곤란을 구제할 방책을 강구하지 않으면 안 됩니다. 지방세를 징수하고자 하면 우선 지방 단체 설치를 필요로 합니다. 그런데 지방행정도 중앙정부도 행정과 거의 마찬가지인 형식으로 착수하므로 귀하의 설명과 같은 곤란을 조우하지 않을 수 없습니다. 이 준비가 소홀함에 이른 바입니다.

민 탁상: 지방자치에 관한 규칙은 2~3개월을 소비하면 실시할 수 있을 것이나 외국인에 대해서 과세하는 것은 곤란합니다. 가령 거류지 및 그 외 방(方) 10한리(韓里) 이내에는 과세할 수 없다고 해도 외국인은 국내에 이르는 곳에 거주합니다. 만약 또 외국인에게는 일절 과세하지 않고서 한인에게만 부과한다면 한인은 정부를 원망하기에 이를 것입니다. 그렇다면 외국인이 거주하지 않는 지방에 한해 징수하는 것은 비상한 불공평을 발생할 뿐 아니라 외국인이 들어옴에 따라 과세를 폐지하지 않을 수 없으므로 마침내 지방세는 징수할 수 없기에 이릅니다.

이토 통감: 그것은 물론입니다. 그렇지만 조약의 주의에서 외국인은 한국의 법률에 따르지 않는 것으로 하고 있습니다. 지방의 법률에 따르게 하고자 하면 조약 개정을 하지

않으면 안 됩니다. 단순히 한국만이 아니라 치외법권이 존재하는 나라는 모두 그렇습니다. 일본과 같은 것도 조약을 개정하여 외국인도 일본의 법률에 따르는 것이므로 납세 의무를 집니다. 또 지방제도와 같은 것은 겨우 2~3개월 사이에 조사·제정할 수 있는 것이 아닙니다. 충분히 신중하게 숙려하여 결정해야 할 문제입니다. 나도 이 문제에 대해서는 항상 고려를 하고 있습니다. 고로 거류지 또는 잡거지로서 현재 외국인에게 거주를 허락한 장소는 예외로, 이후 잡거지가 날로 많아지면 한인은 미혹을 느낄 것이므로 이에 대해 규칙을 설치하여 새로 열린 땅에 거주하거나 영업하는 외국인은 이 규칙에 따르도록 하는 것이 어떠한가 생각하고 있습니다. 이 방법으로 해결되지 않는 문제도 있습니다. 즉 현행 규칙의 실행은 재판에 대비하지 않을 수 없는데, 벌칙까지도 재판에 의한 것이 아니라면 적용할 수 없습니다. 그런데 한국의 법권은 외인에 미치지 않습니다. 예를 들면, 범칙(犯則)을 설치해도 외국인이 그것을 지불하지 않는 경우에 한국은 그것을 처벌할 권능을 조약상 가지지 않으면 안 됩니다. 만약 또 가령, 외국인이 한국 법권 하에 있다고 해도 법정의 현상을 생각해 보면 사실 재판할 능력이 없으므로 나는 이러한 법률을 제정하는 것조차 주저합니다.

(중략-편역자)

권 군상(軍相): 우리가 다시 통감께 간원하는 것은 재한 외국인 중에 그 수가 가장 많은 것은 일본인이고, 다른 외국인은 그것을 합계해도 일본인의 1/20에 달하지 않습니다. 가장 다수인 일본인에게 지방세를 납부하게 하는 것을 승낙하면 다른 외국인 또한 그것을 승낙할 것입니다.

이토 통감: 그 문제는 현재 고안 중입니다. 일본인에 대해서는 압제적인 법령을 반포할 수 없습니다. 일본인은 한인과 달리 일반적으로 법률적 사상이 발달하였으므로 통감부령으로 한국 정부에 대해 납세하도록 규정해도 그것에 복종하지 않을 것입니다. 아무래도 조약적인 결정이 필요하다고 믿습니다. 법률상의 기초가 확실하지 않다면 납부하지 않는 경우에 그것을 강행할 수 없습니다.

(중략-편역자)

박 참정: 조약에는 거류지 외 10한리 이내에 외국인은 지방세를 납부하는 것으로 규정합니다.

이때 고쿠부 서기관이 다시 지조(地租)와 지방세에 관해 조약은 한문 및 영문 사이에 그 의미가 서로 다르다는 것을 변명함.

이토 통감: 한인이 무지(無智)하므로 우리는 지금 한국 종래의 정치 방법을 혁신하고자 합니다. 혁신이란 옛날의 것을 행하는 것이 아니라 인지를 계발하고자 하면 교육 외에는 방법이 없습니다. 또 한편으로는 쇄국적 풍습은 도저히 세계에 통용될 수 없습니다. 법률, 재판 등의 개정과 같은 것도 세계에 적용되도록 개정하고자 하며 나는 진력하고 있습니다. 불평의 소리에 놀라서 개혁의 방침을 왜곡한다면 지금까지의 고심은 수포로 돌아갈 것이 아닙니까.

(중략-편역자)

이 내상: 내부에서는 작년 지방관제를 제정하였으나 완전한 것이 아닙니다. 고로 다시 조사하여 그것을 개정하고자 합니다. 또 지방세 징수에 관해서도 지방 단체를 설치할 필요가 있으므로 지방제도 조사에 착수하여 이미 거의 탈고하고, 탈고 후에는 각하가 볼 수 있도록 제공하여 의견을 구하여 실시하고자 합니다.

이토 통감: 가슴 속에 생각하는 바를 분명히 말하지 않으면 사정을 철저하게 할 수 없으므로 감히 명언(明言)합니다. 제군은 법령을 제정하면 능사라고 생각하는지도 모르겠으나 나는 실행을 중요시 합니다. 지방관 중에는 법률은 엽전(葉錢)을 필요로 하지 않음에 불구하고 현재 인민을 압박하여 엽전으로 납세시키고, 백 냥(百兩)에 대해 5냥의 부당한 이익을 탐하는 자도 있지 않은가. 이 실제의 감독을 상세하게 하지 않은 증거가 아닌가.

이 법상: 이 때문에 지방에 소란도 일어나고 있지만 단지 군수만의 허물이 아니라 현재 시가(市價) 20할을 갖는 자를 15할로 수납시킴으로 악사(惡事)를 장려한 것입니다.

이토 통감: 정부는 인민을 존중하는 것을 제1의 목적으로 삼아야 하며, 관리를 중시할 궁리를 그만두지 않으면 안 됩니다. 인민은 인민의 원망을 이야기해도 정부는 인민에게 일의 진상을 이해시켜 그 미혹을 해결하면 인민도 정부를 원망하지 않기에 이를 것입니다.

(하략-편역자)

⑫ 한국 시정 개선에 관한 협의회 제15회

개회 시기: 1907년 5월 4일 오전 11시 25분

장소: 통감 관사

열석자: 통감, 각 대신, 쓰루하라(鶴原) 장관, 통감부 재정감사관 메가타(目賀田), 한국 정부 고문 고쿠부(國分), 후루야(古谷)

이토 통감: 지난날 소집한 재무관 등의 의견도 있고, 재정고문과도 협의한 결과, 정부와 지방 인민의 의견을 소통하고, 또 금융의 원활을 도모하기 위해 상당의 방법을 강구하고자 하고, 대저 정령(政令)의 보급을 기도하고자 한다면, 인민의 뇌리에 정부의 취의를 철저하게 하지 않으면 안 되므로 각 지방에 위원회 및 금융조합을 설치하여, 민정을 통해 융통을 도모할 기관으로 하고자 한다. 즉 세금 납세자의 손에서 한 번 국고에 들어왔다가 다시 인민의 손에 돌아가는 사이의 운전을 편리하게 하고자 하는 것이다. 이러한 기관은 원래부터 대규모로 계획함은 부득책이므로 먼저 소규모로 창시하여 그 성적에 따라 점차 확장할 방침을 취하는 것이 좋을 것이라 하여, 이에 금일은 그 방법에 대해서 제군과 협의하고자 한다.

각 대신: 알겠습니다.

박 참정(參政): 어떠한 방법을 채용하기를 희망합니까?

이토 통감: 여기에 그 방법에 관한 안(案)이 있으니 한 번 읽어보시기 바랍니다.

(중략-편역자)

민 탁상: 위원회는 관민의 의견을 소통하고 법령의 주지를 도모하는 것이므로 내부대신의 관할에 속하는 것이 어떠합니까?

메가타 고문: 지금 지방에서 오해가 가장 많은 것은 세법(稅法)입니다. 필경 세법에 대해서 지방 인민에게 주지시킬 기관이 없어 그러하므로 위원회는 탁지부 주관으로 하여 둘 필요가 있습니다. 일본에서는 징수에 관해 정부와 인민의 중간에 매개하여 쌍방에 편의를 부여하는 기관이 있어서 각 촌(村) 총대(總代)의 지세(地稅), 소득세, 영업세 조사위원의 소득세, 영업세 등은 이와 같은 기관이 있기 때문에 징세가 정말 원활하게 행해지고 있습니다. 그런데 한국은 이러한 기관을 구비하지 못하여 조세에 관

한 법령을 실시하고자 하나 관민의 의사소통은 결여되고 종종 오해가 발생하는 것입니다. 고로 이 기관을 설치하는 것이 긴요합니다.

민 탁상: 그런데 우리나라에서는 이와 같은 기관이 없으므로 그것을 설치할 필요가 있고, 현시는 각지에 세무관을 주재시켰으나 이 기관이 없으므로 충분히 그 직무를 집행하는 것이 가능하지 않습니다. (중략-편역자) 일본은 시정촌제(市町村制)를 실시하고 있고, 상당의 기관도 구비되어져 있는데, 한국에도 면촌리(面村里)란 것이 있고, 향원(鄉員), 면장(面長) 등의 공리가 있습니다. 그 위에 군수(郡守), 부윤(府尹), 관찰사(觀察使) 등의 지방관이 있어 금일과 같이 신세법(新稅法)을 실시함에는 위의 관공리를 이용하여 상당한 기관을 설치하는 것이 필요하다고 믿습니다.

메가타 고문: 일본에는 각종 징세에 관해 위원이 있고, 정부의 자순(諮詢)에 응하여 또 그 의지를 인민에게 통달함으로써 정말로 편리합니다.

민 탁상: 향원은 이번에 설치한다고 하는 위원과 대략 마찬가지의 것입니다. 저들은 인민으로부터 선거되어 그 위치는 면장 위에 있고, 지방 공공사업은 향원의 협의에 따라서 그것을 결정하고, 과세(課稅)의 액(額) 및 율(率)과 같은 것도 향원이 그것을 정하여 그 동의를 거치지 않으면 지방관은 어떠한 시설을 행하는 것이 가능하지 않습니다.

이토 통감: 향원이란 것은 현존합니까?

각 대신 서로 향원의 존부(存否)에 대한 논의한 결과 현존설이 다수인 것 같다.

이토 통감: 과연 존재한다면 어떠한 활동을 하고 있습니까?

이 법상: 활동시킨다면 활동합니다.

이토 통감: 공문(空文)으로는 불가합니다.

민 탁상: 인민은 신법(新法)을 이해하는 데 곤란함을 느낌으로 향원을 바로 위원으로 한다면 어떻습니까?

이토 통감: 향원은 어떠한 방법으로 선거합니까?

민 탁상: 지방에는 유림(儒林)과 향임(鄉任)의 두 계급이 있고, 하나는 사대부(士大夫)의 가(家)이고, 다른 것은 토공(土工)의 가(家)입니다. 흡사 귀국(貴國)의 사족(士族) 그리고

평민(平民)과 같습니다. 향원은 향임(鄕任) 중에서 조직한 것으로 수십인 내지 수십 인에 달하는 옛날 지방관은 공공사업(公共事業) 및 징세에 관해 향원의 동의를 얻지 않는다면 어떠한 시설을 할 수 없었으나 언제부터 중지하였는지 분명하지 않습니다.

이토 통감: 그렇다면 지금은 폐지한 것과 마찬가지입니까?

민 탁상: 그렇습니다.

이토 통감: 그렇다면 금일의 신법에 적합하지 않고, 오히려 새로 위원회를 조직하는 것이 어떻습니까?

민 탁상: 신법은 용이하게 인민의 뇌리에 들어가지 않을 것이므로 향원의 조직을 참고로 진술한 것에 불과합니다.

이토 통감: 일본에도 신법을 반포함에 이르러 이러한 설(說)을 제창하는 자가 없지 않으나 구시대(舊時代)의 인민 대표기관은 대개 관리의 자유에 복종하는 것으로 다수는 남용되어집니다. 그런데 이번 설치하고자 하는 위원회는 명실상부하게 인민으로서 함께 정치에 참여시키는 단서이므로 구시대 제도를 바로 채용하는 것보다 오히려 신설하는 것이 어떠합니까?

민 탁상: 그렇습니다. 우리나라도 구시대 대표기관에는 귀하의 견해(高說, 고설)와 같은 폐해가 있습니다.

이 내상: 다수는 남용됩니다.

이토 통감: 이제는 한국 인민에게 자치의 방법을 가르치고 공부시키지 않으면 안 됩니다.

이 내상: 본 법은 자치의 입문(階梯, 계제)입니다.

이 학상(學相): 제가 보는 바에 따르면 이때 신설하는 것이 좋을 것 같습니다. 무엇이냐면 구래의 명칭을 남기면 인민은 향원을 자치기관이라 보아서 의연한 구시대의 대표기관이라 볼 우려가 있습니다. 예를 들면, 인민의 다수는 당연하게 학부대신을 예전의 예조판서와 동일시하지만 그 직무는 크게 다릅니다. 명칭을 고쳐도 그런데 하물며 옛 명칭(舊名)을 그대로 쓴다면, 아울러 위원회의 목적은 관민의 의사를 소통하고 법령 주지를 도모하고자 함인데 관할 관찰리 등도 동 회(同會)에 임해서 의견을 진술할 수 있게 하는 것이라면 지방행정에 전반에 걸쳐 재무는 일부에 지나지 않으므로 내부의 주관으로 하는 것이 어떻습니까?

이토 통감: 제군은 여하튼 권한론(權限論)으로 달리는 경향이 있으나 순서가 있고, 본말이 있습니다. 물론 지방의 행정은 하나로 만족할 수 없고, 징세가 있고, 교육이 있고, 토목이 있고, 일본의 부현령(府縣令)과 같은 대저의 문제에 관여하나 한국에서 현재 급무라 볼 수 있는 것은 재무에 관한 사항입니다. 그렇다면 위원회는 먼저 탁지부 소속으로 해야 함은 당연한 것으로 내부대신의 관할로 하는 것은 불가합니다. 내부는 조세에 관해서는 문외한입니다. 만약 강하게 내부를 그것에 관계시키고자 한다면 위원회의 탁지부와 내부에 양속(兩屬)시키는 외에는 방법이 없습니다. 내부 전속은 단연 불가합니다.

이 학상: 위원을 세무관으로 선정한다고 해도 단순히 세무관으로 한정하지 않고, 지방관으로서 선정하는 것도 가능합니다.

이토 통감: 지방관은 군수도 있고, 관찰사도 있으니, 단순히 지방관으로 해 둔다면 권한에 관해 의론이 발생합니다. 위원회를 탁지부와 내부에 양속시키면 위원은 협의 지명 또는 선거를 하지 않으면 안 됩니다.

이 법상: 지방관·세무관과 협의하는 것이 좋습니다.

이토 통감: 지방관은 군수 및 부윤으로 한정하는 것이 좋습니다. 군수 및 부윤이 세무관과 협의, 추천한 위원 후보자를 관찰부를 거쳐서 중앙정부에 제출시킵니다.

각 대신: 그렇습니다.

이토 통감: 그렇다면 이렇게 정정하는 것도 나는 크게 이의는 없습니다.

(중략-편역자)

이토 통감: 5명 내지 10명으로 하면 어떻습니까?

각 대신: 좋습니다. 5명 이상 10명 이내로 합시다.

이때 메가타 고문은 위원회의 권한을 지방행정 전반에 걸치는 것은 한국의 현상에 비추어 그 범위를 결여할 우려가 있으므로 적당한 선에서 한정해야 한다는 의견을 제출하여 이토 통감이 그것을 시인함.

쓰루하라(鶴原) 총무장관(總務長官): 당장은 재무에 한하고, 단서와 같은 것으로 점차 그것을 확장할 수 있다고 해두는 것이 좋을 것 같습니다.

이토 통감: 현재 시행하지 않으나 장래 지방세를 징수할 때에 이르러서는 이번 위원회를 기초로 점차 그것을 확장하여 지방의회로 이르게 하는 것도 위원회 규칙에 처음부터 지방행정사무로 게재하면 범위를 잃지 않을 것이라 생각됩니다.

이때 각 대신들이 서로 논의함. 그 요지는 ① 위원회의 권한 범위를 처음부터 넓게 하는 것은 불가하다. 성적을 보아서 확장하는 것이 어떻겠는가. ② 위원은 덕망이 있는 자 중에서 선정한다 해도 한국에서 덕망이 있는 자라 하는 것이 유자(儒者)라 한다면 적당한 문자로 수정하고자 함에 있다.

이토 통감: 그렇다면 상당의 자산이 있고, 민정(民情)에 통하는 자라고 하면 좋겠습니다.

각 대신들 다시 논의를 거듭하여 결국 통감의 수정 의견에 동의한다는 취지로 답하고, 이때 권(權) 군상(軍相)이 '민정에 통하는'보다 '사리(事理)에 통하는'으로 하는 것이 타당하다는 설(說)을 제출하였으나 찬성자가 없어서 성립하지 않았다.

(하략-편역자)

〈자료 75〉 한국 지방제도[統監府, 1907, 「韓國地方制度」, 한국시정일반(韓國施政一般)]

제1. 지방제도의 연혁

지방제도의 개정, 나아가 행정구획의 개정은 한국의 다년간 숙원으로 이조(李朝) 초부터 수차 그것을 시도하였으나 숙폐의 얽힘(磐結, 반결)은 용이하게 그 해결을 허락하지 않았다. 지금부터 12년, 즉 일청전역(日淸戰役) 후(개국 504년) 박영효 내부대신이 처음으로 일대 개정을 시도하여 전국을 23부로 나누고 형태를 한 번 새롭게 하였으나, 충분히 그 실시를 하기에 이르지 못하였다. 다음 해 다시 13도로 합병하고, 여러 제도를 예전으로 돌렸다. 그리고 작년 1904년 일로전역(日露戰役) 중 우리 대한정책이 일대 진척하여 외교, 재정 및 경무(警務)의 고문(顧問)을 두고 단지 중앙정부에 그치지 않고 지방행정의 쇄신을 기도했던 것이다.

지방청에도 각 고문의 보좌관을 배치할 필요에서 경비 절감을 위해 8도를 합병·복구할 뜻이 일어나 점점 그 기운이 완성되어지는 것 같았으므로 이들 고문 관리의 배치는 군대 축소와 함께 8도를 목표로 행해졌으나, 복구는 결행되지 않았다.

본년 2월 통감부 설치 이후 중앙의 각종 시정 개선과 함께 적극적으로 지방제도 개정이 의결되어 5월 17일 지방제도조사위원(地方制度調査委員)을 설치하고, 내부협판(內部協辦) 최석민(崔錫敏), 동(同) 지방국장(地方局長) 유성준(兪星濬), 탁지부(度支部) 사세국장(司稅局長) 이건영(李健榮), 종2품(從二品) 오상규(吳相奎), 전(前) 삼화감리(三和監理) 이원경(李源競), 정3품(正三品) 박의노(朴義淹), 전 참사관(參事官) 홍재기(洪在淇), 통감부 경시(警視) 가메야마 리헤이타(龜山理平太), 통감부 통역관(通譯官) 시오카와 이치타로(鹽川一太郎) 등에게 동 위원을 촉탁하고, 조사 후 9월 28일 신관제 및 부수 칙령을 발포하고, 10월 1일부터 그것을 실시하는 것으로 하였다.

제2. 지방제도 개정(改正) 전 상태

종래 전국을 13도(道) 1목(牧) 3부(府) 341군(郡, 한성부 제외)으로 나누고, 도에는 관찰사(觀察使), 목에는 목사(牧使), 부(府)에는 부윤(府尹), 군(郡)에는 군수(郡守), 별도로 개항시장[6]에는 감리(監理)를 두고, 그 직권은 각 관제상에 명확하게 규정하였지만 500여 년의 인습이 오래되어 그 실시를 볼 수 없었다. 오직 구관(舊慣) 고례(古例)를 답습하여 지방 관리는 인민의 고혈을 착취하고, 공금(公金)을 사적으로 유용하며 자기의 배를 채우는 것을 능사로 하여 권업, 교육, 토목, 위생 등의 사업을 하나도 돌보지 않고, 인민의 생명과 재산도 추호도 보호하지 않아 인민은 도리어 지방 관리 때문에 크게 고통을 받는 상태로 원한을 확대하였다. 재판은 인민의 재산을 횡탈(橫奪)하는 수단으로 사용되고, 인민을 보호해야 할 경찰은 인민을 박해하는 방법이 되었다. 조세는 기정액(旣定額) 외 각종 무명(無名) 징수를 계속하고, 게다가 그 대부분은 국고(國庫)에 수입되지 않았다. 고로 인민은 권업교육이 진보되지 않음을 우려하고, 토목·위생이 발달하지 않음을 슬퍼하고, 흉적의 횡행·강탈을 두려워하여 실로 이리 같은 지방 관리의 폭려(暴戾), 주구에 전율하고 있는 상태이다. 말할 것도 없이 지방 관리는

6 개항장.

조세 기타의 명의로 인민의 재산을 강탈하기 위해 재판 및 경찰을 그 수단으로 하는 것이다. 이와 같은 참담함은 말로 다할 수 없는 상태로, 초래한 것은 건국의 기초가 견고하지 않아 국난(國難)이 끊이지 않고, 국가의 기강이 크게 문란하여 피치자(被治者)는 치자(治者)를 신뢰하는 마음을 결여하고, 치자는 피치자를 애무(愛撫)하는 생각을 결여하여 상하 이반하고 어그러짐(離乖, 이괴)은 다음과 같다.

① 매관의 누폐(陋弊)[7] (중략-편역자)

② 감독의 불비(不備): 관찰사 군수는 중앙정부에서 거의 어떠한 감독을 받지 않는다. 법령 내지 훈령과 같은 것이 지방 관리의 안중에 없다. 오직 황실 및 권세가의 뜻에 거슬려 그 직을 잃는 것만 두려워할 뿐이다. 이에 더해 감독자인 중앙정부 당국자는 도리어 관찰사로부터 금품을 항상 강청하고, 관찰사는 그것을 군수에게 분담·부과하기에 이르렀다.

③ 사법과 행정의 혼효(混淆): 관찰사는 지방행정을 통할함과 함께 재판권을 갖고, 군수 또한 어느 범위의 재판을 하며, 이러한 지방 관리는 인민의 고혈을 착취함을 일로 하므로 인민은 원한을 호소하여 권리를 펼지는 것이 가능하지 않다. 헛되이 지방 관리의 폭려(暴戾)[8]에 맹종하지 않을 수 없다.

④ 징세의 무법(無法): 인민은 성규(成規) 이외에 각종 무명의 조세를 부과받고 재산이 있는 자는 특히 주구를 당해 그 수입은 지방 관리에게 은결(隱結, 각 지방청에서 일반 호수 토지와 같이 과세를 하나 중앙정부에 납부하는 공연의 징세로 기입하지 않고 지방 관리의 소득으로 하는 것을 이름)과 함께 개인의 주머니를 채우고, 공전(公錢) 또한 중앙정부에 해마다 완납하기에 이르지 않는다.

⑤ 급여 및 경비 부족: 관리의 봉급, 여비는 그 액수가 진실로 근소하여 의식, 기타 실비를 보상하기에 족하지 않아 어쩔 수 없이 다른 부정의 수입을 구하기에 이르렀다. 청비(廳費)와 같은 것 또한 실로 필요한 액수를 지급하지 않는다. 청사(廳舍)가 부패(腐朽, 부오)

---

7 누습(陋習).

8 인도(人道)에 벗어나 모질고 사나움.

해도 그것을 수선하는 것이 없고, 지필묵(紙筆墨)과 같은 일상품이 부족해도 그것을 구매하는 것이 가능하지 않은 상황이다.

⑥ 인민의 무권리한 것: 인민은 사권(私權)에서도 토지 사유의 관념이 결핍하여 일종의 소작권을 토지권이라 믿는 것 같은 상태이므로 공권(公權) 관념은 추호도 있지 않다. 관리의 불법 월권 행위라도 오로지 불가항력으로 하는 것 같다.

⑦ 법령 불비(不備): 종래의 법령으로 육전조례(六典條例), 대전회통(大典會通) 내지 1895년(개국 504년) 이후 제 법규와 같이 그것을 그대로 사용하는 것이 없지 않지만 이러한 법령은 기왕의 인습, 폐리에 침윤되어 얼마간의 폐해가 수반함을 면할 수 없을 뿐 아니라 개정·증보되지 않은 것이다. 또 여하로 완전한 법령도 그것을 실행하지 않으면 어떠한 효력이 없다. 금일과 같이 지방 관리로서 법령의 존재를 알지 못하고, 그것을 무시하는 것 같은 상태에서는 지방정무가 거행되지 않고, 또한 괴이하므로 만족할 수 없다.

또 행정구역은 폐합·정리할 여지가 있다. 특히 군의 구역은 비지(飛地)[9]가 다른 군내에 있는 경우도 있고, 군계(郡界)가 어그러져 혼란한 것이 적지 않다. 외교 사무를 위해 개항시장에 설치된 감리서와 같은 것은 이미 그것을 존치할 필요가 없고, 외국 및 외국인에 관한 사무는 직접 통감이 지방 관리에게 지휘할 것을 명시할 필요가 있다.

제3. 지방제도 개정의 요점

(1) 각 항 개시장에 있는 감리서를 폐지하고, 그 사무는 관찰사 또는 부윤에게 인계하고, 외국 및 외국인에 관한 사무에 관해서는 지방관 관제 제3조, 제6조, 제7조 및 제16조 규정을 설치하고, 내부대신으로서 별지 제1호[10]와 같이 통감은 외국 및 외국인에 관한 상 항으로 긴급을 요구하고, 혹은 사태가 중대한 것은 직접 관계 관찰사, 부윤 또는 군수의 지휘·명령하는 바가 있을 때 그것을 조치한 후 소관 부·군(府郡)에 보고할 것을 훈령(訓令)을 발하게 함(별지 제2호[11] 참조).

---

9 월경지.

10 내부대신 훈령.

11 칙령 제47호 감리 및 목사를 폐지하는 건 아울러 그 사무인계에 관한 건, 본서 4장 2절 수록 참조.

(2) 제주 목사를 폐지함(별지 제2호 참조).

(3) 재래의 3부(府)를 군(郡)으로 하고, 평양을 제외한 기타 개항시장이 있는 곳의 군을 부로 함(13도 11부 323군이 됨, 별지 제3호[12] 참조).

(4) 군의 구역을 정리함(별지 제4호[13] 참조).

(5) 지방관전고규정(地方官詮考規程) 및 동 세칙(細則, 별지 제5호 및 제6호 참조)을 설치하여 지방관이 되는 데 필요한 자격을 정하고, 또 지방관에 임용할 수 없는 제한에 대해 전고위원(詮考委員)의 조사를 요구하며, 시험을 행하여 매관의 누폐(陋弊)를 두절하고자 함.

(6) 내부에 참여관(參與官)을 두고 오로지 지방행정의 감독을 담당하도록 할 뿐 아니라 각 관찰부 소재지에 이사청(理事廳) 또는 지청(支廳)을 두고 지방 정무 개선을 도모함(별지 제7호 통감부령 제37호 제3조 참조).

(7) 재판제도를 개혁하여 점차 사법·행정 분립의 소지를 만듦(재판제도 개정의 부 참조).

(8) 관세관 관제를 정하여 징세 방법을 신설함(징세제도 개정의 부 참조).

(9) 개항시장 경무서(警務署)와 변계(邊界) 경무서를 폐지하고, 부(府)에 총순(總巡) 이하의 경찰관을 두고, 군의 순교(巡校)를 순검(巡檢)으로 함. 고문경찰(顧問警察) 확장과 함께 경찰제도의 통일·정리를 도모함(경찰제도 개정의 부 참조).

(10) 급여 및 경비를 증가하고 관찰사 이하 대저 중앙 관리와 동액(同額)을 급액함. 교제비(交際費)를 신설함. 그리고 청비 기타 대저 그것을 증액함(별지 제8호 칙령 제51호 지방관 관등봉급령 및 별지 제9호 경비 신구 비교표 대조).

(11) 종래의 향약(鄕約) 및 향회조규(鄕會條規) 아울러 보갑(保甲)제도[14]를 참작하여 자치제도를 수립하고자 하여 현재 조사 중임.

(12) 새로 지방관 관제를 발포함. 구관제와의 차이를 들면(별지 제10호 참조),

① 이원(吏員)

(상략-편역자) 관찰사가 칙임(勅任) 2등 이하가 된 것은 재래 대신 등이 관찰사로 바

---

12 칙령 제48호 부를 군으로 개칭하고, 군을 부로 개칭하는 건 아울러 부청 및 군청에 관한 건(1906.9.24).

13 칙령 제49호 지방 구역 정리의 건, 본서 4장 1절 수록 참조.

14 중국 북송 때 왕안석이 군사비 부담을 줄이기 위해 만든 민병제도에서 시작된 향촌조직.

뀌고 중앙의 명령을 준봉(遵奉)하지 않음을 막기 위한 것이고, 또 군수는 재래 군의 등급에 따라 봉급을 정하여 관등에 수반하여 지급하는 것으로 함.

② 외국 및 외국인에 관한 사무는 관찰사에게 취급시키고, 부윤은 관찰사에게 위임을 받아 그것을 취급하고, 관계 군수에게 지휘시킬 수 있도록 함.

③ 관찰사 및 부윤, 군수 등에게 명령을 발할 권한을 부여함.

④ 관찰사는 내부·탁지부 양 대신이 정하는 바에 따라 지방세를 부과·징수하게 함.

⑤ 관찰사, 부윤, 군수 등에게 사고 있는 경우 대리자를 정함.

⑥ 관찰사가 담당할 사무를 예를 들어 보여줌.

⑦ 한성부는 별도로 개정함.

이로써 서술한 바는 지방제도 개정의 요항이다. 그리고 이 개정은 재판제도 및 징세제도 개정과 함께 지방 관리의 불법행위를 막는 것과 동시에, 그 부정의 수입이 없도록 함으로써 청비, 기타 경비에 있어서 이후 또 증액을 필요로 할 것으로 예상된다.

〈자료 76〉 (휘보의 부) 감독분임관서장 및 지방위원회 회의 전말[統監府財政調査廳, 1907.9, 〈(彙報의 部)監督分任官署長及地方委員會會議顚末〉, 《재무주보(財務週報)》 71]

7월 26일 전주감독국으로부터 차관 앞 보고에 의함.

(중략-편역자)

◎ 감독분임관서장(監督分任官署長) 회의 사항

자문(諮問)의 1

1. 조세 납부 의무는 소작인으로서 지주에게로 옮긴(移)지라. 이에 대하여 지주 및 소작인의 감정과 소작권에 이르는 영향이 어떠한가(如何).
2. 역둔(驛屯) 수조(收租) 사무 인계 후 납입, 일반 인민, 지방 관리 내지 이서 무리(吏輩) 등이 이에 대하는 감상 여하(如何).
3. 전년 분 수조(收租)상 가장 곤란 또는 불편을 감(感)한 사항 및 그 제반 집무 중 개정을

요(要)할 점이 유(有)하면 그 요점.

4. 역둔토 도조(賭租) 징수를 지세와 마찬가지(同樣)의 취급으로 개정할 시 좌기 사항에 대한 소견 여하(如何).

(1) 공전영수원(公錢領收員)으로서 본년 수조(收租)를 겸행케 하는 득실과 아울러 그 성적의 호부(好否).

(2) 만일 공전영수원 이외 세무원 등을 채용할 필요 유(有)하면 동사음(洞舍音)[15]의 원수(員數)는 종래에 비하여 증감할 가량. 단, 역둔토 소재 면(面)에 한하고, 각 면 1명의 예산.

5. 세무원을 채용할진대 종래한 자에 의촉함과 달리 새로운 자(異新한 者)에 의촉함.

(중략-편역자)

11. 주임 공전영수원을 치(置)하여 이를 재무서에 근무케 하고, 서장의 지휘를 따라(從ᄒᆞ야) 각 면(面)으로 시시(時時) 출장하여 각 면 영수원의 영수 세금을 징수하여 국고에 납부케 하려 하면 그 가부 여하.

(중략-편역자)

13. 징세의 성적을 거(擧)할 사(事)는 현재(目下)의 급무라. 이에 관하야 가히 실시(可施)할 각 지방에 적절한 구체적 방법 여하.

◎ 추가 자문사항

(1) 지방에 현존한 징세상의 폐해 여하.

(2) 면장 및 공전영수원 회의를 격월로 개최하야 징수상의 편법을 강구(講)하려 하면 그 효과 여하.

(3) 지방위원은 군민의 대표자인고로 춘추 2회 이상 각 면에 면회(面會)를 개최하야 세무에 관한 납세 관념의 발달을 계획(計)하려 하면 그 효과 여하.

(4) 2면(面)에 1개소의 공전영수소(公錢領收所)를 설치해 공전영수원이 징수케 하려 하면 그 효과 여하.

---

15 지주와 소작인 사이에 연결 역할을 하는 마름.

(5) 전항을 실시하려 하면 공전영수원에 별도의 수당을 지급(給)할 필요가 무(無)하랴. 만일 유(有)하다 하면 그 액수(額)의 최저는 얼마(幾何)가 적당하다 하나뇨.

① 징수 사무

• 한국의 폐습으로 이속배(吏屬輩)에 납세 관념을 유(有)한 자(者) 거의(殆히) 희박(稀)하니, 심한 읍내는 연래 1전(錢)의 납세를 하지 아니(不爲)한 군(郡)이 적지 아니(不少)하니, 이들 인민의 행동, 즉 납세 상에 영향을 미치게 함으로써 읍내 체납자에 대(就)하여는 극력 강제징수를 행치 아니함이 불가함.

(중략-편역자)

• 재무서와 각 면장 이하 인민의 의사가 소통치 아니한 결과로 징수 성적이 양호치 못한 등이 적지 아니(不少)한지라. 고로 서장은 아무쪼록 면장 이하 인민에 대한 사무 집행을 담임하기로 유의할 사(事).

(중략-편역자)

② 지방위원회 사무(事務)

• 지방위원회 회의 사항은 아무튼 이론적 사상을 피하고, 실물적(實物的)으로 실행을 득(得)할 사항에 대(就)하여 제안하되 힘써(務하야) 지방위원을 유효하게 이용함을 기약(期)할 사(事).

• 납민(納民)에게 납세 관념을 발달케 함은 납세상 가장(最히) 필요한 사(事)에 속한 고로 국가의 세계(歲計)[16] 예산 등을 선(善)히 지방위원에게 지득(知得)케 하되, 납세 의무에 중요함을 인민에게 주지케 할 방법을 강구(講)할 사(事).

• 공개를 요(要)할 훈령 또는 통첩 등은 지방위원에게 이첩하며, 모두(共히) 대소(大小) 민인(民人)에게도 일반 주지케 할 방책을 강구(講)할 사(事).

• 지방위원 중 이따금(往往) 직무에 불열심(不熱心)할 뿐 아니라 도리어(反히) 자기의 지위를 이용하야 사복(私腹)을 도모(謀)하며, 심한 자는 인민의 환심을 따르기(迎ᄒᆞ기) 위하여 음으로 징세에 방해를 시도(試)하는 자가 유(有)함을 들으니(聞ᄒᆞ니), 이들의 자(者)는 사정을 구비(具)하야 해촉(解囑) 방법(方)을 품신(稟申)할 사(事).

16 한 회계(會計) 연도(年度) 내(內)의 세입(歲入)과 세출(歲出)의 총계(總計).

• 지방위원은 많이(多히) 지방민의 상류(上流)로 위치를 유(有)한 자인 고로 재무행정 집행 특히 징세에 관하여는 충분(十分) 유효로 활용하도록 항상 협의를 중치(重置)할 사(事).

(중략-편역자)

◎ **주의사항의 하나(注意事項之一)**

(중략-편역자)

② 지방위원 이용에 관한 건

지방위원의 직(職)이 되는 법령 주지를 도모(謀)하여, 상하의 의사를 소통함에 재(在)하여, 재무 쇄신(財務刷新), 세정 개선(稅政改善)의 때(秋)에 당(當)하여 가장(最히) 필요한 기관이 됨은 지금 다시(更히) 얘기(呶呶)를 불요(不要)할지라. 재무서(財務署)와 지방위원은 쌍호(雙互) 간에 격의가 무(無)하고, 원만한 속(裡)에 효과를 거둠(收흠)은 물론, 재무서에서는 나아가(進ᄒᆞ야) 때때(時時)로 이(該) 위원을 초치하여 사의(事宜)에 응한 협의·협정을 필요타 함. 지금(今者) 지세법(地稅法) 발포와 그다음 제반 법령을 추가 발포함과 오히려 또(尙且) 이에 수반(伴)한 시정사항도 많이 있으나(多有ᄒᆞ나), 그러나(然ᄒᆞ나) 모두(皆) 일반 민부(民部)의 주지를 소홀히 하지 못할 것인즉, 금후에는 한층(一層) 이(該) 위원 간에 의사소통을 도모(圖)하야 재무 집행상 마땅히(不可不) 이용을 힘씀(務흠)을 요(要)함.

(하략-편역자)

〈자료 77〉 (휘보의 부) **제1회 개성지방위원회**[統監府財政調查廳, 1907, 〈(彙報의 部) 第1回開城地方委員會〉, 《재무주보》 30]

제1회 개성지방위원회 회장은 세무서 사무실을 이용하여 9월 25일 오전 10시 개회, 동 26일 오후 3시 개회하였다. 출석한 지방위원은 개성, 풍덕(豊德), 장서(長瑞), 파주(坡州), 교하(交河), 적성(積城), 마전(麻田) 등의 7위원으로 결석은 연천(連川), 삭녕(朔寧) 등의 2위원인데, 동 지방은 지금 폭도 출몰 상황으로 위험을 피하는 것 같다. 기타 수원(水原)지부에서 이시가와(石川) 재무관이 임석하였고, 또 위원회를 좋은 기회로 하여 각 파주(派駐) 세무주사들이 출석하였다. 개회에 앞서 이시가와 재무관이 다음과 같은 요지로 연설을 하였다.

(상략-편역자) 제군이 위원으로서 주의 아울러 복응(服膺)[17]에 대해 설명하고자 한다 하여 다음의 건에 대해 설명하여 서술하였다.

(1) 스스로 근검절약을 하고, 도의(道義)와 예절을 중시하여 인민의 사표(師表)임을 기약함.

(2) 제 법령을 숙독·연구해야 함은 물론 항상 날로 진보한 지식을 획득하고 거두는 데 힘써야 함.

(3) 지방위원에 대해 군수(郡守), 이족(吏族) 등의 시의(猜疑), 격심(隔心) 경향이 있는 것 같은데 원활함을 도모할 것.

(4) 모든 해당 관서에서 촉탁한 사항에 대해서는 신속하게 처리해야 함.

(5) 항상 면장(面長), 임원 등의 징세기관(徵稅機關)에는 물론 다른 일반 인민(人民)에게도 접근·왕래하여, 세무에 관한 제반의 사항을 간절하게 설명하여 상의하달(上意下達)을 도모하고, 지금 다음의 사항은 능히 설명해 두어야 함.

하나. 금일 정부에서 징수한 조세는 결세(結稅), 호세(戶稅), 역도세(驛賭稅), 수산세, 염세, 선세, 광세(鑛稅), 전당포세, 포사(庖肆)[18]세 등 9종만으로 이외의 세금이 있다면 이는 부정한 것임.

(중략-편역자)

하나. 공전영수원을 경유하여 납부한 세금에 대해서는 그 징수원으로서 징수금액의 2/100에 상당하는 금액을 별도 해당 면에 교부함으로써 세금 이외에 수수료 등을 해당 원(員) 등에 부여하지 말 것.

(중략-편역자)

(6) 다음 각 항 기타 그 지방의 이해에 관계한 사항에 대해서는 다른 것에 솔선하여 기민하게 사정을 더듬어 그것을 알고(偵知) 바로 재정고문(財政顧問) 지부(支部) 분청(分廳)

---

17 교훈 같은 것을 잊지 않고 가슴 속에 품어 둠.

18 푸줏간.

또는 세무관서(稅務官署)에 보고할 것.

하나. 군수 이하 서기 등 불법 징수 또는 징수 방해를 한 경우.

하나. 은결호(隱結戶)를 적발한 때.

하나. 군수, 이족, 면장, 임원 및 공전영수원의 공전(公錢)을 소비한 때.

하나. 세무주사는 각 군부(郡部)에서 금일의 경우, 고립한 모양새임. 그것에 편승하여 군수 등 위압을 가하는 것 같은 행동이 있을 때.

하나. 궁내부 기타 각 부(部) 파견원의 부정행위가 있을 때.

하나. 징세에 관해 인민에서 분요(紛擾)를 일으키는 기미가 있을 때. 단, 간절히 타이르거나 기타의 방법으로 가능한 한 그것이 발생하지 않도록 막는 것에 힘쓸 것.

(중략-편역자)

회장 대리 하야시(林) 세무주사로부터 개회를 선언하고 다음의 자문 사항으로 옮김.

◎ 세무

1. 여러 법령을 간이하게 주지시킬 방법 여하. (중략-편역자)
2. 세율의 경중(輕重) 적부(適否) 여하. (중략-편역자)
3. 군수 이하의 불법 징수에 관한 방어 방법 여하.

   의견: 정부에서 불법 징수하지 않는 자를 임용하고, 또 인민에게도 불법 징수당하지 않도록 주의하는 외에는 없음.
4. 은결(隱結)[19] 호(戶) 정리 방법 여하. (중략-편역자)
5. 면(面)에 납입고지서를 발부함과 동(洞)에 납입고지서를 발부하는 것은 무엇이 징세의 성적을 거둘 것인가.

   의견: 세무서 수수료는 증가해도 동장(洞長), 이장(里長) 등에게 발부하는 쪽이 성적은 좋을 것이라 한다.

(중략-편역자)

---

19 조세 부과 대상에서 누락된 토지.

8. 어떠한 자로 면장(面長), 임원(任員), 공전영수원 등을 선정하는 것이 적당한가.

의견: 면장은 덕망(德望)과 명망(名望)있는 자, 임원은 각 이(里) 중에서 적당한 자를 추선(推選)하고, 공전영수원은 면(面) 중에서 덕망과 명망 있고, 또 자산이 있는 정직한 자를 선거하는 것이 좋을 것.

9. 면사무소 설립의 필요 여부 여하. 필요하다면 그 설립 방법 및 경비 지출의 방법 여하.

의견: 단순히 징수만이 아니라 행정사무를 집행하면 설립을 필요로 한다. 그렇지만 경비 징수상 어려움에 따라 시기상조임.

10. 수산세 징수원은 결호세의 면장·임원이나 면장·임원은 대개 수산물에 관한 경험과 지식이 적은 것 같고, 어떠한 자를 징수원으로 하는 것을 좋을까.

의견: 결세를 징수하는 면장·임원 등에 관계없이 별도로 포구(浦口)에서 덕망 있고, 명망 있는 자를 선거하는 것이 좋을 것임. (중략-편역자)

위원 퇴산(退散) 후 출석한 각 파주(派駐) 세무주사에 대해 이시가와 재무관으로부터 복무규율 엄수, 문서물품 정리, 보관 경비에 관한 건 등에 대해 훈시한 바가 있어, 즉 별지에 그것을 게재함.

◎ 주의사항

1. 세무 관제 및 징수 방법을 개정한 기인은 생각건대 인습(因習)이 오래되어 도저히 개선될 희망이 없으므로 군수의 손에서 작년에 신설한 세무관으로 옮겨 주구(誅求)의 길을 단절함과 동시에 인민의 손에서 낸 상납금(上納金)은 완전히 국고의 수입이 되게 하기에 이른 것임.
2. 조세의 부과·징수 사무는 작년 개정에 따라 종전의 주관자인 군수에서 세무관 및 각 군 파주(派駐) 세무주사에게 완전 옮긴 것임.
3. 세무 부과 징수기관은 탁지부대신, 세무감(稅務監), 세무관, 세무주사, 면장, 임원, 공전영수원 등으로 이루어짐
4. 탁지부대신 및 세무감은 감독관청으로 세무관 이하는 집행하는 관청임.
5. 세무관 또는 각 군에 파주(派駐)한 세무주사는 그 관하 각 면장에 대한 조세 부과를 맡고, 면장은 그 징수액(납입고지서)에 기초하여 임원이란 자에게 면내(面內) 각 인(人)의

납세금액을 협의(지세를 제함) 결정하게 하고, 이 결정액을 각 납세의무자에게 통지하고, 공전영수원은 이 통지액에 따라 각 납세인에게 현금을 징수하여 그것을 금고 또는 우편관서에 납입하는 것임.

6. 전 항에 따라 납세의무자는 면장으로부터 납세통지서를 받은 때 그 지정한 기한 내에 납세통지서에 현금을 첨부하여 공전영수원에게 제출하는 것으로 함.

(중략-편역자)

8. 면장은 지방에서 중요한 기관으로 단지 세무에 그치지 않고 널리 지방행정에 관여하는 자인데, 고로 면내에서 가장 신용과 덕망 있고, 면장에 적당한 자를 선임(撰任)할 방침을 내는 것을 간요(肝要)로 함. 임원은 5인 이상으로 이루어지고 그 협의에 따라 징수액을 각 납세인에게 할당하는 자이므로 면내에서 공평하고 솔직한 자로 뽑고, 또 공전영수원은 현금을 다루는 자이므로 임원 중 가장 자산과 신용이 있는 자를 선임함에 힘쓸 것을 요구함.

9. 결세, 호세, 수산세 외의 잡세는 특별 규정이 있는 것은 제한 외 세무관 또는 각 군 파주(派駐)의 세무주세로부터 바로 납세인에게 납입고지서를 발부하여 금고 또는 우편관서에 납입시키고, 면장, 임원, 공전영수원 등의 손을 거치는 것이 없음. 고로 세금은 다음 계통에 의한 것 외, 누구라도 그것을 영수하거나 또는 그것에 관여할 수 없음. 만약 감독 혹은 계산, 혹은 대납(代納)이라 하여 자칫 관여를 시도하려고 할 때 주의를 요구하는 것으로 함.

(중략-편역자)

11. 관제 개정 및 징세법 개정은 한편으로는 종래의 폐해를 배제하는 것이므로 만약 인민을 선동하여 혹은 단결하여 개정의 진로에 방해를 가하거나, 종종의 구실을 설치하여 납세자를 기만하고 납세를 강요하는 것에 한층 주의를 요하는 것으로 함.

12. 무명(無名)의 세금 혹은 부정 징수라 인정되는 것은 바로 보고할 것을 요함.

(하략-편역자)

〈자료 78〉 각 도 관찰사 회의 개요(統監府, 1908.6,『各道觀察使會議概要』)

장소와 시간: 1908년(明治 41) 6월 1일 통감관사에서 오후 3시 30분 개회

열석자: 통감(統監) 공작(公爵) 이토 히로부미(伊藤博文), 내각총리대신(內閣總理大臣) 이완용(李完用), 내부대신(內部大臣) 임선준(林善準), 탁지부대신(度支部大臣) 고영희(高永喜), 군부대신(軍部大臣) 이병무(李秉武), 법부대신(法部大臣) 조중응(趙重應), 학부대신(學部大臣) 이재곤(李載崑), 농상부대신(農商部大臣) 송병준(宋秉畯), 한성부윤(漢城府尹) 장헌식(張憲植), 경기도관찰사(京畿道觀察使) 이규환(李圭桓), 충청북도관찰사(忠淸北道觀察使) 이호성(李鎬成), 충청남도관찰사(忠淸南道觀察使) 양재익(梁在翼), 전라북도관찰사(全羅北道觀察使) 이두황(李斗璜), 경상북도관찰사(慶尙北道觀察使) 이충구(李忠求), 경상남도관찰사(慶尙南道觀察使) 김사묵(金思默), 황해도관찰사(黃海道觀察使) 박이양(朴彛陽), 강원도관찰사(江原道觀察使) 황철(黃鐵), 평안남도관찰사(平安南道觀察使) 박중양(朴重陽), 평안북도관찰사(平安北道觀察使) 유혁로(柳赫魯), 함경남도관찰사(咸鏡南道觀察使) 한남규(韓南奎), 함경북도관찰사(咸鏡北道觀察使) 윤갑병(尹甲炳), 그리고 이외에 이 날은 통감부 총무장관(總務長官), 동(同) 참여관(參與官), 한국 각 부 차관(次官)도 열석하고, 고쿠부(國分) 서기관(書記官)이 통역, 후루야(古谷) 비서관 필기를 담임하였다.

이토 통감: 각 도(道) 관찰사 제군은 이번 중앙정부의 소집에 호응해서 한성(漢城)으로 와서 각 도의 정황에 대해 중앙정부에 보고하고, 또 정부의 자문(咨文)에 응답하여 본일(本日)은 이에 제군을 초대하여 친히 면담하여 각 지방의 현상 및 장래에 대한 시정의 개량에 관해 제군이 마음 속에 품은 의견을 듣고자 합니다. 본관(本官)은 통감으로서 일본을 대표하여 한국에 와서 종래 양국 간에 체결한 협약 이행의 임무를 담당하여 본관이 어떠한 권능·의무가 있다는 것은 협약상 명확하게 제군이 인지하는 바입니다. 필경 일본이 한국에 대해 또 동맹국에 대해 행해야 할 것은 하나로, 모두 본관의 책임이며 심히 고려하는 바입니다. 그것을 실행하는 것에 대해서 외교에 있어서는 스스로 그 책임을 부담하고, 한국 시정 개선 사무에 관해서는 본관 지도 하에 한국 정부에 그 임무를 담당시킴으로써 한국의 부식에 힘쓰고 있습니다. 고로 이러한 사

무에 대해서는 한국 중앙정부는 물론 본관이 직접 책임을 부담하고, 지방의 사무에 관해서는 제군은 중앙정부에 대해 책임이 있습니다. 고로 또한 간접으로는 본관에게 책임을 부담하는 것이라면 본관의 지위상 제군의 의견을 묻는 것은 당연한 일입니다. 이에 광임(光臨)[20]을 요구한 것입니다. 각 지방행정의 책임자인 제군은 마땅히 기탄없이 그 의견을 개진해 주십시오.

한성부윤 장헌식: 이번 중앙정부의 소집에 응하여 회의에 참석해 자문에 답하는 바인데, 이 답이 정부 당국자를 만족시킬 것인지 여부. 만약 불만점이 있다면 이 소관의 변변치 않음에 연유하는 바입니다. 또 본일 이에 초대되어 한국 지방의 현상 및 장래의 개량에 대해 부족한 견해를 요구함에 따라 그것을 진술하고자 합니다. 한성부는 규모가 도(道)보다 작지만 인구는 도보다 부족하지 않습니다. 즉, 호수 5만, 인구 20만, 이외에 외국인 또한 적지 않고, 사무가 번거롭고 많은 것은 필시 각 도 관찰부에 양보하여도 오히려 많을 것입니다. 오직 원하는 것은 경기도관찰사의 관할구역 일부를 할애하여 이 부(當府)의 관리 구역에 속하게 함으로써 구역을 넓히고자 합니다. 이에 대해서는 동도(同道) 관찰사도 이의가 없으므로 구역을 확대하고 부(府)의 이원(吏員)을 증원하는 것이 단지 하나의 희망입니다. 다음으로 현재의 정황을 진술함에 부민 등의 지식 정도는 지방에 비해서 높음에 따라 시정 개선이, 즉 행복 증진을 기초로 하는 것임을 이해하고, 통감 각하의 지도하에 그 진보를 촉망하는 자가 많습니다. 그렇지만 종교단(宗敎團) 혹은 각종 단체는 예외 없지 않습니다. 특히 멀리 떨어진 지방은 일본의 진의를 이해하지 못하는 자도 많습니다. 저 폭도(暴徒)[21]와 같은 그 다수는 모두 지금 행해지고 있는 시정 개선을 충분히 이해하지 못함에 기초하고, 지식이 없기 때문이라면 중앙정부 아울러 지방 관헌이 책임지고 그것을 계몽하지 않으면 안 됩니다. 그리고 그것을 강구하는 방법은 행정기관 개량에 있습니다. 근래 행정기관을 누차 변경하여 현재와 같은 것은 옛날에 비해서 심히 변경된 것으로써 지방 인민의 오해를 불러일으키기에 이르렀습니다. 옛날 관찰부의 행정기관은 이(吏), 호(戶), 예(禮),

20 신분이 높은 사람이 장소에 옴.

21 의병.

병(兵), 형(刑), 공(工) 등 6부(部)로 이루어져서 완전히 사법(司法)·병마(兵馬)의 권한도 가지고 있었는데, 지금은 완전 변화하여 이러한 오해를 불러일으킨 주요한 원인이 되어 사법(司法)·군제(軍制)와 같은 것은 물론 구제도(舊制度)를 개정할 필요가 있으나 또한 현재의 조직을 개정하여 징세 교육과 같은 예전에 따라 그것을 지방관의 권한에 속하게 하고자 합니다. 지방민이 이 제도에 적응하여 이것의 개정을 본다면 오해 또한 스스로 이해하게 될 것이고, 이에 관한 상세는 진정서에 구술하여 이곳에 지참하였으니 일람하시길 바랍니다. 오직 하나 바란다면 각 관아의 일한인(日韓人) 관리의 사이는 친밀하나 인민 사이는 일본인이 항상 강압을 표출하는 것 같습니다. 시비(是非) 간에 이러한 폐단을 버림으로써 그 융화를 도모하였으면 합니다. (별지 참조-원문)

함북관찰사 윤갑병: 자문으로 현상 아울러 장래의 일에 관해 나의 우견(愚見)을 진술합니다. 생각건대 현재 지방 인민 등 다수는 중앙정부의 진의(眞意)의 소재를 이해하지 못하고 만사 오해로 시작해서 오해로 마쳐 오해의 사이에서 혼란스러워 죽는 상태라면 그것을 각성하는 데 힘쓰지 않으면 안 됩니다. 그리고 직접 그 임무를 담당하는 자는 지방관이나 각 대신 또한 마땅히 각 지방을 순회하여 그 상황의 일반을 살펴야 합니다. 동시에 각 관찰사는 관하의 여러 군(諸郡)을 순찰하고 군수 또한 그 관내를 시찰하여 인민의 오해를 해소하기에 힘쓰면 오해의 정도를 낮출 수 있습니다. 또 금일 한인(韓人) 관리는 일본인 관리와 협동 집무하기에 이르러서는 이 양자의 사이는 극히 친밀하지 않으면 안 됩니다. 그렇지 않다면 사무가 진척하지 않음은 물론입니다. 지방청에 관리를 채용하는 데는 능히 인선(人選)하여 결코 개인적 관계에 의하지 않고 국가적 관념에서 그것을 임명할 것을 희망합니다. (중략-편역자)

경남관찰사 김사묵: 현재 상황을 주로 진술하여 요즘 인민 등은 옛날과 같은 주구(誅求)의 재앙에 봉착하지 않음은 당연 기뻐해야 할 것임에 사실은 그렇지 못하여 인민 등은 머지않아 한국의 판도는 모두 일본에게 빼앗길 것이라 오해의 상상을 합니다. 고로 소관(小官) 등은 그 의혹을 해결하고자 힘쓰나 오직 그것을 해결하지 못하여 직책을 완전하게 할 수 없음은 심히 수치스러운 바입니다. 도대체 민간에 이 미혹한 생각의 이유의 사정, 그 원인은 많고, 나아가 경찰관, 그 인재를 얻지 못하는 데 있습니다. 일본인 경관(警官)은 인민에 대한 조치가 마땅하지 않고, 저들의 다수는 한어(韓

語)에 통하지 않아 우리 인정, 풍속, 습관 등에 밝지 않으므로 양자 사이에 충돌이 많습니다. 그렇다면 한인 순사(巡査)는 어떤가 하면, 지금 선임된 자는 무교육·무경험의 자가 많고, 봉급이 소액이므로 능히 인재를 얻기 어렵습니다. 그리고 저들 중에 점점 일본어를 이해하는 자가 있으므로 일본 경찰관의 다수는 이들의 말에 귀를 기울여 마침내 저들의 속임수에 빠져서 정세 판단에 심히 착오를 일으키는 것이 많습니다. 또 경찰에서는 직접 중앙의 경무국(警務局)에 보고하여, 그중에는 착오가 있으나 중앙에서는 바로 그것을 믿는 폐단이 있습니다. 이러한 모양이므로 인민은 오직 경관을 지목하여 자신 등을 보호하기 위한 경찰이 아니라 오히려 우리를 곤란하게 하기 위해 왔다라고 합니다. 관찰사는 관제상 경찰 감독의 권능이 있으나 실제로는 없고, 이 인재의 부재는 분노로 견딜 수 없습니다. 이 관찰사의 권한 외이나 국가를 위해 중요한 것이라 한 마디 하고자 하는데, 그 조세의 일입니다. 원래 징세의 일은 관찰사의 손을 떠나 재무관의 손에 부여한 것은 폐해 제거에 좋은 것이나 이 신제(新制) 시행 후 인민 등의 감상은 납세가 한국을 위한 것이 아니고 일본을 위한 것이라 합니다. 따라서 반수 이상이나 미납입니다. 지금 고치지 않으면 미납이 거듭되어 미납되기에 이를 것입니다. 더하여 징세(徵稅) 주사(主事)는 그 인재를 얻지 못하여 젊은 사람들이 많고, 여러 가지 악행을 하는 등 인민에게 신용이 없는 상황입니다. (중략-편역자) 그런데 현재 임기에 지방관으로 선출된 자의 다수는 경성(京城)에서 배불리 먹고 따뜻한 옷으로 사치스럽게 지낸 자들로 이러한 무리로 과연 관하의 통치, 개량의 임무를 다할 수 있을 것인가, 마땅히 인선(人選)의 때에 뜻이나 결심이 꺾이거나 휘어지지 않으며, 기아를 견뎌 가난과 고생을 신경 쓰지 않을 사람을 채택하여 금일의 지방관은 지난날과 같은 포렴(暴斂), 주구(誅求), 사복(私腹) 등을 본보기 삼아 두절해야 할 것입니다. 이와 같이 지방관에 그 인재를 얻는 것, 경관(警官)의 임면(任免), 출척(黜陟)의 권리를 관찰사에게 부여할 것, 군대의 부정행위 취체(取締)[22]의 일, 관찰사와 경관 사이를 오로지 한층 친선하게 할 것 등이 이 소관의 희망입니다. 또 일본인 관리가 방만·불손하여 지금 일본인 관리는 마땅히 친절로써 한국을 위해 다해야 할

22 단속.

것인데 크게 그에 반하는 것이 있습니다. 지금으로써 그것을 개정하지 않으면 중앙 정부에서 관찰사에게 그것을 시설하여 실행하도록 압박해도 도저히 그 효과를 거두는 것은 불가능합니다. 오히려 그 직을 사퇴하는 것이 낫습니다. 원하는 것은 일본인 관리가 한국의 정치를 주관하는 것은 오직 그 본국에 있어서와 같아야 합니다. 또 일본인 관리를 명령관(命令官)의 지위에 둘 때는 불합리함이 많으므로 그것을 개정하고, 그 사람의 수도 과다하지 않도록 사정을 참작해야 합니다. (중략-편역자)

경기관찰사 이규환: 각 대신이 열석한 후에 자문사항에 대해 이미 답한 바 있습니다. 오늘은 통감 각하에게 소견을 진술하고자 합니다. 유래 한민은 그 압제의 속에 있어서 곤란, 그 극도에 달하여 지금 시정 개선을 때하여 인민은 모두 그것을 기뻐하지 않을 수 없습니다. 그런데 사실 크게 그에 반하는 것이 있어 애초에 어떤 나라를 불문하고 신구(新舊) 교대의 때에는 종종 곤란한 정태가 있음을 면할 수 없으나 금일 한민(韓民)의 현상은 죽고 사는 것 같이 합니다. 이 각지에 만연한 폭도의 침략에 힘들기 때문입니다. 이들 폭도 중에는 강도도 있고, 절도도 있고, 죄인도 있고, 현행 시정을 오해하여서 봉기한 무리도 더해서 각지에 횡행하여 양민을 힘들게 하는 것이 심합니다. 또 한편으로는 진주관찰사의 말과 같이 이들 폭도 토벌에 종사하는 일본군의 행동 또한 심히 무법(無法)으로 무상징발(無償徵發)을 하고, 또는 죄 없는 인민을 살해하는 등 어디든 힘든 것뿐으로 죽음에 임박한 상태, 실로 딱하여 안타깝다고 말하지 않을 수 없습니다. (중략-편역자) 이어 장래의 희망을 진술하면 지금 일본인이 한국 관리로서 다수가 각 방면에 배치되어 있습니다. 그런데 이들 관리에 대해 충남관찰사가 이미 진술한 것 같이 단지 지식으로 무장하여 안색을 바꿔 인민을 대하지 말고, 가능한 한 친절하게 해줄 것을 바랍니다. 일본인에 대한 것과 같은 생각을 하는 것은 인지(人智)가 발달하지 않은 한민에게는 무리라면 어디까지나 교유적(教諭的) 태도로 친절하게 그것을 계몽할 방법을 취하면 민정(民情)을 융화하기 어렵지 않을 것입니다. (중략-편역자) 다음으로 경찰제도에 대해 이야기하면 다른 관찰사의 하에는 예를 들면 형식이라도 경찰관이 속해있으나 단지 경기관찰사에 이르러서는 그렇지 않고, 경찰권은 전부 경시총감의 손에 있어, 이는 행정상의 불편이 적지 않습니다. 원컨대 방법을 설치하여 경기관찰사에게도 경찰권을 부여할 것을 (바랍니다-편역자).

최후로 한마디 하고자 합니다. 이 직접의 관계없는 것이나 수세법에 관한 한 가지입니다. 현행제도는 지방관의 손을 떠나 기관이 완전히 별도로 성립되었기 때문에 인민은 일본국에게 납세하는 것 같은 기분을 느껴, 그래서 예전 소수의 지방관이 수세(收稅)한 액수보다 금일 다수의 수세관이 징수하는 세액은 반대로 적습니다. 현재의 성적으로 그 납세액은 수세관의 봉급에도 부족한 상태이고, 이러한 이유로 수세법(收稅法)은 옛날과 같이 오히려 지방관에게 겸임시키는 것이 좋을 것이라는 의견입니다.

이 수상: 통감 각하가 이 자리에서 자문한 바는 각 지방의 현상 및 장래에 지방 시정의 개선에 관해서입니다. 그런데 지금까지 제군이 진술한 의견을 들음에 일한 관민간의 이해관계의 의론이 많고, 각하께서 물론 기쁘게 그것을 청취하였으나 다소 한편으로는 편향된 경향이 있음에 대해 예를 들면 요즘 다수 발포한 법령과 같은 것이 과연 시의에 적절하냐 아니냐, 혹은 그 이행의 난이도 등 시정 개선상의 현황 혹은 교육 보급의 방법, 징세의 법, 실업의 정황 등 각자 지방에 따라 이해를 달리하는 것이 있으므로 이러한 점에 관해서도 진술해야 할 것입니다. 제군은 빈번하게 일본 군대 및 관리의 잘못을 지적함에 힘쓰나 사람이 다수라면 모두 선인(善人)일 수는 도저히 바라기 어려운 것입니다. 그중에는 부정한 인물도 있고, 게다가 본관이 접수한 각종의 보고 중에는 모처(某處)의 일본 군대 인양(引揚)을 때하여 이곳의 한민 등은 크게 그것을 애석해 하고 그 만류 방책을 간청하여 이 그 서로 감정이 서로 좋은 것을 증명하기에 충분한 것입니다. 또 모(某) 일본 경부는 한인에게 여러 가지로 원만 또 친절하여 그 전근의 때 인민 등이 이곳의 군수 혹은 주사에게 오래 그곳에 재류할 것을 부탁하는 등 반대의 미담도 있다면 제군은 마땅히 피차 서로 대조하여 신중히 고려를 하여 요령을 얻는 의견을 피진(披陳)해야 합니다. (중략-편역자)

평남관찰사 박중양: (상략-편역자) 본관이 갖는 희망은 35개조로 차례대로 이야기하고자 합니다.

1. 관찰사에게 실력 있는 권한을 부여할 것.
2. 완전한 경찰을 조직할 때까지 각 지방에 군대를 배치할 것.
3. 파견 군대에는 양민(良民)에 대한 주의를 훈유(訓諭)할 것.
4. 외국인 토지 점령을 조사할 것.

5. 기관 신문을 둘 것.

(중략-편역자)

9. 평원(平元)간 철도를 부설할 것.

(중략-편역자)

11. 국고금(國庫金) 징세기관을 개정·조직할 것.

12. 지방 자치기관을 설치할 것.

13. 지방세를 징수할 것.

14. 경찰을 개정·조직할 것.

15. 합군을 실시하지 말 것.

16. 군수는 관찰사가 천보(薦報)할 것.

17. 판임관(判任官) 임면(任免)은 일한인(日韓人)을 불문하고 관찰사가 전행(專行)할 것.

18. 관찰사 군수에게는 봉급을 상당 증액하고, 교제비를 지급할 것.

19. 도로를 개착할 것.

20. 관찰사는 20일 이내 구류(拘留), 30도(度) 이하 태형을 처분할 수 있을 것.

21. 각 군(郡)에 일본인 주사 1인을 둘 것.

22. 평안남도를 평남도라 고치고, 관찰도를 청(廳)으로 개칭할 것.

(중략-편역자)

장래 시정상 희망을 토로하고자 함에 매번 스스로 고통을 느끼고 있는 바, 불평도 아울러 이야기 하고자 합니다. (중략-편역자) 관리는 법규의 범위 내에서 직무를 집행해야 함은 물론이나 시국이 다난한 금일의 국면에 시위소찬(尸位素餐)[23]하여 어쩔 수 없이 법규에 의하지 않은 사업이라도 그것을 하여 이익으로 해야 함은 나아가 그것을 하지 않으면 안 됩니다. 국사 다난한 금일 법규만으로 좁은 소견으로 보통의 사무를 수행함으로써 만족한다라 할 수 없습니다. (중략-편역자) 가만히 생각하면 현행 제반 법규가 사람에 따라서 활용되어지지 않는 것이 종종 있습니다. 그 무엇이냐면 옛 것을 고쳐서 새롭게 나아가지 않는 것을 의심합니다. 이 통감 시정의 방침을 이해

23 자기의 직책을 다하지 않음.

하지 못하는 것이 많음에 기인한다라 하지 않을 수 없습니다. (중략-편역자)

함남관찰사 한남규: 현재의 상황에서 우려해야 할 것은 일반의 금융 지극히 불량하고 폭도 횡행하여 양민을 고통스럽게 하는 것이고, 장래의 행정에 대해서는 내부(內部)의 자문(諮問)을 어떻게 개량할 것인가의 점에 관해 군수(郡守) 개선(改選)의 필요를 답하여 둡니다. 기타 대체에 관한 의견은 한성부윤의 의견과 일치합니다. (중략-편역자)

이토 통감: 이번 각 관찰사 제군의 의견을 들어서 어떻게 제군이 지방행정에 노심하는지를 헤아림과 함께 그 진술하는 바는 모두 사실이라고 믿습니다. 그중 크게 기뻐할 것이 있으나 또한 크게 슬픈 것도 있습니다. (중략-편역자) 지방행정상 제군의 의견의 주요한 점은 재무 및 경찰을 지방행정장관의 지휘 하에 두자는 것입니다. 그 외 경찰 확장, 폭도 진정, 일본 관리의 비행(非行)과 같은 것은 물론 중요한 것이나 이는 다른 문제이고, 제군의 의견을 구해 본관이 크게 기쁘다라고 한 소이는 금일의 지방관은 결코 옛날과 같이 인민에게 폭렴(暴斂), 학정(虐政) 등을 하지 않는다는 말을 제군으로부터 들었기 때문이며, 이 사실이라고 생각됩니다. 과연 사실이라면 실로 한국의 일 진보이며, 일본 관리의 비행에 대해서는 당국에 명령하여 그 잘못을 바로 잡아 고치는데 필요한 조치를 취해야 합니다. 제군의 지방행정상 의견은 요컨대 관찰사, 군수 등의 직무는 재판, 재무(財務)에서 관계가 없어지고, 경찰은 그렇지 않으나 충분히 실행되지 않는다라 함에 귀일합니다. 과연 제군의 의견과 같이 재무를 예전과 같이 복구하는 것이 좋냐 아니냐에 대해서는 본관은 크게 평의(評議)를 다한 후가 아니라면 결정할 문제가 아니라고 생각합니다. 한국 종래의 수세(收稅) 역사는 정부로서 이 변혁을 하지 않을 수 없기에 이르렀습니다. 현재 12~13년 전까지 인민을 대신하여 납입하였으나 지방관이 중앙정부에 납입하지 않은 액수가 많아서 정부는 마침내 이를 방기(放棄)하였습니다. 그 이래 오직 군수(郡守)가 사적으로 이를 중앙정부에 납입하지 않는 것, 인원이나 그 금액도 또한 많습니다. 이 체납을 어떻게 처분할 것인가에 대해 오래 평의를 하고 있는데, 징세권 복구는 금후 이것이 불합리하다라는 확실한 보증이 없는 한은 용이하게 실행할 수 없습니다. 경찰에 관해서는 제군의 의견을 지극히 훌륭하다고 인정합니다. 증원(增員)도 본관은 감고(勘考) 중입니다. 단 경찰관의 지휘·감독권은 관제상 관찰사가 이를 가지므로 본관은 제군이 반드시 충분한 감독을 한 후에 또

이 말을 한 것이라 믿습니다. 일본 관리가 방만(放漫), 불손하다면 그때는 마땅히 제군 등의 직권으로 그에 주의를 시키고, 또 이를 고치지 않으면 내부대신에게 보고해야 합니다. 그런데 본관은 아직 내부대신이 지방관으로부터 이러한 보고에 접했다는 것을 듣지 못했습니다. 불합리한 일본 관리에 대해서는 그 사실을 조사하여 상당한 계칙(戒飭)을 가하는 것 좋겠습니다. (중략-편역자) 수세(收稅)의 일에 대해 인민들이 크게 의혹한다는 것은 대체 인민의 의혹을 품고 있는 때에 그것을 가르쳐 그 의혹을 해소하는 것은 지방관의 직무이며, 어떤 국민을 불분하고 상업상의 이익을 서로 다툼은 물론으로 일본인도 모두 선하지 않고, 혹 부정한 일을 하는 자도 있지만 일본 정부가 한국 인민의 조세를 징수하여 간다라고 하는 것은 오해도 심합니다. 그리고 제군 또한 그 세금이 어느 곳으로 들어가는지 알면서 인민의 오해를 방임하는 것은 무슨 일인가. 이 자리에는 탁지부대신도 엄연히 자리하고 있는데 한민이 납부하는 조세를 1리(厘) 1모(毛)라도 일본에 가지고 가는 것은 단연코 없습니다. (중략-편역자) 금일과 같이 한인(韓人)이 일본에 반항하면 일본은 변제의 청구를 하는 것도 어렵고 관찰사는 보통 알고 있을 것이라 믿는데, 이것에 대해서는 제군의 재고를 바랍니다. (하략-편역자)

◎ 기설(旣設)의 징세기관을 지방행정청으로 합병 건의

징세기관 신설 이래 이미 3년, 구습(舊習) 관리의 부당한 주구를 면한 인민은 아직 신법을 구가하기에는 이르지 않았다. 도리어 수세관(收稅官)의 정당한 세금 독려에 응하지 않고, 수세관도 도처(到處) 군수의 협력을 얻어서 겨우 직책을 어느 정도 다하고 있음은 대개 논쟁이 필요 없는 사실이라고 한다.

신설 징세기관에 따라 지방관 공금 사복의 폐단은 크게 교정되어졌으나, 그와 함께 지방관아의 직무는 한가롭게 됨에 따라서 위신 감쇄의 서운함이 없지 않다고 한다. 징세권을 관찰사에게 위임하지 않고 그것을 분리하여 별도로 징세기관을 설치함은 그 취지가 구폐를 교정하고자 함에 있고, 이 작년 7월 협약[24] 체결 이전에 있어서는 진실로 그 마땅한 것이었으나 지금 이 협약의 결과 새로 서기관(書記官) 이하의 일본인 관리를 지방관청에 들여서 오

24 한일신협약.

로지 쇄신의 결실을 거두고자 한 현재의 실황에 비추면 오히려 뿔을 바로 잡으려다 도리어 소를 죽일 우려가 없지 않다. 인민은 지금 또 군수를 성주(城主)로서 존숭하는 생각이 공고하고, 그 관아(官衙) 이외 지방에는 다른 관아가 없다고 생각하여 군아(郡衙) 이외의 곳에서는 납세를 수긍하지 않는 자가 있는 현황으로 볼 때는 군아와 분리하여 특히 징세기관을 시설치하는 것은 진실로 시세의 마땅함을 얻을 수 없는 감이 있습니다. 그 때문에 도리어 징세관서가 있어도 의연 군수의 힘을 빌리지 않으면 국세를 징수할 수 없지 않은가. 가끔 군수에게 의뢰하지 않는 경우라도 징세의 때는 징세관서의 관리가 구폐(舊弊)를 재현한다. 그 결과는 구제와 어떠한 차이가 없다. 그에 더하여 만약 지방세(地方稅)를 징수하기에 이르면 지방에서는 국세 징수의 기관인 탁지부 계통의 재무감독국과 지방세 징수의 기관인 내부 계통의 지방관이 있어서 그것을 인민이 볼 때는 오히려 그 번잡스러움을 견딜 수 없다. (중략-편역자) 요컨대 지방관 주구(誅求), 사복(私腹) 등의 폐단을 두절하고자 함은 반드시 별도로 징세기관을 특설함에 있지 않고 각 군에 숙련된 자로서 복무시키는 것으로 충분하다. 하물며 현재의 군아(郡衙)에는 시정 개선의 급무로 일본인의 배치를 필요로 하는 사정이 있으므로 만약 대저 구관(舊慣)에 따라 수세권(收稅權)을 군수에게 돌리고, 일본인으로서 보좌의 수세(收稅)를 시키고, 그 감독을 도(道)로 위임할 때는 폐해를 막고 수세를 용이하게 할 뿐 아니라 수세 이외의 지방 사무도 감시를 시키는 것도 감히 어려운 일이 아닐 것이다. 게다가 그것을 통해 수세비를 절약할 수 있는 것은 기대한 것 외의 행복이라 하지 않을 수 없다.

곧 이에 기설의 징세기관을 지방행정청에 병합할 것을 건의한다.

1908년 6월 1일

한성부윤(漢城府尹) 장헌식(張憲植), (중략-편역자) 함경북도관찰사(咸鏡北道觀察使) 윤갑병(尹甲炳), 통감(統監) 공작(公爵) 이토 히로부미(伊藤博文) 각하(閣下) (중략-편역자)

◎ 이토(伊藤) 통감 훈시 연설

1908년(明治 41) 6월 17일 만찬회 석상

(상략-편역자) 일한협약 중에는 일본인을 한국 관리로 채용하는 규정을 설치하여 금일은 이미 그 실행의 단서를 열고 일본인은 한국의 관리로서 각 지방에 취임하였습니다. 하물며

한국의 정사를 개량하고 그 좋은 효과를 거두고자 함은 일한인(日韓人) 모두 그 임무를 중요시 한다라 하는 것으로 한인(韓人)이 먼저 그 힘을 다한 다음 일본인의 원조에 의하지 않으면 안 됩니다. 한인 중 왕왕 일본인이 자유로 한국의 국정을 좌우하는 것 같은 생각을 품고 한국의 시정 개선을 강 건너 불구경 하듯이 하는 자가 있습니다. 이것은 관찰사의 직무를 완전하게 하는 소이의 도리가 아닙니다. 이에 통감은 당연의 임무로써 제군에게 희망하지 않을 수 없습니다. 대저 일국의 정치는 둘이 될 수 없고, 이 국토 및 인민은 한국의 것이라면 그것을 지배하는 정치는 즉 한국의 정치입니다. 이 한국의 정치를 개량하기 위해서 일본인이 와서 원조를 하는 것이고, 이 한국을 위한 것으로 일본을 위한 것이 아닙니다. 그렇다면 한인은, 즉 주인이고 일본인은 즉 손님으로 현재의 조직은 이 주객이 상대하여 한국의 정치를 개선하고자 하는 희망 및 계획에 기초하는 것입니다. 만약 이 계획이 실패로 돌아가면 어떠한 결과를 발생할 것인가. (중략-편역자) 각 지방에서 가장 중요한 위치에 있는 자는, 즉 관찰사로 관찰사의 위에는 오직 한국 중앙정부가 있을 뿐이라면 그 책임의 중대함을 생각하여 헛되이 일본인 경찰관·재무관을 험담하는 것을 피하고, 저들과 협동하여 한국을 개선하는 데 노력하지 않으면 안 됩니다. 일본인 관리들에게 기탄없이 말하라고 하면 혹 관찰사는 자기의 역할을 다하지 않고, 군수는 비행(非行)을 감행한다고 평하여 이와 같이 하여 서로 비방하여 함께 힘쓰지 않으면 한국의 성운(盛運)은 언제 기약할 수 있을 것인가. 만약 한국 황제 폐하는 제군이 일본인을 비방하고 그 직무를 등한시한다는 것을 들으면 과연 어떠한 감정을 느낄 것인가. (중략-편역자)

관찰사는 한편으로 각 지방에서 주권대표자, 즉 황제 폐하의 이름을 대신하는 관리임과 동시에 한편으로는 관내 인민의 대표자인 책임이 있어 배하의 국민이 질고(疾苦)를 견딜 수 없는 경우에는 그 구제 방법에 관해 관찰사에게 호소하는 방법밖에는 없습니다. 고로 관찰사의 임무는 그것을 두 가지로 구별할 수 있는데, 하나는 즉 주권을 대표하여 아래를 대하고, 다른 것은 인민을 대표하여 위로 향하는 것입니다. 그렇다면 관찰사는 국가 통치상 결코 종국 최고의 기관이 아니라 그 위에는 군주의 직접 주재하는 중앙정부란 것이 있으므로 인민의 탄원으로 도리가 있는 것은 관찰사의 권내에서 그것을 처리하고, 권외의 것은 그것을 중앙정부에 정황을 상세하게 알려서 그 해경을 구하지 않으면 안 됩니다. 바라건대 제군은 정부와 인민의 간에 개재하는 이 특별한 지위를 명확하게 하여 상하에 대해 유감없이 그 책

임을 다할 것을 바랍니다. (중략-편역자)

제군은 이번 한국에서 종래 유례없는 권능을 받았고, 그와 함께 제군의 책임은 날로 중하여져 장래 도내 각 군수(郡守)의 인선(人選)은 관찰사가 하게 되었습니다. 내부대신은 이후 제국이 추천(推薦)하는 인물을 바로 군수로 임명하는 것으로 주청(奏請)하여 제군의 책임이 실로 중요하다고 하지 않을 수 없습니다. 만약 인선을 잘못하면 배하의 인민으로부터 반항을 불러일으킬 뿐 아니라 그것으로 인해서 지방행정을 문란하게 하는 결과를 불러일으킬 것입니다. 이에 더하여 제군은 각 도(道), 각 군(郡)의 주사(主事)를 임면하는 권능도 아울러 부여받은 것은 이 또한 책임이 돌아가는 바를 크게 고려하지 않으면 안 됩니다. 대저 권리와 편리는 항상 서로 수반하는 것이라도 권리를 남용하는 것은 일을 실패로 돌아가게 할 우려가 있고, 부하의 진퇴는 가장 신중하게 처리하지 않으면 안 됩니다. 그것을 요약함에 이번 지방관의 경질과 함께 이와 같은 개혁이 실행된 것은 한인은 모두 만족하지 않을 것이라 본관은 믿음과 함께 이 개혁에 따라서 좋은 효과를 거두느냐 아니냐는 그 책임이 모두 제군의 양 어깨에 있습니다. 제군이 부임하면 바라건대 가능한 한 그곳의 학문이 있는 자, 인망이 있는 자, 자산이 있는 자의 의견을 구하는 것을 게을리 하지 말고, 마을의 연로한 자의 말을 모두 채택할 필요는 없지만 그것을 참고하면 대개 잘못됨이 없을 것입니다. 또 항상 통신과 보고를 게을리하지 말고, 상하에 대해 끊임없이 사정을 소통하는 데 힘써야 하고, 특히 일한인(日韓人)의 관계는 중앙정부에서는 그것을 자세하게 알 수가 없으므로 제군의 직무 집행에 방해되는 경우에는 바로 그것을 보고해야 합니다. (하략-편역자)

〈자료 79〉 면에 관한 조사[탁지부 사세국(度支部司稅局), 1908.10, 『面ニ關スル調査』]

(상략-편역자)

제2. 면장(面長)의 임면(任免) 임기(任期) 및 자격

○ 한성(漢城) 재무감독국(財務監督局)

(1) 선임(選任)

이장(里長) 또는 동장(洞長)의 선출은 군수가 재무서의 동의를 얻어서 임명하는 것을 보통으로 하지만, 때로 군수가 독단으로 선출할 수도 있다. 단, 재무서의 동의를 얻는 것은 다소 필요조건으로 한다.

(2) 파면(罷免)

직무를 남용하고 또는 면장으로서 그 능력을 결여하는 자, 혹은 자기의 편의에 따라 해직을 요구하는 자는 군수가 수시로 파면함. 또, 이 경우에 있어서도 재무서의 동의를 필요로 한다. 자기의 편의에 따라 해직을 요구해도 적당한 후임자가 없든지 또는 재직 중의 수지(收支) 결산이 완료되지 않으면 강제적으로 유임시킬 수 있다.

(3) 임기(任期)

일정한 것 없음.

(4) 자격 및 신분

어떠한 일정한 조건을 둔 것이 없고, 요즈음 군수회의 등에서 가능한 한 학식이 있고, 사리(事理)에 통하는 자를 선임할 방침이나 그 실제에 있어서 필요조건으로 하여 그것을 실행하는 것은 어려울 것으로 생각한다. (중략-편역자)

○ **평양부**(平壤府) **재무감독국**(財務監督局)

(1) 선임의 방법

종래 면장을 선정하는 것은 해당 면(面)에서 이·동장(里洞長) 기타 유력자 집회의 후 후보자를 추천하고 군수에게 보고한다. 군수는 적당하다라고 인정될 때는 바로 그것을 임명하는 것을 보통으로 하나 면이 추천하지 않고 군수가 직임하는 경우도 있다. (중략-편역자)

(2) 해직(解職)

해직의 권한은 군수에게 있다. 면장이 그 직무를 감당할 수 없는 경우 또는 부정행위가 있었을 경우에 그것을 행한다.

(3) 임기(任期)

일정한 임기가 없고 자기의 임의 혹은 실태(失態)가 없는 한 영구 면장의 직(職)에 있는 평안남북도와 같은 것도 있으나, 반개 년 혹은 1년을 임기로 하여 매년 체임(遞任)하는 관례가 있는 황해도와 같은 것도 있다.

(4) 자격 또는 신분

면내(面內)에서 글과 계산(文算)의 능력이 있고, 상당한 재산과 신용을 겸비한 자는 물론 면장의 자격이 있는 것이다. 면내 회의에서는 이러한 인물을 후보자로 하여 여러 명을 추천하지만 군수의 전임(傳任)에 속하는 자와 같은 것, 혹은 다른 면에 거주하는 자도 있고, 혹은 면내의 신용 및 자산이 많지 않은 자가 없지 않다. 그리고 신분은 어떠한 경우에도 그것을 불문하는 경우가 많지만 상민(商民) 이하의 자는 스스로 이 자격에서 빠지는 것 같다. (중략-편역자)

제3. 면장의 직무(職務)

○ 한성 재무감독국

직무의 일정한 것이 없다. 법령의 전달·징수 사무를 주요한 직무로 하고, 기타는 수비대(守備隊), 헌병대 및 경찰관서의 용무 또는 경우에 따라 이러한 과선의 필요품 조달을 명령받기도 한다. 그 면 자체의 사무로 도로 교량 수리 혹은 이·동장(里洞長)의 회합 등을 간선하고, 혹은 개인 간의 분의(紛議) 등을 화해시키기도 한다. 단, 인천군(仁川郡) 부내면(府內面)과 같이 현저하게 큰 면(面)은 위생 및 구휼에 관한 사무도 개시(開始)하고 있다. (중략-편역자)

○ 전주(全州) 재무감독국

(1) 내무(內務)행정 사무

법령의 고시(告示), 치도(治道), 가교(架橋), 촌민(村民) 특수의 행위에 관한 보고, 천변지이(天變地異)의 보고, 민원 해소의 품신(稟申), 군회(郡會) 참렬(參列), 촌비(村費)의 부과 징수, 기타 상사(上司)의 자문에 대한 응답.

(2) 재무행정 사무

법령의 실시, 작부(作伕), 과세 물건의 이동에 관한 처리 보고, 하급 징수기관의 감독[사실에 있어서 공전(公錢) 영수를 겸무하고 징수에 종사하는 자가 많음], 기타 조사 자문에 대한 응답, 보고. 기타 면(面)의 인민을 대표하여 일절의 서무를 담당함. (중략-편역자)

제5. 면(面)의 재정

○ 한성 재무감독국

면장의 수입이라 할 수 있는 것 이외에 면경제(面經濟)에 속하는 것은 소위 면의 기본 재산이라 할 수 있는 것으로 최초 인민으로부터 일정의 금액(혹은 빈부에 따라 다소의 차등을 두는 것 있음)을 각출하고, 그것을 이식하여 면의 비용에 충당하는 것을 관례로 한다. 그 다수는 400원 이상에 달하고, 적어도 40~50원의 수입임. 그 돈의 용도는 위생비 또는 구휼 등에 사용하는 것도 없지 않으나 그 다수는 관혼상제에 필요한 기구를 구입하여 그것을 공용하고, 혹은 도로, 교량 수리 등을 위해 부역(夫役)을 부과하는 경우 반료(飯料) 등에 사용한다고 한다. 이외 결호채(結戶債),[25] 고복채(考卜債)[26] 또는 시장세를 징수하여 그것을 면장이 사역하는 소사(小使)의 급료, 필지묵(筆紙墨) 및 면장 출장의 경우 그 반료(飯料) 등에 사용하고 있다. 그 많게는 150원, 적게는 30~40원 정도이다.

이상은 대략 널리 행해지는 관례이나 세제(稅制) 독립 이래 군수에게 금제(禁制) 되어져 그것을 징수할 수 없는 경우도 있다. (중략-편역자)

제6. 면장(面長)의 감독

(상략-편역자)

○ 대구(大邱) 재무감독국

최근 면장 사무의 상태는 제반의 공무(公務)에 종사하고 있지만 이 항상 군수의 직접 명령에 따라 행동할 뿐으로 군수 경질 때에는 새 군수가 면장 전부를 교체하는 관례가 있으나 요즘에 이르러서는 그 경임(更任)은 재무서에 합의시키는 것을 요구하는 등으로 크게 이의 폐단을 줄이고 있다. 요컨대 군수 등이 면장을 감독하고, 요항(要項)으로써 기재해야 할 사실 없다. (중략-편역자)

○ 원산(元山) 재무감독국

관찰부(觀察府)는 직접 면장을 감독하는 경우가 희박하고, 주로 군부(郡府)에서 직접 감독하여 왔으나 그 감독에 대해 일정한 방법이 있지는 않음. 예전에는 연내(年內) 적어도 1회 이상 군수는 각 면(面)을 순시하여 무도전횡(無道專橫)을 교정하려고 힘썼지만 최근에 이르러

---

25 결호전(結戶錢), 조선 후기 재정 부족을 메우기 위해 전결(田結)에 붙여 거두던 돈.

26 결부(結簿)의 변동을 조사하는 비용에 쓰려고 서리(胥吏)가 결세(結稅) 밖에 거두던 돈.

서는 그것을 방임하고, 만약 상사(上司)의 의사에 감촉(感觸)하는 일이 있다면 바로 체벌을 가하는 것을 관례로 함. (중략-편역자)

제7. 동리(洞里)에 관한 사항

(상략-편역자)

○ 대구 재무감독국

(1) 동장(洞長)의 자격 선임 및 그 기한

자격에 관해서는 어떠한 제한도 없으나 면(面)이 하급기관이므로 상류사회의 이에 응하는 자 없어, 자연 면내(面內) 제3류 이하의 인물을 선정함. 그리고 그 방법 또한 일정하지 않지만 다수는 동내(洞內) 중요한 위치에 있는 자의 협의에 따라 선정하고 면장에게 고지하는 것으로 한다. 그 임기에 있어서는 1년에 한정[중임(重任)은 물론 지장 없음]하나 다수는 무기한이다.

(중략-편역자)

(3) 동장의 직무

동비(洞費)로써 예산액으로 징수하는 것이 없지만 다수는 동장이 대신 비용을 치르고 반년마다 계산 징수한다. 그 액수는 심히 근소하다. 동민(洞民)의 공유재산을 갖고 그 수익으로 동비(洞費)를 충당하는 것으로 한다. 그 공유물의 다수는 금전으로 그 이식을 신용자에게 의탁하나 드물게 토지도 있다. 이 토지는 면장 혹은 동장의 급료 대신으로 그 무상(無償) 경작을 시키는 것이다. (중략-편역자)

제8. 면제(面制) 개량(改良)에 관한 사항

○ 한성 재무감독국

면(面)은 최하급 행정구역으로 이를 인정하나 그 기관에 이르러서는 극히 준비가 되지 않아 현재 모든 제도가 점차 변경되고 있다. 정령(政令)이 여러 가지 형태로 나오고 있으나 면 기관으로 현상을 생각하면 그 효과는 결코 완전함을 바랄 수 없다. 그러므로 면(面) 기관을 개선하여 면장(面長), 공전영수원에 적당한 인재를 선택함과 동시에 크게 그들을 대우하여 정령(政令)의 보급 및 징세의 이편을 강구함은 실로 초미의 급무로, 그 제도 개선의 개요를 서술하면 다음과 같다.

(1) 실제에 맞게 면(面) 합병을 행할 것.

현재 면(面) 중 큰 것은 호수(戶數) 1,100으로 헤아려지는데 그 중 작은 것은 40호도 되지 않는 것도 있다. 지세(地勢), 인정(人情) 등이 허락하는 한 500호 이상으로 하여 지방자치의 기초를 만들 것.

(2) 면(面)에 면역장(面役場)[27]을 설치하고 다음의 직원을 둘 것.

면장(面長) 1인

공전영수원 1인

서기 약간인

2,000호 내외의 호수(戶數)를 갖는 큰 면(面)에는 부면장(副面長)을 두고, 면장의 사무를 보좌시키는 것과 함께 면장의 전횡(專橫)을 방지할 것.

(3) 면(面)의 경제

면(面)의 경제는 이를 면의 자치로 하여 그 수지 예산은 반드시 감독관청의 재정(裁定)을 요청하고, 그 재원(財源)은 종래 결호채, 고복채 등을 징수하여 관례대로 그 부담을 제한하여 결호의 부가세를 징수하고, 다른 잡세(雜稅)는 근절하여 금지하나, 만약 다른 잡세를 징수하게 된다면 면경제를 유지하기 어려운 경우는 재무기관의 동의에 따라 감독관청의 허가를 요청할 것. (중략-편역자)

○ 평양 재무감독국

면제(面制)의 제정은 현재의 급무이다. 그렇지만 지방 인민이 아직 자치(自治)가 무엇인지를 이해하지 못하고, 선거의 관념이 없으며, 재정의 독립 또한 얻는 것을 바랄 수 없다. 이때 바로 일본 시정촌제(市町村制)를 채택하여 그것을 한국으로 이식하고, 면(面)을 인정하여 공법인(公法人)으로 하는 것은 자못 경솔한 생각임을 면할 수 없다. 잠시 현재의 면(面)이란 것을 단순한 행정구획으로 면역장을 설치하는 것을 원칙으로 하여 군수를 따르는 지방 최하급 관청으로 하고, 위임 사무에 대해서는 각 주관 관청으로서 그것을 감독시키고, 예외로 한

27 면사무소.

두 가지 고유 사무를 지정하여 자치의 관념을 함양시키는 것이 아직 이르다고 믿는다. 다음에 그 요령을 대략 기록한다.

(1) 면(面)의 조직

㉮ 면의 관할구역은 종래대로 하고, 그 변경은 내부(內部)·탁지부(度支部) 양 대신의 의견을 듣고 칙재(勅裁)를 거쳐 이를 행할 것.

㉯ 면주민(面住民), 공민(公民) 등의 구별을 하지 않을 것.

(2) 면(面)의 사무

㉮ 고유 사무의 성질을 갖는 것으로 간단한 사무인 것은 임시 감독관청에서 그것을 지정하여 면회(面會)의 결의를 거쳐 이를 집행시키는 것으로 해야 함.

㉯ 위임 사무 성질상 고유 사무에 관한 것과 위임 사무에 관한 것을 불문하고, 원칙으로 모두 국가의 사무로 하고, 지방관청의 자격으로 처리시킬 것.

(3) 면(面)의 기관

㉮ 면역장(面役場)을 설치하고, 면장 및 서기 1~2인을 둘 것. 이원은 대저 공리(公吏)로 하고, 유급(有給)으로 할 것.

㉯ 면장은 군수 및 재무서장의 의견을 듣고 관찰사가 이를 임명함. 단, 참고로 이·동민(里洞民)으로서 후보자 여러 명을 선거시킬 것(선거는 자치의 안목으로 잠시 이와 같이 하여 선거의 관념을 양성시키는 것으로 함). 물론 후보자 중에서 이를 임명하느냐 아니냐는 자유임.

㉰ 서기(書記)는 군수가 이를 임명함.

㉱ 리동장회의(면회의)를 인정하여 면장 사무집행에 마땅히 참고로 하여 그 의견을 들을 것. 이·동장 선출은 종래의 관습에 따를 것.

(4) 면역장(面役場)의 재정(財政)

㉮ 수입

- 종래의 면 교부금을 폐지하고, 다시 예산적 교부금을 부여할 것. 단, 그 출처는 지방세로 이를 충당할 것인지, 국고금으로 이를 충당할 것인지는 문제로 함.
- 인가를 얻어 면민(面民)에게 공과(公課)를 하는 것을 허가할 것.
- 무명(無名)의 징수는 면 공리를 유급(有給)으로 한 이상은 바로 이를 엄금(嚴禁)할 것.

㉯ 지출은 대저 예산에 따라서 이를 행하고, 예산은 인가를 요함.

(5) 면장의 감독권은 원칙으로 내부대신에게 있고, 각 위임 사무에 관해서는 주관 관청이 이를 감독함. 재정에 관해서는 탁지부대신의 감독에 복종함.

대체 이상 서술한 면제를 반포하고, 지방 민지(民智)의 발달을 기다려서 일본 시정촌제적인 면제를 반포하고, 면을 공법인으로 인정하여 고유 사무를 전행(專行)시키고자 한다. 요컨대 현재는 과도시대에 적당한 제도를 반포하는 것으로 만족한다고 믿는다. (중략-편역자)

○ 원산 재무감독국

면제(面制) 개량의 방법은 원래부터 하나로 충분하지 않은 것이지만, 중요한 것은 민지(民智) 발달의 정도를 살펴 구래의 관심을 참작하여 소위 이치대로 조치하여 실리를 거둘 수 있는 방법을 채택함은 현재 과도의 시대에 처한 소이의 길로써, 즉 면(面) 그것의 자존 발달을 촉구하고, 면으로써 기능의 발동을 기약하고자 하는 근본적인 개량은 그것을 나중으로 돌리고, 먼저 나라의 행정을 집행한 후의 시설을 함은 당면의 급무라고 믿는다. 지금 우리 재무의 견지(見地)에서 그 의견을 세운다면 ① "조세 징수 기타 재무를 전적으로 담당하는 최하급의 집행기관을 설치할 것"이 그 제1점으로써 유래 면장이란 것은 그 면(面)에서 모든 행정사무에 관여하는 하나의 기관이지만 군수 기타의 지방관이 징세권을 갖는 시대는 물론 관세(管稅)[28] 제도 개정 후인 금일에 있어서도 그 주요한 직무는 조세 징수의 사무로 이 사무가 없었다면 면장의 직(職)에 나아갈 자 없고, 아니 면장은 조세 징수를 위해서 설치되어지는 하나의 기관이라 해도 감히 과언이 아닌 현상이다. 그리고 그 임명권 및 감독권은 고래 군수에게 있어서 군수는 멋대로 이를 다시 임명하고, 또 공연히 가책(苛責)하여 권위를 부린 결과 진실로 면장의 직에 있는 자는 완연 군수의 노예와 같고, 업무의 공사구별이 없으며, 또 정사(正邪)의 구분도 없이 오직 명령에 따른다. 관세제도 개정 이래 이러한 폐단은 징세상 지대한 관계를 갖는다는 것을 인정하여 크게 간섭하여 면장의 임명은 군수의 전천(專擅)

28 갑오개혁의 일환으로 조세제도와 조세 징수제도의 개혁을 위해 1895년 관세사(管稅司)와 징세서(徵稅署)가 탁지부 산하에 신설됨. 관세사는 동 9월 폐지되고, 해당 업무는 세무시찰관에게 넘어감.

에 위임하지 않는 것으로 협정함은 각지 또한 동일하지만, 어떻게 지금 또 사실에 있어서 협정과 같이 실행되어지지 않을 뿐 아니라 가령 실행되어도 다만 하나의 형식에 그치지 않는다. 면장 그자의 관념을 근본적으로 타파하려면 도저 극히 어려움으로 군수가 소환하면 먹던 것을 토할 정도로 급하게 달려가도 재무서장의 소환에는 때로 그것에 응하지 않는 경향이 없지 않다. 이에 더하여 요즘 정부의 쇄신에 수반하여 면장의 직무도 점차로 증가하고, 특히 해당 관내의 실황에 따르면 지방에 주재하는 수비군대에서는 물자(物資) 아울러 인부의 징발은 면장의 직무로 하여 번잡하게 그것을 사역(使役)하고, 심하게는 면장을 그곳에 억류하여 떠날 수 없게 해 주요한 징세 사무에 종사하는 것이 가능하지 않음은 물론, 가끔 재무서에서 소환해도 이에 응하지 않는 경향이 없지 않다. (중략-편역자)

② "면장, 기타의 자를 이용하여 징세 사무에 대해 사실상의 변혁을 시킬 것"이 그 제2점으로써, 즉 제1점에 부수하는 문제로 한다. 이미 전술한 것과 같이 조세 징수 기타 재무의 발전을 도모한 후에 있어서는 새로 별개의 전속기관을 설치하여 면장 이외에 적당한 자를 선정하여 그 임무를 담당시키고, 전연 그 조직을 고쳐서 종래의 폐해를 방지함은 원래부터 바라는 바이지만 (중략-편역자) 납세의 관념이 진보하지 않아 징세 성적이 오르지 않은 지금은 한층 납세의 폐단을 야기시켜 징세상 곤란을 느끼게 될 것이므로 이에 대한 방책으로써 종래의 면장, 기타 징세에 간여시킨 이서 무리(吏輩, 이배)를 이용하여 그것으로써 신설기관의 역원으로 채용함이 마땅함은 가장 시의에 적정한 것이라 믿는다. (하략-편역자)

〈자료 80〉 지방비법 제정의 이유 및 입법의 취지에 대해서[사와다(澤田)[29] 지방국장(地方局長), 1909, 「地方費法制定ノ理由並ニ立法ノ趣旨ニ付テ」, 『지방비법관계법령요록(地方費法關係法令要錄)』, 내부 지방국(內部地方局)]

1909년 6월 2일 도 서기관 회의석상에서 사와다(澤田) 지방국장 연술 필기 요령

지금 대신 및 차관으로부터 훈시가 있었던 것과 같이 본 회의의 목적은 주로 지방비에 관

29 사와다 도요타게(澤田豊丈), 통감부 내부 지방국장, 조선총독부 내무부 지방국 제1과장.

한 협의로 회의에 앞서 올해 법률 제12호 지방비 제정의 이유, 아울러 법규의 정신에 대해서 대체의 설명을 하고자 합니다.

한국에는 아직 공법(公法)상의 법인을 인정하고 있지 않고, 한성부 외 13도는 단순히 나라의 행정구역에 지나지 않습니다. 부윤, 관찰사 등은 중앙행정의 전달 기관에 지나지 않아 일본의 부·현(府縣) 제도와는 크게 그 취지를 달리합니다. 고로 지금 한국에서 획일적인 중앙행정과 아울러 각 지방 특수의 행정을 인정하여 시대의 요구에 따라 지방 개발을 계획하고자 하는 것으로 먼저 이로써 제도를 확립하지 않으면 안 됩니다. 그래서 오늘은 지방자치제를 펼칠 시기가 아니라는 많은 말을 대비하지 않는다면 자치제가 가능하지 않습니다. 게다가 지방자치체를 집행하는 행정의 사실을 행할 수 있는 방법을 강구하지 않으면 안 됩니다. 이번 실시하는 지방비법은, 즉 위의 요구에 응하여서 발생한 것으로 지방행정의 헌법이라 할 수 있습니다.

한국의 소유권적 법률 관계는 국유 및 사유의 2종일 뿐 아니라 이외에 재산권의 주체를 인정하지 않는다는 의론은 순수한 법률론으로써 원래부터 잘못된 것이 아니지만 이 의론을 아주 엄밀하고 확실하게 존수할 때는 실제의 행정상 지대한 불편을 느끼고 지방행정의 발전은 도저히 기대할 수 없기에 이릅니다. 이와 같이 존수하지 않으면 순사(殉死)입니다. 국가의 재산은 탁지부의 주관이지만 지방 특수의 시설에 필요한 것은 중앙 주관청 하나로 모으는 것이 필요 없는 것은 물론입니다. 지방비(地方費)는, 즉 각 지방에 일종의 재단을 설정하는 것을 인정하는 것으로써 재산에 관한 지방분권 제도입니다. 단, 지방비의 순수한 법률상의 성질은 물론 국가의 재산으로 그것에 속하는 금전은 국고금임은 의심이 없지만 그 실제상의 취급은 흡사 재단법인과 같고, 또한 일본의 자치체인 부현의 재산과 같이 간주됩니다. 이 실로 지방비법의 근본의 주의로써 서로 모순한 두 개의 관념을 조화하여 실효를 거두고자 하는 정신입니다. 위의 순서로 지방비를 실시하는 것은 한편 여러 가지 모순과 곤란을 느낍니다. 근본의 주의, 정신으로 되돌려 고려하면 백 개의 의문도 바로 해결할 수 있는 법의 운용에 대해서는 추호도 우려할 것이 없으리라 믿습니다. 당국 여러분, 특히 이 점에 유의해야 할 것을 희망합니다.

제1조는 전술의 정신에 따라서 지방비란 것을 설정하는 것을 보여주는 것으로써 제2항은 지방비란 재단의 조직 분자를 열기하고, 지방비에 속하는 재산이 존재하는 것을 명확하게 합니다.

제2조는 지방비로 지불할 수 있는 비용을 정하는 것으로 합니다. 동조(同條) 단서는 탁지부의 희망에 따라서 특히 그것을 규정하는 것으로 동일 종류의 사업에 대해 혹은 국고금으로 그것을 지불하고, 혹은 지방비로 경영하는 것을 허락할 때는 일의 완급을 계획합니다. 나라의 예산을 편성할 때 사정(査定)했던 사항이 변경되어지는 결과를 초래하여 재정 조사상 혼란을 발생시킴으로써 국고 지불사업과 지방비 지불사업은 명확하게 그것을 구분할 필요가 있다는 것입니다. 단, 그 구분은 금일의 행정 정태(情態)에 있어서는 이에 명기하기 어려운 것이 많습니다. 예를 들면, 토목비와 같은 것도 일본의 제도에는 국도(國道), 현도(縣道), 이도(里道) 등의 구별이 아직 규정되어지지 않음으로써 개괄적 구별을 명문으로 표하는 것이 가능하지 않습니다. 학교에 대해서도 그렇습니다. 이러한 것은 각 부 행정의 정돈 발달을 기다려 구별을 하는 방법 외에는 없습니다.

제3조는 부과금의 종류에 관한 규정으로 당초 지방세(地方稅)라는 명목으로 또 그 세목을 들어서 열거주의에 의하나, 이러한 것은 인민에게 신세(新稅)를 부과하는 것 같은 감상을 부여할 우려가 있습니다. 방책을 얻는 것이 아니므로 본조(本條)와 같이 부과금이란 명칭을 사용하여, 또 종래 지방에서 징수한 잡세(雜稅) 중에서 종류를 정하는 것입니다. 그리고 잡세를 이에 제세(諸稅)라 정하는 것은 이미 법령에 의합니다. 일단 징수를 금지한 잡세의 이름을 사용하는 것이 온당하지 않은 것을 피하기 위한 것입니다. 즉 소위 제세(諸稅)란 구 잡세와 다른 의의가 아닌 것입니다. 전에 신세 부과는 그것을 피하고자 하였으나 이에 소위 제세(諸稅)는 넓은 의미로 해석할 것 없습니다. 이미 갑(甲)의 도(道)에서 일찍이 징수한 예가 있는 것이 가령 을(乙)의 도에서 아직 징수한 예가 없으면 사실상 신세(新稅)인 것을 면할 수 없는 것이나 소위 균점주의적 해석을 채택하는 것이라 이해하길 바랍니다.

제4조는 일본의 홋카이도(北海道) 지방비에 있어서 칙령에서 홋카이도 지방비의 행정은 홋카이도청 장관이 그것을 담임한다라는 명문(明文)을 게재하였으나 본법(本法)에는 징수기관의 관계도 있습니다. 또 명문은 없으나 징수 외의 행정은 지방 장관의 직무 권한에 있는 것이 해석상 당연한 결과이므로 위 선언적 규정을 설치하지 않았습니다. 바로 과목(課目), 과율(課率) 등 부과에 관한 권능 및 그 제한에 대해 규정하고자 합니다.

제5조는 지방비 징수기관을 정하는 규정으로 아마 제군의 희망과 서로 배치하는 것이나 국세 징수와의 관계상 어쩔 수 없습니다. 그 기관을 재무서장으로 하고자 하는 것입니다. 실

시의 결과에 따라 다시 관계 관청과 교섭을 시도할 기회가 올 것인지도 헤아리기 어렵습니다. 그렇지만 이미 국법으로 제정된 이상은 본 규정의 존속하는 한 제군의 희망은 잠시 달성하기 어려운 것이라 이해하여 주시길 바랍니다. 본조에서 징수기관을 재무서장으로 결정한 이상 재무서장은 그 감독기관인 재무감독국장의 뜻을 받아서 행동해야 함에 따라서 제군이 지방비를 운용함에 이르러서는 먼저 재무감독국장과 원만한 교섭을 다하기를 희망합니다. 재무서장은 지방비의 징수기관이므로 이 점에서 지방비의 주관자인 지방 장관의 감독을 받는 것도 원래 재무서장이 지방비를 징수함은 지방비법이란 법률이 명하는 권한에서 나오는 것으로 독립의 권한입니다. 따라서 지방 장관의 감독하에 속하는 것이 아니란 것을 주의해야 합니다.

제6조는 부역(夫役) 현품(現品)의 부과에 관한 규정입니다. 종래 습관으로써 지방 장관이 부역 현품을 부과한 것을 법(法)의 상으로 인정하고, 동시에 부과금 등과의 권형상 내부대신의 인가를 필요로 하는 것입니다.

제12조의 지방비에 관한 회계는 국고금의 회계법에 의하지 않고 별도로 내부대신에 한해서 회계 규칙을 정하고, 또 제9조 및 제11조 세입 · 세출 예산의 결산은 내부대신에 한해서 그것을 인가하는 규정을 설정한 것은 모두에 서술한 지방비의 성질론에서 나온 당연한 결과입니다. 기타 각 조는 특히 설명을 필요로 하는 정도의 것이 아니므로 이에 그것을 발췌하지 않습니다.

이상으로 지방비에 관한 입법의 정신 및 이유에 대해 대체의 설명을 마치는 것이라 믿습니다. 오직 본법 시행에 관해 필요한 법규 중 지방비 소속 재산 편입에 관해서는 현재 법률 제13호를 발포하고 재산 관리규정, 지방비 사업에 필요한 관리에 관한 규정 및 지방비 회계 규칙은 이미 법안 탈고하여 조만간 발포되어질 것입니다. 이러한 것에 대해서도 회의에서 제군의 의견을 구하고자 하는 것입니다. (완-원문)

〈자료 81〉 (부록) 사무관 및 서기관 협의회 의사 요록[內部, 1909.6, 「(附錄)事務官及書記官協議會議事要錄」, 『한성부 사무관 및 각 도 서기관 회의 요록(漢城府事務官及各道書記官會議要錄)』]

제1일(6월 8일 오전 11시 30분 개회)

사와다(澤田) 황해 서기관: 면장의 봉급을 전부 지방비의 부담에 속하게 하는 것은 불가합니다. 면의 폐합을 행하면 국고의 교부금을 현재대로 해도 또 면장 봉급의 증가를 초래합니다. 단, 국고의 교부금을 증가하고 지방비에서도 지출하였으면 합니다.

다케자키(竹崎) 전북 서기관: 면비(面費)는 지방비로 보조했으면 합니다.

다케우치(竹內) 경북 서기관: 면장에 그 인재를 얻는 것은 지방행정 쇄신의 일착 진보입니다. 그래서 그 실행에 대해서는 봉급의 지출을 요구합니다.

다유이(田結) 경남 서기관·가미야(神谷) 충북 서기관: 찬성.

모토키(本木) 평북 서기관: 본도(本道)의 현황은 호수 10만으로 지방비(地方費)를 징수하나 겨우 1만 5,000원 정도의 수입에 지나지 않을 예상입니다. 그리고 면 300여에 대해서는 6만 원의 급료입니다. 수지의 관계상 도저히 실행할 수 없습니다.

나카이(中井) 함북 서기관·오키(大木) 평남 서기관: 찬성.

협의 결과, 면장의 봉급에 관해서는 당분간 현상으로 유지하는 것으로 결정함.

사와타 지방국장: 제군의 의견과 같이 면장의 봉급을 지급하는 것으로 한다면 지조(地租)의 부가세는 탁지부에 있어서 다분히 부족 상태가 될 것입니다.

제2일(6월 10일 오후 2시 개회) (중략-편역자)

제3일(6월 16일 오전 10시 개회)

◎ 협의 결정사항

(3) 지방비 부과금에 관한 건

① 지세부가세(地稅附加稅): 부·도(府道) 모두 본세(本稅)의 30/100 이하로 함. 단, 징수 명의(名義)는 결세부가세(結稅附加稅)로 하나 채(債)로 하나 명의는 무엇이든 불문함.

② 호세부가세(戶稅附加稅): 부·도 모두 1호에 15전(錢) 이하로 함.

③ 시장세(市長稅): 시장세라 하고, 그 등급은 각지의 상황에 따라 부 및 도에서 이를 정할 것.

④ 포사세(庖肆稅): 우(牛) 1두(頭) 당 1원(圓) 60전(錢) 이하로 함. 징세 방법은 도에서 적당한 것을 정함. 돈(豚)의 도살세(屠殺稅)는 종래의 관례에 따름.

⑤ 도선세(渡船稅): 장소세로 관례에 의함.

⑥ 주막세(酒幕稅): 관례에 따름.

⑦ 객주세(客主稅): 여각세(旅閣稅) 연세(年稅)로 관례에 따름.

(4) 군수 후보자 추천(推薦)에 관한 건

① 군수 후보자를 2인 이상 추천하라는 훈령은 취소되어야 한다.

② 군수 후보자는 그 도(道)의 자를 추천한다라는 제한은 해제되어야 한다.

③ 추천 군수 후보자로서 본부(本部) 심사위원회에서 적임이라고 인정되어지지 않을 때는 그 뜻을 한편 관찰사에게 통보해야 할 것이다.

(5) 지방관 관제 개정에 관한 건

① 관찰사의 대리는 서기관으로 할 것.

② 부·군(府郡) 주사(主事)의 임면은 부윤, 군수 등의 추천을 대기하지 않고, 관찰사가 전행(專行)할 것.

참조

◎ 면장(面長)의 직제(職制)에 관한 건(내부 제출 칙령안)

제1조 각 면(面)에 면장을 둠.

면장은 판임 대우로 함.

면장은 추천에 따라 관찰사가 그것을 임명함.

제2조 면장은 법령에 따라 정해진 직무 외, 군수의 지휘·감독을 받아 면내의 행정사무를 관장함.

제3조 면장은 군수의 인가를 얻어 부속 면서기(面書記)를 둘 수 있음.

제4조 면장 및 면서기의 급료 및 면의 사무비는 면의 부담으로 함. 전 항의 급료 및 사무비

의 액수 아울러 면의 부담에 관계한 세칙(細則)은 내부대신의 인가를 얻어 관찰사가 이를 정함.

제5조 군수는 면장에 대해서 관리 징계의 예에 따라 징계 처분을 행할 수 있음. 단, 면직(免職) 처분은 관찰사가 이를 행함.

제6조 본령(本令)에 면이라 함은 사(社), 방(坊), 부(部) 기타 어떠한 명칭을 사용하던지 불구하고 면에 해당하는 구역으로 함.

부칙

제7조 본령 시행의 때 면장, 사장(社長), 방장(坊長), 부장(部長), 기타 면장에 해당하는 직무에 있는 자는 모두 본령에 따라 그 직에 임명되는 것으로 간주함. (하략-편역자)

◎ 면장직원규정(탁지부 제출 칙령안)

제1조 각 면에 면장 및 공전영수원(公錢領收員)을 둠. 면장 및 공전영수원은 해당 면내 동(이)장 합의 후 후보자를 정하고, 면장에 대해서는 군수, 공전영수원에 대해서는 재무서장(財務署長)의 인가를 거쳐야 함.

제2조 면장 및 공전영수원의 임기는 각 2개년으로 함. 단, 재임하는 것을 막지 않음.

제3조 면장은 법령에 따라 정하는 직무 외 면내 일절의 행정사무를 관장함. 공전영수원의 면의 회계 아울러 공전의 출납 및 보관을 관장함.

제4조 면장은 해당 면내 동(이)의 합의를 거쳐 부속의 면서기, 면주인 기타 이정(吏丁)을 임용할 수 있음.

제5조 면장, 공전영수원 및 부속원의 급료 기타 면의 사무비는 면 부담으로 함. 전 항의 급료 및 사무비 액수 아울러 면의 부담에 관한 세칙은 해당 면내 동(이)장 합의에 따라 그것을 정하고, 군수 및 재무서장의 인가를 받아야 함.

제6조 면장 및 공전영수원이 그 직무에 위배될 때는 해당 면내 동(이)장 합의 후 임기에 상관없이 다시 후보자를 정해 개임(改任)의 인허를 구할 수 있음.

제7조 본령에 면이라 칭하는 것은 사(社), 방(坊), 부(部) 기타 어떠한 명칭을 사용하던지 불구하고 면에 해당하는 구역으로 함.

부칙

제8조 본령 시행의 때 면장, 사장, 방장 기타 면장에 해당하는 직무에 있는 자 및 공전영수원인 자는 모두 본령에 따라 선임되어지는 것으로 간주함. (하략-편역자)

〈자료 82〉 (보고 제137호) 면·동·리 합병에 건[「(報告 第137號) 面洞里合併에 件」, 『동래부 각 면 보고서(東萊府各面報告書)』 3책(冊), 1910.2.21]

1910년(융희 4) 2월 21일 기안(起案) 부윤(府尹), 주임 주사, 주사

작년 11월 내무부 제3520호 통첩을 접하여 열람함에 각 면(面) 구역(區域) 변경과 동리(洞里) 분합(分合)을 각별 조사하고, 그 구역 신구(新舊) 대조표를 조안(調案)하야 또 좌기 사항을 취조할 것 등으로 인하와 이를 조사하오니, 이번 동리의 합병이 요컨대 재이민(在吏民)을 각 면·동장(面洞長)이 공중(公衆) 조사하여 그 원하는 동(洞)은 합병하며, 원하지 않는(不願)하는 동은 거듭 조사(仍調)이온즉, 부윤의 계획으로 강제 합병은 추호도 없으며(毫無이오며), 각 동리 합병에 편리되는 사유와 고장에 어떠함(如何함)은 작년(客年, 객년) 9월 715호 보고에 논하여 진술(論陳)이오며, 각 면·동(面洞)의 인물, 풍속 등을 조사, 1부(府) 경내(境內)로 첫 경계에서(自初境) 마지막 경계에 이르기까지(至終境이) 40리지(里地)에 불과하온즉, 특이한 차별은 무(無)하옵고, 단 연해와 의협(依峽)한 동(洞)에 생활 정도는 각기 토산을 따라(隨하야) 어(魚), 농(農), 상(商) 등에 구별만 유(有)하오며, 동리(洞里)의 거리상 원근(相距遠近)과 인심(人心)의 소속·분합이 각자 부동(不同)이온즉, 구역의 광협(廣狹), 호수인구, 조세는 표준할 바가 무(無)하옵기, 전반 면·동(面洞), 도로, 하천, 산맥 등을 그림(圖) 하에 상기(詳記)하오며, 구동(舊洞)은 흑묵으로 표점하옵고, 신합동(新合洞)은 녹선(綠線)으로 연결케 하와 각 면·동 대장(抬帳)[30]에 호수, 인구, 조세 등을 상기(詳記)하와 신구대조표로 성책(成冊) 이부(移付)하옵고, 이에 보고하오니 사조(査照)하심을 복망(伏望).

---

30 台帳의 오기.

〈자료 83〉 동래부 사하면 규약 등본책(「東萊府沙下面規約謄本冊」, 『동래부 각 면 보고서』 1책, 1910. 6.11)

사하면 조약(沙下面條約) 목록

제1장 통칙

제2장 본 면소(面所) 임원 조직

제3장 직무권한

제4장 사무 처리규정

제5장 본면(本面) 세입 · 세출규정

제6장 인장(印章) 통용규정

제7장 동장 처무규정

제8장 면회규정

제9조 면소 벌칙

제10장 수수료규정

제11장 공문식

동래부 사하면 조례(條例)

제1장 통칙

제1조 본면 구역은 종래 구역을 의하야 동리 및 도서(島嶼)를 포함홈. 단, 법률, 명령으로셔 분할 합병하는 시는 이(此) 제한(限)에 부재홈.

제2조 구역 내 주거하는 민인(民人)은 공공히 재산 및 영조물을 공용하는 권리가 유(有)하며, 면의 담부(擔負)를 분임(分任)하는 의무가 유(有)홈.

제3조 본 면소는 관(官)의 감독을 승(承)하며, 법률 · 명령 · 범위(範) 내에 입(入)하야 행정상 공공사무를 처리홈.

제4조 본 면역 내 주거 민인으로셔 특별히 법률, 명령상 권리 · 의무가 유(有)한 자는 제2조 제한(限)에 부재홈

제2장 본 면소(面所) 조직

제5조 본소 임원은 면회(面會) 의논을 거침(經議)을 득(得)하야 다음과 같이(佐와 如히) 둠(寘홈).

1. 면장 1인
2. 서기원 1인
3.[31] 정사(丁使) 2인

제6조 본 면소 임원 중 면장은 관민이 공선하며, 그 외 임원(任)은 면회로 선정홈.

제7조 임원의 임기는(은) 4개년으로 정홈.

제3장 직무권한

제8조 본 면장은 법률 명령을 따라(從하야) 구역 내 전반 사무를 통관하며, 면회 경의(經議)건을 실행홈,

제9조 서기원은 면장의 지휘를 따라(從하야) 수입 · 회계를 담당(掌)하되, 예산표에 의준(依準)하야 제반 공문을 담당(掌)하며, 소(所) 중 비품을 보관하고, 면내 제반 사무에 취(就)홈. 단, 면장 유고(有故) 때(時)는 대변홈.

(중략-편역자)

제8장 면회규정

제27조 본 면내 거민(居民)의 300인두(人頭)[32]에 1인식(式)으로 의원(議員)을 선정하야 면회의 안에 처리를 담당(掌)하되, 다음과 같은(佐와 如한) 자격으로 홈.

1. 국세(國稅) 5원(圓) 이상에 납부(納)한 자
2. 구역 내 7년 이상에 입적(入籍)한 자
3. 문산(文算), 품행, 박식(博識), 자력(資力) 등이 유(有)한 자

---

31 원문 '사(四)'로 기재되어 있음.

32 머릿수.

4. 연령은 30세 이상 60세 이하 된 자

第28조 다음(左開) 사항에 저촉되는 인원은 면의원을 부득(不得)홈.

1. 금고(禁錮) 이상의 형(刑)에 선고를 수(受)한 자

2. 해륙(海陸) 군인

3. 소학교 교사 및 학생

4. 현직 관리

5. 풍라(瘋癩) 자치(自痴)에 걸린(罹) 자

第29조 본 면회 의원은 다음(左開) 사항의 가부(可否)를 결정홈.

1. 본면 조례 및(及) 규칙의 설립·폐지에 관한 사(事)

2. 면비(面費)로써 지불(支撥, 지발)할 사무에 대한 사

3. 세입, 세출, 예산 또는 예산에 수지 및(及) 예산의 초과에 지출 방법

4. 결산 보고를 인정할 사

5. 법률·명령에 정한 건을 제한 외에 사용 면비, 부역 현품 등의 부과 징수에 방법

6. 면유(面有) 부동산 매매, 교환, 양여(讓與), 양수(讓受), 전당(典當) 등 사

7. 면유재산(面有財産) 및 영조물의 관리 방법을 정할 사

8. 세출입 예산 외에 신(新)의무 부담을 실행(実行) 및 권리 기각에 관한 사

9. 면에 관계(係)한 소송 및 화해에 관한 사

第30조 면회 의장은 본 면장이 겸임함을 득(得)홈.

第31조 본 면회는 의원 반수 이상으로 열되(開ᄒᆞ되) 다음과 같이(佐와 如히) 정홈.

1. 정기총회(매년 3·9월 양차)

2. 임시총회[사무 중요에 따라(隨事務重要)]

(하략-편역자)

2. 외국인 관련 지방제도

〈자료 84〉 인천 거류지제의 상황 및 장래[「仁川ニ 於ケル居留地制ノ狀況及將來」, 『거류지관계서류(居留地關係書類)(1908~1910)』, 1908.2.10]

위 비견(卑見)의 개요는 작년 가을 이사관회의에서 이야기된 것을 상세한 상황과 또 참고할 것을 별책과 같이 이에 구신(具申)합니다. 경구(敬具).[33]

1908년(明治 41) 2월 10일

인천이사청 이사관(理事官) 시노부 준페이(信夫淳平)

통감대리 부통감 자작 소네 아라스케(曾禰荒助) 귀하(殿)

◎ 인천의 거류지제 상황 및 장래

제1. 일본 거류지(日本居留地)

일본 거류지는 1883년(明治 16) 9월 30일의 거류지차입약서(居留地借入約書)에 따라서 설정된 것으로써 그 경역(境域)은 당초 약 4만 5,000평방미터로 그 후 1897년(明治 30) 11월의 사신회의(使臣會議)에서 해면(海面) 약 1만 4,800평방미터를 매립하기로 의결하여[단, 독일영사의 발의(發議)에 관계한 금후 일본 거류지는 다시 매립·확장된 것. 이 매립지는 창고 또는 공공(公共)의 용도로 제공할 건물 외, 상점, 주택 부지 등으로는 사용하지 않을 조건 하에], 일본 거류지에 편입된 것으로 현재 일본 거류지의 면적은 약 6만 평방미터로 한다.

거류지약서(約書)의 중요한 조항은 다음과 같다.

> 하나. 거류지 내의 순포(巡捕)[34] 비용은 한국 지방관과 일본 영사가 상의하여 결정하고, 차지주(借地主)가 납부하도록 할 것(제3조).

---

33 삼가 아뢰다.

34 외국 조계를 지키는 관원.

하나. 지세(地稅) 전액의 3분의 1은 한국 정부에 납입하고, 3분의 2는 거류지 적금으로 할 것. 이 적금으로써 도로(道路), 구거(溝渠), 교량(橋梁), 가등(街燈) 등의 수선, 기타 거류지에 관한 사업에 충당할 것(제4조).

하나. 택지(宅地) 경매 대금의 원가 4분의 1은 한국 정부로부터 거류지 적립금으로 이월하고, 경매 대금 원가에서 경쟁하여 올려진 대가(代價)의 반액도 적립금으로 이월할 것(제5조).

하나. 도로, 구거, 교량, 가등 기타 거류지에 관한 사업으로써 비상(非常), 천재(天災) 등으로 파손된 것에 대해서는 한국 정부에서 관계할 것(제6조).

부언(附言)

이의 '관계'란 문자(文字)는 자못 애매하여 당시의 외무성 당국자는 그것을 해석하여 말하기를 '관계'의 2자는 그 일에 관계하는 것으로써 그 일을 주로 담임하는 것이라고는 해석할 수 없다. 동조(同條) 하반에 '출금(出金)을 필요로 하는 경우에 있어서'의 일구(一句)는 스스로 출금을 요구하지 않는 경우가 있을 수 있음[1885년(明治 18) 10월 10일자 기밀 제104호 이노우에(井上) 외무경(外務卿)으로부터 다카히라(高平) 주한대리공사(駐韓代理公使) 앞 공신(公信) 참조].

하나. 거류지약서 조관(條款)의 변동 증가는 일한(日韓) 양국 정부 위원(委員)의 협의 작정(酌定)에 따라서 할 것(제10조).

위 중 순포(巡捕)의 비용을 차지주가 납입하는 규정(規定)은 이후 실행되지 않아서 거류지의 경찰비용은 전부 우리 정부의 지출하는 바에 관계하였다. 거류지비(居留地費)는 오직 야번(夜番)의 비용뿐이었다. 지세액(地稅額)은 일본 거류지로부터 징수된 총액 매년 87엔 여로써 그중 29엔 여는 한국 정부에 납입하고, 58엔 여는 거류지 적립금에 납입하는 것으로 계산하였다 한다.

일본 거류지의 지구(地區)는 '경대법(競貸法)으로써 일본인에게 대여(貸與)해야 한다.'(제2조)라 하여 영대차지(永代借地)의 제도를 취한다. 각국 거류지약서에 있어서는 지소(地所)를 매도(賣渡)하고, 지소를 소유(所有)하는 등의 문자(文字)가 있어서 명확하게 소유권을 인정하고 있다. 이 양(兩) 조약상에 있어서 현저하게 서로 같지 않은 것으로 한다. 청국거류지약서(淸國居留地約書)에는 조여(租與)[35]란 문자를 사용하여 의의(意義)가 애매하나 '영원히 화인(華人)에게 조여한다'라는 문자가 있는 것으로부터 생각하면 영대차지(永代借地)의 의의로 해석하는 쪽이 적당하다.

거류지 설립 후 얼마 되지 않은 때의 영사(領事)는 '거류지신합규칙(居留地申合規則)'이란 것을 제정하여 그것에 따라서 거류지 재주(在住) 본방민(本邦民)이 스스로 부담해야 할 공공(公共)의 의무 혹은 사건에 대해 그 취급 방법 및 주의사항을 규정하였는데, 1887년(明治 20) 3월에 이르러 이 신합(申合)[36] 규칙을 폐지하고 거류지규칙(居留地規則)이란 것을 널리 일반에 알렸다. 그중 중요한 조항(條項)은 다음과 같다.

하나. 총대(總代) 1명을 공선(公選)하고, 총대역장(總代役場)을 설치하고, 거류지 일반의 사무를 취급시킬 것.

하나. 의원(議員) 10명을 공선하여 거류지(居留地)회를 만들고, 거류지 일반의 일을 의논할 것[1893년(明治 26) 6월 10명을 20명으로 개정].

하나. 거류지 입비(入費)는 전연 거류지 내의 지소(地所)·건물·인별(人別) 영업에 부과할 것.

하나. 이 규칙은 거류지 외에 거주하는 본방민에게 미치지 않을 것.

고로 위의 규칙은 완전 거류지 내에 주거하는 본방민에 관한 규칙인데, 1891년(明治 24) 11월에 이르러 위의 규칙을 '거류지 외에 거주하는 일본인민(日本人民)에 미칠 수 있음. 단, 거류지 외에 주거하는 일본인민에 이르는 조항에 대해서는 영사의 인가를 필요로 함'으로 개정하였다.

1896년(明治 29) 5월 시기의 영사(領事)는 위 거류지규칙을 폐기하고, 새로 거류민규칙을 제정하였다. 구칙(舊則)과 다른 신규칙의 요점은 다음과 같다.

하나. 이 규칙은 인천항의 본방(本邦) 거류민 일반에 대해서 시행할 것.

---

35 대여.

36 합의.

하는 것 같은 경우에는 극력 반대하여서 일찍이 거류지회 의원으로 영국영사와 같은 자는 거류지 경찰리는 본방인을 그만두게 하고 인도경찰관을 고용하자고 하는 의견을 부르짖었다. 무엇보다 현하 각국 거류지회는 고래 별도로 경찰서를 두고, 서장 이하 8명의 경찰리(모두 본방인) 및 약간의 야번(夜番)을 고용하여 해마다 4,000~5,000엔의 경찰비를 거기에 충당하고 있다. (중략-편역자) 즉 각국 거류지 경찰비는 그 수입 중 약 3할(割) 3분(分)을 점하고 있다. 소관은 이러한 사정에 비추어 또 각국 거류지회 의원으로서 특히 거류지 경찰서를 존립시키는 것의 불경제함을 우려한다. 또 이사관으로써 인천에서 경찰 사무를 통일하는 만사(萬事)에 있어서 편리함을 인정하고, 즉 그 순서로써 각국 거류지의 경찰 사무를 우리 경찰관에게 위임시키고자 한다. 일찍이 거류지회의 가장 유력자인 월터(ウォルター)[38] (중략-편역자) 자기 집을 정찰하게 하고, 때로는 월터의 신발 끈을 풀게 하여 사람들이 거류지회의 경찰인지 월터의 사복인가를 의심하기에 이르렀다. 고로 만약 일단 거류지회의 경찰권을 우리 손에 위임하기에 이른다면 월터는 이러한 편의를 향유할 수 없기에 이를 것임은 물론으로 한다. (중략-편역자)

각국 거류지회에서 금일에 이르기까지 가장 유력자이고, 또 자칫하면 소관 및 소관의 전임자를 힘들게 해 왔던 자는 앞서 서술한 바의 지주의원 또 행정위원의 1인인 독일 상인 월터이다. 그리고 그 당연한 보좌관인 독일영사도 종래 거류지회에서 어려운 인물이었다. 일로전쟁(日露戰爭) 당초에 월터는 각국 거류지를 중립지로 할 것을 부르짖었으나 전임 가토(加藤) 영사는 외무대신의 훈령에 따라 이 의론을 배척하였는데 다행히 우리 군(軍)의 행동이 불리하지 않아서 일이 끝났지만 이러한 종류의, 우리에게 불리한 의견은 종래 월터를 따라서 거류지회에 제출된 것이 한두 번이 아니다. (중략-편역자)

제4. 거류지의 장래

거류지란 것은 그 연혁과 성질에서 추측하여 생각하면 영사재판권을 갖는 우국(優國)이 내지 미개방의 열국(劣國)에 대해서 갖는 일종의 특전(特典)이나, 한국 금일의 시세(時勢)에 있어서 위는 필경 실익이 없는 명의상의 특전에 지나지 않는다. 단지 다른 거류지뿐 아

---

38 세창양행 인천지점 칼 월터(Carl Walter).

니라 우리 전관거류지(專管居留地) 또한 그렇게 금일 이미 거류민단법(居留民團法)이 시행되고, 그에 따라 민단은 일정한 지구(地區) 내에 주거하는 제국 신민 그것으로써 조성의, 직접의 기초로 한다. 거류지란 것은 그 구애되는 것이 아닌 것으로 생각되나 장차 또 토지건물증명규칙(土地建物證明規則)의 시행에 따라 간접적으로 널리 내지를 개방하여 일반 외국인의 토지 소유권을 용인하는 현상에서 고려해도 거류지 제도는 이미 존립의 이유를 잃는 것으로 그 존립은 금일 이미 무의미하다. 현재 일본 거류지는 물론, 청국 거류지, 각국 거류지, 기타 십한리(十韓里) 이내의 잡거지는 모두 우리 거류민단의 실시구역으로 편입시키고, 이 시행구역 일대의 지역에 도로, 위생, 기타 공공사업을 어느 정도까지 단(團)의 경비로 시설하고, 적어도 본방인의 이익에 관한 시설·경영하는 데 있어서는 그 조계(租界) 외인 것과 각국 거류지인 것, 장차 청국 전관거류지인 것 등을 불문하고 그것을 등한시하지 않으면 안 된다. (중략-편역자) 요컨대 소관이 생각하는 바로는 이미 한국 내지를 개발시킨 이상은 거류지제는 무의미하다. 단지 무의미할 뿐 아니라 일한 양국의 행정상 편의에서 논하자면 그 존재는 때로 장해가 있고, 별도로 이익 있는 소이(所以)를 볼 수 없다. 강력하게 이익을 구한다면 지세(地稅)를 가볍게 하는 것이다. 그렇지만 지세란 것은 장래 어떠한 형태로라도 별도로 협정할 수도 있으므로 소관은 현재의 거류지제는 나아가 그것을 폐지하고, 그것을 한국 지방조직의 일부로 편입하고, 그런 후 외국인에 대해서는 지방공비(地方公費)를 부담시켜서 우리 민단으로써 흡사 공공시설의 임무를 담당시킴에 따라 우리 행정의 통일을 기약할 수 있는 시기가 속히 도래하기를 바랍니다. (하략-편역자)

〈자료 85〉 제21회 제국의회 중의원 거류민단법안 위원회 회의록(필기) 제2회[「第21回 帝國議會衆議院居留民團法案委員會會議錄(筆記) 第2回」, 『제국의회회의록(帝國議會會議錄)』, 1905.2]

◎ 제21회 제국의회 중의원 거류민단법안 위원회 회의록(필기) 제2회

회의: 1905년 2월 21일 오전 10시 40분 개의(開議)

(중략-편역자)

본일의 회의에 올린 의안(議案)은 다음과 같다.

거류민단법안(정부 제출)

(중략-편역자)

정부 위원(政府委員) 이시이 기쿠지로(石井菊次郎)[39]가 본안 제출의 이유를 설명합니다.

이 거류민단법안은 단순히 장래의 거류지 발달을 예상하여 작성한 것이 아니라 현재의 거류민단체가 비상하게 발달하여서 공법인(公法人)의 형식을 취하고 있는 것이 많으므로 공법인의 자격을 갖출 필요가 있어 이 법안을 제출하였습니다. (중략-편역자) 그리고 거류지의 사업을 확장함에 거류지에 세금을 부과하여 급무(急務)를 충당하고 있어서 해외에 나가 있는 자들은 부나 생계의 정도가 비교적 힘들지만 공공(公共)의 마음이 크게 발달하여 지금까지는 공공의 일에 진력함은 크게 감사한 것이라 생각합니다. 아울러 어디까지나 거류민의 공공심에 호소하여 거류지의 발달을 계속한다라 함은 불가능이므로, 그것을 공법인으로 할 필요가 생겼습니다. 이러한 이유에서 이를 제출한 것입니다. 그리고 이러한 과정까지 발달한 거류지는 조선에 10개 정도와 청국에 1개가 있습니다. 그 주요한 것의 통계를 들면 1903년도(明治 36)에 경성은 인구 4,500인, 세입 21,000원, 인천은 6,400인 이상 수입 39,600원, 부산은 11,000인, 수입 49,900원, 원산은 2,000인, 수입 16,000원, 목포는 1,460인, 경비 6,250원, 진남포는 780인, 경비 4천, 군산은 1,254인, 경비 7,700원, 평양은 300인, 경비 4천, 군산은 1,254인, 경비 7,700원 등입니다. 그리고 거류지는 공공의 영조물을 가지고 있어서 학교, 병원, 기타 도로의 구조 제방에 대해 거대한 비용을 투자하여 경영하고 있습니다. 그중 가장 오랜 부산에서 원산, 인천, 경성 등은 그다음에 이러한 영조물을 가지고 있고, 수입이 있어서 이들은 거류민단법을 시행할 필요가 있는 바입니다. (중략-편역자) 원래 처음에는 거류지법을 설치할 예정이었는데, 한국의 경우를 생각해 보면 조선의 거류지는 작고, 또 우리 일본인은 일본거류지에 거주하는 자가 적어서 특별히 그것을 일본거류지로 제한할 필요 없이 한층 그것을 확대하여 일본인이 모인 곳에 적용한다라 해서 거류민단법안이라 고치고자 했습니다. (하략-편역자)

---

39 당시 일본 외무성 통상국장, 인천 영사를 역임한 바 있음.

〈자료 86〉 제25회 제국의회 중의원 거류민단법 중 개정 법률안 위원 회의록(속기) 제2회

[「第25回 帝國議會衆議院居留民團法中改正法律案委員會議錄(速記) 第2回」, 『제국의회회의록』, 1909]

◎ 제25회 제국의회 중의원 거류민단법 중 개정 법률안 위원 회의록(속기) 제2회

회의: 1909년(明治 42), 2월 22일 오후 1시 30분 개의(開議) (중략-편역자)

출석 정부위원: 외무차관(外務次官) 이시이 기쿠지로(石井菊次郎), 외무성 통상국장(外務省通商局長) 하기와라 모리이치(萩原守一), 통감부 서기관(統監府 書記官) 백작 고다마 히데오(兒玉秀雄)

본일의 회의에 올릴 의안은 다음과 같다.

거류민단법(居留民團法) 중 개정 법률안 (중략-편역자)

위원장 요코이 도키오(横井時雄): 지금부터 개회합니다. 처음 이 개정안을 제출한 오우치(大內)와 사쿠라이(柵瀨)는 제출의 취지를 조금 이야기해 주시길 바랍니다.

오우치 초죠(大內暢三): 저는 본안의 제출자 1인입니다. 저번 본 회의에서 본안이라 하는 것을 이릅니다. 오직 그때에 조금 이야기했던 것을 말해둘 필요가 있다고 생각합니다. 한국에서 민단(民團)은 민단법을 설치한 후에 비로소 민단과 같은 것이 가능했던 것으로, 실은 한국에서 민단은 어느 정도 이력을 가지고 있는 것입니다. 민단법이 시행되기 이전에 이미 민역소(民役所)라 하는 것이 있어서 민간에서 훌륭한 민장(民長)을 선택하고, 제국 영사의 감독하에 자치제를 행하였습니다. 민단법이 실시된 후에 민단이라 명칭하게 된 것으로 실질에 있어서는 하나도 변화한 것이 있지 않습니다. 그리고 민장에 관한 감상 또 시정에 대해 거류민의 감상은 전과 다름없는 것으로, 이에 특별하게 변경된 것, 민심의 사상에 일종의 변화를 부여하는 것이었습니다. 그러므로 민단이 설치된 후 한국의 민장은 모두 거류민회(居留民會)에서 그것을 선거하여 종전과 달라진 것이 없었는데, 이번 갑자기 관선(官選) 민장으로 되어서 비상하게 놀라고 있는 것 같습니다. 이 최초 관선 민장인데, 이번에 민선 민장으로 변한다고 하면 민정의 발전으로써 거류민도 크게 기뻐서 맞이할 것이나, 이미 민선 민장이란 것이 돌연 관선 민장이 된 것이기 때문에 비상하게 불쾌한 감정이 일어난 것 같습니다. 그래서 이것에 대해서는 지난날 예산회의에서 사쿠라이(柵瀨)의 질문에 대한 고다마 정부위원의 답변 중에 무언가 행정상에 이치에 맞지 않는 것이 있어서 혹 관선 민장으로서 하고 민선 민장이 가능하지 않다라고 하는 이해적 해석이 나온 것 같은데, 이 문제는 반드시 이해에 관한 성질의 문제가 아닙니다. 실은 민인(民人)의 권리 문제로써 어느 정도 중요함을 두고 있는 것 같습니다. 또 그 답변 중에는 한국의 13민단 중에 신의주(新義州)라든가, 대구(大邱)라든가 한두 곳의 비상한 민장 선거 폐해가 있다고 하므로 관선 민장으로 하고자 하는 답변이 있었는데, 그것은 한두 곳 민단의 폐해를 인정하여 13민단 모두를 관선으로 한다라 하는 것은 심히 해석에 어려움이 있다라 하는 것 또한 거류민에게 불쾌한 생각을 들게 하는 것입니다. (중략-편역자) 이 일이 일어난 것은 종종 원인도 관변 쪽에서 해석해 본 것인지도 알 수 없는데, 요약함에 이 관민 간의 의사소통이 결핍한 것이 원인입니다. 또 이 일이 있은 뒤 관민의 의사소통이 날로 결핍되고 있는 것도 사실입니다. 계속 당국의 말을 들어보아도 만한(滿韓)의 땅에서 날로 발전을 하지 않으면 안 된다라 하는 것이 제국의 국시(國是)와 정책이다라 함에, 해외에서 관민 간의 의사소통이 결핍했다라 하는 것은 심히 마땅하지 않은 것으로, 의사소통이 결핍되었다고는 말하는 관선령을 내지 않아도 된다는 것을 인정하여, 시비(是非) 관민의 의사소통을 융화하기 위해 이 법안을 통과시키는 것을 희망하여 제출한 것입니다. 또 계속 제출자가 있으므로 이야기해 봅시다.

오쓰 준이치로(大津淳一郎): 이어서 이 거류민이라 하는 것에 대해서는 조금 정부 당국의 인(人)에게 질문하여 보고자 생각하고 있는데, 다행히 이 법안이 제출되어서 위원으로서 거류민에 관해 정부 의향을 엿볼 수 있음은 나의 만족이라 생각합니다. 말할 것도 없이 아국의 발전상이라 하는 것이, 즉 인구의 증식으로 해외로 향해서 국민의 각반 사무에 대해 신진의 생각으로 나아간다라 하는 것은 국민 일체가 희망하는 것으로, 이는 말할 것도 없는 것입니다. (중략-편역자) 이 외국으로 나간 거류민이라 하는 것에 대해서는 어느 정도 국가가 주의하여 무론 취체라 하는 것도 있어야겠지만, 한층 편의를 부여하여 주지 않으면 안 된다라 하는데, 일본의 금일 일반 급무(急務)이다라 하는 것은 정부도 생각하고 있고, 일반의 대세에서 나는 생각합니다. (중략-편역자) 또 이 민단법 제정 이래 대시장에 있는 소위 전관거류지라 하는 장소는 각국에 몇 개소가 있고, 그 전관거류지의 지면(地面)만 가지고 무효에 속하여 있는 것도 있고, 또 실제 거류지도 가지지 않고서 역할을 충분히 행하고 있는 것도 있습니다. 이들에 대한 구분도 알고자 합니다. 또 거류지를 넓혀서 그리고 사실로 행하고 있지 않은 이유, 또 거류민이 많이 가 있는데 전관거류지를 필요로 하지 않고서 가능하다라 보는 이유, 또 요구하는 것이 가능하지 않은 것 등은 우리 국민의 발전상에 있어서 국가로서 심통한 것으로 정부 당국자만이 아니라, 국민 또한 이 점에 대해서는 크게 심력을 기울여 보아야 할 것이라 생각하는 바이므로, 이러한 것은 지금의 조사에 아울러 무언가 비고라 하는 것으로써 첨기(添記)하기를 원합니다. (중략-편역자) 현재 민단법을 시행하고 있는 바는 몇 개 소(所)인지, 또 기타는 시행할 필요가 없다라 인정하고 있는데, 또 시행이 가능하지 않은 이유가 있는지. (중략-편역자) 거류민단 개정이라면 거류민단법의 효력 여하, 필요 여하 등을 제1로 생각하여, 그리고 그것을 조선에 적용한 후에 이러하였으므로 마땅한 것인가, 어떠한가 하는 것을 조사함은 이 회의 당연한 책무이다라고 나는 생각합니다. 또 일본의 금일은 가장 이 해외 이라든가 출가(出稼)라든가, 그것은 무엇이든 마땅한데, 사람이 계속 해외로 더욱 나가서 국가의 부를 도모한다라 하는 길을 나아간다라 하는 것이 금일 일본 현상의 제일이나 만족스럽지 못하다고 생각하고 있습니다. 고로 처음부터 희망한 것은 마음을 터놓고 당국의 제군에게 이야기 하기를 원합니다. 또 조사가 있다면 그것을 보고자 합니다. 그리하여 단지 지금 제출된 1개조만이 아니라 거류민단법에 있어서 불편한 것 있다면 그것을 기회로 증가도 하고자 하고, 삭제할 것이 있으면 삭제하고자 합니다. 또 수정도 해야 합니다. 그리고 이는 거류민단법 개정이라 하는 문제이므로 위탁되어도 당연한 직무라고 의원법에서 해석해도 지장이 없다라 믿습니다. 무언가 정부위원에게도 이 취지를 양해시켜서, 또 위원장에게도 이 취의를 채용하게 해서, 그리고 취지서 등의 설명을 얻어 이 조사를 면밀하게 해 국가의 이익이라 해도 큰 문제가 없을 것인데, 먼저 나라의 대사인 점에 대해서 충분한 하나의 생각을 다하여 이 안을 심의하여 보고, 이렇다라 하는 것이 나의 희망입니다.

사쿠라이 군노스케(柵瀨軍之佐): 본안 제출의 이유는 오직 지금의 오쓰가 이야기한 것과 같은데, 또 이외에 조금 부연하여 이야기해 두고자 합니다. 아시는 바와 같이 이 민단법을 정정하여 거류민의 권리라 하는 것을 명확하게 하고자 하였는데, 그 민단법은 내지의 시정촌제(市町村制)와는 취지를 달리합니다. 거류민의 권력은 내지의 시정촌제에 비해서 축소하고 있습니다. 이는 무엇인가 하면, 민단법에는 참사회(參事會) 제도 혹은 위원 제도라 하는 것이 없어서 단순히 집행기관은 민장이라 하는 자에 따라서 유지되고 있습니다. 그런데 이 민장까지 이번 관선으로 한다라 하는 것으로, 지금까지 의회가 점차 이 민단이라 하는 것에 의해서 민회의 권력이라 하는 것을 인정했던 것이, 이 민장도 관선으로 하게 되자, 민단의 정신은 아주 없어져 버리게 된다라 하는 것입니다. 이것도 부연해서 말씀드려둡니다.

정부위원 하기와라 모리이치(萩原守一): 먼저 오쓰로부터 우리 일본인이 세계 각 방면에 나가 있는 총합계의 요구가 있었는데, 이는 먼저 이미 외무성에서 인쇄하여 각 방면에 대저 배부하고 있습니다. 그런데 또 필요하다면 그것을 추가해서 인쇄해 두겠습니다. 특히 재외인의 직업별 등은 최근 어느 정도 면밀한 통계가 나와 있으므로 그것을 드릴 예정입니다. 오직 지금 요구한 점은 그것에 모두 따르고 있습니다. (중략-편역자)

가나오 료곤(金尾稜嚴): 민단법 실시 이래 민선으로 했던 것이 작년에 왜 갑자기 관선으로 되었고, 관선으로 하지 않으면 안 되는 사정이라는가, 이유가 있는 것을 예산위원회에서도 상세하게 정부위원으로부터 이야기가 있었다는 것을 나는 들었는데, 나는 상세하게 알지 못하므로 정부위원으로부터 상세하게 그 쪽의 답변을 원합니다.

정부위원 백작 고다마 히데오(兒玉秀雄): (중략-편역자). 제1로 거류민단 연혁에 대해 이야기하면, 아시는 바와 같이 이 민단법의 법률이 의회의 협찬을 거쳐서 발포된 것은 1905년 3월입니다. 그로부터 한국에서 거류민단법을 실시하였던 것이 1906년 7월입니다. 한국에서 민단법을 시행하기 전에 한국에 있는 우리 동포는 어떠한 모양새로 있었던 것인가 이야기 하면, 그 시대에는 한국에 있는 일본인의 숫자도 5~6만 이내에 그치고 있고, 그리고 인천이라든가, 부산, 경성 등과 같이 비교적 다수가 모여 있는 곳에서는 일본인회란 것을 조직하여 있고, 그리고 민단역장을 두어서 공공사무를 집행하고 있었습니다. 그런데 이 일본인회라 하는 것은 법률상 어떠한 기초가 있는 것이 아니어서 재류 거류민이 서로 상담을 하여서 거류민의 교육이나 위생 사업 등에 서로 돈을 모아서 하지 않으면 안 되는 필요에 의해 생긴 것이므로, 그래서 거류민이 서로 상담을 하여서 거류민회란 것을 조직하여서 이리하여 당시 영사관의 인가를 거쳐서 그 과금(課金)을 거류민으로부터 징수하여 그것에 따라서 학교 또는 병원이라 하는 것 등을 경영하고 있었습니다. 그 당시에는 거류민회란 것이 있고, 그곳은 민장이란 자가 있는데, 이는 아시는 대로 그 민회에서 선거한 것입니다. 그런데 이 일본인회란 것은 별도로 공법(公法)상의 단체가 아니었기 때문에 여기에서 과금을 취하는 경우에 제일 곤란을 느끼고, 일본인회란 것에 강제 징수력이 없는 것이었으므로 만약 거류민이 과금을 하고자 한다고 해도 그것을 채택하는 것이 가능하지 않다라 하는 점이 발생했습니다. 그리고 계속 거류민이 증가함에 수반하여서 불편하다라 하는 것이 점차로 증가하여 온다라 하는 상황이었습니다. 또 거류민이 학교나 병원을 건축할 경우에 과금만으로는 충분하지 않으므로 이곳에서 누군가에 차금을 하지 않으면 안 될 필요를 느낀 경우에도 마찬가지로, 일본인회에 공법상의 인격이 있지 않으므로, 일본인회가 책무를 띠고서 공채(公債)를 일으킨다라 하는 경우가 가능하지 않아서, 이렇게 다소 일을 하는데 자못 곤란을 느끼고 있었습니다. 이러한 사실도 있으므로 통감부가 설치되든 아니든 이 거류민단법을 가능한 한 빨리 시행한다라 하는 것이 거류민의 발달상 또 보호상 필요하다라 하는 것으로, 그래서 1906년 7월에 내지의 시정촌제를 참작하고, 한국에서의 현상을 비추어서 이에 거류민단시행규칙이란 것을 발포한 것입니다. 그런데 그 민장을 관선으로 할 것인가, 혹은 선거의 방법에 따라서 정할 것인가라 하는 것에 대해서는 이 규칙 제정의 때에 이미 의론이 있었습니다. 당시 경성에서 민장 선거에 대해 비상한 혼잡을 야기한다라 하므로, 혹은 한국의 민장은 아직 민장을 선거의 방법에 따르지 않아 적당하지 않다라 하는 의론이 있어서 그래서 혹은 관선으로 하고자 하는 설도 일시 있었지만, 지금까지 연혁적으로 민장을 선임(選任)하고 있으므로 당장은 거류민단의 선거로 임명하는 쪽이 마땅하고, 시험적으로 선거의 방법을 취해서 만약 거류민단이 그것을 활용해 가는 것이 마땅하며, 그렇지 않다면 그때에 감독의 범위를 넓혀도 늦지 않다라 하여서 종래의 연혁을 존중하여 민장은 거류민단에서 선거한다라 하는 방침을 취했던 것입니다. 그런데 아시는 바와 같이 일한협약도 체결되고, 정치상의 관계가 달라짐에 따라 한국에 있어서 일본의 거류민이라 하는 것은 비상하게 증가하기에 이르고, 그 결과 말할 것도 없이 지금까지 오래 있었던 거류민과 새롭게 참가한 거류민 간에 큰 이해 관계를 달리하는 점이 있는 것으로 보여, 무엇보다 그 간의 절충이 지금까지와 마찬가지로 할 수는 없었던 것입니다. 결국 말하자면 통감부가 관여하기 이전에는 한국에서 일본 거류민의 증가가 비상한 속력으로 증가하지는 않았는데, 정치상의 관계가 달라짐과 동시에 급격하게 증가를 한 것이므로, 그래서 거류민 간에 무엇보다 이해관계의 충돌을 야기한다라 하는 경향을 낳았던 것입니다. 그런데 그 거류민단법을 시행하므로 거류민단에서 새로 민장 선거라 하는 것을 하게 되었던 것으로, 일전에 예산위원회에서 일례로 이야기한 것같이 단순히 신의주나 대구에 그치지 않고 원산, 진남포, 평양, 용산 등 각지에 이어서 민장 선거에서 분요를 초래했습니다. 거류민단을 설치하고 있는 수(數)의 과반 이상에서 이 민장 선거로 분요(紛擾)를 초래했습니다. 그러므로 대구에서는 민장을 선거하는데 수속에 위반이 있었기 때문에 통감부는 그것에 불인가의 지령을 부여하였습니다. 원산에서는 민장이 결국은 당선됐지만 수속 위반 등이 있어서 그것에 불인가를 했던 것으로, 민장이 스스로 사직을 하고, 그 이후로 1년이나 민장이 없었던 것은 이러한 사정이었습니다. 진남포에서도 마찬가지로 신구(新舊) 거류민이 서로 상쟁하여 분요를 거듭하였습니다. 그 외 평양과 같은 곳에서는 민장 선거의 결과라 하는 것은 마침내 적당한 민장을 발탁하는 것이 가능하지 않은 것이 1년 유여로 민장이 없는 상태였습니다. 요약함에 이 민장 문제로 분요를 일으키고, 혹은 그것 때문에 민장 선임을 하지 않은 것이 길게 연월의 사이였으므로, 거류민단 행정의 발달은 크게 저해되고, 혹은 심하게는 거류민단의 재정에 비상한 번란(煩亂)을 초래할 우려가 있었습니다. 그러므로 비로소 시험적으로 민장을 공선(公選)으로 하려고 하였는데, 2년 유여의 경험을 거쳤지만 금일의 한국 상태에 비추어보면, 거류민단 행정 발달상 민장을 민선으로 함에는 오히려 당분간은 관선으로 두는 쪽이 거류민단의 발달을 위해, 혹은 마땅하다라 하는 생각으로, 그래서 이 민장의 관선이라 하는 것을 채택하여 이 일에 대해서는 오직 지금 말한 것과 같이 긴 경험과 충분한 숙려로써 관선이 금일에 있어서 적당하다라 하는 것으로 개정하였습니다. 그러므로 이 법률안의 이유서를 보면 관선령이 발포된 이래 무엇보다 관민의 의사를 결여하였다라 하는데, 금일 한국의 현상을 봄에 있어서 관민의 의사소통을 결핍하고, 관민이 서로 충돌하고 있다라 하는 것 같은 판단에서입니다. 도리어 금일 관선령을 발포하여 실재하는 바의 원산과 신의주의 예를 보면, 민단 행정의 감독상 감독관청과 민단과의 관계가 원만하고, 또 지금까지 민장을 공선하여 분요를 극심하게 하였습니다. 원산과 신의주의 민장을 임명한 경우는 하나의 분요를 볼 수 없을 뿐 아니라 그 토지의 명망가를 들어서 그 토지의 이익을 발달시키는 것이 가능하다라 하는 금일의 현상으로, 결코 그간에 관민의 의사소통이 결여하였다라고 하는 것은 없었다라 판단됩니다. 그러므로 지난날 본 의장의 설명에 따르면 통감부는 법률 명문의 불비(不備)로 입법의 정신을 멸각하여 관선령을 발포하였다라 하는 말이 있었는데, 아시는 대로 이 거류민단법은 단순히 한국에서만 행해지는 것이 아니고 치외법권을 가지고 있는 나라, 예를 들면 지나(支那)에서도 그것을 행하는 바의 정신이 있으므로 이 거류민단법은 극히 간이하게 규정하여 그 거류민회의 조직이라든가, 혹은 이원(吏員)의 선거라 하는 것은 하나로 명령의 규정에 넘겨서, 그리하여 그 토지의 상황에 적응할 제도를 세우는 것 같은 것으로 거류민단법은 규정되어져 있습니다. 그러므로 제4조의 거류민단의 임원 임명의 방법은 하나로 명령에 의거하고 있으므로 통감부도 그 규정에 기초하여 통감부령으로 민장 관선의 방법을 취하였습니다. (중략-편역자) 또 통감부는 재한 동포에 대해서 박해를 가한다라 하는 말이 있는데, 통감부는 결코 거류민에 대해 박해를 가하는 것이 아니라 민단법을 실시한 소이는 법률상 인민의 권리를 확보하고자 하며, 거류민의 발달을 도모하기 위해서 공공단체를 만들어서 결코 인민을 박해하는 수단을 채택하지 않았습니다. 거류민단의 발달은 공공단체 설립이 필요하다라고 인정되어 거류민단법을 시행하였습니다. 결국 민장을 관선으로 한 소이는 인민을 박해한다든가, 거류민을 경멸한다든가가 아닙니다. 다수의 경험에 따라서 자치단체의 원만한 발달을 기하고자 한 것입니다. 그러므로 관선령이 자치제를 해친다라 하는 말도 할 수 있는데, 원래 자치제에 대해서 국가가 어떠한 범위에서 그것을 감독할 것인가라 하는 것은 토지와 그 주민의 상태에 비추어서 정하지 않으면 안 되어서, 우리나라와 같이 옛날부터 토착한 인민을 갖는 일본의 본국과 식민지와의 상태는 자치제를 설포한 후에 있어서 감독의 범위를 정함에는 어느 정도 참작을 요구하는 점이 있습니다. 현재 우리 식민지인 대만(臺灣), 사할린(樺太), 관동주(關東州) 등에서 일본 인민을 위해 하나도 자치제를 인정한 것이 없습니다. 또 우리나라에서도 홋카이도(北海道)의 2급 정촌제, 오키나와현(沖繩縣)과 같은 것도 민장은 순연한 임명주의를 채택하고 있습니다. 그래서 한국에서도 금일과 같이, 물론 자치제의 원만한 발달을 도모하는 것이므로 자치제의 원만한 발달을 도모할 때는 민선 민장을 관선 민장으로 하는 것이 적당하다고 생각합니다. 고로 관선령을 발포한 것입니다. 그러므로 민선을 관선으로 하였으므로 자치의 정신을 몰각하였다라 할 수 없는 것으로써, 결국 한국의 현상에 비추어서 자치제의 원만을 기함은 이때 관선을 필요 또 적당하다라 인정하였으므로 이 관선을 두는 것입니다. 또 이에 법률의 문면(文面)에 있어서 주의를 기울이고자 하는 것은 이 거류민단법은 하나로 한국뿐 아니라 청국에서도, 또 금일의 외무성 관할에서 실행하고 있어서 만약 그것을 법률상으로 민장은 거류민회에서 선거하여 감독 장관의 인가를 받는다라 하면 청국에서 거류민단의 현상을 파괴하는 것입니다. 이 점은 외무성의 정부위원이 상세하게 진술한 것이라 생각합니다. 또 하나의 생각을 말씀드리자면, 법률의 체재론인데, 이 자치체에서 민장의 집행기관은 법률에서 정하고 있는데, 의사기관은 명령으로 넘겨주고 있고, 그러면 자치제에 가장 필요한 의회의 조직을 명령으로 자유로이 할 수 있어서 그것에 다음할 집행기관인 민장의 선임 방법을 법률로 규정한다라 하는 것은 자치제를 규정한 법률의 체제로는 심히 불권형이 아닌가라 생각하므로, 이 점은 주의할 것을 아뢰어 둡니다. (중략-편역자)

오쓰 준이치로(大津淳一郞): 한국에 대한 민단법의 개정에 대해 충분한 설명을 들어서 능히 이해가 되었습니다. 동시에 한국은 정부위원도 말한 것과 같이 식민지로서의 한국이라는 말이 있는데, 한국을 우리 식민지로서 대만, 관동주와 마찬가지 식민지로 볼 수 있다고도 생각하고, 또 보지 않으면 안 된다라 생각하는데, 이렇게 한국 식민지를 지배하여 가는 민단법은 형태로 말하자면 특수로 제정하여도 좋은 위치라 생각합니다. 또 식민지로서 다수로 이 나라에 인민을 보낸 것은 정부도 국민도 일반으로 희망하는 것입니다. 이러한 것은 즉 부산이나 경성과 같이 거류민과 조선 인민을 구별하여 그 정치를 하고 있는 것은 진실로 현재 면목이 없는 것인데, 장래는 가능한 한 구별을 하지 않을 것으로, 예를 들면 청결법을 행해도, 전염병 예방의 수속을 해도, 기타 교육을 해도, 시중(市中)의 취체를 함에도, 가로(街路)를 수선함에도, 진실로 형편이 좋지 않고, 그래서 조선에서는 거류민단도 어느 정도 취지를 변하지 않으면 안 되며, 일반의 것과는 취지를 달리하지 않으면 안 된다라 생각하고 있습니다. 이러한 생각에서 보면, 거류민단의 상이나 또 우리나라와 한국과의 관계에서 생각해 보아도 도리어 귀찮아 말할 필요도 없지만, 먼저 일한협약이 나온 이래, 통감부를 설치한 이후 우리 국민이 한국 관리로서 중요한 위치에 선 이후 우리 국민이 한국에 가서 어떠한 업무에 종사하고 있는가, 그리고 이에 앞서 한국을 어떻게 해야 할 것인지, 이는 일본 국민을 한국으로 이주시키는 것에 대한 우려를 금할 수 없습니다. 한국과 일본과의 관계는 지금 더욱이 말할 것도 없다고 생각합니다. 저의 위치까지도 한국으로 나아가서 이로부터 일본이 한국에 대해서 행할 것이 어떠한 것인가라 하는 것은 각하의 최대 중요한 사항이라고 나는 생각하고 있습니다. 고로 한국의 거류민에 대한 장래의 방법에 대해서는 일대 생각으로써 법률을 만든다라 하는 쪽이 당연한 것이라 생각합니다. 거기에 대해서는 한국을 장래에 어떻게 할 것인가, 통감부 설치 이후 금일까지의 형세는 어떠한가라 하는 것은 실은 본 의회에서 그것에 대해서 통감부 혹은 외무대신의 충분한 설명이 있어서 국민을 안심시키는 것이 당연하다고 생각하는데, 아울러 그 일은 어떠한 것인가, 겨우 거류민단법의 위원은 10여 인이라 생각되는데, 하물며 헌법기관에 따라서 나온 위원회이고, 나는 이 위원회의 결의로써 한국의 민단법을 정하기 전에 한국에 대한 일한협정 이후의 성적, 정부의 책임으로써 이 성적을 설명할 것을 희망합니다. 또 장래의 방침을 설명할 것을 희망합니다. 그리고 후에 한국의 거류민단이라 하는 것도 거류민단이든 어떠한 방향이든 일대 혁신의 안을 만든다라 하는 것은 필요하다고 생각하므로 나는 어떠한 위원회에서 이 의사를 채택하여 먼저 한국에 대한 민단법에 대해서는 총리대신, 외무대신 혹은 통감부에서 일한협약 이래의 성적 경과 및 장래의 희망을 설명하고, 국민 전체를 들어서 고심하여 안심을 부여할 것을 희망합니다. 뜬소문이 분분하여 실로 지난번부터 한국의 인민 등은 선악(善惡), 이해관계가 어떠한가를 국민이 비상하게 심통하고 있습니다. 또 한

태자(韓太子)의 우리나라 유학이라든가, 여하한 우리 국가에 대해 장래 이익을 미칠 것인가라 하는 것도 국민의 고심인 것, 물론 관계 중대하므로 한국에 대해서 국민 전부가 고심하고 있음은 당연인데, 이러한 것에 대해서도 하나 외무대신 혹은 통감부 총리대신의 설명이 있을 것을 이 위원회의 결의로써 절실히 희망해 두는 바입니다. (중략-편역자)

가나오 료곤(金尾稜嚴): 저도 오쓰의 의견에 찬성하는데, 그 외에 조금 정부위원에게 묻고자 합니다. 한국 외에 청국에 있어서 거류민단법을 실시하고 있는 것이 어느 정도인지 묻고자 합니다. 그러므로 먼젓번에 서술했던 중에 이 민장은 경쟁의 때에 당파가 나뉘어서 심히 당쟁이 격심하기 때문에 관선으로 한다라 하는 취의에 대해, 예를 들면 그 예 중에 원산을 예로 들면, 당시 나는 원산에 있었으므로 그 당시의 모양을 능히 알고 있습니다. 이사청에서 어떠한 것을 통감부에 보고를 하였는지 알 수 없지만, 아울러 원산 등의 거류민장이 그 당시 다투는 정도로 민선은 마땅하지 않고 관선으로 하지 않으면 안 된다고 생각함은 크게 잘못이 있다라고 생각합니다. 단순히 원산뿐 아니라 그 정도의 것으로써 평양은 어떠한가, 진남포는 어떠한가 하면 크게 다르지 않습니다. 다른 것이 존재하지 않는데, 확실히 원산 등의 그 당시 민장의 경쟁 등이라 하는 것은 내지의 시정촌 등에서도 저와 같은 것은 왕왕 있는 것입니다. (중략-편역자) 통감부령에 의하면 이사관이 민장을 겸한다 하는 것도 가능하다라 하는 것이 확실해져 있다라 생각합니다. 그렇다면 감독자와 피감독자라 하는 것이 하나가 되고, 감독을 받는 자와 감독하는 자가 같게 되므로 앞으로 오랜 기간 어떠할까라 하면 부적절한 것을 야기하지 않을 것이라 말할 수 없습니다. 나는 제출자의 1인으로서 먼젓번 질문에 대한 설명을 들어서 날로 민선의 민장으로 하지 않으면 안 된다라 하는 것을 생각합니다.

정부위원 백작 고다마 히데오(兒玉秀雄): 오쓰로부터 질문이 있었는데, 한국의 일한협약(日韓協約) 이래 시정의 결과, 아울러 장래의 방침에 대해서는 나로부터 물론 아뢰기는 어려워서 오직 지금 질문서도 본 의회 쪽에서 제출되어져 있으므로, 그것에 관계하여 정부의 충분한 답변이 있을 것이라 생각해서 그 편에 양해를 구합니다. 그리고 또 하나의 이야기가 있습니다. 본방인과 한국인과의 사이를 어떻게라도 조금 결부시키는 것이 마땅하다라 하는 질문으로, 이 점에 대해서는 통감부에서도 여러 가지 연구하고 있습니다. 이미 경성에서 위생 사업에 관계한 것은 일한인 공동으로 하고 있는 실례가 있고, 따라서 그 같은 움직임에 이른 것이라 생각합니다. 그 다음 질문으로 원산의 이야기가 있었는데, 그것은 단순히 경쟁이 격해진 것이라 할 뿐으로, 그 후 지역의 자 중에서 누군가 적당한 자를 민장으로 빨리 선출하고자 한다라 하는 것을 자못 통감부 쪽에서 진력했는데, 적당한 자를 얻지 못해서 1년 유여 민장이 없었기 때문으로 심히 민단 행정상에 깊은 영향을 주고, 그 외에 있어서도 각지에서 민장 선거로 여러 가지 분의를 초래했던 것이 현재 거류민단의 과반수에 달하고 있으므로, 거기서 금일의 상황에 비춘은 관선이 마땅하고, 무엇보다 이론으로는 민장을 민선으로 한다라 하는 것이 마땅하다라 하는 것은 통감부에서도 인정하고 있는 것으로, 오직 사정상 어쩔 수 없으므로 이때 관선으로 고쳐서 만약 거류민이 착실하게 내지에 있는 인민과 마찬가지로 토지에 대한 애념이 일어나고, 정치가 원만하게 되어진다라 하는 것을 인정할 때는 언제라도 다시 민선으로 돌리는 것은 물론 통감부도 희망하고 있습니다. 오직 금일처럼 급격의 발전을 초래해 온 때에 있어서 거류민 간의 사이도 조화가 충분히 취해지지 않을 우려가 있으므로 이때에 있어서 이쪽이 마땅하다라 하여 관선령을 발포했습니다. (중략-편역자) 아시는 대로 이 거류민단 외에 또 금일에 있어서 한국 각지에 일본인회가 많이 존재하고 있습니다. (중략-편역자) 아울러 이들은 작금의 상황을 이야기해도 가장 필요를 느끼고 있는 것의 다수는 교육기관입니다. 이들 교육기관의 비용을 얻기 위해서, 혹은 작은 특수 민단을 가진 지방에 있어서 차이가 없다고 생각합니다. 특수 목적을 위해서 징세(徵稅)로 종주권을 인정하는 것이 마땅하다라 생각하여 이는 지금 연구 중입니다. 만약 이렇다 한다면 관리를 임명한다고 하는 것은 경제상에 있어서 이렇다 할 미약한 단체이므로 마땅한 것이라 상상하여 이 조항을 더하여 금일 현재의 민단에 대해서 그것을 행한다라 하는 의사는 추호도 없습니다.

사쿠라이 군노스케(柵瀨軍之佐): 저는 본안을 상세하게 의논하기 전에 마땅히 지금 오쓰가 발의한, 제국이 한국에 대해서 실시할 종주권의 기왕 및 현재 아울러 장래의 방침에 대해 정치적으로 통감, 혹은 총리대신, 외무대신 등으로부터 설명을 듣고, 그 후에 한국 거류민에 대한 전체의 이해를 연구할 필요가 있고, 오로지 오쓰의 지금 발의를 선결 문제로 채결하고자 한다라 하는 데 동의합니다. (하략-편역자)

〈자료 87〉 인천 각국 거류지회에 관한 보고[「仁川各國居留地會ニ關スル報告」, 『거류지관계서류(居留地關係書類)(1908~1910)』, 1910.5.5]

인천이사청 부이사관 하시모토 도요타로(橋本豊太郞) → 통감부 서기관 이케베 류이치(池邊龍一)

지난 3월 19일 각국 거류지회에서는 특별한 문제가 별로 없었습니다. 다만 시노부(信夫) 이사관의 전임(傳任)에 대해 그 재임 중 공노에 감사하기 위해 동 거류지회의 이름으로 감사장을 동씨(同氏)에게 보낼 것을 협의하고, 또 그의 후임으로 소관(小官)을 각국 거류지회 의원 및 동 행정위원으로 선정할 뜻을 가결하였습니다. 지난달 29일 동 예회(例會)에서는 의원 벤자토의 동의로 인천 정거장 부근 및 기타 구거(溝渠) 신설 문제를 제출하여 이 경비 2,370여 엔의 예산안을 가결하였습니다.

다음으로 본관은 당항(當港)에 상설 소방대 조직 및 본년 여름 완성된 수도공사의 소방전에 응용할 호스(수관) 및 소방 제기구 구입, 해안에 저수지 신설 및 망화루(望華樓) 축조 등 임시비 3,200여 엔의 예산은 현재 우리 민단의 독력 부담으로 견딜 수 없을 뿐 아니라, 소방사업의 특질상 인천 전체의 공통이해에 관계하므로 약간의 보조를 각국 거류지회에 바란다는 의견을 개진하였으나, 위 상설소방대 조직만 필요를 인정하여 본년부터 계속하여 연액 500여의 보조금을 하는 것으로 만장일치 가결하였습니다.

〈자료 88〉 각국 거류지 정리 방침[「各國居留地整理方針(原案)」, 『재선 외국거류지 정리에 관한 하협의회 개요 참고서류(在鮮外國居留地整理ニ關スル下協議會概要參考書類)』, 1910]

(1) 재조선 각국 거류지, 즉 인천(仁川), 진남포(鎭南浦), 군산(群山), 목포(木浦), 마산포(馬山浦) 및 성진(城津) 등 각국 거류지는 그것을 철폐하고, 그와 동시에 그 소속의 새로 정한 지방구역으로 편입할 것.

(2) 위 편입 후 해당 지방 관리는 지방 시정상의 책임 및 의무를 모두 부담할 것.

(3) 전기 거류지에 속하는 공유 자금 및 재산이 있을 때는 이를 전기 관리에게 인계할 것.

(4) 전기 거류지 내의 영대차지권(永代借地權)을 갖는 자는 자기의 선택에 따라 그 권리를 소유권으로 변경할 수 있을 것.

(5) 위 변경을 위해, 또 이를 등기할 때는 전기 토지 및 그 위에 있는 건물 소유자는 위 토지 및 건물 사용 및 향유에 관한 일절의 사항, 아울러 위 토지 및 건물에 대한 부과금, 조세 및 공과 등에 관한 사항에 대해 제국 신민 및 최혜국민(最惠國民)과 동일 대우를 받을 것. 또 조세, 수수료, 기타 어떠한 징수금을 내지 않고 전기의 변경 및 등기를 할 수 있을 것.

(6) 위 선택 변경을 하지 않는 경우에는 전기의 영대차지권으로 인해 설정했던 제 권리로써 각국 거류지제의 폐지와 저촉되어지지 않는 것은 인계하고 적당하게 존중할 것. 또 거류지 지권(地券) 제2항에 이 전기 차지 및 그 위에 있는 건물에 대해 징수되어야 할 부과금, 조세 및 공과(公課)에 관한 사항에 대해서는 다음과 같이 조치할 것.

① 해당 차지(借地)에 관해 납부해야 할 차지료(借地料) 중 현재 조선총독부가 수납하는 100평방미터(方米)에 대해 금 30전은 지조(地租)로 대신하고, 그것을 동부(同府)에서 영수할 것.

② 전기 차지료의 잔액이 다른 대등 토지의 지방적 조세 및 공과와 같은지 또는 이를 초과하는 한은 전기 차지는 토지에 대한 지방적 조세 및 공과금을 완전 면제할 것.

③ 위 대등 토지의 지방적 조세 및 공과가 전기 차지료의 잔액을 초과하는 경우 전기 차지(借地)는 그 지방적 부과로 대등한 토지에서 징수된 지방적 조세 및 공과와 같게 함에 만족할 정도까지 조세 및 공과를 부담시킬 것.

④ 전기 차지(借地)상의 건물은 과세에 관한 사항에 대해 제국 신민 및 최혜국민의 건물과 동일의 취급을 받을 것.

(7) 현재 존재하는 재조선 외국인 묘지(墓地)는 해당 관헌이 그 양호한 질서 및 상태를 유지하고, 일절의 조세 및 공과를 면제할 것.

(8) 조선의 해당 등기관서(登記官署)는 전기 거류지의 영대차지권 및 영대차지권을 목적

으로 하는 부수적 권리의 등기를 할 것. 위 등기는 법령의 규정에 따르고, 제3자에 대항할 것. 전기 영대차지권을 목적으로 하는 부수적 권리에 관해 현재 영사관이 하는 등기는 그것을 해당 등기관서로 인계할 것. 이의 인계를 한 등기는 위 등기를 한 영사관에서 같는 것과 동일의 효력 및 가치를 가질 것.

IV

관련 법령

〈해제〉

이 장에는 통감부 시기 지방제도 개정과 관련된 제 법령 자료를 수록하였다. 지방제도 및 기타 관계사항 관련 법령과 외국인 관련 내용은 절을 달리하여 수록하였다. 지방제도로 한정하지 않고 기타 관계사항 관련 법령을 수록한 것은 「(칙령 제60호) 조세징수규정(租稅徵收規程)」(자료 94) 등과 같은 관련 법령을 포함하기 위해서다. 조세징수규정이라 하면 지방제도 관련이 아니라 조세제도 관련이고, 내용 역시 조세징수에 대한 내용을 주로 하고 있지만 여기에는 일제의 지방행정제도 개편과 관련한 주요 사항인 면장(面長)이 법제상 처음 확인된다. 아직 직제화에는 이르지 못했지만 계속해서 하부 행정조직인 면(面)을 장악하여 자신들의 행정권을 강화하려고 했던 일제의 의도가 확인되는 시점으로 주목할 만하여 수록하였다.

일제는 해당 시기 지방관제와 관련하여 총 4번의 개정을 하였다. 1906년 6월 칙령 제29호(자료 90), 1906년 9월 칙령 제50호(자료 92), 1907년 12월 칙령 제40호(자료 100), 1908년 7월 칙령 제49호(자료 103) 등이다. 본 자료집에는 해당 내용을 전부 수록하였으며, 그 대표적인 개정 내용은 다음과 같다.

먼저 1906년 6월 칙령 제29호로 도(道)에 경무관을 두고 관찰사의 지휘를 받아 경찰 사무를 담당하도록 하였다. 대대적인 개편은 동년(同年) 9월에 행해졌다. 이 내용은 칙령 제50호로 확인되는데, 관찰사의 직급을 재설정하고, 업무가 대폭 수정되었다(1~8조). 중앙의 각 부 대신들보다 격을 낮췄고, 칙령 제29호에 이어 경찰 사무를 완전히 박탈당함으로써 담당 업무가 일반 사무로 한정되었다.

1907년 12월에도 지방관 관제의 대대적인 개편이 행해졌는데, 이는 동년 7월 한일신협약의 영향이었다. 관찰사 이하 담당 지방관의 관직명이 개편되었고, 경찰 관련 직제가 대폭 강화되고, 경찰서를 각 도에 설치하였으며, 경찰서장의 업무가 경찰사항 외에 위생, 민적, 이민(移民) 등과 관련된 사항으로까지 확대되었다.

다음으로 확인되는 지방관 관제 개정은 1908년 7월이다. 이때 경시, 경부 등 경찰 관련자가 소폭이지만 확대되었고, 각 도의 업무를 내무부와 경찰부로 분장하였으며, 지방경찰의 지휘를 관찰사에게 부여하였다. 이는 관찰사를 일제의 정책에 부합하는 인물로 교체해 나가면서, 군의 권한을 약화시키려고 했던 지방제도 개편 방향이 반영된 것이었다.

한편, 앞서 발표된 1908년 6월의 「(칙령 제35호) 군수임용령(郡守任用令)」(자료 102)은 관찰사가 구역 거주자로 적임자를 추보하여 임용하는 것으로 이 역시 위와 같은 의도였다.

이 외 지방제도 개정 및 운영과 관련하여 중요한 의의를 갖는 조직인 지방조사위원(자료 89), 지방위원회 관련 규칙(자료 96~99)을 수록하였다.

'외국인 거류지 관련 법령'으로는 거류 일본인이 적용받고 있었던 일본법인 「(서명 원본 1905년 법률 제41호) 거류민단법(居留民團法)」(자료 105)과 을사늑약으로 인해 외국인 관련 제도의 변경이 확인되는 「(칙령 제267호) 통감부 및 이사청관제(統監府及理事廳官制)」(자료 108) 및 「(칙령 제47호) 감리 및 목사를 폐지하는 건과 그 사무 인계에 관한 건(監理와 牧使를 廢止하는 件과 其 事務를 引繼에 關한 件)」(자료 110) 등을 수록하였으며, 외국인과 관련된 사항이지만 한국 지방 시정과 관련하여 통감부 이사청 이사관이 한국 관헌을 지휘·감독하는 권한을 갖게 되는 「(통감부령 제48호) 한국 지방 시정에 관한 이사관의 집무규정(韓國地方施政ニ關スル理事官ノ執務規程)」(자료 109) 등을 수록하였다.

거류민단은 재외국에 거주하는 일본인들에게 일본의 시정촌제와 같은 법인격을 부여하여 자치권을 인정해 주는 조직이었다. 이 조직체를 재외국에 거주하는 일본인들이 설립할 수 있는 근거는 1905년 3월 법률 제41호로 발포된 거류민단법이다. 이 법안은 1905년 2월 제21회 제국의회에 제출·통과되었다. 한국의 지방제도와 관련하여 이 법안을 주목해야 하는 이유는 재한 일본인들이 설치한 거류민단이 한일병탄 이후 제도 개정에 크게 영향을 미쳤기 때문이다. 재외국, 특히 식민대상지에 진출한 자국민에게 어떠한 권한을 부여하고, 어떠한 정책하에 자국민을 통치할 것인지 보여주는 거류민단법은 한국에서 최초로 시행되었다. 1906년 7월 통감부령 제21호로 거류민단법시행세칙이 발포되었고, 동년 8월 15일 자로 경성, 인천, 부산, 진남포, 군산, 평양, 목포, 9월 1일 자로 원산, 마산, 11월 대구, 1907년 9월 용산, 1908년 2월 신의주에 설치되었다.

거류민단은 거류지의 구휼, 교육, 위생, 거류지 공사 등 거류지와 관련하여 거류민의 생활상 편익을 부여하기 위한 제반 업무, 거류지의 토지·건물 등의 매매, 세금 수납, 호구·증명 등 공적인 행정업무까지 담당하고 있었다. 거류민단이 재한 일본인의 자치기구였다고 하지만, 거류민단법 시행 후 통감부(조선총독부)의 직접적인 감독을 받으면서 업무에 있어서 상당히 공적인 업무까지 담당하였고, 거류민단법과 거류민단법시행규칙은 이의 근거가 되었다.

거류민단법시행규칙에 대해서는 또 실시주의서가 붙었다. 거류민단법은 전 6조, 거류민단법시행규칙은 총칙(1~4조), 거류민단의 이원(5~14조), 거류민회(15~30조), 거류민단 재산 및 수입(31~40조), 거류민단 예산 및 결산(41~45조), 거류민단 행정감독(46~59조), 실시주의서는 전 15조로 구성되어 있다. 여기에는 거류민단법과 재한일본인 거류민단의 설치 근거가 되는 거류민단법 시행규칙의 총칙(자료 106)을 수록하였다.

통감부 시기 이전에는 외국인 거류지와 관련된 사항은 개항장감리서(開港場監理署)가 담당하였으나 을사늑약으로 외교권을 박탈당하면서 감리서의 대외 업무는 통감부 이사청으로 넘어갔다. 이는 특히 을사늑약(한일협상조약)의 제3조 관련 사항으로 이를 통해 일본은 한국 내 외국인 거류지와 관련된 모든 권한을 갖게 되었고, 이는 한국 내 자국민의 이익을 도모하는 방향으로 정책을 추진하는 데 크게 기여하였다.

1. 지방제도 및 기타 관계사항 관련 법령

〈자료 89〉 (서임 및 사령) 지방조사위원[「(敍任及辭令) 地方調査委員」, 『관보(官報)』 제3424호, 의정부(議政府) 관보과(官報課), 1906. 4.11]

〈자료 90〉 (칙령 제29호) 지방관리직제 중 개정건[「(勅令 第29號) 地方官吏職制中改正件」, 『관보』 제3486호, 의정부 관보과, 1906.6.22]

〈자료 91〉 (칙령 제49호) 지방구역 정리건[「(勅令 第49號) 地方區域整理件」, 『관보』 부록(附錄), 의정부 관보과, 1906. 9.28]

〈자료 92〉 (칙령 제50호) 지방관 관제[「(勅令 第50號) 地方官官制」, 『관보』 부록, 의정부 관보과, 1906.9.28]

〈자료 93〉 (칙령 제52호) 지방관 전고규정[「(勅令 第52號) 地方官詮考規程」, 『관보』 부록, 의정부 관보과, 1906. 9.28]

〈자료 94〉 (칙령 제60호) 조세징수규정[「(勅令 第60號) 租稅徵收規程」, 『관보』 제3589호, 의정부 관보과, 1906. 10.20]

〈자료 95〉 (칙령 제81호) 지방세규칙[「(勅令 第81號) 地方稅規則」, 『관보』 제3651호, 의정부 관보과, 1907. 1.1]

〈자료 96〉 (칙령 제31호) 지방위원회규칙[「(勅令 第31號) 地方委員會規則」, 『관보』 제3768호, 의정부 관보과, 1907.5.17]

〈자료 97〉 (탁지부령 제18호) 지방위원회규칙 시행에 관한 건[《(度支部令 第18號) 地方委員會規則施行ニ關スル件》, 《재무주보(財務週報)》 6월호 법규의 부(法規ノ部) 11호, 통감부(統監府) 재정감사청(財政監査廳), 1907.6]

〈자료 98〉 (칙령 제6호) 지방위원회규칙 중 개정건[「(勅令 第6號) 地方委員會規則中改正件」, 『관보』 제3849호, 내각(內閣) 법제국(法制局) 관보과(官報課), 1907.8.20]

〈자료 99〉 (칙령 제21호) 지방위원회규칙 중 추가건[「(勅令 第21號) 地方委員會規則中追加件」, 『관보』 제3871호, 내각 법제국 관보과, 1907.9.14]

〈자료 100〉 (칙령 제40호) 지방관 관제[「(勅令 第40號) 地方官官制」, 『관보』 제3952호 호외(號外), 내각 법제국 관보과, 1907.12.18]

〈자료 101〉 (고시 제1호) 한성위생회규약[「(告示 第1號) 漢城衛生會規約」, 『관보』 제3956호, 내각 법제국 관보과, 1907.12.23]

〈자료 102〉 (칙령 제35호) 군수임용령[「(勅令 第35號) 郡守任用令」, 『관보』 제4106호, 내각 법제국 관보과,1908.6.22]

〈자료 103〉 (칙령 제49호) 지방관 관제 중 개정건[「(勅令 第49號) 地方官官制中改正件」, 『관보』 제4133호, 내각 법제국 관보과, 1908.7.23]

〈자료 104〉 (법률 제12호) 지방비법[「(法律 第12號) 地方費法」, 『관보』 제4340호, 내각 법제국 관보과, 1909.4.2.)]

2. 외국인 거류지 관련 법령

〈자료 105〉 (서명 원본 · 1905년 · 법률 제41호) 거류민단법[「(御署名原本 · 明治三十八年 · 法律 第41號) 居留民團法」, 태정관(太政官) 내각(內閣), 1905.3.7]

〈자료 106〉 (통감부령 제21호) 거류민단법시행규칙[「(統監府令 第21號) 居留民團法施行規則」, 『거류민단법요의(居留民團法要義)』, 일한도서인쇄주식회사(日韓圖書印刷株式會社), 1906.10]

〈자료 107〉 한일협상조약[「韓日協商條約」, 『구한말조약휘찬(舊韓末條約彙纂)』 상(上), 국회도서관(國會圖書館) 입법조사국(立法調査局), 1964]

〈자료 108〉 (칙령 제267호) 통감부 및 이사청 관제[「(勅令 第267號) 統監府及理事廳官制」, 『통감부법령자료집(統監府法令資料集)』 상, 대한민국국회도서관, 1972]

〈자료 109〉 (통감부령 제48호) 한국 지방 시정에 관한 이사관의 집무규정[「(統監府令 第48號) 韓國地方施政ニ關スル理事官ノ執務規程」, 『통감부법규제요(統監府法規提要)』, 통감부 총무부(總務部) 법제과(法制課), 1906.11]

〈자료 110〉 (칙령 제47호) 감리와 목사를 폐지하는 건과 그 사무를 인계에 관한 건[「(勅令 第47號) 監理와 牧使를 廢止하는 件과 其 事務를 引繼에 關한 件」, 『현행 대한법규류찬(現行大韓法規類纂)』, 대한국정부 재정부 고문부(大韓國政府財政部顧問部),1907.7.7]

〈자료 111〉 (통감부령 제71호) 학교조합령[「(統監府令 第71號) 學校組合令」, 『통감부공보(統監府公報)』 호외, 통감부, 1909.12.27]

1. 지방제도 및 기타 관계사항 관련 법령

〈자료 89〉 (서임 및 사령) 지방조사위원[「(敍任及辭令) 地方調査委員」, 『관보(官報)』 제3424호, 의정부(議政府) 관보과(官報課), 1906. 4.11]

지방국장(地方局長) 최석민(崔錫敏), 사세국장(司稅局長) 이건영(李健榮), 종2품(從二品) 오상규(吳相奎), 삼화감리(三和監理) 이원극(李源兢), 정3품(正三品) 박희노(朴羲澇), 전참사관(前參書官) 홍재기(洪在其), 명(命) 지방조사위원(地方調査委員) 이상 4월 7일.

〈자료 90〉 (칙령 제29호) 지방관리직제 중 개정건[「(勅令 第29號) 地方官吏職制中改正件」, 『관보』 제3486호, 의정부 관보과, 1906.6.22]

제1조 1896년(개국 505) 칙령 제37호[1] 지방관리직제 중 제1조 군사 다음에 '경무관 주임

---

1 제1조 地方官吏의 職員은 左와 如함. 判尹 勅任 3等 以下 觀察使 勅任 3等 以下 府尹 奏任 少尹 奏任 牧使 奏任 郡守 奏任 主事 判任 總巡 判任.

제2조 漢城判尹은 內部大臣의 指揮監督에 屬하야 京都五署 區域內 行政事務를 掌理하며 各部에 有關한 事務는 各部 大臣의 指揮를 承하고, 또 外國 領事에 交涉하는 事件을 掌管함. 단, 各國 人民의 府內에 居留하는 者에 對하야 人命과 財產 等 事에만 交涉하는 權이 有함.

제3조 觀察使는 內部大臣의 指揮監督에 屬하야 法律 命令을 執行하야 管下 各郡에 行政事務를 總轄함.

제4조 觀察使가 各部에 有關한 事務는 各部 大臣의 命令을 承함.

제5조 觀察使가 事故잇는 時에는 府下 本 郡守로 署理케 함. 단, 新舊 觀察使가 交替하는 時에는 面看하미 可함.

제6조 觀察使는 管下 府牧郡에 治績을 每年 兩次 1月, 7月로 15日 定期하야 內部에 報告호데 從前 八字褒貶하던 規則은 廢하고 實事를 據하야 論報호데 觀察使의 新任한 時를 當하야 定期日에 報告치 못할 境遇에는 赴任한지 40日을 待하야 修報함. 단, 行政, 司法上에 大關한즉 定期를 勿拘하고 隨時 馳報함.

제7조 府尹은 所管 區域 內에 行政事務와 觀察道에 隸屬하믄 各郡과 同함.

제8조 判尹이 事故잇는 時에는 少尹이 署理하고 府尹이 事故잇는 時에는 隣郡守로 署理함.

제9조 漢城 少尹은 判尹을 輔佐하야 行政上에 從事함.

제10조 牧使는 區域 內에 行政事務와 觀察道에 隸屬하믄 府尹과 無異하나 大靜旌義 兩郡을管轄하믄 觀察使와 同함.

제11조 郡守는 觀察使의 指揮監督을 承하야 法律命令을 管內에 執行하야 行政 事務를 掌理함.

제12조 牧使가 事故잇는 時에는 管下 郡守로 署理하고 郡守가 事故잇는 時에는 隣郡守로 署理함.

(警務官奏任)' 5자를 첨입(添入)하고, 제11조 다음에 '제12조 경무관은 해당 도(該道) 관찰사(觀察使)의 지휘를 승(承)하야 관내 경찰(警察) 사무를 장리(掌理)하고, 소속 직원을 감독하미라.' 37자를 첨입(添入)하고, 제12조는 제13조로 개정하고, 제13조는 산거(刪去)하고, '제14조 총순(總巡)은 경무관의 지휘를 종(從)하야 관내 경찰 사무에 종사함이라.' 25자와 '제15조 지방경찰의 직무는 마찬가지(一依) 경무청 경무의 직무에 준(準)함이라. 23자를 첨입하고, 제14조는 제16조로, 제15조는 제17조로 배차(排次)[2] 개정(改正)함이라. (중략-편역자)

1906년(광무 10) 6월 19일.

〈자료 91〉 (칙령 제49호) **지방구역 정리건**[「(勅令 第49號) 地方區域整理件」, 『관보』 부록(附錄), 의정부 관보과, 1906. 9.28]

제1조 지방구역(地方區域)은 별표(別表)와 같이 정리(整理)함이라.

제2조 별표 중 비입지(飛入地)는 갑군토(甲郡土)가 월재을군(越在乙郡)한 자(者)를 위(謂)함이니 이에 속토재군(仍屬土在郡)하며, 두입지(斗入地)는 병군토(丙郡土)가 정군에 침입(侵入丁郡)한 자(者)를 위(謂)함이니 부근 군에 이속(移屬附近郡)함이라.

제3조 본령(本令)은 반포일(頒布日)로부터 시행함이라.

제4조 종전(從前) 지방구역(地方區域)에 관한 제 규정(諸規程) 중 본령(本令)에 저촉되는 자(者)는 아울러 폐지함이라.

1906년(광무 10) 9월 24일.

제13조 判尹과 觀察使와 牧使의 署理는 內部에 報하야 內部 大臣이 定하고 府尹과 郡守의 署理는 觀察使가 定함.
제14조 主事와 鄕長은 上官의 指揮 監督을 承하야 庶務에 從事하고 巡校 書記 以下를 指揮 監督함.
제15조 總巡은 觀察使의 指揮 監督을 承하야 管內 警察 事務에 從事호데 所屬 巡檢을 指揮監督함.
제16조 府牧郡廳에 關하는 細則은 內部大臣이 定함.
부칙
제17조 本令은 頒布日븟터 施行함. (하략-편역자)
議政府官報課, 〈(칙령 제37호) 지방 관리직제(地方官吏職制)〉, 『官報』 제397, 1896.8.6.

2 차례를 벌려서 정함.

〈자료 92〉 (칙령 제50호) 지방관 관제[「(勅令 第50號) 地方官官制」, 『관보』 부록, 의정부 관보과, 1906.9.28]

제1조 도(道)에는 여좌(如左) 직원을 치(置)함이라.

- 관찰사(觀察使) 1인 칙임(勅任) 1, 참사관(參書官) 1인 주임(奏任) 1, 경무관(警務官) 1인 주임 1, 주사(主事) 5인 이하 판임(判任) 1, 총순(摠巡) 4인 이하 판임.

제2조 관찰사는 내부대신(內部大臣)의 지휘·감독을 승(承)하고, 탁지부(度支部), 군부(軍部), 법부(法部), 학부(學部), 농상공부(農商工部) 주관 사무에 관하야는 해당(當該) 부대신(部大臣)의 지휘·감독을 승(承)하야 법률·명령을 집행하고, 관하 행정사무를 관리함이라.

제3조 관찰사는 외국 및 외국인에 관한 사항에 취(就)하야는 해당 도(該道)에 주재한 일본 이사관(日本理事官)과 직접 교섭함을 득(得)하되, 이 경우에는 즉 장차(將) 해당 사유(該事由)하야 소관 부·군(府部)에 보고함이라.

제4조 관찰사는 관하 행정사무에 관하야 그 직권 범위 내에 도령(道令) 발포(發佈)함을 득(得)함이라.

제5조 관찰사는 관하 부윤(府尹), 군수(郡守)의 정령(政令), 시조(施措)가 성규(成規)에 위(違)하야 공익(公益)을 해하고, 권한을 범한 자(者)는 그 정령 시조를 폐철(廢撤)하고, 또 정지함을 득(得)함이라.

제6조 관찰사는 외국 및 외국인에 관한 사항의 일부를 부윤에게 위탁 판리(辦理)케 함을 득(得)함이라.

제7조 관찰사는 좌개(左開) 사무(事務)를 장리(掌理)함이라.

- 관하 부·군(府郡)의 치적(治績)을 고과(考課)하는 사항
- 소속 관리의 진퇴(進退) 및 신분에 관한 사항
- 문서 왕복에 관한 사항
- 관인(官印)·관장(官章)의 관수(管守)에 관한 사항
- 회계에 관한 사항
- 외국 및(及) 외국인에 관한 사항
- 향제(享祭)에 관한 사항

- 병사(兵事)에 관한 사항
- 민적(民籍)에 관한 사항
- 지적(地籍)에 관한 사항
- 진휼(賑恤)에 관한 사항
- 토목(土木)에 관한 사항
- 경찰(警察)에 관한 사항
- 위생(衛生)에 관한 사항
- 교육(教育)에 관한 사항
- 수세(收稅)에 관한 사항
- 농상공(農商工), 삼림(森林), 천택(川澤), 수산(水産) 등에 관한 사항
- 광산(礦産)에 관한 사항
- 도량형(度量衡)에 관한 사항

第8조 관찰사는 내부대신과 탁지부대신의 소정(所定)을 의하야 지방세(地方稅)를 부과·징수함을 득(得)함이라.

第9조 참서관(參書官)은 관찰사를 보좌하고, 관찰사가 사고 유(有)한 시는 그 직무를 서리(署理)함이라.

第10조 경무관(警務官)은 관찰사의 명령을 승(承)하야 경찰 사무를 장리(掌理)함이라.

第11조 주사(主事)는 상관의 지휘를 승(承)하야 서무에 종사함이라.

第12조 총순(摠巡)은 상관의 지휘를 승(承)하야 경찰 사무에 종사함이라.

第13조 도서기(道書記), 순검(巡檢) 및(及) 용인(傭人)에 관한 규정 및 원액(員額)은 내부대신이 정함이라.

第14조 부(府)에는 여좌(如左) 직원을 치(置)함이라.

- 부윤(府尹) 1인 칙임(勅任) 혹 주임(奏任) 1, 참서관 1인 주임 1, 주사 3인 이하 판임(判任) 1, 총순 1인 판임.

第15조 부윤은 관찰사의 지휘·감독을 승(承)하야 법률·명령을 집행하고, 소관 내 행정사무를 장리(掌理)함이라.

第16조 부윤은 관찰사의 위탁을 수(受)하야 일본 이사관과 교섭하고, 외국 및(及) 외국인

에 관한 사항을 판리(辦理)하며, 관계 군수에 대하야 지휘함을 득(得)함이라.

제17조 부윤은 소관 내 행정사무에 관하야 그(其) 직권 범위 내에 부령 발포함을 득(得)함이라.

제18조 참서관은 부윤을 보좌하고, 부윤이 사고 유(有)한 시는 그(其) 직무를 서리(署理)함이라.

제19조 주사는 상관의 지휘를 승(承)하야 서무(庶務)에 종사함이라.

제20조 총순은 상관의 지휘를 승(承)하야 경찰 사무에 종사함이라.

제21조 내부대신이 필요로 인(認)치 아니하는 부(府)에는 참서관을 불치(不置)함을 득(得)함이라.

제22조 부서기(府書記), 순검(巡檢) 및 용인(傭人)에 관한 규정 및(及) 원액(員額)은 내부대신이 정함이라.

제23조 군(郡)에는 여좌(如左) 직원을 치(置)함이라.

• 군수(郡守) 1인 주임 1, 주사(主事) 1인 판임.

제24조 군수는 관찰사의 지휘·감독을 승(承)하야 법률·명령을 집행하고, 관내 행정사무를 장리(掌理)함이라.

제25조 군수는 관내 행정사무에 관하야 그 직권 범위 내에 군령(郡令) 발포함을 득(得)함이라.

제26조 군수는 관찰사의 명령으로 타 군(他郡) 사무를 서리(署理)함도 득(得)함이라.

제27조 주사는 군수의 지휘를 승(承)하야 서무에 종사하며, 군수가 사고 유(有)한 시는 그 직무를 서리(署理)함이라.

제28조 군서기(郡書記), 순검(巡檢) 이하 용인(傭人)에 규정 및(及) 원액(員額)은 내부대신이 정함이라.

제29조 내부대신이 필요로 인(認)하는 시는 도·부·군(道府郡)에 통역관(주임), 통과관보(판임)을 치(置)함을 득(得)함이라.

제30조 통역관 및 통역관보(通譯官補)는 상관의 지휘를 승(承)하야 번역·통변(通辯)에 종사함이라.

부칙(附則)

제31조 본령(本令)은 본년(本年) 10월 1일로부터 시행함이라.

제32조 본령에 저촉되는 종전 제 규정은 아울러 폐지함이라.

1906년(광무 10) 9월 24일. (하략-편역자)

〈자료 93〉 (칙령 제52호) **지방관 전고규정**[「(勅令 第52號) 地方官詮考規程」, 『관보』 부록, 의정부 관보과, 1906. 9.28]]

제1조 지방관은 지방관 전고위원(銓考委員)의 조사를 거친(經한) 후 다음(左開) 절차를 천행(踐行)함이라.

1. 지방 칙임관(勅任官)은 내부대신(內部大臣)이 의정부회의(議政府會議)에 제출하야 의정대신(議政大臣)을 거쳐(經하야) 상주(上奏) 봉칙(奉勅)함이라.
2. 지방 주임관(奏任官)은 내부대신이 의정대신을 거쳐(經하야) 이를 상주(上奏)함이라.
3. 지방 판임관(判任官)은 내부대신이 이를 전행(專行)함이라.

제2조 지방관 전고위원은 내부에 치(置)하고, 다음(左開) 직원으로 이 위원을 조직함이라.

1. 내부 협판(內部協辦).
2. 내부 지방국장(地方局長).
3. 내부 참여관(參與官).
4. 각 부부(府部) 현임[現任 칙임관(勅任官)] 4인.

전 항 제4호의 위원을 의정부(議政府)로서 회의·임명하되 기한은 1개년으로 함이라.

제3조 지방관은 다음 제시(左開)한 자격이 유(有)한 자로 지방관 전고위원의 전고를 하지 아니한 자면 지방관 임용을 부득(不得)함이라.

1. 지방 칙임관.

   ① 칙임직에 현대(現帶)한 자와 증경(曾經)[3]한 자.

3 이미 거친.

② 5년 이상을 각 부부(府部) 주임직에 재(在)한 자와 증경한 자. 단, 내부 주임직에는 4년 이상으로 위한(爲限)[4]함이라.

③ 3년 이상을 지방 주임직에 재(在)하야 치적이 현저한 자.

④ 특이한 학식과 기능이 유(有)한 자.

2. 지방 주임관.

① 증경 칙주임직자.

② 각 부부(府部) 칙주임직에 현대(現帶)한 자.

③ 4년 이상 각 부부(府部) 판임직에 재(在)한 자와 증경한 자. 단, 내부 판임직에는 3년 이상으로 위한(爲限)함이라.

④ 2년 이상 지방 판임직에 재(在)하야 사무에 통련(通練)한 자.

⑤ 특이한 학식과 기능이 유(有)한 자.

3. 지방 판임관.

① 증경 주판임직자.

② 각 부부(府部) 판임직에 현대(現帶)한 자.

③ 삼년 이상 서기직에 재(在)하야 사무에 통하고 문산(文算)이 구비한 자.

④ 유림(儒林) 향인(鄕人) 중에 사무에 통효(通曉)한 자.

제4조 외국 및 외국인의 관계가 유(有)한 지방에 재직하는 관리는 전 조 규정에 불구하고 필요한 외국어의 소양을 고량(考量)하야 자격을 정함을 득(得)함이라.

제5조 다음(左開) 사항에 범(犯)한 자는 이를 지방관에 임용함을 부득함이라.

1. 연령이 25세에 미만한 자. 단, 판임관은 이 한(限)에 부재(不在)함이라.

2. 역형(役刑) 이상의 선고를 수(受)한 자.

3. 민요(民擾)를 야기(惹)한 자.

4. 탐오(貪汚)의 행(行)이 유(有)한 자.

5. 공전(公錢)을 범포(犯逋)가 유(有)한 자.

6. 본령(令)을 발포 후 징계·면관(免官)의 처분을 수(受)하고 2개년을 미경(未經)한 자.

---

4 한도를 정함.

제6조 지방관의 전고는 전 조 규정 외에 또(尙) 이 다음(左開) 표준을 의하야 이를 실행함이라.

- 충실여정자(忠實勵精者).
- 염결률신자(廉潔律身者).
- 시폐(時弊)의 교정(矯正)을 수행함이 유(有)한 자.
- 정무(政務)의 개선을 수행함이 유(有)한 자.

제7조 지방관 전고위원이 필요로 인정(認)할 시(時)는 시험을 행(行)하되, 그 시험규정은 위원이 의정(議定)한 후 내부대신의 인가를 승(承)하야 시행함이라.

제8조 지방관 전고위원은 지방관의 이력서를 보존함이라.

부칙(附則)

제9조 본령(令)은 본년 10월 1일로부터 시행함이라.

제10조 본령에 저촉되는 종전 여러(諸) 규정은 아울러 폐지함이라.

1906년(광무 10) 9월 24일. (하략-편역자)

〈자료 94〉 (칙령 제60호) 조세징수규정[「(勅令 第60號) 租稅徵收規程」, 『관보』 제3589호, 의정부 관보과, 1906. 10.20]

제1조 조세(租稅)는 모두(總히) 본령(本令)에 의거(據)하야 징수홈. 단, 항세(港稅) 기타 별도(別)로히 칙령의 규정이 유(有)한 자(者)는 이 한(限)에 재(在)치 아니함이라.

제2조 조세의 징수는 모두(總히) 타(他) 공과(公課) 및 채권(債權)에 선(先)하는 자(者)라 함이라.

제3조 조세를 징수하랴 할 시(時)는 세무관(稅務官) 혹 각 군 파주(派駐)[5] 세무주사가 납세 의무자에 대하야 납입고지서를 발부함이 가(可)함이라.

제4조 납세자는 납입고지서에 지정한 기한이 과(過)하야도 조세를 납(納)지 아니할 시(時)는 세무관 혹 각 군 파주(派駐) 세무주사는 다시(更히) 기한을 정하야 독촉서를 발(發)함을 요(要)홈. 단, 이 경우에 재(在)하야는 매 1차에 수수료 금(金) 10전(錢)을

5 파견.

징수함이라.

제5조 전(前) 조(條)에 의거(據)하야 독촉서를 발(發)하야도 또(尙且) 납부치 아니하는 자(者)는 강제로 징수홈. 단, 강제 징수의 방법은 별(別)로히 정함이라.

제6조 납세 의무자가 납세지(納稅地)에 재(在)치 아니할 시는 대리인(代理人)을 예정하야 납세를 처리케 함을 요(要)함이라.

제7조 지세(地稅) 및 호세(戶稅)는 면장(面長)에게 납입 고지서를 발행홈. 이 경우에 재(在)하야는 면장은 세무관(稅務官) 혹 각 군 파주(派駐) 세무주사의 인허를 득(得)하야 그 면내(面內)의 납세 다액자 5명 이상으로 임원을 정하야 그 협의로써 면내 거주하는 각 납세 의무자에 대한 부과 금액을 정하야 납입 통지를 발부하야 그 조세(租稅)를 징수함이 가(可)함이라. 단, 현금(現金) 영수는 임원 중으로 세무관 혹 각 군 파주(派駐) 세무주사의 인허를 득(得)하야 선정된 공전영수원(公錢領收員)으로 하야곰 이를 처리케 함을 요(要)함이라.

제8조 전 조(前條)의 공전영수원이 피(避)치 못할 재해를 인하야 기수(旣收)한 세금을 유실한 시(時)를 그 사실을 증명하야 탁지부대신에게 세금 납입의 면제를 청원함을 득(得)함이라. 전 항의 청원이 유(有)한 시(時)는 탁지부대신은 그(其) 사실을 심사하야 확거를 득(得)한 후 이를 면제할 사(事)가 유(有)함이라.

제9조 전 조(前條)에 의거(據)하야 징수한 세금을 납입고지서에 지정한 장소에 납부함이 가(可)함이라. 전 항을 의(依)하야 납부한 시(時)는 징수비로 그 금액에 대하야 백분의 2(百分之二)의 금액을 해당(該) 면에 교부함이라.

제10조 본령 시행에 관한 세칙은 탁지부대신이 정함이라.

부칙(附則)

제11조 본령(令)은 반포일로부터 시행함이라.

제12조 1895년(개국 504) 4월 5일 칙령 제74호 각 읍 부세소장정(賦稅所章程)과 동년(同年) 9월 5일 칙령 제162호 각 군 세무장정(稅務章程)을 아울러 폐지함이라.

1906년(광무 10) 10월 16일.

〈자료 95〉 (칙령 제81호) 지방세규칙[「(勅令 第81號) 地方稅規則」, 『관보』 제3651호, 의정부 관보과, 1907. 1.1]

제1조 한성부(漢城府) 및 각 도(道)는 다음(左)의 경비(經費)를 지변(支辦)키 위하야 지방세(地方稅)를 부과함이라.

1. 도로(道路), 교량(橋樑) 기타 지방 토목(土木)에 관한 경비.
2. 지방 관청의 관사(廳舍) 건축 및 수리에 관한 경비.
3. 교육에 관한 경비.
4. 권업(勸業)에 관한 경비.
5. 경찰(警察), 위생(衛生), 병원(病院), 구휼(救恤) 기타 자선에 관한 경비.
6. 지방관청 경비의 보급(補給).
7. 앞(前) 각 호(号) 외 공용(公共)상 필요한 시설에 관한 경비.

제2조 지방세에 종목(種目)은 다음(左)과 같음(如흠)이라.

1. 시장세(市場稅).
2. 포구세(浦口稅).
3. 여각세(旅閣稅).
4. 교세(轎稅).
5. 인력거세(人力車稅).
6. 자전거세(自轉車稅).
7. 하차세(荷車稅).
8. 화세(花稅).

제3조 시장세는 다음(左)의 세율에 의하야 물품 방매자(放賣者) 및 그 매개자로서 개시(開市)할 때(時)마다 이를 징수함이라.

- 물품 방매, 방매 물품가(物品價) 백분의 1(百分之一)
- 매개자 1인마다(每) 장날(市日) 금(金) 10전(錢)

제4조 포구세는 다음의 세율에 의하야 방매하기 위하야 포구를 통과하는 화물주(貨物主)로서 첫 번째(初次) 통과지(通過地)에서만 이를 징수함이라.

- 통과하는 화물의 가액(價額) 천분의 5(千分之五)

제5조 여각(객주)세는 다음의 세율에 의하야 각주로서 매년 이를 징수함이라.

- 판매(售賣, 수매) 물품의 예정 가액(價額) 천분의 5

제6조 교세는 다음의 세율에 의하야 사용하기 위하야 소유한 자로서 매년 이를 징수함이라.

- 가마(轎) 1척마다(每一隻) 금(金) 2환(圜)

제7조 인력거세는 다음의 세율에 의하야 사용하기 위하야 소유한 자로서 매년 이를 징수함이라.

- 인력거 1량마다(每一輛) 금 3환

제8조 자전거세는 다음의 세율에 의하야 사용하기 위하야 소유한 자로서 매년 이를 징수함이라.

- 자전거 1량마다 금 3환

제9조 하차세(荷車稅)는 다음의 세율에 의하야 사용하기 위하야 소유한 자로서 매년 이를 징수함이라.

- 우마차(牛馬車) 1량마다 금 2환
- 손수레(手挽車, 수만차) 1량마다 금 1환

제10조 화세(花稅)는 다음의 세율에 의하야 창기(娼妓)로서 매년 이를 징수함이라.

- 기녀(妓, 기) 1인마다(每一人) 금 36환
- 매춘부(娼, 창) 1인마다 금 24환

제11조 한성부윤(漢城府尹) 및 각 도 관찰사(觀察使)는 지방의 상황에 의하야 내부대신 및 탁지부대신의 인허를 거쳐(經ᄒᆞ야) 제2조에 정한 지방세 종목을 감소홈을 득(得)함이라.

제12조 제5조 이하 지방세(地方稅)는 매년 5월, 11월의 2기(期)에 분(分)하야 이를 징수함이라. 단, 화세(花稅)는 이를 12분(分)하야 매월 징수함이라.

제13조 다음(左)의 물품방매(物品放賣) 및 물화통과(物貨通過)에는 지방세(地方稅)를 과(課)치 아니함이라.

- 정부 발행의 수입인지류 및 도량형(度量衡)의 방매
- 자기(自己)의 채굴(採掘)이나 채취한 광물(鑛物)과 자기의 경작한 농산물의 방매

제14조 황실 및 관청 소용(所用)의 가마(轎, 교), 인력거, 자전거, 짐수레(荷車, 하차) 등에는 지방세를 과(課)치 아니함이라.

제15조 한성부윤 및 각 도 관찰사는 지방세의 수입·지출은 매년도 관항에 구분한 예산을 편성하야 전년도 7월 31일 이내로 내부대신 및 탁지부대신에게 제출하야 그 인허를 경(經)함을 요(要)함이라.

제16조 지방세의 회계연도는 국고(國庫)의 회계연도에 의(依)함이라.

제17조 한성부윤 및 각 도 관찰사가 제15조의 인허를 득(得)한 시(時)는 그 부과·징수를 소관 세무감(稅務監)에게 이부(移付)함이 가(可)함이라.

제18조 세무감이 지방세의 부과·수 이부(移付)를 수(受)한 시(時)는 그 관내 세무관(稅務官)이나 군 파견(郡派駐, 군파주)의 세무주사로 하야곰 이를 집행케 함이라.

제19조 세무관 및 군 파견(郡派駐) 세무주사의 지방세 징수 순서는 국세 징수의 관한 요정(要程)을 준용함이 가(可)함이라.

제20조 지방세로 지불(支辦, 지변)할 경비의 출납은 한성부윤 및 각 도 관찰사의 명령을 의함이라.

제21조 지방세에 관한 현금의 출납은 그 지방의 재(在)한 농공은행(農工銀行)으로 하야곰 이를 장(掌)케 함이라.

제22조 지방세의 회계 및 현금 처리에 관하야는 국고금에 관한 규정을 준용함이라.

제23조 지방세의 정산 증명은 국고의 세입·세출에 관한 규정을 준(准)하야 출납 관리가 탁지부대신의 개사(槪査) 심판(審判)을 수(受)함을 요(要)함이라.

제24조 본령 시행에 관한 세칙(細則)은 주무대신이 이를 정함이라.

부칙(附則)

제25조 본령(本令)은 1907년(광무 21) 1월 1일로부터 시행함이라.

1906년(광무 10) 12월 29일.

〈자료 96〉 (칙령 제31호) **지방위원회규칙**[6][「(勅令 第31號) 地方委員會規則」, 『관보』 제3768호, 의정부 관보과, 1907.5.17]

제1조 세무관(稅務官) 주재지(駐在地)에 지방위원회를 치(置)함이라.

제2조 지방위원회는 재무(財務)에 관하야 관민(官民)의 의견을 소통하고, 법령(法令)의 주지를 도모하야 정부(政府)의 자문(諮問)에 응답하며, 또는 의견이 유(有)할 시(時)는 이를 정부에 상신(上申)할 자(者)라 함이라.

제3조 지방위원은 세무관이 지방관(地方官)과 협의하야 소할(所轄) 각 부·군(府郡)의 상당한 자산이 유(有)하고, 민정(民情)에 통달한 자(者) 5명 내지 10명을 세무감(稅務監)을 경(經)하야 추천(推薦)하고, 탁지부(度支部) 대신이 이를 의촉(依囑)함이라.

제4조 위원은 명예직이라 함. 단, 위원회에 출참(出參)할 경우에는 영정(另定)한 바를 의하야 여비(旅費) 및 일비(日費)를 지급함이라.

제5조 지방위원회는 회장의 소집에 의하야 정시(定時) 및 임시에 개회함이라.

제6조 소할 지방 관리는 지방행정(地方行政)에 관계가 유(有)할 시는 지방위원회에서 의견을 진술함을 득(得)함이라.

부칙(附則)

제7조 지방 원근(遠近)을 수(隨)하야 점차 시행함이라.

1907년(광무 11) 5월 13일. (하략-편역자)

〈자료 97〉 (탁지부령 제18호) **지방위원회규칙 시행에 관한 건**[〈(度支部令 第18號) 地方委員會規則施行ニ關スル件〉, 《재무주보(財務週報)》 6월호 법규의 부(法規ノ部) 11호, 통감부(統監府) 재정감사청(財政監査廳), 1907.6]

제1조 지방위원회 회장은 세무관이 겸임하고, 의사의 정리 및 기타 회무를 처리함.

제2조 지방위원회에 서기 2명을 두고, 세무주사(主事) 중에서 회장이 이를 임명함. 서기는

6 조선총독부령 제28호 지방위원회규칙은 1911년(明治 44) 3월 31일 한(限)으로 그것을 폐지함. 『朝鮮總督府官報』 제1616호, 1911년 3월 23일.

회장의 지휘를 받아 의사의 필기와 기타 서무에 종사함.

제3조 지방위원회의 정기회는 격월 1회 개회함.

제4조 위원은 다른 위원 2인 이상의 동의를 얻어 서면을 회장에 제출하고 지방위원회의 개회를 청구할 수 있음. 전 항 서면에는 개회 목적 및 이유를 기재할 것을 필요로 함.

제5조 다음 사항에 대해서는 회장은 지방위원회에 자문하여 그 의견을 들어야 함. 단, 긴급을 필요로 하는 것에 대해서는 사후에 정기회에 이를 보고하는 것을 필요로 함.

1. 조세, 수수료 및 부역 현품의 부과·징수에 관한 사항.
2. 화폐 정리에 관한 시설 사항.
3. 지방 금융에 관한 시설 사항.
4. 금곡 등을 축적할 기관의 설치 및 그 조처에 관한 사항.
5. 기타 특히 지방위원회에 자문할 것을 명령 받거나 또는 자문하는 것이 적당하다고 인정되는 사항.

제6조 지방위원회의 회의는 다수결의 방법에 의하지 않고 오로지 각 위원의 의견을 공평하게 드러내는 것을 주지로 해야 함.

제7조 위원이 다음에 상당한 때는 회장은 탁지부대신에게 그 위원의 해임을 신청할 수 있음.

1. 정당한 사유 없이 계속 결석 5회 이상에 이른 때.
2. 상이(傷痍)와 질병으로 인해 그 직무(職)를 감당할 수 없든지 또는 자기의 편의에 따라 해임을 청원할 때.
3. 위원, 위원회 설치구역 외에 그 주소를 이전한 때.
4. 수벌(受罰), 파산 등 위원의 체면을 훼손한 행위가 있을 때.

제8조 사망, 해임 등으로 인해 위원의 결원이 발생한 때는 회장은 그 취지를 탁지부대신에게 보고하고 후보자를 정해서 보궐원의 선임을 신청해야 함.

제9조 자문에 대한 응답과 의견 및 회의의 전말을 회장은 일일 탁지부대신에게 보고해야 함. 단, 위원 2인 이상의 서명을 요함.

제10조 이상 3조의 탁지부대신에 대한 청구 및 보고는 세무감(稅務監)을 경유할 것을 요함.

제11조 지방위원회에 의사록(議事錄)을 비치하고 의사의 요항을 기재해야 함.

부칙(附則)

第12조 본령(本令)은 반포일로부터 시행함.

1907년(광무 11) 6월 6일 탁지부대신(度支部大臣) 고영희(高永喜).

〈자료 98〉 (칙령 제6호) 지방위원회규칙 중 개정건[「(勅令 第6號) 地方委員會規則中改正件」, 『관보』 제3849호, 내각(內閣) 법제국(法制局) 관보과(官報課), 1907.8.20]

본년(本年) 칙령(勅令) 제31호 지방위원회규칙 제3조 중 소할하(所轄下)에 '각 부·군(各府郡)' 3자는 산거(刪去)[7]하고, '구역 내(區域內)' 3자를 첨입(添入)하며, 통달한 자(者) 하에 '5명 내지 10명(五名乃至十名)' 6자(字)는 산거(刪去)하고, '각 부·군에 1명씩' 8자를 첨입홈.

1907년(융희 원년) 8월 17일. (하략-편역자)

〈자료 99〉 (칙령 제21호) 지방위원회규칙 중 추가건[「(勅令 第21號) 地方委員會規則中追加件」, 『관보』 제3871호, 내각 법제국 관보과, 1907.9.14]

1907년(광무 11) 칙령 제31호 지방위원회규칙(地方委員會規則) 제3조 다음(次)에 좌개(左開) 1항(項)을 추가홈. 단, 위원의 정원(定員)은 각 구역(區域)에 7인 이하 됨을 부득(不得)홈.

1907년(융희 원년) 9월 11일. (하략-편역자)

〈자료 100〉 (칙령 제40호) 지방관 관제[「(勅令 第40號) 地方官官制」, 『관보』 제3952호 호외(號外), 내각 법제국 관보과, 1907.12.18]

(상략-편역자) 1907년(융희 원년) 12월 13일. (중략-편역자)

제1조 각 도(各道)에 좌개(左開) 직원을 치(寘)홈.

관찰사(觀察使) 각 도 1인 칙임(勅任), 서기관(書記官) 각 도 1인 주임(奏任), 사무관

7 삭제하여 없애버림.

(事務官) 각 도 전임(專任) 1인 주임(奏任), 경시(警視) 주임(奏任), 주사(主事) 판임(判任), 경부(警部) 판임(判任).

제2조 경시(警視)는 각 도를 통하야 27인으로 정원홈.

제3조 주사(主事)는 각 도를 통하야 78인으로, 경부(警部)는 각 도를 통하야 147인으로 홈. 각 도에 치(置)하는 주사 및 경부에 정원은 내부대신(內部大臣)이 정홈.

제4조 관찰사는 내부대신의 지휘·감독을 승(承)하고, 각 부에 주무에 대하야는 각 부 대신의 지휘·감독을 승(承)하야 법률·명령을 집행하고, 관내(管內) 행정사무를 관리하며 소속 관리를 지휘·감독홈.

제5조 관찰사는 관내 행정사무에 관하야 직권 범위 내에셔 도령(道令)을 발(發)함을 득(得)홈.

제6조 관찰사는 부윤(府尹) 군수(郡守) 경찰서장 및 경찰분서장(警察分署長)의 처분 또는 명령이 성규(成規)에 위(違)하야 공익을 해하거나 권한을 침범한 자(者)가 유(有)함으로 인정(認)하는 시(時)는 그 처분 또는 명령을 격소(繳消)[8]하거나 정지함을 득홈.

제7조 관찰사가 사고가 유(有)한 시(時)는 서기관이 그(其) 직무를 대판(代辦)홈. 관찰사와 서기관이 공(共)히 사고가 유한 시(時)는 내부대신이 해당 도(該道)의 고등관(高等官) 1인으로 그 직무를 대판(代辦)케 홈.

제8조 관찰사는 도의 관리로 그(其) 사무의 일부를 임시 대판(代辦)케 함을 득(得)홈.

제9조 관찰사는 그 직권에 속한 사무의 일부를 부윤 군수 혹 경찰서장에게 위임함을 득(得)홈.

제10조 서기관은 관찰사를 보좌하야 좌(左) 사무를 장리(掌理)홈.

- 지방행정에 관한 사항
- 구휼(救恤) 및 자선에 관한 사항
- 형제(享祭)에 관한 사항
- 종교 및 사사사(祠社寺)에 관한 사항
- 토목에 관한 사항

8 흔적을 없앰.

• 지적(地籍) 및(及) 토지 수용에 관한 사항

• 교육 학예에 관한 사항

• 권업에 관한 사항

• 외국인에 관한 사항

제11조 사무관은 관찰사 및 서기관의 명(命)을 승(承)하야 도의 사무(道務)를 관장(掌)홈.

제12조 각 도에 경찰서를 치(置)하되 그 위치 및 관할구역은 내부대신이 정함. 경찰서장은 경시 또는 경부로 충당(充)홈.

제13조 경찰서장은 관찰사를 보좌하야 부하 관리를 지휘·감독하며, 다음(左開) 사무를 장리(掌理)홈.

• 경찰에 관한 사항

• 위생에 관한 사항

• 민적(民籍)에 과한 사항

• 이민(移民)에 관한 사항

제14조 경시는 상관의 명령을 승(承)하야 경찰 사무를 관장(掌)하고 부하를 지휘·감독홈.

제15조 도 주사는 상관의 지휘를 승(承)하야 서무에 종사홈.

제16조 경부는 상관의 지휘를 승(承)하야 경찰 사무에 종사하며 부하를 지휘·감독홈.

제17조 내부대신은 경찰서 하에 경찰분서를 치(寘)함을 득(得)하되 그 위치 및 관할구역은 내부대신이 정홈. 경찰부서장은 경부로 충당(充)하되 상관의 지휘를 승(承)하야 서무를 장리(掌理)하고 부하를 지휘·감독홈.

제18조 경찰서장 또는 경찰부서장이 사고가 유(有)한 시(時)는 관찰사가 도내(道內) 관리로 그 직무를 대판(代辦)홈.

제19조 각 도에 순사를 치(寘)하되 판임관 대우로 홈. 순사에 관한 규정은 내부대신이 정홈.

제20조 내부대신은 그 봉급 예산 범위 내에서 각 도에 기수(技手) 경찰의(警察醫)를 치(寘)함을 득(得)홈. 기수 및 경찰서는 판임으로 홈.

제21조 기수는 상관의 지휘를 승(承)하야 기술에 종사홈.

제22조 경찰의(警察醫)는 상관의 지휘를 승(承)하야 경찰에 관한 의무(醫務)에 종사홈.

제23조 국 부·군에 다음(左開) 직원을 치(寘)홈.

• 부윤 각 부 1인 칙임 혹 주임

• 군수 각 군 1인 주임

• 주사 판임

제24조 부윤 및 군수는 관찰사의 지휘·감독을 승(承)하야 법률·명령을 집행하며, 관내 행정사무를 장리(掌理)하고 부하 관리를 감독홈.

제25조 부윤 및 군수는 외국인에 관한 사건에 취(就)하야 이사관에게 교섭함을 득(得)홈.

제26조 내부대신이 필요로 인(認)하는 시(時)는 부 혹 군에 사무관 1인을 치(寘)하되 주임으로 홈. 사무관은 부윤 혹 군수를 보좌하야 사무를 장리(掌理)홈.

제27조 부윤 혹 군수가 사고가 유(有)한 시(時)는 수석 관리가 그 직무를 대판(代辦)홈. 단, 인접한 지방군수로 그 직무를 대판(代辦)홈.

제28조 부·군 주사의 정원을 내부대신이 정홈. 부·군 주사는 상관의 지휘를 승(承)하야 서무에 종사홈.

부칙(附則)

제29조 본령은 1908년(융희 2) 1월 1일로부터 시행홈.

제30조 1906년(광무 10) 칙령 제50호 지방관 관제와 1896년(건양 원년) 칙령 제48호와 1899년(광무 3) 칙령 제23호와 기타 본령에 저촉되는 규정은 아울러 폐지홈.

〈자료 101〉 (고시 제1호) 한성위생회규약[「(告示 第1號) 漢城衛生會規約」, 『관보』 제3956호, 내각 법제국 관보과, 1907.12.23]

제1조 한성위생회는 한성 및 부근의 지역 내에서 위생 상태의 개선을 도모(圖)함으로 목적홈.

제2조 한성위생회의 사업에 필요한 비용은 한국 정부의 보조금 및 한성 재주자(在住者)에게 징수하는 금액으로 이를 충당(充)홈.

제3조 한성위생회의 회장 및 평의원(評議員)을 설치(置)홈. 회장은 내부(內部) 차관(次官)으로 평의원은 다음(左)에 든(揭) 자(者)로서 이에 충당(充)홈.

• 내부(內部) 경무국장(警務局長)

- 한국주차군(韓國駐箚軍) 군의부장(軍醫部長)
- 경시총감(警視摠監)
- 경성이사청(京城理事廳) 이사관(理事官)
- 한성부윤(漢城府尹)
- 경성거류민단(京城居留民團) 민장(民長)
- 한성부민(漢城府民) 총대(摠代)

회장은 필요로 인정(認)할 시(時)는 전 항 이외에 평의원을 촉탁함을 득(得)홈.

제4조 한성위생회에 실행위원 약간 명을 설치(置)하되, 위원장은 경시총감(警視摠監)으로 충당(充)하고, 위원은 경시(警視) 혹은 기사(技師) 및 한성 재주자(在住者)에서 회장이 이를 촉탁홈.

제5조 평의원은 사업의 계획 및 비용의 징수에 관한 사항을 결정홈.

제6조 위원은 평의원의 의사(議)를 집행홈.

부칙(附則)

본 규약의 효력은 발표하는 날(日)로부터 발생홈.

〈자료 102〉 (칙령 제35호) **군수임용령**[「(勅令 第35號) 郡守任用令」, 『관보』 제4106호, 내각 법제국 관보과,1908. 6.22]]

군수는 문관임용령(文官任用令)의 규정에 불구하고 관찰사(觀察使)가 그 관할구역 내에 거주하고 지방의 정형에 통달하며 품행이 단정한 자 중에 적임으로 인정(認)하야 추천한 자 중에서 임용홈. (하략-편역자)

〈자료 103〉 (칙령 제49호) **지방관 관제 중 개정건**[「(勅令 第49號) 地方官官制中改正件」, 『관보』 제4133호, 내각 법제국 관보과, 1908.7.23]

1907년(융희 1) 칙령 제40호 지방관 관제 중 다음(左)과 같이 개정홈.

제1조 중 서기관(書記官) 다음(次)에 '경시(警視) 주임(奏任)'을 더(加)하고, 동무관(東務官) 다음(次)에 '경시 주임'을 제제(制除)홈.

제2조 중 '27인'을 '31인'으로 개정홈.

제3조 중 '147인'을 '163인'으로 개정홈.

제8조 제1항 중 '서기관'을 '수석 고등관(高等官)'으로 개정하고, 제2항을 삭제홈.

제10조 각 도에 내무부 및 경찰부를 치(置)하고, 다음과 같이(如左히) 사무를 분장케 홈.

내무부(內務部)

1. 지방행정(地方行政)에 관한 사항
2. 구휼(救恤) 및(及) 자선(慈善)에 관한 사항
3. 향제(享祭)에 관한 사항
4. 종교 및(及) 사사사(祠社寺)에 관한 사항
5. 토목에 관한 사항
6. 지적(地籍) 및(及) 토지 수용에 관한 사항
7. 교육 학예(學藝)에 관한 사항
8. 권업(勸業)에 관한 사항
9. 외국인에 관한 사항

경찰부(警察部)

1. 경찰(警察)에 관한 사항
2. 위생(衛生)에 관한 사항
3. 민적(民籍)에 관한 사항
4. 이민(移民)에 관한 사항

제12조 내무부장(內務郎長)은 서기관으로, 경찰부장(警察部長)은 경시(警視)로 이를 충당(充)하되 관찰사(觀察使)를 보좌하며, 부하의 관리를 지휘·감독하야 소속 부서(所部) 사무를 다스림(里홈).

제12조의 2 경찰부장은 경찰 사무의 집행에 관하야 경찰서장 이하를 지휘함을 득(得)홈.

제13조 사무관은 관찰사 및 서기관의 명령(命)을 승(承)하야 도무(道務)를 담당(掌理)홈.

제14조 각 도에 경찰서를 치(置)하되, 그 위치 급 관할구역은 내부대신이 이를 정홈. 경찰

서장은 경시 또는 경부(警部)로 이를 충당(充)하되, 상관(上官)의 명령(命)을 승(承)하야 경찰 사무를 담당(掌理)하고, 부하의 관리를 지휘 · 감독홈.

부칙(附則)

본령(本令)은 반포일로부터 시행홈.

〈자료 104〉 (법률 제12호) **지방비법**[「(法律 第12號) 地方費法」, 『관보』 제4340호, 내각 법제국 관보과, 1909.4.2)]

제1조 한성부 및 각 도에서 공공사업(公共事業)을 위하야 지방비를 설(設)홈. 지방비는 지방비에 속한 재산 아울러(竝히) 그 수입, 지방비 지불(支辨, 지변) 등의 사업에 속한 수입 및 부과금으로써 이(此)를 충(充)홈.

제2조 지방비로 지불함을 득(得)할 비목(費目)은 다음과 같음(左와 如홈). 단, 지방비 지불에 속할 것과 국비 지불에 속할 것의 구분은 내부대신(內部大臣)과 탁지부대신(度支部大臣)이 협의하야 내부령(內部令)으로써 이를 정홈.

1. 청사(廳舍)의 건축 및 수선에 관한 경비
2. 토목에 관한 경비
3. 위생, 병원, 구휼 및 자선에 관한 경비
4. 권업에 관한 경비
5. 교육 및 학예에 관한 경비

전 항 각 호 외에 법령에 의하야 지방비 지불에 속한 경비 및 지방 공공상 필요한 사업에 관한 보조비

제3조 지방비에 충(充)한 부과금의 종류는 종래 지방에서 징수하든 제세(諸稅) 중에 취(就)하야 이를 정홈.

제4조 부과금의 과목(課目), 과율(課率), 납기 기타 부과에 관하야 필요한 규정은 내부대신 및 탁지부대신의 인가를 득(得)하야 한성부윤(漢城府尹) 및 관찰사(觀察使)가 부령(府令) 또는(又는) 도령(道令)으로써 이를 정홈.

제5조 전(前) 조(條)의 부령 또는 도령에 의하야 부과금을 부과 징수함은 국세(國稅)의 예

에 의하야 재무서장(財務署長)이 이를 행홈.

제6조 한성부윤 및 관찰사는 지방비의 지불에 속할 사업을 위하야 관내의 일부에 대하야 내부대신의 인가를 득(得)하야 부역(夫役) 및 현품(現品)을 부과함을 득(得)홈.

제7조 지방비 지불에 속할 상업을 위하야 기부금을 수(受)한 시(時)는 기부자의 지정한 용도에 사용함이 가(可)홈.

제8조 한성부윤 및 관찰사는 특별 사정이 유(有)한 자에 대하야 부과금 및 부역과 현품의 감면 또는 연납(延納)함을 득(得)홈.

제9조 한성부윤 및 관찰사는 매 회계연도에 지방비의 세입·세출 예산을 조제(調製)하야 그(其) 전 년 10월 말일까지에 내부대신에게 제출하야 인가를 수(受)함이 가(可)홈.

기정(旣定)의 예산은 내부대신의 인가를 득(得)하야 추가 또는 경정함을 득(得)홈.

제10조 한성부윤 및 관찰사가 전 조의 인가를 수(受)한 시(時)는 그 요령을 고시(告示)홈.

제11조 한성부윤 및 관찰사는 매 회계연도 지방비의 세입·세출 예산에 대한 결산을 조제하야 연도 경과 후 5개월 이내에 내부대신에게 보고하고, 아울러(竝히) 그 요령을 고시함이 가(可)홈.

제12조 지방비의 회계에 관한 규정은 내부대신이 이를 정홈.

부칙(附則)

제13조 제9조의 기한은 본법(本法) 시행의 연도에 한하야 그 해(年) 8월 말일까지로 홈.

제14조 1906년(광무 10) 칙령(勅令) 제81호 지방세규칙은 이를 폐지홈.

2. 외국인 거류지 관련 법령

〈자료 105〉 (서명 원본·1905년·법률 제41호) **거류민단법**[「(御署名原本·明治三十八年·法律 第41號) 居留民團法」, 태정관(太政官) 내각(內閣), 1905.3.7]

제1조 전관거류지(專管居留地), 각국 거류지(各國居留地), 잡거지(雜居地) 기타에 주거하는 제국 신민의 상태에 따라 외무대신이 필요하다고 인정할 때는 지구(地區)를 정하고, 그 지구 내에 주거하는 제국 신민을 거류민단의 폐치·분합 또는 그 지구의 변경에 관한 사항은 명령으로써 그것을 정함.

제2조 거류민단은 법인(法人)으로써 관(官)의 감독을 받고, 법령 또는 조약의 범위 내에서 그 공공사무 및 법령, 조약 또는 관례에 따라 그에 속하는 사무를 처리함.

제3조 거류민단에 이원(吏員) 및 거류민회(居留民會)를 둠.

제4조 거류민회의 조직, 거류민단 이원 또는 거류민회 의원의 임면, 선거, 임기, 급여 및 직무 권한 등에 관한 사항, 아울러 거류민단의 재산, 부채, 조영물, 경비의 부과·징수 및 회계 등에 관한 사항은 명령으로 그것을 정함.

제5조 거류민단은 영사, 공사 및 외무대신이 순차로 그것을 감독함. 단, 토지의 정황에 따라 제2차의 감독을 생략할 수 있음.

제6조 거류민단 설립 때 지구 내에 주거하는 제국 신민의 공동 재산 및 부채의 처분 기타 본법 시행에 관한 필요한 사항은 명령으로써 그것을 정함.

〈자료 106〉 (통감부령 제21호) **거류민단법시행규칙**[「(統監府令 第21號) 居留民團法施行規則」, 『거류민단법요의(居留民團法要義)』, 일한도서인쇄주식회사(日韓圖書印刷株式會社), 1906.10]

총칙(1~4조)

제1조 거류민단의 폐치·분합 또는 그 지구 아울러 명칭의 변경은 통감이 그것을 정함. 전항의 처분에 대해 재산 처분을 필요로 할 때는 관계 거류민회 또는 그에 준하는 것의 의견을 비추어 이사관이 그것을 정함.

제2조 거류민단의 지구 내에 주거하는 자는 그 거류민이라 함. 거류민은 거류민단의 재산 및 조영물을 사용할 권리를 갖고 그 부담을 분임(分任)할 의무를 부담함.

제3조 거류민단은 법령의 정하는 바에 따라 그 지구(地區) 내에 주거하는 외국인을 보호할 의무를 부담함.

제4조 거류민단은 거류민의 권리·의무 및 거류민단의 사무 등에 관해 거류민단 규칙을 설치할 수 있음.

〈자료 107〉 **한일협상조약**[「韓日協商條約」, 『구한말조약휘찬(舊韓末條約彙纂)』 상(上), 국회도서관(國會圖書館) 입법조사국(立法調査局), 1964]

제1조 일본국 정부는 재도쿄 외무성을 경유(由)하야 금후 한국이 외국에 대한 관계 및 사무를 감리(監理)·지휘함이 가(可)하고, 일본국의 외교 대표자 및 영사(領事)는 외국에 재(在)하는 한국의 신민(臣民) 및 이익을 보호함이 가(可)함.

제2조 일본국 정부는 한국과 타국(他國) 간(間)에 현존하는 조약의 실행을 완전히 하는 임무(任)에 당(當)하고, 한국 정부는 금후에 일본국 정부의 중개에 유(由)지 아니하고, 국제적 성질을 유(有)하는 어떠한(何等) 조약이나 약속을 아니함을 약속(約)함.

제3조 일본국 정부는 그 대표자로 하야 한국 황제 폐하의 궐하(闕下)에 1명의 통감(統監)을 치(置)하되, 통감은 전(專)혀 외교(外交)에 관한 사항을 관리함을 위하야 경성(京城)에 주재하고, 친히 한국 황제 폐하에게 내알(內謁)하는 권리를 유(有)함. 일본국 정부는 또한 한국의 각 개항장 및 일본국 정부가 필요하다고 인정하는 지역에 이사

관(理事官)을 치(置)하는 권리를 유(有)하되, 이사관은 통감의 지휘의 하에 종래 재한국 일본영사에게 속하던 일체 직권(職權)을 집행하고, 아울러(竝하야) 본 협약의 조관(條款)을 완전히 실행함을 위하야 필요로 하는 일절 사무를 장리(掌理)함이 가(可)함.

제4조 일본국과 한국 간에 현존하는 조약 및 약속은 본 협약에 저촉하는 자(者)를 제(除)하는 외에 모두(總히) 그 효력이 계속하는 자(者)로 함.

제5조 일본국 정부는 한국 황실의 안녕과 존엄의 유지를 보증함. (중략-편역자)

1905년(明治 38) 11월 17일. (하략-편역자)

〈자료 108〉 (칙령 제267호) **통감부 및 이사청 관제[「(勅令 第267號) 統監府及理事廳官制」, 『통감부법령자료집(統監府法令資料集)』 상, 대한민국국회도서관, 1972]**

(상략-편역자)

제23조 한국 내 수요(須要)[9]의 지(地)에 이사청(理事廳)을 치함. 이사청의 위치 및 관할구역은 통감 이를 정함. (중략-편역자)

제24조 이사관(理事官)은 통감의 지휘·감독을 승(承)하야 종래 한국 재근(在勤) 영사(領事)에 속한 사무, 아울러 조약 및 법령에 기초(基)하여 이사관이 집행하여야 할 사무를 관장함.

제25조 이사관은 안녕과 질서를 보지(保持)하기 위하여 긴급의 필요가 있다고 인정(認)하는 경우에 있어서 통감의 명을 청할 겨를이 없을 시는 당해 지방 주재 제국 군대의 사령관에 이첩(移牒)하여 출병(出兵)을 청함을 득(得)함.

제26조 이사관은 한국의 시정 사무로서 조약에 기초(基)한 의무의 이행을 위하여 필요가 있는 것에 대하여 긴급을 요하되, 통감의 명을 청할 겨를이 없다고 인정(認)할 시는 직시(直時) 한국 해당 지방관헌에 이첩하고 이를 집행케 한 후 이를 통감에게 보고함이 가(可)함. (중략-편역자)

---

9 꼭 요구되는 바가 있음.

제29조 통감부 및 이사청 경시(警視)는 상관의 명령(命)을 승(承)하여 경찰 사무를 담당(掌)함. (중략-편역자)

제31조 통감부 및 이사청 경부(警部)는 상관의 지휘를 승(承)하여 경찰 사무를 분장하고 부하의 순사(巡査)를 지휘·감독함. (중략-편역자)

제33조 통감부 및 이사청에 순사(巡査)를 치함. 판임관의 대우로 함. 순사의 정원은 통감이 이를 정함.

〈자료 109〉 (통감부령 제48호) 한국 지방 시정에 관한 이사관의 집무규정[「(統監府令 第48號) 韓國地方施政ニ關スル理事官ノ執務規程」, 『통감부법규제요(統監府法規提要)』, 통감부 총무부(總務部) 법제과(法制課), 1906.11]

한국 지방 시정에 관한 이사관의 집무규정을 다음과 같이 정함.

1906년(明治 39) 11월 18일 통감(統監) 후작(侯爵) 이토 히로부미(伊藤博文)

제1조 이사관은 한국인 이외의 외국인에 관한 사무에 대하여 통감의 명령을 받아 한국 지방 관헌을 지휘·감독함. 전 항의 사무에 관하여 한국 지방 관헌으로부터 교섭을 받거나 또는 이사청(理事廳) 지청에 근무하는 부이사관(副理事官)으로부터 이첩이 있을 때는 긴급을 요구하는 경우를 제외하고 미리 통감의 지휘를 받아야 함.

제2조 이사관은 한국 빙용(聘用) 직원에 속하는 사무의 집행을 방조(幇助)·주시해야 함.

제3조 이사관은 한국 빙용 직원에 속하는 사무를 제외한 이외 한국의 지방 시정에 관하여 해당 지방 관헌에게 의견을 말하고, 그 사무의 집행을 방조·감시해야 함. 전 항의 사무로써 중대한 것 및 다른 이사청의 관할구역에 이르는 것에 대하여는 미리 통감의 지휘를 청해야 함.

제4조 제1조 내지 제3조에 따라 집행한 사무의 상황은 매월 말일 통감에게 이를 보고해야 함.

〈자료 110〉 (칙령 제47호) 감리와 목사를 폐지하는 건과 그 사무를 인계에 관한 건[「(勅令 第47號) 監理와 牧使를 廢止하는 件과 其 事務를 引繼에 關한 件」, 『현행 대한법규류찬(現行大韓法規類纂)』, 대한국정부 재정부 고문부(大韓國政府財政部顧問部), 1907.7.7]

제1조 각 항시(港市) 감리(監理)를 폐지하고 그 사무는 부윤 인계함이라.

제2조 평양시에는 부윤을 치(置)치 아니하고 그 사무는 해당(該) 도(道) 관찰사가 인계함이라.

제3조 제주목사는 폐지하고 그 사무는 해당 도 관찰사가 인계함이라.

부칙(附則)

제4조 본령은 본년 10월 1일부터 시행함.

〈자료 111〉 (통감부령 제71호) 학교조합령[「(統監府令 第71號) 學校組合令」, 『통감부공보(統監府公報)』 호외, 통감부, 1909.12.27]

학교조합령(學校組合令) 다음과 같이 통정(通定)함.

1909년(明治 42) 12월 27일. (중략-편역자)

제1조 학교조합은 법인(法人)으로 하고, 관(官)의 감독을 받아 법령의 범위 내에서 전적으로 교육사무를 처리함을 목적으로 함. 학교조합은 토지의 정황에 의하여 부대사업으로 위생 사무를 처리할 수 있음.

제2조 학교조합을 설치하려고 할 때는 그 설립지 구내(區內)에 거주하는 제국 신민이 조합규약을 작성하여 통감의 인가를 받아야 함.

제3조 학교조합 지구 내에 거주하는 제국 신민은 그 조합원으로 함.

제4조 학교조합의 폐지 및 조합규약의 변경은 통감의 인가를 받아야 함.

제5조 학교조합에는 조합회(組合會) 및 관리자를 설치함. 관리자는 이사관(理事官)이 이를 임면함. 관리자의 임기는 3개년으로 함.

제6조 학교조합은 재산으로부터 생기는 수입 및 수업료 기타의 수입으로 그 지출을 충당하고, 그래도 부족할 때에는 조합비를 부과 징수할 수 있음.

제7조 거류민단법시행규칙 제36조, 제37조, 제39조, 제50조, 제45조, 제46조, 제48조, 제51조 내지 제53조(단서를 제외함) 등의 규정은 학교조합에 이를 준용함.

부칙(附則)

본령(本令)은 1910년(明治 43) 1월 1일부터 시행함. 학교조합 설립시 그 지구 내에 거주하는 제국 신민의 공동 재산 및 부채의 처분, 기타 본령 시행 등에 관하여 필요한 사항은 이사관이 이를 정함.

V

실행 결과

〈해제〉

이 장은 통감부 시기 지방제도 개정의 '실행 결과'와 관련된 자료를 수록하였다. 사실상 이 시기는 아직 일제가 완전하게 주권을 침탈한 상황은 아니었기 때문에 자신들이 원하는 방향의 지방제도 개정에는 이르지 못하였다. 따라서 이 시기 지방제도 개정의 실행 결과에 대한 내용을 이야기하기에는 다소 섣부른 감이 없지 않지만, 이 시기 행해진 지방제도 개정 내용은 가깝게는 한일병탄 이후인 1910년대 일제가 행한 일련의 개정 내용과 맥을 같이하고 있음을 알 수 있다. 1910년 관제 개정, 1914년 행정구역 통폐합, 1917년 면제 시행 등에 선행된 지방제도 개정 노력이 통감부 시기부터 있었음은 통감부 시기의 합군(合郡) 시도, 지방관 관제 개정, 면의 지위 강화 과정 등을 통해 확인할 수 있다.

조성구(趙聲九)의 『지방행정론(地方行政論)』(자료 112)은 사실상 통감부의 지방제도 개정에 대한 결과와 관련된 내용이라기보다는 통감부 시기 지방제도 개정과 관련하여 한국인들이 지방자치를 모색한 내용을 담은 자료라고 볼 수 있다. 다만, 이 자료를 실행 결과에 수록한 이유는 지방제도 개정 당시 필자(조성구)가 통감부의 지방제도 개정 목표, 즉 지방 지배를 위한 말단 지배지역 장악을 위해 시행하고자 했던 면제(面制)의 문제점을 비판하고, 전통적인 방식인 향약을 접목해서 자치제도를 구현해야 한다는 주장을 하고 있어 이러한 여론도 당시 면장제도(面長制度)가 곧바로 실시되지 못한 이유 중 하나였을 것으로 판단되었기 때문이다.

한일병탄 이후 총독부 측에서 통감부 시기 지방제도 개정의 성적(成績) 내지 실적(實績)의 명목으로 당시 지방제도 개정에 대해 평가한 내용이 확인되는 자료는 『조선 통치 3년간 성적(朝鮮統治三年間成績)』(자료 113)과 『조선 시정의 방침 및 실적(朝鮮施政ノ方針及實績)』(자료 114) 등이다. 일단 예상할 수 있는 것처럼 이들은 지방관들의 부패로 열악했던 한국의 지방 상황을 자신들이 지방제도 개정을 통해 개선하였다고 이야기한다. 종래 일반 행정만 다루던 지방행정에 재무서를 더하고, 조세 부과·징수에 규정을 두지 않아 폐해가 많았던 것을 지방제도 개정을 통해 어느 정도 개선하였다고 보았다. 이 성적이나 실적은 실행 결과를 본격적으로 이야기한 것이라기보다는 연혁을 설명하는 가운데 일제의 내정 간섭 이전의 한국 상황을 비판하는 데 주안점이 있다고 볼 수 있다.

『조선 통치 3년간 성적』은 1914년 1월 조선총독부에서 한일병탄 이후 자신들의 조선 통치 성적을 치하하기 위해 만든 책이다. 행정, 사법, 위생, 교육 등 제반 분야에 대한 병탄 이후의 성적에 대해 서술하고 있다. 그 공적 치하는 병탄 이후에 국한되지 않고 통감부 시기부터의 자신들의 정책에 대한 평가 내용도 담고 있다. 지방제도와 관련해서는 행정구획, 지방관제, 면제, 거류민단과 외국인 거류지에 대한 내용이 확인된다. 또 부록으로 병탄 이후 총독의 유고(諭告) 및 훈시(訓示) 내용 등을 담고 있는데, 이 중 「한국병합으로 각 이사청 이사관에 대한 훈시(韓國併合ニ付各理事廳理事官ニ對スル訓示)」에 관련 내용이 확인되어 수록하였다. 최대한 한국 전통을 지키고, 꼭 필요한 부분만 개정하였다는 것이 그들의 평가이다.

후대의 통감부 시기 지방제도에 대한 평가 내용은 후루쇼 이쓰오(古庄逸夫)의 『조선지방제도강의(朝鮮地方制度講義)』(자료 115)를 수록하였다. 후루쇼 이쓰오는 3·1운동 후 조선에 건너와 조선총독부 내무국(內務局)에 3년간 근무하면서 지방제도 개정 입안에 참여하고, 이후 전라남도 지방과장(地方課長)으로서 직접 지방행정을 담당하기도 하였다. 그가 『조선지방제도강의』를 저술한 이유는 지방 관공리들을 교육시키는 행정강습소(行政講習所)에서 교과서처럼 사용하기 위해서였다. 행정강습소에서 강의하기 위해 저술한 초안(草案)을 제국지방행정학회조선본부(帝國行政學會朝鮮本部)에서 출판한 것으로, 지방제도의 연혁, 개정 취지, 면과 부의 사무·구성·기관, 도 지방비, 학교비, 학교조합 등에 대해 상세히 서술되어 있으며, 특히 면에 대한 설명이 골자로 되어 있다. 부록으로 자문기관 운용과 면 행정 쇄신과 관련한 자료 2편이 실려 있어 지방제도의 실제 운용 방침이 어떠했는지를 잘 보여준다. 당시 지방제도의 현상을 확인하고, 향후 지방제도의 개정을 모색하기 위해 발간한 저술인 만큼 일제의 지방제도 관련 정책을 이해하는 데 크게 도움이 되는 자료이다. 통감부 시기에 대해서는 지방제도의 연혁에 대한 기술 부분에서 확인되는데, 제도에 대한 설명을 주로 하고 있지만 제도의 결함 등도 다루고 있어 주목할 만하다.

〈자료 112〉 지방행정론[조성구(趙聲九), 1908,『地方行政論: 全』, 중앙서관(中央書館)]

〈자료 113〉 조선통치 3년간 성적(『朝鮮統治三年間成績』, 조선총독부(朝鮮總督府), 1914)

〈자료 114〉 조선 시정의 방침 및 실적(『朝鮮施政ノ方針及實績』, 조선총독부, 1915)

〈자료 115〉 조선 지방제도 강의[후루쇼 이쓰오(古庄逸夫), 1926,『朝鮮地方制度講義』, 제국지방행정학회조선본부(帝國地方行政學會朝鮮本部)]

〈자료 112〉 지방행정론[조성구(趙聲九), 1908, 『地方行政論: 全』, 중앙서관(中央書館)]

자서(自序)

대저 국가는 그 생활 목적을 달성하기 위하야 기관을 준비하고 이로써 국가의 사무를 집행케 하나니, 그 집행하는 사무 중에 하나는 즉 행정이라 운(云)하는 바-오. 또 행정은 대개 중앙행정과 지방행정의 2개 형식으로 분(分)하야 각기 법령 범위 내에서 그 직권을 행사하는 자(者)-라. 그러나(然而) 근세 문명국의 지방행정은 대개 특별한 제도를 채용하야 각기 그 나라(邦)의 주민으로써 그 지방 사무를 법령에 의하야 처리케 하나니, 이는 무타(無他)-라. 그 지방 이해에 밀접 관계가 유(有)한 자는 그 지방의 주민이니 고로 그 주민으로써 이 임무에 당(當)케 하는 소이라. 그러나(然而) 우리나라에 재(在)하야는 자치행정에 관한 법령이 무(無)하얏스나 고래로 다소 이에 관한 흔적이 유(有)하얏고 겸하야 향약(鄕約)이라 운(云)하는 제도가 유(有)하야 지방에 재(在)하야는 이를 실행하는 처(處)가 적지 아니(不少)하얏스며, 현금에 재(在)하야도 지방 주민은 그 지방의 경이(輕易)한 사업은 각기 처리하는 실황이 유(有)하니, 이는 우리나라에 재(在)하야도 자치제도를 채용함이 가장(最) 적당함을 가지(可知)할 바-오. 또 현금 우리나라의 행정상으로 관(觀)할지라도 지방의 군수 이하에는 다만 면장이라 운(云)하는 하급 기관이 유(有)할 뿐이나 그러나(然이나) 전국을 통관할진대 면장의 가합할 자-몇 인(幾人)이 유(有)할지 질언키 난(難)하니, 그러한 즉(然則) 지금 면장제도와 외국의 자치행정 제도를 절충 조화할진대 경험이 무(無)한 면장의 단독 처리하는 폐해를 피하고, 완전한 하급 행정기관을 조직하야 국가의 사무를 원만히 처리함에 지(至)할진대, 이(是) 즉 우리나라에 재(在)하야 지방자치행정의 조직이 가장(最히) 급무 되는 소이라. 고로 나(余)-이(是)를 감(感)하야 지방 자치에 관한 원리와 외국의 현행 제도를 첨호찬집(添互撰集)[1]하야써 이(此) 서(書)를 성(成)한 바-니, 만약(若) 이(是)를 인하야 우리나라의 인사가 자치제도의 이해득실을 심찰(深察)하야써 장래 실행상 기초를 작(作)할진대, 술자(述者)의 광영이 이에 불외(不外) 할진져.

1908년(융희 2) 8월.

---

1 더하여 엮음.

〈자료 113〉 조선통치 3년간 성적『朝鮮統治三年間成績』, 조선총독부(朝鮮總督府), 1914]

(상략-편역자)

지방제도에 관해서도 병합 당시에 급격한 변화를 하는 것을 피하여 어쩔 수 없는 것 외에는 형식상 급변하지 않고, 오로지 실질의 개선을 도모함에 힘써 도·부·군(道府郡) 및 면(面)의 행정구획은 종래의 대로 존치하고, 도 관찰사(道觀察使)를 도장관(道長官)으로 고쳤으며 부윤(府尹), 군수(郡守) 및 면장(面長)의 이름을 남기고, 정원을 증가시켜서 지방행정에 경험이 있는 내지인 직원을 배치하고 사무의 정리 통일을 도모하였으며, 이와 동시에 함부로 구관(舊慣) 고례(古例)를 파괴시키지 않고 가능한 민도(民度)에 적응하는 개선을 행하기 위해서 도(道)에 조선인 참여관(參與官)을, 부·군(府郡)에 조선인 참사(參事)를 두어서 자문의 편익을 도모하였다. 또 면(面)은 최하급 행정구획으로써 그 사무는 종래 공과징수(公課徵收) 외에 특별한 것이 없었는데 병합 후는 특히 면장(面長)의 지도·훈련에 유의하여 그 지위를 나아가 판임 대우(判任待遇)로 하여 징세 사무 외에 권업(勸業), 교육, 위생, 토목 등의 사무도 관장하도록 하였다.

또 한국 시대의 본국 거류민은 제국 영사관(領事館)의 관할에 속하고, 1905년 공포의 거류민단법에 따라 자치기관(自治機關)을 조직하여 거류 일본인에 관한 교육, 토목, 위생, 구조(救助) 등의 사무를 집행하고, 그 경비를 지불하기 위해 각지의 거류민은 여러 종류의 조세(租稅)를 부담해 왔다. 이러한 거류민단은 경성, 인천, 부산, 평양, 진남포, 군산, 목포, 마산, 원산, 대구 및 신의주의 11개소에 존재하여 완연 일부의 지방행정기관이며, 기타 일본인이 집단한 주요한 시읍(市邑)에는 학교조합(學校組合) 또는 일본인회(日本人會)를 조직하여 마찬가지의 사무를 집행하였다. 대저 거류민단은 구(舊) 청한(淸韓) 양국의 거류 일본인 자치를 위해 편의상 설치한 것에 지나지 않으므로 한국이 제국의 영토가 되면 마땅히 정리되어야 할 것이었으나 당시 갑자기 그것을 폐지하여 일반의 지방행정구역으로 편입시킬 수 없는 사정이 있어서 잠시 그 존재를 인정하였다.

또 일본인 거류민단의 외 인천(仁川), 진남포(鎭南浦), 군산(君山), 목포(木浦), 마산(馬山) 및 성진(城津)에는 각국 거류지(各國居留地)가 있고, 또 인천, 부산(釜山) 및 원산(元山)에는 중국 거류지가 있었는데, 각국 거류지는 원래 한국과 관계 체약국 간에 협정이므로 거류지 규칙에 따라 일정 지역을 한정하여 그 안에 조선인의 거주를 막고 체약국의 인민만 거주하도록 하는 것이었다. 지구(地區)는 연세(年稅)를 정해서 거주민에게 영대(永代) 대여하고, 해당 부윤, 각국 영사관 및 거주 영대차지자(永代借地者) 대표자로 구성된 거류지회란 것이 있어서 그 구역 내의 제반 행정을 집행시켰다. 중국 거류지도 대략 그와 마찬가지로 오직 그 행정이 해당 영사관의 관리에 속하였을 뿐 이들 외국 거류지의 행정은 병합과 동시에 이를 철폐해야 할 것이었으나 거류민단과 마찬가지로 편의상 당분간 그 존속을 인정하여 경찰사항을 제한 외 모두 종전의 례에 따라왔다. 이해 제반의 질서가 점차 정돈되어 일반 지방제도를 정리·통일할 시기에 이르러 각국 거류지에 관한 것은 1913년 4월, 중국 거류지에 관한 것은 동년(同年) 11월 관계 영사관과 협상을 마치고 모두 이를 폐지하여 각 그 소속의 새로 지정한 지방구역에 편입하는 것으로 결정하고, 영대차지권자는 조세(租稅) 기타의 공과에 관해 토지 소유자와 마찬가지의 부담을 하는 것을 원칙으로 정하였다. (하략-편역자)

「한국병합으로 각 이사청 이사관에 대한 훈시(韓國併合ニ付各理事廳理事官ニ對スル訓示)」(1910.8.29)

(상략-편역자)

종래 지방제도에 관해서는 일반 행정과 상대하여 재무에 관해 재무감독국 및 재무서를 설치하였다. 이 제도는 이번 관제 개정에 따라 그것을 합해서 도 행정의 일부로 하였다. 또 종래 이사청을 두고 일본인에 관한 사무는 별종(別種)의 기관에 따라서 그것을 장리하였으나 이러한 사무는 모두 도(道) 행정(行政)으로 통일하고, 행정 계통을 정리하고 또 간약(簡約)하게 하였다. 따라서 도장관은 이후 지방행정의 전부를 총할하므로 그 책무 또한 많아지기에 이르렀다. 마땅히 각 부의 행정상 조화하고 사무의 간첩을 꾀하여 번문(繁文) 욕체(縟體)를 버림으로써 그 완성을 기약할 것을 필요로 한다.

일반 행정구역과 같은 것은 힘써 현상을 유지해야 한다. 오직 이사청의 사무를 부(府)로 집중하는 외에 부(府)·군(郡)에 관해서는 두세 개의 명칭을 개정함에 지나지 않는다.

면(面)의 규정은 총독의 권한에 속한다. 면은 고래 존재하는 바의 제도로 이번 그것을 관제로 규정하여 그 취급사항을 명확하게 함에 지나지 않는다. 면장(面長) 그 인재를 얻느냐 아니냐와 또 면장이 그 사무를 성실하게 집행하느냐 아니냐는 지방행정의 성적에 관한 것 심히 많다. 고로 면장은 마땅하다. 그 지방에서 유력하고 또 상당한 성망을 갖는 자를 채택하지 않으면 안 된다. 또 면장에 대해서는 상당의 대우를 부여하는 것도 필요로 하나 이러한 점에 관해서는 단순히 종래의 관행을 인정함에 지나지 않는데, 고로 장래 그 개정을 실시함에는 신중한 조사를 요구한다. 오직 현시 주의해야 할 것은 면장의 징세, 아울러 행정상의 비용을 징수하는 경우에 마땅히 부당한 행위를 하는 폐해를 막는 데 있다라 한다. (중략-편역자)

민단은 일본의 법제에 따라 성립한 것으로 오랜 역사를 갖는다. 이번 이사청 폐지의 결과 그 감독은 각 도 장관으로 옮기고, 민단에는 위생, 토목, 교육 등의 사업비를 충당하기 위해 조세를 징수하고, 또 민단채(民團債)를 일으킬 권한이 있고, 그 액수가 적지 않다. 현재 민단채의 총액은 270여 원에 이른다. 이러한 민단의 폐지에 수반하여 그 처분함을 요하므로 민단의 처분에 대해서는 미리 그 연구를 요함과 함께 민단 사무의 조사·감독을 엄중하게 하여 재정의 문란을 막아야 함에 주의해야 한다.

학교조합은 1909년(明治 42) 통감부령 71호로 규정되어 법인으로써 그 경비를 징수하고, 현재 그 수는 71개이다. 모두 소학교로 설비가 충분하지 않고, 국고 또한 그에 대해 보조를 부여하므로 충분한 감독을 필요로 한다. (중략-편역자)

재무기관을 지방행정기관에 합일함은 이미 서술한 대로 조선의 재정에 대해 일언함에 조선의 재정은 제국에 병합된 후에도 또 조선인 구역을 한해 특별회계를 설치하고 그 세입으로 그 세출을 충당하는 것을 원칙으로 한다. 오직 그 부족을 보충하기 위해 정부는 일정의 연액을 정해 그것을 보충한다. 금일에 있어서 그 보충액은 군사비를 제한 연액 1,600만 원이다. 이와 같이 정부는 거액의 보충금을 지출하고 조선 경영을 하고 있는 것이므로 조선 인민도 마땅히 스스로 그 직무에 힘써 납세의 의무를 완전하게 하여 국가에 공헌하지 않으면 안 될 것이다. 이 점에 대해서는 인민으로서 충분히 이해하려고 힘쓰지 않으면 안 된다. (중략-편역자)

종래 지방비법(地方費法)에 따라 도장관은 도내 지방시설의 재원을 가짐에 따라 금후도 또 인민에 여력이 있으며, 그것을 징수할 수 있다고 생각하나 지방비 징수의 현시는 실제의 부력(富力) 그것을 허용함에 적당하지 않으므로 결코 그것을 행하지 않는다. 만약 어쩔 수 없이 다시 지방적 시설을 필요로 하는 경우에는 금력(金力) 대신 인민에게 노력을 제공하도록 할 수 있다. (하략-편역자)

〈자료 114〉 조선 시정의 방침 및 실적(『朝鮮施政ノ方針及實績』, 조선총독부, 1915)

제3절 행정구역 정리 및 직원 배치

1906년(明治 39) 보호제도 시행 당시의 한국 지방제도는 전국을 한성부 및 13도로 나누고, 다시 각 도를 1목(牧), 3부(府) 및 341군으로 나누어 도에 관찰사, 목에 목사, 부에 부윤, 군에 군수를 두고, 별도로 개항지에는 감리를 두었다. 그리고 이들 관리의 직무는 각 관제에 따라서 정해졌지만 다수는 공문(空文)에 불과하고, 권업, 교육, 사업, 위생 등의 지방 정무는 실적을 볼 수 있는 것이 하나도 없었다. 중앙정부는 이러한 관리에 대해서 거의 어떠한 감독을 하지 않고, 조세의 부과·징수에 관해서도 적확한 규정을 설치하지 않았으므로 여러 종류의 폐해가 백출하기에 이르렀다. 1906년 2월 통감부 개설 후 지방 폐정(弊政)이 하나도 개선되지 않는다는 것을 인정하고, 구한국 정부는 지방제도조사위원을 설치하여 일한(日韓) 양국의 관리를 임명하여 조사시킨 결과, 동년(同年) 9월 지방관 관제 및 관계 법령을 발포하고 제1회의 정리를 행하였다.

다음으로 다음 해 7월의 시정 개선에 관한 일한협약에 기초하여 동년 12월 다시 지방관 관제를 개정하고, 관찰사의 권한 중 병사(兵事), 사법(司法), 수세(收稅), 광업, 도량형(度量衡) 등의 사업을 다른 곳으로 이속하고, 경찰 사무는 특히 내부에서 경무국(警務局)을 신설하여 그것을 감독시키는 것으로 정하였다. 1909년(明治 42) 비로소 지방비법 및 민적법을 제정하여 행정구획도 수시로 다소의 개정을 더하여 병합 당시에는 13도 12부 317군이 되었다.

〈자료 115〉 조선 지방제도 강의[후루쇼 이쓰오(古庄逸夫), 1926[2], 『朝鮮地方制度講義』, 제국지방행정학회조선본부(帝國地方行政學會朝鮮本部)]

제2절 지방제도의 연혁(沿革)

1. 부제(府制) 발포(發布): 1913년 제령(制令) 7호, 1914년 4월 1일부터 시행.

---

2 1925년 10월 초판, 1926년 1월 재판 발행.

2. 학교조합령(學校組合令) 발포: 1913년 제령(制令) 8호, 위와 같음.

3. 면제(面制) 발포: 1917년 제령(制令) 1호, 1917년 10월 1일부터 시행.

4. 지방제도 개정: 1920년 7월 개정, 1920년 10월 1일부터 시행.

(1) 조선 도지방비령 발포: 1920년 제령 15호

(2) 조선학교비령 발포: 1920년 제령 14호

(3) 부제 개정: 1920년 제령 12호

(4) 면제 개정: 1920년 제령 13호

제1. 부제 및 학교조합령 발포

(1) 부제 발포 전 조선 시가지 행정조직

병합 전 조선의 주요 도시 행정조직은 극히 복잡하여 대체로 다음 각종 단체가 병립해 있었다.

① 일본인 측의 거류민단

1905년 3월 법률 제41호 거류민단법에 따르면, 거류민단은 법인으로서 관의 감독을 받아 민단구역 내에서 법령 또는 조약의 범위 내에서 공공사무 및 법령 조약 또는 관례에 따라 이에 속하는 사무를 처리하고, 민단에는 민단 이원(吏員) 및 거류민회라는 두 개의 기관이 민단의 행정을 집행하거나 결의했다. 즉 민단에는 민장을 두고, 민장은 민단을 통괄하여 그 행정사무를 담임하는 이사기관으로, 거류민회는 법정 자격을 갖는 거류민회 의원으로 구성되어 민장이 제출한 의안을 결의할 권한을 가지는 의사(意思)기관이었다. 즉 거류민단은 자치단체였다.[3]

② 조선인 측의 행정조직

조선인 측은 직접 부윤과 면장이 지배했다.

③ 개항장의 각국 거류지 및 전관(專管)거류지[4]

④ 경성의 한성위생회 및 기타 시가지의 위생 조합

---

3 (*원저 주) 거류민단 소재지: 경성, 인천, 군산, 목포, 대구, 부산, 마산, 평양, 진남포, 신의주, 원산.

4 (*원저주) 각국 거류지: 인천, 군산, 목포, 마산, 진남포, 성진. 전관 거류지 : 인천, 부산, 원산.

한성위생회는 한국 정부 및 통감부 사이의 규약(1907년 12월 내각 고시 제1호)에 따라 만들어졌다. 한성 및 부근의 지역 내에서 위생 상태 개선을 도모하는 것을 목적으로 했다. 한국 정부의 보조금 및 1908년 4월 법률 제6호에 따라 한성 재주자로부터 징수한 돈으로 사업 집행에 필요한 비용을 지변했다. 내무차관이 회장을 맡고 법정 자격을 가진 관민이 평의원이 되었다.

(2) 위 조직의 결함

이상 기술한 것처럼 같은 지역 내에 같은 목적을 가진 이중삼중의 기관이 분립·병존하여, 이들 여러 기관은 모두 그 기능을 충분히 발휘하지 못함으로써 토목, 위생, 경비 등 여러 행정사무를 통일하여 처리할 수 없었다. 즉 거류민단의 행정권이 미치는 범위는 단순히 일본인에만 그치고, 조선인 및 외국인에는 미치지 않았다. 또 각국 거류지 회의 기능은 거류지 내에 한하고, 한성위생회 및 위생 조합 같은 것도 단순히 위생 사무를 처리하는 특수기관에 불과할 뿐 아니라 한성위생회는 단순히 일본인 및 조선인만으로 조직되었으므로 그 권력은 시가의 중앙부 기타에 산재한 다수의 중국인 및 기타 외국인에 미치지 않았다. 위생 조합도 협의적(協議的) 단체에 불과하므로 비용 징수에 관해 강제권을 갖지 않았다. 때문에 사업 집행이 불충분할 수밖에 없었다. 게다가 경성, 평양, 대구, 원산, 기타 시가지에서는 일본인과 대략 동수 내지 3배의 인구를 가진 조선인은 공공사무를 처리할 하등의 기관을 갖지 못했다. 예를 들면 거류민단에서 수도를 부설할 경우, 그 부설비는 일본인만 부담하지만 조선인, 중국인 등은 일본인과 동등하게 그 이익을 누린 것처럼, 여러 시설에 대해 그 시설을 행하는 단체는 당연히 부담해야 할 정도 이상의 부담을 짐과 동시에, 단체원이 아닌 시가지 주민은 하등의 부담도 지지 않고 부당한 이익을 누리는 매우 불공평한 결과를 낳았다. 이러한 불합리도 일본의 입장에서 보면 조선이 외국 영토일 때는 어쩔 수 없는 것이지만, 1910년 8월 제국에 병합된 이상 당연히 이들 여러 기관을 정리·통일하여 시가지 전부에 걸쳐 여러 공공사업을 경영할 개괄적 권한을 가진 통일적 기관을 조직할 필요가 있음은 말할 필요도 없다.

그러나 거류민단, 각국 거류지 등의 정리는 숙려하여 연구가 필요한 것이므로, 병합 때에는 당분간 경찰에 관한 사항을 제외하고 병합 전 상태를 유지하는 것으로 했다(1910년 제령 제1호). 그 후 수년에 걸쳐 조사하고 연구한 결과, 1913년 10월 칙령 제7호로 부제를 발포, 다음 해 4월 1일부터 시행함에 따라 비로소 시가지에 통일적인 행정의 실시를 보게 되었다.

(3) 조선 각 지방에서의 일본인 교육

병합 전에는 조선에서 일본인 교육은 일본인회 또는 거류민단에서 경영했는데, 1909년 12월 통감부령 제71호 학교조합령 발포와 함께 이들 사무는 학교조합에서 처리하게 되었다. 당시 학교조합령에 따르면, 학교조합은 법인으로 하고, 관의 감독을 받아 법령의 범위 내에서 온전히 교육사무를 처리하고, 지역 상황에 따라 부대사업으로써 위생 사무(묘지, 화장장, 도장 등)도 처리하도록 인정하고, 그 조합지 구역 내에 거주하는 제국 신민이 조합원이 되고, 조합회 및 관리자의 2개 개관을 설치하여, 조합 규약의 설정 변경 및 폐지는 통감의 허가를 받는 것으로 했다. 그리고 병합 후 조선으로 가는 일본인 수가 매년 증가하자 종래 일본인회는 점차 그 조직을 학교조합으로 변경하기에 이르렀다. 그 후 1914년 4월 부제 시행과 동시에 구 거류민단 소재지인 부의 구역에서도 역시 일본인 교육에 관한 사무를 처리하기 위해 학교조합을 조직함으로써 전 조선에 걸쳐 그 제도를 통일했다.

(4) 부제 및 학교조합령 시행

전술한 바와 같이 종래의 조선 주요 도시의 행정조직에서 발생하는 여러 가지 일을 가로막는 폐단을 제거함과 함께 일본인, 조선인 및 외국인 등에게 공통한 제도를 시행하기 위해서 부제를 발포하고, 또 부제 시행지와 각 일본인 집단지의 일본인 교육사무를 처리하기 위해서 새로 학교조합령을 제정하고, 모두 1914년 4월 1일부터 시행하며, 그 요지를 다음과 같이 서술한다.

① 거류민단, 각국 거류지회 및 한성위생회 등은 폐지한다(부제 제34조).

② 종래의 거류민단 구역 및 현재 그와 접속한 인가(人家)와 땅에 새로 부를 설치한다.

③ 각국 거류지 회의 사무 및 권리·의무는 성진 각국 거류지회를 제외하고 부가 그것을 승계한다. 한성위생회의 사무 및 권리·의무는 경성부가 승계한다. 거류민단의 사무 및 권리·의무는 교육에 관한 것은 학교조합이 승계하고, 기타는 부가 승계한다(부제 제35조).[주4(원문)]

주4(원문): 거류민단의 재산은 일본인이 다년간 고심하여서 이룬 것이 많고, 또 종래의 거류민단은 주로 교육사업을 처리하였으므로 그 사업에 필요한 재산은 학교조합이 승계하는 것으로 한다.

④ 부가 처리해야 할 사무의 범위는 교육을 제외한 일반 공공사무이고(부제 제1조), 일본인 교육을 위해서는 특별히 학교조합을 설치한다(학교조합령 제1조).

- 1909년 통감부령(統監府令)에 따라 설치한 학교조합으로써 학교조합령 시행 때 현존하는 학교조합은 본령(1913 제령 제8호)에 따라 설치한 것으로 간주한다(학교조합령 제39조).
- 종래 거류민단이 존재한 구역, 즉 부제 시행지에서는 본령 시행 후 바로 학교조합의 구역을 정하여 조합규약을 만들고, 조선 총독의 허가를 받아 학교조합을 설치하고, 학교조합령 시행의 날(1914년 4월 1일)에 설치한 것으로 간주한다(학교조합령 제39조 및 제40조). 그리고 거류민단으로부터 부 및 학교조합에 대한 재산의 이속(移屬), 사무의 인계, 기타 부제 및 학교조합령 등의 시행에 관해 필요한 여러 사항은 1914년(大正 3) 1월 총독부령 제2호로 상세하게 그것을 규정한다(부제 제36조, 학교조합령 제41조, 부제 및 학교조합령의 시행에 관한 건, 1914년 부령 제2호).

⑤ 부의 이사자(理事者)는 부윤(府尹), 학교조합의 이사자는 관리자로 하고, 부의 구역을 포함하는 학교조합에서는 부윤이 관리자의 직무를 행한다.

⑥ 부에서는 부윤의 자문기관인 관선의 협의회원으로서 조직한 협의회를 설치하고, 학교조합에서는 조합원의 선거한 의결기관인 조합회를 설치한다. 부 및 학교조합은 모두 공법인(公法人)으로 한다(부제 제1조 학교조합령 제1조 및 제5조 이하).

내선인 공통의 조직인 부에서는 자문기관에 지나지 않은 협의회를 설치하는 데 반해, 일본인만으로 조직하는 학교조합에 의결기관인 조합회를 설치하는 것은 당국이 가장 고려를 많이 한 바이다. 다만 일본인은 부제 시행 전에 거류민단을 조직하고 이미 자치제도의 운용에 숙달해 있으나, 조선인은 종래 자치의 훈련을 갖지 않았으므로 도저히 대의제도(代議制度)의 운용을 감당할 수 없는 것이다. 또 병합 후 기간이 얼마 지나지 않아 내선인 융화가 아직 충분하지 않으므로 의회(議會)에서 대등한 권리를 인정하고 각자의 이해를 서로 다투는 것은 통치상 우려할 만한 결과를 야기할 것을 피하기 위한 것이다. 그리고 종래 민단에서 처리한 사무의 주요한 것은 교육사업이므로 학교조합은 자치의 권능을 인정하고, 이로써 민단 시대 때 일본인이 향유한 자치권은 그것을 학교조합에 존속시키는 것으로 하였다.

제2. 면제(面制) 발포

(1) 병합 전의 면(面)

이조(李朝) 초기에는 지방행정구획으로써 소위 '오가작통(五家作統)'의 제도가 일반적으로 행해졌다. 경국대전(1470년 제정)에 따르면, 서울 이외에 5호(戶)를 통(統)으로 하고, 통수(統首)를 두고, 밖으로는 5통마다 이정(里正)을 두고, 1면(面)마다 권농관(勸農官)을, 서울은 1방(坊)마다 관령(管領)을 두었다. 이에 따라 보면 대체로 지방에서는 5호로써 1단(團)을 이루고, 그것을 통(統)이라 칭하고, 통에는 통수(統首)를 두었던 것으로, 통수는 통이란 단체의 세화역(世話役)[5]이었다. 그리고 5통으로 이(里)라 칭하고, 이정(里正)으로써 그것을 통치하고(이는 대체로 금일의 동리, 이장은 금일의 구장에 상당함), 동일 방면의 여러 이(里)를 배합(配合)한다. 권농관을 파견하고, 농잠에 관한 사무를 관장시켰다. 면이란 이 '권농관 배치 방면'의 의미로 당시 지방관인 수령(부사, 도호부사, 군수, 현령, 판관 등 여러 종의 명칭이 있으나 개언하면 부윤, 군수 등에 상당함)이 그 관내를 여러 방면으로 나누어 권농관을 파견함에 그 근원이 발생한다. 곧 이 시대의 면은 일반 행정구역으로 나누지 않고 오로지 특수 사항에 관해 특별히 설치한 담당 방면(方面)에 지나지 않았다.

그런데 시세(時勢)의 진보에 수반하여 이조(李朝) 중엽에 이르러서는 이미 권농관 배치 방면에 그치지 않고 하나의 행정구역을 형성하기에 이르렀다. 즉 반계수록(磻溪隨錄)[6]에 따르면 "향리(鄕里)는 대저 5가(家)가 통(統)을 이루고, 통장(統長)을 두며, 10통(統)은 이(里)를 이루고, 이(里)에는 이정(里正)을 두며, 매 10리(里)마다 서울은 방(坊)을 이루고, 방정(坊正) 1인을 두며, 지방은 곧 향(鄕)을 이루고(지금의 면), 향정(鄕正) 1인을 둔다"라고 하여 서울은

---

5 단체의 사무처리, 운영자.

6 조선 후기 실학자 유형원의 국정 운영에 대한 견해를 수록한 책, 반계는 유형원의 호(號)임. 1670년(현종 11) 저술을 완성하여 1770년(영조 46) 간행됨.

약 500호로써 방(坊)으로 하고, 서울 외에는 이를 향(鄕)으로 하며, 향정(鄕正)은 주로 농잠의 사무를 관장함은 물론이나, 또 기타 향내의 수세(收稅), 전유(傳諭),[7] 기한 독납(督納) 등의 사무를 관장한다. 그렇지만 당시에 향은 아직 금일과 같은 지방행정구획의 단위를 이루지 않아서 당시의 지방행정은 수령(守令)이 국왕의 대관(代官)으로서 전권을 장악하고, 수령은 이(里, 지금의 동리)를 목표로 하여 행정을 집행함으로써, 향은 그 연락 기관에 지나지 않고, 행정의 실권(實權)은 오로지 수령에게 있고, 행정의 단위는 사실상 동리(洞里)가 되었다.

(2) 병합 당시의 제도

1910년(明治 43) 8월 한국의 병합이 행해지자 동(同) 9월 발포된 지방관 관제에서 "각 군도(群島)에 면(面)을 두고, 면에는 면장(面長)을 두어 판임관(判任官)[8]의 대우를 하고, 군수(郡守)·도사(島司)의 지휘·감독을 받고, 면내의 행정사무를 보조·집행한다"고 규정하고, 이어 동년(同年) 10월 총독부령(總督府令) 제8호로 「면(面)에 관한 규정(規程)」을 발포하고, 종래 사(社), 방(坊), 부(部) 기타 어떠한 명칭을 사용하더라도 사실상 면에 해당하는 것은 그것을 면으로 하고(면에 관한 규정 제4조), 면의 명칭 및 구역은 종전의 예에 의하는 것으로 하며(동 제1조), 면장은 도장관(道長官)이 임면하도록 규정하고(동 제2조), 이로써 면은 종래 면과 그 본질에 있어서 큰 변경을 초래하기에 이르렀다. 종래 면은 군현(郡縣)과 동리(洞里)의 중계 기관에 지나지 않고 사실상 행정 활동은 동리가 그 단위를 이루었음에 반해, 본 규정의 발포에 따라 면은 마치 일본의 정촌(町村)에 필적할 만한 행정단위를 이루었다. 이 동리와 같은 소구획을 행정구획의 단위로 함은 장래 지방행정의 발전을 기도할 때 곤란해질 것을 고려한 결과이다.

(3) 면 경비(面經費) 부담 방법의 발포

앞서 서술한 것처럼 「면(面)에 관한 규정(規程)」 발포가 있었지만 계속 행정구획의 단위에 지나지 않았던 면은 1913년 3월 조선총독부령 제16호 「면경비부담방법(面經費負擔方法)」이

7 임금의 명령을 전달.

8 관료 최하 직계.

발포되자 겨우 지방 단체로서의 단서를 열기에 이르렀다. 면 사무에 요구되는 경비는 면에서 부담하는 것으로 하고, 그 경비 지불을 위해서 면 부과금을 부과·징수할 수 있게 되었다. 지금 그 대요를 서술하면 다음과 같다.

면경비부담방법 제1조에는 "면경비는 재산에서 생기는 수입, 면 교부금, 기타 면에 속하는 수입으로써 충당하고, 또 부족할 때는 면 부과금을 부과·징수할 수 있다"고 정했다. 동 제2조에서 '면 부과금'으로 부과할 종목 및 제한(制限)은 다음과 같다.

① 호별할(戶別割) 평균 1호(戶)에 대해 30전(錢).

② 지세부가금 본세(本稅) 1원(평안남북도, 강원도, 함경남북도 등에서는 40전 이내, 기타 도에서는 20전 이내)으로 규정하고, 제3조 이하에 이러한 면 부과금의 부과 방법을 정하였다.

(4) 면제 발포

면은 이상과 같이 점차 발전하여 왔지만 아직 지방 단체로서 지방의 공공사무를 처리할 만한 능력을 갖지 않았다. 지방적 이해관계가 있는 사무는 관계 지방민이 계(契), 협의비(協議費), 조합 등을 설치하고, 그 필요에 응해서 사업을 경영해 왔던 것에 불과하다.[주5(원문)]

〈주5(원문)〉 예를 들면 도로계(道路契) 또는 도로협의비(道路協議費)를 설치하여 도로·교량을 수축하고, 도선계(渡船契)를 설치하여 도선을 경영하고, 위생 조합을 설치하여 위생 개선을 기약하고, 소방조(消防組)를 설치하여 소방을 도모하고, 또는 협의비에 따라 모범림(模範林), 묘포(苗圃), 채종전(採種田), 모범상전(模範桑田), 산업강습회 등을 설치함으로써 농사, 양잠(養蠶), 임업(林業) 등의 장려에 도움이 되는 각종의 시설을 했다.

그런데 이러한 조합 또는 계는 원래 관계자가 임의로 조직하는 소위 임의조합(任意組合)에 지나지 않았으므로 과세권(課稅權)과 강제 징수권을 갖지 않았다. 금전의 출납이나 보관에서 위험할 뿐 아니라 지방민 부담의 경중과 사업의 완급(緩急)에 대해 충분한 조사·연구를 함으로써 적절한 시설을 강구하는 것이 심히 곤란하므로, 지방민의 부담이 불필요하게 증가할 우려가 있었다. 그 폐단을 교정하기 위해서는 법령으로 면(面)에 사업 능력을 인정하여 면이 통일적으로 경영하는 것이 가장 적절한 조치라 하지 않을 수 없다. 이것이 면제(面制)를 발포한 이유이다. 즉 면제 제정의 취지는 장래에 면이 여러 공공적 사업을 경영하여 지방민의 행복을 증진시키는 것을 주안으로 하고, 이러한 사업 경영에 대해서는 힘써 면민(面民)의 부담을 증가시키지 않고, 민도(民度)에 순응하는 온건착실한 발전을 기도하는 점에 있다. 지금 종래의 제도에 비교하여 면제에서 새로 인정한 주요한 점을 들면 다음과 같다.

① 사업 능력을 인정하는 것.

② 내선인(內鮮人) 다수가 집단한 면으로 조선 총독이 지정한 것에는 상담역(相談役)을 두고, 또 기채(起債)를 일으킬 수 있는 것.

③ 동장·이장(洞里長)을 폐지하고, 새로 구장(區長)을 설치한 것.

④ 호별할(戶別割), 지세할(地稅割) 외 특별부과금 및 사용료, 수수료 등을 징수할 수 있는 것.

⑤ 재무 수속을 상세하게 규정한 것.

⑥ 면조합을 설치할 수 있는 것.

〈주6(원문)〉 면 경비(面經費) 부담 방법은 면제 발포와 동시에 폐지됨.

(하략-편역자)

2부

1910년대 지방제도

해제

일제는 1910년 9월 30일에 조선총독부 관제와 지방관 관제를 발포하여 강점 직후의 과도기적 지방통치 기구를 확립하였다. 이미 1906년 9월 통감부는 한국의 지방관제에 대해 일본의 지방관 관제를 모방하여 개정한 바 있다. 도관찰사가 관장할 사무의 종류, 지방세 부과의 권능, 관찰사와 부윤, 군수의 명령을 발하는 권한을 지방관 관제에 명시했다. 또 일본인 참여관과 이사관에게 관찰사가 행하는 재정·경무·법무 사무를 감시시켜 그들의 권한을 규제했다. 향장을 폐지하고 부윤과 군수의 보좌기관으로서 부·군 주사를 설치했고, 이어 1908년부터는 한국 지방관청에 일본인 채용의 길을 열었다.

뒤이어 1910년 '병합' 직후 시행된 지방제도 개편은 도(도장관, 칙임)-부·군·도(부윤·군수·도사, 주임)-면(면장)-동리(동장·이장)로 행정조직을 재편하여 중앙집권적인 지방통치체제를 정비하려는 것이었다. 일본은 한국을 통치하기 위해 총독부 중앙은 일본인이 요직을 점한다 해도 지방행정 관리에는 상당수의 조선인을 채용할 수밖에 없었다. 병합 전 행정구획인 도·부·군·면을 남겼으며, 도관찰사를 도장관으로 바꾼 것 외에 부윤·군수·면장이라는 이름은 그대로 답습하였다. '병합' 때부터 급격한 변화를 시도하기보다는 1906년 지방관 관제 개정부터 시행된 지방행정 장악 시도를 구체화하였다.

이 1910년 지방관 관제에서는 부는 군과 차이 없이 도장관의 감독 하에 있는 지방행정구역의 하나였다. 그러나 1913년 제령 7호로 '부제'가 공포되고 1914년부터 시행되었다. 그 요점은 첫째, 종전까지 12부 관하에 있던 농촌의 면을 분리하여 별도의 군으로 독립시키고, 나머지 시가지 지역만으로 새로운 부를 창설하여 새 부가 지방행정상 순전한 도시지역만을 관할하는 기초 단위가 된 것, 둘째, 각 부에 학교조합이라는 공법인을 창설하여 일본인 교육을 처리하게 하고, 조선인의 초등교육은 부윤과 군수 아래에 학교비라는 기구를 두어 이를 관리케 한 것, 셋째, 거류민단을 폐지하고 여기에서 처리해 온 사무와 재산 및 부채는 새로 창설하는 부와 학교조합에서 나누어 승계하게 된 것 등이다.

한편 총독부는 부제 시행보다 한 달 앞선 1914년 3월 1일을 기해 부와 군의 구역을 개편하고 군의 수를 대폭 감축했다. 강점 당시 12개 부, 317개 군이었는데 이를 220개 군으로 줄임으로써 109개 군을 폐합했다. 그리고 같은 해 3월 1일부터 4월 1일까지 종전의 면을 크게 통폐합하는데 인구 800호, 면적 약 64km²를를 기준으로 시행하여 4,322개 면이 2,521개 면으로 줄었다. 총독부는 이를 기초로 하여 경비를 절약하고 지방 재정을 정리하여 면을 지방 지배체제의 골격으로 삼고자 했다. 이어 총독부는 1917년 6월 9일 제령 제1호 '면제'와 같은 날 총독부령 제34호 '면제시행규칙'으로 면제 실시를 공포했다. 면제 시행에서 초점이 된 것은 '지정면(指定面)' 신설이었다. 지정면은 일본인이 다수 거주하여 그 상황이 부와 비슷했다. 또 면장에 일본인을 임명할 수 있게 했고, 면장의 자문기관으로 도장관이 임명하는 상담역(相談役)이란 것을 두게 했으며, 지정면에 한하여 재정 차관(기채)을 할 수 있게 했다.

위와 같이 1910년대 지방제도 개편은 행정제도 '정비'를 내세운 일제의 개입이 통감부 시기부터 이어져 강점 초기에 완성되는 과정이었다. 한국이 자체적으로 시도한 지방제도의 '근대화'와 그 자치적인 함의는 일제의 지배정책상 기피되었고, 오로지 행정적인 제도만이 그 전까지의 제도와 단절을 수반하면서, 특히 부(府)와 면(面)에서 강화되었다. 다음에서는 이 내용을 확인할 수 있는 1910년대 지방제도 관련 자료를 신문, 잡지, 실행 계획 및 내용, 관련 법령, 실행 결과 등으로 장을 나누어 수록하며, 각 장에서는 주제별로 절을 나누어 자료를 배치하였다.

I

신문 기사

〈해제〉

이 장은 1910년대 일본이 한국에 시행한 지방제도와 관련한 신문 기사를 1. 강점 직후 지방제도 개정의 방향, 2. 행정구역 변경과 거류민단 폐지, 3. 면제 실시 등으로 나누어 수록한 것이다. 1910년대라는 시기적 특성상 《매일신보》나 《경성신보》 등이 주가 될 수밖에 없어 제도에 대한 조선인 일반의 시각을 추출하기에는 한계가 있다. 그러나 이 시기 총독부 당국자들이 생각한 지방제도 개정 방향의 의도와 흐름을 간취해 내는 데 도움을 준다. 총독 혹은 내무참사관이 지방제도 개정의 의의를 설파하는 기사가 많은 부분을 차지하는데, 이는 당시 지방정책에서 총독부의 급무가 새로운 지방 관제를 해석적으로 훈시하여 그 내용을 이해시키는 데 있었다는 것을 보여준다.

'1. 강점 직후 지방제도 개정의 방향'에서는 1910년대를 관통하여 총독부의 지방제도 개편 의도와 목적이 잘 드러나는 기사들을 선별하였다. 일본의 조선에 대한 지방정책은 독일의 선례를 모방한 밀집주의(密集主義)로, 피식민지 각지에 신사, 학교 등 여러 기관을 설립하고 일본으로부터 조선으로 영구히 토착할 단체 이민의 이주를 장려하여 촌락을 잠식하는 이민척식정책이었다[〈조선의 자치제도-이노우에(井上) 내무참사관 담〉, 《경성신보》, 1910.9.9: 자료 116]. 통감부 시기와 비교하여 중앙행정기관은 감축하되 지방행정기관은 확장하여, 지방에 필요한 일본인 관리를 크게 늘리는 방안을 강구하였다. 예를 들어 앞서 기술한 것처럼 1906년 지방관 관제 개정 때 부윤·군수의 보좌기관으로서 부·군 주사를 설치했는데, 각 군에서는 그전까지의 향장과 순교(巡校)를 주사와 순검으로 이름만 바꾼 예가 많았다. 향장은 주로 지역 유력자로서 지역 상황을 잘 아는 연장자가 임용되었다. 그러나 일본 입장에서는 '나쁜 옛 관습'에 물들어 있는 재지 양반층을 공직에서 배제할 필요가 있었고, 이들이 주사직에 임용될 자격이 없다고 보았다.[1] 따라서 관행적으로 군수에 조선인을 둘 수밖에 없었지

1 岩井敬太郎, 1910,《顧問警察小誌》, 韓國內務警務局, 215쪽.

만, 그 보조원인 주사는 경험 있는 일본인을 등용하고자 했던 것이다(〈신관제와 지방행정〉, 《매일신보》, 1910.9.15: 자료 118).

'2. 행정구역 변경과 거류민단 폐지'는 민단 폐지에 따른 부제 개정과 군·면·동 폐합에 관련한 기사들이다. 총독통치의 기틀이 어느 정도 잡혀가자 조선총독부는 1913년 10월부터 1914년 4월에 걸쳐 대대적인 지방제도 개혁을 단행하고, 1914년 3월 1일과 4월 1일을 기하여 일제히 실시에 옮긴다. 1914년 제도개혁의 내용은 부를 도시행정의 기본단위로 하고, 거류민단과 각국 공동조계를 폐지하며, 부·군·면 폐합 등 지방행정구역을 변경하여 지방행정을 일원화하는 것이었다. 이 개혁의 실질적 목적은 일본인의 교육 부분만 학교조합에 남기고 나머지 시설과 사무를 부(府)로 옮겨 부의 재원을 부세로부터 충당하여 결과적으로 조선인들의 부담을 가중하고[〈총독 훈시(2) 중추원 고문 회동 석상-부·군·면 폐합(1)〉, 《매일신보》, 1914.9.11: 자료 153], 외국인 거류지 제도를 철폐하여 이들 지역에서도 동일하게 세법(稅法)을 실시하여[〈총독 훈시(2) 중추원 고문 회동 석상〉, 《매일신보》, 1914.9.12: 자료 154] 총독부 시정에 필요한 재원 마련과 재정 계획을 확립하려는 데 있었다. 또 총독부는 구역 폐합을 단행하여 군의 수를 317군에서 220군으로 대폭 줄이고 면의 수도 반감시켰는데 이는 경비 절약과 시정상의 편의를 위한 것이었다.

'3. 면제 실시'에서는 1917년 10월 1일 면제 시행을 전후한 기사를 수록하였다. 면제가 시행되면서 일본거류민단을 포함한 복잡한 지방행정단체는 부·면으로 정리·통일되었고, 도-부(부윤)·군(군수)-면의 행정체계가 성립되었다. 사실 주민들의 실제 생활은 면 아래의 동리에 있었고, 동장·이장은 동리 내 유력자들이 맡고 있는 상황이었다(〈신면제하의 제1일, 면제 시행되던 첫날의 두 면사무소〉, 《매일신보》, 1917.10.3: 자료 167). 여기에는 전통적 명망가 지배에 기초한 자치적 사회운영이 존재했다고 볼 수 있다. 총독부가 지역사회를 전면적으로 지배하려면 동리를 장악할 필요가 있었으나, 지역 명망가인 재지 양반층은 총독부 통치에 비판적이었고 지방 지배에 협력할 가능성이 낮았다. 그래서 총독부는 자치적 운영이 상대적으로 약한 면을 지방 지배의 기초적인 행정단위로 삼으려 한 것이다. 총독부는 면 사무를 면사무소에서 직접 처리하고 가급적 동장·이장을 두지 않는 방침이었으나, 조선의 인습상 결국 동장·이장이 면 사무를 보조하게 하는 것이 면 행정에 편리하다고 생각하여 이를 두되 이름을 구장으로 한 것이었다[〈면 제도의 제정에 취(就)하야, 제정의 취지와 규정의 경개(梗概), 내무부 장관 우사미 가쓰오(宇佐美勝夫) 씨 담〉, 《매일신보》, 1917.6.10: 자료 163].

면제의 실상을 정확히 들여다보고 그 허구성을 논한 기사로서 재미 한인단체인 국민회가 발행한 《신한민보(新韓民報)》 기사를 수록했다(〈알알이 주워 먹는 더러운 일본, 한국에 새 면제를 실시, 새 면제가 실시되면 면은 어떻게 변하는가? 2천 5백여 면의 한인 면장을 몰아낼 터이로다〉, 《신한민보》, 1917.11.15: 자료 168). 또 늘어난 업무량에 비해 박봉인 면 직원의 근무 개선과 면에 자치적 능력을 부여할 것을 주장하는 호남 인사의 글도 읽어볼 만하다[〈희망과 주장: 면제의 확장 쇄신-호남 긍운생(肯雲生)〉, 《매일신보》, 1919.10.2: 자료 169].

1. 강점 직후 지방제도 개정의 방향

〈자료 116〉 조선의 자치제도-이노우에(井上) 내무참사관 담(談)(《경성신보》, 1910.9.9)
〈자료 117〉 금후(今後)의 행정조직(《매일신보》, 1910.9.4, 2면 2단)
〈자료 118〉 신관제(新官制)와 지방 행정(《매일신보》, 1910.9.15, 2면 2단)
〈자료 119〉 사설: 지방행정 쇄신(《매일신보》, 1910.10.13, 1면 1단)
〈자료 120〉 지방행정 감독 규칙(《매일신보》, 1911.4.20, 2면 2단)
〈자료 121〉 면 경비 부담 방법(《매일신보》, 1911.4.20, 2면 2단)
〈자료 122〉 우사미(宇佐美) 장관 훈시-8월 28일 부·군서기강습회(府郡書記講習會)에서(《매일신보》, 1911.9.2, 3면 1단)
〈자료 123〉 조선 내지의 행정 개선(《매일신보》, 1911.10.17, 2면 5단)
〈자료 124〉 지방행정의 확장(《매일신보》, 1911.11.21, 2면 5단)
〈자료 125〉 지방행정의 개선(《매일신보》, 1911.12.27, 2면 3단)
〈자료 126〉 지방행정의 확장(《매일신보》, 1912.1.9, 3면 3단)
〈자료 127〉 사설: 면장 자격의 필택(必擇)(《매일신보》, 1912.3.8, 1면 2단)
〈자료 128〉 총독의 훈시(2) 서(《매일신보》, 1913.5.1, 1면 1단)
〈자료 129〉 총독의 훈시(3)(《매일신보》, 1913.5.2, 1면 1단)
〈자료 130〉 거류민단의 폐지기(《매일신보》, 1913.5.23, 2면 4단)
〈자료 131〉 데라우치(寺內) 총독 담(談) 8, 제도 정리(《매일신보》, 1913.7.3, 1면 1단)
〈자료 132〉 데라우치 총독 담 9-제도 정리(《매일신보》, 1913.7.4, 1면 1단)
〈자료 133〉 제령(制令) 기타의 개정(《매일신보》, 1913.8.22, 2면 3단)
〈자료 134〉 사설: 재고(再告) 지방 관리(地方官吏)(《매일신보》, 1913.10.19, 1면 1단)

2. 행정구역 변경과 거류민단 폐지

〈자료 135〉 한성에서(《경성신보》, 1910.9.3, 1면 1단)

〈자료 136〉 군 · 면 · 동(郡面洞) 폐합 건(《경남일보》, 1910.11.15, 2면 3단)

〈자료 137〉 민단 폐지안 심의(審議)(《매일신보》, 1912.10.25, 2면 3단)

〈자료 138〉 부제령안(府制令案) 심의(《매일신보》, 1912.10.31, 2면 4단)

〈자료 139〉 부제령 개정 발표기(《매일신보》, 1913.10.28, 2면 2단)

〈자료 140〉 우사미(宇佐美) 내무부 장관 담(談)(《매일신보》, 1913.11.2, 3면 2단)

〈자료 141〉 사설: 부제령(府制令) 발포(發布)(《매일신보》, 1913.11.4, 1면 1단)

〈자료 142〉 부제공포(府制公布)에 대하여, 요시하라(吉原) 부총재 담(談)(《매일신보》, 1913. 11.4, 2면 3단)

〈자료 143〉 군 · 면 폐합(郡面廢合) 발포기(發布期)(《매일신보》, 1913.12.11, 2면 3단)

〈자료 144〉 조선의 지방행정 - 총독부 모(某) 당국자의 담(談)(《매일신보》, 1914.1.3, 2면 1단)

〈자료 145〉 부 · 군 폐합(府郡廢合)에 대하여 - 자작(子爵) 조중응(趙重應) 씨 담(談)(《매일신보》, 1914.1.5, 1면 1단)

〈자료 146〉 부제와 공동묘지(《매일신보》, 1914.3.28, 2면 3단)

〈자료 147〉 부제 시행과 회의(《매일신보》, 1914.3.31, 2면 2단)

〈자료 148〉 부제와 삼세(三稅)(《매일신보》, 1914.4.10, 2면 4단)

〈자료 149〉 지방행정 개혁(1) - 오하라(小原) 지방국장 담(《매일신보》, 1914.4.15, 2면 2단)

〈자료 150〉 지방행정 개혁(2) - 오하라(小原) 지방국장 담(《매일신보》, 1914.4.16, 2면 2단)

〈자료 151〉 지방행정 개혁(3) - 오하라(小原) 지방국장 담(《매일신보》, 1914.4.18, 2면 2단)

〈자료 152〉 사설: 각 부 협의원(《매일신보》, 1914.4.22, 1면 1단)

〈자료 153〉 총독 훈시(2) 중추원 고문 회동 석상 - 부 · 군 · 면 폐합(1)(《매일신보》, 1914.9.11, 1면 1단)

〈자료 154〉 총독 훈시(2) 중추원 고문 회동 석상 - 부 · 군 · 면 폐합(2)(《매일신보》, 1914.9.12, 1면 1단)

〈자료 155〉 사설: 부세와 부담액(《매일신보》, 1914.11.20, 1면 1단)

〈자료 156〉 회고 신정(新政) 5개년 - 병합 이후의 개관(《매일신보》, 1916.1.1, 2면 1단)

〈자료 157〉 면 행정지침 발행(《매일신보》, 1916.1.7, 3면 1단)

〈자료 158〉 지방행정 개선 후의 실황(《매일신보》, 1916.1.14, 2면 3단)

〈자료 159〉 지방행정에 취(就)하야 - 평양숭실대학교에서 시노다(篠田) 평남 제1부장 강연(《매일신보》, 1916.2.20, 1면 3단)

3. 면제 실시

〈자료 160〉 신면제(新面制)와 실시기(實施期)(《매일신보》, 1916.12.3, 2면 3단)

〈자료 161〉 신면제(新面制)의 내용(《부산일보》, 1916.12.3, 2면 2단)

〈자료 162〉 조선 면제(面制) 내용(《부산일보》, 1917.2.2, 2면 4단)

〈자료 163〉 면 제도의 제정에 취(就)하야, 제정의 취지와 규정의 경개(梗槪), 내무부 장관 우사미 가쓰오(宇佐美勝夫) 씨 담(《매일신보》, 1917.6.10, 2면 3단)

〈자료 164〉 면제 실시의 특소(特所), 면장에는 일본인[《조선시보(朝鮮時報)》, 1917.7.26, 2면 3단]

〈자료 165〉 면제 실시와 면장강습회, 9월 상순경 개최(《부산일보》, 1917.7.27, 2면 6단)

〈자료 166〉 내지인 면장 임명(《매일신보》, 1917.10.3, 2면 5단)

〈자료 167〉 신면제하의 제1일, 면제 시행되던 첫날의 두 면사무소(《매일신보》, 1917.10.3, 3면 1단)

〈자료 168〉 알알이 주워 먹는 더러운 일본, 한국에 새 면제를 실시, 새 면제가 실시되면 면은 어떻게 변하는가? 2천 5백여 면의 한인면장을 몰아낼 터이로다(《신한민보(新韓民報)》, 1917.11.15, 3면 1단)

〈자료 169〉 희망과 주장: 면제의 확장 쇄신 - 호남 긍운생(肯雲生)(《매일신보》, 1919.10.2, 2면 5단)

〈자료 170〉 작년의 조선, 총독부 조사, 지방행정(《매일신보》, 1920.2.7, 1면 2단)

1. 강점 직후 지방제도 개정의 방향

〈자료 116〉 조선의 자치제도-이노우에(井上) 내무참사관 담(談)(《경성신보》, 1910.9.9)

독일의 정책

이민척식정책은 산거(散居)주의, 밀집(密集)주의라는 두 가지 주의가 있다. 독일이 폴란드에 시행한 이민정책은 밀집주의에 따라 최초로 정책을 세웠고 독일 정부는 무려 1억 80만 원 내외의 거액의 자금을 투자하여 폴란드 각지의 부락에 사원(寺院)을 건립하고, 학교를 건설하고, 수도를 설치하고, 전기를 공급하고, 욕장이나 기타 여러 가지 오락장을 설치함으로써 영구 토착의 단체 이민을 장려하여 우선 각지에서 부락의 형성 조직에 노력하였다. 이어서 조직된 각지의 부락에 대해 산업조합 설립을 크게 장려한 결과, 현재는 약 3천만 원 내외의 공동자금을 축적하기에 이르렀다. 이후 식민지에서 발호(跋扈)하는 것을 통례로 한 유대인의 고리대를 전부 몰아내 버렸다. 독일이 식민지 경영에 성공한 이유가 실로 여기에 있음은 결코 우연한 것이 아니다. 프랑스가 식민지 경영에 실패한 이유는 헛되이 관제(官制) 및 관리 임용 등의 형식에만 구애되고 근본적인 문제를 방치했기 때문이다. 그렇다면 우리나라도 장래 조선의 개발을 유도하여 자치제도를 실시할 때 이러한 점을 깊게 주의하여 성공한 독일의 정책을 모방하지 않으면 안 될 것이다.

조선의 장래

즉 장래 조선의 개발을 유도하고 국민을 귀화시키려면 이상과 같은 독일의 예를 모방하여, 국가는 먼저 조선의 각지에 신사(神社), 불각(佛閣), 학교 등 여러 기관을 설립함으로써 일본으로부터 영구 토착할 단체 이민의 이주를 장려하고, 촌락 조직의 방법을 강구하는 것이 가장 좋은 계획이라 믿는다. 이미 일본인 촌락이 조성되기에 이르렀으니 자치의 모범을 보여 자제(子弟)에게 이를 교육시켜야 한다. 그 후 각종 사업이 발흥하면 공장 등에서 필요로 하는 직공(職工) 노역에는 다수의 조선인을 이용해야 한다. 장래의 조선은 독일이 폴란드인을 압박하는 것 같은 관계가 아니라, 요컨대 그것을 동화(同化)시키는 데 있다. 이런 식으로 하여 비로소 점차 조선을 동화시킬 수 있다. 이민 장려의 유일한 문제는 조선의 토지는 관유(官有)가 아니면 사인(私人)의 소유라서 그 대차(貸借)의 관계가 있다는 점인데, 나는 50년 정도의 장기 계약으로 한다면 가능하다고 믿는다. 요점은 조선의 개발은 일본으로부터 단체적 이민의 이주를 장려하고, 산업조합 설치를 장려하고, 조선인의 동화에 노력하는 것이 가장 급한 임무이다. 자치제도 실시의 앞길은 아득히 먼 일이다.

〈자료 117〉 금후(今後)의 행정조직(《매일신보》, 1910.9.4, 2면 2단)

한국을 합병하고 조선총독부를 신설하는 데 대해, 이전의 복잡한 행정조직을 변경하고 가장 간단하게 행정기관을 설치한다 함은 기보(既報)하였다. 그 조직의 변경과 관리의 감소와 배치에 관하여 모처(某處)에 확신(確信)이 들었는데, 현재 중앙행정기관을 극단으로 감축한 결과로 관리의 원수는 약 4분의 3이나 혹은 3분의 2가 도태될 터이며, 이에 반해 지방행정기관은 크게 확장하므로 지방 관리는 현재 수보다 약 2배 이상이 증가할 터인즉, 이는 대부분 중앙에서 배제된 관리를 전용할 터이나, 지방관은 원래 판임(判任) 이하가 가장 많으므로 중앙에 있던 주임 이상의 피도태자(被淘汰者)는 다시 전용되기 어려울 듯하며, 행정조직이 변경됨으로 인해 감소된 정비(政費)는 실로 200만 원 이상에 달하리라더라.

〈자료 118〉 신관제(新官制)와 지방행정(《매일신보》, 1910.9.15, 2면 2단)

신관제는 지방행정 쇄신을 급선무로 하여 도(道)에는 모두 일본인으로 조직하여 종래 면목을 일신케 하기로 결정하고, 다시 하급기관 되는 군아(郡衙)에 대해서는 일반 관행을 따라서 조선인 군수를 두고, 그 보조원이 되는 주사(主事)는 경험 있는 일본인으로 등용하고, 도(道)에는 통감의 유고(諭告)와 같이 약간 참여관(參與官)을 임용하고, 또 군(郡)에는 각기 지방에 있는 명망한 인사를 참사로 임하여 의지를 소통케 할 터인데, 지방행정의 진부(振否)는 일반 민정에 관계가 있으므로 노력하여 인재를 등용하고 인심 귀향을 새롭게 할 터인데, 그 전력할 바는 산업을 장려하여 부력(富力)을 얻게 할 터이라더라.

〈자료 119〉 사설: 지방행정 쇄신(《매일신보》, 1910.10.13, 1면 1단)

총독정치의 시행에 대하여 가장 중요한 바는 지방행정의 쇄신정리라. 지방행정을 개선하고 완전한 지방행정을 시행하여 안녕·질서를 유지하며 생명과 재산을 보호함은 조선 통치에 크게 긍정할 바이며, 총독정치의 가장 용의할 바이다. 유래의 통감정치는 소위 용두사미를 면치 못하였으니, 이는 중앙 정치의 개혁에 급급하여 지방행정에 이르지 못한 이유라 할지라도 식자(識者)는 항상 지방행정의 부진함을 유감으로 여겼다. 그러나 총독정치의 시행에 대하여는 반드시 이 점에 주의하여 지방행정의 통일과 조화로써 위주하고, 정무의 간첩(簡捷)을 계도(計圖)하기 위하여 지금까지 400명에 미치지 못하던 지방의 일본인 관리를 이번 관제에서는 2천 500명으로 증가하며, 중앙의 경비는 긴축하고 지방은 증가하였으니 오인(吾人)은 총독부 시정의 방침이 능히 조선 통치의 진수를 얻음에 대하여 기쁨을 참지 못하는 동시에 최근 장래에는 현저한 치적을 거둘 줄로 기대하는 바이다.

조선의 현재 지방행정은 일본의 유신 당시의 지방행정과 흡사하여 모든 것을 창시하는 시대에 속함으로써 지방관이 고심할 것은 말할 필요도 없거니와, 일본 유신 당시의 지방관과 현재 조선의 지방관과는 스스로 구별이 있도다.

일본 유신 당시의 지방관은 모든 것이 창시에 속함으로써 행정상에 하등 의거할 만한 법령이 없어서 자기의 고려로써 모든 것을 결행하였으니 그 고심한 바는 비록 다대하다 하나, 능히 자유 수완을 행사하여 지방 장관이 된 자가 스스로 입안하고 집행하였으므로 그 사람이 명민한 두뇌와 상당한 위신이 있는 자이면 이를 운용함에 자못 편리한 바가 있었다. 현재 조선의 지방관은 그렇지 않고, 일본의 법령전서에 많은 법령이 있고, 통감부의 법령이 있으며, 또 일본의 법령에 따라 집행할 것도 있다. 일례를 들면 선박업자의 취체법(取締法)은 조선인은 조선의 법령으로, 재류 일본인은 통감부의 법령으로, 일본의 지점(支店)에 속한 자는 일본의 법률에 따르는 것과 같이 극히 복잡하니, 이를 통일·정리함이 가장 필요한 것이라 할지라도 하루아침에 개폐(改廢)하기는 심히 곤란한 사업이다. 즉 조선의 지방관은 이 과도적 시대의 복잡하고 번다한 법령을 운용할 때 신중히 주의하여 명쾌한 재단을 해야 할 것이다. 그다음에도 조선의 지방 장관이 또 곤란을 느낄 것은 총독부에 대한 지방의 상황 보고이다. 일본에 있는 지방관의 보고는 그 종류를 구별하여 즉시 보(報), 일보(日報), 연보(年報), 사계보(四季報) 등으로 보고의 시기를 정하고 있으므로 장관이 일일이 지휘하지 않아도 그 보고는 완전히 수행되었으나, 현재 조선은 그렇지 않으니 장관은 스스로 보고의 종류와 시기를 판별하여 그 보고의 착오가 없도록 해야 할 것이다.

만약 그 보고를 태만히 하여 종류와 시기의 구별을 그르치면 중앙에서 지방의 상황을 잘 알지 못하여 전체의 시정을 그르치기에 이를 것인즉 그 책임 또한 크다고 할 수 있다. 또 면(面)은 신영토에 있는 지방행정기관의 최하급이라 할지라도, 면장(面長)으로 적당한 사람을 얻을 수 없으면 지방행정의 실적을 거두는 데 큰 관계가 있다. 면장은 옛 일본의 호장(戶長)과 같이 일종의 명예직으로 그 직무는 자못 중요하다. 그러므로 면장 선거는 가장 신중히 할 필요가 있는 동시에 그 직에 있는 자도 임무를 충분히 발휘하여 소관 직무에 진력해야 할 것이니, 면장이 된 자는 능히 이 뜻을 양지하여 지방행정에 공헌하는 바가 있기를 기대한다.

〈자료 120〉 지방행정 감독 규칙(《매일신보》, 1911.4.20, 2면 2단)

경기도청에서는 지방행정 감독에 관하여 규칙을 제정하여 부윤 군수에게 통첩하고 실시하게 하였는데 그 규칙은 다음과 같다.

1. 청원(廳員)이 관내에 출장하는 경우에는 그 중요한 사항을 작성하여 본 도청에 보고할 것.
2. 법령, 고시, 유달(諭達) 등의 사항은 광고판에 게시하여 일반 인민으로 하여금 주지케 할 뿐 아니라 면장·이장이 회합하는 시기에 따라 간절히 설명, 각오케 할 것.
3. 관내 인민의 사건에 대하여 다만 문서로만 처리하지 말고 그 실지(實地)를 시찰하여 사무를 집행할 것.
4. 인민 등이 어떤 산업에 관하여 수금(收金)하겠다는 청원이 있거든 이를 금지할 것.
5. 면장 및 공전영수원은 세금 징수 방법과 심득서를 주의하여 징수 상황이 원만하게 기도(期圖)할 것.

〈자료 121〉 면 경비 부담 방법(《매일신보》, 1911.4.20, 2면 2단)

경기도청에서는 지방 각 군의 면 경비 부담과 지출 방법에 관하여 다음과 같이 규정을 제정하여 부윤 군수에게 배부·시행케 하였다.

제1조 면의 경비는 국세 및 지방비 부과금의 징수 수수료(면 교부금), 토지 가옥 인증 수수료, 기타 면 소속의 수입으로 충당하되, 만일 부족한 경우에는 면민의 부담으로 하여 다음 과목 및 과율에 따라 이를 징수함.

1결수할(結數割) 1결 50전 이내

1호수할(戶數割) 1호 평균 30전 이내

앞 항의 징수금은 토지 상황과 기타 사정에 따라 물품으로 대납할 수 있음.

제2조 제1조의 과규(科規)를 초과하여 결수할·호수할을 징수하고자 할 때는 징수하는 때마다 그 이유서를 첨부하여 도장관의 인가를 받아야 함.

제3조 결수할·호수할의 부과 징수 방법 및 납기는 종래의 관례와 각 면의 상황을 참작하여 부윤·군수가 이를 정함.

〈자료 122〉 우사미(宇佐美) 장관 훈시-8월 28일 부·군서기강습회(府郡書記講習會)에서

(《매일신보》, 1911.9.2, 3면 1단)

제군, 이번 총독부에서 조선의 지방 관리를 구하게 되어 정무총감이 일본 각 부·현 지사에게 그 인선을 의촉한 결과로 다수의 후보자를 얻었으나, 그중에서 특히 제군을 선발하여 이번에 재임한 바이다.

당초에 정무총감이 각 부·현 지사에게 후보자 추천을 의촉했을 때 조선 지방 관리의 위치 및 각오 등에 대하여 일차로 통지가 있었을 터인즉, 제군은 소속 장관에게 충분히 청취하였을 줄로 사료하노라. 제군은 부임하는 곳이 극히 멀리 떨어져 있음에도 피하지 않고, 일상생활상 극히 곤란한 점이 있음에도 조금도 개의치 않고 이곳에 부임한 것에 대해서 나는 우선 그 성의에 감사하는 동시에, 조선 지방행정의 장래에 대해 몹시 기뻐하지 않을 수 없다.

생각건대 제군은 일본에서 다년간 지방에서 봉직하여 지식과 경험이 충분할 줄로 확신하니, 이는 이번 총독부에서 지방 관리에 적합한 인재를 얻기 위해 특별 임용의 길을 넓히고 그 벽두에 제군을 초빙한 이유이니, 오로지 지방행정의 성적을 거두고자 하는 바이다.

그러나 조선의 행정조직 및 일반 민정 풍속은 일본에 비교하면 크게 다르고, 또 병합 이래 지방행정은 점차 그 면목을 일신하고 있음은 매우 기뻐하는 바이로되, 그 산업 상태, 교육, 기타 토목, 위생 등 여러 사무를 일본과 비교하면 실로 큰 차이가 있다. 또 일본의 지방행정조직은 이미 완비되어 지방 사업도 정연한 순서로 발달함으로써 그 개량을 기도하는 것도 스스로 일정한 진로에 접근하는 데 반드시 장구한 세월이 필요하지 않다. 그러나 조선의 현재 상황은 그 길이 없으며, 그 길을 점차 개척하여 개선해야 하는 현상이므로 지방에 있는 자의 곤란과 노고가 극히 다대할 것이라. 나는 이에 동정을 표한다. 특히 현재 군청 관리의 수는 극히 적어서 작년 병합 후 새로운 관제가 발표되었는데 총독은 오로지 지방행정에 치중하여 종래에 비하면 다수의 일본인 관리를 지방에 임용했다 할지라도, 현재 군청의 일본인 관리 수는 적은 곳은 2인, 많은 곳도 4인에 불과하고, 적은 곳은 3인, 많은 곳은 5인의 조선인 관리를 더해서 사무를 처리하는 상황이다. 그러나 조선의 군청 사무는 일본에 비하면 광범한 것이 있으니, 혹은 토지증명 사무와 같은 것 혹은 강제집행 사무와 같은 것, 혹은 조세 징수 사무(사무의 분장은 있으나)와 같은 것에도 힘을 써야 할 것이다. 기타 혹은 지방에 따라 매우 넓은 곳도 있어서 이를 소수의 관리가 만사를 처리하지 않으면 안 되므로, 그 분망함은 결코 일본에 비할 것이 아니다. 특히 민정과 습속이 같지 않으니 그 사이에 처하여 유감없이 행정 개선을 완수하고자 하니 그 곤란함을 족히 알 것이다. 따라서 단순히 교통의 불편, 생활 곤란 등과 같은 관리의 신상에 관한 것뿐만 아니라 그 집무에 임할 때에도 다대한 용기와 인내가 필요하며, 만약 이 두 가지 중 하나를 결핍하면 도저히 그 직책을 완전히 다하기 어려울 것으로 믿는다. 제군의 인내와 용기는 실제로 지방에서 그 사무에 숙달케 하고 그 인정 풍속을 살핀 후에야 비로소 의거할 곳을 발견할 것으로 믿는다.

〈자료 123〉 조선 내지의 행정 개선(《매일신보》, 1911.10.17, 2면 5단)

조선 내지의 지방행정은 근래에 자못 개선의 경향을 보여 도장관 각 부장 또는 부·군 서기 등이 순회 지도한 결과는 지금까지에 비하면 면목을 일신함에 이르렀고, 면장의 직무와 같은 것은 심히 중요치 않다 하여 면내 1·2류의 인사는 취직함을 긍정하지 않았으나 지금은 그렇지 않아 유생·양반도 그 취직을 희열(喜悅)하는 상태에 이르렀고, 또 각종의 계를 선용하는 풍습을 바라며 도로의 개수, 위생의 설비 및 저축 등의 계를 만들고, 또는 일본 박람회를 관광하기 위해 저축할 단체를 만드는 등 일반 지방행정의 조선인 계발을 위해 여러 방면에서 발전하는 중임은 가히 경축할 일이라고 최근 각지를 시찰한 모 관인은 말하더라.

〈자료 124〉 지방행정의 확장(《매일신보》, 1911.11.21, 2면 5단)

총독부 내년도 예산에는 지방행정 확장 계획이 있어서 종래의 군서기에 일본인이 2명 내지 3~4명이던 것을 1~2명씩 증원하고, 또 수산장(授産場)[2] 또는 모범장 등 산업에 관한 시설을 확장할 터이라더라.

〈자료 125〉 지방행정의 개선(《매일신보》, 1911.12.27, 2면 3단)

조치원, 청주, 영동, 김천, 밀양 등지의 지방행정을 시찰하고 위임한 오하라(小原) 국장의 담화를 들은즉, 조선 각지의 변화는 비상하여 봄에 남선 지방을 순찰할 때와는 그 진보 정도가 아주 달라서 비교가 되지 않는데, 각종 개선 시정 중 가장 주목할 것은 면 행정의 개량이라. 종래 면장의 사무는 별로 볼 것이 없었으나 지금은 대단히 달라서 사무실을 신설하고, 서류 수수 발송의 장부가 완비되고, 예규 등을 책으로 만들어 권업, 토목, 교육 등을 구별하는 등 사무가 정연하니, 이는 병합 이전은 단순히 명령이 비 오듯 내려왔을 뿐이나 지금은 도·부·군에서 강습회 또는 실지 지도를 행함에 따라 면장의 사무가 더는 촌스럽고 어리석다는 느낌이 없는 바이오. 그다음으로 시가지 정리는 각지가 모두 진행하여 성벽의 석단으로써 길옆 및 하수구에 사용하고, 도로는 넓게 개축했으니 그 비용은 토지 기부와 부역에 따라 하등의 장애가 없이 진행되어 종래 조선 시가의 불결하던 것은 머지않아 일소될 것이오. 또 충북 모 군과 같은 곳은 원래 배일 기풍이 왕성하던 지방이로되 현 군수가 착임한 이래 솔선하여 권업을 장려하여 전 도 중 권업의 모범을 만들기에 이르렀으니,

---

2 생활이 곤란한 사람들을 돕기 위해 필요한 기술을 습득시켜 취업의 편의를 돌봐주는 곳.

이러한 것은 지방행정 개선상 현저한 일례이고, 여하간 신정 보급의 모양은 심히 선량하다더라.

〈자료 126〉 지방행정의 확장(《매일신보》, 1912.1.9, 3면 3단)

총독부 명년도 예산은 지방청의 증가로 27만 2,085원을 계상했는데 그 내용을 들은즉, 각 도청의 직원 증가는 약 80명이요, 보통행정관으로 일본인 사무관과 기사, 기수, 서기 등을 증원한다더라.

〈자료 127〉 사설: 면장 자격의 필택(必擇)(《매일신보》, 1912.3.8, 1면 2단)

면장은 한 면의 공리라 그 면의 대소사를 처리하는 동시에 반드시 상부의 지휘 및 명령을 선포하여 인민으로 하여금 주지하게 할지어늘, 지방에서 최근 들리는 것을 보면 모 면장은 공결(公結)에 대하여 얼마를 가봉한다, 모 면장은 면내의 일을 전제적으로 처결한다 하여 백폐구흥(百弊俱興)[3]함은 하나하나 거론하기 어렵거니와, 가장 자격이 없는 자는 무식한 면장이다. 모 군(郡)을 물론하고, 열 명의 면장이 회집하면 글자를 아는 면장은 한두 사람에 불과하니, 그 무식한 면장들이 어찌 공리(公吏)의 사무를 처리하리오. 하물며 지금 정체(政躰)가 새로 세워져 법령이 일출(日出)하매, 박식민활한 자라도 오해가 없지 않은데, 이 무식배가 그 해석을 능히 할 것인가. 공문이 내려오면 무슨 물건인지 알지 못하고 책상에 쌓아놓으며, 인민이 혹시 공문의 의미를 물으면 망연하여 알지 못하니, 만약 기한이 있는 서류라면 그 낭패가 어떠하뇨. 무릇 다른 행동은 미리 알기 어렵거니와 면장의 자격을 택할 때는 우선 글자를 아는 사람을 택함이 가하다 하노라.

---

3 온갖 쇠하여 없어진 것이 다시 일어남.

〈자료 128〉 총독의 훈시(2) 서(《매일신보》, 1913.5.1, 1면 1단)

민단 및 각국 거류지의 앞길에 대하여는 각 ■■■은 물론하고, 재주(在住) 내외인의 일반이 알고자 하는 바, 또 민단 및 각국 거류지에 관계를 가진 지방관은 그 귀향(歸向)을 자세히 알지 못하면 집정상 심히 불편할 뿐 아니라 그간에 의지 소통을 결(缺)할 염려가 없지 않으므로, 이에 총독은 그 성행(成行)을 설명하는 동시에 그 귀착하는 바를 보였다. 그 요지는 "각국 거류지 정리에 관해서는 작년에 외국 정부에 교섭한 결과 경성에서 총독부 당국과 각국 영사가 예비 협의를 마치고, 본년 2월 이래로 몇 번이나 회의를 연 결과 인천, 진남포, 군산, 목포, 성진 등의 각국 거류지를 철폐하고, 행정사무 및 모든 재산을 제국(帝國)으로 인계케 하여 종래 외국인의 소유였던 영대차지권(永代借地權)은 특별법규하에서 이를 인정하는 동시에, 영대차지권자의 임의로 소유권을 대신할 방도를 열고, 과세에 대해서는 원칙적으로 완전히 제국 신민과 동일하게 하여 4월 21일에 의정서에 조인을 완료하고, 민단에 대해서는 신중히 조사하여 대체로 종료하였으니 적당한 시기에 실시케 하는 동시에 이에 필요한 훈시를 내릴 것이다. 각국 거류지 철폐는 민단 폐지와 동시에 결행하리라 하였으니 이에 따라 양 제도의 귀착점을 명료히 지득(知得)할지로다. 이에 대해 각 지방관은 금후의 집무상에 이바지할 것이 있을 것이다. 재주 내지인 및 외인도 그 귀향하는 바를 알고 경영을 해야 할 것이다.

각국 거류지 및 거류민단 양 제도는 조선이 제국의 판도에 귀(歸)하는 동시에 당연히 개혁할 것이나, 하나는 외국 정부와 교섭할 필요가 있어서 즉시 개혁하지 못하고 마침내 현재에 이르렀다. 또 민단제도는 거류 일본인 발전의 역사적 관계 및 이해관계가 있으니 급격히 이를 철폐하면, 혹은 화해(禍害)를 재류 일본인에게 미치게 할 염려가 적지 않음으로 우선 그 철폐의 이해를 신중히 연구하고, 또 선후의 방법을 조사함에 진력하였으니, 순연한 제국의 방토(邦土)에서 동등한 제국 신민(帝國臣民)이 되어 일본인만 일단(一團)을 만들고, 그 권투(圈套)[4] 내에서 자치적 경영을 함은 결코 새로운 부민(附民)을 동화(同化)·유액(誘掖)[5] 하는 소이(所以)가 아닐 뿐 아니라, 그들에게 일종의 시의심(猜疑心)을 도발할 염려가 없지

---

4 세력이 미치는 범위.

5 인도하여 도와줌.

않으니, 이와 같이 협애적(狹隘的) 태도는 대륙 일본을 건설코자 하는 대국민의 일(事)이 아니라, 새로운 부민(附民)을 지도유액(指導誘掖)하고, 또 성심으로 제국에 동화케 함에는 재주 내지인 전체가 대금도(大襟度)[6]로써 그들에게 바라지 아니치 못할지라. 그러므로 거류민단을 존(存)함은 전(全)히 이 취지에 상반함이 아닌가. 민단이라는 일단을 형성하여 이 권내에 별거함은 신부민 간에 장벽을 축(築)함과 같고, 완연히 외국인적 태도라 말하지 아니치 못할지니, 이러한 태도로써 제반사(諸般事)를 경영하면, 조선인 측은 부득이 외국인으로 시(視)함을 면하지 못할지라. 이것이 어찌 제국이 조선을 영유하고 1,400만의 신영민(新領民)을 통치하여 그들로 하여금 중심으로 제국 신민이 되게 하는 방도가 되리오. 고로 민단제도의 폐지는 원래 당연한 것이라 할지니, 그 요(要)는 이에 곧 폐지의 선후(善後) 방법이라.

〈자료 129〉 총독의 훈시(3)(《매일신보》, 1913.5.2, 1면 1단)

각국 거류지(各國居留地) 및 거류민단(居留民團) 양 제도를 폐지함에 대하여 선후(善後) 방법으로 부제(府制) 기타의 제도에 개혁을 가하지 아니치 못할 것은 물론이어니와, 이에 관한 총독의 훈시에 말하기를 "교육 사무를 제한 것 외에는 일본인과 조선인을 동일 행정하에 둘지니, 그 융합·동화의 목적을 달성함에 다대한 이익이 있을지오. 부제(府制) 시행과 동시에 군·면(郡面) 행정구역 폐지 및 사무 개선을 요함에 한층 긴절(緊切)한 것이 있다" 하니, 이에 의하여 각국 거류지 및 거류민단 양 제도 폐지 후의 시정을 상견(想見)하기 족하도다. 교육 사무를 제외한 것 외에는 특히 조선인과 일본인을 구별함이 없고, 동일 행정하에 두어 유래에 서로 외국인과 같이 보던 폐해를 씻고, 조선인으로 하여금 일본제국의 신민이 된 감념(感念)을 확고케 하여, 상호 간 동포가 된 관념으로써 조선 경영에 육협(戮協)[7]케 함에 있으니, 이와 같은 이후에야 일본인은 실제로 조선인을 지도유액함을 얻을지오. 또 동일 제도하에서 서로 격심(隔心)이 없이 화협(和協)하여야 외국인적 관념을 두뇌에서 제거할 것이요, 자연히 융합·동화의 열매도 거둘지라. 요컨대 양 제도를 폐하고, 부제 및 군제(郡制), 면제(面

6 큰 도량.

7 戮力協心. 여럿이 힘을 모아 조화를 도모함.

制) 등을 개혁하여 지방제도의 통일을 도모함은 제국의 조선 통치에 가장 긴절하고 긴요한 시무(時務)가 되는도다.

그리고 데라우치(寺內) 총독은 지방 정치의 개선 진보에 치중하고 민도의 진보에 비추어 면 제도를 개혁하고, 적당한 규정을 만들기로 암시하며, 다시 제도의 완비만으로는 소기의 효과를 거두기 부족하고, 실로 그 실적을 거둠에는 운용의 임(任)을 당한 자(者)의 노력을 기다리지 아니치 못할 것이라 하여, 인물의 추선(推選)에 대하여는 공평·중정(中正)을 위주하고, 그 출신 이력과 연고 등을 고려함이 없이 인격, 품위, 지식, 지능 등에 치중하고, 적재적소에 배치하는 동시에 봉공(奉公)의 기풍을 순치(馴致)하고, 여러 제도의 완비와 서로 맞추어 실효를 거둠에 유감이 없도록 함이 필요하다 하였으니, 이는 실로 적절한 훈시요, 일반 관리가 응용할 훈계로다. 법제는 사물이니, 아무리 법제만 완비해도 그 국(局)에 당한 자가 그 운용을 그르치면 아무리 좋은 법과 제도라도 결코 그 효과를 거두지 못할지니, 이 때문에 적재를 적소에 배치함이 제일 긴요하도다. 총독이 이에 치중하는 동시에 그 인물의 선정에 대하여 인격, 품위, 지식, 기능 등으로 표준을 삼는 것은 우리가 가장 감복하는 바이라. 무슨 일에든지 택인(擇人)이 가장 긴급하니 조선 현하의 상태에 대하여, 인민에게 직접 미치는 지방관의 선정에 대하여는 가장 필요함을 느끼겠고, 금후 일본인과 조선인을 동일 행정하에 둠에 대하여 특히 지방관 공리(公吏)에 적재(適材)를 둘 필요가 있도다. 그렇지만 다수한 하급 관리 및 병리(兵吏)에 모두 유위(有爲)[8]한 적재(適材)를 얻는 것은 실제상 불가능의 일이므로, 그 감독을 엄밀히 하여 폐를 방지하는 외에 다른 길이 없을지라. 그 감독자 인물을 선정하여 결함을 보완치 아니치 못할지라. 이에 대해서는 총독부나 도청에서 이미 순회 감독을 실행하는 중이나 다시 이를 개선할 여지가 있을 줄로 생각하노라. 총독 훈시의 취지를 보아도, 이 감독관은 유위한 적재를 선정하여 간단없이 순찰케 하고, 어떠한 정도까지는 적절한 조치를 취하게 하면, 지방정치는 다시 일단의 개선·진보를 볼 것이다.

8 재능이 있음.

〈자료 130〉 거류민단의 폐지기(《매일신보》, 1913.5.23, 2면 4단)

조선 각 거류민단 제도의 철폐기에 관하여 혹은 6월경에 제령을 발포하여 9월부터 실시하리라는 설(說)을 전하는 것이 있으나, 이는 명년 3월 31일까지 민단규칙을 폐지하고 다시 부제령(府制令) 및 학교조합규칙을 실시하는 것으로 결정하였다는데, 이 제령의 선포는 현재 법제국에 회부 중이므로 그 심의 종료를 기다리지 못하면 발포기는 미정이라더라.

〈자료 131〉 데라우치(寺內) 총독 담(談) 8-제도 정리(《매일신보》, 1913.7.3, 1면 1단)

총독은 또 말하기를, "지금 조선의 여러 제도는 중앙과 지방을 불문하고 대체로 정리를 마쳤다 할지라도 아직 완성치 못한 점이 있고, 그중에서도 중요한 문제는 거류민단 및 각국 거류지 회의 정리가 바로 이것이다. 이 두 가지 문제에 대하여는 금춘(今春)에 도장관회의에서 훈시를 내렸으니 이미 세인(世人)이 잘 알 것으로 믿노라. 즉 이 두 문제는, 하나는 신중한 조사가 필요하고, 다른 하나는 관계 외국 정부와 협의를 마칠 필요가 있으므로, 이 정리를 실행하지 못하였으나 지금 거류민단의 정리에 대해서는 이미 필요한 조사를 마쳤으므로, 적당한 시기에 실시를 수속하고, 또 이에 대하여 필요한 훈시를 내릴 것이다. 각국 거류지 정리에 관해서는 작년 제국 정부에서 관계 외국 정부에 교섭한 결과, 경성에서 총독부 당국자와 각국 영사관과 우선 예비 협의를 마치게 되어, 본년 2월 이래로 수차례 회의를 연 결과 인천, 진남포, 군산, 목포 및 성진의 각국 거류지를 철폐하고, 그 행정사무 및 일정 재산을 제국의 당해 관헌에게 인계하게 하여, 종래 외국인이 가졌던 영대차지권(永代借地權)은 특별법규하에 이를 인정하는 동시에 영대차지권자의 임의로 차지권을 소유권으로 대신하는 길을 열고, 또 그 과세에 대해서는 원칙으로 완전히 제국 신민과 동등한 지위에 두기로 정하여, 4월 21일 의정서에 조인을 완료하고 이의 실시 기일은 확정치 아니하였으나 거류민단의 폐지와 동시에 실행하는 것이 편리하다고 생각하므로 이제부터 이 준비에 착수하여 늦어도 내년도부터 시행할 수 있으리라. 거류민단 및 각국 거류지회를 폐지하고 다시 부제(府制)를 시행함에 이르면 이에 완전히 지방제도의 통일을 볼지오. 또 교육 사무를 제외하고, 내선인(內鮮人)을 동일한 행정하에 둘 것임으로써 그 융합·동화의 목적을 달함에 대하여, 자익(資益)됨이 막대할지오. 부제의 시행과 함께 군·면(郡面)의 행정구역 정리 및 사무 개선을 요함이 한층 긴절(緊切)하므로, 곧 그 실행에 착수할지오. 특히 면(面)은 지방행정상 추요(樞要)한 위치에 있으므로 행정 발전과 민도의 진보에 비추어 최근 장래에 면 제도(面制度)를 개정하고 적당한 규정을 만들고자 하노라. 이상은 당시 훈시의 대요(大要)인데 여기에 나의 제도 정리에 관한 방침이 있다"라고 총독은 금춘(今春)에 개회한 각 방면 회의석상에서 훈시한 철고(綴藁)를 취출(取出)하여 그 일부를 기자(記者)의 눈앞에 두었다.

무릇 거류민단 폐지와 각국 거류지회 정리 문제는 조선 병합과 동시에 다가올 성질이요, 누구도 이의가 없는 바이다. 특히 거류민단제는 재외 방인(邦人)의 자치제도인데 조선이 이미 제국의 영토에 귀(歸)한 이상 자연히 폐멸할 성질인데도 금일까지 존속됨은 이에 대신할 신제도에 대하여 조사·강구가 필요한 이유이다. 지금 제반 조사 준비를 완료하였다 하니 머지않아 그 폐지와 신제도의 실시를 볼 것이다. 어려운 점이 있으니, 민단 폐지의 결과는 종래의 자치제를 잃고 문화의 정도에 큰 차이가 있으며 인정(人情) 습관이 같지 않은 조선인을 일본인과 동일 행정하에 두게 됨이니, 이는 옥석혼효(玉石混淆)라서 일본인이 도저히 참지 못하는 바라고 하는데 너무 치우친 것이다. 정치의 근본은 다수의 이익에 있으니 그 근본 의의를 벗어나면 정치가 없음은 물론이고, 진실로 조선을 아울러 통치·개발을 기하고자 하면서 1,300만의 조선인을 도외시하고 신제도를 선포할 수 있을까. 만약 공연히 내선인의 구별을 세우면 다만 시정 운용상에 불편이 적지 않을 뿐 아니라 영원히 피아의 융화·친선을 바라지 못할 것이며, 하물며 동화(同化)가 되겠는가.

이 점에 대해 그들의 이야기는 매우 모순되고 당착한 의론이라 말할 수 있다. 원래 문화의 정도에 차이가 있고, 풍속 습관이 같지 않으며, 피아의 거리가 먼 것은 사실이나 교육을 제외하고 위생, 토목, 산업, 기타 일반 시설에서는 이해를 공유하고, 득실을 같이하여 소위 양자가 공통되지 않은 것이 없다. 기자는 아직 신제도의 내용을 알 수 없으나 생각건대 당국자는 이 점에 대해서 충분한 고려를 하여 적당한 조치를 강구할 줄로 믿는다. 그리고 각국 거류지 회의 정리 교섭은 극히 원만한 해결을 고함과 같으니, 이는 필경 총독부 당국의 절충이 그 마땅함을 얻는 데서 유래할 것이다.

〈자료 132〉 데라우치 총독 담 9-제도 정리(《매일신보》, 1913.7.4, 1면 1단)

총독은 또 말하기를, "나는 지난 1912년 4월의 행정 정리 때 중앙기관을 축소하고, 지방행정기관의 확장·충실을 계획한 것은 전에 말한 바와 같거니와, 거류민단 및 각국 거류지회 제도를 정리하고, 신제도 실시와 동시에 군·면(郡面)의 행정구역 정리 및 사무 개선 필요가 한층 긴절하므로 머지않아 실행할 터이다. 또 면에 대해서는 지방행정상 중요한 위치에 있으므로 행정 발전과 민도의 진보에 비추어 장래에 면 제도를 개정하고 적당한 규정을 만들 것도 이미 말한 바이다. 나는 일찍이 지방관에 대해서 근검저축 장려, 지방비 및 임시 은사금 이자 사업의 경영, 학교조합의 지도와 감독, 계에 대한 지도와 감독, 면 부과금의 과율 및 징수, 면 경비의 절감, 면·동·리 소유재산 쟁의, 순회 교사의 사무 등에 걸쳐 상세히 훈시하였는데, 이 여러 항목은 모두 지방행정관이 가장 주의할 바이다. 그리하여 나의 방침을 지방관도 능히 엄수히 이행하여, 착착 행정의 보급에 면력한 결과 지금 각 지방을 통하여 성적이 적지 않으니, 나는 만족하는 바이다. 지금 하나의 예를 보이면, 근검저축을 장려한 결과 최근 저축에 관한 조합 또는 계의 증가를 보기에 이르렀고, 또 우편저금 등도 작년 말에 조선인 예금자 2만여 명, 그 금액은 63만여 원에 달하여 전년에 비하면 몇 배의 증가를 보였다. 생각건대 조선이 현재와 같이 산야는 황폐하고 민력의 고갈이 심함은 모두 다년간 악정의 결과로 주구가렴(誅求苛斂)은 더할 나위도 없고, 그 지방행정조직 등은 반드시 불비(不備)·불완전한 것이 아니라 다만 당국자에 그 사람을 얻지 못할 뿐이다. 조선인의 풍속, 구관습 중에는 원래 악풍을 제거할 것과 폐습을 타파할 것이 없지 않다 할지라도, 역시 그동안 미풍양속을 보존할 것이 적지 않으며, 구관에 있어서도 역시 그러하니 이러한 점들은 특히 지방행정관의 능력을 이용해야 한다. 나는 이 점에 깊이 유의하여 구래의 조직을 급속히 개폐하는 데 머무르지 않고, 미풍양속으로 보존할 것은 이를 보존하며, 이용할 것은 이를 이용하는 동시에, 또 지방관 등용에 주의하여 일본인 관리에게 조선어 습득 연구를 종용하고, 한편 조선인 관리 채용에 노력해서 관민의 융화를 기하노라"라고 하니, 무릇 지방행정에 관한 총독의 담화는 극히 간단하나, 이를 음미하면 그동안 총독이 가졌던 대체적인 방침이 과연 어디에 있는가를 알기 어렵지 않다. 즉 총독은 지방행정기관의 충실을 계획하는 동시에, 군·면 행정구역의 정리 및 사무 개선의 필요가 있음을 생각하고 그중 면은 지방행정상 중요한 위치에 있으므로 행정의 발전 보급과 민도의 향상 진보에 비추어 장래에 면 제도 개정의 필요성을 말하니, 이는 진실로 조선 사정에 통하고, 또 현재 상태를 잘 아는 자가 모두 그 필요를 생각하는 바요, 누구도 의론의 여지가 없을 바이다.

현재 조선의 군·면 행정구역은 어지럽고 복잡하여 통일하기에 심히 불편하고, 또 그 면 제도는 근본이 매우 박약하여 불충분한 점이 많으므로 사무의 간첩(簡捷) 민활을 계획할 수 없음은 물론이고, 지방행정의 기초인 하급 행정의 보급·발전은 영원히 기할 수가 없다. 또 총독은 조선의 민정 관습을 존중해야 할 것을 말하고, 지방 관리의 인선과 조선인 관리의 채용 방침과 동시에 일본인 관리에 대하여 종용하는 바가 있으니, 이 모두 중요한 문제이고 크게 주의할 바이다.

무릇 신영토의 통치·개발을 기하고자 한다면, 아무리 문명 제도로써 하며 완전한 시설로써 할지라도 그 지역의 민정에 적합하지 못하고, 구관을 배척하면서 이의 실적 효과를 바라는 것은 소위 나무에서 물고기를 구하는 것과 같고, 도저히 불가능한 것이다. 악풍과 폐습을 일소하는 동시에, 양속미습(良俗美習)은 보존하고, 또 조장해야 할 것이며, 한편 일본인 관리의 인선을 엄히 하고, 이에 조선어를 수득하게 하며, 또 아무쪼록 조선인 관리를 채용함은 실로 적당한 조치라 할 것이다. 원래 그들 지방 관리는 당시 일반 인민과 접촉함으로써 충실히 그 직무에 종사해야 할 것은 물론이고, 정녕 간절히 인민을 지도하는 성심이 없으면 불가하며 관리의 경험 및 사무상의 재능에 대하여는 일본인 관리가 조선인 관리보다 우등할지 모르지만 조선인을 아는 자는 조선인 관리만 같지 못하여, 조선인 관리 채용의 필요가 있고, 일본인 관리가 조선어를 연구할 필요도 있다. 이렇게 일본인 지방 관리는 장단점을 서로 보충하고 있고, 없음을 서로 통하게 하여 항상 관민의 의사소통을 꾀하여서 지방행정 개선과 보급을 기해야 한다.

또 총독은 지방행정 보급의 일례로 근검저축 장려의 결과에 관하여 언급한 바 있다. 이는 소위 하나의 예에 불과하고, 이외에 산업상에는 물론 교육, 위생, 토목, 기타 일반 시설 경영의 진보·발달은 실로 괄목할 가치가 있고, 그중 비상한 성적을 거둔 것이 근검저축을 장려한 효과뿐이겠는가. 지금 지방행정상에 관해서는 하등 원망하는 탄식의 목소리를 듣지 못함은 물론이고, 민지(民智) 개발에 따라서 해가 갈수록 납세 성적이 양호해지고 농사 개량·장려의 결과와 일반 생산력의 증가 등은 분명히 숫자로 보는 바이고, 또 공사(公私) 위생상의 진보, 교육 보급, 도로의 개수 등은 열 손가락을 굽혀도 셀 수 없으니, 이후 지방행정은 더욱 보급하고 제반 시설은 완비의 성(城)에 달할 것이다. 기자는 현재 조선의 지방행정 보급 상태를 보고 하등의 우려할 점을 발견치 못하였다.

〈자료 133〉 제령(制令) 기타의 개정(《매일신보》, 1913.8.22, 2면 3단)

각 거류민단의 폐지에 관한 총독부의 방침은 기보와 같이 본 연도에 한하여 민단제를 철폐하고, 부청으로 민단 사무를 관장케 하고, 종래 민단에서 취급하던 교육사업은 학교조합 규칙을 제정하여 이에 종사케 한다는데, 위에 관한 부제령, 학교조합규칙, 기타 부속법규 및 총독부 지방관제 일부의 개정 등 제 법규 발표기는 데라우치(寺內) 총독, 우사미(宇佐美) 장관의 귀임을 기다려 결정한다더라.

〈자료 134〉 사설: 재고(再告) 지방 관리(地方官吏)(《매일신보》, 1913.10.19, 1면 1단)

근래 지방 관리가 민지 계발에 노력한 결과로 일반 인민이 총독 신정(新政)을 환영하여 점차 화원(花園) 중에 들어오니, 이는 국가에 대한 복운(福運)일 뿐 아니라 개인에게도 막대한 행복이라 할지로다.

그러나 인민 가운데 신정을 오해하는 폐(弊)가 없지 않아 혹 가옥을 청결히 하라 하면 내 집의 청결 여부가 나에게 있거늘 왜 괴로워하는가 하며, 혹 도로를 수축하라 하면 민력이 시들어 말랐는데 무단히 부역을 가한다 하며, 혹 교육을 진흥하라 하면 반대의 목소리가 종종 있어 이웃 마을 자제까지 잘못된 이해를 하게 하며, 혹 저금을 장려하면 1~2전을 모았다가 관리에게 몰수당하면 어찌 이익이 있겠는가 하며, 정당한 국세를 징납할지라도 무명 잡세로 알고 마음속으로 나무라는 이야기를 종종 하는 등 완고하고 미욱한 자들에 대해서는 가히 책망할 가치조차 없으며, 지방 관리의 가르침이 미흡하다는 책임이 있다.

중앙정부에서 어떠한 정령(政令)이 나오든지 지방에 있는 관리·공리는 그 이해득실을 조목조목 진술하고 열거하여 한 사람이라도 모르는 사람이 없도록 하면 어찌 이러한 오해가 있겠는가. 1인의 권유가 10인에게 미치기는 어려우나 1인의 오해가 능히 100인, 1,000인에게 미치기는 쉽다. 사실이 아닌 것이라도 많은 사람이 말하면 듣는 자도 언젠가는 믿게 된다는 말이 있으니, 소수의 오해라도 행정상 지장이 적지 않다.

이는 제압(制壓)으로 금할 만한 것이 아니라 반드시 지방 관리·공리가 은의(恩義)를 베풀어 모든 것을 지도하되, 설폐순치(舌蔽唇焦)[9]에 이른 연후에야 가히 그 의심을 소진해야 하며, 의심을 가진 자도 심히 책망해서는 안 된다. 무릇 사람의 습관은 갑자기 변하기 어려우니, 다만 옛 정치를 듣고 보다가 돌연히 새로운 정치를 맞닥뜨려 빈번하게 명령을 내면 대부분 처음 듣고 보는 것이라 비록 아무리 편의한 방법이라도 자연히 생소한 감이 있을 것이다. 작은 어린아이가 침대를 나오면 아무리 좋은 자리에 누워도 평상시와 같이 평온히 자지 않으니, 그들의 오해도 이와 무엇이 다르겠는가.

하물며 옛날 지방관에게 속임과 압박을 당한 것이 많아 의지하지 못하던 인민이라 외면으로는 지방 관리는 지방 인민을 지키고 편안케 하라 함이나 그 이면은 흑막이 주위에 깔려서, 즉 인민에게 폐를 끼치는 지옥이라 해도 될 것이다. 위에 말한 것처럼 가옥 청결, 도로 수축, 교육 진흥, 저금 장려 등은 처음부터 염두에 두지 않았으니 그 이해득실을 한가롭게 논할 곳이 없거니와 국세에 대하여는 지난날보다 어느 정도 증가하였다 하나, 옛날에는 정부가 위에서부터 지방 관리에게까지 오로지 빨아들이는 것을 일삼아 정세(正稅) 이외에 변납하는 이름 없는 잡세가 많았다. 그래서 세금이 현재보다 10배, 20배가 초과하였으니 좀 생각이 있는 자라면 현재의 세법에 대해 어찌 오해를 품겠는가. (하략-편역자)

---

9 '舌敝唇焦'의 오기. 혀가 갈라지고 입술이 닳도록 말을 많이 한다는 뜻.

2. 행정구역 변경과 거류민단 폐지

〈자료 135〉 한성에서(《경성신보》, 1910.9.3, 1면 1단)

(상략-편역자) 데라우치(寺內) 통감이 이사관에게 부여한 훈령에서 "거류민단은 지방행정기관에 편입될 것이지만 지금 갑자기 그것을 폐지하기는 수월하지 않은 사정이 있으므로 잠시 그 존재를 인정하고, 장래에 그것을 대신할 지방제도의 완성을 기다려서 그 정리를 해야 할 것"이라고 말했다.

무릇 조선에서 일본인의 민단은 비교적 오랜 역사를 갖는다. 즉 통감의 말에서 "지금 갑자기 그것을 폐지하기는 수월하지 않은 사정"의 큰 부분을 이루는 것은 의심할 여지가 없다. 그렇다면 장래에 그것을 대신할 지방제도의 완성에 부여할 의무와 책임이 있음은 말할 필요도 없는 것이다. 그리고 일본인과 조선인이 일가(一家)를 구성하는 가장 최선의 방법을 강구할 자격은 지금 민단을 조직한 우리 일본인에게 있다. 우리는 통감의 훈언(訓言)을 들어 마땅히 이에 힘써야 할 것이다.

〈자료 136〉 군·면·동(郡面洞) 폐합 건(《경남일보》, 1910.11.15, 2면 3단)

지방행정상의 필요로 유래의 군·면·동·리(郡面洞里) 전부를 폐합할 터라고 전하는 것이 있으나, 이에 대해 내무부 당국이 말하는 바를 들으니, 군(郡)은 조선총독부가 이를 통할하고 도청에서는 이를 좌우하는 권한이 없다. 단지 면·동·리에 대해서는 그 폐합의 권한을 가졌으나 어느 도청에서도 아직 폐합에 관한 안건이 없고, 또 조선의 지방행정상 군 폐합을 실행하여 편리한 방도를 얻으려면 금후 십 년간이 필요할지라도 도저히 불가능한 일일 뿐 아니라 면·동에서도 현재 이를 폐합하는 일은 없을 것이다. 요컨대 동리와 같은 작은 범위의 폐합은 수년 후에나 혹시 실행될지도 모르지만, 군·면 등의 폐합은 지방행정기관이 충분히 잘 된 후가 아니면 실행하기가 지극히 어렵다고 한다.

〈자료 137〉 민단 폐지안 심의(審議)(《매일신보》, 1912.10.25, 2면 3단)

민단 폐지 후의 부제령 및 학교조합규칙 등은 이미 내무부에서 기안하여 1차로 척식국에서 조회를 마쳤고, 구체적 제안으로 척식국 및 법제국에 회부할 시기에 다다랐으므로 총독부에서는 24일부터 회의실에서 아키야마(秋山)·나카야마(中山)·오타(太田) 참사관,[10] 우사미(宇佐美) 내무부 장관, 오하라(小原) 국장, 오쓰카(大塚)·사와다(澤田) 과장 및 무라카미(村上) 사무관 등이 출석하여 회집, 심의 중이라더라.

〈자료 138〉 부제령안(府制令案) 심의(《매일신보》, 1912.10.31, 2면 4단)

지난번 내무부 고등관과 참사관 회의에 부의한 민단 폐지 후의 부제령안은 지금 결정하지 못하고 일부를 심의 중인 바, 이 안은 다시 장관회의에서 결정한다더라.

〈자료 139〉 부제령 개정 발표기(《매일신보》, 1913.10.28, 2면 2단)

민단 폐지에 따른 부제령 개정은 이미 성안(成案)되어 법제국을 거쳐 지금은 실시기를 기다릴 뿐이다. 그 개정안 발표기에 대해서는 여러 설이 분분하여 믿기 어려우며 지금 모 당국자의 말을 들은즉, 부제령 개정 발표는 시행 기간에 시일이 필요하지 않으며 민단 폐지는 이미 말한 사실이므로 따라서 사무의 정리 인계 등에 관해서는 준비가 정돈되었으므로, 민단 폐지 전 발포할 필요가 없다고 말하나, 무릇 제령의 개폐는 다소 시일이 필요한 것이 관례이므로 그 발포도 근일 중에 있을 것이다. 요새 총독 관저 임시 장관회의와 같은 민간 소식을 들었으므로 그 발포기도 머지않을 것이라 추측하며, 또 소문을 들은즉, 그 내용은 각 지역이 다소 취지가 다른 듯하나 대체로 학교조합에 학무과 및 잡종 세무과의 2과를 두어 징세권을 부여함과 조합의 자치를 부여하는 것은 현재 민단 내용과 다르지 않고 단, 위생·토목·호적 사무를 부(府)에 인계할 뿐이라고 한다.

---

10 아키야마 마사노스케(秋山雅之介), 나카야마 세이타로(中山成太郎), 오타 데루쓰구(太田輝次) 등이다.

〈자료 140〉 우사미(宇佐美) 내무부 장관 담(談)(《매일신보》, 1913.11.2, 3면 2단)

조선 각 주요지의 행정조직은 극히 복잡하여 일본인은 거류민단을 조직하고, 조선인은 직접적으로 부윤·면장의 치하에 있으며, 또 개항장에서는 각국 거류지, 전관거류지(專管居留地) 제도가 있고, 기타 경성에서는 내선인(內鮮人)으로 조직한 한성위생회가 있으며, 기타의 시가지에서는 위생 조합이 있으며, 동일한 지역 내에서 목적이 같은 두 개나 세 개의 기관이 분립·병존하였을지라도 이 여러 기관은 모두 그 기능이 충분하지 못하여 거류민단의 행정소 및 처(處)는 단순히 일본인에 그치고, 각국 거류지 회의 권능은 거류지 외에는 한 걸음도 나갈 수 없으며 한성위생회, 위생 조합 등은 위생 사무를 처리하는 특종 기관이나 협의적으로 성립한 단체에 불과하고 경성, 평양, 대구, 원산, 기타 시가지에서 일본인과 동수 내지 3배 되는 인구를 가진 조선인은 공공사무를 처리하는 하등의 기관을 구비하지 못했으니, 이들 시가지에서는 그 전 지역에 대해 공공사무를 처리하는 데 개괄적 권한을 가진 하급행정기관이 없으니 시가지 전부에 함께 시행하지 않으면 그 목적을 달성할 수 없는 시설 등은, 아무리 시가의 발전 또는 주민 복리를 증진하는 데 필요하다 할지라도 유래의 조직으로는 완전히 시행할 수 없다. 이를 사례에 비추어 보면 위생 사무 등이 지금까지 적지 않은 지장을 느끼는 바이다. 지금까지 조선인은 위생 사상이 유치하여 그 시가지는 극히 더럽고 전염병 발생이 끊이지 않으니, 이로써 일본인 또는 거류지의 위생 상태를 양호하게 유지하고자 하면 적어도 동일 시가지의 조선인 위생 상태를 개량하여 시가지의 청결을 도모하지 않으면 그 실적을 거둘 수 없는데, 그 권력이 일본인 또는 거류지의 범위에 제한되었으므로 모두 조선인에 대해 그 시설이 미치지 못하니 실로 경성의 한성위생회 등과 기타 도시의 위생 조합 등은 이 결점을 보완하기 위해 생긴 기관이라 할지라도 필경 일시적으로 호도하기 위해 부득이하게 나온 조치에 불과하고, 또 한성위생회는 단순히 일본인과 조선인만으로 조직한 것인데 그 권력이 시가의 중앙부 기타에 산재한 다수의 중국인 및 다른 외국인에게 비치지 않으며, 또 경성 이외의 위생 조합은 협의적 단체이므로 비용 징수에 관해서 하등 강제권을 갖지 못하는 동시에, 사업의 집행상 유감이 있음을 면할 수 없었다.

또 토목사업을 보면, 이전에는 각국 거류지 전관거류지는 고사하고 그 이외의 잡거지라 할지라도 일본인은 대체로 지역을 한정하여 집단하였으므로 도로나 하수도 개수 및 기타 공사도 자연히 지역적으로 한정되었다. 그러나 병합 후 일본인의 왕래가 증가할 뿐 아니라 이후 일본인 집단지 이외에 살면서 조선인과 잡거하는 자도 점차 많아지기에 이르렀으므로, 민단에서 도로, 하수구 등의 개수를 시행할 지역은 시가지 전부에 걸쳐서 확장되었다. 그러나 사실은 재정상의 관계로 인해 민단에서 일본인과 조선인이 혼잡한 지역에 이르기까지 토목 공사를 완성할 여력이 없는 결과, 이러한 지역은 토목사업에 관해 거의 돌아보지 않았으므로 민단을 조직한 일본인으로서 동일한 공과(公課)를 부담함에도 직접 향유한 이익에 차등이 생기기에 이르렀다. 또 근래 시가지의 발전과 동시에 각지의 수도 부설이 필요하게 되었는데 수도 설비는 본래 주민 전부의 부담으로 경영함이 지당하다 할지라도 현재 거류민단 이외에 이러한 사업을 경영하기에 적당한 단체가 없으므로 부산, 목포, 군산 및 원산의 각 민단 등과 같이 시급하게 부설할 필요가 있는 시가지에서는 민단에서 시설을 완료하고 또는 계획하기에 이르렀고, 그 사업으로 받은 이익은 일본인에 한정할 수 없으며 일본인 이외의 자는 근소한 사용료를 지불할 뿐이요, 일본인과 동일한 이익을 향유하였으니, 이와 유사한 사례는 신의주 민단의 방수제(防水劑) 설비다. 이는 신의주 시가의 생명이라 칭할 만한 공사인데, 그 이익을 향유하는 점은 일본인이건 조선인이건 외국인이건 모두 하등의 차이가 없으며, 그 축조 경비는 국고 보조에 관한 것을 제외하면 단순히 2천 1백여의 일본인이 이를 부담하고, 1천 6백의 조선인과 1천 4백의 중국인은 하등의 부담이 없고도 그 이익을 향유한다.

이상에서 열거한 것은 한두 가지의 현저한 사실 뿐인데, 이외 병원이라든지, 소방이라든지, 도수장(屠獸場)이라든지, 대체로 주민의 복리를 증진하는 데 필요한 시설에 관하여 그 시설을 행하는 단체는 당연히 부담할 정도 이상의 부담을 하면서도, 단체원이 아닌 시가지 주민은 부당한 이익을 향유하여 극히 불공평한 결과가 생기므로, 이러한 제도가 영속하는 것은 바람직하지 않다. 원래 거류민단 거류지 제도 및 한성위생회 등 외국의 영토를 전제로 하는 것이 병합 당시에 이미 정리되었을 것이나, 당시는 오히려 연구할 안건이 있었으므로 권의(權宜)의 처치로 옛 제도를 존속하였는데, 지금의 시기가 도래하여 전술한 제도를 철폐하고 새로 부제를 제정하여 학교조합령을 개정한 결과 비로소 통일적인 행정의 실시를 볼 것이다.

부제 및 학교조합령의 요점은, 부는 법인으로 하고, 부 구역의 제반 공공사무를 처리하되, 일본인의 교육사업은 학교조합의 경영에 위임하였다. 지금까지 거류민단, 각국 거류지회,

한성위생회에 관한 사무는 물론 조선인과 조선인, 조선인과 일본인 사이에서 협의적으로 처리할 사항도 부의 사무로 통일 처리할 것이며, 현재의 제도하에서 조우하는 많은 장해도 이로 인하여 제거될 수 있을 것이다.

부의 사무를 처리하는 이사자를 부윤으로 하고, 부윤은 관리로서 부내의 국가 행정사무를 관장하는 동시에 부의 공공단체를 대표하여 그 사무를 통할하는 임무를 갖는다. 관리인 부윤으로 하여금 부의 사무에 대하여 전반의 책임을 지게 함은 조선의 현황에 비추어 민도를 생각하여 선거제도, 의회제도 등의 적절한 제도가 아닌 이유요, 또 부윤으로 하여금 만반의 공공사무를 원만히 집행하고 양호한 성적을 거두게 하고자 부에 협의회를 설치하고 협의회에 자문할 사항은 부 조례의 제정 개폐, 예산 편성, 기채 및 중요한 재산 처분 등이며, 협의회원은 부 주민 중에서 도장관이 이를 선임할지라도 그 선임에 대하여 특히 총독의 인가를 요하니, 그 전형을 신중히 하기 위함이다. 부윤 외 부의 관리도 역시 필요에 응하여 공공단체인 부의 행정사무에 종사할 수 있게 함은 오로지 처무의 편의와 비용 절약을 꾀함인데, 이렇게 하여 지금까지 민단 경비의 주요한 부분을 점한 사무비는 현저히 절감할 수 있을 것이다.

부의 경비는 부에 관한 재산 수입 사용료 등에서 생기는 수입 외에 부세로 지변하다가 부득이한 경우에는 기채할 수 있으니, 지금까지 민단 등에서는 그 사업에 따라 이익을 누리는 자가 있음에도 일본인 외에는 하등 비용을 부담케 할 수 없었으나, 신제도에 따르면 부의 주민이 된 이상에는 일본인이건 조선인이건 외국인이건 일반이 부세 기타의 공과(公課)를 납부하는 의무를 지게 된다.

부의 일본인 교육은 신설한 학교조합에서 경영하는데, 지금까지 민단 구역의 일본인 교육은 민단에서 경영하였으므로 학교조합령을 적용할 필요가 없었으나, 신제도에 따르면 부는 일본인과 조선인 모두 일반이 부 주민으로 공통하는 사무를 처리하게 된 결과, 일본인은 특수한 교육사업을 현재의 민단 구역 외에서 함과 같이, 일본인만으로 조직하는 학교조합으로 하여금 경영케 함이 적당하다고 생각한다.

개정 조합령에 따르면 부의 구역에 조합을 여러 개 설치하지 않아도, 반드시 그 부의 구역에 의하지 않아도, 부 이외의 지역도 조합 구역에 편입하는 것을 인정하므로, 금후 새로 제정할 부의 구역은 종래의 민단 구역에 비하면 작을지라도 지금까지 민단에 속하였던 일본인은 전과 같이 계속 교육을 받는 편리를 가지므로 하등 불편이 생길 염려가 없다. 부의 구역에 따라, 또는 부의 구역을 포함한 학교조합에서는 부윤이 장리자(掌理者)의 직무를 행하며, 필요할 때에는 부의 관리로 하여금 학교조합 사무에 종사케 할 수 있음은 부제와 같다고 할지라도 학교조합에는 선거로 뽑힌 의원으로써 조직한 조합회를 두니, 이 조합은 지금까지 자치의 소양이 있는 일본인만으로 조직한 사정에 비추어 그 교육사무를 수행함에 적당한 제도가 되는 이유이다. 현재의 학교조합은 교육 사무 외에 부대 사업으로 위생 학무를 처리함을 인정하였으나, 개정 조합령은 이를 바꿔 학교조합은 그 본연의 목적인 교육 사무만 처리하게 되었다. 그러나 이미 설치된 학교조합 중 수도, 도수장, 묘지, 화장장 등을 경영하는 자는 당분간 종전과 같이 이를 경영할 수 있다.

학교조합의 경비는 재산 수입 등에 의존하는 것 외에 특수한 경우 부득이하게 조합비를 사용했고, 또 부역 현품을 부과할 수 없었으나 개정 학교조합령은 이들 권능을 명확히 정하였다.

옛 제도의 폐지에 관해 중요한 문제는 거류민단, 각 거류민회 및 한성위생회 등에 속한 재산, 부채 기타 모든 권리·의무의 계승에 관한 사항이다. 각국 거류지 및 한성위생회의 권리·의무는 일괄하여 부가 이를 계승하게 되었으나 거류민단의 권리와 의무는 그 성질에 따라 일부는 부, 일부는 학교조합에 이속케 하고, 재산 또는 기채의 성질에 따라서 그 계승 구분이 확실하지 않은 것이 있을 때는 도장관이 총독의 인가를 받아 이를 결정하고, 민단 재산은 일본이 다년간의 고심으로 성립한 것으로써 도장관은 우선 이 처분에 대하여 민단의 의향을 듣는 수단을 택할 것이다. 지금까지 민단 사업은 거의 교육사업에 있는 사정을 고려하여 특정한 목적을 갖지 않은 수익, 재산 등은 오히려 교육비의 자원으로 생각할 것이므로, 그 대부분은 학교조합에 이속할 것이다.

부제 및 학교조합령 실시는 외국 거류지 철폐 실시와 관계 있는 것이므로 지금 갑자기 그 기일을 명언할 수 없으나, 아마 명년도에 개시로써 실시될 것이다. 실시에 관하여 필요한 부령 등은 그 예정으로써 점차 발포할 것이다.

〈자료 141〉 사설: 부제령(府制令) 발포(發布)(《매일신보》, 1913.11.4, 1면 1단)

일찍이 일반이 기대하던 부제 및 학교조합령 개정은 10월 30일 관보 호외로 공포하였는데 부제는 36조로, 학교조합령은 41조로 되었다. 이 제령을 제정함은 당국자가 능히 조선의 현상을 감찰할 뿐 아니라 일본인 관계에 사정을 참작하여 그 통일을 도모함이다. 종래 내선인 간에 각종 사업을 각자 경영하여 자못 이국인(異國人)과 동일하였으니, 이것이 제국 통치상에 다대한 결점이 되었다. 가령 도랑 설치를 보아도 이는 주민 모두가 부담하는 것이 지당한데도 적당한 단체가 없어서 부산, 목포, 군산 및 원산은 각 민단 등이 이를 부담하였으나, 그 이익은 일본인 민단에만 그치는 것이 아니라 조선인과 외국인도 동일하게 향유하였다. 더욱이 그 사례가 현저한 것은 신의주 민단의 방수제로, 신의주의 생명과도 같다고 할 만한 대공사인데 내선인 및 외국인은 물론이고 이에 거주하는 자는 그 부담을 동일하게 져야 함에도 축제(築堤) 경비가 국고 보조 이외에는 모두 일본인이 이를 부담하고, 1,600의 조선인과 1,400의 지나인은 하등의 부담이 없으나 그 이익은 동일하게 향유하니, 이를 어찌 공평하다 하겠는가.

이외에도 병원, 소방, 도수장 기타 주민의 복리를 증진할 사업에 대하여 조금의 부담이 없고, 도리어 타인의 부담을 의뢰하면 어떤 곳이라 할지라도 거주의 의무를 스스로 잃었다고 할 것이다.

원래 거류민단 및 거류지 제도와 한성위생회 등은 이미 병합 당시 정리하였을 것이나 당시에는 겨를이 없어 구제(舊制)를 존속하였는데, 이제 시기가 도래하여 불공평의 구제를 철폐하고 새로 부제를 제정하였으니, 이로써 행정상 통일을 보게 되었다.

이 부제 시행에 대해 조선인은 일반적으로 환영하겠지만 혹 민단 철폐에 대하여 다른 의론을 고창하는 자도 있겠으나 이는 협론(狹論)에 불과하다. 조선이 제국의 영토가 아니었을 때는 형편에 따라서 편법을 제정하였으나 조선이 이미 제국 영토가 된 이상에는 당연히 이를 철폐해야 한다. 동등한 제국 신민으로 같은 지방에 거주하면서 서로 할거하여 거의 외국인과 같은 상태에서 물과 기름처럼 있으면 일선인의 동화는 도저히 희망할 날이 없다.

입으로는 동포, 동포를 부르짖더라도 외면의 행동은 담벽이 크면 양쪽이 장래의 불이익을 얻을 것이다. 그러므로 이 장벽을 철폐하는 것은 조선인의 이익일 뿐 아니라 일본인이 현하 조선인을 지도하는 책임에 가장 적의(適宜)한 것이다.

조선인은 각종 사업의 부담이 일본인과 동일하면 혹 불만스러운 사상이 있겠으나 무릇 어느 정도의 의무가 있은 후에야 어느 정도의 권리가 있는 것은 당연하다. 조선인도 제국 신민이 된 권리를 향유하고자 한다면 제국 신민과 동등한 의무를 부담해야 하니, 우리 동포는 이 제령에 대하여 크게 환영할 뿐 아니라 부제를 실시할 때에 내선인의 융합을 도모하여 유종의 미를 거두기를 바란다.

〈자료 142〉 부제공포(府制公布)에 대하여, 요시하라(吉原) 부총재 담(談)(《매일신보》, 1913. 11.4, 2면 3단)

새로 공포된 부제 및 학교조합에 대해서 아직 통독하지 못하여 합당한 감상을 말하지 못하겠지만 요컨대 반(半) 자치제의 시행을 볼 것이다. 이 제도는 일찍이 오키나와현에서 시행했다고 기억하는데 지금까지 순수한 자치제는 이와 관계없는 인민에게 급격히 강행할 때는 반대로 각종 폐해를 낳으므로 본래 현재의 조선에 행할 것이 아니라 현재 조선인과 같이 전혀 자치적 정치 단련이 없는 민중 중에는 소위 관선의 협의회 의원을 선정함도 지나치게 이른 감이 없지 않다. 이러한 제령의 발포에 제(際)하여 가장 연구할 바는 인민에게 직접 관계가 있는 문제로는 조세의 부과·징수 및 정치적 문제로는 신자문기관의 권한에 대함인데, 그 중 조세 부과는 일본에서도 가장 엄밀한 제한을 둠에도 항상 여러 가지 비평이 끊이지 않고 항상 불완전하다는 혐의가 없지 않다. 그러나 종래 거류민단제는 이 방면에 가장 유감의 점이 있어서 거류민의 조세 부담은 일견 가벼운 듯하나 그 이외에 각종 명목하에 징수되는 공비(公費)의 총액은 결코 적지 않으니, 실로 이들 감독기관이 없는 여러 가지 징수는 자못 신중하게 행하지 않으면 폐해를 예측할 수 없다. 현재 동양척식회사의 거류민단에 납부하는 세금은 다른 예를 찾아볼 수 없는 고율이고, 장래 새로운 부령(府令)하에 조선인과 일본인의 조세 부과율을 결정함에 대해서도 도저히 같은 세율이 될 수 없을 것이니, 이 점은 특히 연구의 여지가 있다. 또 새로운 제령 시행의 처음부터 민단 재산의 처분 등에 다소의 연구가 필요함은 물론이다.

〈자료 143〉 군·면 폐합(郡面廢合) 발포기(發布期)(《매일신보》, 1913.12.11, 2면 3단)

일본인 군수설의 허무(虛無)

총독부에서는 지방 군수 행정구역의 균형을 지키기 위해 그 정리의 필요를 느껴 당국자들이 협의를 거듭하고 조사를 여러 번 시행하여 현재의 317군을 220군으로 폐합하기로 결정한 후 본월 4, 5일경 총독부로부터 각 도에 그 준비에 대한 훈령을 발하였고, 총독부에서 그 폐합에 필요한 지도의 개정에 다소 시일이 필요하여 아직 발포하지 못하였으나, 이 도면도 곧 전부 완료할 터이므로 금년 내에는 발포될 터인데, 그 일자는 24, 25일경이라 하며, 일본인으로 군수를 임명한다는 설은 허위이라더라.

〈자료 144〉 조선의 지방행정-총독부 모(某) 당국자의 담(談)(《매일신보》, 1914.1.3, 2면 1단)

▲ 도·부·군·면(道府郡面) 행정

도·부·군·면은 행정의 기초를 만들고, 직접 인민에게 접할 기회가 많으므로, 또 이들 각청 사무의 장(長)은 그 영향이 심대하므로 중앙과 지방을 불문하고 예의(銳意)로 이를 쇄신·개선하도록 노력하여 서면(書面)의 왕복 조회, 청원(廳員)의 실지 시찰 등으로 하급 관청을 지도·감독하고, 또 여러 종류의 규정을 만들어 그 빙거(憑據)[11]할 바를 명백히 할 뿐 아니라 도(道)에는 부윤, 군수 또는 부·군(府郡)의 계주임(係主任), 서기를 소집하며, 부·군에는 면장 또는 기타 면 이원을 초집하여 지방의 실황을 듣고 시정방침을 내려서 사무의 지시·협의를 하며, 혹은 도(道)에 선인(鮮人) 군서기, 부장·군장·면장 또는 면 이원 등을 초집하여 사무 강습회를 열고, 혹은 도 참사(道參事), 부·군 참사 등의 자문회를 열고 시정(施政) 참고에 이바지하며, 또 본부에서는 각 도 장관, 내무부장, 기술관, 기타의 회동을 개최하고, 또는 도·부·군 서기 및 판임관을 견습하기 위하여 사무 강습회를 개최하는 등의 시설을 세면 거의 일일이 들어서 말할 겨를이 없을 것이오. 특히 본부에서는 작년 3월 사무의 통일과 간

---

11 어떤 사실을 증명할 만한 근거, 또는 그 근거를 댐.

첩(簡捷)을 꾀하며, 또 면민의 부담을 경감하여 면비(面費)의 부과·징수를 일정하게 하기 위하여 부·군처무규정준칙(府郡處務規程準則), 면처무규정준칙(面處務規程準則) 및 면 경비 부담 방법에 관한 부령(府令) 등을 발포하였는데, 지방의 행정구획은 종래 13도(道) 12부(府) 317군(郡) 4,338면(面)으로 나누었으나 거류민단, 거류지회 및 한성위생회는 이를 폐지할 시기에 도달하였으므로 새로 부제(府制)를 정하여 부(府)의 조직을 고치고, 군·면(郡面)의 구역도 구한국 정부 시대의 예에 따랐으므로 면적의 광협, 호구의 다과(多寡)가 일정치 못하고, 이에 더하여 면 경비에 관계가 있어서 행정상 불편이 적지 않으므로 이를 정리할 필요가 있어서 일정한 표준하에 폐합을 행하기로 결정하여, 드디어 12월 29일 부령(府令) 제111호로 부·군 구획의 변경을 발표하였더라.

▲ 부제령(府制令) 발포(發布)

거류민단, 각국 거류지회 및 한성위생회는 한국을 병합하는 동시에 그 존재를 잃을 수도 있었으나 편의상 조치로 존속하였던 것이라. 거류민단은 현재 11개소가 있고, 1913년도 세출 총예산액은 204만 1,599원에 달하고, 그 사업 중 교육비는 실로 46만 5,734원에 달하여 총액의 2할 2푼 8리의 다수를 점하며, 기차(其次)는 토목비에 34만 1,958원, 위생비 16만 2,789원이요, 또 경비 및 권업 사무에 대해서는 전혀 이를 취급하지 않는 곳이 많고, 혹 이를 취급하는 곳도 있으나 매우 경미한 정도에 그쳐서 예산액은 겨우 전자에 대해서는 4만 1,024원, 후자에 대하여는 3,252원을 계상함에 불과한지라. 그러나 이들 단체를 통일하여 공동 경영에 불편한 교육 사무를 제외하고, 내선인 및 외국인에 공통의 행정을 펴기 위해 거류지회 및 한성위생회를 폐지하고, 부(府) 되는 지방 단체를 두기로 결정하고, 작년 11월 31일 부제령(府制令)을 발포하여 본년 4월 1일부터 실시하기로 되었더라.

▲ 학교조합령(學校組合令) 개정

학교조합은 1909년 통감부령 제70호 학교조합령에 따라 재선 일본인으로 조직된 공공단체인데 오로지 교육 사무를 처리하며, 지역 상황에 따라서는 부대 사업으로 위생 사무도 처리한다. 한국병합 이래 조선에 건너온 일본인은 매년 증가하므로 조합을 조직하는 자가 점차 증가하여, 1911년 4월 말일에는 조합 수가 99개에 불과하더니 1913년 8월 말 현재에는 그 수가 233개에 이르렀다. 또 작년 4월 말일에는 기본 재산 합계가 13만 1,470원에 달하여 5만 5,897원의 조합채(組合債)를 갖고, 세출 예산은 총액 55만 1,106원, 그중 교육비는 35만 3,287원으로 7,821인의 아동을 교육하며, 위생비는 겨우 4만 7,429원에 불과하고, 잔여는 사무비 기타에 충당하고, 또 세입 예산은 합계 55만 1,106원인데 그중 부과금 22만 48원, 국고보조금 11만 8,162원, 사용료·수수료 5만 6,641원, 기타 수입이 15만 6,255원이다. 또 현행 학교조합령은 거류민단 폐지에 수반하여 부제(府制)를 시행하는 구역 내에 설치하려는 학교조합에 적용할 수 없을 뿐 아니라 군부(郡部)에 대한 학교조합을 율(律)하기에 불비한 점이 적지 않으므로 이를 적용하기 편하게 하고자 11월 30일 부제령 발표와 함께 개정 학교조합령을 발포하였으니, 요컨대 부·군(府郡) 구획의 개정을 마치고, 거류민단 각국 거류지회 및 위생회를 폐하고, 부(府)를 설치하여, 한편으로는 일본인 교육을 목적으로 하는 학교조합령의 미비함을 보충하는 것에 대하여 조선의 지방제도는 대체적으로 그 외형이 정돈되고 조직이 통일되었다고 말할 수는 없으리라. (하략-편역자)

〈자료 145〉 부·군 폐합(府郡廢合)에 대하여-자작(子爵) 조중응(趙重應) 씨 담(談)(《매일신보》, 1914.1.5, 1면 1단)

부·군 폐합을 말하기 전에 자연 인과(因果)를 함께 할 고래의 지방제도를 말하고자 하노라. 조선 지방제도와 금일 부·군 경계는 신라 이후로 점차 발달되어 고려시대에 정돈되었으나 고려 이전에는 고려·백제·신라의 3국이 정립하여 전쟁이 계속되었으므로 서로의 영토 침략에 급급하여 구역의 증멸(增滅)·신축(伸縮)이 극히 많더니, 고려 시대에 이르러는 조선 전부를 통일한 위적(偉績)을 비로소 보게 되어 3국 시대의 유폐(遺弊)를 일소하고 부·군의 존폐와 명칭 변경을 더하여 면목을 일신한 결과, 현재도 부·군 명칭과 구획이 상존(尙存)하거니와, 그 후 이조시대에 이르러 다시 고려 지방제도의 미비한 것을 수선하고 규모를 계급적으로 하였는데, 지금 그 개요를 말하면 지방제도의 정신을 인민의 자치에 치중하지 아니하고, 관제상에 우선 치중하여 중앙정부에 이조판서를 두고, 지방에 관찰사(觀察使), 목사(牧使), 부사(府使), 군수(郡守), 현령(縣令), 현감(縣監) 등을 두되 목사 이하를 통칭하여 수령(守令)이라 하여 계급을 3분하고, 비교적 외관 형식은 질서적 조직을 만들었으나 이는 책상

위에서 만들어진 성안(成案)일 뿐이요, 그 세목에 있어서는 서로 호흡을 느낄 만한 면밀한 세칙을 결여한 것이 많아서 지방 발달을 저해하는 여러 폐해가 있었도다. 지금 그 두세 가지의 예를 말하면, 목사 이하를 지휘·감독하는 직권을 준 관찰사에게 수령 임면의 간섭이 없이 중앙정부에 일임하여 칙재를 바라고, 또 관찰사의 임면도 이조에서 전담한 권한을 어떨 때는 의정부에서 칙재로 임면 징벌을 전단(專斷)하므로 자연히 그 감독자에 책임이 전일(專一)하지 못하고, 피감독자로 하여금 책임의 소속처가 명료하지 못할 뿐 아니라 지방행정에 대한 지휘 명령의 경로가 다양하여 방향을 일치하지 못하던 폐해가 그 하나요, 그 외 관찰사 및 각 수령은 순전한 지방행정관인데 이를 군적(軍籍)에 편입하여 병조의 명령을 받게 하여 병마절도사(兵馬節度使), 수군절도사(水軍節度使) 등의 겸관(兼官)을 명하고, 또 순전한 군인인 통제병사, 수사영장(水使營將), 첨사(僉使), 만호감목관(万戶監牧官) 등이 각지에 산재하여 보통행정상에 간섭하지 않는 바가 없어서 그 제도가 복잡·혼돈하므로 집무상 민활을 결여하고, 일치를 결여한 것이 많은 폐해가 그 두 번째요, 따로 임관(任官)의 명이 없고, 소위 적리(績吏)라 하는 자는 한 집안의 속리(屬吏)로 충성스러운 자라 하여 그 자격의 여하를 불문하고 등용하되 지방행정은 물론 군무, 사법, 세무, 경찰 등의 가히 지방 통치권을 부여하였으니, 그들이 비록 두뇌가 명철하고 수완이 민활할지라도 당시는 따로 일정한 집무 규정된 궤도도 없던 시대에 어찌 이상적 치적을 거둘 수 있으리오. 그런즉 이는 당사자에 무능함을 책할 바가 아니라 그 제도의 혼돈한 폐해가 그 세 번째이다. 또 행정상 수족에 비할 기관인 면·리(面里)의 제도가 없으니, 이상에 진술한 여러 기관이 선량하고 무결점한 것이라 가정할지라도 인민과 조석으로 접하는 기관이 없어서 아래의 정황이 위로 통할 수 없으며, 위의 의견이 아래로 전달될 수 없어서 자연히 관민의 의사가 소통하지 못하니 어찌 행정의 성과를 말할 수 있으리오. 이것이 역시 폐해의 네 번째이라.

그러나 현재 부·군 폐합을 보기에 이른 것은 지금까지의 행정구역과 부·군(府郡)의 면적 차이, 호구의 많고 적음이 있어서 행정상 불편이 많으므로 숙제가 되었으나 경비 및 기타 여러 사정에 구애되어 결행하지 못하였더니, 병합 이후 조선 총독의 시정방침이 지방행정에 전력을 경주하여 각 전문가와 고등 기술가를 각지에 파견하여 지리·지세는 물론 각지의 여러 사정을 면밀히 조사한 결과, 이해(利害)를 참작하여 이번에 부·군 폐합을 단행한 이유라, 지금에야 경비기관과 우편통신이 심산궁곡(深山窮谷)까지 보급하고, 육상에는 철도의 연장과 바다 위에는 항만사업이 점차 발달되어 남쪽으로 부산, 목포 등과 서북쪽으로 의주, 원산 등 천여 리를 하루의 일정으로 경성에 도달하는 현재, 공연히 협소한 지방 군청을 성라기포(星羅碁布)[12]할 뿐 아니라 광대한 구역에서는 촌면(村面)에서 그 읍내까지 2~3일을 여행하는 곳이 있어 자연 행정상 민속(敏速)이 결여되고 불편이 많았으니, 금일 부·군 폐합이 그 시의(時宜)를 얻은 것 아니리오.

또 이렇게 불편하고, 크고 작음이 같지 않은 군청을 두는 것은 국가 경제상으로도 결코 인용(認容)치 못한 바인데, 지방의 어떤 어리석은 사람은 시세가 어떠한지 알지 못하고 일종 편파적인 심지(心志)로 오해를 품고 있는 것은 총독 시정의 지방제도와 부·군 폐합이 문명정치의 원리와 원칙임을 이해하지 못하고, 공리공론(空理空論)으로 구관을 묵수코자 하는 자이니, 논할 가치가 없거니와, 이제 이의 단행을 보게 된 것은 오히려 늦어진 감이 없지 않다. 그러므로 금일 부·군 폐합의 쇄신을 보기에 이르러서 일층 대정(大正聖世)의 민족이 된 자격을 깊이 탐구하여 상의하달과 하의상달의 이면(里面)제도를 더욱더 확장하여 항상 관하(管下)의 덕망가, 독지가, 유력가, 유지가, 대지주 등과 관민의 연락을 도모하여 지방 발전상에 분려(奮勵) 노력하여 행복을 촉진케 함을 바라며, 몽매한 인민으로 하여금 도리상 상식을 교양하고, 빈곤한 자에게 산업을 발달케 하여 생활을 유족(裕足)케 하며, 가급적 권노분발(勸勞奮發), 절검노력(節儉努力)의 마음을 고동(鼓動)하여 몇백 년간 모든 것이 늦춰졌던 것을 회복하고, 이 20세기 활세계(活世界)에 대적할 사람을 교양하기를 절실히 바라노라.

〈자료 146〉 부제와 공동묘지(《매일신보》, 1914.3.28, 2면 3단)

부제 시행 후에는 경성부에서 공동묘지를 관리할 터이므로 각 부(部)가 관리하고 있는 공동묘지 관리 사무는 다음과 같이 정리를 마치고 실책이 없도록 처리한다는데 그 방법은 다음과 같다더라.

1. 사용료 및 협의비 징수가 끝나지 않았으면 오는 30일까지 정리하여 지불이 모두 끝

---

12 물건이 여기저기 흩어져 있는 것을 이름.

나도록 처리하며,

1. 오는 31일부로써 수지 결산을 만들어서 경성부청에 보고하는 동시에 그 요점을 부내(部內) 일반에게 고시하고,
1. 부책(簿冊) 서류는 상당히 정리를 완수하여 인계 목록을 첨부하여 오는 4월 1일 경성부에 인계케 하였더라.

〈자료 147〉 부제 시행과 회의(《매일신보》, 1914.3.31, 2면 2단)

지난 29일 일요일임에도 불구하고 부제 시행상 긴급을 요하는 사항이 있어서 우사미(宇佐美) 장관, 오하라(小原)·고마쓰(小松) 국장, 내무부 제1·2 과장, 혼다(本田) 통역관 등이 출석하여 오전 8시부터 총독부에서 임시회의를 열었는데, 의안의 내용은 거류지회 철폐 교섭이 끝나지 않았기 때문에 부제 시행상에 다소 애로가 있어서 부제 발표(시행기)를 유예하던 터이더니, 조만간 결정하여 예정과 같이 시행하리라더라.

〈자료 148〉 부제와 삼세(三稅)(《매일신보》, 1914.4.10, 2면 4단)

4월 1일부터 부제 실시 및 각국 거류지제가 철폐된 동시에, 종래 경성부 관내와 같이 조선인만 과세하던 가옥세, 주세 및 연초 등은 일본인 또는 외국인에게도 모두 국세로 부과하게 되었으므로, 가옥 소유자는 그 소재 간수(間數) 또는 평수를 1구(構)마다 가옥 소재지를 관할하는 부·군(府郡)에 신고하면 충분하나 주류 제조자, 연초 판매자 및 연초 경작자 등은 면허 신청을 부·군에서 감찰을 받아야 하는데, 만일 이상의 신고를 한 자 혹은 면허를 받지 않고 주류를 제조하며 연초를 판매하며 또는 경작을 한 자는 가옥세는 2원 이상 20원 이하, 연초 판매 및 경작은 1원 이상 20원 이하의 벌금에 처할 터인즉, 지금 빨리(4월 15일 한) 그 수속을 마쳐서 법의 제재를 받지 않도록 주의할 것이요, 경성부청에서는 전기의 신고서 및 신청서 용지를 준비하여 각기 소용에 응하여 배포한다더라.

〈자료 149〉 지방행정 개혁(1)-오하라(小原) 지방국장 담(《매일신보》, 1914.4.15, 2면 2단)

금회에 결행한 조선 지방행정의 개혁은 행정구역 변경에 관한 것 및 거류민단 폐지에 따른 제도 변경의 두 가지로 이루어졌고 지방행정구역의 변경, 즉 부·군·면 폐합을 위주로 하여 지형 민정의 여하, 면적의 대소, 호구의 많고 적음, 다년의 연혁 등에 비추어 충분한 조사를 마쳤으며, 조금도 유감이 없도록 하였으나 각 도 다수의 부·군·면에 대해 일제히 이 폐합을 기도하므로 다소 논의가 분분할 수밖에 없음은 당국자도 우려하던 바인데, 그 후의 보고를 들으니 각 지방에서 예상 외로 평온하게 무사히 폐합을 종료하였음은 실로 흔쾌한 일이라. 원래 군청 및 면사무소 위치에 대해서는 극히 소수 지방에서 다소의 불평이 있었다고 들었으나 이 역시 당국 관청의 설유에 열복하여 즉시 평온으로 돌아간 것은 가장 기뻐할 일이로다.

폐합 전의 상황

폐합 전의 군 상황을 보건대 그 면적이 가장 넓은 곳은 503방리에 걸치고, 가장 작은 것은 겨우 3방(方)에 불과하며, 그 호수에 대해서 보아도 가장 많은 곳은 2만 8,000호에 달하고, 최소는 1,800호에 불과한 상태에 있더라. 지금 일본에서 면적 500방리 이상에 달하는 군의 행정구역을 가진 것을 들면 야마가타(山形),[13] 아키타(秋田), 이와테(岩手), 아오모리(青森), 효고(兵庫), 히로시마(廣島), 미야자키(宮崎), 가고시마(鹿兒島) 등의 제현(諸縣)이요, 도쿄(東京), 오사카(大阪), 가나가와(神奈川), 가가와(香川), 사가(佐賀) 등의 각 부현은 150방리 이하의 것이 많으며, 또 호수에 대해서 보면 소려(小黎), 나라(奈良), 돗토리(鳥取), 미야자키(宮崎) 등의 각 현은 모두 10만 호에 달하니, 즉 조선에서 가장 큰 군의 약 3배에 상당하는지라. 그런즉 조선 종래의 군은 그 구역이 심히 균형을 잃었음은 용이 추지할 수 있을지로다. 구한국 정부에서도 이미 대대적인 군 폐합을 기획한 일이 있으나 정폐(情弊)의 방애(防碍)로 인하여 겨우 일부분을 결행함에 불과하였더라.

군 폐합의 방침

금회 군 폐합의 방침은 대체로 1군의 면적 약 40방리 및 호수 약 1만 호로써 표준을 만들

---

13 원문에는 小形이나 山形의 오기인 듯하다.

고, 위 표준 이하의 면적 또는 호수를 가진 것은 이를 폐합하되 그 이상의 것은 가급적 원래대로 존치할 방침을 세웠도다. 그러나 함경남도 등은 군의 면적이 심히 방대하여 행정상 불편이 적지 않으므로 분할을 단행한 것이 3군이 있으니, 즉 갑산(甲山)과 북청(北靑) 양 군의 일부를 떼어 풍산군(豐山郡)을 신치(新置)하고, 원산부(元山府) 및 안변군(安邊郡)의 각 일부를 떼어 덕원군(德源郡)을 신설하였으며, 또 면적 40방리 미만의 것이라도 지세 또는 인접 군의 관계상 폐합을 행하기 어려운 곳은 원래대로 존치하는 동시에, 도서(島嶼)에 대해서는 관할상의 편리를 조사하여 종래의 관할구역을 변경하여 타 도에 편입한 곳이 있으니, 즉 경남의 울릉도(鬱陵島)를 경북에 옮기고, 충남의 어청도(於靑嶋), 죽도(竹島), 연도(烟嶋) 및 개야도(開也島) 등을 전북에 옮기고, 전남의 고군산도(古群山嶋)를 전북에 속케 한지라. 폐합 전 조선의 군은 전 도를 통하여 317군이던 것이 폐합 후 금일에는 97군을 감하여 220군이 되고, 또 종전 1군의 평균 면적 40방리이던 것이 폐합 후에는 65방리가 되고, 평균 호수가 8,957호이던 것이 1만 3,412호가 되었더라.

표준 초과 이유

전술의 결과에 따르면 군 폐합의 표준 면적 및 호수는 실제상 예정을 약간 초과한 듯 싶으나 이는 북부 조선의 지세, 교통 및 개발의 정도 등 각종 관계상 금일에 갑자기 이를 분할할 필요가 없으므로 종전대로 이를 방치한 결과에 다름 아니고, 군 폐합의 결과 군 경비는 현저히 절감할 터이나 종래 군 서기는 극히 적음에도 불구하고 군 사무는 계속 복잡·번망하여 종래의 정원으로는 밤낮으로 일해도 다 처리할 수 없는 상태에 있으며, 따라서 폐군의 군서기는 대개 이를 타 군에 증배하였고 단, 군수와 군참사는 군 수의 감소에 따라서 그 인원을 감한 것에 불과한지라. 사정이 이런즉 경비의 절감은 아직 용이한 일이 아니요, 또 군의 이름은 대개 신군청소재지의 옛 군명을 답습하여 일반의 기억에 편하게 하였고, 또 혹 호명(呼名)이 상등한 군이나 부(府)의 일부를 떼어 신군을 설치한 곳에는 역사상 유거(有據)한 명칭을 붙였다.

금후의 군 행정

생각건대 금후의 군 행정은 종전에 비하면 면적에는 팽창한 것이 있으나 이 사무를 담당할 인원에 증원을 행하므로 하등의 불편이 없기에 이르렀을 뿐 아니라 군 행정의 내용을 충실히 할 수 있을 것이라 하겠고, 한편 도의 사무도 이와 연계하여 사무의 간편을 기할지니, 종래 40군을 관리하던 도가 20군으로 감소되어 수리(受理)의 건수 및 발송의 건수에서도[실제로는 단순한 계수(計數)뿐으로 추측하기 어려운 경우도 있으나] 약 그 반수를 감함은 명백하고, 또 종전에 비하면 지방 관리의 여력을 새로운 방면의 사무에 신장(伸張)하고 경(更)히 종전 사무에 전력을 집중할 수 없을 것이다.

부 및 면 폐합

또 부 구역은 민단 폐지와 함께 이를 축소하여 시가지 및 장래 시가지에 편입할 토지로써 그 구역을 정하고, 남은 지역은 이를 인접 군에 분속케 하며, 또 혹 새로 1군을 조직케 하였고, 그다음은 면 폐합인데 이 역시 종전의 면적 호수는 극히 통일되어 있지 않아서 가장 큰 면은 179방리 내지 150방리에 이르는 곳도 있는지라. 즉 일본의 도쿄(東京), 오사카(大阪), 가나가와(神奈川), 가가와(香川), 사가(佐賀) 등 부현은 1군현의 면적으로도 이에 미치지 못하고, 또 가장 작은 면은 1방리 약 3분의 1에 불과한 곳도 있으며, 또 호수에 있어서도 큰 것은 7,400호, 작은 곳은 83호를 가진 곳도 있었으나, 지금 폐합의 결과는 약 800호 이상을 표준으로 하여 이에 초과하는 면은 그대로 두고 이에 미달하는 곳은 폐합할 계획을 세우고, 또 면적 4방리 이상의 면 또는 지세, 교통 등의 관계상 폐합할 수 없는 곳은 표준에 미달할지라도 그대로 이를 존치하는 방침을 세웠으며 이 지세, 교통 등의 관계 외에 고래의 풍속, 연혁 등과 같은 것은 이를 존치하는 동시에, 폐합의 결과 면민의 화목과 협동이 깨뜨려지거나 시정상의 장애가 없도록 엄히 주의한 바이라.

〈자료 150〉 지방행정 개혁(2)-오하라(小原) 지방국장 담(《매일신보》, 1914.4.16, 2면 2단)

면민 부담의 경감

면 폐합의 결과 종래 4,322개를 산하던 면수는 약 1,800개를 감하여 2,522면으로 하고, 또 종래의 면적은 평균 3방리.3이던 것이 5방리.7이 되었으며, 호수는 기왕에 약 평균 602호이던 것이 1,118호로 되었은즉, 면수를 감함으로써 얻을 이익은 군 폐합에 따라 도의 사무를 간편케 함과 같이 군의 사무도 감소되고, 따라서 군에서는 그 정원 증가와 동시에 또 한편에서는 그 여력을 군 행정에 이용할 수 있으리오. 특히 면민은 그 부담을 경감하였도다. 지금 숫자를 들어 설명하건대, 종래 면의 지세액(국세)은 평균 1,574원에 불과하던 것이 폐합의 결과 2,697원이 계산되었고, 그러나 이를 금회 결정한 지세 증액에 분배하여 계산하면 1914년 이후의 1면 평균 지세액은 3,622원, 즉 약 2배 반의 증가를 보이겠고, 이에 부가할 면비 지세 부가금도 종전의 율보다는 크게 증가할 터이며, 이에 더해 면의 수에 있어서도 종래의 평균에 비하면 배가 될 터인즉, 호별할에서도 약 2배의 증가를 보일지니, 이로 인하여 면의 자력(資力)은 견실하고 면민의 부담은 경감되어 감에 이르렀도다.

면 경비 여력 함양

그러나 시세의 진운에 수반하여 국비 및 지방비의 부담은 점차 증가될 것은 면하지 못할 것이라. 그러므로 금일부터 면비를 절약케 할 방침을 세우지 않으면 후일 국고 및 지방비의 재원을 고갈케 할 우려가 있으니, 면 부과금은 면 폐합과 동시에 크게 그 제한을 저하할 방침이라. 즉 병합 전에는 면비 부과금 및 지세 부과금은 지세 본세 1원에 대하여 50전, 북부 지방에서는 80전을 부과하였더니, 폐합과 함께 본세 1원에 대하여 20전, 평안남북도, 함경남북도 및 강원도 등 5도에는 30전으로 제한하고, 이 이상은 특히 본부에 승인이 없으면 그 제한을 초과할 수 없게 하였고, 면비 절약에 대해서는 폐합 이전에는 혹 1인의 면장이 몇 개 면의 사무를 겸하며, 동리에도 1인의 동장·이장이 몇 개 면의 동리 사무를 겸하며, 또 면주인도 가급적 이를 감소케 하여 절약을 기하였더니, 폐합 후에는 인원을 감소하고 경비의 절약을 계득(計得)하는 동시에 면장, 면서기 및 동장·이장 등의 수당 및 기타 사무소비, 이원(吏員) 여비 같은 것도 본부로부터 일정한 표준을 보여서 엄중히 면 경비의 팽대를 방지하며, 그 여력을 함양할 계획이라.

행정구역의 획일

이상에서 기술한 것처럼 군 및 면 중 적은 것은 폐합에 따라 그 면적, 호구 및 자력(資力)을 크게 한 터요, 종전부터 큰 군 및 면은 그대로 두었으니, 이는 대개 북부 조선에 한하여 민도와 지세 등의 관계상 부득이 나온 것이라. 그러나 이 북부 지방은 금후 인구가 점차 늘어 착착 개발하기에 이르면 장래 다시 적당한 분할 방법을 강구할 필요가 생길 것은 물론이라. 요컨대 조선의 지방행정구역의 획일은 금후 개발 정도가 각기 균형을 지키기 전에는 용이하게 이를 실현하기가 어려우리라.

〈자료 151〉 지방행정 개혁(3)-오하라(小原) 지방국장 담(《매일신보》, 1914.4.18, 2면 2단)

면 제도 조사

부·군·면에 관한 행정제도의 개혁에 대하여 기술하건대, 면의 법률상 지위는 금일도 옛날과 다르지 않으니, 즉 법제상의 면은 아직 공법인이 되는 것은 아니나 종래 면 재산을 소유한 자는 그 재산 관리 및 이용 능력을 인정함은 물론이요, 경비를 불요(不要)하고 재산을 취득하거나 혹은 노력으로 인해 공익이 될 사업을 운영함과 같은 것은 금일에 절대로 이를 금지하지 않을 방침이니, 국유지의 양여를 받아 공동묘지를 경영하며, 혹은 대가 없이 묘목을 배부받아 면의 부역으로 모범림을 경영하고, 일면으로는 면의 재산을 조성하여 혹은 경비를 투자하지 않고 종묘의 배부를 받아 면민의 노력으로 종묘지를 설치함과 같은 것은 이를 인정할 방침인데, 이들 사업은 금회 개혁을 한 결과가 아니라 면 제도는 후일 다시 이를 정할 필요가 있을 시기가 도래할 줄로 믿노라. 특히 각 도청소재지 겸 개성, 수원, 대전, 진해 등과 같이 호구라든지 자력이라든지 부제 시행에 비하면 심히 현격한 곳에 대해서는 하루라도 속히 면 제도를 정할 필요를 인정하여 현재 조사 중이오.

부제도 실시 주의

이에 부에 대한 제도에 대하여 기술하건대, 화두가 불가불 민단 폐지 문제에 미칠지라. 민단 소재지의 행정조직은 종래 극히 통일되지 않아서 일본인에 대하여는 민단제를 시행하고, 조선인에 대하여는 면 제도를 인정하며, 외국인에 대하여는 각국 거류지 제도가 존재함과 기타 예컨대 위생 사무를 위하여 한성위생회가 있고, 기타 지방에서 소방 조합, 위생 조합 등이 있어서 극히 복잡한 상황에 있었으나 병합한 금일에 영구히 이 현상을 방임할 수 없음은 말할 필요도 없으리라. 민단 폐지 방침은 이미 합병 당시 총독의 고유(告諭) 중에 공표된 바이나 어떠한 방법으로 이 제도를 대신할 것인가가 문제가 되었고, 또 각국 거류지 제도 철폐에 관하여 외국까지 교섭 사건이 있었으므로 금일까지 지체된바, 민단 폐지의 결과 어떠한 지방제도를 펴면 좋을까 하는 점에 대하여 각종 의견이 있고, 또 이 가부(可否)에 대하여도 각종의 견해가 생겼도다. 그러나 조선의 현재 민도에 비추고, 또 여러 사정을 돌아보아서 금회와 같이 일본인 교육에 관하여는 학교조합을 두고, 기타 사무는 조선인과 일본인을 합하여 일종의 단체를 인정할 방침을 취하였고, 부제의 내용에 대하여는 감히 말할 바가 아니나 부는 이를 재정단체로 하여서 일정한 공공사업을 운영케 하고, 그 예산과 부의 중요한 조례는 모두 부의 자문기관이 되는 협의원에게 자문하고, 이 의견을 참작하여 부윤이 부의 사무를 처리하게 하는 조직이라. 부제 시행 때에 당국에서 가장 주의한 점은 제도의 개폐와 함께 부민의 부담을 격증하지 않게 할 방침이라. 이 방침을 관철하기 위해 부의 사무는 대개 국가의 관리인 부윤 및 부서기로 하여금 맡게 하고, 또 필요한 범위 내에서 부의 비용으로써 부의 임원을 둘 수 있게 하며, 학교조합에 대하여는 부윤은 이의 관리자가 되고, 군서기는 조합 사무를 수행할 수 있게 하였고, 그러나 부제 시행의 초년도에서 재정의 팽창을 가져오지 않게 하기 위해 오로지 민단의 계획을 답습케 하고, 새로운 사업과 같은 것은 함부로 일으키지 않을 방침을 취하고, 또 한편으로 부에 대한 국고보조금도 계상하였다.

〈자료 152〉 사설: 각 부 협의원(《매일신보》, 1914.4.22, 1면 1단)

근래 각 부에서 협의원을 선정함은 일반이 알고 있는 바이니와 대저 협의원은 부민의 대소사를 물론하고 당국의 자문에 응하는 자인즉, 그 책임이 과연 여하히 중대하뇨.

당국에서는 혹 일반 민정을 명찰하여 행정상 지장 없다 할지라도 사무가 중첩하고 정세가 복잡한즉, 불가불 신중함을 지키고 추호라도 오류가 없게 함을 기하여 이 협의원을 선정함이라. 그런즉 협의원에 피선한 자는 평소의 학문도 응용하려니와 신지식을 발휘하여 이국편민(利國便民)의 사(事)를 항상 연구하여 지공무사(至公無私)로 요지를 작(作)할지로다.

협의원의 헛된 명예만 두르고, 실지상에 이르러서는 이걸 물어도 저어(齟齬)를 면하지 못하며, 저걸 물어도 주저를 면하지 못하여, 한마디 말한 후에 국가 및 인민에 대하여 여하한 이익이 있으며, 여하한 해가 있을 줄을 알지 못하면 협의원은 무엇을 위하여 설(設)함이뇨.

왕일(往日)에는 관리 및 인민 간에 상격(相隔)이 요원하여 오로지 제압으로 종사한지라, 어떤 사물을 처리하든지 공론 여하도 돌아보지 않으며, 민정의 여하도 관계치 않고 일시적 관리의 의견으로 단행하였으니, 경(更)히 협의원과 같은 자순기관을 둘 필요가 없었도다. 이로써 인민의 정도는 점점 우매에 빠져 관리는 인민의 희생으로 시(視)하며, 인민은 관리를 호랑이로 알았으니 하등의 의사가 소통하였으리오. 그때에도 지방관청에 향임(鄕任)의 각색(各色)이 있으니 이것 역시 관리의 자순을 전하고자 함이어늘 유명무실에 이를 뿐 아니라 탐관오리는 이를 선정할 때에 지식의 여하와 덕망의 여하는 불문하고 단지 도촉(圖囑)[14]으로 시행하며, 심한 자는 금전으로 상환하였으니, 어찌 상당한 자격이 있으리오.

고로 관리가 혹 민정에 대하여 자순이 있으면 두려워하여 감히 좌우치 못하고 생각만 할 뿐이라. 여기에 있어 향임은 일개 천직에 불과해도 상류 인사는 이에 투족(投足)하는 자가 절대 없었으니, 왕일의 행정 여하는 이로 추(推)하여도 가히 알지로다.

신정 이래로 각종 폐해를 제거하여 면장·이장의 책임을 실행하며, 도·군 참사의 제도를 설립하여 일반 관민이 의사를 소통케 할 새, 금회 각 부에서는 협의원을 선치하여 민정을 자순하니, 당국에서 인민을 애(愛)하는 본의가 가히 주지한다 위(謂)할지로다.

조선인 협의원은 반드시 조선인의 정도를 탐찰하여 자순에 응할 재료를 준비할지라. 내지 및 조선인이 한 구역 내에 생활하니 피차에 구별이 없다 할지나 식견이 같지 않으며, 관습이 같지 않은즉 자연히 하나로 논하지 못할지로다.

그런즉 협의원은 조선인들의 사정을 해석하여 협의의 실적이 있게 할지며 인민도 당국의 애민하는 본지를 감오(感悟)할지라. 협의원에게 일반을 의뢰하여 자기의 사정으로 하여금 당국에 소통하는 좋은 기관으로 알고 협의원의 권유와 협의원의 지도를 반드시 믿고 협의원의 지위를 중시함이 가하다 하노라.

---

14 청(請)을 들어주기를 꾀하거나 요구함.

〈자료 153〉 총독 훈시(2) 중추원 고문 회동 석상-부·군·면 폐합(1)(《매일신보》, 1914.9.11, 1면 1단)

부·군·면의 폐치·분합과 거류민단 각국 거류지회 철폐는 작년도에 재(在)한 지방제도 개혁의 주요한 것인데 종전의 부·군·면 구역은 그 넓이, 호구 혹은 지세, 인정, 교통, 경제 등 관계를 참작하여 적당히 획정한 것이 아니므로 행정상에 허다한 불편이 있어 조만간 폐합할 필요를 인정하였으나, 신구 과도 시기에 거연(遽然)히[15] 변혁을 행함은 지방 민심에 영향하는 바가 지대할까 염려하여 긴급하고 부득이한 것 외는 구행정구역을 답습하였으나, 신정 시행 후 제반 시설이 대략 취서(就緖)[16]하고 민심이 또한 귀일함에 이르렀으니, 우선 일정한 방침을 정하여 각 도 장관의 조사에 맡기고, 또 본부에서 반복 심의를 마쳐서 금년 3월 1일로써 부·군의 폐치·분합을 실시하고, 4월 1일로써 도장관으로 하여금 면 폐치·분합을 실시케 하였더니, 시행 때에 1·2군부(郡部)에서 본부의 진의를 이해하지 못한 것이 있던 외에 대개 신제도를 편케 하고 극히 평온하게 수행하니라. 그 결과로 이를 총독부 창시 당시의 행정구획에 비하면 실로 97군 1,834면을 감소하며 한편으로는 국비를 절약하여 이를 다른 유용한 비도(費途)로 충당하며 타 면으로는 면의 부과금을 경감할 수 있으리라.

부제 시행지에는 종래 거류민단, 각국 거류지회 혹은 위생회 등의 단체가 있어 면 이외에 독립하고 내선인 및 외국인은 각별한 행정권하에 입(立)하였으니, 이러한 복잡한 조직은 행정 통일 취지에 부합하지 않지만은 당시에 급격히 이 제도를 철폐하기 곤란한 사정이 있어 잠시 그 존속을 용인하였으나 이후 신중히 조사를 거듭하여 또 관계 열국과 협정을 마쳐서 각국 거류지를 철폐하고, 1913년 10월에 부령을 발포하여, 일본인 구육(救育) 사무를 제외한 것은 모두 공통한 제도를 시행하게 하니라. 부제 시행 이전에는 거류민단 및 각국 거류지회 등이 각각 다액의 자금을 투(投)하여 여러 종류의 시설을 하며, 또 다소간 단체 재산을 가졌으나 신제도 실시와 동시에 일본인 교육에 필요한 것을 제하고, 그 시설과 재산을 부(府)로 이동한지라. 부의 재원은 부 재산으로 생기는 수입 영조물의 사용료, 수수료, 부세 등이나 현황으로는 부의 기본 재산은 과소하므로 현재는 오로지 그 재원을 부세에 기대해야 하

---

15 급히, 갑자기.

16 일이 잘 되어 감.

겠으니, 그 결과 조선인 각자의 부담이 증가할 것이로되, 공공이익을 증진하기 위해서는 상당한 부담을 나누는 것은 부민이 된 의무이니, 이에 응할 용의로써 각자 권업 치산(治産)하며 근검 역행하여서 부민의 본분을 완전하게 할 집심(執心)이 있어야 할지니, 각위는 민중의 모범이므로 솔선시범하여서 부민으로 하여금 이 의무를 수행하도록 유의하고 상대(相待)하여 신제도의 행정 기관을 원활하게 하기를 바라노라.

〈자료 154〉 총독 훈시(2) 중추원 고문 회동 석상-부·군·면 폐합(2)(《매일신보》, 1914.9.12, 1면 1단)

재정 정리와 세제 혁신에 대하여 본 총독이 특히 주의를 기울인 것은 각위가 지실(知悉)할 듯한데, 종래 중앙정부는 조선을 위하여 큰 부담을 하되 병합 이전에는 세계(歲計) 부족을 보충하기 위하여 4개년에 걸쳐 합계 1,420여만 원을 구한국 정부로 교부하고, 또 병합 당시에 은사 공채 3천만 원을 발행하며, 또 수개년에 걸쳐 철도, 도로, 항만 등 위주로 교통 기관의 완비를 도모하여 국토 개발에 이바지하고자 하여 조선사업 공채의 지변에 속하는 것이 실로 8천만 원의 거액을 산하며, 기타 조선 특별회계에 대하여 매년 1,230여만 원을 보급하는 등 중앙정부에서 조선 개발을 위하여 얼마나 다대한 희생을 공(供)하였는지 각위가 충분히 이해하신 줄로 믿노라. 그러나 신정 시행 이후에는 제반 시설이 착착 진보함을 따라서 최근 조선에서 일반 경제 발달이 진실로 현저하니, 작년의 해외 무역액이 1억여만 원을 상회하는 것을 보아도 그 일단을 알 수 있을지라. 그중 일본 및 조선 곡물 관세를 철폐함은 곡가 등귀를 재촉하여 토지 수익의 증가와 서로 맞물려 현저히 일반 농민의 경제를 촉진함이라. 이에 본 총독은 점차 중앙정부의 보급액을 체감함이 적당하다고 생각하고, 본 연도 이후 5개년간 조선 특별회계의 독립을 계획하여 최근 지세 증징, 시가지세와 연초세를 신설하고 본 연도부터 이를 실시함에 이른지라. 본건에 대하여 최근 도장관에게 상세히 훈시한 바 있으므로 각위도 이미 잘 아실 줄로 믿으니, 일반 인민도 역시 정부의 취지를 양득(諒得)하여 차제에 응분한 부담을 나누는 것은 국민의 의무인 줄 알고 원만히 세법 실시를 볼 것은 본 총독이 의심치 아니하는 바라. 원하건대 종래 거류지 및 외국 주민에 대해서는 일반 세법을 적용할 수 없어 부담의 공평이 결여된 감이 있더니, 금회 거류지 제도의 철폐와 동시에 이들 지역에 대해서도 동일하게 세법을 실시하게 되고, 내외국인에 대하여 모두 부담의 균형을 얻게 하여 세권(稅權) 통일의 완성을 득한지라. 요컨대 금회 세제를 정리한 것은 조선 재정 계획의 확립을 도모함이요, 필경 인민의 복리를 증진하는 취지에 다름 아니니, 각위도 이 뜻을 잘 양지하여 정부의 진의를 능히 일반 민중에 철저하도록 노력할지어다.

〈자료 155〉 사설: 부세와 부담액(《매일신보》, 1914.11.20, 1면 1단)

신부제를 시행한 후의 일본인, 조선인 및 외국인의 부담액과 종전의 비교 여하를 보니 일본인은 부담 총액이 각 부를 통하여 87만 5,278원이니 이전보다 11만 7,928원이 감액되었고, 조선인은 각 부를 통하여 13만 1,343원이니 이전보다 7,184원이 증액되었고, 외국인은 각 부를 통하여 1만 9,467원이니 이전보다 7,247원이 증액되었도다.

현재 일본인과 조선인의 부담액을 비교하면 조선인은 일본인의 6분의 1에 불과하나 조선인은 부담액의 증가에 대하여 왕왕 수고(愁苦)[17]의 성(聲)을 발하니, 반(半)자치제하에 있는 부민이 그 부담한 의무의 여하를 알지 못하고 어찌 20세기 문명국민의 반열에 들기를 기대하는고. 조선이 비록 일본의 식민지가 되어 통치를 받는다 할지라도 새로 이주하는 일본인 인구는 전 도(全道)를 통하여 30만 내외에 불과하고, 조선인 인구는 전 도를 통하여 확실한 수는 상세히 알지 못한다 할지라도 항언(恒言)에 1,300만이라 칭하지 아니하는가. 그러나 여태까지 30만 인구의 이행하는 의무와 신장한 권리를 1,300만의 인구가 능히 이행하며, 능히 신장한 줄로 생각하는가. 최근 경성부 내 인구 통계를 볼지라도 조선인은 17만 7,000이요, 일본인은 5만 6,000인즉, 조선인 수는 일본인 수의 3배인지라. 일본인의 이주가 가장 많은 경성부가 이렇거늘 그 외 다른 각 부(府)는 어떠하겠는가. 이 비례로써 추찰하면 각 부의 조선 인구가 일본인의 3배이니, 인구는 3배 이상이고, 그 부담액은 일본인의 6분의 1에 불과함은 무슨 이유인가. 그 부담은, 즉 인민 된 자의 의무이고, 한편으로 논하면 또한 권리가 되니, 부담액이 많은 자는 권리 역시 많음을 보아도 권리와 의무는 형영(形影)이 상수(相隨)함과 같음을 가히 알 수 있다. 납세는, 즉 국민의 의무니, 그 의무를 이행치 못하면 국민 된 자격을

17 근심, 걱정으로 괴로워함.

스스로 포기함이요, 오인이 공동 생활하는 국가를 지배하는 기관은 오인 국민이 건설하였은즉, 오인이 오인의 건설한 기관을 운전치 아니하고 도외시하면 그 책임이 누구에게 있는고. 고로 오인이 납세의 의무를 가짐은, 즉 오인의 건설한 기관을 운전하고 활용하기 위함이니, 이 문명 세기에 대하여 그 기관을 민활히 운전하고자 하거든 각자 부담의 다소를 말하지 말라. 그 기관을 순탄하게 활용코자 하거든 역시 자기 부담의 과소를 말하지 말라. 그 기관을 운전하고 활용함은 곧 오인의 의무이며, 권리요, 타인과 무관하거늘, 우리가 우리의 의무를 포기하고자 하며, 우리가 우리의 권리를 소멸하고자 함은 자기 손으로 자기 지체(肢躰)를 절단하며, 면피를 박거(剝去)함과 일반이라. 어찌 사람됨을 득(得)하리오.

그러므로 납세는 국민의 의무이니, 납세의 다소는 권리의 대소를 포함함이라. 제군이 다대한 권리를 획득코자 하거든 역시 다액의 부담을 스스로 구할지어다. 문명이 향상하는 현재, 교육의 발전, 도로의 정리, 가옥의 개량, 위생의 설비 등 기타 각반 사항이 모두 오인의 부담한 의무요, 책임이어늘, 왜 부세 증가에 대하여 수고(愁苦)의 성(聲)을 발하는고. 그러므로 오인은 그 부담액이 매년 증가하여 일본인과 동액의 부담을 감당하여야 오인도 일본인과 동등의 자격을 얻을지요, 조선이 일본과 동양의 문명을 이룬 증거가 되리라 하노라.

〈자료 156〉 회고 신정(新政) 5개년-병합 이후의 개관(《매일신보》, 1916.1.1, 2면 1단)

(상략-편역자)

1. 행정

(중략-편역자)

지방행정기관

(1) 도

도는 도장관(칙임 단 당분간 주임으로 할 수 있음)을 두어 관내 행정사무를 관리하고, 소속관리를 지휘·감독하나니, 13도 장관 중 8도 장관은 일본인이요, 5도 장관은 조선인이며, 도참여관(칙임 또는 주임)은 각 도에 1인씩 있으니 모두 조선인이요, 사무관(주임)은 당초 각 도에

2인씩이더니, 1912년 3월에 정원을 증가하여 현재는 각 도에 3명씩이요, 통역관 및 기사(주임)는 봉급 예산 정액 내에서 이를 두게 하고 서기, 기수, 통역생(모두 판임관) 등의 정원은 몇 번의 개정을 거쳐서 현재는 전임 395인이 되었고,

(2) 부·군·도(府郡嶋)

부윤(일본인), 군수(조선인), 도사(일본인) 등은 모두 주임인데 도장관의 지휘를 받아 관내의 행정사무를 관장하고, 부하의 관리를 지휘·감독하고, 부 사무관 및 통역관(주임)은 처음에는 전임 4인이더니, 일시 이를 폐지하였다가 부제의 시행 후에 이르러 다시 부 사무관 3명을 두게 되었고 서기, 기수 및 통역생(판임) 등의 정원은 현재 전임 2,086인이오.

(3) 면

면은 최하급의 행정구획인데 면장을 두어 그 사무를 처리케 하되, 면장은 판임관의 대우를 받아 도장관이 이를 임면하고, 면에는 면장 이외에 면서기 및 동장·이장이 있는데 면장 직원의 급료 및 면 사무 집행에 필요한 비용은 면민의 부담으로 하고,

(4) 도·부·군·도 참사(道府郡嶋參事)

도장관 또는 부윤, 군수 자문에 응하기 위하여 각 도 및 부·군에 참사를 두되 도·부·군 관할 내에 거주하여 학식과 명망이 있는 자 중에서 조선 총독의 인가를 받아 도장관이 이를 임면하고, 그 정원은 도 참사가 각 도에 3인, 부·군·도 참사가 각 부·군·도에 2인이라.

부제 실시

1913년 10월에 부제를 발포하고, 1914년 4월 1일부터 이를 실시하였는데 부제의 경개(梗槪)는 다음과 같다더라.

(1) 부의 구역

부제를 시행하는 곳은 경성, 인천, 군산, 목포, 대구, 부산, 마산, 평양, 진남포, 신의주, 원산, 청진 등 12개소요,

(2) 부의 주민

부의 구역 내에 주소를 가진 자는 일본인, 조선인 또는 외국인 등을 불문하고 모두 부 주민이 되고, 부 주민은 부의 영조물을 공용하는 권리를 가지며,

(3) 부의 기관

부에 부윤을 두고, 부윤은 부의 관리로서 부를 통할하며, 부를 대표하고, 또 부윤은 부의 관리로 하여금 부의 사무에 종사케 할 수 있으며, 또 필요할 때에는 부의 비용으로써 부 이원을 두게 하고, 부윤이 이를 임면하며, 또 부에 협의회를 두고 부윤 및 협의회원으로써 조직하여 부윤이 의장이 되는데 협의회원의 정원은 부의 인구 다과 및 지방의 상황을 참작하여 조선 총독이 이를 정하고, 협의회원은 도장관이 부 주민 중 명망과 식견이 있는 자를 선정하여 조선 총독의 인가를 받아 임명하되 그 임기는 2년이요,

(4) 부의 사무

현재 부에서 경영하는 사업 중 중요한 것은 토목, 상하수도, 전염병 예방, 전염병원, 격리병사, 병원, 오물 소제, 도장(屠場), 묘지, 화장장, 공원, 구조, 소방, 시구개정, 어항 등인데 1915년의 각 부 세출 총계는 198만 7,000여 원에 달하였고,

(5) 부비의 재원

갑. 부의 재산에서 생기는 수입, 을. 영조물의 사용료, 병. 수수료, 정. 국고 또는 지방비에서 받는 보조금, 무. 부세 및 부역 현품의 부과 등인데 각 부 부세의 과목은 시가지세 부가세, 가옥세 부가세, 호별세, 영업세, 잡종세, 소득세, 건물세, 양조세, 전주세 등으로 1915년도의 각 부세액은 62만 1,000여 원이오.

(6) 도(島)의 행정

이전에는 제주도 및 울릉도에 군수(조선인)를 두었더니, 1915년 4월에 지방관 관제를 개정하고 도에는 도사(주임의 일본인)를 두어 군수를 대신하게 한 바 그 직무 권한은 군수와 대략 같으나 도령을 발하고 경찰서장을 겸한 것이 특별하고, 또 도장관은 필요한 때에는 조선 총독의 인가를 받아 도지청(島支廳)을 둘 수 있게 하니라.

지방비 제도

지방비는 각 도에 두고 도장관이 이를 관리하되, 그 재원은 부과금을 부과하여 토목, 권업, 교육, 위생 등에 관한 지방 공공사업을 처리하는 것이라. 부과금 수입은 지금까지 전 도를 통하여 110여만 원에 불과함으로 이것으로는 필요한 시설을 할 수 없어 매년 국고에서 다액의 보조금을 교부하고, 그 지방비에 의하여 시설하는 사업의 개요는 다음과 같으니라.

(1) 토목

토목사업은 도로 교량 및 제방의 개축 수선을 위주하고,

(2) 권업

권업에 관한 시설 사업의 종류는 매우 많으나 그중 주요한 것은 보통 농사, 잠업, 임업, 축산, 수산 등의 개량을 도모할 여러 종류의 시설이오.

(3) 교육

교육사업은 각 도에 대개 농업학교를 설치하고, 또 도에 따라 상업학교를 경영하며, 기타 공립보통학교, 사립학교 및 국어강습회 등에 대해서는 모두 상당한 경비를 보조하고, 또 근래 각지에 간이농업학교 또는 공업학교를 설치하였고,

(4) 위생

위생 사업은 도수(屠獸) 검사원 설치, 종두 장려, 수질시험 시행, 간이수도 경영, 공동 정호(井戶) 및 변소 설치, 위생 조합 보조 등이 주요한 사항이라. (하략-편역자)

〈자료 157〉 면 행정지침 발행(《매일신보》, 1916.1.7, 3면 1단)

[진주(晋州)] 총독 시정 이래로 행정 시설을 확대함에 따라 최하급 면 행정이 역시 증대함은 시골 노인이라도 들었을 것이고, 또 직접적으로 지난날에 비하여 복리가 되지 않는 것이 없으나 면 자체로 그 행정 시설의 여하함을 논한다면 비록 그 범위는 작지만 도·군에 비하여 처리 항목은 한 건도 적은 바 없고, 오히려 민적 사무 같은 것은 1건이 첨증(添增)된 바이므로 크고 복잡한 상태를 면하기 어려운 중, 면에 관한 경비 등은 극히 취급이 곤란한지라. 이러한 이유로 부령과 도령으로 면 행정에 관한 법령이 연래로 다수 반포되어 군마다 면 회의, 면서기 강습 등이 빈번할 뿐 아니라 감독이 지밀(至密)하고 지휘가 주도하여 점차 발전하는 모습이 있으니, 그 허다한 법령을 모집하여 하나로 편제하여 면 이원으로 하여 연구상 요람에 이바지하도록 제공할 서책이 없으므로 진주군 재근 서무주임 서기 요시무라 덴(吉村傳) 씨는 이를 개관하여 면 행정에 관한 부도 사이 일반 법령을 모집하여 면 행정지침이라 하는 서책을 1책으로 편제하였는데, 당 도(當道) 사사키(佐佐木) 제1부장과 당 군수 한규복(韓圭復) 씨가 교열한 후 현재 수천 권을 인쇄 중이며, 당 도청으로부터 각 도에 주문을 청구

하였는데 지극히 싼 가격으로 장차 조선 전 도, 각 군 2,520여 면에 널리 매각할 계획이라 운운하니, 실로 면 이원 등에게 요람이 되겠다더라.

〈자료 158〉 지방행정 개선 후의 실황(《매일신보》, 1916.1.14, 2면 3단)

지방행정은 신정 실시 이래로 가장 주의하는 바인데, 총독부는 물론이고 지방청에서도 예의(銳意)로 이의 개선을 다한 결과 해가 갈수록 그 면목을 크게 혁신하였는데, 지금 새해 벽두를 당하여 과거 1주년간의 성적을 돌아보건대 당국에서는 1915년도에 부·군·면을 폐합하고, 부제 학교조합령 실시의 효과가 가장 현저하도록 기하고, 특히 이에 노력했으므로 이들 인민에게 직접 영향이 있는 제도의 개혁도 하등의 지장이 없고, 또 도제(島制)를 설정 시행해서 더욱 이의 개선·발달의 실적을 보였는데, 그 경개(梗概)는 다음과 같다더라.

면비(面費)

1915년도 면비의 세계 총액은 285만 6,000여 원인데 전년도에 비하면 3,000여 원을 감소하였고, 또 그 세입은 부가 외의 수입이 7만 9,000여 원 증가하였으나 부과금 수입은 8만 2,000여 원 감소하여 다소 면민의 부담을 경감할 수 있었고, 또 세출에서는 면 이원의 수당, 급료 등 특별한 사정이 있는 자에 대하여 3만여 원을 증가하였으나 기타의 비목에 대하여 3만 3,000여 원을 절약하였으며, 1면의 경비는 1,033원인데 1914년도의 예산에 비하여 약 2원을 감소하였으며,

부제(府制)

1914년 4월 1일 부제가 실시될 때는 마침 시가지세 시행을 보았으므로 항간에서 혹 장래는 부 주민의 감소를 보리라고 비난하는 자가 없지 않았으나 당국에서는 신중하게 심의한 결과로 이를 시행한 터이므로 원래 이러한 폐해가 발생될 리가 없고, 1915년 1월 현재 호구를 조사하건대 당시는 미가 하락과 기타 경제계가 침체된 사정이 선명함에도 불구하고 이를 전년 같은 기간의 인구에 비하면 외국인은 구주전란의 영향으로 인해 108호 670인 감소가 있었으나 일본인 및 조선인은 모두 증가를 보여서 호수는 4,120호, 인구는 1만 7,206인

이 늘어났으므로 총호수 11만 6,460호, 총인구 49만 7,648인을 산(算)하였더라. 또 1915년도 부의 세계 총액은 195만 7,000여 원이니, 1914년도의 예산에 비하면 19만 7,000여 원이 감소하였고, 부비 지변 사업의 주요한 것은 오물 소제비 20만 5,000여 원, 상수도비 8만 1,000여 원, 병원비 7만 6,000여 원, 토목비 5만 4,000여 원, 경비비 4만 9,000여 원, 전염병원비 3만 2,000여 원, 도수장비 1만 4,000여 원, 묘지 화장장비 1만 4,000여 원, 구조비 9,000여 원 등이며 원산·목포·대구의 3부에서는 상수도 공사 중이므로 이에 약 46만 2,000여 원을 요하며, 원산부에서는 공사 준성하여 1915년 11월 8일에 개통식을 거행하였더라.

학교조합

1915년 4월 1일 현재 학교조합 수는 285개인데 이래 13조합의 증설이 있고, 동년 12월 1일 현재에는 298개소를 산하게 되며, 일본인의 증가에 따라서 소학교, 고등여학교, 실과고등여학교, 상업전수학교, 간이상업전수학교, 유치원 등을 경영하였더라. 1915년도 세입 총액은 131만 8,000여 원이나 이를 1914년도의 세입 총액에 비하면 12만 2,000여 원의 예산이 증가하였는데, 이는 주로 조합 증설의 결과에 연유함이더라.

〈자료 159〉 지방행정에 취(就)하야-평양숭실대학교에서 시노다(篠田) 평남 제1부장 강연

(《매일신보》, 1916.2.20, 1면 3단)

평양 숭실대학교 내 문학부 주최로 지난 18일 오후 7시 30분부터 시노다(篠田) 제1부장의 강연회를 개최하였는데 청강자는 미국인 심(沈) 목사, 대중학교 교사, 생도, 기타 조선인 목사, 장로 등 무려 300여 명에 달하였더라. 자리를 정하고 임찬익(林燦益) 씨의 인도로 곽권응(郭權膺) 씨의 찬송, 김태헌(金泰軒) 씨의 성경 낭독이 있고, 시노다(篠田) 제1부장은 지방행정 문제하에서 장시간의 강연이 있고, 정일선(丁一善) 씨의 예사(禮辭)가 있은 후 폐회하였는데, 그 강연의 개요는 다음과 같다.

국가의 성립 요소는 국토·인민·통치권이다. 비교하면 일신(一身)·일가(一家)·일단체

(一團體)와 같으니 이에 대한 기관은 헌법·행정법·사법 3종으로 나뉘며, 그중 행정법 작용의 본질은 직접적으로 공공의 안녕질서를 지키게 하고 신민의 행복을 증진함에 있다. 그런데 국가의 주권자는 신민에 대하여 절대 무한의 권력이 있고, 신민은 이에 복종할 의무가 있으니, 즉 국가와 신민은 명령과 복종의 관계이다. 오인은 국가 명령에 위반하지 못하고, 만일 위반하면 처벌을 당한다. 미개 시대의 행정은 관리의 행복만 기하고, 신민의 행복은 돌아보지 않아 법률 규칙도 공포하지 아니하므로 민은 법을 알지 못하였고, 문명국의 행정은 일정한 형식에 따라 행하고, 일정한 법률 범위 내에서 사무를 집행한다. 행정의 작용력이 발동하는 형식은 다음과 같다. ① 행정법규, ② 명령, ③ 행정처분 등이다. 행정 기관, 행정 관청은 ① 관제에 따라 정한 통치의 기관, ② 중앙관청 지방관청, ③ 조선총독부는 특별히 지방관청이라 조선 총독은 천황에 직예하여 제반 정무를 통할하며, 또는 위임의 범위 내에서 육·해군을 통솔하여 조선 방비의 일을 관장한다. 행정 종류는 경찰, 산업, 위생, 토목, 교육, 종교, 세무, 민적 등 여러 가지가 있으나 주요한 것은 행정 경찰이다. 경찰은 공공의 안녕질서를 유지하게 하고, 공공의 위해를 배제하는 것을 목적으로 한다. 행정에 관한 개요는 위와 같다. 총독 시정(始政) 이래 본 도의 지방행정 효과에 대해 한마디 하면, 1915년도 산액이 2,684만 8,524원인데 병합 당시인 1910년 산액이 1,552만 8,047원이라. 이를 1915년도에 비하면 증가액이 1,532만 477원을 보였으니 이와 같이 신민의 행복을 증진케 함이 현저함인즉 각자 그 직에 분려하여 그 행복을 향유케 할지어다. 운운.

3. 면제 실시

〈자료 160〉 신면제(新面制)와 실시기(實施期)(《매일신보》, 1916.12.3, 2면 3단)

조선총독부 면제 안은 이미 법제국에 회부되어 사와다(澤田) 내무부 제1과장이 이의 타협을 위해 현재 도쿄에 가 있는 중인데 아마 본 연도 내에 재가를 받아 제령으로 발포되겠고, 명년도부터 실시하게 되리라는데, 동 안의 내용은 확실하게 말할 수는 없으나 종래 면제에 대해서는 지방관 관제 제25조에 각 군도(郡嶋)에 면을 설치한다 하였을 뿐으로 단지 하나의 행정구획에 불과하고 하등의 사업 능력을 인정함이 없는지라. 그러나 실제 필요가 임박하여, 혹은 시장을 경영하며, 혹은 묘지를 처리하고, 또 종래 재산을 보전하였으므로 증명령 등에는 면으로서 재산권의 주체로 취급한 바이라. 그러나 이는 필경 권의(權宜)의 조치에서 나온 것으로 면제가 확립되지 않은 때에는 이를 순리(純理)로 논하면 다소 논의의 여지가 없지 않은 것이라. 이에 동 안은 현재 조선의 정세에 적합하게 면에 인격을 부여하여서 어떠한 종류의 사업 능력을 인정한다 함에 있는 것으로, 그 내용은 일본의 정촌제와 같지 않음은 물론이나 또 면제의 일대 이혁(釐革)[18]이라 하겠고, 실시하게 되면 지방의 진전을 조장하는 효과가 결코 적지 않겠더라.

〈자료 161〉 신면제(新面制)의 내용(《부산일보》, 1916.12.3, 2면 2단)

인격 부여 사업 능력 인정/대체로 부제와 유사한 것

총독부가 새로 제정하려는 면제의 원안은 법제국에서 심의 중으로 사와다(澤田) 지방 제1과장이 도쿄에 가서 설명하는 임무를 맡고 있는데 종래 조선에서 면 제도에 관해서는 총독부 지방관 관제 제25조에 "각 군도(郡島)에 면을 두고 면에는 면장을 둔다"라는 극히 간단한 1항이 있었을 뿐이다.

---

18 규칙이나 제도를 고쳐 정리함.

면은 하나의 행정구역에 불과하다. 따라서 종래는 하등 사업상 능력을 인정받지 않았으나 실제의 필요에 따라 시장, 묘지 등을 경영하고, 혹은 종래에 면 재산을 소유해 오기도 했다. 부동산 증명령에서는 면을 재산권의 주체로 인정해 왔으나 이는 필경 당국의 편의적인 조치에서 나온 것으로 면제가 확립되지 않은 시기에는 순리상 논의의 여지가 다소 있었다. 이에 총독부가 면제 발포의 필요에 다다른 것이다. 신면제의 내용은 알 수 없으나 종래의 상황에서 추찰·귀납하면 조선의 현상에 적응하여 면에 인격을 부여하고, 어떤 종류의 한정적 사업 능력을 인정하는 것이 될 것이다. 그리고 어느 정도까지 면의 능력을 인정할지는 문제이며, 조선 실정을 기초로 하여 내지의 시정촌제에 준한 사이비적인 일종의 변태제도임은 말할 것도 없으나, 현재 상황에서 자치제로 나아갈 하나의 단계임은 의심할 바 아니다. 당국이 현재 부에 부제를 시행하고, 정협의회(政協議會)라는 자문기관으로 남겨 놓고 자치권을 인정하지 않는 데서 추측하면 대체로 부제와 유사한 것이 될 것이다. 부윤의 임명과 마찬가지로 면장도 선거에 의하지 않고 상부의 임명으로 하고, 면에는 부협의회와 유사한 자문기관을 두는 것이 될 것이다. 어떻든 신면제 제정은 시세의 요구에 따라 종전에는 면 자체가 사업 능력을 인정받지 않은 결과 구매조합, 축우 조합, 산업조합, 소방 조합 등 소위 계라는 것을 개별적으로 조직하여 제도상 결함을 보조해 오던 것이라면, 면제 시행은 이들을 한 우산 아래에 통일하는 것이라 지방행정상 편리하고, 산업 증진상은 물론 지방 자치제에 일보를 내디딘 것이며, 조선의 현황에서 시기적절한 것이라 말할 수 있다. 단, 조선의 실정에 비교적 어두운 내지 당국 등이 면의 인격을 인정하고도 시정촌제 같은 의회를 인정하지 않는 변칙적 법제에 곧장 동의를 표할지 아닐지의 점에서, 법제국을 통과하여 그 발표를 보기에 이르기까지에는 다소 시일이 걸릴 것이다.

〈자료 162〉 조선 면제(面制) 내용(《부산일보》, 1917.2.2, 2면 4단)

조선총독부에서는 곧 면제를 시행하기로 결정하여 목하 내무성에 신청 중이다. 이 안은 세간에 일부 잘못 전해진 것처럼 자치제를 공포하는 듯이 과장된 것도 아니고, 또 협의회 같은 자문기관도 아니다. 단지 현재의 면은 하나의 행정구획에 불과하여 아무 사업도 운영할 수 없으므로, 면제 시행하에 면으로 하여금 도로 개발 및 산업적 사업을 경영시키려 하는 것이다.

〈자료 163〉 면 제도의 제정에 취(就)하야, 제정의 취지와 규정의 경개(梗槪), 내무부 장관 우사미 가쓰오(宇佐美勝夫) 씨 담(《매일신보》, 1917.6.10, 2면 3단)

제정 경로

면 제도 제정의 필요는 병합 당시에 이미 이를 생각하였으나 그 체양(軆樣)의 여하는 지방 주민의 이해에 관계되는 바가 다대할 뿐 아니라 국운의 소장(消長)에 영향되는 바도 적지 않고, 또 그 제도를 아무리 완비하더라도 운용에 그 사람을 얻지 못하면 효과를 거두기 곤란할 뿐이며, 도리어 폐해를 양성할 우려가 있으므로 병합 당시에는 잠시 조선 고래의 제도에 따라 최하급의 국가 행정 구획으로 면을 존치하고, 면에 면장을 두어 군수 도사의 사무를 보조 집행케 하고, 면 제도의 설정에 관해서는 이를 훗날 연구로 맡기고, 이후 다년간 이 조사를 진전하는 동시에, 오로지 면 제도 시행상의 준비를 정돈케 하기를 기하여, 혹은 면 폐합을 행하여 그 구역을 정리하며, 혹은 면 이원을 훈련하여 집무 방법을 개선하며, 혹은 면 경비를 절약하여 타일의 용도에 대비하기를 도모하였으니, 원래 그 내용의 정비는 금후 또 많은 노력을 기다릴지나, 지금 면장, 기타 면 이원 등은 겨우 사무에 습숙(習熟)하여 그 정리가 자못 볼 만한 것이 있으니, 이를 병합 당시에 비하면 실로 격세지감이 없지 않다. 그러나 한편으로는 병합 이래 지방의 제반 사물이 침침(駸駸)[19]하여 진보 개선의 기운에 향하여 산업상 토목, 위생 등에 관하여 공익적 시설을 요하는 것이 더욱 많아지기에 이르렀으나, 현재 지방에서는 이들 사업을 경영할 만한 제도 설비가 없으므로 혹은 조합계 또는 회(會) 등을 만들며, 혹은 면민 공동의 협의적 사업으로 이를 경영케 하는 터이다. 이로 인하여 지방 사무의 통일을 결여하고, 완급이 득의(得宜)치 못할 우려가 있으며, 지방민의 부담이 오히려 무거워지는 경향이 있는지라. 이에 이들 사업을 통일하여 경영할 만한 어떠한 방법을 취하는 것이 더욱 필요하기에 이르며, 한편으로는 지방제도 시행의 준비가 대략 완성되는 동시에, 또 한편으로는 더욱 통절히 그 필요를 느끼기에 이르렀으므로 이번에 면제를 공포한 면은 재산을 갖고, 또 어느 정도의 사업을 경영할 만한 것을 공인하기에 이르렀으니, 모두 장래 지방 공익상 보충될 바가 적지 않을 줄로 믿노라.

---

19 나아감이 매우 빠름.

면제의 정신

생각건대 병합 이래 지방의 발전이 현저히 크나, 이를 일본과 같은 선진 지방과 비교하면 아직 진보의 도정에 취하였다 함에 불과하고 도로 교통의 개선, 산업의 장려, 위생의 개량 등도 현재의 시설로써 만족할 것이 아니오, 그 개선 충실에 관하여 시설할 사항이 매우 다대하다 하리로다. 그러나 이들 시설에 관해서는 적지 않은 경비를 요하겠고, 그 중대한 것에 대해서는 국고 또는 지방비로 이를 지출할지나, 국고 및 지방비의 재원에는 한도가 있어서 충분히 그 지출을 바라기 어려우므로, 지방적 공익 시설에 대해서는 오로지 지방민의 부담에 따라 이를 경영할 것은 자연의 세(勢)요, 면제 제정된 이유 역시 이에 있도다.

조선 민도의 현상을 보건대 병합 이래의 노력으로 생활 상태가 점차 개선되어 금일에는 옛날과 같이 유리(流離) 곤비(困憊)[20]의 모습이 없으나, 아직도 겨우 치산(治産)의 길을 얻었음에 불과하고 생계상 여유에 대해서는 또 이를 장래에 기할지라. 현재는 가령 공익상 필요하다 할지라도 주민의 부담을 증가함은 도저히 견딜 바가 아니므로, 면제에는 아무쪼록 면민의 부담을 증가치 아니하고, 지방의 개선·진보에 이바지하기를 기하여 현재 각종 단체가 경영하는 각종 사업을 면에 통일하고, 그 질서적 발달을 도모함과 함께 장래 민도의 향상에 따라서 서서히 시설을 확장할 방침을 채택함이라. 세인은 면제로써 일본의 정촌제에 비하여 지방제도의 일대 혁신인 듯이 간주하는 자도 있으나, 이를 고래의 관례에 비추어 현재의 상황에 조합(照合)할 때는 단순히 그 형식을 정돈함에 그치고, 그 실질에는 현상의 종합에 다름 아니며, 장래 세운의 추이와 함께 면 사업을 점차 발전케 하기를 희망하는 바이나, 면에 사업 능력을 인정하므로 갑자기 신사업을 흥하여 면민의 부담을 증가함은 이를 피해야 할 것이니, 요는 면민의 경제적 능력과 사업의 완급 요부(要否)를 고찰하여 저실(著實)할 발달을 기함에 있도다.

위와 같이 면제는 고래의 관행과 현재의 실상을 기초로 하고, 그 능력을 법제상으로 명확케 함에 불과하고, 새롭게 그 권능을 확대한 것이 아니나, 현재의 면은 또 상황이 구구하여 내선인의 다수 집단한 시가지와 같음은 그 자력(資力)과 그 사업에 다른 일반 면과는 자못 그 취지가 달라서 거의 부(府)에 근접한 것이 있으니, 이러한 면을 타 면과 동일하게 율(律)함은 실

20 고달파서 힘이 없음.

정에 적합하지 못한 터이므로, 이러한 면에 대하여 그 권능 및 기관에 관하여 다소 그 취지를 다르게 하고, 자문기관으로 상담역을 두는 동시에, 부채의 능력을 부여해서 실제상의 필요에 응케 함을 기하였도다. 위 면제의 규정에 대하여 그 경개(梗槪)를 술하면 다음과 같도다.

면의 사무

면이 처리할 사무는 '법령에 따라 면에 속케 한 사무'에 한하므로, 법령에 따라 면에 속하지 않은 사항은 가령 면민의 공익에 관한 것이라 할지라도 자유롭게 이를 처리할 수 없는 것으로 함이라. 그런데 타 법령에 별도의 규정이 있는 것 이외에 면이 처리할 사무는 면제시행규칙으로써 이를 규정하였으니, 즉 다음과 같도다.

1. 도로, 교량, 도선(渡船), 하천 제방, 관개 배수
2. 시장, 조림, 농사, 양잠, 축산, 기타 산업의 개량 보급, 해조충(害鳥蟲) 구제(驅除)
3. 묘지, 화장장, 도장, 상수, 하수, 전염병 예방, 오물 처치
4. 소방, 수방

이상 열기한 사항은 본래 면의 능력을 인정하는 데 그치고 한결같이 각 면으로 하여금 이를 경영하게 하려는 취지가 아님은 물론인즉, 마땅히 면의 실상에 응하여 이를 취사 채택함과 함께, 면에 따라서는 위 이외의 사무를 처리할 필요를 느끼는 일이 없지 않을 터이므로, 이 경우에는 조선 총독의 인가를 받아 그 사무를 처리할 수 있게 한 것이라. 이렇게 면 사무의 종류를 한정한 것은 앞에 서술한 것처럼 현재 상황에는 면에서 위 사무를 처리할 수 있으면 대체로 지방의 필요에 응하기에 족한 동시에, 민도가 아직 낮고 따라서 면의 자력(資力)이 역시 심히 결핍하므로, 면이 하등의 제한이 없이 일반적 공공사무를 처리할 수 있게 하면 혹은 사업을 남흥(濫興)하여 면민의 부담을 과중케 함과 함께 면의 기초를 위태롭게 할 염려가 없지 않으므로, 당분간은 극히 필요한 것에 한하여 이를 처리할 수 있게 하기로 해서, 면의 확실하고 원만한 발달을 기하게 하기 위함이라. 그러나 위 사무 중 도장, 공동 정호, 공동 변소, 묘포(苗圃), 채종전(採種田), 도로의 개수, 농업상의 간이강습회 등과 같은 것은 이미 그 필요에 핍박되어 조합 혹은 계의 사업으로 하며, 또는 면민의 공동사업으로 이를 경영하

는 것이 많으므로, 면 제도 시행의 처음에는 이를 면에 통일 경영케 할 방침이라. 끝으로 일언할 것은 교육에 관한 사항은 면의 사무 중에서 제외할 것이니, 이는 교육에 관하여는 따로 학교조합 및 보통학교비용령이 있어서 내선인 모두 그 경영방법을 확립하였으므로 이를 면의 사업으로 할 필요가 없는 까닭이라.

면의 직원

면 직원은 대체 종래의 예에 따라 심한 변경을 가하지 않고, 단 특수한 사정이 있는 면에 한하여 자문기관으로 상담역을 두는 것으로 했으니, 즉 보통 면의 직원은 면장, 면서기, 회계원 및 구장이요, 그 임면, 직책 등은 종래와 다를 바가 없으며, 단 회계원은 종래는 가급적 이를 두지 않는 방침을 써서 병합 전 공전(公錢) 영수원을 특별히 둔 시대의 폐풍을 제거하고 면 경비의 절약을 도모하였으나, 면의 사업 경영 능력을 인정하는 이상은 회계 사무도 역시 번잡하게 되겠고, 또 금전의 출납을 명하는 자와 금전의 출납을 관장하는 자를 따로 분장케 하여 서로 견제케 함은 공금의 망실을 예방하는 데 일조할 것이므로, 금후는 원칙으로 이를 두기로 하고, 면의 상황에 따라서 도장관의 인가를 얻어 이를 두지 않을 수 있도록 하였고, 또 구장은 종래의 동장·이장에 해당하는 자이라, 종래 면 사무는 면사무소에서 이를 직접 처리하고 가급적 동장·이장을 두지 않는 방침을 써왔으나, 오래된 인습(因襲)은 용이하게 소기의 목적을 달성하기 어려워 지금은 사실상 동장·이장을 두는 곳이 적지 않고, 또 장래에도 가령 면 사무의 대부분은 면사무소에서 이를 처리할 수 있다 할지라도 어떠한 범위의 사무는 동장·이장으로 하여금 이를 보조케 함이 면 행정의 집행상 편익이 적지 않을 줄로 생각하였으므로, 면제 시행 후에도 이를 두기로 하였도다. 그런데 동장·이장은 원래 동민·이민의 총대와 같은 자이므로 동리 내에 있는 유력한 인물을 움직일 필요가 있으나, 종래 동장·이장은 마치 동리에 있는 소사(少使)와 같이 간주하여 일반이 이를 비하하는 풍습이 있고, 동리 내 유력자는 그 직을 맡는 것을 좋아하지 않는 상황이므로, 차제에 동장·이장이란 명칭을 고쳐서 이를 구장이라 칭하고, 종래의 폐풍을 일소하여 적임자를 얻는 데 도움이 되게 함을 기하였도다.

상담역은 전에 말한 것과 같이 특수한 사정이 있는 면에 한해 이를 두는 것으로 하였으니, 시가지 등 내선인 다수 집단이 있는 면에서는 그 경영할 사업이 적지 않을지오. 따라서 면민의 부담도 비교적 많을 터이므로 면내 유력자의 의견을 듣고 이를 참고로 함은 면 행정의 운용상 적당하다고 생각함에 연유하는 바이라. 그런데 상담역은 그 이름과 같이 면장의 상담 상대가 될 자이라. 고로 함부로 구설적 변론을 농하여 의론의 부(府)가 되게 하지 아니하고, 극히 간담적으로 면무(面務)에 관한 의견을 술하여 면 행정이 원만히 행하도록 진력케 함으로써 그 주안을 삼은 자이로다.

면의 재무

면 경비의 재원으로 하여금 가급적 면 소유에 속한 재산 또는 면민이 비교적 고통을 느끼지 않을 수입에 따르게 함은 가장 바라는 바이므로, 장래 더욱 면 소유 재산의 조성에 노력하는 동시에 새로이 면에서 사용료 및 수수료를 징수할 수 있게 하였도다. 그러나 이러한 수입만으로 면비를 지변케 하는 것은 극히 어려운 계획이므로, 면은 부과금 및 부역 현품을 징수할 수 있음은 종래와 다를 바가 없도다. 그런데 면 부과금의 종류는 대체로 종래의 예에 따라 지세할, 시가지세할 및 호별할로 하고, 특히 필요가 있을 때는 조선 총독의 인가를 받아 특별부과금을 징수할 수 있게 하고 지세할, 시가지세할 및 호별할의 제한액은 이를 종래에 비해서 다소 증액을 보기에 이르렀으니, 이는 사업 경영의 능력을 인정한 결과 새로이 그 재원을 부여할 필요에서 나온 것이나, 한편으로는 사업 통일의 결과 각종의 조합비 또는 협의비와 같은 부담을 경감케 할 터이므로, 실제로 면민의 부담은 신사업을 경영하지 않는다면 오히려 감소하고 증가는 없을 것이라 믿노라. 면의 재무에 관하여 또 언급할 것이 있으니, 면은 면 부과금을 징수하여 매년 필요한 경비를 지변할 수 있으므로, 보통 경우에는 그 경비 지변상 하등 장애가 생기지 아니할지나, 내선인의 다수 집단하여 그 상황이 부(府)에 준할 만한 면에서는 때때로 다액의 경비가 필요한 사업을 경영해야 하는 경우가 없지 않을지니, 이 경우에는 일시 부채를 일으키고 수년에 걸쳐 이를 분담케 할 방도를 강구함은 재정상 가장 적당한 조치로 생각하고, 상담역을 둔 면에 한하여 일정한 경우에 조선 총독의 인가를 받아 차입금을 시행할 수 있게 함이라. 또 현재에는 일시의 차입금도 이를 허용하지 않을 방침을 채택하였으나, 면비 징수 시기의 관계상 일시적으로 면의 현금 부족이 생기고 지불에 곤란을 초래하는 경우가 없지 않을지니, 이러한 경우에는 종래 혹은 지불을 연기하고, 또는 면장 등이 사금(私金)으로써 이를 입체(立替)하는 등의 방법을 강구하여 일시 이를 호도

할 상황이라. 그러나 이러한 것은 폐해의 원인이 될 것이므로 예산 내의 지출을 하기 위하여 필요한 경우에는 도장관의 인가를 받아 일시적으로 차입금을 쓸 수 있게 해서 면비 경리의 불편을 없애기로 하였도다.

면 조합

면에서 처리할 사무는 대개 1면의 관계에만 그치고 다른 면의 이해와 직접 관련하는 것은 희소하나, 왕왕 인접 면과 공동하여 경영하지 않으면 충분히 그 목적을 달성하기 어려운 경우(각종의 도로, 교량, 도선 등), 또는 인접 면과 공동으로 이를 경영하는 것이 편리한 경우(격리병사·도장·묘포 등)가 없지 않으므로, 이러한 경우에는 면 조합을 설하고 서로 공통하여 이를 경영케 할 방도를 강구하는 것은 가장 필요한 바이므로, 도장관은 조선 총독의 인가를 받아 면 조합을 설치할 수 있게 하였도다. 또 조합 사무의 관리 방법, 조합 비용의 지변 방법 등 조합 조직상 중요한 사항은 규약을 정하게 하고, 기타 사항은 대개 면에 관한 규정을 준용하였노라.

〈자료 164〉 면제 실시의 특소(特所), 면장에는 일본인 [《조선시보(朝鮮時報)》, 1917.7.26, 2면 3단]

오는 10월 실시될 조선총독부 회의에 의한 면제는 그 권한이 흡사 부제와 동일하게 기채 및 각종 경영의 권능을 갖는다. 특히 그 면장에는 일본인을 채용하는 것으로 되어 있어 흥미롭다. 원래 조선의 면은 지역에 따라서는 구역이 넓고 호구, 재력 등과 함께 군에 필적할 만한 능력을 갖춘 곳도 적지 않다. 여기에서 면장이 되는 일본인은 실질적으로 군장이 되는 것과 동일하고, 특히 면제 실시 당초에 그 기본을 세우는 것이므로 어떻게 해서라도 번영하게 만들어야 할 것이다. 더욱이 이 면장이 관선이라면 관리 중에서 임명될지 또는 지방 재주 내지인 중 임명될지는 도장관이 생각해야 할 하나이고, 또 그 실시도 능력에 비추어 도장관이 시행지를 특정하는 순서가 된다. 부산부는 면을 폐하고 부로 합병 흡수함으로써 지정을 받아 면제 실시가 될 지역이 없으나, 근접한 동래군은 현재 면 사무를 하고 있고 그 지정이 될지 안 될지 알 수 없으나 동래의 현황으로는 지정을 받고 가장 근접한 부산과 대응하여 자치적으로 경영을 촉진할 필요가 특히 있다고 생각된다. 들리는 것처럼 북조선 나남 같은 곳은 면제 실시가 되어 도로 토목, 시구 개정 등 때문에 이 면에서 8,900원의 기채도 말하는 상태이다. 면 행정과 운용, 특히 일본인 면장을 채용하는 것은 자못 주의할 가치가 크다고 혹자는 말하고 있다.

〈자료 165〉 면제 실시와 면장강습회, 9월 상순경 개최(《부산일보》, 1917.7.27, 2면 6단)

총독부가 지난번 발포한 조선 면제 실시에 관해 각 도 제1부장 회의를 소집하고 발포의 취지와 시행에 관한 자세한 의도, 기타에 대해 훈시 지시한다는데, 본령을 철저히 시행하고, 또 시행상 지장이 없도록 하기 위해 각 도에서는 제1부장 귀임 후 각각 군수를 도청에 소집하여 총독부의 방침과 본령 시행에 관한 지시를 주의시킬 것이다. 8월 상순부터 늦어도 동월 하순까지 각 도 모두 군수 회동을 소집하여 군수 회동 종료 후 9월 상순 전 도 각 군 모두 면장을 소집하고, 약 1주일간 본령 시행에 관한 강습을 할 것이다. 면장 임명은 종래의 면장을 그대로 두고 면장 교체는 하지 않을 방침이다.

〈자료 166〉 내지인 면장 임명(《매일신보》, 1917.10.3, 2면 5단)

면제의 실시에 따라서 상담역을 두는 면은 기보와 같거니와 최근 부령으로 지정된 이들 면에는 또 일본인 면장을 둘 수 있게 되었더라. 그 결과 해주(海州), 의주(義州), 성진(城津), 회령(會寧) 등 4면에서는 당분간 조선인 면장을 둘 모양이나, 기타 지정면에 대해서는 새로이 일본인을 임명하겠고, 그 면장은 이미 총독부의 승인을 거쳤으므로 각 도 장관이 임명하게 되겠고, 일본인을 면장으로 한 지정면은 다음과 같다더라.

경기도 수원면(水原面)·송도면(松都面)·영등포면(永登浦面)

충청북도 청주면(淸州面)

충청남도 공주면(公州面)·대전면(大田面)·강경면(江景面)·조치원면(鳥致院面)

전라북도 전주면(全州面)·익산면(益山面)

전라남도 광주면(光州面)

경상북도 김천면(金川面)·포항면(浦項面)

경상남도 진주면(晉州面)·진해면(鎭海面)·통영면(統營面)

강원도 춘천면(春川面)

함경남도 함흥면(咸興面)

함경북도 나남면(羅南面)

〈자료 167〉 신면제하의 제1일, 면제 시행되던 첫날의 두 면사무소(《매일신보》, 1917.10.3, 3면 1단)

10월 2일은 조선 전 도의 2,500여 면이 10월 1일부터 시행되는 새 면제 아래에 사실상 환토되어 나는 날이라 새 면제가 시행되는 첫날의 면사무소 광경은 어떠한가 하고 동대문 밖 제기리의 고양군 숭인면사무소를 찾았다. 문밖 대서소에 두어 사람의 손이 있는 모양이요, 면사무소에는 의례히 따라다니는 여러 조각의 현판이 기둥에 넘치도록 달린 문을 지나 사무소 안에 들어서 수부구에는 한 사람의 인민도 서지 아니하고 아주 조용하다. 면장은 오찬 시간인 고로 자기 집에 갔다 하며 면서기 한 사람이 대답하되 "숭인면에는 새 면제가 시행되었다고 하여도 면내에는 도수장이니 소방조 등의 설치가 없으므로 금일부터 인계를 받아온 사업은 없고, 시행되는 새 면제 아래에서 여러 가지 사업을 경영하고자 방금 계획 중인 듯하외다. 자세히는 알 수 없으나 금년 연도 이내에 새 사업은 별로 없을 듯하며, 면에서 새로이 토목사업을 하게 되었으므로 춘천가도의 일부로 요새 동문 밖에서부터 치도하여 나가는 공사도 그 위 군청에서 실행하여 오던 것인 고로 그대로 군청에서 계속 경영하게 된다 합니다. 차차 여러 가지 사업이 많이 경영되어 사무도 바빠지고, 또는 면 이원도 늘겠지오마는 아직 금일 같아서는 별로 변한 것이 없습니다" 하더라.

또 서문 밖 동막장리의 고양군 용강면사무소에서는 이날 아침에 면장이 면서기와 함께 경성헌병분대에 와서 우선 동막 있는 소방조의 인계를 받아가지고 면장은 군청으로 가고 인계에 갔던 면서기는 가제 돌아왔다 하며 "지금 헌병분대에서 소방사무의 인계를 맡아가지고 왔는데 도수장도 면의 경영으로 옮겨질 터이요, 또 이전 경무관헌이 관할하던 위생 사무를 이제 면에서 시행하게 되었는데 면 사무가 매우 많아져서 비상히 분망할 듯하외다. 용강면에는 면장 이외에 일곱 명의 면 이원이 사무를 처리하여 왔는데 이제부터는 사무가 매우 많아질 터인 고로 아마 2~3명의 면 이원은 증원될 줄로 내정이 된 듯하외다. 이전의 이장이 없어지고 새로이 구장을 두게 되었는데, 아시는 바와 같이 법령의 해석으로만 보면 구장은 이전의 이장보다 그 자격이 높다 할 것인데, 새로 구장이 임명될는지 또는 이전 이장이 임명될는지는 상사의 처분이지마는, 용강면 관내의 이전 이장으로 말하면 모두 그 동리 안에서 명망 있는 사람들인즉, 새로 사람을 고를 필요가 없다는 의견도 당무자에게 있는 듯하나, 하여간 발표되기 전인즉 무엇이라 말씀할 수 없습니다" 하더라.

숭인면이나 용강면이나 이날의 광경은 전일과 별로 변한 것이 없으나 조선 전 도의 각 면소에는 신면제의 시행 후에 날마다 늘어가는 문부의 높이와 함께 면사무도 차차 늘어가서 지방의 발전에 필요한 공공기관은 면의 손에 통일되어 진행되고 확장되어 가겠더라.

〈자료 168〉 알알이 주워 먹는 더러운 일본 한국에 새 면제를 실시, 새 면제가 실시되면 면은 어떻게 변하는가? 2천 5백여 면의 한인면장을 몰아낼 터이로다[《신한민보(新韓民報)》, 1917.11.15, 3면 1단]

(상략-편역자) 일본이 한국을 병탄할 적에 아무렴 그 이익을 위함이니 첫째의 토대 물산을 점령, 둘째 제 사람 처치를 알뜰히 할 것이다. 그래서 국유지도 빼앗고, 민유지도 빼앗았으며, 그래서 농업도 빼앗고, 상업도 빼앗았으매, 그래서 내직은 물론이요, 도장관도 빼앗고, 군수도 빼앗고, 군주사 순검까지 빼앗은 것이라. 이를 다 빼앗긴 우리는 너희를 의리로써 책하지 않는 것은 잔인무도한 너희가 의례히 그러할 것으로 인정함이다. 그러나 각 군 면장까지 빼앗을 것은 생각지 아니하였다. 이것이야말로 참으로 송아지 젖줄을 끊는 것이요, 양의 가죽까지 벗기는 것이로구나. 이러한 시비야 나중 일이다. 대체 면제는 언제 새로 실시하였느냐? 한국 국내의 2,520여 면은 10월 1일부터 새 면제가 시행되었다. 이날은 소위 시정의 기념일인 고로 그 이튿날부터 시행되었는데 면제는 무엇을 새로 변경하였느냐? 들으니 면제에 의지하여 새로이 되는 면은 경성부라든지 평양부라든지 하는 부와 근사하게 변하였다. 오늘까지 한국의 각 면은 실상 도청이라든지 군청의 행정사무를 보조하는 기관에 지나지 못하여 국세를 받아주든지 민적의 사무를 도와주는 관청 사무가 거의 전부요, 자기 면을 위하여 사업을 하는 권한은 법령이 없었더니, 새로이 시행될 면제의 아래서는 면에서 다만

이전 보던 면 사무만 볼 것이 아니라 여러 가지 공공사업을 면에서 할 수 있다는 것은 일인의 말이더라. 그리하여 종래 경무관원의 관할 아래였던 소방대라든지 위생 조합도 면으로 부치고, 그 밖에 산업계와 공공기관을 모두 면으로 부쳐서 면에서 이 사업을 경영하게 되었으므로 이로부터 면 사무는 곱절이 중대하여졌다. 그리하여서 중요한 저자터가 있는 면에는 군의 군참사 같은 상담역이라는 것을 두어서 면장을 돕게 하기로 지정되어 이것은 23처를 총독으로부터 지정될 터인데, 이 지정면의 면장은 일본놈으로 임명될 듯하다 하며, 그 밖에 또 회계를 두며 이원을 둘 터인데 이원은 대개 한 면에 20~30명 내지 50~60명까지 증가하는 모양이오. 그 밖에 면사무소를 보조하는 이장의 이름은 구장이라 고치고, 이것은 명예직으로 결정하여 그 동리의 명망가로 임명하게 되었더라(돈 안 주는 것이라 한인에게). 면의 경비로 말하면 이왕에도 호별세로 인민에게 징수하여 쓰던 것이므로 이번 면제 변경 후에도 인민에게 거둘 터이니 면민의 부담은 전보다 많아질 터이로다.

소위 총독부는 이렇게 새 면제를 실시한 후 우선 전국 내 중요 시가지가 있는 각 면에 일인으로 면장을 임명할 터인데, 경기도에는 수원면 · 송도면 · 영등포면, 충청북도에는 청주면, 충청남도에는 공주면 · 대전면 · 강경면 · 조치원면, 전라북도에는 전주면 · 익산면, 전라남도에는 광주면, 경상북도에는 김천면 · 포항면, 경상남도에는 진주면 · 진해면 · 통영면, 강원도에는 춘천면, 함경남도에는 함흥면, 함경북도에는 나남면이라. 이상은 우선 중요지로만 뽑아서 왜놈들을 임명할 터이오. 그후에는 전국 내 2,500여 면은 다 왜놈으로 임명하게 될 터이로다.

일본이 한국을 병탄한 후 하향의 농민과 하급 인민이 나라가 망한 것을 아픈 줄 모르는 것은 국가 주권과 전체 인민의 생활의 어떠한 것은 돌아보지 않고 오직 농토에 묻혀서 이왕 탐관오리의 학정을 받지 않고 농사나 하여 먹음을 다행으로 여김이라. 신면제가 실시되어 왜놈이 면장을 피임한 후로부터는 그 부담이 무거워지고, 또 그 면의 사업 권한은 모두 왜놈의 수중에 돌아가고 왜놈은 쉬랑의 종류라 가련한 농민의 말할 수 없는 사정을 통할 수 없을지니, 오늘 이 농민과 하급인이 마지막 결박을 받는 때라. 그러나 달리 생각하면 한 가지 바랄 것이 있으니, 이로부터 왜놈을 대항하는 사상은 농민과 하급 인민의 뇌 속에도 깊이 들어가 새겨 있을 것이라 하노라.

〈자료 169〉 희망과 주장: 면제의 확장 쇄신-호남 긍운생(肯雲生)(《매일신보》, 1919.10.2, 2면 5단)

조선총독부 관제 개혁의 결과 제반 행정기관이 더욱 충실히 되었음은 반도 시정을 위하여 흔행(欣幸)한 바이라. 그러나 시세의 진운에 따라 지방행정상 가장 긴급히 느끼는 것은 면 제도의 확장·개선에 있다. 현행 면제는 1917년 6월 제령 제1호로써 개정되어 약간의 개선은 인정하나 이로써 만족치 못할지라. 현재 면이라는 것은 지방행정 보조기관에 불과하여 그 능력이 미미하고 부진하여 도저히 독립행정기관이라 하여 완전히 행정사무를 관장하기 불능하고, 오로지 해당 관할 도·군(島郡)의 지휘받는바, 이는 물론 각 면 이원이 행정상 능력과 지식이 부족함에 기인함이나, 그러나 현재 전 도 2,521면에 적어도 1면에 4인 내지 5~6인의 면 이원의 급여를 논하면, 평균 10원에 미만한 현상인즉, 물가 등귀한 금일에 어찌 이 같은 박봉으로써 생활하리오. 설혹 다른 생산품으로 보충하여 겨우 생활한다 할지라도 곤란을 면하지 못하며, 박봉이거든 대우나 상당하면 가하거니와 상급 관청인은 경시하고, 면민은 일지심인(一指尋人)에 불과하게 시지(視之)하니, 상당한 기술과 기타 학식을 가진 인물을 얻기 어렵고, 간혹 유자격자가 있다 하더라도 생활상 곤란한 이유로 한편으로 부업을 하거나 하여 전력을 사무에 다하지 못함은 무리한 일이 아니라. 대저 면이라 함은 제정(諸政) 백반(百般)의 근본으로 면의 활동 발달 여하에 따라 지방행정의 열매를 거둠으로 실로 국가의 간성(杆城)이라고 운하여도 과언이 아니며, 도외시할 것이 아닌가 하노니, 금후에 재하여는 면을 일본 정촌제와 조금도 다르지 않게 하여 자치적 능력을 부여하여 면 이원은 중등 교육을 받은 자 또는 동등의 자격을 가진 자를 채용하여, 첫째로는 국가를 위하여 지방행정의 확실을 도모하며, 둘째로는 종래와 같이 위신이 없고 최하급 역소의 원(員)이라 하여 직접 또는 간접으로 마록(馬鹿)의 대우를 받는 공평치 못한 주의를 폐지하며, 급여는 적어도 평균 40원으로 제정이 가하다 하노니, 이렇게 하면 경비의 문제라 할지나 재원의 출처는 5개조가 있으니 1. 각 군에 있는 소위 산업단체라 하여 무슨 회(會)이니 조합이니 하여 매년 면으로 하여금 면민에게서 징수하는 그 경비를 면의 수입으로 하는 동시에, 그 면에서 그 사업을 10의 8~9분은 보조하니, 그 사업을 면에서 행하게 할 것, 2. 시장세를 면 수입으로 할 것, 3. 도축세를 면 수입으로 할 것, 4. 지세할을 증가할 것, 5. 제한외부과를 수시(隨時)하여 임의로 하게 할 것 등이니, 이렇게 하면 지방행정의 기초인 면이 완전하다 할진저.

〈자료 170〉 작년의 조선, 총독부 조사, 지방행정(《매일신보》, 1920.2.7, 1면 2단)

지방행정은 침침(駸駸)[21]히 매년 장족의 발달이 되어 지금에는 옛날 상태를 일변하였다. 그리고 1919년에는 5개년 유여에 걸쳐 겨우 평화의 서광을 인(認)한 구주전란의 영향으로 사회상 및 경제상으로 사상의 변천에 따라 적절한 통치 방침의 수립을 봄에 이른 것은 실로 지방행정의 일대 진전이로다. 즉 중앙집권을 지방분권으로 하고, 더욱 문화정치를 행하는 제일보로 지방행정 이외에 독립한 경찰기관을 지방 장관의 권한으로 옮기고, 또 헌병대에 의한 경찰제도를 보통경찰관에 의한 경찰제도로 한 외, 제반 사항에 걸쳐 착착 지방 장관의 직한(職限)을 확장하며, 사무의 간첩(簡捷)과 지방의 실제에 적합한 정치를 행하게 함으로 기하며, 또 일면으로는 다시 널리 민의를 청취하여 치무(治務)의 자료로 하는 취지는 지방단체에 이 기관 설치하는 방침을 채용하며, 기타 구관 고례에 비추어 법규를 개선하며, 오로지 민심의 귀향(歸嚮)을 건(愆)케 함을 계획하얏노라.

본년 3월 발발한 소요는, 우선 강화회의에 대한 민족자결주의의 몽상으로부터 일대 불상사로, 이로 인하여 우리 조선 통치의 대강에 하등의 변혁을 가져오지는 않으나 시대의 진보에 따라서 장래 개선을 가할 것에 대하여는 상술한 바와 같이 방침의 변경을 보기에 이른지라. 기타 기정 방침에 속하는 것으로 이에 변경의 필요를 생각하지 않는 것에 대하여는 예정 계획의 수행을 기하게 한 결과 납세, 기타 일반 사무에 하등의 고장을 봄이 없고 예정의 진척을 거둔지라. 그리고 면 행정은 면제의 시행에 따라 수차 원만한 발달을 거두며 그 실질 및 형식에 현저히 개선되어, 특히 종래 협의비의 경영에 관계한 사업을 통일하고 더욱 그 내용을 개선 확충하여 다시 시세의 진전에 적응한 시설을 행하고 면민의 복리를 증진함에 노력한 결과, 면비 세계 총액 609만 3,000원에 달하여 이를 전년도에 비하면 163만 원 증가로 1면 평균 2,344원에 당한지라. 또 그 시설사업의 주요한 것은 도로, 상수, 하수, 도선, 묘포, 모범림, 도장, 격리병사 및 소방 등이라 함. 본년 격(隔) 8월간 서선지방에는 근년 희유의 한재가 있고, 또 이와 전후하여 호열자병이 유행하여 이들 지방에는 세입의 격감, 방역비의 지출 등으로 면 재정상 지대한 영향을 받은지라. 고로 이의 선후조치책은 목하 강구 중에 속하노라.

---

21 말이 빨리 달리는 모양.

지방비의 세계 총액은 754만 7,000여 원으로 전년도에 비하면 165만 3,000여 원을 증가한지라. 이는 주요히 종래 국세로 부과하던 호세 및 가옥세를 지방비 재원에 옮김과 지세 및 시가지세 부가세를 증률함과 국고 보조금 및 잡수입의 증가함에 인함이로다.

그리고 그 주요한 수지의 세계 총액에 대한 보합은 세입에서는 부과금의 4할 5분, 임시은사금 수입의 1할 2분, 국고보조금의 2할 4분, 세출에서는 토목비의 2할 5분, 권업비의 2할 1분, 수산비의 1할 3분, 교육비의 2할 8분 등이라 한다.

II

잡지 기사

〈해제〉

이 장은 1910년대 지방제도와 관련한 잡지 기사를 수록했다. 1910년대라는 특성상 《조선공론(朝鮮公論)》과 《조선급만주(朝鮮及滿洲)》 외에는 이렇다 할 기사가 보이지 않는 편이다. 이 두 잡지에서도 거류일본인의 이해와 직접적으로 관련된 거류민단 폐지에 대한 기사가 주로 눈에 띌 뿐이다. 기사들을 통해 1914년 부제 실시와 거류민단 폐지를 앞둔 거류일본인들의 입장을 알 수 있다.

이들의 의견은 총독부 시정을 비판하고 견제하는 면에서는 공통적이나, 거류민단 폐지를 반대하는 의견과 폐지는 어쩔 수 없이 인정하지만 그 이후의 대안이 미비하다고 비판하는 의견 두 가지로 나누어 볼 수 있다. 폐지를 반대하는 의견에서는 민단 경비 대부분이 학교에 들어가는데 그 학교조합만 일본인에게 남기고 민단을 폐지하면, 자치기관은 빼앗으면서 비용이 많이 드는 학교는 전과 같이 운영하라는 것이나 다름없다고 주장한다[미나가와 고우사이(皆川廣濟, 변호사), 1912.5.1, 〈시사소감2칙-개정 사법제도와 민단 폐지 문제(時事所感2則-改正司法制度と民團廢止問題)〉, 《조선급만주(朝鮮及滿洲)》 제51호: 자료 171]. 또 일본인과 조선인이 동일한 구역에 거주하면 교통, 치수, 위생 등의 부담을 일본인만 부담할 이유가 없으나 조선인의 생활상태로 볼 때 일본인과 동일하게 부담하기가 곤란하므로, 일본인과 조선인의 생활 구역을 분리하여 민단을 존치하는 것이 어쩔 수 없는 방책이라고 주장한다[鶴原定吉(전 통감부 총무장관, 중의원 의원), 1913.7, 〈경찰행정론(警察行政論)〉, 《조선공론(朝鮮公論)》 제1권 제4호(통권 4호): 자료 173]. 나아가 민단 폐지는 문명의 퇴보라고 단언하며, 일본인의 민단이 조선인의 자치능력을 배양시키는 데 귀감이 될 것이라고 주장하기도 한다[大隈重信(백작), 1913.8, 〈민단 철폐는 잘못이다(民團撤廢は非なり)〉, 《조선공론》 제1권 제5호(통권 5호): 자료 174]

한편 폐지를 어쩔 수 없이 인정하는 의견은, 한국이 이미 '제국'의 영토가 되어 '자국 정부'의 통치와 제도 아래 있으므로 거류민단이라는 것이 존속할 이유가 없다는 것은 인정하면서도 그 대안에 대해서는 의견이 분분하다. 〈자료 176〉 사론(社論): 재선(在鮮) 모국인(母

國人)의 자치제 존폐 문제를 논한다[《조선공론》 제1권 제8호(통권 제8호), 1913.11]에서는 일본인과 조선인을 동일하게 획일적인 관치하에 두는 것은 일본인의 권능을 유린하고 권익을 저해하는 것이라 주장하면서, 거류민단이라는 명칭을 없애는 것이 자치기관 파괴의 의미는 아니므로 민단 해체와 동시에 다시 새로운 자치기관을 제정해야 한다고 주장한다. 여기에서의 자치기관은 일본인들의 자치기관을 말한다. 조선인은 문화와 민도에서 일본보다 많이 뒤떨어져 있으므로 일본인들의 자치가 조선인들의 모범이 되어야 한다는 주장이다. 나아가 이렇게 '현저하게 다른' 두 종류의 민(民)을 함부로 일시동인이라는 미명하에 형식적 동화를 하려는 총독부의 견해는 모순된 정책이라고 일갈한다. 이와 달리 〈자료 172〉 조선의 자치기관은 어떻게 해결[朝鮮の自治機關は如何に解決][岡田榮(변호사·중의원의원), 1912.5.1, 《朝鮮及滿洲》 제51호]에서는 일본과 조선의 민도 차이가 유럽과 그 식민지처럼 현격한 것이 아니므로 일본인과 조선인을 구별하여 행정적인 구획을 만드는 것은 좋은 방책이 아니며, 일본인과 조선인을 동일하게 하나로 엮는 자치적 행정기관을 만드는 것을 연구해야 한다고 주장한다.

〈자료 177〉 유명무실한 협의회와 조선인의 부담력(有名無實の協議會と鮮人の負擔力)[후카미 기요시(深水淸, 경성 거류민단 의장), 1913.12.21, 《조선급만주》 제77호]과 〈자료 178〉 당국의 의향과 협의원에 대한 희망[오무라 고토하(大村琴花, 조선신문 기자, 경성민단 의원), 1913.12.21, 《조선급만주》 제77호]은 부제와 부협의회 실시에 대한 우려와 전망이다. 〈자료 177〉에서 경성 거류민단 의장 후카미 기요시는 부협의회에 조선인을 들이는 것은 위험하며 일본인들이 회의석상에서 침묵을 지키게 되면 결국 조선인의 중추원이나 다름없는 무가치한 것이 될 것이라 전망하고, 부제에 대해서도 과연 목표한 세금을 잘 걷을 수 있을지에 대해 비관적으로 보면서 혹평하고 있다. 〈자료 178〉에서 경성민단 의원이자 조선신문 기자인 오무라 고토하는 협의회에서 조선인이 과반수를 점하는 경우 조선인의 의견이 협의회 그 자체의 의견이 될 수도 있다고 우려하면서, 일본인들이 확실한 자치 관념을 가지고 조선인을 '지도 계발'하라고 주장한다. 즉 협의회에서 일본인이 주도권을 갖고 활발히 활동하면 부윤이라는 행정 수장으로부터의 압박도 문제가 아닐 것으로 보고 있다.

〈자료 179〉와 〈자료 180〉은 총독부 속(屬) 와타나베 아키라(渡邊彰)가 1917년 면제 실시에 대한 소감을 《조선불교총보(朝鮮佛敎叢報)》에 실은 글이다. 와타나베는 이후 1925년 총독부 학무국 종교과 촉탁을 역임했다. 이 글은 면제의 원활한 시행을 위해 면 주민 각자가 어떠한 책임의식을 가져야 할 것인지에 대해 주문한다. 면 주민이 "지력 · 재력 · 체력을 신장하여 훗날 공비(公費) 부담이 증가되어도 용이하게 그 부담을 감당하며, 오히려 너그럽고 여유를 가지는 게 가장 중요"하다는 결론에서 이 글이 게재된 의도를 추측할 수 있다.

〈자료 171〉 시사소감2칙 - 개정 사법제도와 민단 폐지 문제(時事所感2則 - 改正司法制度と民團廢止問題) [미나가와 고우사이(皆川廣濟, 변호사), 1912.5.1, 《조선급만주(朝鮮及滿洲)》 제51호]

〈자료 172〉 조선의 자치기관은 어떻게 해결(朝鮮の自治機關は如何に解決) [오카다 사카에(岡田榮, 변호사 · 중의원의원), 1912.5.1, 《조선급만주》 제51호]

〈자료 173〉 경찰행정론(警察行政論) [쓰루하라 사다키치(鶴原定吉, 전 통감부 총무장관, 중의원 의원), 1913.7, 《조선공론(朝鮮公論)》 제1권 제4호(통권 4호)]

〈자료 174〉 민단 철폐는 잘못이다(民團撤廢は非なり) [오쿠마 시게노부(大隈重信, 백작), 1913.8, 《조선공론》 제1권 제5호(통권 5호)]

〈자료 175〉 조선내치와 선민[고바시 이치타(小橋一太, 내무성 지방국장), 1913.10, 《조선공론》 제1권 제7호(통권 제7호)]

〈자료 176〉 사론(社論): 재선(在鮮) 모국인(母國人)의 자치제 존폐 문제를 논한다[《조선공론》 제1권 제8호(통권 제8호), 1913.11]

〈자료 177〉 유명무실한 협의회와 신선인의 부담력(有名無實の協議會と鮮人の負擔力) [후카미 기요시(深水清, 경성 거류민단 의장), 1913.12.21, 《조선급만주》 제77호]

〈자료 178〉 당국의 의향과 협의원에 대한 희망[오무라 고토하(大村琴花, 조선신문 기자, 경성민단 의원), 1913.12.21, 《조선급만주》 제77호]

〈자료 179〉 면제 소감[와타나베 아키라(渡邊彰), 1918.12.20, 《조선불교총보(朝鮮佛教叢報)》, 三十本山聯合事務所]

〈자료 180〉 면제 소감(속)(와타나베 아키라, 1919.2, 《조선불교총보》, 三十本山聯合事務所)

〈자료 171〉 시사소감2칙-개정 사법제도와 민단 폐지 문제(時事所感2則-改正司法制度と民團廢止問題)[미나가와 고우사이(皆川廣濟, 변호사), 1912.5.1,《조선급만주》 제51호,]

민단 폐지의 결과는 인심의 위미(萎靡)[1]가 있을 뿐

아직 재주 일본인의 민단(民團), 즉 자치기관이 폐지될지 어떨지는 정해지지 않은 문제이지만, 왜성대(倭城臺)의 당국자 측에서는 이를 폐지하여 조선인과 마찬가지로 일본인도 전제정치 아래에서 통치한다는 의견을 가진 자가 다수 있는 모양이다.

우리 재주민의 대표자 중 한 사람으로서 그 존치운동에는 미력하나마 힘을 기울이고 있어서, 전에 진정위원으로서 총독에게 민의를 진달했다. 그때 데라우치 백작(寺內伯)[2]의 반응은 조사가 필요한 점이 있다면 충분히 연구하고 민의를 참작하여 상당한 조치를 취한다는 것이었다.

들리는 바에 따르면 민단을 폐지해도 학교조합은 존치시켜 재주민의 경영에 맡기는 것으로 결정되리라는 이야기도 있고, 이는 어느 유력한 장관이 말한 것도 있다.

만약 그것이 진실이라면 사실 재주민으로서는 받아들이기 어려운 조치라고 하지 않을 수 없다. 지금 민단의 경비 대부분은 이 학교 경비에 들어가고 있다. 그 학교조합만을 남기고 민단을 폐지하면, 자치기관은 빼앗지만 비용이 많이 드는 학교는 전과 같이 시행하라, 그것만 허용하겠다고 하는 것이 된다.

어떤 당국자는 민단을 폐지하면 재주민의 과세 부담이 크게 가벼워진다고 말하는 모양인데, 결코 현저한 변화를 볼 수 없다. 겨우 민단 사무실 그 자체의 비용이 감소하는 것이 수십만 명의 재주 일본인에 대해 얼마나 경감이 될 수 있는 것일까.

만약 조선에서 일본인 자치기관이 폐지되고, 문명 정도가 낮은 조선인과 동급으로 취급되어, 어떠한 시설 경영에 대해서도 한마디 의견을 개입할 수 없으며, 정부의 의도대로만 시행해 간다면, 조선 전체의 일본인은 과연 어떻게 될까.

지금 이미 관존민비의 폐해가 심한데 그 상태는 점점 심해지고, 인심은 비굴해지고 쇠락

1 쇠하여 피로해짐.

2 데라우치 마사타케(寺內正毅). 1910년 5월 통감에 취임한 초대 조선 총독.

하여 분발하지 못하고 있다. 또 여러 공공적 설비에 대해서도 자치적 관념의 소실과 함께 그것을 사랑하고 보호하는 공덕심이 결여되면서 인정이 점점 고갈되어 가고 있다.

우리 경성에서도 민단 의원들 중 아직 자치제를 이해하지 못한 자가 있고, 완전한 자치제하에서 재주민을 만족시켜 당국자를 안심시키기에는 이르지 못한 바가 있다. 그러나 관헌이 잘못된 점을 단속하고 모자라는 점을 지도하면 충분히 진보할 가능성이 있고, 가까운 장래에는 재주민과 정부의 희망이 조우하게 될 것이다.

지금 이를 폐지하여 인심을 쇠락시키는 것과 아직 완전하지 않지만 그 잘못된 점을 바로잡고 부족한 점을 지도하여 재주민을 진실한 자치제하의 민답게 하면서 후배인 조선인의 동화와 지도를 맡기는 것, 둘 중에 어느 것이 옳은 일이겠는가. 우리는 정부 당국자가 성심성의껏 여기에 주의를 기울여 백년대계를 세우기를 희망한다.

〈자료 172〉 조선의 자치기관은 어떻게 해결(朝鮮の自治機關は如何に解決)[오카다 사카에(岡田榮, 변호사· 중의원의원), 1912.5.1,《조선급만주》 제51호]

거류민단이란 조선이 아직 일본에 병합되기 전 일본인을 보호할 필연적인 이유로 조직된 자치기관이다. 즉 구(舊)한국 시대의 유물이어서 그 지역의 제도가 외국인에 대해서 어떠한 권위를 가지지 않고, 치외법권(治外法權)의 상태에 있을 때의 필요상에서 나온 것이다.

따라서 현재 한국은 일본의 한 지방이 되어 조선이라 칭하고, 완전히 일본 제도하에 두어져 총독부 정치가 이 전토(全土)를 통치하여 치외법권이 철거된 이상은, 다른 외국인 거류민단도 전연 그 존재의 필요성이 인정되지 않는 것이다. 하물며 일본인은 식민지라고 하여 자신의 나라에 거주하고 있다. 자국의 제도에 따라서 자국 정부의 통치하에 있는 것이다. 따라서 현재는 거류민단이라는 것이 존속할 만한 이유는 물론 인정되지 않는다. 그러므로 거류민단이 이제 철폐되는 것은 하등의 불가사의한 점이 없고 당연한 이치임은 누구나 수긍하는 바일 것이다. 그러나 거류민단이라는 명칭을 폐지한다 해도 일본인의 자치기관은 역시 필요하다. 뭔가 다른 명칭에 따라, 다른 방법에 따라 이 자치기관을 존치할 필요가 있다는 것이 곧 현재의 문제가 되어 있다.

하지만 조선 통치상의 원칙에서 보아도 조선인의 동화, 일본인과 조선인의 친화는 현재의 급무이다. 따라서 현재 특별하게 일본인만의 행정기관을 갖는 것은 문제라고 생각한다. 즉 일본인은 일본인의 자치책을 쓰고, 조선인은 조선인의 행정기관을 가지는 것은 조선인 동화, 내선인 친화의 원칙에 반하는 것이다. 그러므로 가령 민단 명칭이 변하고 그 방법을 달리한다 하더라도, 내선인을 구별하여 행정적인 구획을 만드는 것은 민단 존치와 마찬가지로 조선 통치상 좋은 계획이라 말할 수 없다.

이 점에 있어서 나는, 물론 현재 거류민단 존속의 필요성을 인정하지 않으며, 특별히 일본인만의 자치기관을 조직할 필요를 느끼지 않는다. 즉 조선의 자치기관으로서 일본인과 조선인을 동일하게 하나로 엮는 행정기관이 필요한 것이다.

이 토착민과 본국인을 하나로 한 최소의 행정구획에 대해서는 프랑스의 베트남, 영국의 인도에서의 예가 있는데, 그러나 이를 곧장 조선에 적용할 수는 없다. 프랑스와 베트남인, 영국인과 인도인 사이의 지식 또는 재산 정도의 현격한 차이와 일본인과 조선인 사이를 비교하면 큰 차이가 있다. 따라서 영국과 프랑스 등 여러 나라가 행정법을 동양에 적용한 것과 같이 이를 적용하는 것은 좋은 방법이 아니다. 즉 일본인과 조선인의 지식, 재산, 교육 정도 등의 차이는 유럽 각국과 동양의 토착민에 비하면 그만큼 현격하지 않다. 따라서 우리는 유럽 각국이 동양에 실시한 전례를 조선에서는 적용하지 않고, 이를 어떻게 해결할지에 대한 새로운 연구를 필요로 한다.

물론 유럽 각국민과 동양 식민지 토착민과의 비교 정도로 현격한 차이는 없다 해도, 일본인과 조선인을 완전히 동일한 정도로 보는 것은 불가능하다. 일본인의 자치 권리와 조선인의 그것과의 적합 여부는 과연 어디에 있는가. 그것을 정하기는 곤란하다. 만약 이 문제가 해결되지 않고 그 방법을 발견하지 못하면, 그 행정을 관청조직에 맡겨야 하는 것이 된다.

그러나 행정의 최소 구획은 자치체여야 함은 현재 세계 문명국의 원칙이다. 단순히 일본인과 조선인의 문명 정도가 차이가 있어서 그 조화가 곤란하니 자치체로 하지 않고 순연한 관청조직으로 하는 것은 바람직하지 않을 것이다. 특히 일본은 1884~1885년경부터 자치제가 발달하여 현재에 이른 국민이다. 조선인은 자치정이라고는 무경험이다. 모든 지식과 인격의 정도가 자치제에 부적당하다고 할 수밖에 없다. 그러나 언젠가는 자치제를 시행해야 하는 때가 틀림없이 올 것이다. 5년 후, 10년 후, 혹은 50년 후에 가능할지는 모르지만, 여하튼 이를 관청조직으로 해두어도 언젠가는 자치제로 해야 하는 때가 온다. 그런데도 그때까지의 기간 동안 관청조직으로만 한다는 것은 매우 슬퍼할 만한 일이 아닐까.

그렇다면 일본인과 조선인을 하나로 엮어 하나의 자치적 행정기관을 조직하는 적당한 정도, 그 방법은 무엇일까. 이를 연구하는 것이 현재의 급무이다. 그 방법이 적당하다면 총독이라도 결코 자치체를 피할 이유가 없다. 현재의 요점은 단지 이 방법의 연구에 있다고 생각한다.

〈자료 173〉 경찰행정론(警察行政論)[쓰루하라 사다키치(鶴原定吉, 전 통감부 총무장관, 중의원 의원), 1913.7, 《조선공론(朝鮮公論)》 제1권 제4호(통권 4호)]

(상략-편역자) 민단 존치 여부 문제에 대해서는 당연히 병합과 동시에 철폐하는 것이 이론적으로 맞지만, 자치관념이 전무한 조선인과 자치제 아래에서 길러진 일본인을 동일하게 취급하기 어려운 사정도 있다. 이 문제는 가령 합병이 되지 않아도 당연히 제기할 만한 의문이고, 일한인(日韓人)이 동일한 구역에 거주한다고 하면 교통, 치수, 위생 등의 여러 부담을 일본인만 부담하는 법은 있을 이유가 없다. 교육비 같은 것은 조선인이 조선인의 학교를 가진다고 해도, 위생이나 기타 부담은 당연히 균등하게 부담해야 한다. 그러나 일반 조선인의 생활 상태를 볼 때 일본인과 동일하게 자치체의 부담을 지우는 것은 곤란하다. 내 의견은 가능한 한 일본인과 조선인의 생활 구역을 한정하고, 종래와 같이 민단을 존치하는 것이 어쩔 수 없는 방책이라 믿는다. 그와 동시에, 일본인이 조선인 구역에 들어가면 자치권을 어쩔 수 없이 잃고, 조선인이 옛 거류지에 주거하면 자치에 참여할 권한을 부여받는 것으로 한다면, 모두 공평함을 얻게 되리라 생각한다. 여하튼 현재로서는 일본인이 조선인 구역의 외진 곳에서 생활하는 것은 다소 위험하니, 거류민단 존치는 당분간 어쩔 수 없을 것이다.

〈자료 174〉 민단 철폐는 잘못이다(民團撤廢は非なり)[오쿠마 시게노부(大隈重信, 백작), 1913.8, 《조선공론》 제1권 제5호(통권 5호)]

조선총독부는 내년 4월 1일 민단 폐지를 실행한다고 한다. 이는 정무(政務)의 통일상 필연적인 결과로서 데라우치 총독이 언명한 바이다. 일본인만 자치적 경영의 일단을 만들어서 신부(新付)의 민(民)과의 사이에 장벽을 만드는 것은 조선 통치의 취지에 반하는 것이니, 철폐하기로 결정한 의미는 나도 한편으로는 양해하지 않을 수 없지만, 사실 신부의 민과 일본인은 그 지식, 습관, 경력 등에 있어서 비상한 차이가 있고, 서로 다른 인민을 동일한 통치법으로 통치하는 것은 아직은 급하게 가부(可否)를 결정할 수 없다.

헌법이 공포된 지 30년이 지나고, 자치제 운용의 묘는 아직 이상적이라고 말할 수는 없지만, 여하튼 일본인의 자치에 대한 경험과 지식은 지금 점차 성숙해 가고 있고, 그 자각심은 매년 강고해져 간다. 이 정치적 국민성의 도야는 5년, 10년의 단시일로는 되지 않는 것이며, 더욱 이를 조장하고 존중해야 하는 것이다.

'액튼' 경[3]이 말한 것처럼 근세 문명의 특징이 정치적 양심의 자각에 대한 일대 전투사(戰鬪史)라고 한다면, 자치제 발달의 역사를 이제부터 파괴하고 떠나려는 것은 당연한 일이라고 할 수 있다. 또 구한국 시대부터 일본인 거류민은 민단 발달에 대해 고통스런 연구를 거듭하여 이 소위 양심의 자각을 열매로 맺은 존경할 만한 역사를 갖고 있다. 민단 설치 이후 거류지에서 각종 기관을 발달시키고, 위생, 치수, 교육 등 조선인들의 생활에서 방기되고 돌아보지 않은 여러 사업이 현저히 진보하여 현재의 체재와 조직을 구비하기에 이르렀다. 나는 자치제 발달을 위해 황무지를 개발하고, 무질서를 정돈한 민단의 노력에 대해 충분한 존경을 갖고 있다.

원래 근대인의 자격은 입법권을 갖는 것이다. 이를 극단적으로 말하면 정치에 대해서 이유를 말할 수 있는 권한을 지키는 것에 있다. 자치 국가로 성장하여 언론 자유와 입법의 권한을 가진 국민이, 완전히 전제정치와 동일한 식민지로 사는 것은 불가능한 일이며, 인간의 취미나 기호의 면에서 생각해도 무리한 주문이다.

조선에 이주한 사람의 심리 상태를 생각하면, 일본에 사는 것보다 금전적 상황이 좋고 생활도 자유로운 것이 제일의 목표가 될 것이다. 식민의 심리상 무리하지 않도록 위정자는 적당한 조치를 시행해야 한다. 러시아의 대(對)극동정책, 영국의 대(對)인도정책 같은 것은 한국 통치자가 참고할 만하다. 식민지적 자유의 분위기를 인정하고, 낯선 곳의 적막과 지질·

---

3 로드 액튼(Lord Acton, 1834~1902): 영국의 역사가, 자유주의적 정치가. 하원의원. 만년에는 캠브리지대학에서 근대사 교수를 지냈다.

기후의 험악에 대한 노력의 대가로서 자치제 같은 것은 당연히 용인할 만한 성질의 것이다.

이미 조선이 병합된 이상, 동일한 시설하에서 일본인과 신부(新附)의 민을 합하여 통치해야 한다. 이는 이론상 당연한 것이지만, 내가 말하고자 하는 것은 이러한 것이 하나의 이상론에 그치고, 실상과는 동떨어져 있다는 점이다. 조선인이 모국열을 소멸하지 않고 총독 암살 음모 등을 누누이 기도하는 것은, 한편으로는 서구 사상에서 최근에 자치 관념이 발달한 결과라고도 볼 수 있다. 자치 사상은 그 국민이 누구이냐를 묻지 않고 근대를 통해서 공통적인 것으로, 봉건사상하에서 압박하는 것은 사상에 대한 반역이라 할 만하다. 따라서 이상론을 펼친다면, 이 백척간두에서 한 걸음을 더 내딛어 신부(新附)의 민에게도 자치제를 시행한다면 근대 문명의 실적을 거두는 데 이로울 뿐 아니라, 한편으로는 조선인의 불평과 반항을 제거하고 국은에 감사하는 것을 기대할 수 있을 것이다.

원래 조선인의 결점은 의뢰심이 강하고 독립적인 기운이 적은 것이다. 이는 조선 통치를 하기에는 오히려 다행스런 것이나, 이후 점점 식산흥업이 진보하면 무질서하고 의뢰심이 강한 인민을 도저히 통치할 수 없기에 이를 것이다. 눈앞의 통치상으로 보면 자치권을 부여하지 않는 것이 이익 같지만 후일에 큰 폐해를 낳게 되리라 생각한다. 지금부터 미리 원만하고 평화로운 자치 능력을 도야하도록 하여 오랫동안 운용의 묘를 살려야 한다. 따라서 현재의 민단은 일본인의 자치적 능력을 발휘시키는 것뿐 아니라 이를 일종의 귀감으로 참고하여 조선인의 자치 능력을 배양하는 데 큰 효과가 있을 것이다. 그렇게 해서 조선인이 문명적인 민으로서 본국민과 하등 권력상의 차이가 없게 되면, 조선 통치의 업은 착착 실적을 거두기에 이를 것이다.

요컨대 민단을 폐지하고 교육기관을 일선인의 조합 조직으로 하는 것은 매우 잘못된 것이며, 금후 실행상 여러 장해를 낳을 것이다. 먼 장래에는 조선인도 역시 자치제 하에 통치될 것이라면, 현재의 민단 설비가 다소 운용상 지장이 있다고 하더라도 이를 인내해야 한다. 나는 민단 폐지가 문명의 퇴보라고 단언한다.

〈자료 175〉 조선내치와 선민 [고바시 이치타(小橋一太, 내무성 지방국장), 《조선공론》 제1권 제7호 (통권 제7호), 1913.10]

고바시 이치타(小橋一太) 내무성 지방국장은 지난달 조선 각지를 시찰하고 풍토 민정을 널리 조사했다. 내무성으로 돌아온 후 특별히 본지 기자에게 시찰 내용과 의견을 말했다. 호의에 감사하여 특별히 부기한다.

조선 시찰의 요무와 여정

지난번 행정정리의 결과 척식국을 폐지하고 조선, 대만, 사할린 등 각 식민지를 내무성 소관으로 이동시킴으로써, 장래의 시설 방침에 관해 실지 시찰의 필요를 느껴 8월 27일 도쿄를 출발하여 28일 시모노세키에서 승선, 29일 부산에 상륙하여, 경성, 평양, 진남포, 의주, 신의주 등에 가고, 돌아오는 길은 수원, 공주, 전주, 군산, 대구, 마산, 부산 등의 순서로 도청, 군청, 면·동·리 사무소 등의 행정기관은 물론 금융기관, 교육기관, 관사(官私) 시설사업, 모범농원 등을 시찰했다. 거류민단 13개소 중 10개의 자치 상황 등에 대해 충분한 조사를 했다.

거류민단 폐지와 선후책

조선에서 거류민단은 모두 병합 전에 일본인의 자치단체로서 교육, 위생, 수도, 하수도, 소방, 그 외 공공에 관한 필요한 사업을 경영하고, 또 이를 위해 상당한 기본재산도 소유하고 극히 좋은 성적을 거두어 왔는데, 병합 후인 현재 계속 민단의 존재를 인정하여 일본인과 조선인을 다르게 취급하는 것은 식민정책상 적당하지 않으므로, 곧 민단의 폐지를 행하게 될 것이다. 현재 내각 법제국에서 조사 강구 중인데, 폐지 후의 선후책도 지금 연구 중이라 명확히 말할 수 없다. 요컨대 문제는 장래 조선인이 일본인과 공동으로 교육, 위생, 기타 제반 사업에서 제휴할 수 있는 능력이 있는지 없는지이다. 나는 이번 시찰에서도 조선인 및 일본인이 어느 정도까지 동화할 수 있을지에 대해 가장 신중한 조사를 수행한 것이다.

(중략-편역자)

지방제도 금후의 시설

조선은 지금까지 관치제도로서 도장관, 부윤, 군수부터 면장·동장·이장까지 관선이었다.

도에는 도참여, 군에는 군참사 등이 있으나 모두 관선이고, 도장관은 군수의 자문기관에 불과하다. 당국에서도 현재 여러 방면에서 연구를 거듭하여 조선의 상황과 관습 등을 참작한 후 적당한 지방제도 실시를 행할 방침이지만, 아직은 일본과 같은 자치제도를 시행하기는 시기상조라는 느낌이 있다. 요컨대 금후의 지방제도에 관해서 당국자들이 충분한 고려를 하여 가능한 한 조선 재래의 좋은 관습을 존중하고, 여기에 일본의 좋은 제도를 가미하여 개발·지도하면 조선의 발달을 더욱 기대할 수 있을 것이라 믿는다.

〈자료 176〉 사론(社論): 재선(在鮮) 모국인(母國人)의 자치제 존폐 문제를 논한다 [《조선공론》 제1권 제8호(통권 제8호), 1913.11]

1. 우리 조선에서 재주 모국인을 위해 설정된 자치기관, 즉 거류민단이 현재 있는 곳은 경성, 부산, 인천, 평양, 원산, 마산, 군산, 대구, 목포, 진남포, 신의주 등 11개 지역이다. 그리고 이들 민단은 1910년 8월 29일 한국병합과 동시에 당연히 해체·폐지될 것이며, 이미 제국이 영유한 하나의 식민지에서 거류민단이라는 명칭의 존속은 허용되지 않음은 당연하다. 그러나 민단 폐지 이후 우리 재선 모국인의 자치기관 및 그 제도의 존속 여하에 관해, 우리는 그 적합과 부적합을 분별하여 민의를 도와 여론을 이끌어서 문제를 해결할 당국 관헌이 잘못된 계산을 하지 않도록 해야 한다. 왜냐하면 이 문제는 병합 이후의 가장 중요한 안건으로, 우리 재한 20여만 모국인의 이해가 달린 문제일 뿐 아니라, 그 해결 여부는 우리 신영토의 성쇠에 관한 것이고, 더욱이 제국의 융성에 관계된 것이기 때문이다.

2. 조선총독부 당국자가 어떠한 태도로 그 해결을 하려 하고, 어떠한 방침으로 최후의 처치를 할지, 우리가 알고자 하는 바는 이 점에 있다. 우선 총독 데라우치 마사타케 백작이 초여름의 도장관회의에서 언명한 훈시 중 일부분에 착목해야 한다. 총독은 말하길,

"(전략-원문) 민단의 정리는 이미 필요한 조사를 완료했으므로 올해(1913년 3월)까지가 적당한 시기라 생각되어 그 철폐를 실시하려 한다. 즉 종래 외국에서처럼 거류민단의 존치를 하는 것이 아니다. 일본인만 자치적 경영을 하는 하나의 단체를 만들어 조선인과의 사이에 장벽을 만드는 등의 조선 영유의 취지에 반하는 일체의 폐해를 제거해야 한다. (하략-원문)"

위를 보면 본안에 대한 당국 시설의 방침은 내년 3월 거류민단을 해체·철폐함과 동시에, 우리 모국인의 자치제도를 근본부터 제거하여 내선인 양쪽을 균형 있게 하고, 동일한 관치하에 두려고 하는 것이 확연함을 알 수 있다.

3. 총독부 당국의 방침이 위에 기술한 것처럼 모국인으로 하여금 신부(新附) 조선인과 동일하게 획일적인 관치하에 두고 동일한 대우를 받는 것이라고 한다면 우리는 깊이 생각할 것도 없다. 이는 완전 모국인의 권능을 유린하고 권익을 저해하여 신영토에서의 민력(民力)을 저해하는 악법(惡法)으로 끊어버리지 않으면 안 된다. 이하에서 약간 이를 설명하려 한다.

재선 모국인의 자치체는 1906년 제정된 거류민단법에 의거하나 실질적인 것은 국기(國旗)의 보호가 아직 완전하지 않은 1885년에 이미 그 기초를 만들었다. 즉 당시 재한일본인은 거의 정치상 보호를 받지 못했기 때문에 스스로 방어할 필요를 느껴서 자치단체를 건설하는 데 힘썼다. 이후 해가 갈수록 발달하여 드디어 현재의 진보된 자치체를 보게 이르렀다.

이 같은 기초를 가진 민단의 현재 상황을 보면, 모국의 수많은 도시에 비교해도 전혀 손색이 없다. 오히려 그 역사에 있어서 큰 광휘(光輝)를 갖고 성적 또한 점차 현저하게 발달해온 상황이다. 그렇다면 그것을 보호하고 조직함으로써 신영토에서 자치제도의 완성을 기약하는 것이 원래 당연한 이치라 하지 않을 수 없다.

4. 재외 제국 신민에 적용해야 할 거류민단법을 이미 제국의 한 영토인 조선에서 계속 존속하는 것이 타당하지 않은 것은 누구나 이미 알고 있다. 따라서 세상 사람들은 필시 곧 민단 폐지를 행할 것이라 기대한다. 그러나 거류민단이라는 명칭을 철거하는 것이 자치기관 파괴의 의미는 아니다. 즉 현재 민단을 해체함과 동시에 다시 어떠한 형식 아래에서 자치기관을 제정하고, 재래의 자치제를 계승하여 더욱 이를 확대함으로써 완전한 치적을 거두고자 하는 것에 다름 아니다.

그런데 이상과 같은 역사와 명예가 있고, 성적 또한 자못 괄목한 만한 자치기관에 대해서 이를 보호하고 조장해야 할 당국 관헌이 이러한 일을 하지 않고, 반대로 파괴를 하려 하는 것은 무슨 이유인가. 우리는 그 의도에 대해 많은 의혹을 지울 수 없다. 총독의 말 중에 소위 "모국인만이 자치적 경영의 하나의 단체를 만들고, 신부 조선인과의 사이에 장벽을 만드는 것 등 일체의 폐해를 제거한다" 운운을 보면, 당국은 완전히 일본인과 조선인을 동등시하여 동일한 관치하에 두는 것을 조선 통치의 본의로 하는 것 같다. 그리고 당국자는 매번 말하길, "모국인과 신부 조선인이 무슨 특수한 구별이 있나. 양자 간에는 원래 추호도 우열이나 장단점이 없다"고 한다. 일시동인이라는 그 말은 좋다. 그러나 진실을 가릴 방법이 없으니 어쩌랴. 사상·문화적 발달, 사회적 민도에서 모국인이 조선인보다 우월한 것은 확연한 것이다.

특히 납세, 병역, 기타 국가에 대한 여러 의무 등에서 우리 모국인이 부담하는 것은 조선인과 동일하게 논할 수 없다. 따라서 향유할 권리도 조선인과 동일하게 볼 수 없음은 물론이다. 모두 천황의 적자이고, 제국 동포이지만 조선인은 아직 저급한 하위의 신부민(新附民)임을 면할 수 없다. 문화와 민도에서 뒤떨어져 있음을 면할 수 없다. 이에 반해 모국인은 새로운 문명을 꽃피워 입헌제국의 치하에서 성장하여 의무와 권리의 사상이 농후하고, 자조(自助) 자치(自治)의 관념이 풍부하며, 문명국민으로서의 능력을 구비하고 있다. 이렇게 현저하게 다른 두 종류의 민(民)을 함부로 일시동인의 미명하에 형식적 동화를 하려는 당국 관헌의 견해는 본말의 경중을 분별하지 못하는 모순된 정책이다.

5. 요컨대 현재 조선인은 정치적 능력에서 재주 모국인과 한참 떨어져 있다. 민도는 이미 동일하지 않다. 장단점과 우열의 현격한 차이가 있다. 모국인의 위치를 저급한 조선인 사회로 떨어뜨림으로써 그 대우를 변화시키고 그 권능을 뺏으려 하는 것은, 필경 재선 모국인을 제국 입헌의 권역 밖으로 밀어내고, 조선인을 본위로 한 정책을 집행하려는 것에 다름 아니다.

말할 것도 없이 우리는 입헌 정치하의 민이다. 헌법 정치하에서 길러진 민이다. 따라서 헌법상의 의무를 지는 것과 함께 그 권리 역시 헌법으로 보장된다. 그리고 자치에 대한 충분한 경험과 소양을 갖고 있다. 그런데 지금 식민지에 재주하는 사람들에게서 그 권능을 박탈해 버리려 하는 것은 있을 수 없는 일이다. 문화의 민(民)을 미개의 민으로 만들어 하급 민도의 사회를 달갑게 받아들이라는 것은, 마치 고등교육을 받은 대학생에게서 그 지위와 명예를 빼앗아 유치원 생도가 되라고 강요하는 것과 매한가지다. 누가 그러한 것을 견디겠는가. 민심이 시들고 민업이 퇴보하여 모국에서 온 사람들로 하여금 망설이고 두렵게 하여, 조선 개발의 기초를 파괴하게 되리라는 것을 예상하기 어렵지 않다.

6. 자치의 장려는 지금 세계 문명국들이 추구하고 있는 대세이다. 우리 조선과 같은 신영토에서도 모국에서 온 주민이 점차 증가함에 따라 처음부터 우선 자치제를 장려하고, 그 이익을 보호하며, 그 권리를 존중하고, 이주자의 환경을 편안하게 하고, 나아가 그 바라는 바에 따라서 재정, 교육, 위생 기타 여러 다스리는 업무 등을 집행하게 하면 주민의 활기가 저절로 넘치고, 척식의 성적도 현저히 늘어날 것이다. 더욱이 1,200만 신부민(新付民)의 모범이 되어서 그 사회적 능력을 향상시키고, 장차 자치적 문명의 양민답게 하여, 의미 있는 신천지 개척을 수행할 수 있을 것이다.

만약 이와 반대로 세상이 전하는 바와 같이 민의를 무시하고, 민의 소리를 듣지 않고 관권 전단(專斷)의 부패한 구제도를 채택한다면, 세계 문명의 대세에 역행하고 조선 통치의 근본의에 배치되는 것이며, 그 결과는 관민 소통이 부재한 폐해를 가져올 것이며, 이후 제국의 화근의 씨앗이 될 것이다. 국가 발전의 분기점은 이 문제 해결에 달려 있다. (하략-편역자)

〈자료 177〉 유명무실한 협의회와 선인의 부담력(有名無實の協議會と鮮人の負擔力)[후카미 기요시(深水淸, 경성 거류민단 의장), 1913.12.21, 《조선급만주》 제77호]

이번 부제(府制) 시행에 대한 내 의견은 첫째, 지금까지 부행정(府行政)에 대해 아무 경험도 없는 조선인을 협의회 회원으로 하는 것은 매우 뜻밖이라고 생각한다. 일본인에게 자치권을 허락하는 것이 위험하다면 조선인을 협의회에 허용하는 것은 그 이상으로 위험하다고 믿는다. 원래 일본인은 어디까지나 법치(法治)의 인민으로 행정과 같은 것도 여하튼 참견하는 것을 희망한다. 그런데 만약 이 일본인이 민단의 의회에 자기 의견을 발표하는 것과 마찬가지로 거리낌 없이 협의회에서 논한다면 그 결과는 어떻게 될까. 경박하면서도 교묘하며 또 일본인보다도 비교적 정치적 흥미가 많은 그들의 일부는 반드시 일본 협의회원의 앞을 내다보지 못한 말에 감염되어 결국 그들의 연합으로서 부정(府政)에 대해 제멋대로 말을 꺼낼 것이 틀림없다. 만약 이렇게 되면 국가에 불이익이므로, 국가를 생각하는 신사가 협의원이 된다면 힘써 함구하고 가능한 의견을 발표하여 희망을 개진하는 것을 피하기에 부심하게 된다. 예를 들면 협의회에 참가한 일본인 협의원 중 한 명이, 결의권이 없는 이 협의회는 완전히 무의미하니 결의권을 바란다고 말하면, 조선인은 갑자기 그를 좇아 이를 청구한다.

그러므로 협의회의 일본인은 대단히 주의를 기울이지 않으면 그 말 한마디 행동 하나하나가 국가에 피해를 준다. 환언하면 일본인 협의원은 가능한 문제를 논하는 것을 그치고 단지 묵묵하게 있지 않으면 국가에게 불리하다. 이렇게 되면 결국 협의회는 거의 조선인들의 중추원과 비슷해지고 어떤 가치도 없게 되어 버리는 것이다. 그리고 또 이렇게 되지 않으면 국가의 불이익이기 때문에 결국 협의회는 유명무실하고 하등의 권위도 없는 것이라 생각한다.

다음으로 부제를 보면, 위생, 토목, 경찰 등 교육을 제외한 일체의 것을 부에서 하는 것으로 되어 있다. 그런데 당국의 말에 따르면 일선인의 부담은 평등하게 징수하는 것이므로 일본인의 부담은 현재 이상으로 증가하는 일은 없다고 한다. 이에 대해서는 우리도 다대한 희망이 있다. 조세의 팽창은, 현재 민단에서 행해 온 사업은 정도의 차이는 있어도 어느 것이나 해주지 않으면 곤란한 것이므로, 경비를 절약해서 위생, 토목, 경무 같은 것을 방기하거나 혹은 등한시하기를 희망하는 바보는 없다. 결국 비용은 상응하게 부담할 각오이다. 그런데 여기서 극히 우려할 만한 것은 경성 같은 곳은 이조 5백 년간 완전히 세금이 없는 땅이다. 이 세금이 없는 땅에 거주하는 조선인에게 일본인과 마찬가지로 세금을 부담시킬 때 과연 양호한 성적을 거둘 수 있을까. 병합 이후 어진 정치는 가벼운 조세라고 절규하는 조선인에게 일본인과 같은 부담을 징수한다는 것은 극히 중대한 문제로 신중히 고려를 요하는 것이다. 만약 불행히 그 성적이 불량하다면 토목, 위생, 경무 등의 비용을 방기하거나 혹은 국가 보조를 바라는 것 외에는 없다. 교육비조차 국고 보조나 기타 보조를 바랄 수밖에 없는 상황에 있는 조선인이 이러한 여러 경비를 과연 지출할 수 있을지, 또 부역을 부담시킬 때 과연 불평이 없을지, 이미 현재 위생비를 징수할 때 보통의 세무관리로 불가능하기 때문에 경찰의 힘에 따라 징수하고, 그래도 성적이 불량하다는데, 이 이상 많은 조세를 부담시키면 완전하게 징수할 방도가 있을까. 특히 토목은 일본인들이 불완전하나마 매년 상당한 설비를 하여 현재와 같은 상태가 되었는데 조선인 부락의 토목은 대부분은 옛날 그대로의 상태라서 금후의 경비는 실로 막대한 것이다. 이 경비를 어떻게 지출할 것인가. 또 민단은 일본인 거주의 통로에는 매년 설비를 가하여 수리하는 게 가능했는데, 부제 시행에 따라서 일선인 동일하게 된 결과 경비 부족을 호소하여 진고개길이 비가 오면 진흙탕이 되는 상태인데 어떻게 처치할 것인가. 나는 실로 우려가 되고 조치할 바를 알지 못하겠다.

경비는 늘어난다. 그러면 조선인이 그 부담을 이겨낼 수 없을 경우에는 국고 보조를 바랄 것인가. 혹은 유력한 납세자인 일본인에게 과중한 세금을 부과할 것인가. 또는 여러 사업을 방기하고 등한시할 것인가. 그렇지 않으면 당국은 대단히 용기를 내어 용서 없이 조선인에게 과중한 세금을 부담시킬 것인가. 무엇으로 귀착한다 해도 역시 좋은 방법이라고는 할 수 없다. 그런데 그중 어느 정도 온당하게 들리는 것은 국고 보조인데, 그러나 단순히 조선만의 관념에서 벗어나 국가 전체상에서 계산해 본다면 20 몇억 만 원의 국채를 가진 우리 일본제국이 국방문제조차 어쩔 수 없이 등한시해야 하는 곤궁한 지경에 빠지게 된다. 조선에 지출하는 보조금은 장래 감액은 되어도 증가는 생각할 수도 없다. 그뿐만 아니라 당국자는 하루라도 빨리 조선의 경제를 독립시켜 국고 보조를 사절해야 한다. 그러면 국고 보조는 함부로 운위할 만한 것은 아니다. 이렇게 논한다면 나는 조선의 장래에 대해 아무래도 비관적일 수밖에 없다. 그래서 이번 부제를 혹평한다면, 너무 호기심이 지나치면 아무 이익도 없다고 말할 수밖에 없는 것이다.

〈자료 178〉 당국의 의향과 협의원에 대한 희망 [오무라 고토하(大村琴花, 조선신문 기자, 경성민단 의원), 1913.12.21, 《조선급만주》 제77호]

이번의 신부제(新府制)는 나의 예상과는 크게 달랐다. 그러나 이미 발포된 이상 무어라 해도 지금 다시 어떻게 할 방법이 없으므로 나는 그 범위 내에서 민간 자치를 압박하지 않는 방법을 강구하고자 한다.

당국에서는 소위 일시동인 주의로 조선인은 모국인과 마찬가지로 취급해야 한다는 안목으로 이를 골자로 하여 이번 제도를 선포한 것인데, 지식과 인격에 차이가 있는 양 민족을 동일한 제도하에 두어 똑같이 취급하는 것은 매우 무리이므로, 모국인이 만족하지 않는 것은 당연한 결과이다. 그래서 우리는 민회의 위원으로서 지난번에 총독부 우사미(宇佐美)[4] 내무부 장관을 방문하여, 당국은 부제에 대해 원만한 결과를 낳기 위해 어떻게 할 것인가를 질문했는데, 현재 고려 중이라 하여 확실한 설명을 들을 수 없었다. 그래서 우리는 부제에 대

---

4 우사미 가쓰오(宇佐美勝夫), 통감부 참여관, 총독부 내무부 장관 역임.

한 희망 및 그 의문점을 기탄없이 개진하고, 나아가 확정된 바가 없으면 복안을 피력해 주길 희망했다. 그 결과 종래 거류민단이 경영해 온 자치체에 속하는 재산 중 특별히 용도 규정이 없는 것은 학교조합에 인계하고, 또 신부제에 따라서 협의회가 조직되는데 이는 하나의 자문이기관이고 결의권은 없지만, 협의회로서 회의 의견은 발표할 수 있게 된 이상, 자문 사항을 제출할 때 만약 협의원 중 조선인이 과반수를 점하는 경우 조선인의 의견이 협의회 그 자체의 의견이 될 우려가 있으므로, 당국은 미리 그 의미를 포함시킬 것을 요구했으며, 그것은 당연하고 부제에 일선인 수를 규정하지 않은 것은 그 때문이라는 답을 들었다.

이 부제에 따라서 모국인은 새로 국세 및 지방세를 부담해야 한다. 그뿐만 아니라 학교조합의 비용도 부담하기 때문에, 이번에 갑자기 무거운 세금이 부과되는 것은 아니지만 갈수록 적지 않은 부담이 될 것이다. 그리고 이와 동시에 조선인에게도 역시 새로운 세금이 부과되어 그 부담은 현재 이상으로 증가될 수밖에 없으므로, 그 결과 조선인 중 빈곤한 사람은 자연히 부담이 낮은 성 밖으로 이주하게 될 것이다.

정리되지 않은 감상이라 부끄럽지만, 요컨대 이 신부제에 따라서 일선인을 동일한 제도하에 두기는 하지만, 예를 들면 그것은 기차와 같은 것으로, 경제나 사회 각 방면에서 우수한 자는 생각대로 상급에 오를 수 있는데, 이 자격이 없는 열패자는 하급의 객실에 가야 한다. 사회의 우수자인 모국인과 이 자격이 결여된 조선인 사이에는 구별이 있는 것이라 생각한다. 따라서 모국인들이 확실한 자치 관념으로써 성의껏 신부민을 충실히 지도·계발한다면, 이 신부령 때문에 자기의 권능을 유린당하는 듯한 걱정은 없을 것이다. 또 이를 충분히 발휘할 수 있는 길도 있으리라 생각한다. 단지 종래의 예를 보면 재선 모국인은 여하튼 공공심이 결핍된 결과 자치 행정상 유감된 점이 많았는데, 이번 부제에 따라서 그 행정은 부윤손으로 이동했으므로 첫 협의원으로 선택된 자는 첫 번째 협의회에서 자기의 권능과 자치사상을 잘 발휘하여, 관헌 때문에 압박받지 않도록 활발한 행동을 하여, 좋지 않은 관례를 장래에 남기지 않는 것이 필요하다. 개정된 제도의 초두에 충분히 민권을 발양해 둔다면 장래 부윤이 협의회를 압박하는 식의 일은 없으리라 생각한다.

〈자료 179〉 면제 소감 [와타나베 아키라(渡邊彰), 1918.12.20, 《조선불교총보(朝鮮佛教叢報)》, 三十本山聯合事務所]

조선에서 지방제도의 일반적 입법 사업은 부제·면제의 제정으로 이미 일반의 종결을 고하였다. 지금 이미 정한 법규를 운용하여 여러 시설을 격려하며 이로써 질서 있는 진보와 온건한 발달을 이루어 반드시 현재의 업적을 후대에 넘겨줄 활동의 기회를 마련해야 한다고 말할 수 있다.

이러한 때에 우리가 어떤 각오로써 시대의 요구에 응할까를 자문자답하여 이 글을 기초하였다.

제1. 감상위통문(感想爲統門)

과거와 현재, 국내와 국외를 불문하고, 무릇 정치를 지역 인민에게 베풀 때는 그곳의 형세와 호구의 조밀함을 조사하여 시정의 구획을 설정해야 한다.

대개 조선에서는 부·면(府面)의 획정이 위와 같은 이상을 실현한 것이 많지 않았다. 그러나 면이라는 단어는 방면(方面) 구획의 의의를 따라서 표시한 것이므로, 면의 본래 성격은 지방행정의 구획에 불과하다. 그러나 1910년 영토 대립의 격벽(隔壁)을 없앤 후부터 시운의 추세에 비추어, 면의 실력에 따라 사업을 경영하는 것이 극히 필요하다고 생각되어, 면제를 제정 발포하게 되었다. 그러므로 면제 실시는 면의 지방행정의 구획을 바로잡는 것 외에 일정한 행위 능력을 가진 공공단체인 성격을 겸하여 갖게 한 것이다.

면제 제정의 취지가 이러하므로, 지방 주민은 너나 할 것 없이 각자의 의식을 새로이 하여 각각 그 실력을 계발하는 데 힘쓰고 지방 공공의 복리를 증진하여 일본 정촌과 그 진보를 겨루어 항상 우월한 지위에 서는 것을 종국의 목적으로 만들어야 한다.

생각하건대 사물에 대한 좋고 나쁘다는 각 사람들의 감상은 균등하지 않으므로 만사에 대해 똑같은 행동을 취할 수는 없다. 그러나 각 사람들의 감상이 달라도 항상 너나 할 것 없이 희망하는 것은 같다. 즉 면제 실시에 효과를 거두는 데 태만히 하지 않고, 지방 공동의 복리를 증진케 하는 것이다. 그러므로 동일한 면에 거주하면서 동일한 희망을 갖고 서로 그 희망을 달성하고자 한다면, 그 면내에서 지식과 재력이 있고 우월한 지위를 점한 사람들은 항상 솔선하여 선각자의 각오로써 뒤떨어져 있는 사람들을 직간접으로 훈련해서 각자의 책임을 자각하게 하는 것이 가장 필요하다.

나의 면제에 대한 의견은 이 하나의 점에 집중해 있다. 그러므로 이를 장려하여 실현하려면 어떻게 할까에 대해서, 특히 중요하다고 믿는 점을 서술하여 면제 실시의 효과를 현저하게 하는 데 기여하고자 한다. 이는 내가 간절히 바라는 바이다.

제2. 책려지요문(策勵之要門)

국가의 입법권이 작용하여 만들어지는 법규는 대개 두 가지가 있다. 하나는 조항이 복잡하여 형체가 매우 크지만 그 법이 적용되는 범위는 비교적 좁은 것이니, 광업령 같은 것이 적절한 예이다. 둘째는 조문은 간단하지만 형태는 작되 그 적용 구역은 극히 넓고 큰 것이 있는데 면제와 같은 법규이다.

상세히 말하면 면제는 일본의 정촌제와 비슷한 제도이다. 조문은 겨우 14개조에 불과하나 그 적용 범위는 실로 조선 전토의 총면적 1만 4,123방리 중 도회지 12부의 관할에 속하는 10만 방리 여를 제외한 모든 지역에 시행되는 것이다.

1917년 말의 조사에 따르면 부제 실시지 이외의 지역을 218군 2도(島)로 나누었고, 여기에 포괄한 면의 총수는 2,507개이다. 면 아래에 동리라고 칭하는 취락의 수는 1915년 말의 통계에 따르면 4만 4,648개이다. 그 면내에 포용된 호수는 1916년 말 조사에 따르면 304만 1,028호이다. 인구는 1,611만 6,846인이니, 이는 모두 면제를 받들어 국가 위정의 목적을 보좌하는 대들보이다.

이와 같이 크게 보면 우리의 감상은 가령 그 면제 시행지 밖에 거주한다 해도 결코 강 건너 불 보듯 할 수는 없다. 이것이 이 글을 쓴 이유이며, 면제 시행의 성과를 거둘 기초가 굳건히 되기를 바라는 그 희망의 일단을 말하고자 하는 것이다.

생각하건대, 면제는 일정한 지역과 인민을 구획하여, 면이라는 법정 지역에 들어가 단단한 옷을 입는 것과 같다. 동시에 그 지역의 인민 활동과 행위의 윤곽을 정하여 결코 분수에 맞지 않는 일을 하지 말라는 국권 작용의 표현이다. 그러나 법규 조문을 해석하고 그 적용에 대해 법학적으로 감상을 서술하는 것은 내가 할 바가 아니다. 그래서 면제를 실행할 때 면민의 일원으로서 한시라도 방기할 수 없는 사항에 대해 다음의 소견을 말하고자 한다.

(1) 면 사무의 성격을 철저히 이해할 것

선량한 면민의 일원으로서 면제 시행의 효과를 철저히 얻기 위해서는 어떤 방법으로 어떤 사업을 실시할 것인가를 착안하는 것이 가장 중요한 급무이다. 면은 법령에 따라서 처리할 사무가 많으나, 개괄하여 말하면 공통적 사항으로서 우리가 사회의 일원이고, 면의 일원으로서 함께 운영하고 나아간다는 원칙에 따라야 한다. 자기 혼자만 각오하는 것이 아니라 그 이치를 알지 못하는 자에게 간절히 이를 교유하고, 이미 이해한 자에게는 반드시 시행하도록 노력해야 한다. 면내의 주민 모두가 이같이 말하고 행동하여 법규를 위반하지 않으면 이것이 바로 함께 나아간다는 원칙에 따라 공공사무를 처리할 능력을 완비한 면민이라고 말할 수 있다.

이는 단순히 나 한 사람의 의견이 아니라 모든 사람이 바라는 바일 것이다. 요컨대 면 사무의 성격을 면민 모두가 철저히 이해하여, 함께 나아간다는 원칙을 저버리면 진보적 생활은 불가능하다는 것을 널리 알리는 것이 면제 실시상의 가장 큰 요건이다.

(2) 면 사무 수행상의 기본적 요건을 회득(會得)할 것

면의 역사적 서술과 면의 법률상 지위에 대해 논하는 것은 생략하고, 면 사무 수행상의 기본적 요건을 기술하겠다. 면 그 자체에 일정한 행위 능력이 있다는 것을 확신의 기초로 삼아야 한다.

면이 법령의 규정에 따라서 공공사무를 처리할 때는 개인의 생활과 마찬가지로 의식주의 세 가지 요건을 충족하지 않으면 면의 존재가 완전하게 되지 않는다. 그 의식주의 세 가지 요건으로서 면의 행위를 성취하려면 다음과 같다.

갑. 면의 의(衣)는 면의 공공사무를 처리하는 법령의 총체이다. 면장과 면 이원은 사무를 집행할 때 필요한 법령을 그 의(衣)로 하여 끝없이 변화하는 상황에 따라 활동해야 한다. 법규의 해석과 적용은 이 활동상에 가장 필요한 것이다.

을. 면의 식(食)은 면민의 힘이다. 사무처리상 필요한 식량을 면민에게 공급하는 것을 태만히 하면, 면은 법령에 따라 면에 속한 사무를 수행하여 그 소기의 목적을 달할 수 없다. 면이 면민의 힘을 식물(食物)로 하여 요구하는 형식은 ① 부과금, ② 부역, ③ 현품 등의 명목이다. 이를 기일과 납부액 등을 정하여 요구함을 법으로 한 것이다. 그러므로 면민은 면에 속한 공공사무의 성질을 잘 이해하는 동시에 부과금, 부역, 현품 등의 징수에 응하여 납부를 태만히 하거나 또는 출역에 지체하지 않도록 각오해야 한다. 이것들을 늦춰지지 않도록 결단성 있게 완성하면, 면 사무에 필요한 법령 문자를 읽지 못하는 사람이라도 상식을 갖추어 법령의 정신을 철저히 회득한 존경받는 사람이 될 것이다.

병. 면의 택(宅)은 법령으로 정한 면의 경역(境域)이다. 면은 그 구역 내의 법령에 기반하여 각종 사업을 시설한다. 이는 개인이 가옥을 수리하거나 집 안을 장식하는 것과 마찬가지다. 즉 도로와 교량을 수리하는 것은 교통상 편의를 공공에 주기 위해서고, 전염병을 예방하는 것은 공중의 건강을 보존하기 위해서다. 이와 같은 사례를 열거하면 너무 번잡하므로 생략한다. 요컨대 '갑'을 위해 필요한 경비는 사무비라 일컫고, '병'을 위해 필요한 사업비라 칭한다. 경비가 나오는 길은 '을', 즉 면민의 힘이고, 이로써 면의 체(體)를 보존함으로써 그 용도를 완전하게 된다. 국가가 면제를 만들어 면의 행복을 증진하게 하는 주안점은 면민의 힘을 조장하는 데 있다. 이를 깨닫는 것이 면 주민의 중요한 지덕이다.

이상 세 가지 해석은 사례가 비슷한 듯하나, 사회학상 인류 생존의 원칙에 기초하여 사업 능력을 가진 면의 존속을 위해 필요한 조리를 진술한 것이다. 여기서 한 걸음 나아가 제3항에 대한 소견을 말하고자 한다.

〈자료 180〉 면제 소감(속)(와타나베 아키라, 1919.2, 《조선불교총보》, 三十本山聯合事務所)

(3) 면민의 지덕을 늘리는 훈련과 그 실행

면민의 지덕을 늘리는 것은 국민의 부강을 이루는 큰 바탕이다. 종이 한 장의 글로 그 요령을 다 터득하기는 어렵기 때문에 모름지기 적절하고 필요하다고 생각되는 사항들을 선택하여 서술하고자 한다. 그 첫 번째는 각자의 책임을 중요시하는 기풍의 양성이다.

이미 앞에서 말한 것처럼, 함께 나아가는 것은 우리가 사회를 구성하여 생존하기 위해 필요한 사실이므로 일상 생활 모두에 관계가 있는 원칙이다. 이 원칙을 실제로 행할 때 질서 있고 기율이 있도록 국가의 권위를 이용하여 우리에게 함께 나아가라는 규범을 교시하여 지키라고 명령한 것이 곧 면제이다. 그러므로 면제는 우리에게 함께 나아가라는 원칙을 간절히 보인 것이며, 또한 엄히 명령한, 지극히 높은 권위를 가진 것이다. 그러므로 면민의 지덕을 늘리기 위한 기초는 각자 책임을 중히 여기고 이를 지키는 것이 가장 중요하다. 그런데 책임을 중히 여기는 기풍을 양성하는 방법은 각지의 사정이 다르므로, 그 시설에 관해 채찍질하여 독려하기 위해서는 표준을 만들어야 한다. 따라서 나는 이하에 세 가지로 나누어 책임의 큰 뜻을 기술하고자 한다. 학자의 소견에 따라 책임의 분류법이 서로 다르나, 나는 내가 옳다고 믿는 구분법을 취하여 서술하고자 한다.

그 첫째는 자기에 대한 책임이다.

이 책임은 소위 도덕의 근본이 되는 것이다. 한마디로 말하면 자기를 속이지 않고 양심에 부끄럽지 아니한 행위를 하는 것이다. 그 행위를 세상 사람들이 비평할 때 태도와 행실이 단정한 사람이라 하여 존경하는 것이다. 면민이 모두 자기를 속이지 않고 행실이 단정하면 그 면은 말할 것도 없이 반드시 선량한 면일 것이다. 따라서 현재와 장래 모두 각 면에 자기를 속이지 않는 사람들을 다수 산출하기 위한 방법은 그 종류가 매우 많지만, 그 기풍을 양성할 위대한 힘을 부여하는 교육가와 종교가의 헌신적 노력에 있다.

둘째는 사회에 대한 책임, 다시 말하면 자기 이외의 면민에 대한 책임이다.

각자 자기를 속이지 않고 양심에 부끄럽지 않은 성의로써 약속을 지키며 의무를 행하는 것을 중요시하면, 면내에 분쟁이 없음은 물론 면내의 질서도 엄숙해져서 일사불란하게 면사무와 면의 사업이 정돈될 것이다. 그러나 어떤 시대라도 사회의 실상은 항상 위와 같은 이상적인 모습과 완전히 정반대의 사실이 많아서 면정이 문란해지고 면내에 분쟁이 있다. 이는 오로지 각 사람이 약속을 어기고 신의를 중요시하지 않기 때문이다. 면제를 실행하는 당국자나 면제를 지키는 자가 서로 경계하여 신의를 지키며 약속을 어기지 않는 기풍을 양성하고 조장하는 데 노력해야 한다. 이것이 면제 시행을 위해 면민이 서로 주의할 요점이다.

셋째는 국가에 대한 책임, 이 역시 다시 말하면 공무소에 대한 책임이니라.

면의 사무소는 관가 소유의 건물 중 하나이다. 그 나라의 행정사무를 보조·집행하는 책임을 지며, 법령에 따라 면에 속한 공무를 처리하는 장소이니, 면민은 항상 경건한 태도로 면

사무소를 대해야 한다. 면의 사무소는 대개 그 건물이 크지 않다. 그러나 그 나라의 법률과 명령을 인민에게 주지시키는 직분을 지키는 장소라는 관념을 마음속에 두고 주의하는 것이 필요하다. 요컨대 면사무소에서 발하는 명령과 통지에 성실히 순종하고, 만약 위법하고 월권적인 행위가 있으면 이에 상응하는 규율을 지켜 교정할 방법을 생각해야 한다. 이 질서를 중히 여기는 것은 또한 면사무소에 대한 면민의 책임이다. 만약 부과금 납부를 태만히 하거나 혹은 부역에 불복하는 일이 있다면, 이는 면에 대한 책임 뿐 아니라 자기에 대한 책임, 자기 이외의 면민에 대한 책임을 모두 잃어버리는 것이다.

요컨대 위와 같은 세 가지 책임을 항상 지고 면민이 각자 깨달으면, 이는 그 면에 대한 공공심 발달의 증거이며 참으로 축하할 만한 일이다.

이외에 면제를 원만히 시행하기 위하여 면에서 집무하는 당국자를 훈련하는 것에 대해 기술할 소견이 있으나, 이는 강습회나 여러 방법에 따라 직원 훈련의 방법도 있고, 또 여러 전문가들이 계몽에 노력하고 있으므로 나는 말하지 않겠다.

다음으로 면제 시행에 중요한 하나는 토착심 양성이다. 이에 대해 나는 일찍이 연수회에서 소견을 발표한 바 있으나 다시 그 개요를 뽑아 한마디 하고자 한다.

첫째, 토착심은 그 지역을 번창하게 하는 기본이다. 조선과 같이 미간지와 진황지(陳荒地)가 많은 곳에서는 한편으로 이주자를 환영하고, 또 종래의 거주자가 만주나 기타 지방으로 이주할 생각이 일어나지 않도록 하는 것이 면제 시행상 가장 중요한 것이다.

둘째, 종래의 거주자와 새로 온 이주자의 조화를 도모해야 한다. 서로 의사(意思)가 어긋나거나 이해의 충돌로써 분쟁을 빚는 사고가 생기지 않도록 주의하고, 그 지역에 적당한 사업을 운영해서 지역을 풍부하게 하는 데 면민이 협력하는 분위기를 도야하도록 노력하면 면제의 아름다운 성과를 거둘 수 있을 것이다.

요컨대 사람은 그 거주지에 대하여 세 가지의 만족을 얻으면 결코 그 지역을 떠나지 않는 특성이 있다. 세 가지의 만족은 다음과 같다.

1. 경제상의 만족
2. 정신상의 만족
3. 육체상의 만족

이것이다. 경제상의 만족이라 하는 것은 자기의 기능에 적당한 업무에 종사하여 의식(衣食)에 부족함이 없고, 또한 면민으로써 부담할 공과(公課)를 분담하여도 부족하나마 그대로 여유가 있으면 이를 경제상의 만족이라 할 것이다. 요컨대 부(富)는 각 사람의 생활상 여유에 다름 아니니, 여유의 분량이 많은 사람을 부호자(富豪者)라 칭한다.

다음으로 정신상의 만족은 각 사람이 그 거주지의 교육 시설과 종교 설비를 신뢰하는 것이다. 각자의 희망이 충족되어 정신적인 만족이 되면 마을에 대한 애착심이 생긴다.

다음으로 육체상 만족을 얻기 위해서는 각 사람이 항상 두 가지를 염두에 두어야 한다. 하나는 질병에 걸리지 않는 것, 둘째는 질병을 몸 밖으로 내쫓을 방책이다. 이 두 가지 방법을 써서 각자의 신상에 알맞도록 하고 그르치지 않으면 각자 육체상의 만족을 얻을 수 있다. 그러므로 그 첫째는 전염병 예방법을 비롯하여 여러 법규를 만들어 우리의 고통을 구제하는 것이다.

우리가 이상 세 가지 만족을 얻기 위해 면이 어떤 임무를 수행하는가를 생각하면, 항상 국가와 개인의 중간에 서서 상의(上意) 보급, 하정(下情) 창달에 노력하여 우리의 만족을 주고자 노력하는 공공단체이므로, 우리의 지덕이 진보함에 따라 면의 공공사무는 장래 누진적으로 증가할 것이라 생각된다. 따라서 우리는 면의 주민이 이제부터 지력·재력·체력을 신장하고, 후일 공비 부담이 증가될지라도 쉽게 그 부담을 감당하며, 오히려 여유가 있도록 자각하는 것이 가장 필요하다. 나의 면제에 대한 소감은 이와 같다.

끝으로 한마디 하면, 서술에 부족함이 있으면 이를 보충하고, 지나친 부분이 있으면 이를 버려서 각자 수양에 이바지하기를 바란다.

만일 서술이 부정확한 것을 보고 본서의 가치를 평하는 사람이 있으면 이는 마치 어망을 붙들고 잡은 고기를 잃는 것과 다를 바 없다.

III

실행 계획 및 내용

〈해제〉

이 장은 총독부가 1910년대 지방제도를 입안하고 실행하는 과정에 대해 1. 지방제도 연혁 및 개편, 2. 부제(府制) 실시와 부(府)·군(郡)·면(面) 폐합, 3. 면제 실시 등으로 절을 나누어 자료를 수록했다.

일제는 1910년 9월 '조선총독부 관제'와 '조선총독부 지방관 관제' 등을 발포하여 지배 기구와 지방 지배의 기본 골격을 마련하였다. 곧이어 10월에는 '도·부·군의 명칭과 관할구역', '면에 관한 규정' 등의 총독부령을 발포한다. 제도 변화는 이후 계속 진행되었고, 지방제도 개정에 대한 다양한 의견이 제출되었다. 1911년 조선총독부 내무부에서 작성한 『조선 지방제도 개정에 관한 의견(朝鮮地方制度改正ニ關スル意見)』(자료 181)은 총독부에서 염두에 두고 있었던 지방제도 개정의 방향을 잘 보여준다. 지방비, 부·면 등을 법인으로 인정하여 독자적인 재정 운용권을 부여하자고 하고 있다. 군은 단지 행정구획으로서의 역할만 인정하고 지방 단체로서의 독자성을 배제하며, 부는 일본인 거류민단을 중심으로 개편하고, 일본인 거류민단이나 일본인회는 부나 면에 흡수시키되 일본인 교육에 관한 사항은 따로 학교조합이 경영하도록 하며, 조선인의 경우 자치를 허용하지 않는다는 것이었다.

이 중 지방비, 부·면 등을 법인으로 인정하자는 제안은 부를 제외하면 1930년에 도제(道制)·읍면제(邑面制)가 발포될 때까지 실시되지 않았지만, 나머지는 대체로 1910년대 지방제도 운영에서 관철되고 있다. 특히 이 의견서에서 중요한 사항은 일본인 거류민단과 거류민단이 없는 지역의 일본인 단체인 일본인회에 대한 처리이다. 일본인회는 하나의 협의단체로 존재하고 있었지만 확실한 법적 근거가 없어 행정사무 처리에 따르는 제도를 설치할 필요가 있었다. 거류민단의 사무는 교육에 관한 것을 제외하고는 부가 그것을 계승하고, 교육에 관한 사무는 모두 학교조합이 경영하며, 일본인회의 사무도 역시 면으로 계승한다는 취지였다.[1]

---

1 윤해동, 2006, 『지배와 자치』, 역사비평사, 91~92쪽.

또 조선인을 포함하는 단체에는 모두 의결권을 인정하지 않고, 비교적 다수의 내지인을 포용하는 단체에는 자문기관을 설치하며, 오로지 일본인들로 이루어진 단체, 즉 학교조합에만 의결기관을 둔다고 하고 있다. 이후 1920년 지방제도 개정으로 설치되는 '지방의회안'의 기본적 성격이 이때부터 논의된 것으로 볼 수 있다.

두 번째 자료 『조선총독부 도·부·군 서기 강습회 강연집(朝鮮總督府 道府郡書記講習會 講演集)』(자료 182)에서는 1911년 8월 28일부터 9월 26일까지 있었던 조선총독부 도·부·군 서기 강습회에서 조선총독부 서기관 사와다 도요타케(澤田豊丈)가 「지방제도(地方制度)」라는 제목으로 강연한 내용을 수록했다. 1911년부터 거의 매년 도·부·군 서기 강습회가 총독부 주최로 열렸고, 첫해에는 약 1개월간 계속되었으나 다음 해는 20일, 1913년과 1914년에는 15일 정도로 축소되었다. 강습회는 보통 첫날 정무총감과 내무부 장관의 훈시가 있고, 그 후는 여러 부문으로 강습 과목을 나누어 강사를 초빙해서 강연했다. 1912년의 경우 지방행정, 부동산증명, 학무, 세무, 농업과 산림, 수산, 상공, 광업, 토목, 경찰, 위생, 통계 등의 과목으로 구분하여 총독부 각 국장과 과장, 사무관 등이 강사로 나섰다.

도·부·군 서기는 조선인들도 있었지만 정무총감이 일본 각 부·현 지사에게 추천을 의뢰하여 한국에 온 일본인들도 많았다. 따라서 이들은 조선어는 물론이고 조선의 행정조직과 지방의 상황에 대해 잘 알지 못하므로 이를 교습하는 강습회가 기획된 것이다. 1911년 강습회에서는 조선어 교습이 있기도 했다. 여러 부문에 걸친 강의 내용을 모아서 『조선총독부 도·부·군 서기 강습회 강연집』을 만들어 각 도·부·군에 반포했는데, 현재 1911·1912·1913·1915·1918년 강연집을 국립중앙도서관에서 볼 수 있다. 강연집은 하나하나가 600쪽 또는 400쪽 내외의 적지 않은 양이다. 지방제도 관련뿐 아니라 1910년대 전반적인 사회상을 살펴볼 수 있는 귀중한 자료다.

2절은 부제 실시와 부·군·면 폐합 관계 자료를 수록했다. 국가기록원에 소장된 「부제안(제령)」, 『부제안 관계 서류』[「府制案(制令)」, 『府制案關係書類』, 1912: 자료 183]는 부제 시행에 앞서 총독부에서 여러 안을 놓고 비교 심의한 내용으로서 중요하다. 데라우치 총독과 총독부 참사관 아키야마 마사노스케(秋山雅之介), 총독부 총무국장 고다마 히데오(兒玉秀雄), 총독부 내무부 장관 우사미 가쓰오(宇佐美勝夫), 일본 척식국 서기관 에기 다스쿠(江木翼) 등이 호즈미(穗積) 박사, 이치키(一木) 박사 등 법학 전문가들과 함께 1912년 9월 21일 세 가지 부제안을 비교·검토하여 그 결과를 정리한 것이다.

세 가지 안이란 1) 총독부 취조국이 만든 원안을 총독부 총무부와 일본 척식국이 수정한 안, 2) 총독부 외사국장 고마쓰 미도리(小松綠)가 만든 안, 3) 총독부 내무부에서 만든 안이었다. 1·2안과 3안의 가장 큰 차이는 거류민단 교육사무의 승계 문제로, 1·2안은 이를 부가 관장하고, 3안은 이를 학교조합의 사무로 한다는 점이다. 또한 일종의 부 자문기관으로서 1안은 부회(府會), 2안은 참사회, 3안은 부참여(府參與)라는 각각 다른 명칭을 사용하고 있는 점도 눈에 띈다. 세 안을 비교한 내용 뒤에는 이어서 1안 취조국 안과 2안 고마쓰 안 전문을 싣고 있다.

채택된 것은 3안 내무부 안으로, 「부제(府制, 제령 제7호)」(1913)와 비교하면 큰 틀에서 3안을 따르되 자문기관으로 부협의회라는 명칭을 쓰고 있는 점 등이 다르다. 결국 거류민단에서 가장 큰 재정 지출을 차지하면서 부채의 큰 원인이었던 교육 경비를 기존부터 있었던 학교조합에 그대로 승계시킨 것이다. 이는 그동안 재한 일본인들이 부담해 온 일본인 자제들의 교육비 부담을 신설되는 부(府)에서 떠맡고 싶지 않았던 총독부의 의중이 반영된 것이라 할 수 있다.

총독부 외사국장 고마쓰의 「각국 거류지 회의」(자료 185)는 민단을 폐지하고 부제가 시행되면서 필연적으로 불거지는 문제인 외국인 거류지 처리에 대한 총독부 외사국의 고민을 보여준다. 거류지에서 행하던 행정사무를 새로운 지방행정기관으로 어떻게 인계할 것인가, 외국인들이 가졌던 영대차지권(永代借地權), 즉 지대를 지불하고 영구히 토지를 사용하거나 처분할 수 있는 재산권을 어떻게 처리할 것인가에 대해 논하고 있다. 다음으로 총독부 내무부 장관 우사미의 「부제 시행과 일본인」(자료 186)에서는 공공시설의 이익을 모두가 누리는데 그전까지 일본인에게만 부담을 지웠던 것을 확장시키는 데 부제 실시의 의미가 있다고 하며, 부제 실시로 지역민의 부담이 가중되지는 않을 것이라고 주장하고 있다.

다음으로 조선총독부 경부인 나가노 기요시(永野清)의 『조선경찰행정요의』(자료 187)는 도장관과 경찰 사이의 지휘·명령 관계가 불명확함으로써 야기되는 모순을 지적하고 있다. 뒤에 게재한 도장관회의록에서는 도장관들이 그들의 입장에서 경찰 조직을 도 밑으로 넣어야 한다고 주장하고 있는데, 이 자료에서는 양자의 관계 정리에 대한 경찰의 입장을 엿볼 수 있다.

이어서 게재한 자료는 1914년 4월 13일 도장관회의에서 총독의 훈시와 4월 13일부터 18일까지 열린 도장관회의 회의록의 일부(자료 189), 그리고 1916년 4월 1일부터 10일까지 열린 도장관회의 회의록의 일부(자료 190)이다. 각 회의마다 자문사항이 19개에 달하며 내용은 1910년대 조선의 제도, 산업, 교육 등 모든 분야에 걸쳐 있다. 도장관 입장에서는 총독 앞에서 자기가 관할하는 도의 치적을 부각시킬 필요가 있으므로 과장되고 윤색된 측면도 있으나, 대부분의 내용은 각 도에서 총독부에게 요구하고 싶은 사항을 토로하는 것이므로 총독부 정책이 지역민에게 끼친 영향을 세밀하게 볼 수 있는 귀중한 자료다. 이 중 지방제도와 관련해서는, 1914년 회의에서는 자문사항 2. 부·군(府郡) 폐합이 지방행정에 미친 영향과 이에 대한 시행조치, 3. 지방비 정리의 실황, 4. 1913년 이후 면 정리 및 면비의 실황 등이 도움이 되며, 1916년 회의에서는 자문사항 2. 사법 및 경무 기타 지방기관의 정비가 지방행정 개선에 미치는 효과 및 이들 기관과 도치(道治)와의 관계에 대한 의견, 4. 부·군·면 사무 검열 상황, 5. 각 도의 기술원 채용 및 지도·감독 상황, 6. 도·부·군 서기 강습회의 효과 등의 내용이 도움이 된다.

3절은 면제 실시와 관련된 자료이다. 국가기록원 소장 『면제 관계 서류(面制關係書類)』(자료 191)는 1917년 조선 면제를 입안할 때 총독부 내무부와 일본 내무성 사이에 어떤 견해 차이가 있었으며, 이런 차이가 어떤 과정을 거쳐 조정되었는가를 잘 보여주는 자료다. 면제에 대한 내무성 척식과 수정안, 내무성 지방국 수정안, 내무성 참사관의 수정 의견, 내무성의 최종안, 아베 히사노리(阿部壽準) 내무성 법제국 참사관의 수정 의견, 이에 대한 아키야마 마사노스케(秋山雅之介) 총독부 참사관의 의견, 그리고 이 기간 동안 우사미 가쓰오 조선총독부 내무부 장관과 조선 면제 제정에 대해 일본 내무성 법제국과 협의하기 위해 1916년 말부터 1917년 초까지 도쿄에 가 있던 사와다 도요타케(澤田豊丈) 내무부 과장 사이에 오간 전보 내용 등으로 이루어져 있다.

총독부 원안에 대한 일본 내무성 척식과의 가장 주요한 문제 제기는 면을 감독하는 관청은 어디이며, 그 감독권의 범위가 어디까지인가였다. 원안의 제1조는 "면은 법인으로 한다. 관의 감독을 받아 공공사무 및 법령에 따라 면에 속한 사무를 처리한다"고 되어 있다. 척식과는 면과 면장이 별개의 기관이므로 면에 대한 감독관청을 따로 지정하는 것이 온당하며, 면이 법인이고 공공단체인 이상 여기에 무한한 감독권을 행사할 수는 없다고 지적한다. 이에 대해 총독부 우사미 내무부 장관은 면제가 자치단체 법규 규정과 동일한 체재이지만 자치권을 부여하는 것이 아니라고 강조하며, 면제는 "이례적인 법인"을 창설하는 것임을 스스로 시인하였다. 척식과와 비슷한 지적은 내무성 지방국 심의에서도, 내무성 참사관회의에서도 계속되었다. 이는 사와다 내무부 과장의 말처럼 면제의 근본을 동요시킬 만한 논쟁거리였다. 즉 자치적인 함의를 배제하는 총독부의 의도와 겉으로 드러나는 법규와의 모순에 대한 지적이었다. 결국 지방국과 참사관회의의 수정안은 조항의 맨 끝에 "면은 제1차로 군수·도사가 감독하고, 제2차로 도장관이 감독하며, 제3차로 조선 총독이 감독한다. 감독관청은 면의 감독상 필요한 명령을 내리거나 또는 처분할 수 있다"를 첨가하는 선에서 법제국 심의에 맡기기로 하였다. 물론 이 내용은 최종 면제 조항에서는 빠졌다. 최종 면제 조항에서는 면이 법인이라는 것도, '관의 감독을 받아'라는 문구도 빠지므로, 이 부가 조항도 필요 없게 되었기 때문이다.

한편 법제국 아베 참사관의 비판은 척식과나 지방국의 관점과는 또 달랐다. 그는 자치제 체재를 갖춘 총독부 면제 조항이 식민지인들로 하여금 '민족이라는 자각심'을 부여할 수 있다고 우려하며, 지방비를 본뜬 '면비' 정도로 면 사업에 필요한 재원 징수에 그쳐야 한다고 주장했다. 이는 아베의 개인적 의견이고 법제국 전체 의견은 아니었다. 이에 대해 아키야마 총독부 참사관은 면제가 결코 자치제도를 창설하는 것이 아니라는 장문의 의견서를 법제국에 제출했다. 법제국은 양쪽의 의견서를 비교·검토한 후 수정안을 냈고, 수정안의 취지는 총독부 원안과 큰 차이가 없었다. 결국 면이 공공단체라고 명확히 규정하는 것을 가능한 한 피하고, 총독에 위임하는 범위를 확대하는 선에서 논의가 정리되었다. 이 『면제 관계 서류』(자료 191)에는 위와 같은 일련의 정황이 잘 드러나 있어 면제 입안 과정을 파악하는 데 큰 도움을 준다.

『면 행정지침(面行政指針)』(자료 192)은 경상남도 진주군의 서무주임 요시무라 덴(吉村傳)이 면 행정에 관해 부와 도의 일반 법령을 모아서 쓴 640쪽의 방대한 책이다. 경상남도 사사기 쇼타(佐佐木正太) 제1부장과 진주군수 한규복이 교열했다. 수천 권을 인쇄하여 경남도청이 각 도로부터 주문을 받아 다른 도의 각 군과 면에 널리 판매했다. 면의 조직과 제도, 면의 집무, 면과 동리가 갖는 재산 관리, 토목과 교통, 면의 통계 사무, 공립 보통학교 등 교육 관련 사항 등의 내용으로 구성되어 있다.

총독부에서 1917년 발간한 『면제 설명서(面制說明書)』(자료 193)는 면제 발포 후 면 이원의 참고용으로 면제에 대한 설명서를 인쇄하여 각 도와 부에 송부한 것이다. 각 도와 부는 각 면에 이를 배부했다. 내용은 면의 사무, 면장·면서기·회계원·구장·상담역 등의 지위와 직무, 면의 수입과 지출 관리, 면 조합의 규약과 관리, 면의 구역 변경에 따른 재산 처분 등이다.

3절의 〈자료 194~208〉은 조선 면제가 지방에서 시행되는 상황을 보여주는 기사를《조선휘보》지방호에서 추출하여 수록한 것이다. 1917년 면제 시행 초기에 제도가 어떻게 변경되고, 일반 민에게 어떤 영향을 주는지에 대해 각 지역에서 민과 직접 대면하는 관리·공리들은 전혀 이해가 없는 상태였음을 보여준다(〈면제 시행될 임시(臨時)에 있는 지방 인민 및 면 당국자의 면제에 대한 이해〉,《조선휘보》지방호, 1917.11: 자료 195). 바뀐 제도하에서 면 직원의 비행, 특히 면장의 횡령이 크게 늘어난 이유를 분석한 기사도 흥미롭다(〈면 이원의 비행〉,《조선휘보》지방호, 1917.10: 자료 194; 〈면 이원 비행 증가의 경향〉,《조선휘보》지방호, 1918.12: 자료 208). 면비가 팽창하고, 면민의 부담은 늘어나는 상황을 타개하는 방안으로서 면유재산의 조성, 즉 조림이라든가 미간지 개간 등을 역설하는 기사도 읽어볼 만하다(〈면제에 대한 지방민의 감상에 대하여〉,《조선휘보》지방호, 1917.12: 자료 200; 〈면 기본재산 조성에 대하여〉,《조선휘보》지방호, 1918.1: 자료 201).

옛 동장·이장직이 폐지되고, 새 면제하에서 구장(제)으로 바뀌면서 총독부가 생각한 구장의 이상적인 모습이 어떠했는지를 보여주는 기사(〈지정면의 면장과 상담역〉,《조선휘보》지방호, 1917.11: 자료 196; 〈구장을 명예직으로 한 취지〉,《조선휘보》지방호, 1918.2: 자료 202)는 총독부의 의도와 실제 집행상의 괴리를 추측케 한다. 총독부는 초기 지방제도를 구상할 때 '새로운' 시정에 적극적이지 않은 지방 유지나 유생들을 지역 지배 구조에서 배제하고자 했고, 이는 1906년 지방관 관제 개정 시 향장을 폐지하고, 부·군 주사를 설치할 때 향장이 주사직에 계속 임용되지 않길 바랐던 것과 마찬가지였다. 대신 일제는 지역의 '덕망 있는' 인물들이 구장이라는 명예직에 '무급으로' 봉사하면서 동리의 '아버지 또는 형'이 되어 총독부 행정과 지역민을 잇는 역할을 해주길 바랐다. 일제의 입장에서는 그 이전의 동장·이장은 지역민의 허드렛일을 도맡고, 지역민이 비하하는 '소사(小使)'에 불과한 것이기에 폐지되어야 마땅했다. 그러나 면제 실시 이전에 군참사, 면장, 동장·이장 등은 대개 유생 계급이었고,[2] 지역마다 차

2 조선총독부, 1914.4, 『朝鮮道長官會議速記錄』, 23쪽.

이는 있겠으나 이장은 주로 그 동리 안에서 명망 있는 사람들이었다.[3] 일제가 지역유력자를 포섭하길 원하면서도 정작 제도 운용에서 이들을 배제하고자 하는 논리적 모순을 위 자료에서 확인할 수 있다.

1. 지방제도 연혁 및 개편

〈자료 181〉 조선 지방제도 개정에 관한 의견(朝鮮總督府 內務部, 1911, 『朝鮮地方制度改正ニ關スル意見』)

〈자료 182〉 조선총독부 도·부·군 서기 강습회 강연집[사와다 도요타케(澤田豊丈, 조선총독부 서기관), 1911. 11, 『朝鮮總督府 道府郡書記講習會 講演集』 1, 朝鮮總督府]

2. 부제(府制) 실시와 부(府)·군(郡)·면(面) 폐합

〈자료 183〉 부제안(제령)[「府制案(制令)」, 『府制案關係書類』, 1912. 국가기록원 관리번호 CJA0002541]

〈자료 184〉 부제 시행규칙안(고마쓰 안)[「府制施行規則案(小松案)」, 『府制案關係書類』, 1912. 국가기록원 관리번호 CJA0002541]

〈자료 185〉 고마쓰(小松) 외사국장의 담(談) 각국 거류지 회의(《조선급만주》 75호, 1913.10.1)

〈자료 186〉 부제 시행과 일본인[우사미 가쓰오(宇佐美勝夫, 조선총독부 내무부 장관), 1914.4, 《조선공론》 제2권 제4호]

〈자료 187〉 조선경찰행정요의[나가노 기요시(永野清), 『朝鮮警察行政要義』, 巖松堂書店, 1916]

〈자료 188〉 (잡록)도장관회의[〈(雜錄)道長官會議〉, 《조선총독부월보(朝鮮總督府月報)》, 日韓書房, 1914.5.1]

〈자료 189〉 조선도장관회의 속기록[朝鮮総督府, 1914.4, 『조선도장관회의속기록(朝鮮道長官會議速記錄)』]

〈자료 190〉 조선도장관회의 속기록[朝鮮総督府, 1916.4, 『 조선도장관회의속기록(朝鮮道長官會議速記錄)』]

3. 면제 실시

〈자료 191〉 면제 관계 서류(『面制關係書類』, 1917. 국가기록원 관리번호 CJA0002572)

〈자료 192〉 면 행정지침[요시무라 덴(吉村傳), 1916, 『面行政指針』]

〈자료 193〉 면제 설명서(朝鮮總督府 編, 1917, 『面制說明書』, 朝鮮總督府)

〈자료 194〉 면 이원의 비행(《조선휘보》 지방호, 1917.10)

〈자료 195〉 면제 시행될 임시(臨時)에 있는 지방 인민 및 면 당국자의 면제에 대한 이해[조선총독부 속(屬) 히포 슈이치(飛舖秀一), 《조선휘보》 지방호, 1917.11]

---

3 〈신면제하의 제1일, 면제 시행되던 첫날의 두 면사무소〉, 《매일신보》, 1917.10.3.

〈자료 196〉 지정면의 면장과 상담역(《조선휘보》 지방호, 1917.11)

〈자료 197〉 조선인 군서기 강습회 개최(《조선휘보》 지방호, 1917.11)

〈자료 198〉 도 · 군 · 도(道郡島) 서기 강습회 개최(《조선휘보》 지방호, 1917.11)

〈자료 199〉 면제에 관한 오해(《조선휘보》 지방호, 1917.11)

〈자료 200〉 면제에 대한 지방민의 감상에 대하여[사와다 도요타케(澤田豊丈, 내무부 제1과장), 1917.2, 《조선휘보》 지방호]

〈자료 201〉 면 기본재산 조성에 대하여[도요다 주이치(豊田重一, 홍성군 서기), 1918.1, 《조선휘보》 지방호]

〈자료 202〉 구장을 명예직으로 한 취지[우사미 가쓰오(宇佐美勝夫, 내무부 장관), 1918.2, 《조선휘보》 지방호]

〈자료 203〉 우량 면 직원의 표창(《조선휘보》 지방호, 1918.2)

〈자료 204〉 도 · 군 · 도 서기 강습회 상황(《조선휘보》 지방호, 1918.2)

〈자료 205〉 선인 군서기 강습회 개최의 상황(《조선휘보》 지방호, 1918.2)

〈자료 206〉 면의 사무 처리에 대하여(《조선휘보》 지방호, 1918.4)

〈자료 207〉 면 직원 비행 방알(防遏)에 대하여[야지마 스기조(矢島杉造, 조선총독부 사무관), 1918.9, 《조선휘보》 지방호]

〈자료 208〉 면 이원 비행 증가의 경향(《조선휘보》 지방호, 1918.12)

1. 지방제도 연혁 및 개편

〈자료 181〉 조선 지방제도 개정에 관한 의견(朝鮮總督府 內務部, 1911,『朝鮮地方制度改正ニ關スル意見』)

제1편 조선 지방제도 개정에 관한 의견

제1장 조선 지방제도 개정의 필요

1. 신정(新政)이 시행되고 나서 약 1년이 되어 국정(國情)이 안정되고 민심이 점차 하나로 되어 가고 있다. 중앙의 시설이 거의 진척되기 시작하고, 여러 정무가 면목을 일신하고 있다. 종래 행해진 고식적인 지방제도를 개폐(改廢)함으로써 조선 지방정치의 기초를 확립하는 것이 당면한 급무이다.

2. 생각건대 조선 현시(現時)의 지방제도는 그 개정을 필요로 하는 2개의 요점이 있다. 그 하나는 지방행정구획에 관한 것이고, 다른 하나는 지방비(地方費) 이하 지방 단체의 조직 및 그 기능에 관한 것이다. 전자(前者)에 대해서 논하자면 그것은 다음의 기회에 하는 것으로 하고 여기서는 오로지 후자(後者)에 대해서 논하고자 한다.

3. 현시의 지방제도는 한국 정부의 발포(發布)에 관계한 것과 제국 정부가 특히 일본인을 위해서 발포한 것 2가지로 이루어져 있다. 현재 보면 흡사 하나의 기형아와 같아 단순히 그 외관이 체재(體裁)를 갖추지 못했을 뿐만 아니라 그 내용도 불완전한 점이 많다. 조만간 그것을 개정하는 것이 아니라면 날마다 새로워지는 현상에 비추어 그 운용상 지장이 있는 것을 면할 수 없다. 다만 이와 같음은 병합을 때하여 상당 정리되어야 할 바이나 과도(過渡)의 시대에 처한 권의의 조치로써 고식(姑息)의 제도를 답습한 결과에 지나지 않는다. 따라서 조만간 그 개폐·정리가 필요함은 말할 것도 없다. 특히 거류민단의 처분에 대해서는 병합 당시 이미 정부에서 선언한 바이다. 도저히 그 해결을 미룰 수 없다. 또 일본인회는 하나의 협의단체라서 그 존재를 인정할 만한 확실한 법적 근거를 갖지 않음에도, 현재 실제 행정과 비슷한 사무를 처리해가고 있다. 따라서 이를 대신할 만한 적당한 제도를 만들 필요가 있다.

그리고 이들에 관한 처분은 지방비, 부 및 면 제도와 서로 관련성이 적지 않으므로, 결국 현재는 거류민단의 해결과 동시에 다른 제도의 개정도 수행해야 할 적당한 시기라 말하지 않을 수 없다.

제2장 조선 지방제도 개정의 요점

1. 조선에 있어서 지방제도 개정의 요지는 다음의 각 단체를 인정하여 법인으로 하고, 또 특히 일본인 교육을 위해 학교조합(법인)을 인정하고, 거류민단 및 일본인회(日本人會)는 폐지하는 데 있다.

1) 지방비(地方費)

2) 부(府)

3) 면(면은 1급 면 및 2급 면 둘로 나눈다)

2. 군(郡)은 다른 것과의 권형(權衡)상에서 보자면 일종의 단체로서 인정해야 할 것 같지만 실제에 비추어 보면 특별히 군이 경영해야 할 사업이 없을 뿐만 아니라 또 그 경제 능력도 없다. 가령 군의 경제 능력이 사업을 경영할 수 있을 때까지 발달을 거두는 시기가 도래한다 해도 이러한 사업은 지방비 사업으로 하거나, 또는 면의 공동사업으로 해도 하등의 불편한 점이 없다. 현재 일본에서도 혹은 군제(郡制)를 가리켜 무용의 장물이라고 하는 이야기도 있다. 정부에서도 일찍이 군제의 폐지를 기도하여 그 의안을 제국의회에 제출한 사실이 있다. 따라서 군은 장래에도 단순히 하나의 행정구획으로 존치하는 데 그치는 것으로 한다.

3. 위 각 단체 중 지방비 및 면은 종래의 구역에 의해 그것을 인정하고, 부(府)는 현재의 구역을 변경하여 대체로 현재의 거류민단 지역에 의해 그것을 인정하는 것으로 한다. 그리고 그 사무는 지방비에서는 내선인(內鮮人)이 공동으로 그것을 처리하고, 부 및 면에서는 일본인 교육에 관한 사무를 제외하고 원칙적으로 내선인이 공동으로 그것을 처리하는 것으로 한다. 따라서 거류민단의 사무는 교육에 관한 사무 외에는 이를 면에 계승시키고, 일본인 교육은 일반적으로 학교조합의 경영에 이를 위임하는 것으로 한다.

(부기) 현재 면(面)은 그 광무(廣袤)[4]와 인구에 현저한 차이가 있다. 어떤 것은 며칠간의

4 넓이와 길이.

행정(行程)이 걸리기도 하지만 어떤 것은 주먹만한 크기에 지나지 않는다. 또 어떤 것은 일본의 시(市)에 가까운 인구를 갖지만 어떤 것은 겨우 수십 호(戶)에 지나지 않는다. 따라서 적당한 표준에 따라 그것을 안배하고 정리하는 것은 면이 하나의 단체로서 그 기초를 확립하기 위해 가장 필요한 일에 속한다. 그러나 지금 토지조사가 진행 중이고, 그 종료를 기다려 이를 행하지 않으면 후일 다시 손질을 반복해야 하는 번잡함이 있다. 물론 토지조사의 진행을 기다리지 않아도 면의 폐치·분합을 단행하는 것이 어려운 것은 아니다. 그러나 면제(특히 2급 면제)는 사실 현실적으로 큰 변동을 가져오지는 않을 것이므로 당분간 면은 종래의 구역에 따르는 것으로 하고, 적당한 표준에 의거해 적당한 시기에 그 정리를 행하는 것으로 한다.

4. 지방제도에 자치주의(특히 의회제도)를 가미할 필요가 있느냐 없느냐, 만약 필요가 있다면 어떻게 이를 가미할 것인가는 중요한 문제이고, 가장 신중한 고려를 필요로 하지만(제2편 참조), 여러 사정과 연혁에 비추어 현재 조선인에게 자치권을 허여하는 것은 아직 시기에 맞지 않다고 생각되므로 조선인을 포용하는 단체에는 모두 의결권을 인정하지 않고, 비교적 다수의 일본인을 포용한 단체에는 자문기관을 설치하며, 온전히 일본인으로 이루어진 단체(학교조합)에 대해서만 의결기관을 두는 것으로 한다.

5. 각 단체를 법인(法人)으로써 인정하는 실제 이익은 그 단체로 하여금 재산 능력을 갖게 하는 점에 있다. 그리고 이러한 단체는 자기의 계산에 있어서 권리와 의무를 갖는 것 외에, 또 기본재산이나 적립금곡(積立金穀)을 축적할 수 있다. 따라서 그 기초를 영원히 견고하게 할 수 있다. 또 경제상의 기초가 비교적 공고하다고 인정된 단체에 대해서는 기채권(起債權)을 부여하는 것으로 한다. 단, 실제로 운용할 때에는 기채권은 엄중한 방침하에 그 남용을 제한하는 것으로 한다.

6. 각 단체에 경제 능력을 부여한다는 것은 지방 공동의 이익과 발달을 위해 그 단체의 능력에 따라 다소의 사업을 경영케 하는 데 있다. 그러나 엄중한 방침하에 사업 범위를 미리 한정하지 않으면 남행(濫行)에 빠지기 쉽기 때문에 오히려 단체의 기초를 파괴할 우려가 없지 않다. 따라서 사업 범위는 단체의 경제력과 고유한 성질을 참작하여 법으로 미리 이를 제한한다. 각 단체에서 지출할 비용의 대략적인 항목은 다음과 같다. (중략-편역자)

7. 이하에서 순차적으로 각 지방제도의 강령을 기술하기에 앞서, 먼저 다음 표를 게재하여 그 요점을 비교하기 쉽게 한다.

	지방비(地方費)	부	1급 면(面)	2급 면(面)	학교조합
인격(人格)	인정함	동(同)	동(同)	동(同)	동(同)
이사자 (理事者)	도장관 (道長官)	부윤(府尹)	면장(관선)	면장(관선)	부윤(부 소재지) 또는 관리자(선거)
의결기관 또는 자문기관	없음	부 참여 (관선자문기관)	면 참여 (관선자문기관)	없음	조합회 (의결기관)
기본재정 또는 적립금액	갖게 함	동(同)	동(同)	동(同)	동(同)
기채권(起債權)	갖게 함	동(同)	동(同)	갖게 하지 않음	갖게 함
사업의 범위	공공사무	동(단, 교육 사무권을 제외함)	공공사무	동(단, 간단한 것에 한함)	교육 사무
부과금 (賦課金)	국세(國稅) 부가세 및 특별세 (단, 당분 종래의 예에 따름)	국세부가세 지방비부가세 특별세	결수할(結數割) 호별할(戶別割) 가옥할(假屋割) (기타 특별세도 허락할 수 있음)	동(同)	호별할(戶別割) (영업할 등도 허락할 수 있음)
부역 현품	허락함	동(同)	동(同)	동(同)	동(同)
계속비 특별회계	허락함	동(同)	동(同)	허락하지 않음	허락함
특별부담 및 불균일 부담	허락함	동(同)	동(同)	동(同)	동(同)
규칙(規則)	도장관이 정함	부윤이 정함	면장이 정함	군수가 정함	기타는 의결시킴
예산 인가 (豫算認可)	총독	도장관	군수	군수	도장관

제1절 지방비령 강령(綱領)

현행 지방비법 중 개정이 필요한 중요한 점은 다음과 같다.

1. 도(道)의 구역에 따라 지방비를 인정하고 이를 법인으로 한다.

현행 지방비법은 처음에 지방비를 법인으로 인정하지 않는다는 취지로 입안된 것인데, 그것을 법인으로 인정하지 않는다는 것은 그 경비가 국고 경제의 일부로 인정된다는 것이다. 따라서 그 예산은 병합 후 현재에 이르러서는 매년 제국의회의 협찬을 거쳐야 하는 번거로움이 있다. 오히려 이를 법인으로 한다면, 필요에 따라 세계(歲計)의 여유가 있으면 이를 적립하거나 또는 기타 적당한 방법[예를 들면 조림(造林)과 같은]에 의해 기본재산을 조성시키는 것이 장래의 큰 계획을 위해 적합하리라 생각된다. 현재 실제적으로는 이를 법인으로 간주하여 취급하고 있으나 차제에 명문(明文)으로써 확실히 해두는 것이 좋다.

2. 지방비에는 의결기관 또는 자문기관을 두지 않는 것으로 한다.

부 및 면(1급 면)에 인격을 인정하여 자문기관을 설치함에도 불구하고, 지방비에 인격을 인정하면서도 의결기관이나 자문기관을 설치하지 않는 것은 균형을 잃는 것과 같다. 그러나 현재 지방비 경제는 아직 미미한 수준이고, 가장 액수가 많은 도(道)에서조차 연액 8만 몇천 원을 넘지 않는다. 가장 액수가 적은 도에서는 겨우 1만 원 내외에 불과하다. 장래에도 급격한 팽창을 허용하지 않을 상황이므로 이에 대해 비교적 다액의 경비를 요하고, 더구나 비교적 급한 필요성이 없는 기관들을 설치하는 것은 고려가 필요하다. 뿐만 아니라 필요하다고 생각되는 경우에는 도 참사 및 부·군 참사를 이용해도 된다. 또 종래 제도에서 이를 인정하지 않음에도 불구하고 단지 균형론 때문에 특별히 이러한 기관을 설치해야 할 이유는 없다. 따라서 지방비에는 의결기관 또는 자문기관을 두지 않는 것으로 한다.

3. 지방세는 국세부가세 및 특별세로 하고, 그 세목(稅目), 과율 및 부과 방법은 조선 총독의 허가를 받게 한다.

세목의 범위가 지나치게 광범하다는 혐의가 있을 수 있으나 법적으로는 장래에 대한 여지를 둘 필요가 있다. 조선의 상황에 비추어볼 때 급격하게 재원을 확장할 수는 없어서 당분간 세목 및 과율은 종래의 예에 의할 방침이지만, 장래 지방 발전에 따라 서서히 이를 확장하여 점차 재원의 보충을 도모하는 것으로 한다.

4. 지방비는 부채를 일으킬 수 있는 것으로 한다.

5. 지방비는 일부의 인민(人民)에 대해 특별한 부담을 지우거나 또는 균일하지 않은 부과를 할 수 있는 것으로 한다.

6. 지방비는 공익상 필요한 경우에 기부 또는 보조를 하는 것을 할 수 있는 것으로 한다.

7. 지방비는 계속비 및 특별회계를 설치할 수 있는 것으로 한다.

8. 이상 열거한 것 외에는 현행 지방비법의 예에 의하는 것으로 한다.

제2절 부제(府制) 강령(綱領)

1. 부(府)는 법인으로 하고, 그 구역은 국(國)의 행정구획인 부의 구역에 의하는 것으로 한다. 부의 구역은 주로 현재의 거류민단 구역 및 현재 맞닿아 있거나 또는 장래 맞닿을 구역에 의하는 것으로 한다.

2. 부의 집행기관은 국(國)의 관리인 부윤으로 하고, 부의 관리로 하여금 그 사무를 보조시킨다.

3. 부참여(府參與)를 둔다. 부참여는 부의 자문기관으로서 부 주민 중 식견 있는 자를 선택하여 조선 총독의 인가를 얻어 도장관이 임명한다. 그 정수는 조선 총독이 정하는 바에 따른다.

4. 부가 처리할 사무의 범위는 교육 사무를 제외한 일반 공공사무로 한다.

5. 부세(府稅)는 국세(國稅) 및 지방세의 부가세로 하고, 또 필요할 때에는 특별세를 부과할 수 있다. 부세는 조선인에게는 새로운 세금이므로 급격한 변혁을 피하기 위해 국세 및 지방세 부가세로써 보통으로 하고, 특별히 필요한 경우에 한해 따로 세목을 만들 수 있게 한다는 취지다. 단, 부세의 부과에 관해서는 조선인의 생활 상황에 비추어 실제적으로는 적당히 참작을 할 필요가 있음은 물론이다.

6. 부는 재산 및 적립금곡을 설치할 수 있는 것으로 한다.

7. 부는 부채를 일으킬 수 있는 것으로 한다.

8. 부는 일부의 인민에게 특별한 부담을 지우거나 또는 균일하지 않은 부과를 할 수 있는 것으로 한다.

9. 부는 기부 또는 보조를 할 수 있는 것으로 한다.

10. 부는 계속비 및 특별회계를 설치할 수 있는 것으로 한다.

11. 거류민단의 재산 중 교육에 관한 것은 학교조합으로, 기타는 부로 인계하는 것으로 한다.

12. 거류민단의 부채는 그 기채 원인에 따라 구별하고, 학교조합으로 인계하는 것 외에는 부로 인계하는 것으로 한다. (만약 민단채를 국고에서 인수하는 경우라면 다르다)

13. 각국 거류지 회의 사무 및 그 권리·의무는 부로 인계하는 것으로 한다.

14. 부는 최하급의 지방 단체이며, 부내의 면(面)은 폐지하는 것으로 한다.

제3절 면제(面制) 강령

1. 면(面)을 나누어 1급 면 및 2급 면 두 가지로 한다.

조선에서 각 지방의 실상은 부제 시행지 이외에서도 일본인 집단의 상황 및 그 경제 능력 등이 서로 매우 다르다. 예를 들면 대전(大田), 공주(公州), 광주(光州), 진주(晉州), 개성(開城), 해주(海州) 등은 아직 부제를 시행할 정도에 이르지 않았지만, 인구가 희박하고 자력(資力)이 빈약한 다른 면과 동일한 법제하에 두기는 어렵다. 따라서 전자(前者)에는 1급 면제를 발포하고, 후자(後者)에는 2급 면제를 발포하는 것으로 한다.

2. 1급 면제 및 2급 면제를 시행해야 할 지역은 조선 총독이 이를 정하는 것으로 한다.

각 도의 균형을 맞춤으로써 1급 면과 2급 면의 구별을 세울 필요가 있을 뿐 아니라 지방 인민의 상황 때문에 함부로 그 등급을 변경하는 폐해를 방지하기 위해서는 이를 지정하는 권한을 총독에게 유보할 필요가 있기 때문이다.

3. 면(面)은 법인으로 하여 1급 면은 교육에 관한 사무 외에 기타 공공사무를 처리할 수 있게 하고, 2급 면은 간단한 사무에 한해서 처리할 수 있게 한다. 단, 그 사무의 범위는 모두 법의 규정으로써 한정하는 것으로 한다.

면은 현재 단순히 행정 구획으로서 그 존재를 인정받는 데 그친다. 또 징세에 관해서는 법인과 비슷한 성격을 갖지만 일반 공공사무를 처리할 능력이 부족하다. 그러나 실제로는 면민의 합의에 의해 토목, 위생 또는 소방 등의 사무를 처리하는 경우가 있다. 1급 면이 법이 정한 범위 내에서 그 자본력에 따라 공공사무를 처리할 필요가 있음은 특별한 설명이 필요치 않다. 그러나 2급 면에 관해서는 약간 설명이 필요하다. 2급 면은 자본력이 결핍하고, 자치 능력이 결여된 곳이 많으므로 장래 적당한 방법에 의해 기본재산을 조성시켜(예를 들면 그 곳에 소재한 국유림을 주어 식림이나 개간을 시키거나 또는 바다에 인접한 면에 대해 어업권을 주는 등의 방법에 의해) 그 기초를 영구히 공고하게 하거나, 또는 도로·교량·하천·제방의 개수, 기타 관행적인 사무 등을 공동으로 처리하게 하여 여기에 적법한 감독을 한다면 이를 법인으로 하는 등이다. 이 2급 면에도 역시 인격을 인정하고, 면민의 부담이 새롭게 중대한 교섭을 야기하지 않는 한에서는 면의 사무로서 이를 처리케 하기를 바라는 바이다.

(중략-편역자)[5]

11. 동리유재산(洞里有財産)은 면유재산(面有財産)으로 옮기도록 한다.

현재 동리의 어느 곳은 사실상 재산을 소유하고, 그 재산에서 생기는 수입으로 동리의 공공비용에 충당하고 있다. 그 동리유재산 조성 목적 및 방법을 생각하면, 지금 갑자기 그것을 면 소유로 옮기면 다소 동민·이민이 실망할 우려가 없지 않다. 그러나 동리마다 재산 주체의 모양새를 이루는 것을 용인함으로써 독립사업의 처리를 허락하면 계속 부락 할거의 폐해를 낳기 때문에 면 공동의 발달을 거두는 길과 배치되며, 행정 통일을 도모하는 데 큰 장해를 낳을 우려가 있다. 본받을 만한 좋은 전례는 일본의 부락유재산(部落有財産)에 있으니, 차제에 모두 이를 면유(面有)로 옮기는 것으로 한다. 단, 당분간 종래의 예에 의해 동리가 자신의 이익에 의거하는 것은 어쩔 수 없는 조치일 것이다.

12. 면은 면 조합을 설치할 수 있도록 한다.

자본력이 빈약한 여러 개의 면이 그 힘을 합하여 공동의 이익을 위해 어떤 사업을 하는 것은 때때로 필요할 것이다. 예를 들면 면이 공동으로 농사 개량을 위해 교사(教師)를 용빙하거나 공동 묘포(苗圃)를 설치하는 것 등이다.

(부언) 1급 면과 2급 면 조직의 내용에 대해 다음 표에 그 같은 점과 다른 점을 비교하여 편의에 제공한다.

(중략-편역자)

제4절 학교조합령(學校組合令) 강령

1. 학교조합은 일본인의 교육에 관한 사무 처리를 목적으로 하고, 그 조합원은 일본인만으로 하며, 조합원이 주거하는 구역을 그 영역으로 한다.

2. 학교조합의 설치는 1. 군(郡)의 학교조합은 조합원이 될 사람이 협의하여 규약을 만들고, 그 과반수의 동의를 얻어 조선 총독의 허가를 받아야 하고, 2. 부(府)의 학교조합은 현재 학교조합을 설치한 청진부(淸津府)를 제외하고, 부윤이 조합규칙을 만들어 조선 총독의 허

5 제4~제10은 면의 집행기관, 자문기관, 규칙, 세금 등에 관한 내용으로 강령 관련 표에 간략하게 내용이 나와 있음으로 중략함.

가를 받는 것으로 한다.

3. 학교조합의 의사기관은 조합회로 한다. 조합회 조직에 관한 사항은 조합의 크고 작음, 넓고 협소함에 따라 일정하지 않으므로 조합 규약으로써 이를 정하는 것으로 한다(단, 조합규약 준칙을 정하여 이를 공시함).

4. 학교조합의 집행기관은 이른바 관리자이다. 군에서의 조합 관리자는 도장관이 임명한다(그 임기는 3년으로 함). 부에서의 조합 관리자는 부윤이 맡는다.

5. 조합 경비에 충당할 재원은 ① 재산 수입, ② 사용료, ③ 기타 잡수입, ④ 조합비 등으로 한다. 그리고 부에서의 학교조합비 징수는 일정한 수수료를 교부하여 부에 위임한다.

6. 조합은 기본재산·적립금을 설치하여 기부·보조를 하며 조합채를 일으킬 수 있다.

7. 학교조합의 감독은 군 조합에서는 1차로 군수, 2차로 도장관, 3차로 조선 총독이 행한다. 부 조합에서는 1차로 도장관, 2차로 조선 총독이 행한다. 감독관청은 조합에 대해 필요한 명령을 발하고 또 처분을 취소할 수 있다.

제2편 조선 지방제도 개정에 관한 내무부 의견의 근거를 밝힌다

조선의 현행 지방제도 중 거류민단 제도에 관해 속히 그 개폐(改廢)가 필요함은 누구라도 이론이 없는 바이다. 그렇지만 어떻게 그것을 개폐할 것인가를 논구(論究)할 때에는 누구나 충돌할 수밖에 없는 두 가지 중요한 문제가 있다. 첫째는 조선인에 대해 자치권(특히 의회제도)를 허여하는 이해(利害)에 관한 문제이고, 둘째는 일본인 교육에 관한 제도는 어떻게 정할까의 문제이다. 우선 이하에서 그 첫 번째 문제에 관해 고구(考究)하고자 한다.

제1장 조선인에게 자치권을 부여하는 것의 이해(利害)를 논함

1. 조선 현재의 국정(國情)은 지방에 따라 원래 동일하지 않지만 일본인 집단이 있는 지방이 있고, 조선인만 거주하는 지방이 있으며, 일본인과 조선인이 서로 뒤섞여서 거주하는 지방이 있다. 그리고 서로 뒤섞여서 거주하는 지방에서도 그 뒤섞임의 정도는 동일하지 않다. 요컨대 조선 각 지방의 현황은 빈부와 문명의 정도에 있어서 또 그 연혁 및 관습에 있어서 각각 아주 큰 차이가 있다. 따라서 모두 그것을 일률적인 제도 아래에 통괄하는 것은 불가능

한 일에 속한다. 특히 일본인과 조선인이 섞이는 농도는 장래에 날이 갈수록 더욱 농후해질 것이며, 오늘의 상황이 내일의 상황과 이미 다르다. 지방제도를 확립할 때 용의주도해야 하는 이유 중 하나가 여기에 있다.

2. 조선에 있어서 지방제도에 관한 입법주의 중 서로 용인되지 않는 두 개의 관념이 있다. ① 일본인을 중요시하는 자는 자치제도를 두텁게 참작하고, 조선에서 종래의 거류민이 가졌던 자치권을 존중하며, 또 조선인에 대해서도 균형상 또 정략상 일본인에 대한 제도와 다른 제도하에 이를 구별할 수 없다고 본다. 그리고 일본인이 조선에 오는 추세에 비추어 곧장 자치제도를 시행하기를 바란다. ② 조선인을 중요시하는 자는 미개하고 유치한 인민, 특히 소위 식민지 인민에게 자치제도를 시행하는 것은 상당히 고려가 필요한 문제라고 한다. 가능한 한 단순하게 또 관권주의를 기초로 한 제도하에 통치하고, 일본인에 대해서도 균형상 그 자치를 억제하며, 이는 신영토를 경영할 때 모국민이 견뎌야 하는 희생이라고 한다.

3. 생각건대 조선에서 제국의 기초를 정하고, 조선인 융화의 열매를 거두며 경제력을 점차 증진시키고, 지식과 도덕이 역시 자치제 운용을 감내하기에 이른다면 조선에 자치제도를 시행하는 것이 반드시 불가능하지는 않다. 그뿐만 아니라 어쩌면 이는 피할 수 없는 것이다. 그러나 벌써부터 이를 낙관하면서 조선인을 일본인 대하는 것과 동일한 법제로써 대하거나 또는 이로써 동시에 거류민 일부 사람들의 자치 요망에 영합하는 것은 상당히 고려가 필요하다.

4. 조선은 종래에 관에서 공적으로 자치를 인정한 역사가 없다.[가령 동리 제도가 그 형식에 있어서 자치와 비슷한 것이라 해도 그 관념은 원래 구주의 의회정치 관념과 부합하는 것이 아님은 물론이다. 또 이조 말기에 일본 자치제도를 모방한 제도를 발포한 예(갑오의 혁신)도 있지만 이 제도는 실행되지 못했다.] 더구나 현재 조선인 중에 자치 정치를 동경하는 자는 거의 찾아볼 수 없을 뿐 아니라, 그 문명의 정도와 경제력도 아직 이를 시행하기에 적당하지 않다. 따라서 현재 조선인만을 본위로 하여 논한다면 자치권을 허여할 필요가 추호도 없다고 단정하지 않을 수 없다.

제2장 일본인 교육제도에 관한 제설(諸說)을 논함

1. 조선에서 지방제도를 확립하고자 할 때 충돌하는 두 번째 문제는 일본인 교육에 관한

문제다. 일본인 교육에 관한 제도를 계획하는 설은 다음 세 가지가 있다.

제1설 일본인 교육도, 조선인 교육도 함께 지방비의 경영으로 옮겨야 한다는 설

제2설 일본인 교육도, 조선인 교육도 모두 부(府)에서 경영해야 한다. 그리고 부에서는 부회(府會, 의결기관)를 두고 교육을 위해 다시 부회(部會)를 설치하여 일본인 교육에 관한 경제와 조선인 교육에 관한 경제는 각각 특별회계로 하여 구별해야 한다는 설 [이 설은 군(郡)에서의 일본인 교육 제도에 대해 아직 논의를 듣지 못하였으나 아마 군에서는 제1설 또는 제3설과 동일한 주장으로 귀착할 것이다.]

제3설 일본인 교육을 위해서 학교조합을 설치해야 한다는 설

2. 이상 3설 중 제1설(지방비 교육설)은 대만에서 현재 실시하고 있지만 조선에서 반드시 이를 답습할 필요는 없을 뿐 아니라, 대만의 지방비와 조선의 지방비는 그 유래가 서로 같지 않다. 또 만약 이 설을 실행한다면, 가령 일본인 교육은 특별 재원(예를 들면 호별세)에 의해서 시행한다 해도, 함께 지방비 부과금을 부담함에도 불구하고 정부가 오로지 일본인 교육만 후하게 하고 조선인 교육에는 냉담하다는 오해를 무지한 조선인들로 하여금 불러일으키게 할 우려가 있다. (특히 사립 보통학교에 관해 조선인은 동등하게 지방비를 부담한다는 이유로 이를 지방비로 옮기기를 바라고, 만약 이것이 용인되지 않으면 경우에 따라 지방비 징수에 영향을 가져올 우려가 있다) 이것이 하나의 기우에 불과하다 해도 무슨 이유로 교육을 구태여 지방비 경영으로 옮겨야 하는가에 대한 하등의 이유를 발견할 수 없다.

제2설[부회(部會)설]도 제1설과 마찬가지의 우려가 있다. 이 설에 따르면 일본인 의원과 조선인 의원이 함께 부회(府會)를 조직하여 교육 사무에 대한 것 외에 일반 공공사무에 관해 자유롭게 토의하고 의결할 수 있다는 피상적 견해이다. 일본인과 조선인에게 동등한 권리를 부여하자는 주의로서 가장 공평한 것처럼 보이나, 이렇게 숙려가 필요한 방침을 왜 지금 급박하게 채택해야 하는지 그 이유를 발견하기 어렵다. 교육 사무를 위해 부회(部會)와 특별회계를 설치할지 아닐지는 잠시 별도로 하고, 기타 사무에 관해 일본인과 조선인이 인종적으로 각자의 이해(利害)를 대표하여 서로 논쟁할 수 있는 기회를 주는 것은, 환언하면 적어도 다소의 위기를 배태할 수 있는 제도인데, 이를 굳이 채택할 필요가 있는지 도저히 이해하기 어렵다.

(중략-편역자)

3. 제3설, 즉 학교조합 설치설에 대한 비판은 대개 다음과 같다.

(1) 교육 사무를 위해서 특별히 일본인에게만 자치를 인정하는 것은 일본인과 조선인 사이에 일종의 장벽을 긋는 것이며 동화정책의 수행에 악영향을 미칠 수밖에 없다 운운. (생각하면 교육 사무를 부에 옮기거나 또는 지방비로 옮기는 것은 앞에 논한 것처럼 필경 오히려 오해의 단서가 될 우려가 있다. 학교조합설은 이 점에서는 오히려 폐해를 미연에 방지하는 좋은 안이라 할 수 있다. 학교조합 설치는 조선인과의 교섭 없이 일본인에게 일종의 자치권을 허여하는 것이 된다)

(2) 교육 그 자체는 공동의 시설을 만드는 것이 불가능하겠지만, 그 사무 처리는 일본인과 조선인 공통의 제도하에 시행해도 하등 지장이 없다. 또 이 때문에 교육 그 자체에 장애를 가져올 우려는 없다. 따라서 일본인 교육을 위해 특별하게 학교조합을 설치할 필요는 없다 운운. (이 논자들의 말과 같이 한다 해도 공동으로 교육 사무를 처리할 필요는 조금도 인정되지 않는다)

(3) 부(府) 외에 다시 학교조합이라는 하나의 법인을 인정함은 오히려 제도를 복잡하게 하는 것이다 운운. (그러나 이는 단순히 형식상 문제에 불과하다. 하등 실질적인 폐해는 발견되지 않는다.)

(4) 학교조합을 설치하면 그 사무비가 필요하다는 점에서 쓸데없이 비용의 손실을 초래한다 운운.[그러나 관리(부윤 이하)가 조합 이사자를 맡는다면 이 비판은 대개 기우에 불과하다.]

(5) 거류민단에 속하는 재산 및 부채를 부(府)와 조합에 분속시키는 것은 그 표준을 정할 때 실행상 큰 지장이 있다 운운. (그러나 교육 사무를 부에 옮기고 특별회계를 설치한다 해도 장차 이를 지방비로 옮기는 것으로 하면 역시 똑같이 일어날 문제일 뿐 아니라, 법인이 해산할 때 보통 수반하는 문제로서 반드시 큰 장해가 있으리라 생각할 수 없다.)

4. 일본인 교육을 어떠한 조직하에 행하는 것이 조선의 상황에서 가장 타당한가의 문제에 대한 위의 세 가지 설을 주도면밀하게 관찰했다. 우리는 결국 학교조합설이 적어도 정치상 가장 무난하며, 또 가장 공평한 의견이라 하지 않을 수 없다. 왜냐하면 이 설은 ① 일본인과

조선인으로 하여금 인종적으로 각자의 이해(利害)를 대표하여 상쟁하는 기회를 줄 위험이 없을 뿐 아니라, ② 교육 이외의 사항에 관해서는 일본인도 조선인도 동일한 주의 방침하에 공평하게 통치될 것이며, ③ 교육에 관해서는 조선인은 부담력이 결핍하므로 한두 가지 예외적인 것 외에 원칙적으로 그 비용 부담을 면하고, 일본인은 부담력이 있으므로 각자의 비용으로써 그 교육을 수행할 것이다. 따라서 부담상에서도 공평을 기할 수 있게 된다.

(부기) 현재 공립 보통학교는 은사금 이자, 향교 재산, 기타 기본재산 수입, 수업료, 기부금, 국비 및 지방비 보조금과 공립보통학교령 시행규칙 제10조 비용 등에 의해 부·군 하나에 약 1개 학교의 비율로 설치된다.

5. 여러 자치 사무 중 가장 많은 경비가 필요한 것은 교육 사무다. 그런데 현재 일본인 교육을 특수한 경영(학교조합)에 위임하게 되면, 기타 사무를 위해 특별히 자치제도(의회제도)를 필요로 할 이유는 비교적 그 정도가 적어질 것이다.

6. 조선의 여러 사정과 역사에 비추어 조선인만을 위해 현재 갑자기 자치제도를 시행할 필요가 없음은 위에서 여러 차례 논한 바와 같다. 아마도 주도면밀한 용의를 가진 위정자가 수긍하는 것이 되어야 함은 의심할 여지가 없다. 그리고 조선에서 의회제도(예를 들면 부회제도)를 채용해야 한다는 설도 결국 일본인이 현재 갖는 자치권을 존중하기 위해 주장하는 것에 불과하다. 그 조직 가운데에 조선인을 더하는 것은 필경 이들을 제외할 적당한 이유를 발견할 수 없기 때문이다. 따라서 지금 일본인만으로 조직된 적당한 기관으로 일본인의 자치에 대한 요망을 만족시킬 수 있는 길이 있다면, 그 누가 조선인에 대한 의회제도의 필요를 창도하겠는가. 따라서 학교조합이 조선인과는 전혀 교섭 없이 일본인에게 허여되는 가장 적당한 자치기관임은 의심할 여지가 없다.

7. 학교조합의 자치 범위는 원래 다른 지방자치단체의 자치 범위처럼 그렇게 개괄적이지 않다. 그러나 조선의 여러 상황에서 생각하면 이 범위 내에서의 자치권 향유로써 잠시 만족하는 것이, 일본인으로서 신영토 경영의 목적을 위해 감내해야 할 의무라 생각한다.

8. 현재 조선인 총인구 1,300만 명에 대해 재선(在鮮) 일본인 수는 겨우 20만 명 내외에 지나지 않는다. 게다가 20만 명 중 자치권을 허여받은 자(거류민단 주민으로서)는 11만여 명에 지나지 않는다. (일본인이 최다 거주하는 부산민단 지역에서조차 조선인 인구 2만 4,300여 명에 대해 일본인 인구는 2만 3,800여 명에 불과하다) 일본인의 자치권은 원래 존중해야 하지만 이렇게 소수

의 일본인을 위해 조선 통치상의 이해(利害)를 희생할 필요가 어디에 있는가. 하물며 학교조합설은 일본인의 자치권을 완전히 박탈하는 것이 아니고 단순히 이를 제한하는 것 아닌가. 요컨대 학교조합설은 그 체재가 훌륭하지는 않으며 그 의견은 평범에 가깝다. 그러나 정치상 가장 안전하고 조선인에 대해 악폐를 낳을 우려가 없으며, 사실상 가장 공평하며, 또 현상에 변화를 가장 적게 가져오는 방안이라는 점에서, 지금 조선에 실행할 계획으로서 이보다 나은 것은 없다고 믿는다.

제3장 거류민단의 해결에 관한 여러 설을 논함

1. 거류민단 처분을 어떠한 형식으로 해결할까에 대해 여러 의론이 있다. 상이한 주장을 나열하여 서술하면 다음과 같다.

제1설 거류민단을 폐지하고, 부(府)를 법인(法人)으로 한다. 거류민단의 사무 및 재산은 부에 계승한다. 부에는 부회(府會)를 두고 부회 의원은 일본인 및 조선인으로 하여금 각기 따로 선거한다. 일본인 교육 및 조선인 교육에 대해서는 각 부회(部會)를 설치하여 따로 의결하고, 또 그 회계는 각기 특별회계를 만들자는 설(앞에서 나옴)

제2설 교육 사무는 국비(國費)로써 경영하는 것(예를 들면 중학교, 고등여학교 등 중등 이상의 교육 사무) 외에는 모두 지방비(地方費) 사무로 옮기고(앞에서 나옴), 기타 공공사무(현재 거류민단에 속한 사무)는 구(區)로 옮기며, 구에 협의회를 설치하여 협의회 의원은 도장관이 일본인과 조선인 중에서 임명하고, 협의회는 의결기관으로 하자는 설

제3설 거류민단의 재산 및 사무는 부(府)에 계승시키고, 부내에 주거하는 일본인에게는 부세(府稅)를 부담시키나 조선인에게는 부세를 부담시키지 않는다. 그리고 부에 부회(府會)를 설치하고, 부회 의원은 부세를 납부하는 자 중에서 선거하자는 설

제4설 거류민단을 폐지하고 그 재산 및 사무를 부 및 학교조합으로 분할해 계승시키자는 설

기타 지엽적인 점에 대해서는 이상의 설과 약간 다른 설이 없지 않지만, 여기서는 번거로움을 피하여 단순히 주요한 것을 게재하는 데 그친다.

2. 이상의 설에 대해서는 깊게 그 가부를 논할 필요가 있다. 대체로 제1설 및 제2설의 잘못된 점은 앞 장 지방제도에 관한 2개의 근본 문제에 관해 논할 때 명백히 했고, 제3설은 민단의 처분 방법으로는 고식적이며 부의 발달을 저해할 우려가 있다. 이에 더해 일본인 및 조선인 모두에게 만족을 주지 못하는 안이라는 점에서 특별히 연구할 가치는 없다. 따라서 결국 제4설을 채용하는 외에 다른 방책은 없다. (제4설에 대한 논평은 앞 장에 상세히 말했으므로 여기에서는 생략한다.)

3. 거류민단의 해결 방법은 조선 통치의 큰 방침에 밀접한 관계를 갖는 긴요한 문제로 그 관계가 극히 복잡하다. 그러나 조선인과 자치의 관계 및 일본인 교육기관에 관한 문제로 결정된 이상은 그 해결은 간단할 뿐이다. 제1편에 기재한 부제 강령 및 학교조합령 강령은 필경 위 두 가지 문제의 결정이 가져올 당연한 결과에 불과하다.

(부기) 조선 지방제도 개정에 관한 근본 문제 외에 다소 부가하여 논할 것이 있으나 이는 앞 편에 기술한 바에 의해 명료한 것이고, 또 특별한 설명이 필요하지 않다고 생각하여 여기서는 생략한다.

〈자료 182〉 조선총독부 도·부·군 서기 강습회 강연집(地方制度)[사와다 도요타케(澤田豊丈, 조선총독부 서기관), 1911.11, 『朝鮮總督府 道府郡書記講習會 講演集』 1, 朝鮮總督府]

◎ 지방제도(地方制度)

제1장 행정조직의 연혁

제1절 중앙 행정조직의 연혁

제2절 지방행정조직의 연혁

제1관 지방행정구역

제2관 지방행정조직

제3절 통감부 및 소속관서

제1관 통감

제2관 이사관

제3관 통감부 사법청 및 경찰관서

제2장 현행 행정조직

제1절 조선총독부

제1관 조선 총독

제2관 보조기관

제2절 지방행정조직

제1관 도(道)

제1항 도장관

제2항 보조기관

제3항 자문기관

제2관 부·군(府郡)

제3관 면(面)

제1항 면의 성질

제2항 면의 명칭 및 구역

제3항 면의 기관

제4항 면의 경비(經費)

제3절 지방비(地方費)

제4절 임시은사금(臨時恩賜金)

제5절 거류민단(居留民團)

제1관 거류민단의 성질

제2관 거류민단의 기관

제1항 의결기관

제2항 집행기관

제3관 거류민단 사무의 범위

제1장 행정조직의 연혁(중략-편역자)

제2절 지방행정조직의 연혁

제1관 행정구역

지금으로부터 약 500년 전(태종 13) 전국을 구획하여 한성부, 유수부(留守府) 및 8도(道)로 나누고, 도(道)는 다시 그것을 부(府)·군(郡)·목(牧)·현(縣)으로 나누어 그 후 목·부·군·현의 명칭 및 그 구역 등에 다소의 변동이 있었으나 조직의 대체에 있어서는 현저한 변화는 없었다.

1895년(개국 505[6], 明治 28)에 이르러 전국을 23부로 구획하고 부(府) 아래에 군을 설치하였는데, 1년여 후 이 제도를 폐지하고 한성부(漢城府) 및 13도를 설치하여 도를 다시 부·목·군으로 나누었다. 이어서(동년) 또 부·목·군의 명칭을 변경하여 부 및 군으로 하고, 또 폐합

6 개국 504년의 오기.

을 행하여 한일병합 당시에는 전국은 한성부 및 13도로 구획되고, 도는 11부 317군으로 구획되어졌는데, 병합과 동시에 한성부를 경성부(京城府)라 개칭하고, 또 그것을 경기도(京畿道)에 속하게 하여 대구(大邱), 평양(平壤), 부령[富寧, 청진(淸津)으로 고침] 등의 3군을 부로 바꾸고, 성진(城津), 경흥(慶興), 용천(龍川) 등의 3부를 군으로 바꾸었다. 현재 부·군 아래에 면이라 칭하는 행정구획이 있고, 그 수는 4,351이다.

제2관 행정조직

조선에서 지방제도는 대체적으로 수백 년간 현저한 변화가 없었고, 1894년(개국 503, 明治 27) 개혁에 이르렀다. 즉 각 도(道)에 관찰사(觀察使), 부(府)에 부윤(府尹), 군(郡)에 군수[郡守, 부사(府使), 목사(牧使), 현령(縣令), 현감(縣監) 등의 호칭을 부르는 것이 있었으나 여기서는 일관하여 부윤·군수라 함]를 두고, 도(道)에 이(吏), 호(戶), 예(禮), 병(兵), 형(刑), 공(工) 등의 6방(房)을 두고, 부·군에도 이(吏) 이하의 6방을 두었다. 요컨대 지방제도는 중앙제도의 축도(縮圖)로써 그 사무는 다만 대소의 차이가 있는 데 불과했다. 관찰사 및 부윤, 군수는 모두 행정권 외에 병마(兵馬) 및 사법(司法)의 권한을 가졌다.

1894년(개국 503, 明治 27) 개혁 이래 지방제도에 대해서도 누차 개혁을 행하여 지방관청의 권한은 점차 축소되어 병마(兵馬)의 권한이 우선 그 수중을 벗어났고, 1906년(개국 515, 明治 39) 재무감독국 및 재무서 설치와 동시에 종래 관찰사 및 부윤, 군수 등이 가졌던 징세권은 없어졌고, 다음 해 사법권(司法權)도 재판소의 권한으로 이속(移屬)하고, 경찰권 또한 이어서 경찰관서로 이속했다.

한일병합 후 일찍이 관찰사, 부윤, 군수 등이 가졌던 징세권은 다시 도장관, 부윤, 군수 등의 권한으로 복귀되었다. (중략-편역자)

제2장 현행 행정조직 (중략-편역자)

제2절 지방행정조직

현재 조선이 13도(道) 12부(府) 317군(郡)으로 구획된 것은 앞서 서술한 바와 같고, 부·군(府郡)은 도(道) 아래에 있는 행정구역이고, 면(面)은 부·군(府郡) 아래에 있는 행정구역으로 모두 4,351개이며, 요컨대 최하급의 행정구역이다. 이러한 각 행정구역에서 각 지방행정기관 중 일반적인 권한을 갖는 것과 그에 예속하는 기관에 대해 서술한다.

제1관 도(道)

제1항 도장관(道長官)

도장관은 조선 총독에 부속하고, 그 관할구역 내에서 특별 제한이 없는 한 행정사무의 전반에 걸쳐서 광범한 권한을 갖는다. 상세하게 말하자면 총독의 직권에 유보되거나 또는 특수 관청의 직권에 속하지 않는 사항을 모두 담임하고, 기타 법령에 따라서 특별히 도장관에게 위탁된 사항을 담임한다.

일본에서 부·현 지사(府縣知事)는 국세 징수권을 갖지 않으나 조선의 도장관은 그것을 갖는다. 그렇지만 조선에서 경찰권은 도경무부장이 가지며, 도장관은 오직 도 행정의 집행에 관해 관내의 경찰관을 사용하고, 또는 지방경찰 사무에 관해 도경무부장이 필요한 명령을 발(發)하는 데 그친다. 도장관은 또 다음의 권한을 갖는다.

1. 도령(道令)을 발(發)하는 권(權)

도장관은 관내의 행정사무에 관해 직권 또는 위임의 범위 내에서 도령(道令)을 발하는 권한을 갖는다. 도령에는 3월 이하의 징역 혹은 금고, 구류, 100원 이하의 벌금 또는 과료(科料) 등의 벌칙을 부가할 수 있음.

2. 출병요구권(出兵要求權)

도장관은 관내의 안녕질서를 지키기 위해 병력이 필요할 때는 그것을 총독에게 구장(具狀)[7]하고, 출병을 요구할 수 있음. 단, 비상, 급경(急警) 등의 경우에는 바로 해당 지방 주재(駐在) 군대의 사령관에게 출병을 요구할 수 있음.

3. 부윤·군수에 대한 감독권

도장관은 부윤·군수에 대해 훈령(訓令)을 발하고, 제규(制規)를 위반하고 공익을 해치거나 또는 권한을 어기는 자가 있다고 생각될 때는 그 명령 또는 처분을 취소하거나 정지할 수 있음.

도장관은 그 직권에 속하는 사무의 일부를 부윤 또는 군수에게 위임할 수 있음.

---

7 상세하게 적어서 아뢰는 문장.

도장관에게 사고가 있을 때는 내무부장(內務部長)이 그 직무를 대리함.

제2항 보조기관

도장관의 보조기관으로 참여관(參與官), 사무관(事務官), 통역관(通譯官), 기사(技師), 서기(書記), 기수(技手) 및 통역생(通譯生) 등을 두고, 그 정원은 각 도를 합해서 참여관 13인, 사무관 26인, 기사 6인, 서기, 기수 및 통역생 447인(현재 서기 359인, 기수 88인)으로 통역관은 도의 봉급 예산 정액 내에 그것을 둘 수 있음.

제3항 자문기관

도에 도 참사를 두고, 도내에 거주하는 조선인으로서 학식과 명망 있는 자에 대해 총독의 인가를 얻어 도장관이 임명함. (중략-편역자)

제2관 부·군(府郡)

부·군에 부윤과 군수를 두고 부윤·군수는 도장관의 지휘·감독을 거쳐 집행하고, 관내의 행정사무를 맡아서 처리하고, 부하(部下) 관리를 지휘·감독함. (중략-편역자)

사무관 3인[경성(京城)·인천(仁川)·부산(釜山)의 각 부에 각 1인]

통역관 1인(경성부)

부서기 143인

군서기 1,879인(일본인 748인, 조선인 1,132인)

거주 인구의 다과에 따라 군을 갑(甲), 을(乙), 병(丙), 정(丁) 등 4등으로 나누고, 갑군(20군)에는 일본인 4인·조선인 5인, 을군(53군)에는 일본인 3인·조선인 4인, 병군(88군)에는 일본인 2인·조선인 4인, 정군(156군)에는 일본인 2인·조선인 3인을 배당하는 것을 원칙으로 하고, 또 일본인 거주자 500인 이상이 거주하는 을(乙) 이하의 군에는 일본인 서기 1인을 증치할 수 있게 하여 각 군의 정원을 배당함. (중략-편역자)

제3관 면(面)

면(面)이란 방면(方面)의 약어로서 조선에서 그것을 지방권농구획(地方勸農區劃)으로 사용하기에 이르렀던 것은 고려가 쇠망한 후 이씨 조선에서 전 조(前朝)의 폐정 개혁의 제1착으로써 전제개혁을 수행하고 권농관을 배치한 데서 비롯한다. 이씨(李氏) 조선은 통민법(統民法) 제1원칙으로 작통법(作統法)을 실행함으로써 토지와 인민을 기록하는 기초로 하였다. 상세하게 말하면 5호를 1통으로 하고, 1통마다 통주(統主)가 있어서 그것을 통치하고, 5통 즉 25호(戶)에 이정(里正)을 두고, 이(里)는 곧 보통행정구획의 최하급으로서 그 상급 관청인 군·현의 주간자로부터 지휘·감독을 받아서 통주를 통솔하고 일반 인민에게 사실을 고지하는 것이다. 보통행정구획은 이(里)를 최하급의 것으로 하여 호적(戶籍)·지적(地籍)에 따라서 편제되었지만 지형, 산천 등의 향배(向背), 교통상의 편의 등을 참작하여 수리(數里)를 합하여 권농관 배치구(配置區)라 하였다. 처음에는 이를 방면(方面)이라 칭하였는데 후에 약칭하여 단순히 면(面)이라 부르기에 이르렀고, 이 면(面)이라는 명칭이 만들어진 이유이다. 그 후 면은 오랜기간 특별행정구획으로서 큰 변화가 없었지만, 1894년(明治 27) 6조(曹) 분관의 관제가 폐지되어 일반 관제의 대개혁이 있었던 때, 특별행정구획에서 보통행정구획으로 변화되었다. 다시 작년[8] 10월의 총독부 지방관 관제에 따라서 최하급 보통행정구획이 되었다. (중략-편역자)

제3절 지방비(地方費)

지방비는 1909년(개국 518, 明治 42) 4월 구한국 법률 제12호 지방비법으로 설정되었다. 조선은 국정(國情) 민도(民度)의 상황상 완전한 자치제를 발포하기에 적당하지 않다. 그러나 지방적 공공사업의 발전이 시급하고 모두 직접적인 시설을 기다릴 수는 없다. 따라서 지방비법은 각 도 인민이 부담하는 비용으로 그 도(道)에 적절한 공공사업을 경영시키는 길을 여는 것이다.

지방비법 관계법령은 지방비부과금징수규칙(地方費賦課金徵收規則), 지방비회계규칙(地方費會計規則), 지방비물품회계규칙(地方費物品會計規則), 도금고규정(道金庫規定) 등으로 모두 간단한 규정에 속하여 특별히 각각 해설이 필요하지는 않다. (중략-편역자)

---

8 1910년.

제4절 임시은사금(臨時恩賜金)

한국병합 때 각 도의 부·군에 대해 사민(士民)의 수산(授産)·교육(敎育)과 아울러 흉겸구제(凶歉救濟)의 자본으로 충당하기 위해 하사된 임시은사금은 신영토 인민에 대한 무양혜택(撫養惠澤)의 성지(聖旨)에서 나왔다. 구정부 시대에 오랫동안 행해진 권세의 압박과 한없는 주구(誅救)[9]는 인민이 자포자기(自暴自棄)에 빠지고, 수수(袖手)·도식(徒食)·생업에 노력하지 않고 기갈(饑渴)에 이르게 하여, 마침내 거의 완전히 근검저축의 생각을 잃기에 이르렀다. 이 나쁜 습관을 타파하고, 생산을 구(求)하고, 생업을 권장함으로써 사회 우승열패의 추세에 버티고 저항할 수 있게 함은 현재 최대 급무이다. 임시은사금 하사는 첫째로 이 취지에 속하는 것이라 믿는다. 임시은사금 하사는 병합 때 시행된 여러 종류의 신부(新附) 민(民)에 대한 은전(恩典) 중 가장 주목해야 할 것에 속한다. 또 그 효과가 가장 현저한 것이라 할 수 있다.

각 부·군에 하사된 임시은사금은 모두 1,739만 8,000원으로 경성부의 100만 원을 별도로 하고, 다른 각 부·군에 하사된 액수는 평균 5만 원(작년 10월 8일 고시 제16호)이며, 그중 2만 5,000원은 각 부·군이 균일하고, 기타는 조선 인구에 따라 안분하여 그 배당액을 정했다.

임시은사금은 도장관이 관리 임무를 맡아 은사금 원본(元本)은 기금(基金)이라 하여 이를 소비할 수 있다. 그 이자로 수산, 교육, 흉겸구제 등의 사업을 경영하는 것으로 한다. 사업의 종류 및 경리(經理) 방법은 부윤·군수의 의견을 듣고 도장관이 정하며, 총독의 인가를 받아 결행하는 것으로 한다.

위의 경리 방법에 기초하여 도장관은 매년 수지예산을 편제하고, 총독의 인가를 얻어 그것을 시행해야 한다. 이자의 약 5분의 3은 수산에, 약 5분의 1.5는 교육에, 약 5분의 0.5는 흉겸구제의 비용에 지출하는 것을 표준으로 한다. (중략-편역자)

제5절 거류민단(居留民團)

거류민단은 한국시대에 일본 정부가 제정한 거류민단법에 따라서 외국에서 일정 지역에 한해 그 지역 내에 거주하는 제국 신민의 전체로써 조직된 자치단체이다.

---

9 誅求의 오기. 관청에서 백성의 재물을 빼앗는 것을 이름.

조선에서 현존하는 거류민단은 경성(京城), 평양(平壤), 인천(仁川), 군산(群山), 목포(木浦), 마산(馬山), 부산(釜山), 대구(大邱), 진남포(鎭南浦), 신의주(新義州), 원산(元山) 등의 11개소로서, 한국병합과 동시에 그 존재를 잃어야 하는 것이나 폐지하기 어려운 사정이 있어서 잠시 그대로 존속시켰던 것이 현재에 이른다.

제1관 거류민단의 성질

거류민단은 일정한 지역 내에 주거하는 일본인으로 조직된 법인으로 관(官)의 감독을 받고, 법령 또는 조약의 범위 내에서 그 공공사무 및 법령, 조약 또는 관례에 따라 그에 속하는 사무를 처리하는 것을 그 존립의 목적으로 한다. 그리고 그 설립은 외무대신의 권한에 속하고, 임의 단체가 아니라 강제단체이다. 강제단체란 국가에 의해 강제적으로 설치된 단체를 이른다. (중략-편역자)

제6절 거류지회(居留地會)

거류지회는 각국 대표자와 한국 정부 간에 체결된 조약에 따라 인천(仁川), 진남포(鎭南浦), 목포(木浦), 군산(群山), 마산포(馬山浦) 및 성진(城津) 등의 각국 거류지에 설정된 공법상의 단체로서 한국병합과 함께 당연히 소멸해야 할 것이나 1910년(明治 43) 제령(制令) 제2호에 따라 거류지 행정은 경찰을 제외하고 당분간 종래의 예에 의하는 것으로 함으로써 거류지회는 조선 지방행정상 특수한 제도로서 현재까지 잔존한다.

제1. 거류지회의 성격

각국 거류지는 특수한 행정구획이 있고, 우리 행정권은 경찰 사무를 제외하고 여기에 미칠 수 없다. 이 지역 내에서 주민의 공공사무는 거류지회가 처리한다. 거류지회는 조약상 명확하게 법인으로 인정되고, 정해진 인감을 사용하여 각국 거류지회라는 단체명의로 계약을 하거나 소송을 하고 또는 소송에 응한다. 또 거류지회에 대한 모든 소송은 총독 및 경성 주재(駐在) 각국 사신으로 조직된 법정에서 그것을 심리하고, 이 법정에서 각 사건에 대해 다수결로 부여된 판결을 종심(終審)으로 한다. (중략-편역자)

제3. 거류지회의 권한

거류지회는 주로 토목, 소방 및 위생 등의 사무를 처리하고, 필요한 경우는 총독과 협의하여 각국 사신의 동의를 얻어 각국 거류지 주민이 부담해야 할 공채(公債)를 일으킬 수 있다. 또 거류지회는 그 공공사무를 처리하기 위해 법규를 제정하고, 위반자에 대해 25불 이하의 벌금을 부과할 수 있다. 이 벌금은 일본인이건 외국인이건 불문하고 위반자의 소할(所轄) 관청이 이를 징수하고, 거류지회 재산 중에 불입하는 것으로 한다. (중략-편역자)

제7절 학교조합(學校組合)

학교조합은 거류민단 지역에서 일본인 교육사업 경영의 기초를 견고하게 하고, 또 그 발달을 기도하기 위해 조직된 공공단체로서 그 지역 상황에 따라 부대사업으로 위생 사무를 처리할 수 있다. 학교조합에 관한 법령은 1909년(明治 42) 통감부령 제71호 학교조합령, 동년 12월 통발 제8181호 통첩 동령(同令) 실시심득(實施心得) 및 각 이사청(理事廳)에서 규정한 동(同) 시행규칙(施行規則) 등으로, 조합의 재무 및 감독에 관해서는 거류민단에 관한 규정을 준용한다. (중략-편역자)

제8절 일본인회(日本人會)

일본인만으로 조직된 단체 중에는 거류민단 및 학교조합 외에 일본인회 및 거류민총대역장이 있다. 거류민총대역장은 그 성질과 권능이 완전히 일본인회와 같으므로 여기에서는 일본인회에 대해서만 논술하고자 한다.

일본인회는 한국 정부 시대에 거류민단법 시행지역 외에 주거하는 제국 신민의 일반 공공(公共)의 이익을 증진하기 위해 교육, 위생, 기타의 공공사무 처리를 목적으로 하여 그 존재를 인정받는 것이었다. 일본인회는 회원이 될 사람의 신청에 의해 이사청령에 기초하거나 또는 법령상의 근거 없이 단순히 이사관의 인가에 따라서 설정되고, 또 일정 지역 내에서 제국 신민의 가입을 강제할 수 있는 것이었다. 일본인회는 회비를 부과·징수하고 또 기채하는 권능을 갖고, 그 기관으로 직원(회장, 부회장 등의 명칭을 사용하는 자가 있음) 및 평의원회가 있고, 그 조직 및 권한은 이사관의 인가를 얻어 일본인회 규칙으로 그것을 정한다.

일본인회는 거류민단과 마찬가지로 한국병합의 결과 당시에 그 존재를 잃어야 하는 것이지만 갑자기 그것을 폐지하기 어려운 사정이 있었으므로 이사관의 감독권을 도장관으로 옮기고 당분간 존속시킨 것이다. 일본인회의 감독은 그 통일을 결여하고, 또 거류민단 및 학교조합에 비해 그 균형을 잃은 것이다. 회비에 대해서도 강제징수할 방법이 없으므로 점차 그것을 학교조합으로 변경시키거나 또는 나중에 지방제도의 개정을 기다려 적당히 그것을 처분하는 것이 필요하다.

제9절 수리조합(水利組合)

구한국 정부 시대에 수리조합은 탁지부(度支部)에 속하였는데 한국병합과 함께 총독부 내무부의 주관으로 이속(移屬)하였다. 수리조합에 관한 현행 법규는 1906년(광무 10) 3월 탁지부령 제3호 수리조합조례이다. 본 조례는 법문(法文)이 상당히 간단한 법규로서 불비(不備)한 점이 많으므로 탁지부는 수리조합 설립 요령인 훈령(訓令)을 발표함으로써 이 점을 보충하여 조만간 개정이 필요하다.

제1관 수리조합의 성질

수리조합은 관개배수(灌漑排水) 또는 수해 예방을 목적으로 하는 공공조합이다.

수리조합조례 제1관에 수리조합은 수리(水利)에 관계한 관개, 소착(疏鑿)[10], 개척, 보호 등에 관한 사업을 위해 설치하는 것이다. 일본 부현군(府縣郡) 시정촌(市町村)은 이들 사업을 경영하나 이것이 단체의 목적의 전부가 아니다. 그런데 수리조합은 관개배수, 수해 예방 개척 등의 사업 이외에 시설권 경영의 제한을 갖지 않는다. 따라서 수리조합은 그 성격상 지방자치단체와 동일한 것이라 할 수 없다. (하략-편역자)

10 물길을 뚫는다는 의미.

2. 부제(府制) 실시와 부(府)·군(郡)·면(面) 폐합

〈자료 183〉 부제안(제령)[「府制案(制令)」, 『부제안 관계 서류府制案關係書類』, 1912. 국가기록원 관리번호 CJA0002541]

위를 1912년 9월 21일 데라우치(寺內) 총독 관저에서 토의함.

회합자(총독 외): 호즈미(穗積) 박사, 에기(江木) 척식국 제2부장, 이치키(一木) 박사, 아키야마(秋山) 참사관, 고다마(兒玉) 총무국장, 우사미(宇佐美) 내무부 장관

제1안은 취조국의 원안에 총무부와 척식국에서 수정 보충을 가한 것

제2안은 고마쓰(小松)의 안

제3안은 이번 내무부의 안

제1안	제2안	제3안
1. 부 설치 및 그 구역 명칭은 조선 총독이 정한다.	좌동	1.부제는 부 구역에 시행한다(부 구역 명칭 등은 관제의 규정에 따른다).
2. 부는 법인으로서 관의 감독을 받고, 법령 범위 내에서 공공사무와 법령에 따라 부에 속하는 사무를 처리한다. 단, 교육 사무도 처리한다.	좌동	2. 부는 법인으로 한다. 관의 감독을 받아 법령 범위 내에서 그 공공사무와 법령 또는 관례에 따라 부에 속하는 사무를 처리한다.
3. 부내에 주소를 둔 자는 그 부의 주민으로 한다. 부 주민은 부의 재산 및 영조물을 공용할 권리를 갖고, 그 부담을 나누어 맡는 의무를 진다.	좌동	3. 부내에 거주하는 자는 그 부의 주민으로 한다. 부 주민은 본령에 따라 부의 영조물을 공용할 권리를 갖고, 부의 부담을 나누어 맡는 의무가 있다.
4. 부는 부 주민의 권리·의무 및 공적 사무에 관해 부 규칙을 만들 수 있다.	좌동	좌동
5. 부윤은 부를 통할하며, 이를 대표하고 그 행정사무를 담임한다. (부윤이 담임할 사무의 개목을 정한다)	5. 부윤은 부를 통할하여 이를 대표하고, 그 행정사무를 담임한다.	5. 부윤은 부를 통할하여 이를 대표한다.

6. 부에 부회를 두고 조선 총독이 정하는 규정에 따라 일본인 및 조선인이 따로 선출하는 의원으로써 이를 조직한다. (1) 부회의원의 선거인은 2급으로 구별한다. (2) 의원은 명예직으로 하고, 임기를 3년으로 한다. (3) 의결할 사항 ① 부 규칙을 만들거나 또는 개폐(改廢)하는 일 ② 세입·세출 예산을 정하는 일 ③ 결산보고를 인정하는 일 ④ 법령이 정한 외에 사용료, 수수료, 부세 및 부역 현품 등의 부과 징수에 관한 일 ⑤ 부동산 처분 및 취득에 관한 일 ⑥ 기본재산, 특별기본재산 및 적립금곡(金穀) 등 설치 및 처분에 관한 일 ⑦ 세입·세출 예산으로 정한 것 외에 새로 의무의 부담을 지거나 또는 권리의 포기를 하는 일 ⑧ 기부 또는 보조를 하는 일 (4) 부회는 행정청 자문을 할 때 의견을 답신해야 한다. (5) 부회는 부윤이 소집하고 개폐한다. (6) 부회에 일본인 및 조선인의 부회(部會)를 두어 교육비와 교육 기본 재산 설치 및 처분에 관한 사항을 따로 의결시킨다. (7) 부회 의원의 정수 배당 선거와 부회(府會) 및 부회(部會)에 관한 규정은 조선 총독이 이를 정한다.	6. 부에 참사회를 두고, 일본인 및 조선인이 따로 선출한 회원으로써 조직한다. (1) 일본인 및 조선인의 교육 사무에 관해 참사회는 따로 부회(部會)를 설치할 수 있다. (2) 참사회원은 명예직으로 하고, 그 임기는 2년으로 한다. (3) 부 참사회는 부의 사무에 관해 부윤의 자문에 대해 심의한다. (4) 부 참사회원의 정수는 8명 이상 30명 이내로 도장관이 이를 정한다. 일본인 및 조선인 회원 수 배당도 역시 위와 같다. (5) 참사회는 부윤이 이를 소집하고 개폐한다. (6) 참사회 또는 부회의 심의가 필요한 사항 ① 부 규칙을 만들거나 개폐하는 일 ② 세입·세출 예산을 정하는 일 ③ 결산 보고를 인정하는 일 ④ 법령이 정한 것 외에 사용료, 수수료, 부세, 부역 현품 등의 부과·징수에 관한 일 ⑤ 부동산 처분 및 취득에 관한 일 ⑥ 기본재산, 특별기본재산, 적립 금곡(金穀) 등의 설치 및 처분에 관한 일 ⑦ 기채 방법 이자율 및 상환 방법에 관한 일 ⑧ 세입·세출 예산으로 정하는 것 외에 새로 의무의 부담을 지거나 또는 권리의 포기를 하는 일 ⑨ 기부 또는 보조를 하는 일	6. 부에 부 참여(府參與)를 두고, 그 정원은 조선 총독이 이를 정한다. (1) 부 참여는 부 주민 중 조선 총독의 인가를 얻어 도장관이 이를 명한다. (2) 부 참여는 명예직으로 하고, 그 임기는 2년으로 한다. (3) 부 참여의 직무를 태만히 하거나 또는 체면을 손상시키는 행위라고 생각될 때 조선 총독의 인가를 얻어 도장관이 이를 해임할 수 있다. (4) 부 참여에 자문할 사항 ① 부 규칙을 만들거나 개폐하는 일 ② 세입·세출 예산을 정하는 일 ③ 세입·세출 예산으로 정한 것 외에 새로 의무의 부담을 지는 것 및 권리의 포기를 하는 일 ④ 부채(府債)에 관한 일 ⑤ 기타 부윤이 필요하다고 생각하는 일
7. 부에 부 이원(吏員)을 둘 수 있다.	7. 좌동	7. 좌동
8. 부에 출납리를 둔다.	8. 좌동	8. 좌동
9. 부를 몇 구로 나누어 구장을 둘 수 있다.	9. 좌동	9. 좌동
	10. 부는 학무 또는 세무 등 필요에 따라 참사회원 중에서 특별히 상치(常置)할 인원을 둘 수 있다.	

위에서 비교한 것 외에, 제1안 및 제2안은 부가 교육 사무를 관장하는 것으로 규정하므로 재무에 있어서 "1. 부는 교육비에 충당하기 위해 일본인 및 조선인에 대해 따로 특별한 부과를 지울 수 있다. 2. 교육비에 관한 회계는 일본인과 조선인을 구별하여 특별하게 하고 그 세입, 보조금, 기부금 및 기타 수입 등으로써 그 세출을 충당하며, 이 특별회계는 그 부담에 있어서 기채를 할 수 있다"라고 되어 있으나 제3안에서는 그 필요가 없기 때문에 이를 빼고 있다.

또 제1안과 제2안에서는 "부세로서 부과 징수할 것의 종류 및 그 부과와 징수에 관한 규정은 따로 정하는 바에 따른다. 부역 현품의 부과 징수 역시 그러하다"라고 규정하고 있다. 그런데 제3안은 "부세로서 부과할 수 있는 것으로 1. 국세, 지방세의 부가세, 2. 특별세"라고 규정한 외에 여러 급여, 재무, 감독, 기타에서 다소간 법문상 차이가 있으나 3안 역시 그 의미에서 큰 차이는 없다.

또 제3안은 제1안과 제2안과 달리 교육을 부의 사무로 하지 않고 조합 사무로 함으로써 민단의 선후 처분을 위해 "1. 민단 사무 및 권리·의무를 교육에 관한 것은 학교조합이 계승하고 기타는 부가 계승한다. 2. 학교조합과 부가 승계할 것의 구분은 조선 총독의 허가를 얻어 도장관이 정한다"라고 규정한다. 또 한성위생회는 이를 폐지하고 그 사무와 권리·의무는 경성부에 승계한다. 이상의 규정 외에 재무 및 부채(負債)의 처분을 요할 때는 조선 총독의 허가를 얻어 도장관이 이를 정한다고 한다. (하략-편역자)

〈자료 184〉 부제 시행규칙안(고마쓰 안)[「府制施行規則案(小松案)」, 『부제안 관계 서류』, 1912. 국가기록원 관리번호 CJA0002541]

제1조 부의 폐치, 분합 또는 구역 변경의 경우에 재산 처분이 필요한 때에는 관계 부윤 또는 군수의 의견을 구하여 도장관이 정한다.

제2조 부참사회원의 정수는 8명 이상 30명 이내에서 도장관이 정하고, 일본인 및 조선인 회원 수의 배당 역시 같다.

제3조 참사회원은 명예직으로 하고, 그 임기는 2년으로 한다.

제4조 참사회는 부윤이 소집하고 개폐한다.

제5조 참사회 또는 부회(部會)의 심의를 거칠 필요가 있는 사항은 다음과 같다.

1. 부 규칙을 만들고 개폐하는 일
2. 세입·세출 예산을 정하는 일
3. 결산보고를 인정하는 일
4. 법령에서 정한 것 외에 사용료, 수수료, 부세 및 현품 부역 등의 부과 징수에 관한 일
5. 부동산 처분 및 취득에 관한 일
6. 기본재산, 특별기본재산 및 적립 금곡 등의 설치 및 처분에 관한 일
7. 기채 방법, 이자의 정율 및 상환 방법에 관한 일
8. 세입·세출 예산으로 정한 것 외에 새로 의무의 부담을 지거나 또는 권리 포기를 하는 일
9. 기부 또는 보조를 하는 일

제6조 참사회원 선거와 참사회 및 부회(部會)에 관한 규정은 따로 정하는 바에 의한다.

제7조 부 이원(吏員)은 부윤의 지휘·감독을 받아 서무에 종사한다. 부 이원 정수는 부 규칙으로 정한다. 부윤은 부 이원에 대해 징계를 하고, 그 징계 처분은 해직, 과태금 및 견책으로 한다.

제8조 부에 출납 이원을 두고, 부 관리 또는 부 이원 중 부윤이 이를 명한다. 부 출납 이원은 부의 출납과 기타 회계 사무를 관장한다.

제9조 구장은 명예직으로 하고, 구내의 주민에 대해서 부윤이 이를 임면한다. 구장은 부윤의 지휘·감독을 받아 구내에서 부윤의 사무를 보조한다.

제10조 상치위원은 부윤이 임면한다. 그 정수는 부 규칙으로 정한다. (하략-편역자)

〈자료 185〉 고마쓰(小松) 외사국장의 담(談) 「각국거류지회의」(《조선급만주》 75호, 1913.10.1)

첫 번째 문제는 외인의 행정권 등 공권(公權)을 어떻게 인계할 것인가의 문제이다. 이 문제는 일한 병합 당시 치외법권의 철회 때 당연히 거류지도 폐지될 성질의 것으로서 따라서 외국인이 지배한 행정 등의 공권도 자연 소멸되어야 했으나 자타 상호의 편의상 현재까지 연기해 왔던 것이다. 거류지에서 현재 시행되고 있는 행정사무 등을 우리 지방행정기관에

어떻게 인계할 것인가가 첫 번째 문제이다.

두 번째 문제는 행정과 밀접한 관계가 있는 영대차지권 처분 문제이다. 종래 각국 거류지에서는 거류민에게 조세를 부과하고 이에 의해 거류지 내에서 치도, 위생 등 업무를 담당해 왔다. 이 영대차지권은 그 외국인이 얻는 기득권이므로 우리 정부는 어디까지나 그 권리를 존중·보호하지 않을 수 없는 위치에 있다. 이 기득의 권리에 따라 각 거류지에 있어서 총영사 등은 등기과세 등의 사무를 행사해온 것이므로 그 인계를 함에 있어서도 상당의 수속을 요구하는 것은 물론이다. 이 수속을 어떻게 할 것인가가 두 번째 문제이다.

세 번째 문제는 현재 각국 거류지에서의 재산 처분 문제로 이 재산을 어떻게 인계할 것인가이다. 이에 관해서는 각 거류지계에서 개인 간에 전대(轉貸) 계약을 한 것 등이 있다. 상당히 복잡한 것이나 이들도 적당한 수속을 하여 보호하지 않을 수 없다. 금일까지 외인의 관리 지배에 속하는 재산 중에는 묘지, 공원 등이 있다. 이에 대해 장래 유지 관리의 방침 등을 세우지 않으면 안 된다. 이상은 하협(下協)[11]의 주요한 협정 사항인데 이에 부대하여 해결해야 할 문제는 각국 거류지 내 재주(在住) 일본인에 관한 건이다.

종래 각국 거류지 내에 재주하는 일본인도 거류지의 관계상 외인과 마찬가지의 취급을 받아 왔다. 따라서 일본인도 외국인과 마찬가지로 영대차지권을 점유하였다. 그런데 거류지제 철폐가 시작되자 외인의 영대차지권(永代借地權)은 인정해도 일본인의 영대차지권은 국법상 그것을 인정할 수 없다. 왜냐하면 조선은 병합과 동시에 일본의 판도에 속하여 자국의 영토가 된 후이므로 자국인이 자국의 토지를 영대로 차지하는 것은 사실 있을 수 없기 때문이다. 하물며 차지(借地)는 실질적으로 소유권과 마찬가지이므로 일본인에 대해서는 영대차지권을 전부 소유권으로 대신하고, 또 한편 조선에서 영대차지료는 예전 일본 거류지에서의 차지료에 비해 크게 고율이다. 일례를 들면 100평방미터의 차지료는 1등지 20원, 2등지 7원이라는 고율로, 종래 거류지에 재주한 일본인은 이러한 부담으로 적지 않은 고통을 느껴왔다. 뿐만 아니라 차지권은 실질적으로 소유권과 마찬가지라도 명의는 어디까지나 차지이므로 자금 차입(借入) 등의 경우에 있어서 부동산 저당으로서 제공할 수 없는 불편이 있다. 따라서 일본인은 하루라도 속히 그것을 소유권으로 해주기를 바라는데,

---

11 거류지하협의회.

다행히 이 희망은 우리 정부의 방침과 합치하여 머지않아 실행되기에 이른다고 한다.

〈자료 186〉 부제 시행과 일본인 [우사미 가쓰오(宇佐美勝夫, 조선총독부 내무부 장관), 《조선공론》 제2권 제4호, 1914.4]

1. 부제 시행에 대해 세간에서는 비상한 오해를 하고 있다. 물론 어떤 일에 있어서도 보는 바에 따라서 그 생각이 다른 것은 어쩔 수 없는데, 부제 시행은 당국에서 어디까지나 신중하게 심의 연구를 거듭한 결과에 의한 것으로 일선병합의 열매를 거두는 데 있어서 진실로 적당평명(適當平明)한 조치이다. 이를 이상하다고 하는 쪽이 오히려 이상할 정도이다.

도로, 공원, 기타 공공물(公共物) 등의 부담을 종래는 일본인만 부담하고 있었지만, 일상에서 이러한 공공물의 이익을 받는 자는 단순히 일본인만이 아니라 조선인 및 외국인도 마찬가지의 이익을 받고 있었다. 그럼에도 불구하고 일본인만 그 비용을 부담하고 다른 자들은 부담하지 않는 것은 부조리가 심한 것으로, 한국 시대에는 어쩔 수 없었지만 일선병합의 결과 당연히 그 부담의 범위를 확장하여 일반적으로 해야 함이 명확하다. 더우기 한국 시대에도 단순히 한성위생회 등은 업무의 성격상 내선인 공동의 조직으로 되어 있었지만, 이것은 예외이고, 기타는 모두 위와 같이 일본인만이 부담하고 있었던 것이다.

부제 시행의 정신은 이러한 부조리를 근본적으로 타파·개선하여 평등하게 만드는 것에 다름아니다. 민단과 같은 것은 형식상으로 말하면 없어져야 하지만, 그것을 실질상에서 보면 민단이 없어지는 것이 아니라 민단 범위가 확대된 것이다. 다만 그 사무를 행하는 제도로서 그 상태를 적절하게 하지 않으면 안 된다. 이러한 관계상 종래의 선거제를 폐지하여 관선제로 한 것이다. 더우기 교육 쪽은 교육의 내용이 이미 동일하지 않으므로 그 제도를 통일하는 것은 불가하다. 따라서 그 형식도 역시 달리하지 않으면 안 되기 때문에 그것을 부(府)에서 독립시킨 것이다.

2. 부협의원 선임에 대해서는 역시 종래의 선거제도를 유지하려는 생각에서 여러 연구를 거듭했으나, 만약 이를 선거제도로 하면 선거인 수에서 조선인 쪽이 일본인에 비해 훨씬 다수를 점하고 있으므로, 선거 결과는 반드시 일본인이 압도당하게 된다. 그래서 선거 자격에

계급을 두어 그 폐해를 방지하게 하면 조선인의 감정이 좋지 않게 되고, 그래서 어쩔 수 없이 선거제도를 폐지하고 관선제도로 한 것이다.

부제 시행은 앞서 말한 바와 같이 바꿔 말하면 일선병합의 사실을 표현한 것이므로, 종래 상황은 예를 들면 사람이 새롭게 이웃집을 소유하게 되어도 아직 그 장벽을 철거하지 않은 것과 동일하다. 따라서 지방 공비(公費) 같은 것도 단순히 일본인만이 부담하는 기이한 상황을 노정하고 있었던 것이지만, 부제 시행에 의해 장벽을 철거하고 부담의 범위를 확대하여 이를 평등하게 한 것이니, 진실로 당연한 조치이다.

3. 또 종래 민단이 관리하여 온 재산, 조영물(造營物) 등을 새롭게 부(府)로 인계한 점은 마치 타인에 급여하는 감이 있으나, 사실 그 재산, 조영물 등은 여전히 일본인이 사용의 이익을 향유하는 것이므로, 다만 그 비용 부담자의 수가 증가한 것이라고 생각하면 어떤 오해도 불안도 일어나지 않을 것이다.

혹자는 부제 시행의 결과 지방 주민의 부담이 증가할 것이라고 말하는 자도 있겠으나, 당국이 보는 바로는 전혀 반대로 지방비의 부담은 대개 다소 경감되어 증가하지는 않는다고 생각하고 있다. 부제 시행의 결과 부담이 가중될 것이라 말하는 것은 지조, 가옥세 등 국세를 가산해서 산정한 결과가 아닐까 생각된다. 그러나 국세 증징은 부제 실시에 따른 것이 아니라 단지 새로운 세제의 제정과 부제 실시가 동시에 된 것에 불과하다. 양자는 전혀 관계가 없는 것이다.

〈자료 187〉 조선경찰행정요의 [나가노 기요시(永野清), 『朝鮮警察行政要義』, 巖松堂書店, 1916]

(상략-편역자)

제6항 조선총독부 도장관(道長官)

도장관은 지방행정 중 특설관청의 권한에 속하지 않는 일반 사무를 관장하는 것으로 일본의 부협 지사와 같다. 그래서 완전히 소속 계통이 다른 경무부장으로 하여금 지방경찰 및 위생 사무에 관해 명령을 발하게 하고, 또는 관내의 경찰관을 사용할 수 있는 규정이라 하더라도 도장관을 경찰관청이라고 오해하지 않을 필요가 있다. 여기서 관제상 도장관이 경찰에 대한 지휘·명령권에 대해 좀 논평하려고 한다.

제1. 경무부장에 대한 하명권

지방관 관제에 도장관은 지방경찰 및 위생 사무에 관해 도경무부장으로 하여금 필요한 명령을 발하게 하고 또는 이에 대해 필요한 처분을 명할 수 있다고 되어 있는데, 소위 '할 수 있다'라고 하면 명령일 수도 있고 명령이 아닐 수도 있다. 도장관 자신 이름으로는 경찰 및 위생에 관한 명령을 발하고 또는 처분을 할 수 없는 것이라 해석이 된다. 왜냐하면 장관 스스로 발하거나 또는 처분할 수 있다면 이런 도문(徒文)[12]을 둘 필요가 없다. 경무부장을 귀찮게 하기보다는 자기의 임의로 행위하는 것이 최상의 방법이다. 관제가 특별히 이를 명시한 이유는 도장관은 스스로 경찰 및 위생에 관한 명령을 발하거나 또는 처분할 수 없다는 것을 명언한 것이다. 또 만약 이를 할 수 있다고 하면 경무총감부령·경무부령에 저촉을 가져올 것을 예상한 관제라 말하지 않을 수 없다. 지방경찰 및 위생 사무란 어떤 사항을 칭하는가는 국가 경찰에 대해 각 도에서 지방적으로 특별한 사정에 기인하여 특정한 종류의 취체가 필요한 것이 있고, 각각의 경우에 비추어 결정해야 한다. 그래서 경무부장이 적당한 이유하에 도장관이 명하는 경찰 명령 및 위생 명령을 발하는 것을 수긍하지 않을 때는 상하 관청의 관계가 없으니 그 해결은 오로지 총독의 결재를 따라야 한다. 자못 불충분한 하명권이라 말하지 않을 수 없다.

제2. 경찰관의 사용권

지방관 관제에 도장관은 도 행정 집행에 관해 관내 경찰관을 사용할 수 있다고 되어 있다. 소위 경찰관이란 경찰 사무를 취급하고 헌병도 포함한다. 그래서 이 사용권이란 것이 소속계통을 달리하고 완전히 다른 관청에 속한 관리를 사용하는 것이라면 자못 변칙적인 사용권이다. 경찰제도가 헌병 본위인 조선의 특색이므로 만약 경무부장이 그 직권에 따라 부하인 경찰관을 사용한 경우에 대항할 수 있는지 없는지 이론상으로는 특별한 사실 문제

12 겉만 번지르르하고 실속이 없는 문장.

로서 완전한 사용권 발생이 불가능한 것은 필연적이다. 하물며 도 행정과 경찰 행정과는 여기에 요하는 경비는 산출의 기초인 예산 항목을 달리하므로, 도장관이 경찰관을 사용한 비용의 용도는 그가 책임지고 지출할 한도에 있지 않다. 그렇다면 도저히 자기 부하를 사용하는 것처럼 장관 자신의 의지로써 할 수 없다. 또 하나의 의문은 경찰관이 도장관의 직권에 기초한 사용 명령과 직속 지휘·감독자인 경무부장의 직권에 기초한 사용 명령을 동시에 받을 경우, 어느 명령을 지켜야 할 것인가. 경찰관으로서는 직접 지휘·감독 권한이 있는 경무부장의 명령을 집행해야 하는 것은 복무상 당연한 것이다. 고로 이 당착을 피하기 위해 도장관은 그 경찰관을 사용할 때 미리 경무부장에게 알려주어 그 승인을 얻어야 하는 불편이 있다.

제3. 비상경찰권

지방관 관제에서 도장관은 관내의 안녕질서를 지키기 위해 병력이 필요할 때는 이를 조선 총독에게 상세히 보고하고, 만약 비상히 급변하는 경우에는 곧장 해당 지방 주재 군대의 사령관에게 출병을 요구할 수 있다. 이는 도장관에게 비상 경찰권을 인정한 것이다. 그런데 군대 사령관이란 여단장 이상에 해당하는 직권이 있는 사령관이다. 그렇지 않으면 단순히 대장이라 해야 하고 특별히 사령관이라는 문자를 쓸 필요가 없을 것이다. 소위 비상히 급변하는 경우란 보통경찰의 수단으로써 안녕질서를 유지할 수 없을 정도로 급박한 세력이 발생한 경우를 말하는 것으로, 급박한지 아닌지는 전적으로 도장관의 인정에 따라 결정된다. 군대 사령관은 이 인정에 간여하지 않는다. 즉 사령관은 도장관으로부터 출병 요구가 있을 때는 그 필요의 유무를 판단할 권한이 없이 반드시 출병해야 한다. 그렇지 않으면 도장관에게 출병 요구권을 인정한 칙령의 취지를 몰각하고 하등의 효력을 발생시키는 것이 불가능한 경우가 될 것이다.

이상과 같이 도장관은 비상한 경우에 출병 요구를 하고, 관내 안녕질서를 지킬 책임이 있다 해도 경찰권을 직접 행사하는 권한은 없으며, 보통경찰의 수단으로써 안녕질서 유지에 적당한지 아닌지를 스스로 판단하기에는 자못 박약한 지위에 있다 말하지 않을 수 없다. 경찰권을 부여받지 못한 지방 장관은 일반행정 집행에 관해서도 불편이 적지 않다.

제4. 경무부령에 대한 승인권

경찰관서 관제에 따르면 경무부장이 경무부령을 발하려고 할 때는 그 발령 전에 도장관의 승인을 얻어야 한다고 되어 있다. 이 승인권은 제외하는 예의 규정이 없어서 어떤 경우라도 도장관의 승인 없는 경무부령은 적법하지 않다. 그렇다 하더라도 도장관의 승인 없는 경무부령에 대해서 도장관이 이를 취소하고, 또는 정지를 명할 권한을 부여받지 않으므로 승인권은 절대적인 것이 아니다. 그러나 이 승인은 1915년 4월 규정된 것으로 종전의 방임적 경무부령의 발령권에 비하면 도령(道令)과 저촉을 피하고, 또 일반 도 행정과 연결된다는 점에서 확실히 일보 전진한 것이다.

제7항 면장

면장은 내지의 정촌장에 준하는 것으로 지방관 관제에 따라 면이라는 행정구획에서 최하급의 행정집행자이다. 면장은 판임관으로써 대우하고 군수·도사의 지휘·감독하에 면내의 행정사무를 보조 집행하는 관리이며, 경찰관청이 아니다. 또 경찰 관리도 아니다. 단순히 군수·도사의 보조기관이다. 그러나 부윤·군수·도사가 경찰상 하등 권한을 부여받지 못한 것에 반해, 면장에게는 법령상 경찰 권한으로 규정된 것이 있다. 예를 들면 수난구호령에 따라 경찰 관리의 보조로서 조난자 구호 또는 해충이 발생하는 경우 해충 구제 예방규칙에 따라 급보하는 것 등이다. (하략-편역자)

〈자료 188〉 (잡록)도장관회의[〈(雜錄)道長官會議〉, 《조선총독부월보》, 日韓書房, 1914.5.1]

도장관회의는 4월 13일 오전 9시부터 총독부 회의실에서 야마가타(山縣) 정무총감 주재하에 개회되었다. 각 도 장관이 출석하고 각 부 국장, 관계국 과장이 열석한 가운데 처음에 정무총감으로부터 다음과 같은 총독 훈시가 있고 일정에 들어갔다.

4월 13일(월) 총독 훈시 및 자문사항

4월 14일(화) 자문사항

4월 15일(수) 자문사항

4월 16일(목) 도장관 제출 의견

4월 17일(금) 도장관 제출 의견

4월 18일(토) 총독 지시

총독 훈시

(전략-편역자) 지방제도 정리에 관해서는 작년 도장관회의 때 대체적인 방침을 개시했는데, 이후 신중한 심사를 거듭한 결과 작년(1913) 10월로 부제 및 학교조합령을 발포하고, 또 올해 3월 이후 부·군·면 구획을 정리하여 부제 및 학교조합령은 이번 달 1일부터 시행했다. 부제 시행지에서는 종래의 거류민단 및 각국 거류지회를 철폐하고 조선인, 일본인, 외국인 모두를 동일한 제도하에 통치하는 것으로 되었다. 새로운 부제 운용의 적합성은 장래 시정에 영향이 있으므로 대단히 중요하다. 특히 종래 경찰 관계 사항을 제외하고 모두 제국법규 밖에서 특수한 관례에 따라 운용된 거류지와 대례(大禮)에서, 거류지인 경성, 평양 등에 거주 또는 영업하거나 부동산을 가진 외국인에 대해, 이후에는 특별한 사항을 제외하고 일본인·조선인을 동일하게 취급하기로 되었으므로, 제반 행정상 특히 조세 징수, 경찰 취체 등의 사항에 대해 외국인 중에 언어가 통하지 않는다거나 또는 법규를 숙지하지 않았다든가 등의 이유로 여러 오해가 생기지 않도록 한다. 이 과도기에 여러분은 특히 이 점에 유의하여 부하들로 하여금 신중한 태도를 갖고 타당한 조치를 취해서 모든 것이 차질 없도록 해야 한다.

부·군·면 구획 변경 역시 지방행정의 일대 혁신이다. 이는 일반 제도 정리를 위해 원래 피할 수 없는 조치에 속한다. 각 지방의 연혁, 관습 또는 감정 때문에 당분간 다소 저항이 생길 우려가 없도록 한다. 여러분은 반드시 이 기간에 상하 의사소통에 노력하고, 지방의 실황에 비추어 민심의 융화를 꾀함으로써 개선의 취지를 완전히 달성하도록 힘써야 한다.

병합 이후 열심히 노력한 시정기관의 정리는 이번 지방제도 정리로써 우선 완결을 고했다고 할 만하다. 그리고 민력의 함양과 부원(富源)의 개척은 내가 가장 심혈을 기울이는 바이고, 도로, 철도, 항만 등 교통기관을 개선하거나 혹은 농경, 기타 실업 등을 장려하여 이를 위해 거액의 국비를 투자한 것뿐 아니라, 한편으로는 행정비의 절약을 도모하고 이에 따라 얻은 경비는 산업 장려의 자원으로 제공했다. 다행히 일반 민중의 협력으로 여러 시설이 착착 그 효과를 발휘했고, 근래 산업 발달과 함께 민력이 현저히 증진했다. 이때 중앙정부에서 재정 정리 방침에 따라 조선에서도 역시 그 재정을 조절할 필요에 맞닥뜨림으로써 점차 일반 회계로부터의 보충금을 줄이고 이후 5년간 완전한 재정 독립의 열매를 거두려 하고 있다. 올해의 지세와 관업(官業) 수입 등은 총독부 시설의 진척과 경제의 발전에 수반하여 자연히 그 수입액이 크게 증가할 것이다. 주세와 연초 등 소비액도 역시 현저하게 늘어날 것이고, 이에 대한 소비세 부담이 꽤 용이하게 되었으니 장래 세입 계획은 일반적인 증수 외에 주로 이들 간접세에서 그 재원을 구할 방침이다.

올해부터 실시할 지세령, 시가지세령, 기타 세령 등에 대해서는 최근 훈시한 바 있다. 여러분은 이미 이에 기초하여 상당한 조치를 취했다고 믿는다. 무릇 국운의 발전에 따라서 인민도 응분의 부담을 져야 함은 당연한 의무이다. 따라서 납세자도 이 취지를 잘 이해하고 의심하지 않도록 여러분은 이후에도 항상 설득과 지도를 태만히 하지 말고 일반 인민으로 하여금 오해나 의혹을 갖지 않도록 하는 것이 필요하다.

이번에 면비 중 지세 부가(附加)의 한도를 내린 것은, 한편으로 면 폐합의 결과 면의 구역이 확장한 것에 의하지만, 다른 한편으로 올해부터 늘어난 국세 및 이에 따른 지방비 부가금의 증수에 비추어 가능한 한 면민의 부담을 경감시키려는 취지다. 따라서 여러분은 이 의도를 잘 이해하고, 면 경비 예산은 규정 제한 내에서 긴축을 하도록 기해야 한다. 또 각 부(府)의 현황을 살펴서 급히 시설이 필요한 것이 아니면 함부로 공사를 벌여 능력에 맞지 않는 사업을 일으켜 부민의 부담을 늘리는 계획을 피하고, 그 재원에 따라 점차적으로 경영해 나가야 한다.

철도 부설, 도로 개수 등은 열심히 그 진척을 도모하여 호남선은 이미 올해 1월 준공했고, 경원선도 올해 10월 전부 개통될 것이다. 올해부터 5개년 계속 사업으로서 원산에서 영흥에 이르는 34리, 청진부터 회령에 이르는 58리의 철도를 신설하고, 경부선 개량공사를 할 계획을 세워서 곧 착수한다. 또 얼마 전 고시한 도로망 중 1916년도 말까지 개수가 예정된 1·2등 도로의 길이는 1,800여 리에 불과하나 작년 11월 종래 계획을 고쳐 예정된 것 외에 국비로 120여 리를 개수하고, 국고보조금으로 230여 리를 개수하는 것으로 증가시켰다. 이는 1·2등 도로 개수를 빨리 완성하기 위한 것이니, 여러분은 이 취지에 따라 그 실적을 거두는 데 노력함과 동시에 3등 이하의 도로에 대해서도 지방비가 허락하는 한 속히 그 개수를 계획해야 한다.

출옥자 보호사업에 대해서는 여러분의 지도·장려에 따라 각 지방 장관이 점차 그 필요를 인식하고 있다. 총독부에서도 새로 보조금을 하부하기로 한 결과, 근래 속속 사업이 시작된 것은 기뻐할 만한 현상이지만, 사업의 기초가 아직 확립되지 않아 헛되이 대규모 수용장 또는 공작장을 만드는 것 등은 건전한 발달을 기하는 것이 아니다. 따라서 각위는 당사자를 잘 지도 원조하여 유효한 보호 방법을 착실하게 집행해야 한다. 또 출옥자 노동력을 이용하는 데 대해 최근 여러분의 주의를 촉구했는데, 역시 충분한 실적을 거둔 것 같지는 않은 감이 있으니, 여러분은 당국 관헌과 협력하여 토목공사나 기타 공공사업, 사적인 사업 등에 가능한 출옥자를 사용하는 방법을 강구해야 한다.

내년 1915년은 총독부 설치 후 5주년이 되므로 신정 시행 기념을 위해 경성에서 공진회를 개최할 예정이다. 이 공진회는 신정 시행 이후 조선에서의 산업 발달 상황과 교육, 위생, 토목, 금융 등 여러 시설의 상황을 주지시키는 데 주안을 두고 진열하는 설비와 장식 등은 실질적인 것을 주로 하고, 화려한 것은 피하며, 온전히 실제 상황을 전시함으로써 산업 장려와 문화 발전에 이바지하도록 한다. 상세한 사항은 추후 지시할 것이나 여러분은 이상의 취지를 체화하여 지금부터 관내의 산업과 기타 여러 실황을 내보일 만한 출품 계획을 세우는 데 노력해야 한다.

관청 규율을 바로잡고 위신을 유지하는 것에 대해서는 종래 계속 훈시한 바 있다. 그리고 조선 경영 사업이 진보하여 더욱 복잡해짐에 따라 한층 더 그 절실함을 느끼고 있다. 여러분은 부하 직원을 유의해서 감독하고, 그들로 하여금 근면하고 청렴하며 비위가 없도록 하고, 또 인민에게는 검소한 기풍을 고취함으로써 풍기를 유지하는 데 노력해야 한다.

여러분과 만나는 것이 이번에 5회째이다. 이로써 총독부에서 지방의 실정을 잘 알게 됨과 동시에 총독부의 시정방침도 역시 점차 지방에 잘 전달되어 여러 경영은 별다른 지장 없이 순조롭게 진보해 가고 있다고 믿는다. 그러나 조선의 통치상 바로잡고 신설할 것이 매년 많아지고 있다. 여러분은 총독부 방침을 명심하여 이미 진행되고 있는 사업과 신규 시설을 불문하고 그 실행에 추호도 유감이 없도록 해야 할 것이다.

〈자료 189〉 조선도장관회의 속기록[朝鮮総督府, 1914.4, 『조선도장관회의속기록(朝鮮道長官會議速記錄)』]

4월 13일(오전 9시 개회, 정오 산회)

야마가타(山縣) 정무총감: 오늘부터 본회의를 열겠습니다. 총독의 훈시가 있으니 이를 읽겠습니다.

〈총독 훈시 낭독〉

이어서 개회하겠습니다. 회의는 전례에 따라 자문사항 답신 이외에 말씀하실 것이 있으면 순차적으로 말씀해 주시면 됩니다. 순서는 경기도부터….

1. 지방 민심의 경향과 산업 개발의 상황

히가키 나오스케(檜垣直右) 경기도장관: 첫 번째 자문사항에 대해 말씀드리겠습니다. 이것은 대체로 말씀드리면 전 회의의 답신과 기타 보고들에서 요지를 알고 계시리라 생각하는데, 이번 자문에 대해서도 그 개요를 적은 것입니다. 우선 지방 민심의 경향과 산업 발달이라는 것은 병합 이래 총독부가 열심히 전력을 다한 부분이므로 이를 상세히 말하는 것은 이 짧은 시간과 제한된 서면에 게재하는 것은 불가능합니다. 대체적으로는 민심의 경향, 산업 개발 등에 대해서는 상부의 취지에 따라 우리는 부하를 지도·장려하여 마음과 힘을 다하여 최대한 노력해 온 것이 모든 사물에 나타나고 있다고 생각됩니다. 그중 국어 보급에 대해서는 따로 진술하지 않았습니다만, 학교 교육 이외에도 평소 주의를 기울였고, 일일이 숫자를 드는 것은 불가능하지만 일반에게 국어 보급은 충분히 되고 있다고 생각합니다. 하나의 예를 들면 어느 곳에서나 헌병경찰관이나 학교 교사, 기타 관헌 등의 조력을 받아 야학이라든가 그 외 여러 방법으로 시행하고 있습니다. 여하튼 보통 정도는 이해하도록 속히 이끌어 가려고 항상 염두에 두고 있습니다. 여기서 다시 국어의 필요성을 말씀드릴 필요는 없겠지만, 여하튼 저희들이 순회를 해 보았을 때 평균 한 시간 걸리는 담화가 순서대로 진행해도 세 시간 정도 걸립니다. 뜻하는 바가 말로 충분히 통하지 않기 때문에, 이쪽이 감동받았다고 생각하는 대목에서 상대방은 하품을 한다든가 웃는 식이 되어버립니다.

또 이쪽이 별로 애쓰지 않은 대목에서 상대방은 머리를 조아린다든가 또는 감동하고 있다든가 하는 것은 제가 출장 가서 겪은 일입니다. 그러므로 일반 사회에서 일본인과 조선인 사이에서는 그 이상의 이해관계가 있다고 믿고, 여하튼 이것은 가능한 한 방법을 강구하여 보급에 힘써야 한다고 생각합니다. 또 총독부에서도 신탄 비용이라든가 혹은 적은 수당이라도 이를 교육자에게 지급한다면 크게 장려하는 것이 되리라 생각합니다. 이는 국어 보급에 주력하는 것입니다. 한편 조선어 보급은 일본인 관리는 물론, 일반 일본인에게도 특별히 장려하고 있습니다. 그래서 저희 도에서도 부하들은 병합 이래 현재까지 끊임없이 조선어 연구를 하고 있습니다. 또 부와 군의 학교에서도 그러한 이유로 독려를 게을리하지 않고 있습니다. 그러므로 은사수산장(恩賜授産場)[13]이나 금융조합, 기타 학교 등에서도 이미 통역을 사직시킨 곳도 있습니다. 필경 통역이 있으면 편리하니까 조선어를 배우지 않으므로 사직시키고 감원한 것입니다. 결국 일본인에게는 조선어를 크게 독려하고, 조선인에게는 일본어가 통하도록 독려를 하는 것이니, 해가 갈수록 쌍방이 각각 말이 통하여 의사소통이 철저해지게 되고, 따라서 관민의 융화도 더욱 좋아지게 될 것입니다. 또 그렇게 해서 모든 사업도 항상 통일되고 효과를 거두게 될 것입니다. (중략-편역자)

야마가타(山縣) 정무총감: 자문사항 목차의 첫 번째가 끝났으니 두 번째와 세 번째, 네 번째 문제를 함께 다룰 것이니 이에 대해 뭔가 말씀하실 것이 있으면 말씀해 주십시오.

---

13 1910년 강제병합 후 일제는 당시 사회에 만연한 빈곤과 배일감정을 해소하여 조선 사회를 안정시키고 통치 기반을 확립하고자 했다. 이를 위해 임시은사금(臨時恩賜金)을 지급하여 빈곤 문제를 해결하고 조선의 민심을 회유하고자 했다. '황실의 하사금'을 의미하는 은사금을 일본 천황이 조선에 지급한다는 것은 다분히 정치적인 의도가 담긴 행위였다. 조선총독부는 임시은사금의 이자수입을 기반으로 임시은사금사업을 시행했는데, 무엇보다도 수산(授産)과 교육에 공을 들였다. 직업이 없는 조선인들에게 양잠이나 베짜기 등을 가르쳐 안정적인 직업을 갖도록 했으며, 이로써 생활의 안전을 얻으면 치안 확보에 도움이 되리라는 계산이 깔려 있었다. 임시은사금은 전국의 부(府)와 군(郡)에 배분되었는데, 수산사업의 경우 크게 보통농사, 잠업, 임업, 축산업, 기업, 수산업, 광업 등의 사업이 지역 사정에 따라 실시되었다. 수산사업은 선정된 사업 종류에 따라 강습소나 전습소를 중심으로 운영되었으며, 수산장(授産場)이 설치되어 여러 개의 실습 교육이 함께 이루어지기도 했다. 경기도에는 경성은사수산장을 포함, 9개의 은사수산장이 설치되었다. 일종의 직업훈련원이었던 경성은사수산장은 1911년 현 운니동 98번지 삼환기업 자리(금위영 터)에 들어섰으며, 1925년 화재로 소실되자 이듬해인 1926년 그 자리에 이왕직 아악부가 옮겨왔다. 서울특별시, 서울역사아카이브, https://museum.seoul.go.kr/archive/archiveList.do?type=D&arcvGroupNo=2853#none.

자문사항 2: 부·군(府郡) 폐합이 지방행정상에 미친 영향과 이에 대한 시행조치

자문사항 3: 지방비 정리 실황

자문사항 4: 작년 이후 면 정리 및 면비 실황

히가키 나오스케(檜垣直右) 경기도장관: 이 자문사항 2와 3에 대해서는 답신서에 겨우 6~7행밖에 말씀드리지 않았습니다만, 이에 대해서는 대체로 다음과 같은 상황입니다. 우리 도는 폐합 때 총독부에서도 모든 준비를 정돈해서 실행이 매우 쉽게 대체적으로 잘 이루어졌습니다만, 현재 부·군·면 폐합 및 올해부터 시행되는 증세는 사실상 병합 때 이상으로 민심에 좋지 않은 관계를 줄지도 모릅니다. 다행히 상부의 지도와 하부의 근면에 따라 여기 답신서에 쓴 것과 같은 결과를 보기에 이르렀습니다. 좀 걱정되는 점은 이 때문에 일본인과 조선인 중 생활 방도를 잃어버리는 자도 있을 것이고, 또 지금까지는 군역소(郡役所)가 가까웠기 때문에 토지증명이나 기타 여러 청원 같은 것도 꽤 편리했던 것이, 이제는 멀리까지 가야 하게 된 것입니다. 그 지역에 군역소가 있어서 여러 가지로 편리했던 시기에도 왕왕 신고하지 않는 일이 있었는데, 금후는 더한층 신고를 안 하지 않을까 하는 걱정이 있습니다. 청비(廳費) 등의 점에 있어서도 이를 감할 수 있는 방법은 생각하고 있지만 오히려 장래에는 이전보다는 많은 청비가 필요하게 되지 않을까 생각하고 있습니다. 이는 나중에 나타나는 사실에 따라서 또 의견을 말씀드릴 생각입니다.

그리고 향교가 있는 곳의 공자묘 문제인데, 이는 올해 예산을 보면 역시 이후 존치하도록 되어 있고 이는 매우 좋은 것이지만, 이후 바라는 점은 장래에도 영구히 공자에 대한 제사는 군 폐합이 되어도 향교의 존재와 함께 제사가 가능하도록 하고 싶습니다. 이렇게 말씀드리는 것은 다른 도는 어떠한지 모르지만, 우리 도에서는 군역소의 이전은 어쩔 수 없지만 공자에 대한 제사는 이후에도 계속하게 해달라고 하는 자도 있었습니다. 이 공자 제사 존치에 대해서는 유생들이 열렬히 희망하고 있습니다. 조선 인민의 계급은 아실지도 모르겠으나 양반, 유생, 세민 등으로 되어 있습니다. 우선 양반은 수가 적지만 이들 중에는 부패하여 쇠락한 자가 많은 듯합니다. 또 세민은 소위 피골이 상접한 실로 가여운 모습입니다. 이 중에서 큰 세력을 갖고 있는 것은 유생으로, 상하 계급을 통해서 중견이라고도 볼 수 있을 것입니다. 지방의 군참사, 면장,

동장·이장, 기타 학무 등을 보는 관원으로 천거되는 자들은 대개 유생 계급에서 나오는 모양새입니다. 또 교육상 기타 방면에서도 이 유생이라는 사람들은 상당히 일을 하고 있습니다. 따라서 사회의 중류에 있는 이들 유생이 다른 계급보다 먼저 신정의 취지에 부응해서 움직인다면, 일반에게 신정을 철저히 실행하는 데 한층 더 효과를 가져오리라 생각합니다. 또 총독부에서도 유생을 중시하고 있다고 생각됩니다. 그 유생들이 공자 제사 같은 데서 지도자가 되어 대단히 존경받고 있습니다. 또 이것은 별로 기뻐할 만한 현상이 아닐지도 모르지만, 일반적인 장소에서 지방 유력자를 모아서 훈시를 하는 것과 향교의 공자묘 앞에서 하는 것은 꽤 차이가 있을 것으로 생각됩니다.

그리고 교육이나 권업 등 총독의 뜻을 받드는 시정의 취지가 공자묘를 존중하고 있다는 점, 또 이것이 부모의 가르침이나 공자의 가르침과 부합되는 것처럼 잘 맞춰서 신정을 그들에게 이해시키려고 생각하고 있습니다. 그리고 장래 향교의 공자묘는 영구히 관비로써 관리가 가능하도록 원합니다.

그 외 자문사항 2·3은 이미 서면으로 요점을 다 말씀드렸으니 따로 말씀드리지 않겠습니다. 폐합 후 가장 실망하고 또 가장 불편을 느끼고 있는 2~3개 군을 순회하면서, 군수가 이미 훈령이 내려진 폐합의 취지와 증세에 대해 어떤 식으로 인민에게 철저히 주지시키고 있는지를 관찰해 보았는데, 우선 상당히 잘하고 있는 것 같습니다. 어떤 군에서는 직접 군수에게 당신은 지금 인민에게 어떤 식으로 이 훈령과 명령을 시행하고 있는가를 물어봤는데, 여러 중요 인물을 모아서 잘 훈시를 했다, 또 훈시한 결과 불온한 상황도 없었다고 하는데, 그 군수가 수백 명의 인민을 모아서 훈시한 것을 쓴 것이 있지만, 지금 말씀드린 대로 상당한 처치를 하고 있습니다. 그 후 제가 그 지역에 갔을 때에도 별로 표면에서도 이면에서도 불온한 점은 없었다고 생각됩니다. 이 정도 부가해서 말씀드립니다. 그러나 그렇다고 해서 불편이 없느냐 하면 다소는 있다고 생각합니다. 조세에 대해서도 사실 이해관계를 갖고 있지 않냐고 물으면 역시 있다고 하는 사람이 많습니다. 그런데 그것은 차차 사물의 경중을 생각하면서 이해하는 것 같습니다. 또 상당히 도리를 분별하고 있는 것이라 생각합니다. 이 정도로 말씀드립니다.

스즈키 다카시(鈴木隆) 충청북도장관: 이 자문사항 2·3·4에 대해 2와 3은 서면 그대로입니다. 4의 면 정리 및 면비 실황, 이것은 말할 것도 없이 현재 상태로는 모두 이 신정을 일반에게 시행하려면 면장과 이장에게 이를 충분히 이해시키는 것이 가장 필요합니다. 그런데 어떤 식인가 하면, 면장이 각자에게 취지를 철저하게 하는 것은 이장에게 하는 것입니다. 이 이장이란 자는 대단히 수가 많아서 충청북도에서도 3천 7백 명이나 됩니다. 이 3천 7백 명에게 신정의 취지를 확실히 알리는 것입니다. 그 이하 사람은 눈앞에 기역자도 모르는 자가 많으므로 이 자들에게는 이장이 대화를 청해서 이해시키는 모양새입니다. 지금은 이와 동이 합병되어 2천 6백 명이 되었는데 이들에게 잘 주지시키려고 합니다. 다만 이들은 구한국 정부 시대에는 정해진 급료도 없이 단지 한 가지 일을 할 때에도 서면을 갖고 가면 거기에서 곧장 심부름 값을 얻거나, 또는 어떤 사항을 알릴 때도 그 사람으로부터 얼마씩의 물품을 받는 등 직접 손에서 손으로 건네는 다양한 경우에서 상당한 수입이 있었던 것입니다. 그런데 현재는 그러면 안 되고, 이장은 면비에서 매월 1원이나 2원이라는 돈을 받아 그것으로 일하는 것으로 되어 있습니다. 그런데 이걸 실행하는 게 상당히 곤란합니다. 뭐가 곤란하냐 하면, 이런 식으로 서면상으로는 단호하게 되어 있지만, 실제로 인민으로부터 아무것도 받지 않느냐 하면 별로 그렇지가 않습니다. 사실 도청 부근이라든가 혹은 군수가 확실하게 하는 곳에서는 역시 이렇게 하지만, 이에 대해 좀 말씀드릴 것이 있는데, 제가 있는 청주에서는 군수에게 여덟 가지를 금지시키고 있는데, 결코 자신이 직접 물건을 받으면 안 됩니다. 1원이면 1원을 주니까 그 외를 받는 것은 안 된다고 했는데, 이장의 급료는 매우 적어서 평균이 1인당 1원 70전의 월급입니다. 이걸로 일을 해야 하므로 뼈를 깎는, 보통 일이 아니기 때문에 조치원 부근 면의 이장이 동맹해서 사직을 하고 온 적이 있습니다. 이장이 저에게 말하길, 물건을 받으면 안 된다고 하면 자기들은 실로 보람이 없다, 물론 이장은 명예직이라는 건 알고 있지만, 그러나 365일 매일같이 일하고, 이쪽에서도 저쪽에서도 일하니까 집에 갈 수도 없다, 매일 바쁜데도 최저 40전, 최고 10원이지만 10원은 단지 한 사람이고 모두 1원 내외로 일하고 있으므로…, 자신들은 국가를 위해 바른 정치를 일반에게 시행하는 매개자이고 실로 명예라고 생각하지만 아무리 그래도 1원으로는 살 수가 없다, 먹을 수도 없어서 사직한다고 한 일이 작년 10월경 일어났던 것입니다. 그래도 사직시키면 안 되니까, 지금 급료를 늘릴 수는 없지만 고려할 터이니 일단 이대로 하자고 하고 있는데, 지금 새롭게 예산을 짜야 해서 걱정을 하고 있습니다.

그런데 면비에 대해서 말씀드리면, 지금 면은 합병해서 114면으로 되어 있는데 약 15~16만 원의 돈이 필요합니다. 아무리 해도 이보다 절약할 수는 없다고 봅니다. 그런데 요즘 대단히 고심하고 있는 것은 점점 총독의 시달로 면비를 줄이라고 합니다. 어제 훈령에도 있었지만, 한편으로는 더 징수하는 것도 있으니까 적당히 조절해야 하는 것인데, 이는 상당히 어려운 일입니다. 면장은 가장 높은 급료가 25원, 극히 적으면 5원, 이걸로 지금까지 일을 해온 것입니다. 평균은 15원 정도인데, 총독부에서는 면장 급료는 평균 12원으로 하라고 말하므로, 그렇게 하도록 노력은 하고 있지만 사실 곤란합니다. 마침 제가 여기 오기 전에 군수 회동을 했습니다. 첫째로 제 생각은 군수는 역시 도장관과 같이 헌신적으로 일하지 않으면 성적을 거둘 수 없고, 또 면장과 이장도 같은 결심을 해야 하니, 그 결심을 굳히도록 군수를 불러서 충분히 그 생각을 말하고 단련시킬 예정입니다.

군이 폐합되어 18군이 10군이 되고, 그 남은 군수는 총독부의 신임이 두터운 자이므로 지금까지보다 한층 더 격려함은 물론이고, 소위 헌신적으로 할 생각이 없으면 안 됩니다. 이 은혜에 대해 정말 원만하게 완수할 각오가 있는지 없는지를 깊이 생각하고, 과연 가능한지 아닌지 서약서를 받지는 않더라도 맹세해야 합니다. 지금 군수는 헌신적으로 일할 텐데 면장의 급료를 인하하면 안 된다, 이 점은 다른 도장관 분들도 충분히 고려해 주시길 원합니다. 왜냐하면 면장도 이장도 어떤 물건도 받지 못하기 때문에 1원이나 40전으로는 일을 시키기가 상당히 곤란합니다. 면장에게 4원, 5원이라는 급료를 주면 생각만큼 일을 시키기가 곤란합니다. 합병의 결과, 면에서도 이(里)에서도 지금보다 두 배는 더 힘을 들여야 합니다. 지금까지는 하루가 걸릴 사무가 이제는 이틀이 걸리게 될 것인데도 급료는 줄인다, 급료는 줄어드는데 일은 많이 하라고 하는 것은 여하튼 곤란합니다. 이에 대해서는 좀 고려해 주시길 바랍니다. 요즘 이장 등이 동맹해서 파업하는 것 등은 이것이 원인입니다. 이장도 그렇습니다. 지금까지는 하나의 이에서 일하던 것을 이제는 두 개 이까지 가야 해서 점차 구역이 넓어지고, 그래서 각 면의 인민에게도 지금까지는 열 명 모아서 담화하면 되었는데 스무 명 모이게 해야 하니까 비용도 꽤 드는 것입니다. 그런데 급료가 적어지면 도저히 불가능합니다. 그래도 꼭 하라고 하면 하겠지만 여하튼 이것으로는 좀 곤란한 것입니다.

이건 오늘 처음 말씀드리는 것인데, 군수에 대해서는 총독부의 취지에 맞춘 예산을 만들고, 대체적으로 면장 급료는 12원을 내리는 식으로 예산을 짜서 면비도 가능한 만큼 약간이라도 절약하라는 것인데, 16만 2천 원의 면비 중에는 급료가 14만 1천 원이고 사무비는 겨우 4만 1천 원밖에 안 되므로 그저 종이와 연필을 사는 것밖에 안 됩니다. 이는 절약의 방법이 아닙니다. 이걸로 추울 때는 연탄도 때야 합니다. 조선에서는 온돌이기 때문에 볏짚을 태우는 실로 불쌍한 상태입니다. 이는 가서 보시면 아실 텐데 조치원부터 청주까지 면사무소가 두세 개나 있는데 대단히 비용을 절약하고 있습니다. 견딜 수 있는 데까지 절약을 하고 있습니다. 면장의 급료가 25원인 곳은 청주면에서만 그렇고 다른 곳은 10원 내지 14원 정도인데, 평균 15원 정도입니다. 가능한 대로 총독부의 취지에 따라서 예산을 짜서 인가를 받는 수속을 밟고 싶지만 현 상태가 이렇다는 점을 알려드리고 싶습니다. 지금 면장 급료를 내리면서 더 넓은 구역을 다스리라는 것은 매우 무리라고 생각합니다.

박중양(朴重陽) 충청남도장관: 자문사항 2·3·4, 이 세 가지 중 지방비 정리의 실황에 대해서는 서면으로 대체적인 것을 말씀드렸는데, 단 2와 4에 대해서 좀 보충해서 말씀드리려고 합니다. 부·군 폐합의 결과 지방행정상에 미치는 영향, 이것도 대체적으로 서면에 게재했는데 그 후에 가장 통절하게 느끼는 점을 좀 보충하고자 합니다. 얼마간 참고가 되지 않을까 생각하여 말씀드립니다.

군 폐합이 지방행정에 미치는 영향은 모든 것에 걸쳐 있고, 그것을 일일이 말씀드리는 것은 불가능하지만 우선 폐합의 결과 첫째로 직원이 줄었다, 이는 처음부터 예상한 것으로 지금은 다른 방법도 없습니다. 또 그 때문에 불편을 느껴도 보통 사무에 속하는 취급 건수는 폐합 결과에 따라 그 수가 줄어드는 것이 되므로 별다른 게 아니라고 생각합니다만, 아직 얼마 되지 않았기 때문에 금후 1년이나 2년 해보지 않은 이상 지금 여기서 시비를 논하는 것은 시기상조가 아닐까 생각합니다.

그러나 어제도 말씀드린 것처럼 지방행정 중 가장 곤란을 느끼는 것은 권업 행정입니다. 군 폐합 결과 일상적인 사무에 속하는 것은 간단해지고 건수도 줄어들었습니다. 하지만 권업 사무는 군이 폐합되었다 해도 별로 면적이 줄어든 것도 아니고 따라서 사무가 늘면 늘지 결코 줄어드는 것은 아닙니다. 그래서 이 곤란을 느끼는 권업 행정에서 그 실적을 든다고 한다면… 이는 여하튼 사람과 돈 문제인데, 그 지역에 대한 시설을 어떻게 하고 있나를 볼 필요가 있습니다. 이전 37개 군 때에는 조선인 농업기수를 1군에 1명을 두어 37명을 사용했다가, 이번에 군 폐합 결과 37군이 14개 군이 되었으므로 1군 평균 3명으로 총 42명을 두는 예산을 제출했습니다. 사실 이 사업은 현재 적합한 것이고 겨우 5명 증원하는 것이니 예산대로 해주실 것이라 생각하여 낙관하고 있었습니다. 그런데 어제 들으니 1군에 정원을 2명으로 하고 1군에 1명의 임시 농업기수를 두어 11월까지 일을 시킬 수 있도록 되어 있어서… 지금 여기서 이런 것을 말씀드려도 방법이 없겠지만 단지 대단히 인원이 부족해서 곤란을 느끼는… 장래 참고가 되시라고 한 말씀 드리는 것입니다. 그래서 그 결과 37명이라는 것은 37군에 재근하며 직접 농민 지도를 담당하고 있었던 자가 28명이 됩니다. 이 자문사항에 나오는 지방행정상 미치는 영향이 어떠한가 하는 점에 대한 저의 답변은, 이 37명이 28명으로 된 것이 가장 중요하다고 생각합니다.

제가 지방관을 약 10년간 하는 동안 가장 통절하게 곤란을 느낀 것은 딱 한 번이라고 기억합니다. 즉 그 한 번의 곤란을 느낀 것이 무엇이냐 하면, 한국 정부 시대에는 지방청에서 사업을 하기 위해 법규로써 정한 재원도 없고, 국비 지변을 해도 관리 봉급 이외에는 단지 근소한 청비(廳費)가 있었을 뿐이라서 지방 관리는 단지 월급을 받고 일상적 사무를 취급하는 외에는 일이 없어서 놀고 있었던 모양새였습니다. 그러나 한편으로는 상당히 정리를 하면 어느 정도까지는 지방 사업을 일으키기에 족한 재원도 있었기 때문에, 저는 완고한 보통 관찰사 노인처럼 그냥 놀고만 있어서는 안 되니까 여러 방면을 조사해서 상당한 재원을 얻어 사업을 했습니다. 그때 중앙에 탁지부가 있었는데, 국고에서 지출한 돈 외에 지방에서는 결코 돈이 있을 리 없다고 했으므로, 이때는 대단히 곤란했습니다. 실로 말로 형용할 수 없을 정도로 곤란과 고통을 느꼈습니다. 그런데 시대가 바뀌어 세월이 흐르고 현재의 시대가 되었으므로 이미 옛날과 같지는 않지만 이번 곤란은 실로 그 이상입니다. 실로 저는 도장관으로서 부임 이래 크게 이 점에 대해 정신상 고통을 느끼고 있습니다. 이번 폐합의 결과 지방행정상 곤란을 느끼는 것은 많이 있겠지만 중복되는데… 아까 말씀드린 것처럼 가장 통절하게 느끼는 것은 이 권업 행정입니다. 소수의 인원과 소액의 경비로써 그 이상의 실적을 내야 하는 것이라서… 이게 곤란한 이유는 많겠지만 생각한 만큼의 실적을 거두지 못하는 이유 중 하나는 농민이 몽매한 것과 또 하나는 인원, 경비 등의 부족, 이 두 가지 큰 이유 때문이라는 것을 특히 심각하게 들어주시길 바랍니다.

그리고 제4 자문사항인 작년 이래 면 정리 및 면비의 실황, 이것도 개요는 서면으로 올렸고 또 지금 충청북도장관이 말씀하신 것에 제가 말하는 바가 다 나왔으니 상세하게는 말씀드리지 않겠습니다. 지난번 폐합의 결과 각 군수를 모아서… 특별히 군수회의라 할 것은 아니지만 사무 협의를 할 때, 총독부에서 통첩이 있었습니다. 그 요지는 가능한 한 면비를 절약하라는 내용이었습니다. 이에 대해서 사무관이 그 방침에 기반하여 의안을 내어 각 군수에게 보이고 그 의견을 들어보았습니다. 그런데 군수들은 놀라면서 이것으로는 도저히 할 수 없다고 말하는 사람이 거의 전부, 일치된 의견이었습니다. 다양한 요구와 의견도 있었지만 저는 이에 대해서 따로 답을 주지는 않았습니다. 그냥 참고로만 들었는데 그때 군수들은 대단히 걱정하고 있었으므로 저는 그들에게 이렇게 말했습니다. 여러분은 그런 걱정을 하지만 무엇이든 절대 불가능한 것은 없다, 하려는 마음이 있으면 할 수 없는 것은 없다, 그런 것을 전제로 해서는 아무것도 할 수 없다고 말했습니다. 그러나 그 실황을 조사해 보니 군수들이 놀란 것도 무리는 아니었습니다. 그들의 의견과 사무관이 낸 안을 비교해 보면 그 차이가 대단히 큰 것입니다. 또 군과 면의 실상은 역시 군수, 면장 등이 도(道)보다도 더 잘 알고 있습니다… 이는 말할 것도 없이 당연하지만… 저는 군수나 면장 이상으로 잘 알지는 못합니다. 제가 아는 범위 내에서 생각해 보아도 정말 그럴 것이라 생각합니다. 그러나 아까도 말씀드린 것처럼 저는 이에 대해서 하등의 결정을 주지 않았고, 단지 참고로 들었던 것입니다. 그 후 면비는 1원에 대해 20전 이내를 징수하기로 정했습니다만 물론 이에 대해 말씀드리면… 면의 실상… 상세한 것을 말씀드려야 하지만, 시간도 없어서 말씀드리지 않겠습니다. 단지 하나 원하는 것은, 여하튼 면비는

1원에 대해 20전이라는 것이므로 그 규정된 수입 범위 내에서 예산을 짜서 활용할 자유를 주셨으면 하는 것입니다. 규정된 것 이상은 아무리 해도 취할 수 없습니다. 그리고 50호 이상의 면은 어떻다, 100호 이상의 면은 어떻다고 하는 것이 있는데, 그러나 이것도 절대로 이것에 따라라, 반드시 이렇게 하라는 취지는 아닐 것이라 생각합니다. '가능한'이라는 문자가 간간이 써 있는 것 같습니다. 즉 1원에 대해 20전이라는 것은 그 범위 내에서 면비를 짜고, 특수한 사정이 있으면 다소 늘리는 게 절대로 불가능하다는 의미는 아닐 것이라 믿습니다. 원래 이에 대해서는 도장관도 신중히 연구하고 있으므로 지방 장관을 믿어주시고 별로 간섭하지 말아주시기를 원합니다. 이 점을 특히 바랍니다.

이두황(李斗璜) 전라북도장관: 답신 이외에 따로 없습니다.

이진호(李軫鎬) 경상북도장관: 따로 말씀드릴 것은 없습니다.

사사기 도타로(佐佐木藤太郎) 경상남도장관: 지금까지 말씀하신 각 도 장관의 의견과 좀 다른 의견이 있어서 말씀드리려 합니다. 자문 제2항은 별달리 말씀드릴 게 없습니다. 그냥 한두 지역의 상황을 알려드리면 편리한 점이 있을 것이라서 하찮은 이야기이지만 말씀드리겠습니다. 부·군 폐합에 대해서는 관내에 담양군이라는 작은 군이 있는데, 이번에 폐지되고 산청군에 합병되었을 때 담양군의 어느 면장이 이 폐합에 대해 말한 것이 있습니다. 이번 산청군으로 이전하는 것은 좋다, 군(郡)이 멀리 있게 되니 세금 독촉은 별로 엄중하지 않을 것 같다고 말했습니다. 이는 그들의 실상을 천진난만하게 토로한 것이라 생각합니다. 이에 대해서는 이미 아실지도 모르지만 종래 면장이 조세를 징수하고, 그리고 군에 납부하기까지 만약 면 소재지에 시장이 있으면, 예를 들면 1천 원의 세금을 1개월간 신고하지 않고 그 돈을 대부하면 360원의 이익을 얻습니다. 결국 자신이 징수한 세금을 장날에 대출을 한다, 장날은 대개 한 달에 6회 열리니까 그 장날부터 장날까지의 사이에 100원에 대해 6원, 즉 6푼의 이자를 얻습니다. 이걸 6회 회전하면 1개월 3할 6푼이 됩니다. 그래서 1천 원을 굴리면 360원이라는 이자가 되는 것입니다. 그 때문에 면장이 되고 싶어 하는 희망자가 적지 않은 상태입니다. 현재 얼마간의 이익을 얻고 있는 것은 아직 별로 독촉이 엄중하지 않은 점이 원인일 것이라 생각합니다.

또 하나는 군의 폐합에 대해서 불편을 느낀다고 생각하는 군은 관내에서는 우리 도의 남단에 있는 거제군(巨濟郡)이 이웃 용남군(龍南郡)에 합병되었는데 이 거제군의 군민이 불편을 느끼고 있다고 생각됩니다. 군위(郡衛)가 조사한 서면에 따르면 거제군의 1년간의 문서 건수는 1만 3천여 건이고, 그중 3분의 1은 면장이 휴대해서 갖고 오는 서류입니다. 3분의 1은 우편으로 군위에게 보내옵니다. 3분의 1은 심부름꾼에게 들려 보내는 서류입니다. 주요한 것은 토지증명신청에 관한 서류가 대부분입니다. 그런데 거제군에서 통영군으로 건너가는 기선에 타려면 배값이 1원 정도 듭니다. 또 보통 조선배에 타면 장소에 따라서는 30~40전의 돈을 요구하는 곳이 있습니다. 때문에 일본인은 한번 군에 나가려면 1원 50~60전의 돈이 필요하고, 조선인이라도 보통 70~80전이 듭니다. 이러한 비용을 계산하면 군의 병합은 확실히 주민의 부담을 늘리는 형태가 된다고 생각합니다. 이에 대해서도 답신서에 말씀드린 것처럼 가급적 면장·동장·이장에게 위임하여 그 비용을 보태는 식으로 불편을 보조하고 있습니다.

그리고 제3 자문사항, 지방비 정리에 대해서는 작년 제 의견을 제출한 것이 있는데 이것은 채용하지 않으셨습니다만, 아직 현재의 상황으로는 채용하지 않으신 것이라 생각합니다. 기타의 것은 따로 말씀드릴 것은 없습니다.

제4 자문사항, 면비 문제입니다만, 이는 앞서 도장관이 말씀하신 대로 각 도의 실태가 비슷하리라 생각합니다. 종래 한국 정부 시대의 방식에서 가렴주구가 행해졌지만 그것은 어떤 것이었나를 생각하면 중앙 관리도 지방의 장관, 군수, 면장, 동장, 이장 등도 모두 다 했던 것이고, 지방에는 이런 폐해를 피할 수 없는 세민들뿐이므로 마음대로 했던 것입니다. 그 관습이 있기 때문에 현재 각 면장이 세금을 걷지만 한편 자신의 급료는 적고, 세금 독촉은 엄하고, 또 앞서 말씀드린 것처럼 세금을 이용하는 것이 불가능하니 불평을 부르짖는 것이라 생각합니다. 그럼 그걸 그대로 방기해 두어도 되는가 하면 물론 안 되는 것입니다. 제가 여기로 출발하기 전에 군위들이 면 예산 인가 신청을 했는데, 그 다수는 면비 제한 외 부과의 인가를 청구하는 것이었습니다. 이런 것은 안 되니까 제한 외의 인가는 절대 불가능하다는 것을 면장에게 통첩해야 한다고 내무부장에게 명령하고 출발해서 왔습니다. 그러나 그 완성된 안은 보지 못하고 왔는데 그 취지의 요점을 말씀드리면, 조선에서 면장은 상당한 보수를 받고 있지만 일본의 정촌장(町村長)은 모두 명예직으로 급료를 받고 있지 않습니다. 그런데도 무난히 조세를 징수하고 또 기타의 것에 대해서도 많은 행정을 집행하고 있으므로 이걸 조선에서도 실행하지 않으면 안 됩니다. 동장·이장은 매일 용무가 없을 때도 면사무소에 그냥 모여 있는 데 지나지 않습니다. 지금까지의 옛 관습을 고쳐서 가능한 한 그런 것을 하지 않도록 해야 합니다. 그렇게 해서 통수(統首) 또는 부락장… 대전회통에서는 10호를 1통으로 하고, 10통을 1리로 한다는 것이 있습니다만, 10호의 통수 혹은 1부락으로 해서 여기에 부락장을 두고, 이들이 동장·이장의 부하가 되어 사무를 한다, 따라서 동장·이장이 면사무소에 매일 출근하지 않아도 되면 그들의 직무를 줄여갈 수 있다, 조세 징수도 통수 혹은 부락장이 각 10호씩 징수할 수 있으니 자연히 금액이 많이 올라갈 것이므로 그 부락 내에서 다소 신용 있는 사람, 다소 재산이 있는, 그 촌에서 세력이 있는 자 두세 명이 사무를 한다, 이걸 영구히 하면 힘들지도 모르니까 1~2년 후 교체하면 동장·이장 사무를 줄일 수 있을 것이라고 말하고 출발했습니다. 도중에 군수에게 그걸 말했더니 조선에서는 잘 시행되지 않을 것이라고 하며 도대체 알아듣지를 못합니다. 나는 그에게, 그건 시행할 수 없다고 전제를 두었으니 할 수 없다는 이론이다, 못할 이유는 없다, 되든 안 되든 지금 말한 식으로 하면 좋을 것이라고 말하면서 왔습니다.

그리고 한 가지 그 외에 좀 이야기가 새는 것 같지만 면장 문제에 대해서 한 말씀 드릴 필요가 있습니다. 면장도 면 폐합에 대해서는 상당히 면이 커질 것이라서 자기들의 봉급도 늘어날 것이라 생각했던 것입니다. 하긴 폐지된 면의 면장도… 누구라도 자부심은 있으니까 다른 사람은 그만두어도 자신은 면장이 될 것이라는 희망을 갖고 면 폐합을 기대하고 있었던 것인데, 어찌 생각이나 했으랴, 자신은 그만두고 다른 사람이 된다든가, 봉급 증가는 없이 오히려 면비가 줄어드니까 다수의 면장은 실망했으리라 생각합니다. 이걸 보아도 저는 이번 면 폐합에 대해서, 꼭 면장 인선을 해야 한다고 생각하여 가급적 자산도 있고 신용도 있는, 그 면에서 1류, 2류의 사람을 면장으로 했습니다. 그중에는 응하지 않아서 군수가 직접 서면을 보내 권한다든가, 그래도 듣지 않는 사람은 군수가 직접 그 집을 방문해서 결국 승낙하도록 한 것도 있습니다. 그러나 그들은 일단 부름을 받았으니 장래에 충분히 공공사업에 진력하겠다고 말하고 있으므로, 그런 점은 반드시 좋은 결과를 가져오리라고 생각합니다만, 그중에는 다소 예기치 못한 바도 있으리라 생각합니다.

그리고 또 하나 말씀드리고 싶은 것은 제1항 문제에 관계한 것이라 그때 말씀드리려고 생각했지만 제4의 문제와도 관련이 있어서 지금 말씀드리겠습니다. 방금 말씀드린 것처럼 면장, 동장·이장 등은 모두 봉급이 적으므로 많은 산업 행정을 실행하려면 뭔가 보조기관을 두어서 그 실행을 기할 필요가 있다고 생각하고 있었습니다. 그런데 뜻하지 않게 도 참사가 경남교풍회라는 것을 설치해 달라, 그러면 면 사무를 훌륭히 도울 수 있을 것이라고 말하며 그 안을 갖고 왔습니다. 그대로 곧장 실행할 수 있을 만한 안은 아니었으므로 도에서 수정을 해서 세칙 등도 만들었는데, 부디 이것을 잘 실행하고 싶습니다. 그 조항 및 조직의 대체적인 것을 극히 간단히 말씀드리면, 이 경남교풍회는 도장관이 총재를 하고, 본부를 도청소재지인 진주에 두고, 지부를 각 부·군(府郡) 소재지에 두며, 또 분회를 각 면에 두는 것으로 되어 있고, 그 목적은 ① 미풍양속 유지 및 조성, ② 공덕심 양성, ③ 풍기 진작 및 질서 유지, ④ 폐풍 악습 및 유해한 미신의 교정, ⑤ 근검저축 장려, ⑥ 개인 및 공중위생 사상의 보급, ⑦ 신교육 보급 및 청년 지도, ⑧ 법령의 주지, ⑨ 기타 본회에서 필요하다고 인정한 사항으로 하고 계약서를 만들었습니다. 이것이 25항에 걸쳐 위의 사항을 부연해서 실행 방법을 규정하고 있습니다. 그래서 그것을 작년 군참사 회의에 냈더니, 군참사는 이구동성으로 이렇게 하면 아주 상황이 좋겠다고 말했습니다. 그때 어느 군참사가 경상남도에도 이전에는 여씨향약(呂氏鄕約)이란 게 있어서 시행했다고 말했으므로, 그 여씨향약이란 게 뭐냐고 물으니, 발언한 군참사도 그 내용은 알지 못하므로, 그 후 충분히 찾아본 결과, 이 여씨향약이란 것의 계약서를 얻었는데, 이번에 갖고 오진 않았습니다만, 그걸 보면 니노미야 손토쿠(二宮尊德)[14]의 주의와 유사합니다. 원래 이것은 중국에서 온 것이므로 니노미야도 이를 본뜬 게 아닐까 생각될 정도입니다. 그래서 올해는 반드시 이 교풍회를 성립시키려 하고 이미 지방비에서 5백 원을 보조해서 공로가 있는 자 혹은 성공한 자에게 주어 이를 장려하기 위해 예산을 세웠습니다. 이미 예

14 일본 에도 시대의 농정가.

산도 인가를 받았으니, 이에 따라 산업 행정의 하나의 보조기관으로서 실행해 가려고 합니다.

또 식림 장려나 기타 산업상의 장려를 해도 처음에는 할 건 하지만 하는 족족 곧 무너집니다. 이는 역시 취지가 철저하지 않기 때문인데 크게 고민을 하고 있습니다. 일례를 들면 경상남도청 옆에 남강을 사이에 두고 도로와 길에 1911년 아카시아 기념식수를 심었는데, 제가 작년 봄 진주에 부임했을 때 다수는 도둑맞아 있었습니다. 그런데 다행히 헌병분대가 그 옆에 세워졌으므로 분대장에게 요구해서 보호를 좀 해달라고 말했습니다. 그래서 작년에는 대단히 잘 자랐습니다. 일전에 사이토(齋藤) 산림과장이 왔을 때 이걸 보고 기뻐했습니다. 그런데 그 후 헌병분대가 사천(泗川)으로 이전하게 되어 차차 건물도 철거해 가고 있는데 사이토 과장이 출발하고 나서 3주 정도 후에 제가 출발할 때에는 또 도둑맞아 있었습니다. 사진이라도 찍어서 총독부에 보낼까 생각했는데 이미 도둑맞은 상태입니다. 이 같은 상태에서는 산업 행정도 사실 곤란하다고 생각합니다. 종종 다른 도의 장관이 답신을 올리는 것처럼 행정비를 많이 사용하지 않아도 뭔가 다른 방법을 찾아 이를 대신해야 한다고 생각합니다. 우리는 이 행정상 여비가 적고, 인원이 적은 것을 절실히 느끼고 있습니다. 지금 '아카시아'는 다행히 묘포에 아직 남아 있으니 다시 심어서 금년은 가로수가 무성한 모습을 사진 찍어 보여드리려 합니다. 이 정도로 말씀드리겠습니다.

우사미 가쓰오(宇佐美勝夫) 내무부 장관: 한 말씀 드리겠습니다. 지금 충청북도·충청남도 장관이 면비에 대한 의견을 냈는데, 총독부가 조사한 대체적인 것은 병합 후 어떠한 표준으로써 종래의 면비를 제한할까, 또 적당한 면장을 둘까 하는 것에 대해 하나의 안을 세워서 요전 내무부장회의 때 내무부장과 함께 연구한 것입니다. 그런데 각 도에도 각각 의견이 있으므로 또 여러 연구를 한 결과 총독부 의견으로 회람시킨 것은 한편으로는 지세의 증징도 있고, 한편으로는 군 폐합 후 가급적 경비 부담을 가볍게 할 수단을 취하는 방침으로써 내무부장과 협의한 것을 근본으로 하고, 대략 지방 상황에서 지장 없이 시행될 정도로 부담률이나 기타를 정한 것이니, 각 도에서도 곤란하시지 않으리라 생각합니다. 그러나 면의 크고 작음과 기타 관계상 혹은 어쩔 수 없이 제한 외 허가를 해야 하는 것도 있을지도 모르지만, 대체적으로 지장 없이 시행되리라 생각하고 있습니다. 따라서 이번에 말씀하신 각 도에서도 이 점에 의견이 있으면 계속 말씀해 주시면 또 그에 대해 총독부의 의견도 말씀드리려고 생각합니다. 이 정도로 한 말씀 드립니다.

박중양(朴重陽) 충청남도장관: 지금 경상남도장관의 말씀 중에 한국 정부 시대의 관리는 위아래를 통해서 운운 하는 말씀이 있었습니다만, 이는 현재 우리가 가장 유감으로 느끼는 것입니다. 그러나 면장이나 이장 세력이 강제적으로 인민으로부터 취한 것은 아닙니다. 누구도 스스로 나서서 면장이나 이장이 되고 싶어 하는 사람은 없고, 말하자면 호선을 하여 1년이나 1년 반마다 교대해서, 금년에 김씨가 하면 내년에는 박씨, 그다음은 이씨, 이런 식으로 서로 의무적으로 한 것입니다. 따라서 별로 일정한 급료를 정하는 것도 없이 말하자면 보답을 한다는 형태로 촌에서 합의하여 쌀이나 보리를 준 것입니다. 이는 오래된 관습으로 전과 같이 이걸 받고 있었던 것입니다. 이걸 8개 금지사항, 엄하게 말해서 그런 것을 하면 결코 안 된다, 받아서는 안 된다, 용서해선 안 된다고 말한다면, 이장을 할 사람은 그 누구도, 한 사람도 없을 것이라 생각합니다. 그러나 이번에는 그것을 정하고 있으므로 이후는 받는 일이 없겠지만, 여하튼 1원에 대해 20전이라는 이 범위에서 면장과 또 서기 한 명도 두게 되었는데, 현재 면사무는 꽤 간단하지 않습니다. 예를 들면 민적 수속, 결수연명부 등 기타 많은 사무가 있어서 그 실황을 보면 도저히 할 수가 없습니다. 결코 명령을 지키지 않는 것은 아니지만, 단지 지방 실상이 이렇다는 점을 말씀드립니다.

오하라 신조(小原新三) 지방 국장: 충청남도장관에게 좀 질문하겠는데 충청남도에서는 면장과 이장이 전처럼 쌀과 보리 같은 것을 받고 있는 것입니까.

박중양(朴重陽) 충청남도장관: 면장은 그렇지 않지만 이장은 조금은 받는 곳이 없지는 않으리라 생각합니다.

야마가타(山縣) 정무총감: 오늘은 이것으로 산회하겠습니다.

4월 15일(오전 9시 개회 정오 산회)

야마가타(山縣) 정무총감: 오늘은 황해도부터.

조희문(趙羲聞) 황해도장관: 이 2·3·4 자문사항에 대해서는 대체로 답신서에 말씀드렸으니 별로 말씀드릴 것은 없습니다. 단지 제4항, 면 정리에 대해서는 황해도는 이미 2~3년 전부터 정리를 하고 있었으므로 이번에 실행해도 별로 부자연스럽지 않고 좋은 상황입니다. 단지 하나 말씀드리고 싶은 것은 면의 사무가 다양하고 많아졌고, 그 외 경찰에 관한 사건도 많아졌으므로 면장과 면서기 등도 대단히 바빠서 가장 중요한 권업 등의 일을 좀처럼 잘할 수 없는데 총독부의 취지도 있으니 도에서도 가급적 노력하고 있습니다. 이 정도로 말씀드립니다.

마쓰나가 다케키치(松永武吉) 평안남도장관: 2·3·4에 대해서 상세한 것은 답신했으니 6가지 진술한 것은 말씀드리지 않겠습니다. 단, 답신서를 제출한 후에 부·군 폐합 실황을 조사한 결과가 도착했으니 이걸 간단히 말씀드리겠습니다. 평안남도는 원래 2개 부, 17개 군, 304개 면이었다가 이번 폐합 결과 2부 14군 169면으로 줄었습니다. 군 폐합 결과 소위 폐읍(廢邑)된 곳은 순안(順安), 숙천(肅川), 상원(祥原), 증산(甑山) 등 4군입니다. 물론 폐합 결과 군청이 계속 존재하고, 또는 새 군청이 설치된 곳에는 잡화점이나 여관 등도 꽤 생기면서 발전해 가는 것은 말할 것도 없지만, 폐군이 된 곳, 이전 군위(郡衛) 소재지의 그 후 상황이 어떠한가에 대해서 깊이 주의해서 그 상황을 본바, 다행히 순안 지방에서 군위가 없어졌지만… 한때 군청 폐지와 함께 인기는 떨어졌지만… 그 지방은 금광이 있는 곳이고, 또 정차장에서 타고 내리는 사람이나 짐도 많아서 현재는 하등 물질상·경제상 영향을 받지 않고 있습니다. 또 숙천군에서는 군위 폐지 때문에 일시 타격을 받았지만 그 지방은 원래 산간지역에 출입하는 중요한 장소라서 금융조합도 있습니다. 은사 사업인 양잠연습소 같은 것이 그대로 있습니다. 특히 평양과 신안주(新安州)[15]의 중간이라 여객이 숙박하는 곳이라서 이 역시 상업상이나 기타 방면으로 하등 영향은 없다고 생각한 것입니다. 다음으로 상원군, 여기는 황해도에 접한 곳인데 이 지방도 수안금광과 평양 사이의 중심 지점이므로, 더욱이 도로를 현재 만들고 있는데 그 개통과 함께 번창할 것이라서 쇠퇴할 만한 상황은 아닙니다. 서해안의 증산 지방은 병합 당시 좀 인심이 동요한 곳인데, 이 역시 사정을 이해한 현재에는 하등 불온한 것은 없습니다. 원래 증산지방은 해안 부

---

15 평안남도 안주군(安州郡) 북부의 읍.

락이어서 이미 군위가 있어도 별로 번창했던 곳은 아니었습니다. 따라서 군청 폐지 때문에 하등 타격을 받은 것이 없습니다. 기타 다소의 영향에 대해서는 서면으로 냈으니 이 정도 말씀드리고 더 상세한 것은 지금 가져온 서면을 제출하고자 합니다.

가와카미 쓰네오(川上常郎) 평안북도장관: 지방비 정리에 대해 한 말씀 드리겠습니다. 현재 범위 내에서는 정리가 착착 진척되고 그 효과가 나타나고 있으며, 1910년 이후 작년까지의 경상수입 상황을 보면 약 두 배에 달하고 있습니다. 이는 지방청으로서 유일한 재원이므로 열심히 이를 정리한 것입니다. 아주 양호한 추세를 보이고 있습니다. 그런데 전체 세출을 보면 아직 인가는 얻지 못했지만 가령 1914년도 예산을 기초로 해서 그 내용을 보면 이 지방비의 순연한 수입에 의해서 사무를 하는 돈은 겨우 7만여 원에 불과합니다. 그래서 조월금은 1만 5천 원인데, 그 외 약 10만 원은 국고 보조를 바라고 있습니다. 이렇게 현재 경상수입은 해마다 정리하고 있지만 지방비 수입·지출의 총계 내용을 보면 결코 건전한 상태는 아니라고 생각합니다. 우리가 도로나 학교도 만드는데 토목사업은 장래 지방비만으로 이를 유지할 수 없는 결과가 되리라 생각합니다. 즉 도로 같은 것도 이미 설비된 도로의 유지만 한다고 해도 앞으로 재원이 마르는 상황이라서, 적극적으로 새로 도로를 만드는 것은 이미 거의 불가능한 상황에 이르고 있습니다. 단지 매년 부족한 국고 보조를 믿고 그 연한의 계획을 세우고 있는데, 이는 매우 무책임한 계획을 수립하고 있는 것입니다. 이는 결코 지방비의 건전한 장래의 발전을 기하는 방법이 아닐 뿐 아니라 현재 지방사업이 매우 박약한 경제하에 서 있다고 말하지 않을 수 없습니다. 그러므로 현재로서는 우리가 상당히 주의는 하고 있지만 장래에 대해서는 매우 불안하게 느끼고 있습니다. 지금 상태에서 말한다면 국고 보조에 의거하지 않으면 지방사업은 거의 불가능한 상황입니다. 과연 그렇다면 이를 건전하게 하기 위해, 혹은 새로운 세금을 만들거나, 혹은 재래의 수입에 대해 정리하고, 혹은 국고 수입에 속하는 일부 과목을 지방비로 옮겨 그 대신에 일부의 국고 보조를 그만두는 것으로 한다면, 국고 세계(歲計)에서 보아도 큰 지장이 없을 것이며, 지방비로서는 또 매우 확실한 기초를 얻는 것입니다. 이건 다른 문제지만 이미 국고 수입에 대해서도 금년 새로 생기는 면이 있으므로 지방비에 대해서도 중앙에서 크게 주의를 하고 있다고 생각하지만, 원컨대 이런 점을 연구하실 때 우리들 지방에 재근하는 사람도 그 범위 안에 넣어서 의견을 들으신다면 다소 참고가 되는 점도 있으리라 생각합니다. 그래서 어떤 새로운 세금을 만들지, 또 국고 수입에 속하는 어떤 것을 지방비로 옮길 것인지 하는 것에 대해 우리에게도 의견을 진술할 기회를 주시길 바랍니다. 그러나 현재 이 석상에서 경솔하게 이걸 말하는 것은 아닙니다. 어제부터 면비에 대해서 여러 곤란한 사정을 각 도 장관이 말씀하셨지만, 결국 면비 · 지방비 · 국비라는 전체에 있어서 조직과 연결에 대해 우리의 의견을 들어 보실 필요가 있으리라 생각합니다. 면비는 올해 국세의 증수를 계획한 것이므로 가능한 한 다른 조세는 감소시키는 취지에서 긴축하는 것은 맞습니다만, 사업을 하는 것은 별개로 하고 행정의 진보를 계획하는 위에서 생각하면 현재 면이 활동하지 않으면 도저히 그 목적을 달성할 수 없습니다. 설령 면비가 다소 늘어나더라도 행정의 취지를 철저하게 하는 대가라면 결코 많은 것은 아니라고 생각합니다. 이 점에 대해 충분히 고려해 주시길 바랍니다. 다소 다른 문제까지 걸쳐졌지만 참고를 위해 말씀드렸습니다.

이규완(李圭完) 강원도장관: 2 · 3 · 4항 중 3은 따로 말씀드릴 게 없으므로 2와 4에 대해 말씀드리겠습니다. 군 폐합은 별로 지장 없이 실시할 수 있었습니다. 실시 전에 강원도는 25군이었던 것이 이번에 4군을 폐지했습니다. 이 중 금성군(金城郡)만은 다소 동요가 있어서, 관헌이 주도면밀하게 주의를 해서 무사히 끝났습니다. 따라서 행정상 하등의 영향은 없습니다. 당시 부하를 보내지 않고 제가 갔던 것은 왜인가 하면, 인민들이 장시간 소동을 일으켜서, 특히 폐합 때에는 각 면의 인민이 금성군에 모여서 꽤 난폭한 행동을 했기 때문입니다. 도 참사가 찬성해 주지 않고 인민 쪽에 가담하지 않는다고 그 집에 돌을 던진다든가, 또는 면사무소의 유리를 깬다든가, 또는 다리를 부숴서 금화(金化)로부터 마차가 올 수 없게 하는, 참으로 쉽지 않은 상황이었으므로 저도 걱정이 되어 직접 갔던 것입니다. 가보니 군위나 경찰력으로는 진정시킬 수 없는 상황이라 결국 금화의 군대도 50명 정도 연습하는 식으로 출동했습니다. 또 회양(淮陽)의 헌병분대, 금화의 헌병분대, 기타 파견소 등에서도 진정시키러 출동했습니다. 이러면 군인은 '해치워 버린다는' 생각으로 전쟁과 달리 아무것도 갖고 있지 않은 자를 해치워 버리는 일이 왕왕 있습니다. 가능한 한 해산하도록 설득하고, 그래도 듣지 않으면 나를 죽인다든가 기타 관리를 죽일 때는 방법이 없으니 해치워 버려도 좋지만, 돌을 던진다든가 유리를 파손한다든가 사무 집행을 방해하는 정도라면 잘 설득해서 진압할 수 있을 것이라고 생각합니다. 다행히 총독부에서도 경시를 보내주어서 모두 온순한 태도를 취하고 가급적 인민이 해산하도록 설득하고, 또 다음 날도 간곡히 그 취지를 설명했으므로 점차 무사히 해산했습니다. 그 후에도 한층 주의 깊게 보고 있으므로 현재는 염려 없다고 생각합니다.

그리고 제4문항, 면 정리에 대해서 우리 도는 원래 233면이었다가 이번에 50개 정도가 없어졌습니다. 우리 도는 면 행정의 지도·감독에 특별히 힘을 쏟고 있어서 종래에는 면장의 자택을 면사무소로 썼던 것을 점차 정리하여 지금은 독립된 면사무소가 82~83개소나 생겼습니다. 기타는 아직 면장 자택에서 사무를 보고 있습니다. 이 면 폐합의 결과 근래 면 사무도 대단히 늘어났으므로 이를 정리하기 위해 면서기 중 성적이 좋은 자를 순회 면서기로 하여 각 면을 돌게 해서 사무를 조사시킨다든가, 혹은 가르친다든가, 혹은 며칠 숙박하며 사무를 본다든가 하는 방법을 썼는데 대단히 상황이 좋았습니다. 다른 도에 비교해서 부끄럽지 않을 정도라고 생각합니다.

그리고 사무만이 아니라 권업상으로도 진력했기 때문에 쌀 개량 같은 것은 상당히 진보했습니다. 면사무소 부근에 면 채종전(採種田)이라는 것을 만들어서 여기서 나온 것을 면민에게 배부했는데, 이는 1단보 이하의 토지에서 모범적으로 경작해 보자는 것으로 별로 크게 하려는 사업은 아닙니다. 또 양잠도 지금부터는 점차 장려해 갈 작정입니다. 다음으로 식림도 차차 인민이 희망하기 시작해서 이미 작년에는 2천 5백 그루 정도를 식수했습니다만, 금년에는 약 천 그루를 증가할 생각입니다. 저축 장려도 처음에는 적은 돈이라도 저축하여 납세나 기타 필요한 경우에만 사용하도록 하고 있습니다. 무지한 조선 인민을 지도 개발하는 것이 총독 정치의 취지이므로 그 취지에 따라서 우리도 가능한 한 노력하고 있으므로, 총독부 분들이 지방을 순회하실 때는 단지 관청 사무만이 아니라 인민 상태도 상세히 보셔서 잘 지도해 주시길 바랍니다. 이 정도를 말씀드리겠습니다.

신응희(申應熙) 함경남도장관: 자문 제4에 대해서 말씀드리겠습니다. 시간도 없으니 극히 간단히 말씀드리겠습니다. 이번 군 폐합에 대해서는 인민은 일반적으로 기뻐하고 있습니다. 아시는 것처럼 우리 도의 면적은 광대해서 종래 관민 모두 매우 불편을 느끼고 있었습니다. 그런데 다행히 이번에 새롭게 3군을 설치해 주셨기 때문에 일반 인민이 환영하고 있습니다. 특히 신흥군과 갑산군은 모두 풍속과 관습이 비슷하고 구역도 거의 동일하므로 제반 행정상 상당히 편리하리라 생각합니다. 이번에 새롭게 군청을 설치할 때에도 인민 스스로 와서 거들어 준다든가, 혹은 연회장 준비를 한다든가 해서 군 쪽에서는 그런 건 안 해도 된다, 당신들이 그런 것까지 염려하지 않아도 된다고 말해도 잘 듣지 않습니다. 모처럼 새롭게 군청을 만들어 주셔서 정말 고맙고 편리한 것이라서 그 답례를 해야 한다, 큰 경비가 들었을 것이니 조금이라도 도움을 주어야 한다, 무엇이라도 하겠으니 일을 시켜 달라고 말하며 크게 기뻐하고 있습니다. 다는 아니지만 일반적으로 이런 상황입니다.

세 번째에 대해서는 서면으로 드렸으니 중복해서 말씀드리지 않겠습니다.

네 번째, 작년 이래 면 정리 및 면비 실황, 이에 대해서는 함경남도는 면장을 하는 인물에 주의해서 깊게 고려를 했습니다. 그리고 그 지도·감독에 대해 어떤 방법으로 하면 좋을까 하는 점에 대해서도 역시 연구했습니다. 총독부의 주의도 있듯이 조선인 부·군 서기는 가능한 한 법률과 통계를 이해하는, 또 면 사무에 경험이 있는 자를 선발해서 도에서 잠시 강습회를 개최하고 사무 연습을 시킨 후 보내어서 실적을 거두는 데 노력했습니다. 회계 장부 같은, 수입·지출 증빙서 같은 것을 번잡하게 벌여 놓지 않고 잘 정리하고 있습니다. 제가 경성에 오기 열흘 정도 전에 해안 근처인 북청 부근의 각 면을 돌아보았습니다. 그런데 홍원군(洪原郡) 관내 동보청면(東甫青面)이란 면이 있는데, 그 면 사무는 실로 훌륭히 정리되어 있었습니다. 나를 수행한 지방계의 서기가 말하기로는, 일본에서 정촌 사무소의 회계검사 등을 하러 가도 이렇게 훌륭하게 정리되어 있는 곳은 없다고 말했습니다. 그러나 이는 희소합니다. 거의 모범적인 면이라 할 만합니다. 다른 것까지 말씀드리자면 여러 가지가 있지만 이런 요점만 말씀드렸습니다.

구와하라 야쓰시(桑原八司) 함경북도장관: 함경북도는 이 점에 대해서는 서면으로 자세히 말씀드렸으니 그 이외에 말씀드릴 것은 없습니다.

히가키 나오스케(檜垣直右) 경기도장관: 지금 자문으로 되어 있는 제2문항부터 제4문항까지의 사무는 총독부에서도 만드느라 상당히 고생하셨는데 또 우리가 면장이나 동장·이장에게 시키는 것도 상당히 곤혹스런 일입니다. 다행히 경무총장과 경무부장의 심심한 동의와 조력을 얻어 그 덕에 어제도 말씀드린 것처럼 큰 혼란 없이 지나갔습니다. 다만 경성에서 증세반대운동이 갑자기 일어났는데, 돌연히 일어나는 문제는 예상치 못한 일이고 정말 유감이라 생각합니다만 이는 여하튼 방법이 없는 것입니다. 그런 것을 제외하고는 별달리 시끄러운 것은 없었습니다. 만약 이때 경무관헌이 지금 말씀드린 것처럼 상당한 주의와 노력을 해주시지 않았으면 쉽게 여기까지 이를 수 없었으리라 생각합니다. 처음에 여러 다양한 훈령도 내셨기에 미리 이러한 취지에 기초하여 대단히 주의하여 경무관헌에게도 협의해서 동의를 얻어 함께 그 처치를 했던 것입니다. 그러지 않았으면 지금 일례를 말씀드려 보면 우리 도에서도 492면이 251면으로 줄어들었습니다. 거기서 반수는 전에 면장을 한 사람을 채용할 예정이나, 대체로 이러한 면의 감소와 함께 새롭게 취직을 희망하는 사람 다수가 나타나고 있는 것은 어쩔 수 없는 것입니다. 이들은 자기의 이해관계를 치밀하게 생각해서 운동을 격하게 하지는 않습니다. 그런데 면장은 구한국 정부 시대부터 계속했던 사람이 많은데 동장·이장도 그렇습니다. 그들은 모든 면에서 다양한 이익을 얻어왔는데 이는 어쩔 수 없는 정황입니다. 따라서 이들이 하루아침에 직책을 잃게 되면 신체적인 고통과 함께 또 한편으로는 명예에 비상한 타격을 받는 것이므로, 이들은 적극적으로 유임 운동을 하는 것입니다. 그 운동 방법은 연고가 있는 여러 인민을 선동하여 몇 통이나 저에게 청원서를 보내서, 현임자를 유임시켜 주지 않으면 이 면을 유지해 갈 수 없다는 식으로 신청을 한다든가 하면서, 신임 면장·이장이 될 자에 대해서 이러한 수단으로써 공격을 가하는 것입니다. 아마 총독부 쪽에도 이런 청원서를 보내왔으리라 생각합니다. 그런데 경무관헌과 미리 대체적으로 협의를 했기 때문에 기민하게 기선을 제압하고 그러한 운동을 계획하는 것은 불가하도록 극력 힘썼습니다. 이번에 이 사건이 발생함과 동시에 주요한 곳의 인민을 모아서 이런 분별없는 행동을 하지 말라고 누누이 설득했습니다. 이상은 단지 그 일단을 말씀드리고 이 신제도와 기타 증세 등에 대해서 이렇게 된 원인을 말씀드립니다. (하략-편역자)

〈자료 190〉 조선도장관회의 속기록 [朝鮮総督府, 1916.4, 『조선도장관회의속기록(朝鮮道長官會議速記錄)』]

4월 1일(오전 9시 개회, 정오 산회)

데라우치(寺內) 총독: 지금부터 개회하겠습니다. 충실한 회의가 되어 장래 시정에 도움이 되길 바랍니다.

야마가타(山縣) 정무총감: 개회하겠습니다. 일정은 자문사항 1번, 관내 상황, 특히 조장(助長) 행위에 대한 민심의 경향입니다. 경기도장관.

1. 관내 상황 특히 조장 행위에 대한 민심의 경향

마쓰나가 다케키치(松永武吉) 경기도장관: 첫 번째 관내 상황 특히 조장 행위에 대한 민심의 경향에 대해서는 이미 서면으로 말씀드렸으므로 따로 여기에서는 말씀드리지 않겠습니다. 요점은 내부 사무를 정리·개선하고, 밖으로는 상공업 촉진에 노력하여 일반 경제의 항상적인 발전을 기하고자 합니다. 그리고 군(郡)에서는 군 이하 면 사무의 지도·감독을 위주로 하고, 아울러 각 군내에서 모범이 될 만한 면을 만들어… 또 현재 만들고 있으므로 이 모범면의 사무를 반드시 완수하고, 이로써 다른 면에 파급시키고자 합니다. 그리고 작년 대전(大典)기념사업은 부(府)와 군 등에서 각각 계획되어 있으므로 예정대로 수행에 노력하려고 합니다. 우선 이 정도로 답변 드립니다.

유혁로(柳赫魯) 충청북도장관: 부임한 지 얼마 안 되어 아직 관내 상황을 잘 모릅니다.

오하라 신조(小原新三) 충청남도장관: 충청남도의 관내 상황과 조장행정에 대한 민심의 경향은 서류로 상세히 알려드렸으므로 서면으로 말씀드린 것은 여기서는 생략하고, 부가해서 다소 말씀드리고 싶은 것이 있습니다. 관내 상황은 작년 6월 도장관회의 때 말씀드린 사항과 큰 차이가 없습니다. 단, 공진회의 영향 및 작년 11월 대례의 영향에 대해서는 다소 말씀드릴 것도 있습니다만, 이것도 서면으로 말씀드렸으므로 상세한 것은 생략하겠습니다. 총독 정치의 취지가 점점 민심에 철저해져 가는 것은 말씀드릴 것도 없습니다만, 어떻게 인민이 총독 정치의 취지를 이해하고 폐하의 덕택을 입고 있는가에 대해서는, 이것은 숫자로 말씀드릴 것은 아니지만 점차 깊어지고 있는 상황입니다. 그것을 사실에 따라 말씀드린다면 극히 좋은 자료가 한두 가지 있으므로 부가해서 말씀드리려 합니다. 작년 대례 때 고령자에게 내린 은사금의 사용처를 조사해 보았는데, 이는 다소 참고가 되시리라 생각합니다. 즉 병합 당시 폐하가 인민에게 하사한 하사금에 대해 지금 들어보면, 황공해하면서 받았지만, 예를 들면 종이로 포장한 하사금의 포장지를 길에 버리고 안에 있는 돈만 가져가는 식의 일도 종종 들었습니다. 현재는 그 점은 크게 달라졌습니다. 이런 일은 거의… 거의 없습니다. 완전히 없을 뿐 아니라 극히 유용하게 사용하고 있습니다. 즉 우리 도에서 조사한 바에 따르면 고령자가 받은 수고비는 다양하게 사용되고 있는데, 약 천 명 중 옷을 지은 자가 대다수입니다. 옷이라 하면 아무것도 아닌 것 같지만, 자신이 죽을 때 송장이 되어 입고갈 옷을 만든 자가 극히 많습니다. 또 장례식 때 비용으로 적립하는 자도 많습니다. 옷을 만든 자가 천 명 중 213명, 장례식 비용으로 적립한 자가 천 명 중 125명입니다. 두 경우를 합하면 천 명 중 338명이 그러한 비용으로 사용하고 있습니다. 또 저금 또는 양계 사업을 한다든가 혹은 즉위를 기념하기 위해 묘목을 심은 자도 있습니다. 이러한 것을 보면 병합 때와는 좀 상황이 다른 것입니다. 또 어떤 군에서는… 이런 예도 많은데, 제가 들은 것 중 분명한 일례를 말씀드리면, 어떤 군에 노파가 있는데 그 노파가 군수에게 와서는 자기는 고령자로서 하사금을 받아서 대단히 고맙다, 자기는 지금까지 가난해서 겨울에 방한복을 입은 적이 없는데… 이 노파는 50전을 받은 것 같은데 그 50전으로 면을 사서 방한복을 지어서 너무 기쁘고 고마워서 뭔가 천황폐하에게 감사를 드리고 싶은데… 자기가 농사지은 감자가 있는데 천황폐하에게 드리러 갈 수는 없겠지만 여하튼 갖고 왔으니 군수가 잡숴 달라고 한 일도 있습니다. 이런 것은 사소한 하나의 예이지만 폐하의 덕택이 어떻게 인민에게 파급되어 가는지를 증명하기에 족한 예라고 생각합니다.

그리고 총독 정치에 대한 민심의 경향을 살필 수 있는 하나의 예로는, 답신서에도 쓰여 있지만 이것은 공진회에 대한 민심의 경향인데, 그러나 또 한편으로 생각하면 총독 정치 그 자체의 효과에 대한 민심의 경향이라고 하기에 족한 현상이라 생각합니다. 즉 어느 산속에 극히 완고한 노인이 사는데 군수가 공진회를 구경하면 어떻겠냐고 여러 번 권했지만 응하지 않다가, 마지막으로 구경을 가서 대단히 감복하고 돌아왔다고 합니다. 그래서 자기 아이들 두 명과 부근의 자제들 일곱 명에게 꼭 공진회를 보고 오라고 하여 아홉 명에게 4원씩의 돈을 주어서 보러 갔다고 합니다. 종래 극히 완고하고 무식하여 공진회를 보는 것 등은 염두에도 두지 않았던 노인이, 공진회를 보고 돌아와서 자기 사재를 털어 부근의 아이들까지 구경시켰다는 것은, 공진회가 인민에 미친 영향을 아는 데 충분한 자료라고 생각됩니다. 그뿐만 아니라 또 이로써 총독 정치의 효과에 대해서 극히 완고한 노인이 어떻게 감동했는가를 알 수 있는 것입니다.

그리고 관내 상황에 대해서는, 이 답신서에는 쓰지 않았지만 작년 6월 회의 때 충청남도는 양반의 소굴로 더구나 조선 내에서 가장 유력한 양반의 소굴이라서, 이들 양반이란 자들은 총독 정치에 대해 등을 돌리고 있는 상황인데, 이를 내버려 두어도 좋을지도 모르지만, 가능한 한 힘이 미치는 한 진력하여 이 등을 돌리고 있는 양반으로 하여금 새로운 정치를 이해시키고 더 나아가서는 종래 세력을 갖고 있던 양반을 지도하여 지방 개발에 다소나마 이용하는 것이 가능하다면 도치(道治)를 할 때 적지 않은 이익이 있을 것이라는 제 생각을 말씀드렸습니다. 그 후 상황은 완전히 일변한 것은 물론 말씀드릴 것도 없습니다만, … 이러한 인물로 하여금 이렇게 쉽게 총독 정치에 대해 호의를 갖게 하는 것은 원래 예기치 못한 점인데, 저와 군수들이 항상 이러한 점에 주의를 기울인 결과, 대체로 어느 정도 상황이 달라지고 있다는 것은 부정할 수 없는 사실인 것 같습니다. 이것도 숫자를 들지는 않겠습니다만, 예를 들어 말씀드리면 이런 사실도 있습니다. … 천안군의 목천(木川)에 극히 완고한 양반 한 사람이 있는데, 그는 원래 대신을 한 자의 조카인데, 그 숙부가 사거했을 때… 저는 만난 적도 없습니다만, 원래 내무대신은 병합 때 작위를 받았지만 사양한 사람 중 하나입니다. 그 완고한 양반이 죽었을 때 제가 조사(弔詞)를 보냈습니다. 또 보통학교 교원은 여하튼 지방의 유력한 양반이므로 학교 생도를 인솔하여 장례식에 가게 했는데, 이것이 동기가 되어 그 양반의 성행이 대단히 변해간 것입니다. 그 후에는 기쁘게 자식을 보통학교에 입학시키고, 신정에 대해서 귀를 기울이지 않았던 자가 자못 태도를 바꾸어 보통학교 생도의 생산품을 사고, 또 작년 말이었는지 금년 봄이었는지 도에서 시찰을 갔을 때에는 그 양반 집의 입구에 지금 천황폐하 즉위 기념수라고 써서 오동나무 묘목 두 그루를 심어 놓은 것입니다. 이것은 군(郡)의 권유에 기초한 것은 아니었습니다. 그리고 또 보통학교에서 생도에게 실과 교육을 하는 모습을 보고 자못 감복하여, 스스로 가래[鍬]를 가지고 소작지를 순회하며, 소작인에게 독려하고, 혹은 자제로 하여금 마당을 청소시킨다든가, 풀베기를 시키고 있는 상황입니다. 완고하고 더구나 새로운 정치에 대한 좋은 감정을 갖고 있지 않았던 양반이, 차제에 총독 정치에 대해서 이해해 가는 하나의 예인데, 이러한 예는 적지 않다고 생각됩니다.

그러나 또 한편으로 관내에서는 완고하여 아직 총독 정치에 대해서 기뻐하지 않는 자도 있는 점은 매우 유감이긴 하나 사실인 것입니다. 이는 조치원에서 멀지 않은 곳에 사는 양반의 경우인데, 기억하고 계시리라 생각되지만 작년 민적을 파기하여 감옥에 간 장재학(張在學)이라는 양반입니다. 그의 일족은 총독 정치에 대해서 별로 좋은 감정을 갖고 있지 않고 있는데, 자신은 일본제국의 신민이 아니다, 한국의 유민이라고 말하고 있습니다. 그래서 완고하게 공과금도 납부하지 않는 상황이라서, 군수가 설득하기도 하고, 헌병분견소장이 가본다든가, 혹은 참여관이 가서 설득해도 좀처럼 응하지 않으므로, 내버려 둘 수는 없다고 생각하여 체납처분을 집행했습니다. 우리는 체납처분을 한다면 반항의 태도를 보일 것이다, 만약 반항하면 단호한 처치를 취하리라 예상하고 있었으나, 하등의 반항도 하지 않았던 것입니다. 도(道)나 경무부가 어떠한 태도로 나올까에 대해 주변이 주목하고 있어서, 용서는 불가능한 것이라 생각하고 경무부장과 협의하여 단호한 처분을 취한 것입니다. 현재 그러한 사람도 있습니다. 많지는 않지만, 아직 그런 사람이 관내 있는 것이 실제 상황입니다. 그래서 저는 단지 양반에 대해서만 좋은 대우를 하라고 말씀드리는 것은 아닙니다. 즉 지방 유력자에 대해서는 그에 상당하게 대우해야 한다고 말씀드리는 것입니다. 단지 양반과 유생에게만 하면 이것 역시 폐해가 있고, 도에서는 양반과 유생에 대해서만 특별대우를 한다는 생각은 어느 누구도 하고 있지 않습니다. 그래서 지방 유력자라 말씀드리는 것인데, 여하튼 점차 이들이 총독 정치에 대해서 선량한 감정을 품어 가는 상황입니다. 그래서 총독부에서 촉탁이 되어 근검저축을 맡고 있는 무라카미(村上) 촉탁을 초빙하여 도내에서 근검저축에 대한 강연을 부탁드렸는데, 총독 정치의 취지를 말씀해 주신 결과는 매우 양호했던 것 같습니다. 아시는 바와 같이 조선에는 예부터 선량한 풍속이 있습니다. 특히 유교에 기초한 선량한 관습, 기타 조선 고

유의 선량한 풍속을 갖고 있지만, 점차 퇴폐해 가는 것은 심히 개탄할 점입니다. 그뿐만 아니라 지방 인민 특히 청년들 사이에 사치스러운 풍속이 점차 많아지는 경향이 있는데 이를 내버려 두면 안 된다고 생각하여, 선량한 풍속을 유지하고 폐풍을 교정하는 데 특별히 주의를 기울이고 있습니다. 그런데 이것이 양반 등에게 매우 좋은 감상을 주고 있습니다. 관내의 상황을 벗어나 좀 범위를 넓히는 것일지도 모르지만, 제 생각에는 이러한 관습을 존중하는 것과 결부하여, 즉 전부터 내려온 예의를 중시하는 선량한 풍속을 유지하는 것과 결부하여, 권업과 기타 조장행정에 관한 행정의 취지를 철저하게 하는 것에 주의하고, 지방의 적당한 중심인물을 획득하여 예를 들면 뭐라고 이름 붙이면 좋을까, 흥풍회(興風會)라고나 할까, 혹은 교풍회라고 할까, 결코 '하이칼라'는 아니지만 조선에서도 종래 예를 들면 향약이라든가… 율곡선생이 내건 향약이라든가, 계라든가, 회(會)라든가 하는 선량한 조직이 있으니, 이것들을 존중하고 기초로 하여, 여기에 권업, 토목, 위생, 납세 등을 결부시켜, 지방의 개발을 도모하는 것이 가장 적당한 것이 아닐까 생각합니다. 예를 들어 말씀드리면 이(里)라고 한다면 이(里)라는 극히 협소한 지역을 기초로 하여, 향약과 유사한 계 등을 두어 악풍의 교정과 선량한 풍속의 유지 등에 노력하는 것이 가장 적당하다고 생각합니다. 권업을 하는 하나의 예를 들면, 지방의 지주나 자산가는 상당히 돈을 내어 소작인 혹은 빈민에게 개량 농구를 무료로 사용케 한다든가, 혹은 적은 사용료를 받고 소작인 및 빈민인 농민을 보호하고, 지방의 풍교를 유지하고, 소위 경제와 도덕과 함께 지방을 개발해 가는 것에 힘쓰는 것은 아까 말씀드린 충청남도의 상황에서 보아 극히 지당하지 않을까 생각하고, 그러한 조직을 만드는 생각을 하고 있습니다. 그에 대해 도에서 준칙을 공포할 생각이었는데, 군에서는 군수회의 때 제가 말한 것을 이미 계획하고 있으므로 군의 계획을 승인하고, 만약 좋지 않은 점이 있으면 곧장 각 군의 사정에 적응하는 계획을 군수가 만들도록 하고, 3년, 5년 이걸 계속하게 하여 그 선량한 것을 보고 모범으로서 일제히 도 전체에 보급시키는 것도 하나의 방법이 아닐까 생각합니다. 도에서 규약의 준칙을 알릴 것인지, 혹은 각 군수가 계획할지의 유불리에 대해서는 지금 연구 중입니다. 양반 이야기를 하다가 말이 점점 길어졌는데 양반의 상황 및 이에 대해 제가 계획 중인 것은 위에 말씀드린 것과 같습니다.

그리고 관내 상황에 대해 두세 가지 부가해서 말씀드리고 싶은 것이 있는 것은, 관내에서 군산과 천안을 연결하는 경편철도를 부설하는 것을 작년부터 계획했습니다. 약 반년간 도에서 상세히 조사했는데, 유리한 노선이라 생각됩니다. 수지 계산은… 부설비는 도에서는 조사하기 어렵지만, 가령 그 경편철도 계획을 발기한 자의 계산을 토대로 하여, 또 도에서 경제상 수지 상황을 조사한 결과 약 8주(朱)[16] 정도의 수익이 있다는 계산이 있습니다. 충청남도의 도로는 모두 완성된 것은 아니지만 꽤 진척이 되어서 어떤 지방에서도 사람과 차가 통하지 않는 곳은 없지만, 경편철도를 부설한다면 군산과 천안 사이가 좋을지, 혹은 군산과 성환(成歡)[17]이 좋을지, 총독부의 의향을 여쭤 봐야 되겠지만, 서해안에서 이 경편철도 부설계획에 대해서는 철도국에서도 충분히 조사하시기를 바라는데, 이는 그 조사가 되면 가능한 한 사업 허가를 얻고 싶습니다. 우리 도의 개발상에서는 간선 철도와 함께 서해안에서 군산에서 천안 또는 성환에 이르는 경편철도는 극히 중요하고 중대한 관계가 있는 사업이라 생각하므로, 수고스러우시겠지만 조사를 하셔서 속히 인가해 주시길 바랍니다.

그리고 또 우리 도에서의 조장행위에 관해서는 처음에 제가 말씀드리려고 했는데, 우리 도는 아시는 바와 같이 농산지입니다만, 미간지 이용에 대해서는 작년 회의 때에도 미간지 조사는 현재 도청 직원만으로는 충분한 조사를 예상할 수 없으므로 총독부가 충분히 조력해 주시길 말씀드렸습니다. 우리 도의 간석지(干潟地)는 대략적인 측량에 따르면 1만 5,000정보의 넓이인데, 저희들이 본 바로는 2만 정보 혹은 2만 5,000정보 정도이리라 생각합니다. 이 간석지를 이용하는 것은 우리 도의 산업상 큰 사업입니다. 지난번 도의 기술원에게 조사를 시켰는데, 조사 결과를 간단히 말하면, 간석지 이용이 확실히 유리한 사업으로서 민간에 장려할 용기는 없다는 결론이 나서 상당히 불안합니다. 그러나 이는 겨우 30원이나 40원을 받는 기수의 조사라서 믿을 만한지 어떤지는 잘 모르겠으니, 바라건대 총독부에서 간석지 이용에 대해 충분

16 에도 시대의 화폐 단위의 하나.

17 현 충청남도 천안시 서북구에 있는 읍. 경부선 연선에 있고, 아산으로 통하는 중요 지점이다. 1973년 7월 1일 면에서 읍으로 승격했다.

히 조사해 주시길 바랍니다. 그리고 그 이외의 미간지 이용에 대해서는 우리 도에서는 제언 및 보의 수축은 점차 순조롭게 진행되어 가고 있습니다. 이것도 도에 있는 겨우 세 명의 기술원은 시종 제언과 보의 수축에 종사하느라 여력을 달리 사용할 수가 없습니다. 그러나 금강은 우리 도의 중앙을 관류하고 있고, 수리·관개 사업을 일으킬 여지는 있기 때문에, 그 조사를 담당할 두 명의 수리 기수를 내년도 예산에 계상했습니다만, 불완전하나마 이런 상황에 따라 우리 도의 수리·관개의 이익을 거둘 수 있지 않을까 생각합니다.

그리고 마지막으로 하나 말씀드리고 싶은 것은 우리 도의 산림에 관한 것입니다. 부산에서 경부선을 타고 경성에 오는 도중에 산림이 가장 황폐한 곳이 충청남도라고 생각합니다. 그래서 도 전체의 황폐한 산림을 복구하는 것이 매우 중요하므로 등한시해서는 안 됩니다. 우선 철도 연선에 주력하고, 모범적으로 철도 연선을 푸르게 하고자 하여 10년 계획을 세워 대전과 성환 사이를 10년간 푸르게 하는 계획을 세웠습니다. 면적은 약 1만 2,000정보 정도이므로, 매년 천 정보 정도씩 식림한다는 생각으로 3월 중순부터 착수했는데, 참고로 말씀드리면 이 연선에 연고권을 주장하는 자가 많았습니다. 그러나 재력이 극히 적은 자들이라서 연고권을 주장하긴 해도 식수할 여력은 거의 없습니다. 도에서는 여하튼 도의 묘포로 조성할 묘목을 올해는 약 120만 정도를 배부하여… 사유림이라 확정한 곳은 물론 소유자로 하여금 나무를 심게 하지만 그 이외 토지에 대해서는 부역으로 나무를 심게 했습니다. 그런데 의외로 종래 연고권을 주장한 자의 6~7할은 공동림으로 하는 것에 동의를 했습니다. 저희들로서는 이것은 의외였습니다. 연고권을 포기하고 장래 공동림으로 하는 것에 동의를 했다는 것은, 의외로 다행스러운 느낌이었습니다. 이는 지난번 삼림 주임 회동 때의 훈시에 기반하여 장래 면의 기본재산으로 하는 것이 가능하리라 생각되는 점입니다. 이 10년 계획은 금년에 비로소 착수를 했지만, 위에 말씀드린 바와 같이 극히 양호한 결과를 얻고 있습니다. 단지 처음으로 실시하는 사업이므로 만일 식수를 한 수목이 잘 자라지 않으면 장래에 영향을 미치리라 생각되므로, 이들 점에 대해서는 총독부에서도 잘 원조해 주시길 바라는데, 다행히 잘 자랄 것으로 생각됩니다.

도의 사무에 관해서는 말씀드릴 것이 많지만 주요한 사항은 이 정도 말씀드리려고 합니다. 단지 지금 하나 말씀드리고 싶은 것은 작년 총독부 통첩에 따라 저포(苧布: 모시)의 개량을 기하기 위해 전라북도의 금융조합과 충청남도의 금융조합이 공동 책임으로 저포 재료인 푸른 모시[青苧]를 구입하기 시작했는데, 푸른 모시의 상장 변동이 격심한 결과, 불행히도 전라북도의 세 개의 금융조합과 충청남도의 세 개의 금융조합에서 약 3만 원에 가까운 손실을 초래하고 있습니다. 금융조합 하나의 결손이 있는 경우에 책임은 공동으로 분담하기로 되어 있으므로 약 3만 원의 손실을 여섯 개의 금융조합이 분담한다고 하면 조합 하나가 약 5천 원의 손실을 가져온다는 극히 중대한 문제입니다. 이에 대해서는 지난번에도 부장 두 명을 상경시켜서 총독부의 여러 지휘를 바랐던 적도 있는데, 중요하다 할 만한 지휘를 바라는 것은 불가능했습니다. 원래 이것은 총독부의 지휘에 따라서 도가 하는 사업입니다. 불행히도 중대한 결손을 초래한 것인데 뭔가 총독부에서 이에 맞는 방침을 결정해 주시는 것이 지당하다고 생각합니다. 도에서는 총독부의 원조를 얻을 수 없으면 어쩔 수 없이 3만 원을 조합 결손으로 이를 여섯 개 조합이 분담하고, 금융조합은 1만 원의 자본금 중 5,000 원을 결손으로 한 채 사업을 경영할 수밖에 없다고 없습니다. 도에서도 이에 대해서는 여러 고심을 하고 있는데, 사실 결손의 보충은 표면적으로는 곤란할지 몰라도 조선에서 저포 사업은 유망한 산업의 하나로서 장래 이를 보호해야 한다면, 이에 대해서는 산업 장려와 함께 뭔가 현재 실시할 방도가 있어야 하지 않을까 생각합니다. 도에서도 이에 대해서는 다소간 생각하고 있으므로 탁지부라든가 농상공부에서 충분히 토의하겠지만 제 생각으로는 이것은 도에서만 걱정할 일이 아니라고 생각합니다. 총독부의 지휘에 따라서 도가 조합에 푸른 모시를 매입시켜서 초래한 손실인 것입니다. 도에서도 이를 구제하는 데 대해서는 생각하고 있지만, 원래 총독부의 지휘에 의한 사업입니다. 도는 걱정하고 있음에도 총독부에서는… 그럴 리는 없겠지만 뭔가 도만큼은 흥미가 없는 것 아닌가 하는 점은, 도의 희망과는 매우 반대되는 것입니다. 부디 총독부에서 충분한 조사를 하셔서 이 구제에 대해 총독부에서 뭔가 고안을 수립해 주시길 바랍니다. 관내 상황에 대해서는 이 정도로 말씀드리겠습니다.

이진호(李軫鎬) 전라북도장관: 자문하신 여러 문제에 대해서는 상세하게 서면으로 제출했으니 따로 구두로 말씀드리지는 않겠습니다. 이번에 새로 부임하여 대단히 유쾌하게 느끼는 것이 몇 가지 있어서 참고가 되시라고 한 말씀 드리겠습니다. 전에 부임했었던 곳에서는 일본인 중 농사를 경영하는 사람은 거의 없고, 단지 포항에 있는 오쓰카(大塚)[18] 외에 훌륭하게 경영하는 사람이 없어서 유감으로 생각하고 있었는데, 이번에 새로 부임한 곳에 가보니 꽤 일본인 영농자가 많습니다. 이는 기후도 좋고 평야도 넓은 결과일 듯한데, 크게 농업을 경영하고 있는 일본인이 꽤 많습니다. 우선 제가 조사한 바로는 경지를 500정보 이상 갖고 있는 자가 조선인이 일곱 명, 일본인이 다섯 명으로 거의 동수입니다. 그리고 100호 이상의 소작인을 갖고 있는 지주는 조선인이 218명이고 일본인이 80명 정도로, 소작인의 반 이상은 일본인이 갖고 있습니다. 일본인 농사 경영자 총수는 천 명 이상이고 자본액이 716만 원 이상입니다. 물론 소작인은 거의 전부 조선인이고, 지주는 이들 소작인 보호에 충분히 노력하고 있으므로 소작인은 일본인 소작지에서 일하는 것을 대단히 기뻐하며 만족하고 있는 모습입니다. 이 때문에 조선인 지주도 이를 본떠서 소작인을 보호하고 필요한 자금을 융통하고 있는 상태이므로 농사는 착착 개량되어 갈 것이라 생각되어 저는 대단히 기뻐하고 있습니다. 그러나 수리의 점에서는 일본인 농사 경영자도 꽤 불편을 느끼고 있으므로 금후 착착 수리를 정리해 갈 필요가 있다고 생각합니다.

그리고 또 하나 참고로 말씀드리면 이는 이전 부임지의 일로 이미 총독부에서도 알고 계시겠지만, 작년 회의에서도 주의를 주셨는데 불행히도 근래 면장의 흠포(欠

18 오쓰카 쇼지로(大塚昇次郎)는 경북 영일군의 대지주였다. 일제 초기 일본인들은 도로와 철도 교통이 편리하고, 넓은 평야지역을 배후 지역으로 하는 곳으로 이주했다. 이러한 조건을 갖춘 곳이 경북지역에서는 영일군으로, 경북지역의 대표적인 평야인 연일평야를 끼고 있었다. 영일군으로 이주한 일본인들은 초기에는 동해중부선(東海中部線)을 비롯한 편리한 교통편을 바탕으로 곡물 거래를 주도했다. 그들은 연일평야에서 생산된 곡물을 집산해서 일본으로 반출시켰다. 당시 영일군은 철도, 항만, 도로 등의 기반시설이 마련되어 주변 지역의 곡물과 수산물을 수집하여 일본으로 반출시키는 식민도시의 역할을 하였다. 영일군에 이주한 일본인들은 상권 장악을 바탕으로 자본을 축적한 다음 회사를 경영하는 경우도 있었는데, 포항에 가장 먼저 이주했던 나카타니 다케사부로(中谷竹三郎)가 대표적이었다. 나카타니는 초기 상업 활동을 하다 경북어업(주), 공영자동차(주), 포항운송(주), 경북수산(주), 中谷竹三郎商店(주), 조선축산(주), 경북물산(주) 등의 다양한 사업을 운영했다. 한편 영일군에서 기간지를 차지하기 어려웠던 이주 일본인들은 주로 일제로부터 미간지를 대부받아 빠르게 대토지 소유자가 되었다. 대표적인 인물이 오우치 지로(大内治郎)와 오쓰카로, 그들은 대부받은 미간지를 통해 목축과 농업경영을 시작했다. 특히 오쓰카는 형산강 하천 일대의 막대한 미간지를 소유하여 이를 답(畓)으로 전환하기 위해 영일수리조합을 설립했는데, 이는 경북에서 최초로 일본인이 세운 수리조합이었다. 손경희, 2016,「일제강점기 경북 영일군의 이주 일본인 증가와 토지 소유 확대」,『대구사학』122, 1~2쪽.

通)[19]가 많습니다. 저도 대단히 염려하여 최근 각 군을 순회했을 때 주의하여 흠포에 이르게 된 사정을 여러 가지로 조사해 보았는데, 고의로 흠포를 한 자가 거의 없고 자연스럽게 조금씩 부지불식 중에 사용한 것이 1년, 2년이 되면 몇십 원, 몇백 원까지 되는 사정을 알았습니다. 그 원인은 각 도가 거의 대동소이할 것이라 생각되는데, 현재 면장의 급료는 12~13원이 보통입니다. 그 12~13원 돈으로 자신 및 자기 가족이 생활하는 자가 많습니다. 그러므로 기쁘게 면장직에 임하는 자는 극히 드물고, 12~13원으로 가족 5~6명을 부양하는 자도 있습니다. 그 결과 생활은 상당히 곤란합니다. 그 12~13원의 돈도 전부 가정에서 사용할 수가 없습니다. 면장을 하고 있으면 교제비가 필요합니다. 혹은 군청에 간다든가 경찰에 호출당한다든가 하는 일이 매월 몇 번이나 있습니다. 그런 때의 비용은 면 예산에 계상하고 있지만 꽤 부족하므로 자기 수중의 돈을 다소 사용하지 않으면 안 되는 사정이 있습니다. 교제비로 한 달 평균 4~5원은 필요합니다. 12~13원에서 4~5원의 교제비를 제외하면 7~8원밖에 남지 않습니다. 7~8원으로는 아무리 검소하게 살아도 5~6명의 가족이 생활하기에는 곤란할 것이라 생각합니다. 그래서 우선 돈이 면장 수중에 있으니 몇십 원, 몇 원이라는 돈을 일단 사용한 것이 1년이 되면 몇십 원, 몇백 원이라는 금액으로 되어 흠포에 이르게 되는 것이 보편적인 상태입니다. 그것을 생각하면 다소 자산이 있는 사람을 면장으로 채용하면 그 폐해는 물론 없어질 것입니다. 그러나 면장이라는 직책이 대단히 할 일이 많으므로 기쁘게 일할 만한 사람은 거의 면장이 되지 않습니다. 그래서 결국 이 흠포라는 폐해를 교정하려면 여하튼 면장의 급료를 상당히 생활이 가능할 정도로 올리지 않으면 안 된다고 저는 생각합니다. 우선 제 생각에는 20원 정도는 매월 주어야 하지 않을까 생각합니다. 좀 참고하시라고 말씀드립니다. 다른 것은 따로 말씀드릴 것은 없습니다.

미야기 마타시치(宮木又七) 전라남도장관: 첫 번째 자문사항인 전라북도의 관내 상황 및 조장행정에 관한 민심의 경향은 대체로 답신서에 기술한 상태입니다. 이를 총괄해서 한 말씀 드리면, 즉 관내 상황은 매년 양호한 경과를 보이고 있고, 조장 행정에 대한

19 관청의 물건을 사사로이 써버림.

민심의 경향은 답신서에 기술한 것처럼 권업 행정이든 교육 행정이든 토목 행정이든 극히 양호합니다. 이를 정리해서 말씀드리면 각 조장 행정에 대한 민심의 경향은 도 시정방침이, 즉 국리 민복에 있음을 이해하고 조장행정의 취지를 잘 받들어 계속 신뢰를 증진하고 있는 상황입니다. 이외에 답신서에 부연해서 말씀드리고 싶은 것이 있지만, 제가 부임한 지 얼마 안 되어 아직 관내 상황에 정통하지 않으므로 답신서를 부연해서 말씀드리지 못하는 것은 심히 유감입니다만, 이 점은 양해해 주시길 바랍니다.

스즈키 다카시(鈴木隆) 경상북도장관: 대체로 서면으로 말씀드렸지만, 전임을 명받고 곧장 부임해서 대강 조사는 했습니다. 전에 부임했던 곳의 인계를 하는 데 하루, 인계를 받는 데 하루가 걸리는 식이라서 아직 상세하게 인계를 하지는 못했습니다. 그런 이유로 충청북도의 후임자도 충청북도의 상황은 충분히 이해하기 어려우리라 생각합니다. 저도 대체적으로는 인계를 받았지만 상세한 것은 전 장관과 기차에 동승해서 차 안에서 들은 것에 불과하므로, 사실을 들어서… 하나하나 증거를 들어 말씀드릴 수는 없지만, 그러나 전임자가 말씀하신 것을 막연히 그대로 말씀드리는 것은 아닙니다. 제가 생각한 것에 대해 말씀드리겠습니다. 조장 행정에 대한 민심의 경향은 극히 양호합니다. 제가 무엇보다도 염려한 것은 경상북도에서 성하고 있는 뽕나무 묘목 심기입니다. 이것은 심는 방법이 있어서 1호당 뽕나무 묘목 30그루씩은 꼭 심게 하고 있습니다만, 장려를 받아서 심고 있는 민심이 어떠한지, 즉 조장 행정에 대한 민심의 경향은 어떠한지, 사실은 저는 이것에 대해서는 다소 의심을 갖고 부임했습니다. 그것은 어떠한 까닭이냐 하면, 제가 5년간 충청북도에서 조장 행정을 경험한 바가 있어서 그런 의심을 품은 것입니다. 그런데 부임해서 조사해 보니, 제가 5년간 경험에서 의심한 점은 완전히 기우였고 오히려 민심의 경향은 극히 양호하여 의심할 만한 점이 없고 이는 성취될 것이라고 확신하고 있습니다. 이것은 제 경험에 따르면 충청북도에서는 이러한 점에서 상당히 양호한 결과를 얻기가 불가능했습니다. 아직 충분히 후임자에게 인계하지 않았으므로 함부로 충청북도에 대해 이야기하기는 조심스럽지만, 그러나 전에 부임한 곳의 일을 말씀드리지 않으면 이야기의 지속성이 명료하지 않으므로 좀 말씀드리겠습니다. 충청북도에서도 열심히 뽕나무 식재를 장려했지만, 지난 5년간 경험에 따르면 상당히 곤란했습니다. 그러나 경상북도에서 조사해 보면 여하튼 양호하게 행하고 있으므로 계획대로 성취하여 양호한 결과를 얻으리라는 것은 의심하지 않습니다만, 그것을 좀 말씀드리겠습니다. 대체로 충북과 경북은 뽕나무 육성 방식이 큰 차이가 있습니다. 충청북도에서는 5년간 3백만 그루 이상의 뽕나무 묘목을 심었지만 5년이 지난 현재에도 아직 심은 뽕나무에서 양잠이 불가능합니다. 현재 어떻게 양잠하고 있는가를 말씀드리면 뽕나무가 있는 산, 즉 종전부터 산에 있었던 뽕나무로써 양잠을 하고 있는 모양새입니다. 올해는 크게 분발해서, 이런 식으로 매년 뽕나무 묘목을 구입해도, 시간이 걸려도 전혀 그 뽕나무에서 누에고치가 나오지 않으니 저 스스로도 과연 어떤 방식의 잠업 장려가 있을까 회의를 갖지 않을 수 없었습니다. 태도를 고쳐 군수 이하 면장, 이장, 일반 유지 등에게 뽕나무 육성에 대해 설명을 하고 서약을 시키면서 순회를 했습니다. 그런데 경북에서는 1호당 평균 30그루의 뽕나무를 심게 하고, 장소는 밭 중 가장 좋은 곳에 심게 했으며, 방법으로서는 도에서도 군에서도 면에서도 모든 힘을 합하여 모두 착수할 때까지 감시하는 방식입니다. 저는 전에 부임했던 곳에서 이게 어떤 방식일지 궁금했는데 실제로 와서 이를 보니 크게 성적이 양호하고, 3년이면 훌륭한 뽕나무가 생깁니다. 단지 뽕나무만이 아니라 모든 수목이 상당히 잘 자라고 있는데, 매실 등도 만개하고 있습니다. 충북에서는 만개하는 곳이 없고 계속 꽃망울 그대로입니다. 소나무도 충북에서는 옆으로 자라고 위로 자라지 않는데, 경북에서는 일본 소나무같이 성장이 대단히 좋습니다. 벚꽃 등도 꽃망울을 터뜨리고 있는데, 충북의 벚꽃은 매년 심어도 나무가 작아서 수만 그루를 심었지만 버젓하게 자란 것이 없습니다. 따라서 민심도 달라서, 충청북도에서는 뽕나무를 심으라고 해도 별로 열심히 하지 않는다고 생각하는데, 경상북도에서는 장려를 하여 이미 양잠으로 이익을 얻고 있으므로 흥미를 갖는 정도가 다른 것입니다. 이러한 상태이므로 전임자가 한 것을 충분히 달성하여 양호한 결과를 얻으려고 생각하고 있습니다. 그러므로 관내 상황은 문서에 올린 것은 지극히 적당한 고안이며, 또 실제 상황에서도 이와 다르지 않다고 확신합니다. 따라서 이후 충분한 조사를 마치고 답신을 드릴 것을 약속합니다.

지금 좀 말씀드리고 싶은 것은 충청북도에서 제가 고심했던 부분이 현재 양호한 경향을 보이는 것을 증거를 들어 말씀드리고 싶습니다. 아직 인계 중이고 충분히 후임자에게 인계를 마치지 않아서 제가 지금 말씀드리지 않으면 완전히 늦춰지니까 실례지만 말씀드리겠습니다. 제가 5년간 충청북도에서 경험한 바에 따르면, 여하튼 충청북도의 인민은 표면적으로는 시정에 대해 거스르는 것은 아닙니다. 그럼 그대로 시행하는가 하면 그렇지가 않습니다. 예를 들면 뽕나무를 심으라고 명해도, 여하튼 꽤히 받아들이고 돌아갑니다. 그런데 나중에 조사해 보면 전혀 하고 있지 않습니다. 반대는 하지 않지만 진심으로 심복하고 있지 않기 때문에, 가령 뽕나무를 심는다 해도 좋은 방식을 쓰지 않습니다. 극히 조악한 방식을 쓰기 때문에 뽕나무가 자라지 않습니다. 심하게는 뽕나무 묘목을 줘도 포기해서 말라죽게 하는 일도 있었습니다. 수년 전까지는 대개 그런 분위기였는데, 근래는 크게 좋아져 가고 있지만, 그러나 양잠을 해서 이익을 얻으려고 열심히 하지는 않으므로 심어도 충분히 자라지 않습니다. 더구나 저는 경상북도와 같이 좋은 밭에 뽕나무를 심는 것을 장려한 것이 아니라, 밭두렁이나 기타 불모지 등을 개척하여 심게 했으므로, 물론 좋은 밭에 심은 것보다는 덜 자란 면도 있습니다. 여하튼 성장이 둔하고 말라죽어서 입은 손해가 많은 것입니다. 우선 뽕나무는 3년 지나면 꽤 자랄 것이라 생각하는데, 그렇다면 작년쯤부터 심은 뽕나무에서 상당히 양잠을 시행해야 하겠지만 그렇게까지 양잠이 진행하지 못하고, 거두어들인 누에고치 양은 수백 석에 그치고 천 석에는 도달하지 못했습니다. 3백만 그루의 뽕나무 묘목을 심었는데 왜 이렇게 산출량이 부족한가를 조사해 보면, 뽕나무를 심긴 했지만 여하튼 작고, 그중에는 상당한 것도 있지만 대다수는 제 역할을 하지 못합니다. 그래서 이러면 안 되겠다고 생각해서 최근 중요한 사람들을 불러 농사간담회라고 칭하여 사람들을 모아 이야기를 하고, 일일이 약속을 받은 적이 있습니다. 그래서 상당히 생각이 달라져서 현저히 양잠을 중요시하게 되었으므로 올해는 꽤 달라질 것이라 생각합니다. 아무래도 의혹을 갖고 보니까 일이 원만하게 진행되지 않습니다. 하루아침에 의혹이 풀리진 않겠지만 현재 인민이 점차 의심을 해소해 가고 있다는 점을 좀 말씀드립니다. 어쨌든 행정관이 하는 일에 의심을 갖고 있고, 눈앞에 뭔가 바로 나타나지 않으면 의심합니다. 양잠 등도 실제 아직 널리 행해지지 않으므로 뽕나무 등에도 힘을 기울이지 않는 것인데, 점점 이익이 있다는 점을 알게 되면

의심이 풀리고 열심히 합니다. 충청북도에서 가마니는 부업으로서 그 수가 가장 많은데, 20여만 개의 가마니가 나오는 식입니다. 그래서 이는 인천에 판로를 열어 곧장 돈으로 바꿀 수 있으므로 인민은 이익을 알고 크게 의욕을 보이고 있습니다. 옥천 방면은 특히 왕성한데, 옥천 지방의 가마니는 옥천 가마니라고 불리며 청주에서도 5만, 3만 개의 주문을 받는 상태입니다. 이는 납세에도 좋은 상황이 되어 가마니 산지에서는 그 판 대금으로 곧장 납세를 하고, 납세상 조금도 수수료가 붙지 않는 상황입니다. 지역에 따라서는 지금도 납세로 어수선한 곳이 있는데, 가마니가 왕성한 지방에서는 조금도 고통이 없습니다. 이는 곧장 돈으로 되어서 조금도 의심할 것이 없기 때문에 자연히 근면하게 되고, 그 결과는 납세상에도 좋은 영향을 미치고 있는 것입니다.

또 한 가지는 납세 저금입니다. 처음에는 장려를 해도, 어떻게 될지 의심하여 돈을 되돌려받을까 말까 등 걱정을 하므로 전혀 진척이 되지 않았습니다. 그런데 작년 즈음부터는 적립한 돈은 납세기가 되면 세금이 되어 자신들이 직접 한 번에 돈을 내지 않아도 된다는 것을 알게 되어서 크게 성적이 좋아졌습니다. 그러나 양잠에 필요한 뽕나무 같은 것은 3년, 4년씩 걸리는 것이라서 좀처럼 생각대로 되지 않습니다. 이것이 가장 곤란한 점인데, 그래서 서로 의사가 통하기 위해 다양한 회합 등을 주최하여 이야기를 했는데, 이는 약간 효과가 있었다고 생각합니다.

그리고 또 하나 말씀드리고 싶은 것이 있습니다. 이는 최근의 일로 아직 인계를 하지 않았습니다. 또 조사도 아직 제대로 되지 않았지만, 이런 것이 있습니다. 요즘 조선인들 중 신사령(神社令)에 따라 신을 모시는 제사를 지내고 싶다는 신청서가 나오고 있습니다. 제가 잠시 귀성한 기간 중에 서류가 와서 돌아오는 즉시 조사해 보았는데, 제가 전임(轉任) 당시까지는 조사가 보고되지 않았으므로 전말은 자세히 말씀드릴 수 없지만, 신사령에 따라서 신사를 건립하고 싶다고 말해도 조선인 머리로는 신이라는 것이 잘 이해되지 않는 것입니다. 한씨(韓氏) 일족 수십 명이 모여서 모든 조건을 갖춰 신청을 했는데, 무엇을 제사 지내냐 하면 기씨(箕氏)를 제사 지내고 싶다고 합니다. 기씨는 현인입니다. 일본의 신사령에 따라서 제사 지내는 제신이 어떤 것이 있는가를 제가 생각해 보면, 일본에서 신에게 제사 지낼 때는 조상 숭배도 물론 그 하나의 의미이지만, 그것만이 아니라 어떤 의미에서는 신이 길흉화복을 내린다는 식의 관념으로 신을 존숭하는 식인데, 조선인에게는 그것이 충분히 이해되고 있지 않아서 이러한 것을 신청해 온 것이라 생각합니다. 이는 단순히 신에 관한 것인데 의사가 잘 이해되지 않는 점이 적지 않습니다. 그러나 일단 이해하면 어떤 번거로움도 없이 순조롭게 진행됩니다. 여하튼 의심이라는 것이 있으므로 의사소통을 첫째로 하여 만찬회라든가, 다양한 식으로 이름을 지어서 민간의 유지자와 이야기를 나누어 의사소통에 노력해 왔지만, 일단 이해되면 순조롭게 되는 상태입니다.

이 외에 작은 예시가 많은데, 양반이라든가 유생이라든가 상당한 신분이 있는 자이면서 몰락해서 곤궁한 자가 요즘에는 부부 형제가 서로 의지하여 대나무자리 등을 만드는 일에 종사하는 등 한때 기아에 몰린 자도 뭔가 생계를 세우는 것이 가능하게 된 것도 있습니다. 혹은 양반인데 지금은 마차를 끄는 자도 몇 명 있습니다. 상당히 상황이 변했다는 걸 알 수 있습니다. 또 민심의 경향에 대해 말씀드리면 매년 음력 정월부터 15일 정도까지는 다양한 유희를 하며 빈둥빈둥거리는 것이 상례이지만, 올해는 1월 1일 정도만 쉬고 곧장 일을 시작해서 노는 데 이틀간을 허비하는 일이 없습니다. 이렇게 현저하게 변하고 있습니다. 이것들은 민심의 경향이 양호해지고 있다는 것을 명확히 증명하고 있습니다. 기타 수치를 들면 꽤 많은 사실이 있지만, 장황하게 될 것 같아 말씀드리지 않겠습니다. 단지 현재 제가 염려하는 것은 신사 문제입니다. 잘 조사한 후 말씀드리고자 합니다만, 기씨를 제사 지낸다는 것은 그 속내에는 중국 숭배가 있는 게 아닐까 생각합니다. 만동묘에서는 명나라의 신종(神宗)과 희종(熹宗)을 제사 지내고 그 이유를 비문에 적어 놓고 있는데, 분로쿠의 역(文禄の役)[20] 때 명나라 신종이 이를 도와준 것이라 일부 사람이 지금도 이를 덕으로서 칭송하고, 단결이 아직 지속되고 있습니다. 충청북도뿐 아니라 각 도에 걸쳐서 단결이 있습니다. 요전에 율곡 선생의 향사전(鄕祀田)을 하사하셔서 유생들은 크게 기뻐하고 있으니 점점 타파되어가긴 하겠지만, 기씨를 제사 지내는 것은 중국을 숭배하는 것이 이면에 있고, 일본을 배척하는 의미도 함축하고 있는 것처럼 생각되는 것입니다. 따라서 그 전말을 조사해서 흐트러짐이 없도록 해야겠다고 막 생각하던 참에 전임을 명령받았

20 임진왜란의 일본식 표현.

기 때문에 지금 제1부장을 파견하여 조사시키고 있으므로, 뭔가 명료하게 되어서 곧 보고에 접하리라 생각합니다. 이런 이유로 민심 경향은 아주 좋긴 하지만… 대체로 걱정은 하지 않지만 아직 작은 부분에는 그런 정신상의 단결도 완전히 족적을 끊지 못하고 있다고 생각됩니다. 이는 극히 최근의 사실이기도 하고, 또 전임하던 때의 일이라 이전 부임지에서 걱정하던 것을 이 자리에서 말씀드린 것입니다. 대체로 민심의 경향은 극히 안정되어 있습니다.

야마가타 정무총감: 5분간 휴식하겠습니다.

야마가타 정무총감: 계속 회의를 하겠습니다.

사사키 도타로(佐佐木藤太郎) 경상남도장관: 관내의 일반 상황에 대해 말씀드리겠습니다. 조장 행정에 대한 민심의 경향은 앞에 말씀하신 각 도와 마찬가지로 극히 양호하게 이루어져 가고 있습니다. 경제 상태도 자못 온건하게 발달을 이루어 가고 있습니다. 그러나 2천 년의 역사를 가진 모국에서조차 국가의 근본에 있어서는 사소한 동요가 없지는… 시정 전반에 대해서 인민이 모두 만족하고 있는가 하면 반드시 그렇지는 않습니다. 하물며 조선에서는 신정을 편 지 얼마 되지 않았는데 일반 민심에 다소 예기치 못한 점이 있는 것은 당연한 것이라 생각합니다. 이 점은 지방 장관이 물론 충분히 주의를 기울이지 않으면 모처럼 의탁받은 일에 대해 그 임무를 다할 수 없을 것임은 말할 나위도 없습니다.

관내 민심의 경향은 일반 농민은 아주 신정에 대해 만족하고 있지만 종래 상류층에 속하는 양반, 유생 및 무지한 세민 등이 왕왕 반항적인 태도를 보이는 점이 있습니다. 이 양반과 유생 중에는 병합 당시에는 다소 비판적인 목소리를 내었던 자도 현재는 이미 비판을 그치고 침묵 상태에 있다고 생각합니다. 또 세민들의 경우는 경상남도에서는 작년까지 계속 소요가 일어났습니다. 이는 조선인이 기왕의 극단적인 압제에 대한 하나의 반항 수단으로 쓰다가 관습적으로 신정에 대해서도 역시 그걸 하지 않으면 자신의 목적을 달성할 수 없을 것이라는 생각을 갖고 있기 때문입니다. 그래서 이 세민 쪽에 대해서 저는 군참사 회합 때, 현재 만약 신정에 대해서 불만이 있으면 불온한 거동을 보이지 말고 따로 서면이나 구두로 자기 의견을 내는 방법이 얼마든지 있다, 또 불평이 있다거나 이해가 안 되는 점이 있으면 군참사 등에게 설명을 구하는 식으로 유도하는 게 좋을 것이라고 말해 두었는데, 이는 사실 곧장 실행될 것이라고는 말씀드리기 어렵습니다. 그러나 최근 관내 김해군에서 시키 신타로(志岐信太郎)라는 자의 대부지에 대해서 인민의 소요가 일어났지만 다행히 설득에 따라 점차 해산되었습니다. 물론 무지한 세민이라서 절대적으로 보증할 수는 없지만 이후에는 각 군에서 이러한 경우에는 점차 서면이나 혹은 구두에 따라 자기 의견을 신청하도록 해서 소동은 일으키지 않게 되어 갈 것이라 믿고 있습니다.

그리고 한편 양반 쪽인데, 이들에 대해서는 저는 부임 당시에, 세상에는 일종의 불가항력적인 대세라는 것이 있어서 이를 거스르는 자는 스스로 패할 것이다, 양반과 유생은 이 대세에 비추어 크게 자각하지 않으면 세민에게 종래의 우월한 지위를 뺏길 것이라고 이야기한 적이 있습니다. 그러나 대다수의 사람은 귓등에도 듣지 않았습니다. 그런데 그 후 불행히 제가 말한 것이 적중하여 일부 양반과 유생은 가세가 기울어 도저히 종래의 지위를 유지해 갈 수 없게 되고, 다른 사람들도 생활이 곤란해졌기 때문에 근래 점차 자각해 가는 모습을 보이고 있습니다. 어느 양반 중 한 사람이 저에게 이런 것을 말했습니다. 현재 세간의 실정은 공적인 것에 대해 도장관의 지도를 받아야 하는 것은 물론이지만 개인으로서도 상당히 원조를 받지 않으면 우리는 도저히 세상을 살 수가 없으니 부디 지도해 주길 바란다고 말했습니다. 물론 여기에는 상당한 동기도 있을 것이라 생각하는데 그 동기에 대해 좀 말씀드리고 싶습니다. 예를 들어 말씀드리면 우리 도의 산지(山地)인 함양군은 양반이 가장 많이 사는 곳으로 그들 중에는 대단히 완고한 자도 있습니다. 그중 도 참사직에 있는 자는 종래 토지조사위원회 회의에 출석을 명해도 절대로 나오지 않아 위원회가 정원이 부족하여 모임이 성립되지 않기 때문에, 결국 전보를 쳐서 출석을 촉구했지만 계속 나오지 않아 곤란했던 적이 있습니다. 그런데 그 양반 부락 앞에 냇물이 있어서 거기에 다리를 가설했습니다. 이에 대해서 그 사람은 대단히 만족하여 그 후에는 토지조사위원회에도 출석하고, 또 여러 좋은 대우를 받은 답례로 저를 방문하기도 했습니다.

시세에 적응하지 않아서 양반 가문이 운이 다한 실상을 말씀드리면, 이는 일찍이 우사미(宇佐美) 내무부 장관이 경상남도를 순시할 때 들렀던 강위수(姜渭秀)와 관계가 있는 일인데, 앞서 말씀드린 부락에 사는 양반 부호 대다수가 이 사람에게 다액의 빚을 진 결과, 현재 함양군 양반의 재산 거의 모두가 강위수의 소유로 되어 가는 상태입니다. 그 때문에 강위수는 함양에 세 개의 창고를 지어 소작미 수납에 쓰고 있습니다. 그리고 또 하나의 실례를 들어 관의 지도 여하에 따라 어떤 식으로 달라지는가를 말씀드리고 싶습니다. 우리 도에 있는 범어사 주지는 각 본산의 주지 중에서 가장 배일적인 사상을 갖고 있는 사람으로 일단 만나보려고 생각했는데, 범어사는 가기 편리한 곳이므로 언제라도 순시하려고 남겨두고 있었다가 작년에 비로소 순시했습니다. 저는 처음부터 좀 생각하는 바가 있어서 숙소에서 도시락을 준비하고 따로 음료로 탄산수까지 휴대하고 갔습니다. 그것은 그쪽으로부터 향응을 받지 않을 작정이었기 때문입니다. 가서 우선 20원을 기부했습니다. 그리고 주지에게 여러 가지를 물었는데, 그중에 당신은 이 절에 몇 년 살았냐고 질문하자 30년 살았다고 합니다. 그러면 옛 정치에 대해서 충분한 경험이 있을 것인데 그동안 여러 관찰사가 교체되어 왔겠다고 묻자, 여러 관찰사가 왔다고 답했습니다. 그러나 그 당시 관찰사는 어떤 일을 했는지, 어떤 형편이었는지 등까지는 추궁하지 않았습니다. 그리고 조선시대 때 승려의 지위와 병합 이후의 승려의 지위가 어떻게 보호되고 향상되었는지에 대해 절 내의 일반 승려와 생도에게 역사적으로 설명을 했습니다. 그리고 절에서는 예에 따라 사찰음식을 내왔는데 그 성찬도 먹을 만한 것은 아니었습니다. 그러나 저는 쾌히 성찬을 먹고 도시락과 탄산수는 그곳의 나이 어린 승려에게 주고 귀임했습니다. 그러고 나서 얼마 지나지 않아 고등보통학교 다카하시 도루(高橋亨) 씨로부터 한 통의 전보가 왔습니다. 전보에는 "서면으로 말씀드린 것은 해결했으니 취소함"이라고 적혀 있었습니다. 이는 다카하시 씨의 행위를 발표하는 것이 되는데, 다카하시 씨가 열심히 그 직무에 임하는 의사를 보인 것이니 말씀드려도 별로 지장 없다고 생각합니다. 전보가 온 당시는 아직 그 서면은 도착하지 않았습니다. 전보 내용에 나오는 서면이 도착했는데, 그 서면은 범어사 주지는 아무리 이야기해도 명확하지 않은 자이므로 주지의 인가를 취소하는 게 어떤가 하는 내용이었습니다. 이 주지는 당시 대단히 완고하여 아무리 이야기해도 본산 회의의 경비를 부담하는 것을 수긍하지 않았는데, 다카하시 씨가 그 서면을 보낸 후에 경성에 와서 드디어 경비를 부담했다는 것입니다. 이는 제가 저 자신을 지나치게 높게 평가하는 것일지도 모르지만, 저의 범어사 방문이 다소의 효과가 있었던 것은 아닐까 생각합니다.

또 일찍이 진주에 온 적이 없는 범어사 주지가 올해 2월 10일 저를 방문했습니다. 그래서 여러 이야기를 했는데, 마침 다음 날이 기원절이니 천황의 진영(眞影)을 참배하고 돌아가면 좋을 것이라고 권했습니다. 그다음 날 주지가 약속대로 왔기 때문에 상당한 대우를 하여 참배시켰습니다. 이러한 예를 보더라도 잘 인도하면 역시 상당히 이끌어갈 수 있으리라 생각합니다.

그리고 양반과 유생이 침묵 상태에 있다는 점에 대해 하나의 예를 말씀드리겠습니다. 관내의 산청군에 어느 문학가가 삽니다. 그 사람이 도무지 자식 두 명을 보통학교에 보내지 않습니다. 그래서 올해 군수가 이 양반을 방문하여 여러 권유를 했는데, 자기는 망국민이고 새로운 정치에 대해서 심복할 수 없다, 자기가 살아있는 기간은 아이들은 학교에 보낼 수 없다, 자기가 죽으면 모를까, 자기가 살아있는 동안은 결코 보내지 않는다고 하며 전혀 알아듣지를 않았습니다. 그래서 군수가 말하길 당신은 망국민으로서 비관하고 있지만 내가 망국의 신하로서 지금 군수를 하고 있는 것을 어떻게 생각하냐고 묻자 그는 "적국의 신하여도 당신은 울지 말라"고 말했다는 것입니다. 이런 상황으로 현재는 침묵 상태에 있습니다. 이것은 군수가 한두 번 방문하면 이끌 수 있으리라 생각합니다. 민심의 경향은 대체로 이 정도로 말씀드리겠습니다.

다음으로 조장 행정에 대한 일반 민심의 경향인데, 이에 대해서는 일본인도 근래 꽤 사업을 일으키고 있어서 계속 조사를 하고 있습니다. 또 조선인 쪽도 점차 양호하게 나아가고 있는 점은 이 역시 답신서로 알려드렸으니 상세하게는 말씀드리지 않습니다만, 단 지금 말씀드리고 싶은 두세 가지가 있습니다. 작년 공진회 이후 조선인이 사업을 획책하는 것이 많아지고 있는데, 그중 조선인 사업으로서 볼만한 것으로 부산과 마산의 유력한 상인이 쌀의 취인을 개시하게 되어 은행에 근저당을 들여 돈을 빌리고 있습니다. 이에 대해서 처음에 저는 낙관하고 있었는데 나중에 이르러 주의가 필요하다고 생각했습니다. 그것은 부산에 창고회사가 있는데, 여기에 근래 15만 섬 정도의 쌀이 정체되어 있다고 들어서 부산의 상인이 곤란할 것이라 생각해서 조사했는데, 그것은 조선인이 경남은행으로부터 17~18만 원 정도를 차입해서 쌀의 취인을 하고 있는 것입니다. 그런데 일본인 중 쌀의 취인을 하는 자는 오래된 경험이 있으므로 1석에 대해서 10전이건 20전이건 이익이 있다고 보면 곧장 팔아서 잘 회전이 되는데, 조선인은 이에 익숙하지 않기 때문에 창고 수수료, 금리 등을 합쳐 1석에 1원 정도의 손실을 입고 있습니다. 그래서 그들에게 자금을 융통하여 그만큼의 사무를 하도록 하는 것이 현재 조선의 민정에 대해서 좋을지 나쁠지, 은행을 감독하는 데 다소간 주의가 필요하지 않을까 생각합니다.

아시는 바와 같이 조선 쌀은 창고에 들어가서 상품으로 하기에는 매우 부적당합니다. 건조가 충분하게 되지 않기 때문에 창고에 들어가면 벌레가 붙습니다. 부산과 같은 곳은 10월부터 3월까지는 공기가 건조하지만 4월부터 9월까지는 비교적 공기가 습합니다. 즉 이 시기는 동남풍이 강하게 불어서 바다의 수분을 안고 오기 때문에 오래 창고에 쌓아두는 것은 조선의 현재 상태에서 과연 어떠할까를 생각해야 합니다.

그리고 또 하나, 이것은 답신서에 쓰지 않은 것입니다. 또 세 번째 질문에 가까울지도 모르지만 좀 말씀을 드리고 싶습니다. 그것은 미곡검사에 관한 것입니다. 경상남도의 미곡검사 성적이 매우 불량하다는 점은 총독부에서 알고 계시리라 생각하므로 지금 말씀드립니다. 경상남도는 현재 15개의 미곡검사소를 설치하고 있는데, 그 감독이 쉽지 않아서 그중에는 검사가 불충분한 점도 있을 것이라 생각합니다. 그러나 검사의 불충분 때문에 미곡 취인에 영향을 미치는 것은 아닙니다. 근래는 검사도 현저히 개량되어 가고 일본에 가서 쌀 취인에 있어서 값을 손해 보지 않고 있다는 점을 말씀드리고 싶습니다. 그 예로 고베의 쌀 시장의 동향에 대해 말씀드리겠습니다. 즉 올해 2월 3일 상장표를 보면 마산 개량미가 13원이고, 군산 개량 일본종이 12원 60전입니다. 이를 비교하면 마산 쪽이 40전 높습니다. 3월 3일 상장에서는 마산이 12원, 군산 개량 일본종이 12원으로 같습니다. 최근의… 지난달 15일 상장을 보면 마산 개량미가 11원 90전, 군산미도 같이 11원 90전입니다. 또 부산은 물론 언제나 20~30전씩 낮습니다만, 이 쌀이 전부 경상남도에서 나온 것은 아닙니다. 다소 다른 도에서 들어와 있는 쌀이 있으므로 사실상 경상남도는 손실은 없는 것입니다. 또 장래는 충분히 엄중하게 검사할 예정입니다. 그리고 군산미의 검사가 엄중하기 때문에 쌀이 부산으로 온다고 들어서 여러 조사를 해 보았는데 논산, 강경, 나주 등의 쌀이 부산에 나오고 있습니다. 물론 철도 운임의 원거리 체감 결과이기도 하겠지만 검사의 엄중함 자체도 하나의 원인이 아닐까 생각합니다. 이것도 깊이 조사한 것은 아니지만 사실은 부산에 나오고 있는 것입니다. 경상남도에서는 이런 식으로 이출 등의 관계상 무턱대고 검사를 엄중히 하는 것도 사실 시행하지 않습니다. 만약 이를 엄중하게 하려면 충분한 검사소를 부산에 둘 필요가 있습니다. 그러나 그렇게 해도 첫째로 많은 쌀을 둘 만한 장소가 없을 뿐 아니라, 검사 때문에 시간이 필요하므로 상업 취인의 시기를 늦추게 되어 상인들에게 큰 손해를 입히게 될지도 모릅니다. 이러한 점들에 대해서는 지방 장관으로서 탄력적으로 행정을 하면 더욱 실제의 효과를 거둘 수 있지 않을까 생각합니다. 또 이에 대해서는 따로 의견을 냈으니 더 말씀드리지는 않겠습니다.

그리고 조장 행정에 대한 영향으로서 한 가지 말씀드리고 싶은 것은 근래 여러 종류의 산업전습에 대해 조선인의 의향은 양호하지만 올해 양잠 전습에 대해서 은사 수산 전습생(恩賜授産傳習生) 정원 외에 자기 비용으로 들어가고 싶다는 자가 12명 있어서 이번 4월 1일부터 들어가게 되었습니다. 적은 숫자이지만 이로써 민심의 경향을 알 수 있으리라 생각합니다. 그 외에 별로 말씀드릴 것은 없습니다.

조희문(趙羲聞) 황해도장관: 조장 행정에 대한 민심의 경향은 답신서에 자세히 나와 있지만, 특히 한 말씀 드리는 것은 작년 대전(大典)에 따라 황실의 존엄과 국체의 탁절한 점을 충분히 알리고 국민 전체가 봉축한 것인데 그 당시 은사(恩赦)를 행하여 양로 진휼금도 하사하셔서 일반 사람들이 그 고마운 성덕에 감복한 것입니다. 또 작년 공진회에서는 5년간의 시정 효과가 유감없이 나타나서 더욱 신정의 취지를 일반에 알릴 수 있었다고 생각합니다. 그 후 대전이라든가, 공진회를 위해 인민이 앞서서 시설을 하는 것도 많습니다. 지난달 중순 각 군수를 모아서 민심의 경향을 자문해 보니, 각 군 모두 민심의 경향은 양호하게 나아가고 있는 상황입니다. 그 외에는 별로 말씀드릴 것은 없습니다.

구도 에이이치(工藤英一) 평안남도장관: 첫 번째 질문에 대해서는 답신서 이외에 별로 말씀드릴 것은 없습니다만 좀 어제의 상황을 보고 드리겠습니다. 어제는 예년과 같이 기념 식수를 시행했습니다. 금년은 신시가지의 뒷산인 대의산(大義山)에 식수를 하기로 되어 있었습니다. 올해 심는 나무의 수는 6,000그루이고, 나무의 종류는 상수리나무와 아카시아 300그루, 흑송 2,000그루, 기타 낙엽송, 은행나무 등 모두 1,000그루였습니다. 그런데 이 6,000그루의 식수가 겨우 이삼십 분 만에 전부 끝났습니다. 물론 나무를 심을 구멍은 전날부터 파두고 심은 것입니다만, 여하튼 이삼십 분 사이에 전부 심는 것이 종료된 것은 많은 사람이 모였기 때문이라고 추측 가능하리라 생각합니다. 특히 일본인 수보다 조선인 수가 다수로 보였는데, 이 점에서 생각해 보면 확실히 조장 행정에 대한 민심의 경향은 양호한 것이라 생각합니다. 이 정도를 좀 말씀드립니다.

마쓰나가 다케키치(松永武吉) 경기도장관: 좀 부가해서 말씀드립니다. 저는 아직 후임자에게 인계를 충분히 하지 않았는데 전에 부임한 곳의 일에 대해서 이 첫 번째 질문에 한두 건을 더 말씀드립니다. 상세한 것은 서면으로 제출했지만 서면 작성 후에 지방을 순회한 것에 대해 말씀드리고 싶습니다. 작년 안주(安州)의 농업학교 제1회 졸업생 고희선(高熙善)에 대한 이야기입니다. 이는 작년에도 좀 말씀드린 적도 있지만, 이 자를 이번에 순회했을 때 숙소에 불러 졸업 후의 상황을 들었습니다. 그는 나이도 서른다섯, 서른여섯 정도인데 2년간 농업과정을 졸업하고, 아침에는 스스로 시장에 가서 소나무 가지를 팔고, 저녁에는 짚신을 만들고 있습니다. 이 자는 안주에서 2리 정도 떨어져 있는 시골에서 출생했고, 집은 3대 전에 빈농으로서 이주해 왔지만 지금은 수십 정보의 전답을 소유하고 백부와 친부와 함께 일하고 있습니다. 자기는 아직 얹혀살고 있는 몸이지만 가족 17명 모두 놀지 않고 모두 일하고 있어서 매년 어느 정도씩 돈을 남기고 있고, 이것은 모두 밭을 사는 자금으로 하고 있습니다. 그럼 소도 충분히 갖고 있겠다고 묻자 세 마리 갖고 있다, 그러나 그것도 도가 지정한 종두우에 비하면 성질이 매우 좋지 않아 지금은 암소가 두 마리, 작년에 또 한 마리, 도합 세 마리 소유하고 있다고 말했습니다. 그럼 한번 금융조합에서 돈을 빌려 소를 개량하면 좋을 것이다, 당신은 공부도 하고 있으니 한번 가보면 어떻겠는가, 당신 아버님은 조합원이냐고 묻자, 그렇긴 하지만 돈을 빌리는 것은 부끄러운 일이다, 지금 자기는 돈을 빌려줄 순 있어도 빌릴 생각은 없다고 말하므로, 그럼 당신은 고율의 이자를 받고 돈을 빌려주고 있느냐고 묻자, 그렇지 않고 자신은 무이자로 곤궁한 자에게 빌려주고 있다고 말했습니다. 그래서 저는 지금 말한 소를 잘 먹여도 훌륭하고 좋은 소가 될 수 있다는 것이 중요하다. 아버지와 이야기해서 얼마라도 금융조합으로부터 융통을 받아 충분히 개량을 하는 게 좋을 것이다. 그리고 빌린 돈은 추수 때 갚으면 어떠냐고 말했습니다. 그런데 돈을 빌리는 것은 수치스럽다고 말해서, 요새 상황은 그러지 않다 등등 여러 가지를 말하며 의지를 북돋아주었습니다. 이웃을 서로 돕는 미풍이 계속 존재하고 있다는 것을 알 수 있고, 이후 더욱 이를 조장해갈 희망이 있다는 점을 말씀드립니다.

그리고 또 고방산서당(高防山書堂)의 이규언(李規彦)에 대한 일인데, 요전에 총독 각하가 이규언이 서당을 닫고 고향에 틀어박혀있는 것에 대해 말씀하신 것이 있었습니다. 그때 하사금을 주셨으므로 곧장 사람을 파견하여 그 사람의 상태를 조사시켰는데 상당히 감읍하고 있습니다. 그는 원래 밭 약간을 갖고 있었는데 이전에 돈을 다른 사람으로부터 빌렸기 때문에 그 이자 때문에 전부 잃었다고 합니다. 그래서 최근 강서군의 아들 집으로 이주할 수밖에 없었다고 하는데, 하사금 외에 또 생도들로부터 얼마간의 사례도 있어서 후의에 감사하고 서당을 계속하는 것으로 되었습니다.

그리고 전에 부임했던 곳의 천도교에 대한 일입니다. 경무부장과도 상담을 하여 취체를 엄중히 한 결과, 천도교의 폐해와 신도 증가는 지금 걱정하지 않아도 좋은 상태입니다. 이 천도교의 취체에 대해서는 총독부에서도 취급하고 있다고 알고 있는데, 그 결과는 현저히 나타나서 작년 말씀드린 것처럼 인민으로부터 돈을 얻어 제사나 연회비로 쓰는 것은 그 후에는 없는 것 같습니다. 그 점에 대해서 앞으로 계속 주의하면 폐해는 없으리라 생각합니다.

그리고 외국선교사의 종교학교에 대해서입니다. 이것도 선교령의 취지에 따라 종래 설립되어 있던 학교는 현상 유지하고 있습니다. 그 기설 학교에서도 학과를 개정하는 경우는 교육령의 취지에 따라 하나하나 인가를 하는 것으로 했습니다. 최근 중등 정도의 숭의여학교장이 급히 면회하고 싶다고 말해서 면회를 했더니, 그 교장이 말하길 현재 학교의 과정을 개정하는 것에 대해 부(府)와 합의하는 회합이 있었고 곧장 인가를 얻을 것이라 생각했는데 도(道)에서 곧장 각하를 했다, 대체 어떻게 된 것인지를 대단히 격앙된 목소리로 물었습니다. 그래서 학무주임을 불러 들어보니 역시 교육령의 취지에 따라 기설 학교에서도 학교 과정을 개정할 때는 이에 따라야 하므

회 개최 때 우리 도 각 군의 주요 인물로 관람단을 조직하여 참관시켰습니다. 그에 대해 관람 후의 감상이 어떤가를 살펴보면 지난달 도에서 지방 유력자 또는 대지주를 다수 모이게 해서 잘 들어보니 "조선에서는 작년 공진회 같은 것을 개최한 것은 자기들이 알기로는 처음인데 가서 보니 실로 경이로웠다, 지금까지 자기들은 시골에 있어서 아무것도 몰랐는데 경성에 가서 보니 참으로 뭐라 말이 나오지 않을 정도로 훌륭하게 공진회 회장이 정돈되고, 각 도에서 각각 출품한 물품 또는 각 회사라든가 각 학교에서도 다양한 출품이 있고 그것을 보고 어떻게 이토록 많고 훌륭하게 되어 있는지 생각했습니다… 기타 여러 진기한 것을 보고 듣고 대단히 감동했습니다. 공진회 관람 순서로 동아연초회사, 중앙시험소, 공업전습소 등도 보았습니다. 동아연초회사에서는 남녀 천 명 이상의 사람들이 일을 하고 있는 것을 보았는데 연초를 끊는다든가 상자에 넣는다든가 할 때 움직이는 손이 대단히 빠르고, 공업전습소에 대해서도 지금까지는 단지 이러이러한 일을 한다는 것만 들었는데 이번에 가서 보니 생도들이 실제로 일을 하고 있고, 또 지금까지 조선에서 보지 못한 물품도 나와 있으며, 또 모래로 유리를 만드는 것이나 혹은 나무껍질로 종이를 만드는 것은 지금까지 본 적이 없다, 종래에는 어떤 것이라도 관청에서 인민에 대해서 한다고 하면 관청의 명령이니 한다는 반응이라서 실제로는 별로 하지 않는다든가, 또는 진심으로 한다는 마음도 아니었다, 여하튼 관청의 지도·장려에 대해서는 대체로 의심을 갖고 있었는데 이번에 공진회와 시험소 등을 보고 과연 관청은 결코 나쁜 것을 가르치는 게 아니라 좋은 것만 지도하는 곳이다, 인민은 눈앞에 이익을 얻는 방법이 있어도 그것을 알지 못하고 있었던 것이다, 관청이 인민에 대해서 지도하는 것은 반드시 인민을 이롭게 하는 것이라는 점을 깨달았다, 따라서 이후에는 관청에서 지도·장려하는 것에 대해 모두 따라가지 않으면 안 되겠다고 굳게 결심하고 있습니다"라고 말하고 있습니다. 여하튼 진보한 것을 배워야겠다는 것을 깨달아 가고 있습니다.

그래서 제가 말했습니다. "그것은 원래 그런 것이다. 관청은 인민을 지도·계몽하기 위해 만든 것이다. 또 행정을 하는 것도 관리만 하는 것이 아니라 관민이 서로 힘을 합쳐야 한다. 다행히 공진회에서 여러 지식을 얻었으니 이후는 더욱 나아가서 인민이 이들 지식을 응용하여 일해야 한다. 또 지방에서도 관청은 일반 인민에 대해서 여러 지도를 하고 있는데 민간에는 이전부터의 유력자가 있다. 그래서 한편으로는 관청에서 지도를 하지만, 첫째로 이들 유력자가 앞서서 다른 인민에게 모범을 보이면 관청에서 지도하는 것보다 더 효과적이므로 우선 여러분 같은 유력자들이 모범을 보여주어야 한다, 또 그렇게 하면 자타 공히 이익을 얻을 수 있다"라는 취지로 사흘 정도 계속해서 설명도 하고, 지시도 하고, 또 다양하게 회합을 했습니다. 그때 함흥 부근에 사는 김충희(金忠熙)라는 자는 재산도 40~50만 원 있는데, 이 사람이 함흥에 반룡산(盤瀧山)[21]이라는 산이 있어서 이 산에 식림을 하려는 생각을 발표했습니다. 이 산은 함흥에 들어가면 가장 앞에 보이는 산인데, 그 산이 헐벗은 산이라서 그 사람이 말하기로는 "우리가 함흥에 살면서 이렇게 사람들 눈에 띄기 쉬운 산을 벌거숭이인 채로 놔두면 함흥인의 불명예다, 여기에는 반드시 나무를 심어야 한다, 지금 나는 그 계획을 세우고 있다, 금년부터 심고 싶지만 금년은 급하니까 내년부터는 12~13일경(日耕)[22] 정도의 큰 묘포를 만들어 삼림용이나 혹은 과일나무라든가 뽕나무 같은 것을 넓게 경작하여 유상으로 배부하려 한다"고 말했습니다. 이 산은 임야 구분 조사 후 대부를 주고 있는데 상당히 나무가 없습니다. 또 북청의 어떤 재산가도 묘포를 만든다고 하며, 이것저것 도내에 묘포를 만든다는 자가 두세 명 있습니다. 그 이전에도 개인이 자신의 소작인에 대해서는 묘목을 무료로 하고 다른 사람에게는 대가를 취하는 자가 대부분이었던 것 같습니다. 기타로는 근래 어업이 잘 되지 않아 일반 인민이 경제상 곤란했는데, 다행히 금년에는 명태가 잘 잡혀서 155만 원, 그 부산물이 5~6만 원, 합계 약 160만여 원의 수입이 있어서 경제적으로 꽤 여유가 생겼습니다.

또 하나는 총독 각하가 상당히 기뻐하실 만한 것인데 함경남도에서 원산항이 개항 이래 34~35년이 되는데 해마다 수입이 초과했습니다. 그런데 작년도에 이르러서 비로소 수출이 증가하여 수입이 감소했습니다. 그 까닭은 시국 때문에 군수품으로서 나간 것이 특히 많고, 작년은 소가죽이 많이 수출되었고, 고래도 적지 않게 잡혀서 이것도 수출했습니다. 또 명태도 많이 잡혔습니다. 또 그 밖에, 얼마 되지는 않았지만

21 함흥의 반룡산(盤龍山)을 말한다.

22 일경(日耕)은 소로 하루 낮 동안에 갈 수 있는 논밭의 넓이를 말함.

총독 각하의 취지를 체현하여 일심으로 지도한 결과 소위 자작자급을 하겠다는 생각이 발홍한 것이 수입 감소에 영향을 미쳤다고 생각됩니다. 매년 수입 초과한 것이 일변하여 3~4만 원 수출 초과로 된 것으로, 실로 이는 원산 개항 이래 일찍이 없었던 일입니다. 금년도 또는 내년도는 지금부터 예상할 수는 없지만 현재로서는 기뻐할 만하다고 생각하고 있습니다.

그리고 관내 각 군에 걸쳐 각 면장 및 면 행정은 어떤가 하면, 종래 군수 또는 면장 등은 면장협의회 등에서 결정한 것을 각각 자기 관내의 인민에게 전해도 면민 중 그것을 실행하는 자는 적었지만, 지금은 반대로 여하튼 면민은 면장에게 지도되어 가야 합니다. 또 군수나 면장을 하는 사람은 온전히 면민에 대해서 재산을 보증하고 한편으로는 생활상 및 경제상으로 가장 힘을 써주는 사람임이 분명하게 되어 가고 있습니다. 장관은 1년에 1회나 2회 정도 관내를 시찰해야 하는데, 상당히 넓기 때문에 생각한 만큼 갈 수는 없지만, 상경하기 전에 함흥 이남의 각 군을 순시했는데, 각 군의 사무도 수년 전에는 실로 유치한 것으로 서류 등에 잘못이 많고 또 그것을 발견하는 것도 쉽지 않았으나, 이번에 가보니 사무가 크게 진전하여 결점도 별로 발견할 수 없는 모습이었습니다. 함흥 이남에 고원이라는 작은 군이 있습니다. 여기는 함경남도에서 모범군이라고 보고 있습니다. 그만큼 성적을 거두고 있습니다. 따라서 신경을 써서 봤고, 군 부근의 면 사무도 특별히 본 까닭입니다. 또 각 관헌과의 협의도 잘 조사해 보았는데 이것도 상당히 잘 조화를 이루고 있습니다. 그리고 일반 인민과 군과의 타협도 특별히 조사했는데, 인민 쪽에서는 군에서 명령이 있으면 무엇이라도 어디까지나 중요시하고 실행하지 않으면 안 됩니다. 인민은 관청의 명령에 무리가 없다고 하며 그렇게 나아가므로 어떤 방면에서 보아도 참으로 형편이 좋습니다. 만약 총독부에서 그쪽에 가는 직원이 있다면, 살펴보면 금방 알 수 있을 것입니다.

그리고 교육상에서도 아까 좀 말씀드렸지만 현재 사립학교 중 시시한 것은 점차 합병하고, 또 고등 쪽은 그대로 두고 있습니다만 점차 사립학교가 공립학교로 되어 가고 있습니다. 또 공립 보통학교는 사립학교보다 중요시하고 지도하고 있으므로 각 사립학교보다도 공립 보통학교에 대해서 인민은 신뢰를 하고 있고, 각 학교가 공립으로 바뀌기를 희망하고 있습니다. 올해 사립학교 두 곳을 공립학교로 바꾸었는데,

내년도에는 서너 곳을 바꿀 계획을 세우고 있습니다. 함경남도가 교육상 가급적 편의를 도모해야 하는 이유는, 아동은 대부분 공립 보통학교를 나와도 갈 곳이 적습니다. 더구나 보통학교를 나와서 자기 가사를 돕는 자도 있고, 상급학교에 가는 자도 있고, 또 농학교에 가는 자도 있는데, 함흥에 사립 고등보통학교가 있어서 이것은 상당한 경비도 있고, 또 현재 정도도 중학교 정도이고, 또 교원도 일본인 교원이 4~5명 있으므로 이러한 곳은 가급적 빨리 공립으로 바꾸면 함경남도 학생을 위해 행복이라 생각합니다. 또 공립 보통학교 중에서도 실과에 대해서는 현재는 실제로 상당한 면적의 실습지를 갖고 실습을 하고 있습니다. 공립 보통학교가 하고 있으니 각 사립학교도 여하튼 해야 하므로 모두 상당한 면적을 갖고 실습을 하고 있습니다. 이건 매우 좋은 경향이라고 생각합니다.

그리고 도내에서 산출되는 곡류에 대해서는 점차 인민이 관청에 대해서 신뢰심이 많아짐에 따라 관청의 지도에 따라서 개량 방법도 진보해 가고, 또 종자 선택도 좋아지고 있습니다. 따라서 수확도 많아져 가고 있습니다. 또 산림은 쌀이 불가능하므로 보리 종자를 북해도에서 들여와 많은 인민에게 배부했는데 벌써 3~4년 되었고, 차차 인민에게 보급하여 현재에는 대단히 많은 수확을 올려서 이미 자기들 식량으로 쓰고 남아서 말먹이로 다른 곳에 보내는 상황이 되어 있습니다. 갑산의 어느 면장이 한 것에 대해 보고를 들었더니, 권업을 할 때 완전히 개량방침을 취하니 극히 쉽고 인민이 근면해지고 있는데, 그 방식은 이런 것입니다. 함경남도 일반 인민이 밭을 경작할 때 비료를 주는 법을 모르므로 이 비료를 어떤 식으로 만들지, 또 어떤 식으로 비료를 줄지, 또 밭에 어느 정도의 효과가 있는지, 재료는 어떻게 할지, 또 퇴비는 어떻게 만들고 어떻게 쌓아야 비에 젖지 않는지를 작은 가옥에까지 보이고 있습니다. 또 산에는 변소가 없는데 이것은 위생상 안 되고, 비료를 쌓아도 안 됩니다. 인민은 아직 변소를 만든 경험이 없어서 어떻게 만드는지를 모르기 때문에 갑산 면장은 모범적으로 형태를 만들어 이를 갖고 집마다 순회하며….

야마가타(山縣) 정무총감: 좀 주의를 드리는데 변소는 작년 도장관회의 때에도 길게 설명하셨으니 가급적 간단히… 간단한 설명은 좋지만 같은 이야기를 또 말씀하지 않으시길 바랍니다.

신응희(申應熙) 함경남도장관: 그럼 관내 상황은 이 정도로 말씀드리겠습니다.

구와하라 야쓰시(桑原八司) 함경북도장관: 우리 도는 작년에 또 큰 수해를 겪었습니다만 그때 하사금을 주시고 또 건축비와 식량비를 구휼해 주셔서 재작년에 이어 계속 은전을 입었으므로 관내 인민은 한층 감격하고, 특히 하사금을 받은 자는 깊게 감사하고 있습니다. 그러나 수해가 있을 때마다 은전을 입기 때문에 인민에게 소위 은전에 친숙해진다는 관념을 갖게 하는 것은 피해야 하므로 이 하사금 처분 용도에 대해서는 특별히 엄밀한 주의가 필요합니다. 이와 같이 우리 도는 계속 은전을 받았지만 강변, 특히 두만강 유역에 있는 러시아와 중국 영토에서는 동일한 수해를 입었는데도 추호도 이 같은 은전을 입지 않았습니다… 라고 하므로 인민의 감격도 한층 더 깊어지고 있다고 느끼고 있습니다.

다음으로 작년 대례 때 우리 도에서 천배(天杯)를 받은 자에게 이를 수여하는 극히 엄숙한 식을 치렀는데 이들은 각각 자기 마을에서 성대한 송영을 받으며 집으로 돌아간 후에는 혹자는 조상 영전에 바치고, 또는 선조의 묘 앞에 가서 우선 술을 받들어 그곳에 모인 사람의 연령순으로 순차적으로 천배를 기울이고 소중히 보존하여 대대손손 가보로 중히 여기는 모습입니다. 수고비에 대해서는 이것으로 묘목을 산 자도 좀 있었습니다. 그중에 의복을 만든 자도 있는데 그 생각은 모처럼 받은 것이니 새롭게 옷을 만들어 매일 몸에 걸치며 황은을 입은 것에 예를 올린다는 것입니다. 그러나 대부분의 자는 영구보존의 의미로 동계(洞契)에 저금하고 있습니다. 우리 도에서는 동내에 계가 모두 만들어져 있어서 여기에 저금하여 영구히 보존하고 있습니다. 이러한 예시에 대해서는 답신서에 두세 가지 열거한 대로입니다. 그중 온성군(穩城郡)의 고령자가 저금조합을 조직한 것은 두드러진 예인데, 일반인에게 수고비와 천배를 주는 것은 다대한 감상을 포함하고 있습니다. 병합 이전에는 두 번 정도 대례가 있고, 인민에게 내린 물품이 있었으나 함경북도에서는 그때 받지 못하고 단지 한번 군수가 명태를 두세 마리 준 적이 있습니다. 그런데 이번에는 농가의 하층민이라 간주되어 있는 자에게까지도 주고, 특히 부인이 이 은전을 입었으므로 지방 인민의 감격은 현저한 것입니다. 함경북도는 모두 2천 4백 명이 은전을 입었는데 우리 도 총인구에 대해서 약 2백 명당 1명꼴입니다. 그 결과 종래 고령자는 세상일에 완전히 소홀하고 제외되어 집에 틀어박혀 있었는데 이번 은전에 따라 정부가 이런 고령자까지 우대해 주니 우리가 아직 세상에서 배척받지 않는 증거라고 자각하고, 또 한편으로는 동민도 학교 수업식 등에는 고령자를 초대해서 특별석을 설치해 준다든가 기타 고위 고관의 환송영에도 길에 자리를 설치해 주는 등 젊은이가 고령자를 존중하는 분위기가 되어 가고 있습니다. 지난달의 일이었다고 생각되는데 두만강 유역에 있는 최변방의 보통학교에서는 생도를 모아 고령자 위로회를 개최했습니다. 이것도 천황의 은혜라고 하여 납세 성적이 근래 좋아지기도 했습니다. 이는 남쪽 상황은 모르겠지만 우리 도같이 가장 멀리 떨어진 지방에서 이렇게 은전을 입었으므로 일반 인민의 감격은 한층 큰 것이라 생각합니다. 그리고 인심의 도야, 민풍의 개선을 비롯하여 일반적 지방행정에 대해 이 취지와 정신을 영원히 지속하여 성적을 거두도록 노력하면 그 영향이 미치는 바가 자못 클 것이라 믿어 의심치 않습니다.

그리고 간도 귀래자의 상황도 지금 말씀드리는데, 차차 본토 사정도 해소되어 가고, 신정의 제반 설비가 착착 효과를 나타내고 있고, 구주전란의 결과 귀래자가 상당히 있습니다. 간도 남부 쪽은 이주자가 많이 있는데 현재는 인구도 늘었으므로 이주해도 별로 이익이 없고, 또 중국 관헌이 최근 귀화를 강요하고, 또 중국인이 심하게 압박하므로 되돌아오는 것입니다. 귀래자에 대해서는 다행히 동계가 있어서 도청과 경무관청이 협력하여 취업을 돕고 있습니다. 즉 5원에서 50원의 돈을 빌려줘서 생업을 하도록 한 자가 많습니다.

시정 5년 공진회의 효과에 대해서는 이웃 도에서 말씀하셨으니 중복되는 것을 말씀드리지는 않겠지만, 참관자에게 매우 크게 좋은 영향을 주었습니다. 회령·명천·길주 쪽의 인민은 종래 배일적 관념이 있어서 항상 주의하고 있었는데, 이들 지방의 인민이 공진회를 보고 귀향 후에는 거의 심기일전하여 크게 민심이 바뀐 상태입니다. 회의가 끝나고 귀임할 때 길주 쪽을 통해 갈 것인데 여러 용무도 있어서 시찰할 예정인데 여하튼 일반 민심이 바뀐 것을 인지하고 있습니다. 또 조선인들이 하는 말을 들으면 일본인은 무리하지 않으니 정직하게 말하는 대로 좇아가면 틀림없다는 식의 이야기를 하고 있으므로, 이들 점을 이용하여 계속 노력하면 산업에 효과를 거두기에 한층 쉬울 것이라 생각합니다.

그리고 청회선(淸會線)[23] 철도가 곧 부설되기 때문에 공사에 따른 여러 폐해가 있으리라 예상하여 지방 사업자에게 미리 경고하고 있습니다만, 다행히 돌출 행동을 하는 자가 없고 현재 금융 상황이 좋지 않은데도 일반이 착실히 사업에 종사하고 있습니다. 우리 도에서는 외국인은 극히 적지만 외국인에 대해서도 상당히 주의하고 있습니다. 또 사립학교도 총독부 통첩의 취지에 따라 주의하고 있습니다. 근래 외국인의 태도도 크게 좋아져 차차 우리에게 접근해 오고, 또 그중에는 일본어 연구를 하고 있는 자도 있습니다. 기타 상황은 세 번째 문제와 관련이 있으므로 그때 말씀드리는 게 좋을 것이라 생각합니다. 관내 상황의 중요한 것들은 위와 같습니다.

야마가타(山縣) 정무총감: 다음은 목차의 제2, 제3의 두 항목에 대해 경기도부터….

2. 사법 및 경무 기타 지방기관의 정비가 지방행정의 개선에 미친 효과와 이들 기관과 도치(道治)의 관계에 대한 의견

3. 지방 경제 상황

(1) 주요 농산물 및 공예품 생산, 판매의 수량 가격 및 이것이 지방 경제에 미치는 영향

(2) 교통기관의 정비 기타 원인에 따라 지방 경제 중심 변천 상황

(3) 근검저축의 실적 및 이것이 지방 경제에 미치는 영향

마쓰나가 다케키치(松永武吉) 경기도장관: 두 번째 질문에 대해서는 사법 및 기타 각 기관이 지방에서의 활동에 따라 도정상 적지 않은 편의를 얻고 있고, 항상 격의 없이 각 기관장과 협의하여 도치상 최선을 다하고 있습니다. 경기도는 이야기를 듣기만 했고 아직 각 사건에 접하진 않았으므로 충분히 말씀드릴 수는 없지만, 전에 부임한 곳에서의 5년간은 여러 사건 발생에 조우했고 그 후 전말을 유감없이 들었습니다만, 한 말씀 드리고 싶은 것은 사법경찰이 사건이 발생했을 때 현행범이면 물론 당연한 것

23 청회선은 청진과 회령 사이의 철도로 1917년 완공되었다. 나남(羅南) 사단본부와 회령 수비대를 연결하는 교통의 요충지대.

이지만, 그 사건이 민사 쪽에 속하고 단지 외견상 형사사건인 경우 판결 결과는 사전에 좀 주의를 하면 민·형사 모두 충분히 명백하게 알 수 있는 것입니다. 그렇지 않기 때문에 곧장 구류되어 14일간이나 그대로 있는 경우가 있습니다. 그 결과는 그 사람의 불행인 것은 물론 그가 영업을 하는 사람인 경우에는 거의 영업을 할 수 없고, 석방된 후에도 영업이 불가능해져 버리는 실제 예가 있으므로 현행범 이외의 사건은 가능한 한 잘 살펴서 취급해 주시길 바랍니다.

세 번째 질문에 대해서는 좀 범위가 광범한데 이것도 답신서에 상세히 써져 있습니다. 의견을 말씀드리면 농업에서는 아무래도 비료를 만드는 것이… 소위 금비, 즉 금으로 사는 비료, 인산비료라는 것은 절대로 조선 내에는 들이지 않고, 즉 퇴비를 만들어서 농업을 하는… 이것을 우리가 중시해야 한다고 생각합니다. 전에 부임했던 곳에서는 거의 이 취지로써 퇴비를 장려했습니다. 돈으로 인조비료를 사는 것은 통계상으로도 별로 나타나지 않습니다. 또 비료 판매인에게 들어보아도 평안남도에서는 전혀 팔지 않는다고 말하고 있습니다. 이것으로도 증명할 수 있다고 생각합니다.

그리고 공예품에 대해서 말씀드리면, 조선의 현황은 소위 수공업이고 아직 유치합니다. 그러나 유치하다 해도 이를 모으면 상당히 큰 금액이 되므로 이 수공업을 크게 장려하여 점차 대공업으로 발전시켜야 한다고 생각합니다. 이에 대해서는 전에 자문드린 것이 있는데 이 간이공업 교육에 관한 시설 계획에 대해 말씀드리고 싶습니다. 보통학교를 나온 어린이라고 한다면 견습생으로서 각 공장에서 일하게 해달라고 각 공장주에게 의뢰하여 견습시키게 하려는 생각을 갖고 있습니다. 결국 민풍 개선을 함과 동시에 애써 근로하는 농민을 만들기 위해 우리는 노력해야 한다는 생각입니다. 총독 각하의 수차에 걸친 훈시도 있고, 작년에는 시정 5년의 결과를 세간에 발표했으므로 금년부터는 다시 새로운 시작에 들어가서 발전의 기초를 만들어야 합니다. 산업조합 지도 같은 것도 가능한 간단한 구조로 진행해 보려고 합니다. 될지 안 될지 모르겠지만 노력해 보려고 생각하고 있습니다.

그리고 전에 부임했던 곳에서는 마침 권업시설이 5년 지나자마자 이번에 출발했습니다. 전에 이미 3월 25일부로 보고 드린 대로 제2차 권업 계획을 세우고, 각각 부·군·면(府郡面) 담당자에게 통첩을 발해 두었습니다. 기타는 대체로 서면으로 말씀드린 대로이므로 그것을 보아 주시길 바랍니다.

데라우치(寺內) 총독: 사환미 종자 개량이라고 써 있는데 이는 어떤 것인지… 이런 게 실제 되고 있나….

마쓰나가 다케키치(松永武吉) 경기도장관: 아직 이 제도는 저는 별로 연구하지 않았습니다. 전에 부임했던 곳에서는 사환미라는 것은 전혀 없습니다.

유혁로(柳赫魯) 충청북도장관: 답신서대로입니다.

오하라 신조(小原新三) 충청남도장관: 두 번째 질문과 세 번째 질문에 대해서는 답신서에 말씀드렸으니 지금 따로 부가해서 말씀드릴 것은 없습니다. 다만 한 가지, 두 번째 질문 가운데 경무기관과 도치와의 관계에 대한 의견을 말씀드리겠습니다. 이 자문에 대해서 그 취지가 어떤 점에 있는지를 숙고했는데, 답신서에 말씀드린 대로 현재 제도하에서는 특별한 불편은 없습니다. 요점은 충청남도에서는 경무기관과 도치와의 관계에서는 하등 지장이 없습니다. 이 자문의 취지가 현재 제도하에서의 의견을 말하라는 취지라 생각하여 이같이 답신을 했던 것인데, 동료들이 제출한 것을 보니 이들 문제에 대해서 근본적인 것을 말씀드리고 있는 것 같습니다. 이 취지가 과연 그런 의미라면 우리 도에서도 한 말씀 드리고 싶은 것이 있습니다. 이 점에 대해서는 물론 총독 각하께서도 우리가 말씀드릴 것도 없이 제도 조직 자체에 대해서는 고견이 있으시겠지만, 이 경무기관을 도청의 일부로 들이고 싶다는 의견이 적지 않습니다. 이 점은 저도 완전히 그렇다는 것을 말씀드립니다. 물론 현재 제도에 대해서 저는 비평을 하지는 않겠지만, 현 제도는 물론 장점도 있고 또 단점도 있습니다. 이 단점은 관제 개정이나 또는 통첩을 발하여 그 결점을 고치는 게 좋겠는데, 저도 지방에 부임하고 나서 이 제도 운용에 관해 개선할 점이 있지 않나 하는 점을 숙고했습니다. 현재 제도를 운용하는 데 더 개량할 점은 없을까를 생각하는 것입니다. 작년 관제 개정으로 "도장관은 지방경찰 및 위생 사무에 관해 도경무부장으로 하여금 필요한 명령을 발하거나 또는 이에 대해 필요한 처분을 명할 수 있다"고 개정이 되고, 또 정무총감의 통첩에 따라서 도청과 경무부의 연결을 꾀하고 있습니다. 그 이상의 운용 방법은 없을까 생각하고 있는데, 그렇다면 현재 제도가 어떤 점에서 불편한가… 라는 점을 들어보시는 것이… 물론 알고 계시겠지만… 실제에 있어서 이런 점… 이게 불편하다고 말씀드리는 게 적당할 것이라 생각합니다. 작년 관제 개정에 따르면 예를 들면 지금까지 한 집에 두 사람의 가장이 있어서 서로 각자의 생각을 하고 있었던 것을 그중 한 사람… 도장관에 대해서 또 경무부장에 대해서 명령하는 식으로 그 권한을 주었습니다. 형식상으로는 훌륭하고 흠잡을 게 없지만 실제로는 형식에서처럼 훌륭하고 완전하게는 시행되지 않는 것입니다. 본가가 분가에 대해서 지도를 한다는 정도까지는 현재로서는 시행되지 않는 상황인 듯합니다. 이렇게 말씀드리는 것만으로는 막연해서 이해가 안 되시겠지만 예를 들면 관내 상황에 관해서 경무부에 이러이러한 사항을 조사해 달라…고 의뢰를 합니다. 그러면 명령을 하면 된다고도 생각되지만, 그렇게 명령을 하기에는 실제로는 곤란한 사정이 있습니다. 우리 도에서는 경무부와 도의 관계는 극히 원만합니다. 양자의 관계는 하등 이야기할 것도 없습니다만… 사실 경무부는 도가 의뢰하면 해주지만 도가 희망하는 것처럼 되는지 어떤지는 의문이 있습니다. 여하튼 이쪽에서 예상하는 것처럼 하기 어려운 것입니다. 모든 게 형식적이고, 종교나 양반의 상황 등에 관한 사항에서도 많은 경우 형식적으로 겨우 지엽적인 것의 조사에 그치고 있습니다. 실제 시정상 참고하기에는 그다지 유익하지 않은 부분이 있습니다. 좀더 상세한 조사를 원한다고 말하지만… 그렇다고 해서 그런 것을 세 번, 네 번씩 말하는 것은 아닙니다. 사람 마음이 실제로 그렇게 되지는 않습니다. 저쪽 입장에서 말한다면 경무부는 도청에서 분리된 하나의 기관이므로 도에서 알지 못하는 사이에 경무부의 의견에 따라서 사무가 진행되어 가는 것도 있습니다. 그렇다면 그런 것을 왜 알리지 않는가 하고 생각되겠지만 실제로는 그렇게 시행되지 않는 것입니다. 예를 들면 위생 조합이나 소방 조합 같은 것이 작고 빈약한 충청남도에 좀 지나치게 많지 않나 생각될 정도로, 59개나 있습니다. 따라서 우리가 보면 별로 필요하지 않다고 생각되는 곳에도 소방 조합을 설치하고 그 부담은 면비나 호수할에서도 많이 부담시키고 있습니다. 그런데 도는 이러한 것을 나중에나 발견하는 것입니다. 그러나 이미 진행되고 있는 일이라서 도의 희망을 만족시킬 수도 없습니다. 이런 것도 경무부가 도의 일부로 있다면 미연에 방지할 수 있는 일이겠으나 지금 제도에서는 어쩔 수 없다고 생각합니다. 그러나 저는 경무부를 비난하는 것은 아닙니다. 경무부를 도청 조직에 들이면 이런 일도 일어나지 않을 것이라 생각합니다.

그리고 항상 생각하는 것이지만 권업 행정과 경찰 행정이라는 것은 서로 보조하여 진행되어야 한다고 생각하는데, 실제로는 서로 보조가 되지 않고 적극적 부분과 소극적 부분이 서로 모순되어 있습니다. 경무부는 취체를 하는 입장이고, 또 도에서는 시설 진행을 해가는 것이라서 이 사이에 차이가 생깁니다. 만약 경무부와 완전히 하나의 몸이라면 운용상에 하등의 지장이 없을 텐데 지금의 상황은 그러한 모순이 누차 야기되고 있습니다. 도장관과 경무부장 기타 소수의 사람이 아무리 선의를 갖고 있어도 다수의 사람들 중에는 자연히 차이가 일어나는 것은 어쩔 수 없습니다. 또 농사나 기타 일반 산업 장려에 대해서 경무관헌의 조력에 따라 조선이 현재와 같이 발달해 가는 것은 사실입니다. 만약 경무기관의 조력이 없으면 현재와 같이 되지 않았으리라 생각합니다. 이는 저도 확신하는 바입니다만… 예를 들면 해충 구제에 대해서… 혹은 피 뽑기에 대해서 원조를 청하는 경우 경무부에서는 원조하는 규정이 있지만 실제 지방의 군에 가서 보면 군에 따라 그 방침이 다릅니다. 이는 실제로 있는 일입니다. 그래서 도에서는 경무부장에게 상세히 이러이러하게 해달라고 하는 것은 가능하지만 그런 것을 매번 말하는 것은 실제로는 그렇게 되지 않는 사정이 있는 것입니다. 제 부하라면 생각대로 되겠지만 다른 관헌의 부하인 사람들에게 계속 압박하는 것은 아무래도 불가능한 것입니다. 결국 현재 제도는 형식에서는 이의를 제기할 것이 없지만 실제상으로는 불완전하고 적극적인 부분과 소극적인 부분이 서로 나누어져 있으므로 형식만큼 내용이 진행되지 않는다고 생각합니다. 중점적인 것을 말씀드리면 이상과 같습니다만, 그러나 현 제도 운용상에서는 현재 이상으로 개선하는 것은 불가능하다고 생각하는데 이미 많은 동료도 의견을 낸 것처럼 경무부를 도의 조직하에 두면 지금과 같은 연락상의 결점을 해소할 수 있으리라 생각합니다. 지금의 것은 경무부와 도가 완전히 융화하여 감정 충돌이 없는 경우를 말하는 것인데, 만일 불행히 도청과 경무부의 융화가 깨지는 경우의 폐해가 일어난다면 말할 것도 없이 누구라도 상상할 수 있는 것입니다. 이 점에 대해서는 총독 각하께서도 뭔가 고견을 갖고 계시리라 생각하는데, 이는 결국 시기 문제이고 현재 단행할지 또는 장래에 할지의 문제입니다. 시정 5년을 경과한 지금, 저와 다수 동료의 의견을 받아들여 주시면 지방행정의 진척상 좋은 일이라 생각합니다. 이 점만을 말씀드립니다.

이진호(李軫鎬) 전라북도장관: 두 번째와 세 번째 문제에 대해서는 서면으로 올려서 달리 특별히 말씀드릴 것은 없습니다만, 두 번째 문제에 대해서는 지금 동료들이 말씀하신 것처럼 실제 지방 상황은 그렇게 되고 있습니다. 그리고 하나 더 부가해서 말씀드리고 싶은 것은, 경무기관을 이용하는 것에 대해서는, 결국 경무부에서 내는 것과 도청에서 내는 것이 가장 하급기관인 면장에게 모두 가는 것입니다. 그래서 면장이 양쪽의 명령을 받아 일을 해야 하니 대단히 곤란합니다. 경무부장과 도장관은 결코 방침을 따로 만드는 것은 아닌데, 하나는 분견소와 주재소를 통해 순사보와 헌병보조원까지 갑니다. 헌병보조원과 순사보가 면·동·리에 가서 그 명령을 시행할 때 심한 다툼이 일어납니다. 순사보 등이 면장에게 뭔가 조사를 명하면 면장은 그 이전 도청의 명령에 따라서 급히 조사해야 하는 경우가 있습니다. 거기에 경무부의 명령이 내려옵니다. 이는 경무부의 명령이니 곧장 조사해 달라고 합니다. 이미 도청에서 명령이 와서 지금 사람이 나가 있으니 그것이 끝나면 일을 한다고 말하면 그때부터 순사보와 면장 사이에 싸움이 벌어집니다. 중앙으로부터의 총독 각하 명령도 지방에 가면 완전히 나뉘어 도청과 경무부로부터 따로 내려오는 것이므로 결국 면장은 면장 한 사람이 양쪽의 일을 해야 합니다. 하나로 내려가는 것보다 일이 늦어집니다. 이런 상황이므로 저도 동료 전부가 말씀드린 것처럼 경무부를 도청 조직 아래에 두어달라고 하는 것입니다. 우리들의 권한을 확장한다는 목적이 아니라, 그렇게 하면 완전히 사무가 간편하고 또 속히 실행할 수 있다고 믿기 때문입니다. 따라서 총독 각하도 지금의 문제가 아니라 총독 시정의 처음부터의 문제이므로 고려하고 계시겠지만, 지금 조선은 과도적인 시기이고, 행정 집행상으로 경무기관은 대단히 중요한데 이를 도장관 권한 내에 둔다면 모두에게 대단히 좋은 상황이 되리라 생각합니다.

미야기 마타시치(宮木又七) 전라남도장관: 두 번째와 세 번째 자문에 대해서 전라남도는 답신서 이외에 부연해서 말씀드릴 것은 없습니다.

스즈키 다카시(鈴木隆) 경상북도장관: 두 번째 질문인 사법 및 경무 기타 지방기관이 그 정비에 따라 지방행정 개선에 미친 효과와 이들 기관과 도치와의 관계에 대한 의견… 이에 대해 말씀드리겠는데 대체로 답신서에 말씀드렸는데, 여기서는 경무와 기타 지방기관이 그 정비에 따라 지방행정 개선에 미친 사항을 1부터 7까지 들고 있습니다. 여기에 부가해서 말씀드릴 것은 없습니다. 도치의 관계에 대한 의견… 이것도 서면으로 말씀드렸으니 특별한 의견은 없습니다만, 현재까지의 훈령과 기타에 따라서 서로 용인되지 않는 것은 없다고 생각됩니다. 극히 작은 문제이지만 전에 부임한 곳에서 느낀 점에 대해 말씀드리겠습니다. 그것은 헌병분견소의 구역… 소위 경무기관이 설치되어 있는 관할구역이 소위 면 구역과 맞지 않는 경우가 있습니다. 이는 충청북도에 한두 개 지역의 극히 작은 부분이므로 다른 도에서는 어떠할지… 현재 부임한 곳인 경상북도는 아직 조사해 보지 않았습니다만 드물게 있으리라 생각합니다. 경무기관의 배치는 자신만의 생각이 아니라 대단히 중요한 사항으로 가장 필요한 곳에 정한 것입니다. 자신의 행정적 상황으로써 이렇게 하고 싶다고 말할 만한 것은 아니라고 생각하고 있습니다만, 현재 조장 행정은 분견소의 원조를 가장 많이 받습니다. 도로, 위생 등 모든 것이 원조에 따라 구체화되어 있습니다. 3등 도로 같은 것은 대부분 원조에 따라 만들어지는 것입니다. 도에서는 측량하고 선로를 정하지만, 어떤 경우에는 번거롭기 때문에 늦어지면 경무기관이 스스로 측량하고 부역을 부과해서 도로를 만드는 일도 있습니다만, 이는 어떤 건가 하면 어긋난 것이고, 측량하고 노선을 정하는 것은 도청이 합니다. 그리고 부역을 주고, 감독하며, 일을 시키는 것은 헌병 순사에게 바라는 순서로 되어 있습니다만, 단지 도청에서만 하면 3년이나 걸릴 것이 지금 순서에 따르면 1년이나 반년이면 되는, 소위 장족의 발전인 것입니다. 그래서 한편으로 한 사람의 면장이 어디에도 의지하지 않고 위생, 도로, 기타 극히 작은 일까지도 예를 들면 변소를 만드는 것까지도 면장이 해야 하니 면장이 하는 일은 상당히 번잡스럽습니다만, 이런 경우 면의 구역이 크기 때문에 하나의 면이 두 개의 헌병 또는 경찰의 관할에 놓이는 곳이 있습니다. 이런 경우 면장이 "이래서는 아무리 해도 면 직원이 완수할 수 없다. 당장 도로 하나를 만들어도 갑이라는 경찰이 원조해주는 경우, 인부를 징발하라고 면에 말해 오면 물론 그 지휘를 받아 그렇게 하지 않으면 안 된다. 그런데 을이라는 쪽에서도 동시에 혹은 며칠 후에 동일한 명령을 내린다. 그것이 가끔이면 모르겠는데 한창 바빠서 서기도 출장가고 두세 명의 면 직원이 모두 나가도 모자라는 경우가 있다. 그러면 실로 곤란하니 적당한 처치를 취해 달라"고 하는 것을 몇 번이나 들었습니다. 경무기관은 단순히 면 사무를 원조하기 위해 둔 것은 아니므로 우선 경무부장과 협의하여 가능하면 양자의 구역을 동일하게 한다면 양쪽이 편리해지리라 생각합니다.

다음으로 지방 경제 상황. 이것도 서면에서 숫자를 붙여 말씀드렸습니다만, 숫자는 신중하게 조사해서 올린 것이고 그중 "교통기관 정비 기타의 원인에 따라 지방 경제 중심 변천"이라는 것이 있는데, 지방에서 도로가 없는 곳에 도로가 생겨서 인가가 조밀해지고 상당히 번창해진 곳도 있고, 종래 꽤 번창한 곳도 그 도로가 변한다든가 혹은 철도를 만들기 위해 갑자기 한적한 벽지가 되는 곳도 있습니다. 이것들은 경제 중심의 변천에 따른 것이라 말할 것도 없이, 경상북도에는 그 예를 많이 볼 수 있습니다. 또 충청북도에 대해 말씀드리면, 현재 청주는 급격히 발전해 가서 경제의 중심지가 되었습니다. 물론 도청 소재지이기 때문이기도 하겠지만, 만약 이들 설비 없이 자연적인 추세로 놔둔다면 충주가 경제의 중심지가 되리라 생각합니다. 왜냐하면 충주는 1등 도로가 한쪽은 경성으로 한쪽은 부산으로, 또 2등 도로가 조치원과 청주로부터 강원도 쪽에 연결하고 있는 것은 물론, 아직 노선 개통이 되지 않았지만 광양만까지 통하는 곳이므로 장래 충주가 경제의 중심지가 되리라 저는 생각합니다.

그다음 "근검저축이 지방 경제에 미치는 영향"에 대해서는 다소 좋은 영향을 갖고 있지만 그만큼 현저한 영향이 있다고 말씀드리기에는 아직 조사가 진행되지 않아 불가능한데, 확실히 좋은 영향이 있다는 제 생각을 말씀드립니다.

데라우치(寺內) 총독: 충청북도에서 경찰 구역과 면 구역이 다른 곳이 많은지, 도와 도의 경계 부분인가.

스즈키 다카시(鈴木隆) 경상북도장관: 극히 적고, 2~3개소 산간지역에 있습니다.

야마가타(山縣) 정무총감: 지금부터 10분간 휴식하겠습니다.

(오전 11시)

(중략-편역자)

야마가타(山縣) 정무총감: 다음은 4부터 8까지를 경기도부터….

4. 부·군·면 사무 검열 상황

5. 근래 지방비 임시은사금과 기타 각종 조합, 회, 계 등에 기술원을 설치하는 것이 점차 증가하는 것 같은데 이들에 대해서 항상 충분한 지도·감독을 하지 않으면 사업 시설 각각에 통일성이 결여될 우려가 있다. 각 도에서의 이들 기술원 채용 및 지도·감독에 관한 상황

6. 도·부·군 서기 강습회의 효과와 이에 대한 의견

7. 보통교육의 성적 및 그 장래 시설에 관한 의견과 사립학교규칙 개정에 대한 민심의 경향과 이 규칙 개정 후의 실적

8. 간단한 공업 교육에 관한 시설 계획

마쓰나가 다케키치(松永武吉) 경기도장관: 제4 사무 검열 상황에 대해서는 현재 열심히 정리와 쇄신에 종사하고 있습니다. 서면에 상세하게 기술했습니다만 전에 부임한 곳에서는 부·군·면의 사무는 일단락을 지었다고 해도 좋습니다. 이것은 최근 총독부로부터 다나카(田中) 사무관이 직접 보시고 나서 보고하셨을 것이라 생각하므로 여기서는 말씀드리지 않겠습니다. 제5 문제에 대해서는 지방비라든가 임시은사금이라든가 또는 각종 조합, 혹은 무슨무슨 회, 계 등의 각종 단체에서 각각 농업상 기타 부업의 지도·장려를 담당하는 기술원을 배치하고 있는데, 이 기술원을 활용하려면 널리 도내의 면과 이에 가서 농민을 직접 지도할 필요가 있으므로 경기도에서도, 또 전에 부임했었던 곳에서도 직접 도의 권업 방침에 기초하여 각각 부와 군에서 그 계획을 세워서 골고루 기술원을 다니게 하고 있는데 더욱더 편달해 갈 생각입니다.

제6 문제에 대해서는 총독부에서 도·부·군 서기 강습회가 있습니다만, 여기에 도에서 서기를 보낼 때는 서기의 연령·경력에도 의하지만 우선 가급적 젊은 사람으로 견습이라든가 또는 견습보다 위인 비교적 하급 서기를 보내는 경우가 많고, 그 틈에는 상급자나 연배가 있는 자도 있지만 그들의 감상 등을 들어보면 거의 어떤 점에서는

늙은 서생이 강의를 듣는 것처럼 주입식 교육방법으로 별로 많은 효과가 없다고 듣고 있습니다. 이 강습회는 역시 필요해서 열리는 것이긴 한데 어떤 특별한 사항을 정하거나 혹은 통계 사무, 연초 경작이라든가 연초세 징수에 대해서라든가 혹은 하나의 사무에 대한 강습을 하는 것이 좋다고 생각합니다. 그리고 강의만이 아니라 완전 무경험인 것도 아니니 그들의 의견을 들어서 연구 시간을 주는 식으로, 그들이 힘들지 않게 강습을 받고 자신이 하고 있는 업무가 장래 각 도에서 같은 식으로 시행되도록 해주셨으면 하는 의견입니다.

7항은 사립학교규칙 개정에 대한 민심의 경향인데 일반적인 상황은 어제도 한두 가지 말씀드렸습니다. 이 개정에 대해서는 각각 규칙을 지정하는 것에 따라서 속속 시행하고 있는데 별로 지장 없이 진행하고 있다고 말씀드립니다.

그리고 8항에 대해서는, 이는 상당히 교육상 큰 문제라고 생각합니다. 실과 교육을 보통학교에 부설하여 목공이나 농업 혹은 어업을 현재까지 시설하고 있는데 아무래도 1년 정도로는 충분한 효능이 없다고 생각합니다. 전에 부임했던 곳에서는 이번에 진남포에 공업학교 하나를 설립할 계획을 세우고 있었습니다만, 역시 2년 이상의 학교로 해서 학과를 가르치지 않으면 별로 유효하지 않고 훗날 생도가 사회에 나가서 역할을 하지 못하리라 생각합니다. 조선에서는 보통학교를 나오고 나서 견습생을 각종 공장에 보내어 일하게 해서 거기서 훈련을 받는 것이 유효하리라 생각합니다. 현재 그 예시를 말씀드리면 인천에 유리공장이 있습니다. 거기서 많은 조선인 보통학교 졸업생이 일하고 있습니다. 또 진남포에서 구하라(久原)의 제련소에서 분절을 하고 있기도 합니다. 거기는 주임 외에는 전부 조선인 어린이만 일하고 있습니다. 시작한 지 얼마 되지 않았지만 성적은 좋습니다. 올해 3월에 졸업한 생도도 2~3명은 채용한다고 말하고 있습니다. 대체로 현재 공장다운 공장에서 일하는 조선인은 인부 대신에 사용하는 게 많아서 보통학교 졸업생을 부리고 있는 곳은 별로 없는 듯 합니다. 그래서 저는 가급적 완전한 학교를 설립하는 쪽이 좋다고 생각합니다. 1년 정도 만으로는 별로 효능이 없다고 생각하고, 될 수 있는 대로 각종 공장에서 보통학교를 졸업한 조선인을 무리해서라도 일하게 하려고 생각하고 있습니다.

오하라 신조(小原新三) 충청남도장관: 별로 말씀드릴 것은 없습니다.

이진호(李軫鎬) 전라북도장관: 답신 외에 별로 없습니다.

미야기 마타시치(宮木又七) 전라남도장관: 답신 외에 없습니다.

스즈키 다카시(鈴木隆) 경상북도장관: 제4문항에 대해서 부·군·면 사무 검열 상황… 충청북도에서는 군 10곳을 검사했고, 그 결과 주의를 준 것이 81건입니다. 또 면에 대해서는 전부 검열하는 것은 불가능했고, 겨우 수개 면에 대해서 시행한 데 불과합니다. 기회 있을 때마다 일부를 한 것이 조금 있습니다. 그 실황은 서면에 써 있으니 지금 따로 말씀드리지는 않겠습니다. 단지 제가 전에 부임했던 곳에서 군·면에 대해서 검열을 하고 지도를 한 상황, 그리고 군·면이 어떤 모습으로 정리되어 가고 있는지에 대해 전임지의 상황을 좀 말씀드리겠습니다. 상당히 면 사무에 대해서는… 처음에 부임했을 때는 사무소라 할 만한, 공공건물이라 할 만한 것은 하나도 없었습니다. 가서 보면 다수는 면장 집의 방 하나, 더구나 가족의 거실과 같이 써서 구별이 없고, 실제는 그냥 막연해서 뭐가 뭔지 모릅니다. 그리고 장부 같은 것도 없이 단지 영달 사항을 하나로 묶어 놓은 모양새이고, 그나마 있으면 다행이고 없는 곳이 많습니다. 그래서 징세는 어떻게 하고 면비는 어떻게 하냐 하면, 자기 품속에 있는 작은 장부로써 설명하는 상황입니다. 금고는 어떤가 하면 면장이나 사무원들이 주머니를 꺼내 징수한 돈을 그 안에 넣는, 참으로 손쓸 수가 없는 모습이었습니다. 이후 수년간 차차 가르치는 식으로 해서 처음에는 내용만 힘을 쏟고 외관미 같은 것은 전혀 신경을 못썼습니다. 그것은 여러 경비가 들어서 곤란하다는 목소리가 높아가서 면사무소를 정비하는 것은 그때 말할 게 아니라고 생각했기 때문입니다. 여하튼 사는 집의 방 하나를 쓰는 것이라도 당분간은 어쩔 수 없으니 여러 장부철이라도 마련하게 한 것입니다. 그리고 주판은 없고 가로목 같은 것으로써 하고 있는데, 저로서는 이해되지 않는 일입니다. 그런데 그 후 점차 정돈되어 가서 면사무소는 아니지만, 여하튼 따로 간판을 달아서 얼핏 보면 사무소라는 것을 알 수 있게 하는 정도로는 되었습니다. 지금은 점차 필요성을 깨닫고 면 직원이 아닌 지방의 주요 인사가 먼저 나서서 면사무소를 건립하면 좋겠다고 하는 정도가 되었습니다. 청주군만은 신축을 해서 조악하지만 희게 벽칠을 한 건물이 세워져 있습니다. 그러나 총독부의 취지도 있고 하니 저는 열 번이나 청원이 있어도 거절하다가 건축을 승인한 것입니다. 지금은 산간에 가도 면장 집에서 혼잡하게 있는 곳은 없습니다. 상당히 정리되어 있는 것 같습니다. 요즘 면서기가 출장을 가는 용무에 대해 조사해 보고 좀 느낀 게 있습니다. 그 출장 용무가 납세에 가장 힘을 쏟고 있다는 것입니다. 1개월 중에 24~25회 정도는 납세 용무입니다. 이를 보아도 납세는 쉽게 정리되기가 상당히 어렵다는 걸 알았고, 이 기회에 말씀을 드립니다.

그리고 도·부·군 서기 강습회의 효과인데, 명확히 이 점에서 효과가 있었다고 말할 수는 없지만, 이 강습 결과 사무가 잘 운영되어 가는 것은 엄연한 사실이라 생각합니다. 따라서 이는 매우 필요한 것이라 생각합니다.

그리고 5항의 문제를 누락했는데 근래 각종 조합, 계 등이 점점 수가 늘어나고 있으므로 상당히 주의가 필요하다고 생각합니다. 자칫하면 가지각색이 될 수 있으니 이는 가장 주의가 필요한 것입니다. 기술원을 채용할 때에도 가능한 한 상당한 학과를 이수한 자로 확실한 추천자가 있는 자를 채용해야 합니다. 지금까지는 별로 수락하는 일 없이 해 왔던 것입니다. 또 감독과 지도는 규칙을 설정해서 이를 실행하는 것이므로 따라서 이는 서면으로도 말씀드렸으니 상세하게 아뢰지는 않겠습니다.

그리고 보통교육의 성적 및 그 장래 시설에 관한 의견, 물론 보통교육은 극히 양호한 성적을 거두고 있습니다. 교원도 인재를 얻어서 아동 교육상 유감없이 운영하고 있습니다. 모든 시설이 그렇게 되어 있습니다. 그러나 근래 생각한 것은 아동의 학교 교육에도 노력해야겠지만, 가정교육과 사회교육 쪽에 힘을 쏟을 필요가 있다고 생각합니다. 특히 덕육 방면에 주의가 필요하다고 생각하는데, 요전에 내무부 장관과 세키야(關屋) 국장에게도 말씀드린 것인데 좀 장황하게 될 것 같아 후일 기회가 되면 말씀드릴 예정입니다.

일찍이 도쿄부(東京府) 아이치현(愛知縣) 등에 봉직했을 때 불량소년 감화에 대해서 조금 경험한 적이 있는데, 이것이 생기는 근원을 조사해 보면 십중팔구는 모두 가정에서 일어난 것입니다. 실제로 조사해 보니까 그런 것이라서 가정교육의 중요성을 깊이 느끼고 왔습니다. 학교 교육은 유감없이 시행되지만 가정교육, 사회교육이라는 점은 아직 개량할 여지가 많다고 생각합니다. 그 방법은 다양하게 있겠지만 월 1회나 2회 정도 부형 담화회를 조직하여 도청이 있는 곳은 도장관을 비롯하여 모두 이 모임에 출석해서 아동에 대한 교육방법부터 개량해 간다면 좋으리라 생각합니다. 또 부형뿐 아니라 일반 풍기라는 측면에서 개량해 갈 필요가 있다고 생각합니다. 그리고 이렇게 하지 않으면 학교 교육은 아무리 완비해도 한편에서 이를 파괴해 가는 식이 되므로 이걸 부가해서 말씀드립니다.

기타 사립학교 규칙 개정에 대한 민심의 경향은 대체로 훌륭합니다. 사립학교의 다수는 일본인 교사를 바라고 일본인 교사가 아니면 교육이 충분하게 되지 않는다고 하여 부디 일본인 교사를 한 명 고용할 정도의 자금을 얻고 싶어 하는 생각은 지역 유지들이 모두 품고 있습니다만, 사립학교의 다수는 자금이 적어 곤란한 상태입니다. 이는 전에 부임한 곳의 상황입니다. 그리고 제8항의 간단한 공업 교육에 관한 시설 계획, 이것은 현재 부임한 곳에서는 각각 계획을 세워서 규칙을 만들어 제출하겠습니다.

사사기 도타로(佐佐木藤太郎) 경상남도장관: 제4항에 대해서 답변 드리겠습니다. 우리 도에서는 부·군·면 사무 검열을 최대한 하고 있습니다만 그 실적은 유감스럽게도 매우 불충분하다고 말씀드릴 수밖에 없습니다. 이렇게 말씀드리는 것은 제가 부임한 이후에도 적극적으로 해야 하는 용무가 매우 많았기 때문에 소극적 사무 검열에는 손을 뻗칠 수 없는 상황이기 때문입니다. 그러나 제가 제1회로 순시한 당시에는 예규철조차 갖춰 있지 않았던 상태였습니다. 다행히 총독부에서 총독부법령집람을 인쇄해서 이를 각 도·부·군에 배부한 결과, 예규는 거의 정돈했습니다. 다음으로 도의 예규를 인쇄해서 배부했는데 이 역시 1,800원의 인쇄비를 써서 수년간의 예규를 인쇄해서 배부했고, 면에 배부하는 것은 면비로써 구입시켜서 인쇄비를 절감했습니다. 지금 좀 조직적으로 예규를 개량했다면 부·군·면 사무상 현저한 효과가 있다고 생각하지만, 현재로서는 유감이지만 종래의 예규를 인쇄해서 배부한 것에 지나지 않은 것입니다. 면 사무가 잘 진행되지 않으면 실제의 조장 행정은 철저하게 되지 않습니다. 제가 부임한 이후 벌써 3년이 되어서 이제 사정도 이해했으니 올해부터 검열을 실행하여 정리할 작정입니다만, 머지않아 재정 독립을 계획하는 때라서 말씀드리기 어려운 것인데, 단지 지금 도가 어느 만큼의 경비로 검열할 수 있는가 하는 것을 1915년도에 대해 생각해 보면, 1915년도에 배부된 여비는 1만 5,000원 가운데 지정 여비로서 마음대로 사용하지 못하는 돈이 3,500원이고, 총액의 2할 5푼, 즉 4분의 1이 되어서 실제 사무 검열에는 1,800원밖에 사용하지 못합니다. 총독부에서 사무 검열을 위해 어느 만큼의 돈을 배부하실지는 모르겠지만, 1,800원 정도의 돈으로 부·군·면 사무에 착오가 없도록 수행하는 지방 장관은 책임의 막중함을 자각하는 것입니다. 그러나 가능한 한 경비를 절감해서 사무의 성적을 거두려고 합니다.

제4항 문제에 대해서는 상당히 상세하게 실제 상황을 답신서에 게재했는데, 도에서는 가능한 한 노력하고 있습니다. 제5항 문제에 대해서는 이들 기술원 채용은 판임관과 같이 엄중한 방법에 따라서, 또 지도 방법으로 도의 기술관은 물론 총독부의 기술관 파견을 원하여 누차 강습을 하고 있습니다. 기타 지주회, 면작조합원 등도 기회 있을 때마다 강습회에 소집해서 강습을 게을리하지 않고 있습니다.

제6항, 이것에 대한 저의 지론은, 강습회라는 것은 새로운 사무에 대해 이루어져야 하는 것으로 옛날 것은 강습하지 않아도 좋다고 생각합니다. 그러나 조선의 현상은 강습회가 필요하다고 생각하는데, 이에 대해서는 가능한 한 전문적인 것에 대해 강습회를 열어주셨으면 합니다. 기타 말씀드릴 것은 없습니다.

제7항, 경상남도는 교육 방면에서 일본인 조선인을 불문하고 호학심이 상당히 진전되어 있는 점을 말씀드리지 않을 수 없습니다. 일본인에 대해서는 말씀드릴 필요는 없겠고, 조선인 쪽을 보면 사립학교는 점차 감소되고 있으나 서당에 통학하는 아동 수는 조사 결과 현저하게 증가하고 있습니다… 어떤 사람은 서당이 쇠퇴한다고 말하지만 1912년도에 서당에 통학하는 아동은 1만 1천 명이었는데 작년도에는 1만 6,500명으로 4년간 5,500명 증가했습니다. 이걸 보아도 조선인의 호학심이 늘어가고 있는 것을 증명합니다. 이 문제에 대해 상세하게 답신서에 써 있는데, 도가 채택하고 있는 방침에 대해 간단히 말씀드리고 싶습니다. 그 전에 이 답신서의 193쪽에 "1. 보통교육의 성적"이라는 것이 있는데 그 앞에 "제2 일본인 교육"이라는 것을 누락했으므로 그 사이에 연결이 안 된다고 생각하므로 부가해서 말씀드리겠습니다… 조선인 보통교육에 대해서는 가능한 한 현재 사립학교를 경비와 기타 사정이 허가하는 한 공립 보통학교로 바꾸려고 생각합니다. 이것은 조사해 봤더니 불가능한 것은 아니고, 단지 조직을 간단히 하면 가능한 학교가 몇 개나 있다고 생각하므로, 점차 사립학

교를 공립 보통학교로 바꾼다는 생각을 갖고 있습니다. 그리고 일본인 학교인데, 이것도 보통학교에서 실행하는 것처럼 가능한 한 실과교육을 시행할 예정으로, 실습지를 확장해서 일본인 생도도 실습을 즐겁게 하게 되면 아주 좋은 경향이라고 생각합니다. 일본인 학교에 대해 하나 말씀드리고 싶은 것은 학교조합이 최근 1개소 폐지되었는데, 이는 도사무라(土佐村)라는 곳이 종래 일본 현청의 보조를 받고 있었는데 현청의 보조가 끊겼기 때문에 어민이 귀환하게 되어서 조합이 폐지된 것입니다. 이것은 종래 없던 일이라 생각하고 있었는데, 물론 장래 자주 있는 일은 아니겠지만 이런 사례가 있다는 것을 말씀드립니다.

그리고 사립학교규칙 개정에 대한 민심의 경향은 종교 관계가 없는 사립학교는 규칙이 제정되어 정부 감독하에 학교를 존속해 가는 것이 가능하게 된 것을 대단히 기뻐하고 있습니다. 정부로부터 인정받은 학교가 된 것에 대단히 만족하고 있습니다. 따라서 학교의 교과목을 완전히 보통학교와 동일하게 하거나 혹은 교원은 시험을 치느라 분주합니다. 단지 종교 관계가 있는 학교에서는 경상남도에 있는 종교학교는 대부분 장로파에 속하고, 내무부 장관에게 들으니 장로파의 수령이라는 사람은 크게 기뻐하지 않는다고 하는데, 그 때문인지 마산에서 회의를 했는데 별로 기뻐하지 않았습니다. 마침 부산에 조선인 서기를 감독하러 간 적이 있는데 부산의 선교사는 도(道)의 조선인에게 총독은 기독교를 배척한다, 우리는 현재의 규칙하에 수업을 유지해 갈 수 없다, 현재 중학 정도의 학교도 만든다고 하고 교사를 초빙했는데 이는 성립될 가망이 없다, 이런 말을 했습니다. 그 서기는 비교적 사려 깊은 서기였으므로 종교와 교육을 분리해야 하는 이유를 잘 알아듣도록 설명했더니, 그것은 그렇지만 우리 개인으로서는 곤란하다고 말하기도 했다는 것입니다. 나중에 자신의 집에 데리고 가서 남양에서 갖고 온 물건 등을 보여주고 웃으며 헤어졌다고 합니다. 요컨대 사립학교규칙의 취지는 잘 알고 있지만, 그들의 입장에서 계산이 있으니 기뻐하지 않는 것입니다.

또 3월에 진주의 사립학교 졸업식에 갔는데 종교학교이면서도 '기미가요'를 제창하고, 일본어로 '스승의 은혜'라는 창가를 부르고 있었습니다. 외국인 선교사도 일본어를 공부하는 데 급급합니다. 작년과 금년의 졸업식에 비친 학교의 모습을 대체로 관찰하면 남자 생도는 매우 줄어들고 여자가 늘어나고 있습니다.

또 하나는 전쟁의 영향인데, 현재 포교 때문에 돈이 없어서 생도로부터 모두 수업료를 걷고, 또 생도의 부형으로부터 가능한 한 기부금을 받고 있습니다. 또 진주에 프랑스인이 경영하는 병원이 있는데 의사가 본국에서 돌아오지 않아서 조선인 의사를 고용할 수도 없고, 외관은 훌륭한 병원이지만 유리창조차 수리하지 못하고 있는 모습입니다.

제8항은 답신서에 써 있는 대로, 종래 통영에 있었던 군립 공업전습소를 도립으로 했기 때문에 일층 규모를 확장하여 지리산에 있는 목재로 구리바치(刳鉢)[24]와 기타 가구 등을 제작하게 했습니다. 또 답신 외에 제가 생각하는 것도 있는데, 아직 시기가 오지 않았으니 쓰지 않았습니다만, 이것은 부산에서 이미 유리 용기 제작도 하고 있고, 또 이미 선착장도 허가가 되어 있습니다. 기타 조선(操船)사업도 작은 것은 부산에서 만들고 있으므로 후일 공업도제학교가 필요하다고 생각합니다. 이것은 답신서에는 쓰지 않았지만, 급하게 필요한 것일지도 몰라서 일단 말씀드립니다.

조희문(趙羲聞) 황해도장관: 답신서 이외에 따로 말씀드릴 것은 없습니다.

구도 에이이치(工藤英一) 평안남도장관: 따로 말씀드릴 것 없습니다.

가와카미 쓰네오(川上常郎) 평안북도장관: 6항에 대해서 좀 말씀드립니다. 종래 총독부에서 강습하신 것과 우리 도에서 강습한 것의 성적은 모두 양호하고, 다른 군 서기에 비해서 유달리 뛰어납니다. 저는 한국 정부 시대 때도 재무서기를 50명 정도 양성했습니다. 이들은 이후 재무 사무에 종사하여 병합 후 각 도 서기로 일하고 있는데, 1~2년 지나자 일반적으로 성적이 양호하여 현재 50명 중에서 군수로 채용된 자도 10명이 넘습니다. 저는 강습회에 일종의 흥미를 느끼고 있습니다. 그래서 강습회에 대해 두 가지로 구별해서 생각해야 한다고 봅니다. 하나는 대체적인 행정사무와 복무에 임하는 관리의 각오, 즉 주로 관리로서의 자각과 수양을 토대로 더욱 사무에 능숙한 유능한 좋은 관리가 될 수 있도록 하는 기초 관념을 부여하는 것, 이것이 주된 목적이라고 생각합니다. 이들 강습을 받은 자는 이미 지난 경험에 비추어도 양호한

24 나무를 도려 만든 대접.

성적을 거두고 있습니다. 이는 제가 흥미가 있어서 느끼는 점도 있지만, 가능하면 직속 관청에서 하고 싶다고 생각합니다. 둘째로 특정한 사항 예를 들면 통계라든가 민적이라든가, 혹은 지세법 발포에 대해 그 세법과 취급법이라든가 하는 새로운 특정한 종류의 것에 대해서는 모든 사무 취급상의 강습을 해야 한다고 생각합니다. 요컨대 양쪽의 강습을 확실하게 하고 싶습니다. 한마디 부가해서 말씀드렸습니다.

이규완(李圭完) 강원도장관: 병으로 중도 결석.

신응희(申應熙) 함경남도장관: 답신서에 대체로 진술했으니, 그 이외는 말씀드릴 것은 없습니다.

구와하라 야쓰시(桑原八司) 함경북도장관: 제4항 문제에 대해서 말씀드리면, 면사무소 상황은 해마다 개선되어 가고 있다고 생각합니다. 사무 검열에 대해서는, 저는 부임 당시부터 그 필요를 느끼고 있었습니다. 부임한 그다음 해부터 배부된 여비 중, 특히 사무 검열에 여비를 쓰고 있지만, 작년과 재작년에 수해가 있고, 또 공진회 사무가 있었기 때문에 충분히 사무 상황을 아는 것이 불가능했습니다. 그러나 작년 3월 총독부에서 사무관이 파견되어 청진과 기타 지역을 검열했는데, 그 검열한 부와 군에 대해서는 별달리 안 좋은 상황은 발견되지 않았습니다. 그러나 올해에는 이전에 검열하지 않았던 곳을 검열하고 있는데 매우 불충분하다고 판단됩니다.

그리고 도에서 검열한 것을 듣고 사무 정리를 한 곳도 있습니다. 또 경흥 등에서는 불행히도 검열 때 부정사건을 발견하여 더욱 검열의 필요성을 느끼고 있습니다. 또 검열이 필요하다고 느끼는 점은 각 부·군·면보다 우선 도청을 검열할 필요가 있습니다. 올해 회계와 기타 사무 중에서 일단 감사를 한 사무에 대해서도 검열할 필요가 있고, 사전에 검열할 필요가 있다고 생각되어 작년 9월 지방비, 임시은사금 실행 등의 상황을 보았습니다. 앞으로 충분히 독려할 생각이고 올해부터 착수할 것입니다. 이것이 1~2년 계속되면 부·군·면의 사무는 더욱 개선되었겠지만, 부·군 서기 중 일본에서 시정촌 감독에 종사한 자는 여하튼 검열에 요령이 있어서 효과를 거두고 있습니다.

제5항에 대해서는, 우리 도는 작년에 조선인 기술자를 채용했습니다… 수원농림학교 졸업생을 채용했는데 엄중하고 주의 깊게 인선을 했습니다. 아직 젊어서 경험이

많지는 않은데 잘 지도하면 양호하게 되리라 생각합니다. 매년 소집해서 도의 기술자가 지도·교육을 해가면 지정한 범위에서는 상당히 조사하여 답신하겠지만, 조선인의 취미와 기호 등에 대해서는 일본인 기술원이 잘 알지 못하니 조선인 기술자의 답신에 확실히 신뢰를 두고 있습니다. 또 수공업 등에 관한 것은 일본인 쪽이 면밀하지 않습니다. 오히려 조선인 기술원 쪽이 확실하다고 생각합니다. 조선인 토목 기술자도 그렇습니다. 이번 2월 토목 주임회의 때에도, 답신 드린 것과 같이 지도 방법이 적절하여 성적이 좋다고 생각합니다.

보통교육의 성적은 답신에도 썼지만 우리 도는 벽지임에도 불구하고 수원농림학교라든가 고등보통학교를 졸업한 자의 성적을 보면 비교적 우수한 자가 많은 것 같습니다. 이는 벽지에서 출행해서 근면하다고 하는, 정신적으로 좋은 영향이라 생각합니다. 함경북도는 날씨도 춥고, 대개 야외에서 하는 취미 활동 없이 대개 집에서 독서 등을 하는데, 이것도 하나의 원인이라고 생각됩니다. 여자 잠업강습소 등에 간 자의 성적은 작년에 한 사람이 25명 중 10번이고, 올해 한 사람은 12명 중 7번입니다. 이걸 보면 그다지 성적이 좋다고 할 수는 없어도 비교적 양호하다고 생각합니다. 이렇게 기량도 꽤 우수하고 양잠 성적도 좋지만, '하이칼라'가 되어 와서 향리 사람으로부터 이의 제기를 받아 지탄받는 경향이 있습니다. 졸업생이 '하이칼라'이기 때문에 생도가 되는 것이 싫다고 하는 자도 있었습니다. 시골에서 나와서 번화한 도시에서 살면 여하튼 좀 그렇게 되는 것은 무리가 아니라고 생각합니다. 그러나 형태만이 아니라 정신까지도 '하이칼라'가 되어서는 곤란하다고 생각합니다. 지난번 교원의 마음가짐 등도 발포하셨으므로 지금 좀 착실한 자를 양성하기를 바라고 있습니다. 이들은 소위 선각자이고, 그 지방에 미치는 영향은 크기 때문에 희망사항 하나를 말씀드리는 것입니다.

데라우치(寺內) 총독: 희망도 좋지만 안에서 두들겨 펴서 쓰면 좋지 않을까….

구와하라 야쓰시(桑原八司) 함경북도장관: 아무래도 '하이칼라'가 되어 버려서 피곤한 것입니다. 부인도 있으니 일신상의 잘못이라도 있으면 안 된다고 생각하여 주의하고 있습니다만, 뭐라고 해도 변해서 오는 것입니다.

야마가타(山縣) 정무총감: 그럼 오늘은 이것으로 폐회하겠습니다.

3. 면제 실시

〈자료 191〉 면제 관계 서류(『面制關係書類』, 1917. 국가기록원 관리번호 CJA0002572)

▲ 면제에 관한 심의-내무성 척식과 수정(삭제와 괄호 부분은 척식과의 수정과 추가-편역자)

제1조 면은 법인으로 한다. 관의 감독을 받아 공공사무 및 법령에 따라 면에 속한 사무를 처리한다.

제2조 면의 폐치·분합 및 그(→ 면의) 구역은 조선 총독이 이를 정한다. 면의 폐치·분합 또는 경계 변경의 경우에 있어서 ~~재산 처분이 필요한 때는~~(→ 재산이 있을 때 그 처분에 관해서는) 도장관이 관계 면장의 의견을 들어서(聞, → 聽) 조선 총독의 허가를 받아 이를 정한다.

제3조 면내에 주소를 가진 자는 (그) 면 주민으로 한다.

면 주민은 (본령에 따라) 면의 영조물을 공용하고 면의 ~~비용을 분담한다~~(→ 부담을 분임한다).

제4조 면장은 면을 대표하여 그 행정사무를 담임한다.

제5조 면(에)는 조선 총독이 정한 바에 따라 유급 또는 무급의 면 이원을 ~~둘 수 있다~~(→ 둔다). 면 이원은 군수·도사가 임면한다.

제6조 군수·도사는 면 이원에 대해 징계를 할 수 있다. 징계는 견책, 10원 이하의 과태금 및 해직으로 한다.

제7조 조선 총독이 지정한 면에 상담역을 둔다.

(제8조 상담역의 정원은 조선 총독의 허가를 받아 도장관이 이를 정한다) 상담역은 면의 사무에 관해 면장의 자문에 응한다.

상담역에 자문할 사항은 다음과 같다.

1. ~~면세~~, 사용료, ~~수수료~~, (면세 또는) 부역 현품 ~~및 영조물~~(부과 징수에 관한 것)

(2. 영조물의 사용 방법에 관한 것)

2(→ 3). 세입·출 예산을 정하는 것

3(→4). 면채(面債)에 관한 것

~~4~~(→5). 세입·출 예산으로 정한 것을 제외하고 새로 의무의 부담을 지거나 또는 권리의 포기를 하는 것

5(→6). 기본재산, 특별 기본재산 및 적립금곡 등의 설치 또는 처분에 관한 것

6(→7). 위 사항 외에 면장이 필요하다고 생각하는 것

~~제8조~~(→제9조) 상담역은 면 주민 가운데에서 도장관이 이를 명한다.

상담역은 무급으로 한다. 그 임기는 3년으로 한다.

~~상담역의 정원은 조선 총독의 허가를 받아 도장관이 이를 정한다.~~

~~제9조~~(→제10조) 상담역은 그 직무를 태만히 하거나 또는 체면을 손상하는 행위라고 생각될 때는 도장관이 해임할 수 있다.

~~제10조~~(→제11조) 상담역 및 무급의 면 이원은 직무에 필요한 비용 변상을 받을 수 있다.

~~제11조~~(→제12조) 비용 변상액 ~~및 면 이원의~~ 급료액, 여비액~~과~~(→및) 지급 방법은 도장관의 허가를 받아 군수와 도사가 이를 정한다.

~~제12조~~(→제13조) 수익이 나는 면의 재산은 기본재산으로서 이를 유지해야 한다.

면은 특정한 목적을 위해 특별히 기본재산을 설치하거나 금곡 등을 적립할 수 있다.

~~제13조~~(→제14조) 면은 영조물 사용에 대해 사용료를 징수할 수 있다. (중략-편역자)

~~제18조~~(→제19조) 면세, 사용료, 수수료, (면세) 및 부역 현품과 그 부과 징수에 관한 사항은 조선 총독이 정한다. (중략-편역자)

~~제26조~~(→제28조) 면 사무의 일부를 공동 처리하기 위해 필요할 때는 도장관은 조선 총독의 허가를 받아 면 조합을 만들 수 있다. 면 조합은 법인으로 한다. 면 조합에는 본령 중 면에 관한 규정을 준용한다. 준용하기 어려운 사항 및 특별히 필요한 사항은 조선 총독이 이를 정한다.

제27조 면의 일부에서 소유한 재산의 관리 및 처분에 관한 사항은 조선 총독이 이를 정한다. (중략-편역자)

척식과 수정 의견 이유

제2조 제1항 '그 구역'을 '면의 구역'으로 한 것은 원안에서 '그'라고 한 것이 그 앞의 '면의 폐치·분합'을 받아 면이 폐치·분합된 경우의 구역이라고도 읽힐 수 있는 우려가 있으므로 규정의 취지를 정확히 하기 위해서다. (부제도 이 의견과 같이 규정되어 있다)

제2항 '재산 처분이 필요할 때'라고 하면, 가령 재산이 있는 경우에 도장관이 처분할 필요가 없다고 생각하면 아무런 결정도 할 필요가 없는 것처럼 되어 그 재산 상태가 불명확해지는 우려가 있다. 정촌제의 예를 따라서 '재산이 있을 때'라고 하면, 처분할지 또는 처분하지 않을지를 반드시 결정해야 한다는 점이 명확해진다.

같은 항 '들어서(聞)'을 '聽'으로 고친 것은 부제와 같도록 문자를 사용한 것이다.

제3조 제1항 '그'를 더한 것은 규정의 취지를 정확히 하려는 것이다. (부제에도 동일하게 규정되어 있다)

제2항 '본령에 따라'를 더한 것은 면 주민의 영조물 공용 및 면비의 부담은 본령에 따라서만 이를 정한다는 것으로서 본령 이외의 특별법으로는 이를 정할 수 없음을 명확히 한 것이다.(실제상으로는 이런 일은 일어나지 않을 것으로 생각되나 이론상으로는 있을 수 있고, 또 부제에도 이에 대해 단순히 주의적 규정이 보이지만 이를 더한 것은 차질 없다고 생각한다.)

같은 항 '비용을 분담한다'를 '부담을 분임한다'라고 한 것은 부역 등과 같은 것은 비용이라고 할 수 있을지가 명확치 않으니 차라리 부담이라고 칭하는 게 적당하며, '비용'을 '부담'으로 고친 이상 '분담'을 '분임'으로 하는 게 맞기 때문이다.

제5조 '둘 수 있다'라고 하면, 면 이원을 두는 것과 두지 않는 것을 면장이 결정하는 것처럼 되어, 부령에서는 이를 불가능하게 한 것처럼 생각될 우려가 있다. 또 면 이원 중 면서기, 구장 등과 같은 것은 반드시 한 명 이상을 두기 때문에 '둘 수 있다'의 주의적 규정을 하기보다는 확정적으로 '둔다'고 하는 게 맞다. 그리고 '면에는 … 둔다'라고 하는 게 적당하다.

제7조 제2항 "상담역의 정원은 조선 총독의 허가를 받아 도장관이 정한다"를 더한 것은, 본 항은 상담역의 조직의 근본에 관한 것이므로 제9조 제3항에 두기보다 본 조에 규정하는 것이 적당하기 때문이다.

제8조로 수정하기 전 제7조는 조직 및 권한을 규정하는 것이므로 온당하지 않다. 따라서

자문 사항에 관해서는 별도의 안을 만드는 것이 적당하다. (대체로 부제와 같게 한 것이다) 이상의 원안은 조문을 간단히 하기 위해 2개 조항으로 정리한 것이나 본 의견과 같이 수정해도 지장 없다고 생각된다.

제8조 제2항 '면세'를 수수료 다음에 더하고, 또 영조물에 관한 사항을 나눈 것은 면세와 부역 현품은 그 성질이 유사하므로 이를 이어지게 한 것이다. 또 제16조 제2항의 순서에서 볼 때는 이를 수수료 다음에 두는 것이 온당하다. 또 영조물 사용 방법은 이것들과는 다른 것이므로 오히려 이를 나누는 것이 가하다. 이상 원안은 부제의 예에 의한 것이나 본 의견과 같이 하는 것이 지장 없다고 생각한다.

제9조 제3항 삭제는 제7조의 수정에 따른 것이다.

제10조 '그'를 삭제한 것은 단순히 '직무'라고 해도 상담역의 직무임이 의심할 여지가 없고, 또 제11조에는 단순히 '직무'라고 규정하고 있으므로 이와 같게 하는 것이 맞다. 원안은 부제의 예에 의한 것이나 본 의견처럼 해도 지장 없다고 생각한다.

제12조 '및 면 이원의'를 삭제한 것은 특별히 '면 이원의'라고 하지 않아도 유급 면 이원의 급료에 한정되므로 규정할 필요가 없다.

제19조 '면세'를 수수료 아래에 더한 것은 제8조 제2항의 수정 이유와 같다.

제28조(원안 제26조)와 제27조의 위치를 바꾼 것은 제27조 동리 소유재산에 관한 것, 곧 면의 일부 사무로 면장이 관리하는 것이므로, 별개의 법인인 면 조합 규정 전에 이를 두는 것이 옳다. 원안은 면 조합은 당연히 인정하나 동리 소유재산은 어쩔 수 없이 인정하는 것이라서, 차라리 조합 자체를 동리 소유재산 전에 두는 것이 좋다고 한 것이나 어떻게 해도 지장 없다고 생각한다.

[추기(追記)] (중략-편역자) 2. 면의 감독관청은 어디인가. 원안에는 아무 규정이 없으니 적당한 규정이 필요하다는 논의가 있다. 원안에서 면은 공공단체이고, 그 행정은 자치가 아니고 관치이므로 감독관청은 당연히 면의 통할자인 면장의 감독관청이 이를 맡아야 한다고 생각하여 부제와 마찬가지로 특별하게 그 규정을 두지 않았다. 그러나 면은 면장과는 별개의 기관이므로, 면에 대해서는 특별히 그 감독관청을 지정하는 것이 이론상 온당한 것이다 (사실상 하등 지장이 없지만). (중략-편역자) "면은 제1차로 군수·도사가 이를 감독한다. 제2차

로 도장관이 감독하고, 3차로 조선 총독이 감독한다"는 조문을 더하면 어떻겠는가.

다음으로 감독권 범위가 어디까지인가의 문제이다. 원안에는 제1조에 관의 감독을 받는다고 했을 뿐 어떠한 감독권을 가할 수 있는가에 대해 별다른 규정을 두지 않았다. 그런데 면은 이미 하나의 법인이고 공공단체인 이상, 그 행동은 법령이 특별히 제한하지 않는 한 자유롭다고 해석되어야 한다. 아무리 제1조의 규정이 있다고 해도 그 감독권의 범위는 최소한도의 것, 즉 국가의 이익에 배치되는 경우에 한해야 하고, 최대한도의 어떠한 감독을 가하는 것이라고 말할 수는 없다. 특히 면제 중 조선 총독이 정하도록 규정한 면의 재무에 관해서도 감독적 규정을 두는 것이 어떠냐는 의견이 있다. 이 점은 일본의 정촌과 같이 소위 자치단체의 관념에서라면 어쩌면 당연한 것이다. 그러나 면에는 어떠한 자치 권능도 부여하지 않고 국가 관리인 면장이 그 행정을 관장하는 이상, 무한한 감독권 아래에 두는 것을 전제로 한다고 해석되나, 이는 면이라는 일종의 공공단체를 인정한 취지를 몰각한 것이며, 면과 면장을 혼동하는 것이라는 비난이 있다. (하략-편역자)

▲ 1916년 11월 30일, 우사미(宇佐美) 내무부 장관이 재도쿄 사와다 도요다케(澤田豊丈) 과장에게

26일 귀하가 보낸 서한을 받아보았다. 조문의 수정은 이의 없다. 또 [추기(追記)] 1·3·4항도 어쩔 수 없는 경우에는 결국 예정대로 선포해야 한다고 생각한다. 단, 감독권 문제는 입법의 가장 중요한 부분이라서 다음 우견(愚見)을 참조하여 원안을 주장하길 바란다.

추신: 면장이 면을 통할한다는 문구는 보내온 의견과 같이 현재 면장의 상태에서는 좀 지나치게 과장된 것이라 생각한다.

면제에서 면에 법인격을 부여한다고 함은 지방에 필요한 사업을 수행할 때 면에 권력과 권리·의무를 향유시킬 필요에서 나온 것이나, 조선의 현재 민정에 비추어 완전한 관치주의를 채택하여 면장으로 하여금 관의 지휘·감독하에 면에 관한 모든 행정을 맡기는 것이지, 면이라는 단체에 소위 자치권을 부여하는 것이 아니다.

따라서 법문의 체제에서는 자치단체에 관한 법규 규정과 동일한 조항을 두고 있으나, 이것을 법령상 면이라는 단체에 자치권을 주어 관의 감독권이 간섭하면 안 되는 영역을 적은 것이라고 해석해서는 안 된다.

면제 제1조에 관의 감독을 받는다고 한 것은 관의 '지휘'(강조는 원문-편역자) 감독을 받는다는 의미이고, 정촌제의 법규와 동일하게 다루면 안 된다. 원래 보통 공공단체라 칭하면 반드시 자치권을 갖는 단체이므로 면도 공공사무를 처리하는 단체인 이상 반드시 일정한 범위의 자치권을 인정해야 한다는 입법상의 방침을 써야 한다고, 자치권을 인정하지 않으면 여하튼 공공단체답게 하는 취지를 몰각한 것과 같다고 하나, 이는 입법상 이미 정한 방침이 아니다. 요점은 시세 민도에 적응하는 데 있다고 생각한다. 조선에서는 면 자체가 권리 권력을 향유할 능력은 있으나 행위 활동의 능력은 갖추고 있지 않다. 모든 행정을 국가기관(면장)으로 하여금 담임케 하는 것이다. 따라서 감독권의 범위는 무한하므로 특별히 정촌제 제141조와 같은 규정은 필요하지 않다. 또 관제에서 면의 대표자인 면장에 대한 감독관청을 정한 이상 특별히 면제에서 감독관청을 정할 필요는 없다. 대체로 입법의 취지가 같은 부제와 비슷한 규정으로 하면 된다고 생각한다.

요컨대 면제는 이례적인 법인을 창설하는 것과 관계가 있다. 단, 이런 종류의 법인을 인정할 것이냐 말 것이냐는 별개의 문제에 속하나, 이미 부(府)라는 유례를 생각하면 별로 신기한 입법도 아니니 원안대로 통과시키는 게 옳다.

면제에 관한 제2 추신을 보았음. 자구의 수정은 대체로 이의 없으나 감독권에 관한 사항에 대해서는 이견이 있음. 어제 편지 보냄.

12월 2일 정오, 우사미 가쓰오.

▲ 배계(拜啓)[25]

척식과에서 면제에 대해 심의한 상황을 23일 및 26일부 서면으로 보고드리니 지휘를 바랍니다. 그리고 어제 지방국에서 다시 심의하여, 결국 지방국 의견으로 별지와 같이 수정의견을 붙이게 된 것입니다. 위 의견은 대체로 전에 보고드린 것과 큰 차이가 없으며 다른 점

25 발신일과 발신자가 없으나 도쿄의 사와다 도요타케(澤田豊丈) 내무부 과장이 우사미 가쓰오(宇佐美勝夫) 조선총독부 내무부 장관에게 보낸 것으로 추정된다.

을 열거하면 다음과 같습니다.

1. 새로 첨부된 의견

(1) 제1조 중 '법령의 범위 내에서'를 더한 것

(2) 제2조 중 '면의 사무에 대해 필요한 사항 역시 이와 같다'를 더한 것

(3) 제5조 중 '명령'을 '지휘·감독'으로 고친 것

(4) 제6조 제1항에 '면 이원의 복무규율에 관한 규정은 조선 총독이 정한다'를 더한 것

(5) 제16조 제2항 중 '과태금'을 더한 것

(6) 제23조 중 '제7조에 따라 지정한'을 '제7조의'로 고친 것

(7) 제26조 중 '복무규율'을 삭제한 것

▲ 1916년 12월 1일 우사미 장관이 재도쿄 사와다 과장에게 보낸 전보안

면제에 관한 세 가지 통신을 보았음. 1조에 '법령의 범위 내에서'를 더한 것은 관치주의이니 필요가 없음. 5조 3항은 원안이 적당함. 면장 사무 인계 부분은 면 사무 인계에 관해 퇴직 면장을 속박하는 것이니 원안이 적당함. 감독권 문제는 전에 보낸 사유와 같이 그렇게 할 필요가 없음. 기타는 이의 없음.

▲ 1916년 12월 4일 사와다 제1과장이 우사미 장관 각하에게

오늘은 오전 10시부터 참사관 회의를 겸해 곧장 조항에 대한 심의에 들어가 제1조부터 제6조까지 토의했습니다. 지방국 의견으로서 앞서 말씀드린 것 중

1. 제1조에서 '법령의 범위 내에서'를 더한 것은 채용하지 않기로 결정(즉, 원안대로 함)
2. 제4조에서 '면을 통할한다'를 더한 것은 채용하지 않기로 결정(즉, 원안대로 함)
3. 제5조 제3항에서 '명한다'를 '지휘·감독'으로 고친 것은 채용하지 않기로 결정(즉, 원안대로 함)

위 외에는 지방국 의견을 채용하는 것으로 일단 결정했습니다. 그리고 제1조에서 '법령에

따라 면에 속한 사무'도 역시 공공사무인데, 제2항에서 '면이 처리할 공공사무'라고 하면 제1항의 '공공사무' 및 '법령에 따라 면에 속한 사무'의 양쪽을 포함하는 것과 같이 해석되어 마치 '법령에 의하여 면에 속하는 사무도 그 범위는 조선 총독이 이를 정하는 것'처럼 인식된다는 의견(이 해석은 저는 잘못된 것이고, 적어도 억지스러운 논리라 생각합니다)이 있었습니다. 그리고 제1항에서 개괄적으로 공공사무를 처리한다고 인정하면서 제2항에서 곧장 그 사무 범위를 제한하는 것은 타당하지 않으니 오히려 제1항과 제2항을 합해서 규정하는 게 옳다는 의견이 있었습니다. 본건은 총독부에서 심의할 때도 문제가 되었던 것이나(즉, 제1항과 제2항을 합해서 규정한 안도 있었음), 이를 합하면 그 의미가 불명확하게 될 우려가 있어서 결국 이를 나눈 것입니다. 본 의견 제출자도 적당한 문구를 제출하지 않아서 결국 제출자가 다시 문구를 고려하여 제출하기로 진행한 것입니다. 단, 본 의견에 대한 찬성자가 적어서 아마 원안대로 될 것이라 생각합니다.

추신: 이번 달 1일부로 보내신 서면은 잘 받아보았습니다. 감독관청 및 감독권의 범위 문제는 말씀하신 의견대로 참사관 회의에서 충분히 설명하여 원안이 통과되도록 노력할 것입니다.

▲ 1916년 12월 5일 사와다 제1과장이 우사미 장관에게

오늘도 오전 10시부터 어제에 이어 내무성 참사관 회의에서 면제에 대해 심의를 하여 마지막 조항까지 종료하였으므로 모레까지는 대신들의 결재를 받도록 내각에 송부하게 될 것이고, 8일이나 9일경에는 법제국에서 심의를 시작할 것이라 생각합니다.

참사관 회의에서 결정한 수정 의견은 별지와 같습니다. 제7조 이하(제6조까지는 전에 보내드린 것과 같음)에서 지방국 의견과 다른 점은

1. 제8조 제2항 제1호(원안 제7조 제3항 제1호) '면세(面稅)'의 위에 '법령으로 정한 것을 제외'를 더한 것
2. 제27조(원안 제27조)와 제28조(원안 제26조)를 교체하고, 제28조를 제27조로 하고, 제27조를 제28조로 한 것(즉, 원안의 순서와 같음)

위 두 가지로, 기타는 전부 지방국 수정 의견과 같습니다. 그리고 제8조 제2항 제1호에 '법

령으로 정한 것을 제외하고'를 더한 것은 제19조에 따라 조선 총독이 정한 경우에도 상담역에게 자문하는 것처럼 오해할 소지가 있고, 또 부제 제24조에도 이 의견과 비슷하게 규정되어 있으므로 주의를 환기시키는 조문이긴 하나 이것을 첨가하는 것이 적당할 것이라는 의견입니다. 저는 그 유무와 관계없이 완전히 동일한 해석일 것이라 믿지만 구태여 반대할 것까진 없다고 생각하는데 어떻습니까.

그리고 제29조에서 면의 감독에 관한 규정은 하명하신 취지도 있고 해서 그 규정을 만들 필요가 없을 뿐만 아니라 면제의 근본을 동요시킬 만한 논쟁거리입니다만, 각 참사관 모두 이것이 필요하다는 의견입니다. 그 이유는 대체로 다음과 같습니다. 이미 면이라는 법인을 인정한 이상 면 자체의 공공사무가 있고, 그 공공사무를 면 스스로 처리한다는 것임은 면제 제1조에 명확하다(이는, 즉 자치라는 논리도 있음), 그리고 이미 면을 법인으로 한 이상 그 사무를 처리할 때는 법령에 저촉되지 않는 한 자유롭게 이를 결정해야 한다, 설혹 면장으로 하여금 면 행정 일체를 담임케 해도 면장과 면은 별개의 것이다, 따라서 면장에 대해서 감독권을 갖는다 해도 곧장 면에 대해서도 감독권을 갖는 것이라 말할 수 없다, 또 면장에 대한 감독권은 관제상 무한하나 면에 대한 감독권은 면제에서 특별히 이를 인정한 범위에 한해야 한다, 제1조에서 '관의 감독을 받아'라는 문구는 그 감독권의 내용에 관한 규정과 상대하여 작동해야 한다는 것입니다. 다시 말하면 면의 일체의 행정은 국가 기관인 면장이 이를 맡는다 해도, 면의 사무와 국가 사무는 별개의 것이므로 면장이 국가기관으로서 국가 사무를 집행할 때는 무한한 감독권을 가할 수 있지만, 면의 기관으로서 면의 사무를 집행할 때는 면장은 면제상 독립적 지위를 갖는 것이 당연하며, 관제상의 감독권에 복종해야 하는 것이 아니다, 이러한 논리입니다.

어제 보내주신 서신에 따르면 면에는 자치, 즉 관의 감독권이 간섭해선 안 되는 영역을 인정하지 않으므로 감독에 관한 규정을 만들 필요가 없다는 의견이신 것으로 이해했습니다. 그러나 내무성 참사관들의 의견은, 관의 감독권이 간섭하면 안 되는 영역을 인정하느냐 마느냐는 곧 면제 규정을 맞이하여 첫 번째로 정해야 하는 것으로, 단순히 면장을 면의 기관으로 한 것만으로는 감독권이 미치지 않는 영역이 없다는 해석은 나올 수 없다, 반드시 면제 중에 이것을 규정하는 게 필요하다는 논리였습니다. 내무성의 의견도 일리가 있는 것 같다고 생각됩니다. 또 여럿이 그렇게 하자고 하는데 논의를 지속해도 헛되이 진행을 방해하는 것만 되는 것 같아 부제와의 균형론으로써 이를 삭제하자고 주장했습니다. 이 점에 관해서는 고려가 필요하다는 의견도 있었으나, 결국 법제국에서 다시 심의할 것이니 내무성은 이 부분을 추가 기입하는 의견을 붙이는 것으로 결정하였습니다.

이상의 외에 또 '상담역은 무급으로 한다'를 '상담역은 명예직으로 한다'로 고치는 것은 어떤가(이원 쪽은 무급으로 해도 좋지만), '상담역'이란 말은 어떻게 할까 등의 이야기도 있었는데, 결국 원안대로 통과했습니다.

▲ 일본 내무성 법제국의 의견

조선총독부는 새로 면제를 제정하여 면에 법인격을 인정하고, 이로 하여금 공공사무를 행하게 하는 것으로 했다. 그 규정하는 조항은 일본의 정촌제를 본보기로 하여 자못 이를 방불케 하는 것이다. 그러나 일반 면에서는 정촌회와 같은 회의체를 두지 않고 겨우 총독이 지정한 면에 상담역을 두는 데 그친다. 또 면장 관선제를 고치지 않았다. 그 짜임새가 원래부터 크게 정촌제와는 다른 것이다. 조항 역시 30조에 미치지 않는다. 이를 제정한 이유는 1. 면으로 하여금 경영케 하는 게 편리한 사업이 점점 많아지나 면은 법령상 경영 능력이 없으므로 조합 또는 계를 설치시킴으로써 이를 호도해 왔고, 2. 총독부 역시 어쩔 수 없이 시장, 도장 및 모범림 등 여러 종류의 사업을 경영케 해야 하기 때문에 지방 사무의 통일을 결여하고 쓸데없이 다액의 경비가 드는 상황을 타개하려고 하는 데 있다.

따라서 생각건대 그 내용 여하는 잠시 제쳐놓고, 이는 명확히 식민지에서 새롭게 자치제를 실시하려고 하는 것이다. 최근 조선 부제 제정이 있었으나 이는 거류민단 정리가 필요해서 어쩔 수 없이 나온 조치이고, 물론 지금의 면제와 일괄해서 논할 수는 없다.

대체로 새로 따르게 된 백성을 다스리는 것은 매우 어렵고 극히 신중하게 고려하지 않으면 안 된다. 그런데 세상 사람들은 그저 공연히 동화정책을 주창하고 일시동인을 말한다. 동화정책이나 일시동인을 표방하는 것은 비난할 수 없다. 그렇긴 하지만 실제로 계획을 세워 이를 실행하는 것은 거의 불가능에 가까운 것이다. 생각건대 민족의 자각은 자칫하면 곧, 식민지로 하여금 모국으로부터 괴리시키는 것이 되어 어떤 동화정책도 불가능해지게 된다. 이는 여러 나라의 역사에서 볼 수 있는 것이다. 성패의 궤적을 똑똑히 보아야 한다. 따라서 식민지에서는 가능한 민족이라는 자각심을 자극하는 시설을 피하고, 경제 발전에 힘을 쏟아 인민이 안심하고 삶을 즐겁게 살 수 있는 정책을 채택함으로써 장구한 성과를 기해야 한다. 소위 '백성에게는 복종시키되 알려서는 안 된다'는 방책은 일본에서는 시행해서 안 되며, 식민지에서는 오히려 규범이 되어야 하는 것이다. 그런데 지금 갑자기 자치제를 시행한다고 하는 것은 경솔하다고 할 만하다. 처음부터 신중하게 하지 않으면 당연히 기세등등하게 진행될 것이니, 나중에는 수습이 불가능하게 될 것이다.

무릇 자치제란 인민에게 운용의 능력이 없으면 그 폐해가 있을 뿐 이익은 볼 수 없다. 우리 일본에서도 시기상조라고 기피하고 있다. 단지 일본에서는 인민을 지도하여 장려함으로써 선진적인 여러 나라를 따라갈 필요가 있으니, 사실 어쩔 수 없이 이루어나갈 뿐이지만, 조선에서는 그렇지 않고, 문화의 발전 정도는 말할 것도 없으며, 실로 중요한 것을 인민에게 강요하는 것에 불과하다.

민족이라는 자각심은 기초가 매우 깊어서 그 증가를 막기는 어쩌면 불가능하다. 조선에서도 훗날 민도의 향상과 함께 지방 자치를 요구하거나 혹은 의회 선거권을 요구하여 종국에는 독립 자치를 요구하기에 이르지 않으리라고 보증하기는 어렵다. 그때가 되면 우선 그 폐해가 가장 적은 것부터 허용함으로써 형세를 완화하는 방법을 모색해야 한다. 그런데 지금 전혀 요구가 없는데 먼저 나서서 이를 부여하려고 한다. 뒷날 요구가 자꾸 일어나게 되면 도대체 무엇을 부여하려고 하는지 심히 우려스럽다고 할 만하다.

면제가 규정하는 것 역시 원래 그 이름은 자치이면서도 실제로는 관치를 행하는 것에 불과함은 전에 말한 바와 같더라도, 면에 인격을 부여하는 것을 명언하여 일본의 정촌제 규정을 답습한 것은 이미 이루어진 것이다. 게다가 총독이 지정한 면에 상담역을 두는 규정이 있다. 조선 당국의 설명에 따르면 다수의 일본인이 있는 곳에 실행하는 데 불과하다고 한다지만, 일단 이 규정을 만든 이상 시간이 흐르면 다른 면에서도 경쟁적으로 이를 간절히 열망하게 될 것임은 불을 보듯 뻔하다. 이게 자문기관에 불과하다면, 의사 결정기관 같은 게 생기면 인민의 목소리가 분출할 때 어찌 이를 잘 막을 수 있겠는가.

우리 일본의 사정을 보면 정촌의 시설은 학교 경영 외에는 거의 이렇다 할 것이 없다. 그런데 조선에서는 따로 학교조합을 만들었으므로 남는 것은 미미할 것이다. 원래 그들과 우리는 사정이 같지 않지만, 이 때문에 자치제의 단서가 열린다면 일은 결코 가볍지 않다.

결론적으로 면제 규정은 식민지 통치의 근본에 관한 매우 큰 문제이다. 그리고 단지 조선만의 문제가 아니라 다른 식민지에 반드시 영향을 미치게 될 것이다. 그 시초에서 신중히 고려해야 한다. 이 문제는 인민이 요구할 때 서서히 해결해도 결코 늦지 않다.

상술한 것처럼 시각을 다투는 이때, 수용에 응하는 방책은 자치제 체제를 갖춘 규정을 피하고 현행 제도의 변혁을 심하게 느끼지는 않는 정도에서 실제 효과를 거두는 것 외에는 없다. 그리고 이를 위해서는 현행 지방비의 예를 본떠서 새로 면비 제도를 만들어 이를 재산의 주체로 하는 데 그침으로써 면 사업의 비용을 지변하고, 이에 필요한 재원을 징수시키는 제도를 만드는 게 가장 적당하다고 믿는다. 별지에 면비령을 간단하게 참고로 제공하고자 한다.

면비령(面費令) [미정고(未定稿)]

제1조 면에 면비를 설치하고, 면비에 속한 재산 및 그 수입과 면비 지변의 사업에서 생기는 수입, 기부금, 보조금, 부과금 및 차입금 등으로 이에 충당한다.

제2조 면비로 지변할 수 있는 비목은 조선 총독이 정한다.

제3조 면비로 충당할 부과금의 종류, 제한, 납기, 징수, 감면, 기타 부과금 등에 관해 반드시 필요한 사항은 조선 총독이 이를 정한다.

제4조 면장은 면비로 지변하는 사업을 위해 필요할 때는 군수의 인가를 받아 부역 또는 현품을 부과할 수 있다.

제5조 면비에 속하는 차입금을 얻을 때는 면장은 도장관의 인가를 받아야 한다.

제6조 면비로 지변할 수 있는 사업이면서 두 개 이상의 면에 걸쳐 공동 시설을 할 필요가 있는 경우 면장은 도장관의 인가를 받아 면비에서 그 비용을 공동 지변할 수 있다.

제7조 면의 구역 변경에 따라 필요하다고 생각될 때는 도장관은 관계 면장의 의견을 들어 조선 총독의 인가를 받아 면비에 속한 재산의 처분을 할 수 있다.

제8조 면장은 매 회계연도 면비의 수입·지출 예산을 짜야 한다.

부칙

본령 시행의 기일은 조선 총독이 정한다.

종래 면에 속한 재산은 면비에 속하는 것으로 한다.

▲ 1916년 12월 5일,

발신자: 하타노 마사쓰네(畠野正庸) 속(屬)[26]

수신자: 기타바야시 겐지로(北林賢二郞) 속(屬)

면제에 상담역 규정이 있는데, 이 상담역이라는 명칭에 대해 참사관 회의에서 조선에서 종래 '역(役)'이라는 문자를 사용한 예가 있는지, 만약 없다면 '역'이라는 문자를 중국식으로 생각하면 오히려 불쾌감을 줄 우려가 있으므로 달리 적당한 명칭을 선택할 필요는 없는가 하는 논의가 있었음[부역(夫役), 복역(服役) 등은 좋지 않은 의미로 해석됨]. 회사 등에서는 조선인들 사이에 중역 등의 문자를 사용하나, 역소(役所), 역장(役場) 또는 '~역' 등의 용례는 없다고 생각됨. 이에 대해 적당한 조선인에게 문의해서, 1. 종래 '역'자 사용의 실례, 2. 상담역이라는 명칭은 조선인에게 이해 가능한가, 3. 불쾌한 생각을 갖게 하지 않으려면 달리 조선인이 이해할 만한 '역'을 대신할 적당한 용어를 연구한 후 빨리 회신해 주시기 바람.

▲ 1916년 12월 8일 기안, 내무부 제1과

도쿄에 있는 하타노 마사쓰네 속(屬)이 면제 중 상담역과 구장 명칭의 적합성에 관해 질문해 왔으므로 중추원에 조사시킨바 별지와 같습니다.

<별지>

＊상담역

1. 종래 '역(役)'이란 글자의 사용 실례는 어떠한가.

: 종래 관청에 '감역(監役)'이 있고, 관리로 '원역(員役)', '역예(役隸)' 등이 있다. 감역이라는 의미는 공역을 감독하는 의미로 '감(監)'의 의미에 중점이 있고, '역(役)'자는 의미가 가볍다. '원역'은 도, 군 등의 이서(吏胥) 무리라는 의미로서 인민의 부역에 대해 이서(吏胥)들의 의무로 봉공하는 신역(身役), 즉 양역(良役)을 의미한다.

'역예'는 원역과 마찬가지로 신역이나 일종의 천역(賤役)이다. (노예 등이 봉공하는 신역)

---

26 조선총독부 내무부 속(1914~1919)

2. 상담역이라는 명칭은 일반 조선인에게 이해되는가.

: 상담역이란 명칭은 근래 각 회사 등에서 때때로 사용하나 일반 조선인들에게는 아직 널리 사용되지 않는다. 따라서 이해되지 않는다.

3. 불쾌한 생각을 갖게 하지 않으려면 달리 조선인이 이해할 수 있을 만한 적당한 용어는 무엇인가.

: '역'을 대신할만한 적당한 글자는 '원(員)'이다. '원'은 예부터 존경의 의미로 널리 사용되어왔을 뿐 아니라 소리의 느낌도 좋다. 그리고 '상담'이라는 단어는 조선어에서 느낌이 좋지 않을 뿐 아니라 다른 의미로 해석될 우려가 있다. 따라서 '역'을 대신할 만한 적당한 글자는 '원'이지만, 만약 '상담원'이라고 할 때는 느낌이 좋지 않을 뿐 아니라 일반 조선인이 이해하기 어려울 우려가 있으므로 오히려 '면협의원'으로 하는 게 적당하다. 협의원이라는 명칭은 이미 부(府)에도 있을 뿐 아니라 조선에서는 예부터 '협(協)'자를 자주 사용해 왔다. 부의 협의원과 구별되기 어려울 우려가 있지만 '면'을 앞에 두면 그 폐해를 피할 뿐 아니라 지방에서 상당한 지위에 있는 사람들도 기쁘게 협의원이 될 것이다.

또 '상의원(商議員)'이라고도 할 만하나 '상의'라는 말은 일반 조선인의 보통 회사에서 사용하는 것으로 '협의'라는 말보다는 의미가 가벼우니, 오히려 '협의'로 하는 것이 온당하다.

*구장

구장에 관해서는 이 명칭보다 적당한 것을 달리 생각하기 어려우나, 장래 부에 구제(區制)를 시행하여 구장을 두는 것은 아닌가. 이에 지장이 없다면 적당한 명칭이라 믿는다.

▲ 1917년 2월 22일 하타노 마사쓰네가 우사미 장관에게

근계(謹啓)

지난번 아키야마(秋山) 참사관이 면제에 대한 아베(阿部) 법제국 참사관의 의견을 송부드렸는데, 이는 아베 참사관 개인의 의견이고 아직 법제국의 전체 의견이 된 것은 아닙니다. 한번 심의를 진행했고 교섭 중인데, 원안 유지를 위해 법제국 논의가 결정되기 전에 반대의견을 제출하는 것이 유리할 것 같아 별지와 같이 오늘 제출을 했습니다. 아리마쓰(有松) 장관[27]은 위 아키야마 참사관의 의견과 아베 참사관의 의견을 비교·심의할 것이라 생각합니다. 대체적인 모습은 근일 중에 결정되리라 생각되니 그때 다시 아뢰겠습니다.

<별지>

면제에 관한 아베 법제국 참사관의 의견에 대하여

1917.2.22. **아키야마(秋山) 조선총독부참사관**

이번에 조선 총독이 제출한 제령안인 면제에 대한 아베 참사관의 의견 요지는 조선총독부가 새롭게 면제를 제정하여 면에 법인격을 부여하고 공공사무를 행하게 하는 것이다. (중략-편역자)

위 아베 참사관의 의견인 유럽 여러 나라와 그 식민지에 대한 것은 지식이 아직 발달하지 않고 지방적 시설도 하등 문화적 관행이 없는 식민지민을 통치하는 정책의 대체적인 논지임은 굳이 이야기할 것도 없다. 장구한 기간 일정한 문화를 가진 1,700만의 조선인을 통치하려면 전 도(道)에 걸친 지방기관인 2,517면의 제도를 어떻게 하는가가 조선 통치의 견지에서 심대한 영향이 있음은 물론이다. 따라서 당연히 종래의 관례 및 문화 정도 등에 비추어 극히 세밀하고 신중하게 고려하여 준비하고 그 인민을 선도하여, 국가 백년대계상 폐해가 되는 점은 이를 잘 제거하는 동시에 그 제도의 양호한 점은 힘써 이를 존중 지속하고 민심의 동요를 피해야 한다. 따라서 일본의 제도를 곧장 조선에 옮길 수 없음과 동시에 조선에 실시할 제도는 반드시 대만, 화태 및 관동주 등의 제도를 따라야 하는 것은 아니다. 하물며 인정, 풍속, 관습 및 사정 등이 다른 여러 나라의 식민지 역사에 대해 그 통치의 내용을 언급하는 것 없이, 또 조선의 민정 및 관습 등에 관한 나의 설명에 귀 기울이는 것 없이, 공연히 새로운 식민지 민족의 자각심을 자극할만한 시설을 피하는 정책을 쓰는 게 좋다는 한마디로 면제의 제정을 조선 통치상 불가하다고 단정하는 것은, 내각 법제국의 심의로서는 좀 신중하지 못한 입론이며, 경솔하다고 할 수밖에 없다.

조선에서 면·동·리와 관련한 고대의 제도는 막연하여 포착하기 어려우나 조선 시대 초

---

27 아리마쓰 히데요시(有松英義, 1863~1927): 일본 데라우치(寺內) 내각의 법제국 장관(1916~1918).

기 이래의 지방제도로 다섯 집을 통(統)으로 하고, 통장이 있었다. 10통을 1리(里)로 하고, 이정(里正)이 있었다. 10리를 경성에서는 방(坊)이라 하고, 그 외 지역에서는 향(鄕)이라 했다. 방에는 방정(坊正)이 있고, 향에는 향정(鄕正)이 있다. 통·리·향의 백성은 혼례나 상례가 있을 때 서로 돕고 환난이 있을 때 서로 구휼한다. 좋은 것은 서로 권하고 나쁜 것은 서로 훈계한다. 분쟁을 금하고 싸움을 억제한다. 믿음을 배우며, 깨달음을 익힘으로써 선량한 백성이 되도록 노력한다. 풍속을 해치거나 도둑이 드는 등의 일이 있으면 반드시 이·향에 고하고, 죄의 경중에 따라 징치한다. 이와 같이 통·리·향은 이웃을 결속하고, 서로 도우며, 서로 다스리게 하는 일종의 자치적 단체임과 동시에, 국가 행정의 보조기관이기도 하다. 통장, 이정 및 향정 등은 모두 나이가 있고 근면하며 덕망이 있어 백성의 추종을 받는 자를 뽑았다. 그 직무는 정령의 전달, 조세 징수, 호적 정리 등 그 지역의 행정사무 집행기관이면서 각각 그 단체를 대표하여 공동 사무를 관장했다. 단체 내의 쟁송을 조정하고 풍교의 취체를 하는 등 단체 자치의 통솔기관이었던 것은 개국 78년 예종 때 편찬된『경국대전』및 개국 230년 인조 때의『반계수록』등의 문헌에도 나타나 있다. 이 제도의 실행은 5백 년간 많은 변천과 발달을 거쳐 그 지역 및 단체의 범위는 해마다 확장하여 5가작통제는 동리(洞里)에 포괄되고, 동리는 향방에 포괄되기에 이르렀다. 이 지방행정에 관한 하급 제도의 뿌리는 현재에 이르기까지 일관된 것에 속한다. 당시의 향은 현재의 면이고, 향정은 이를 면장이라 부르게 된 것에 불과하다.

면·동·리 제도는 전술한 바와 같은데, 조선 갑오년(개국 504) 전에는 면장 또는 동수(洞首)를 면이나 동내의 장로들이 맡고, 면민이나 동민이 공선하여 선임되었다. 면과 동의 관리도 인민이 공선하여 정했다. 의결기관으로는 면회와 동회가 있는데, 면회는 면의 장로와 면의 중요한 직원, 지사인(知事人)·해사인(解事人) 등이라 칭하는 면내 유력자들이 조직했고, 동회는 동내의 장로, 동의 직원과 기타 유력자 등이 구성했다. 갑오개혁 제도에서는 면회와 동리회가 면·동·리의 중요한 사항에 관한 의결기관이고, 몇 개 면의 연합 면회와 몇 개 리의 연합 이회를 두었다. 이 갑오개혁 제도는 시행을 보지 못했으나, 면이 하급행정기관인 동시에 공공단체였던 것은 예나 지금이나 조금도 변경된 것이 없다. 한국병합 전에 면은 법령 전달, 조세 및 역둔도(驛屯賭)의 납입 고지와 징수, 조세 부과 표준의 조사 신고, 토지 가옥 규칙에 따른 인증, 민적의 이동(異動) 보고, 면내 상황 보고, 청원 서류의 진달, 기타 상급 관아로부터 임시로 명을 받아 면민에 관한 사무 등을 정리했다. 또 면이나 동리는 일정한 재산을 갖고 그 주민에 관한 공공사업을 경영하고 있었다.

병합 때에는 중앙제도를 급속히 통일·정리할 필요가 있어서, 조선 전도의 지방제도를 서서히 연구 개선한다는 방침을 세웠다. 지방관 관제에서는 단순히 면 행정구획 사항만을 규정하고, 면에 면장을 두고, 면장의 수당 및 그 사무 집행에 필요한 경비에 한해 면민으로부터 징수하기로 했다. 면이 공공단체로서 재산의 주체이자 면내 공공사업의 주체라는 점은 잠시 관행으로 내버려 두고 그 제도는 후일 연구하기로 했다. 이후 총독부에서 지방제도 조사와 심의를 거듭한 결과, 1914년 3월 1일 부와 군의 폐치·분합을 행하여 317군을 줄여 220군으로 하고, 동년 4월 1일 면의 폐치·분합을 실시하여 4,322면을 2,520면으로 줄이는 한편, 면 사무의 정리, 면 경비 절감, 면 이원의 훈련에 힘쓰는 등 장래 면 제도의 실행에 불편이 생기지 않도록 준비했다. 근래 면장과 면 이원이 점차 사무에 숙달하면서 사무 정리 역시 꽤 진전했고, 최근 지방 실황을 보면 면이 경영해야 할 사업이 점점 많아져 1916년 10월 조사에 따르면 공동묘지 11,936개소, 모범림 1,930개소, 모범 채원(菜園) 199개소, 묘포 1,030개소, 시장 919개소, 도장 179개소, 도선 114개소 등을 넘어선다. 이외 다수의 파종전, 모범전, 죽림, 종두우, 화장장, 공동우물 등을 경영하고, 그 사업비는 1년 69만 3,000여 원이 넘는다. 여기에 위생 조합비 37만 4,000원, 소방 조합비 6만 여 원을 합하면 면의 사업비는 112~113만 원에 달한다. 이 비용은 종래 관행에 따라 조합, 계 등의 명칭으로, 협의비 등의 명목으로 면민이 부담했다. 그뿐만 아니라 면과 이가 소유한 재산은 논 1,132정보, 밭 2,191정보, 대지(垈地) 74만 1,600평, 임야 9만 1,980정보, 건물 6만 4,800평, 현금 약 15만 원을 산하며, 그중 토지 소유의 경우 토지조사령에 기초한 조사 결과를 보면 소유권을 공공단체인 면의 명의로 확정한 것이 대부분이다.

역사적으로 면이 공공단체라는 사실은 현재 이를 애매하게 치부할 수 없을 뿐 아니라, 앞에 쓴 것처럼 면의 사업이 점차 증가하여 이에 필요한 비용을 협의비 등의 명목으로 징수하고, 조합 또는 계 등의 경영에 위임하는 것은 지방 사무의 통일을 결여하고, 오히려 다액을 상회하여 인민의 부담을 증가시키는 것이다.

본 안은 총독부에서 다년간 새로운 식민지 민족의 통치를 위해 매우 세밀하고 신중하게 고려하여 연구를 거듭한 결과로, 옛 조선의 지방제도 역사 및 관행에 비추어 면의 재산 주체 및 사업 주체인 현상을 인정함으로써 면의 사업을 통일하고 간단히 하며, 또 질서 있게 함과 동시에, 면민의 부담을 절약하고 경감시키고자 한 것이다. 아베 참사관의 말처럼 총독부가 새 면제로 면에 법인격을 부여하여 공공사무를 행하게 하는 것이 아니며, 또 인민의 요구가 없는데 먼저 제령에 따라 갑자기 자치제를 선포한다는 경솔한 폭거도 아니다. 그뿐만 아니라 아베 참사관은 '본 안의 내용 여하는 잠시 제쳐두고'라고 말하며, 이를 깊이 연구하지 않은 채 본 안의 본보기를 멋대로 정촌제에서 채용하여 그 조항이 자못 이를 방불케 한다고 논하고 있다. 그러나 일본의 정촌제에서는 정촌회라는 의결기관을 만들어서 그 구성, 조직, 권한 등이 그 주요 부분을 차지하지만, 면제에서는 단순히 그 재산 주체 및 필요한 사업 주체임을 인정할 뿐 자치제의 주안점인 의결기관을 만드는 것이 아니다. 관제상으로 면장이 곧장 그 단체인 면의 장이 되고, 면 이원은 군수와 도사가 임면하며 징계를 행하는 것으로 한다. 지정면에 설치할 무급의 상담역 같은 것도 도장관이 임면한다. 면의 사업 및 면세, 사용료, 수수료, 부역 현품 등의 종류와 부과·징수도 모두 조선 총독이 정한 바에 따라서 도장관과 군수, 도사 등의 엄중한 지도·감독하에 그 사무를 집행시키는 것이다. 따라서 아베 참사관은 자치제라는 문자를 나열하며 면제에 시비를 걸고 있으나, 그 구조가 원래 정촌제와는 크게 취지를 달리하는 것이라 말할 수밖에 없다.

아베 참사관은 식민지 민족에 대해서 '복종시키되 알려서는 안 된다'고 하며 조선인의 자각심을 자극한다는 폐해를 주장했으나, 이는 완전히 정도의 문제에 속한다. 한국병합 이후 현재까지 민도를 증진하고, 산업을 개발하며, 경제상 급속한 진보를 촉진해온 것은 구래의 폐습을 일소하고, 농촌 식산 및 저축 등에 대해 그 자각심을 자극한 결과에 다름 아니다. 전술한 것처럼 조선은 예부터 내려온 일정한 문화와 관습상의 일정한 지방제도가 있다. 그럼에도 불구하고 갑자기 이를 철폐하고 면비 제도를 시행하면 과연 인심의 동요 없이 백성이 이에 따르지 알 수 없으며, 이것이 조선 통치 상황에 맞는 정책인가를 의심하지 않을 수 없다.

아베 참사관의 면비령을 보면 면을 법인격으로 하는 것을 인정하지 않고, 또 이를 공공단체로 인정하지 않으나, 면비를 독립된 재산 주체로 하고, 그 사업 능력을 인정하여 공사법에 걸쳐 각종 권리·의무를 귀속시키는 이상, 이를 원안과 비교하면 약간 형식의 차이가 있다. 면의 사업이 착종된 현재에는 사실상 원안을 방불케 하는 규정이 필요하다. 면비령은 억지로 간단한 것처럼 가장하고 있으나 관제 개정을 가하거나 조선 총독의 규정 등 어느 정도까지는 원안을 채택하지 않으면 안 된다. 즉 첫째, 사용료·수수료 징수에 관한 규정을 면비령에 추가하든가, 위임규정을 만드는 것. 둘째, 면비에 관한 지불금의 시효, 징수금의 선취득권의 시효 등에 관한 규정을 추가하든가, 위임규정을 만드는 것. 셋째, 면비에 의한 공동사업 관리방법에 관한 규정을 추가하든가, 또는 면비령을 수정하는 것. 넷째, 면의 소유재산에 관한 규정을 추가하든가, 또는 위임규정을 만드는 것. 다섯째, 면 직원에 관해 면장은 관제에 따라 '면 행정사무를 보조 집행한다'에 그치나 면비령은 면장의 직무에 관한 규정을 결여하고 있으므로 관제 중 이점에 대해 필요한 개정을 하는 것. 여섯째, 면서기와 기타 부속원을 둘 수 있는 규정 또는 그 급여, 책임, 징계 등에 관한 규정을 면비령 중에 또는 관제 중에 두든가, 또는 이에 관한 위임 규정을 만드는 것이 필요하다. 일곱째, 아베 참사관은 지정면에 상담역을 두는 것이 불가하다고 논의하고 있으나, 대전, 진해, 나남 등 일본인이 모여 살고 있는 시가지인 몇 개 면에서는 면의 공공사무로서 처리해야 할 것이 많고, 현재 각종 단체에서 경영하고 있는 사업의 경비는 다액이다. 면제 시행 처음에는 다소 이를 정리한다고 하나, 작은 부에 비교하여 더 우량한 면도 있다. 따라서 면비로 부과할 세목도 다른 일반 면처럼 간단하지 않고 간혹 부채를 져야 하는 일도 생기며, 이는 지방 발전 상황에 따라 어쩔 수 없는 것이다. 이런 경우 면장이 이를 온전히 판단하기 어려울 뿐 아니라 많은 경우 이러한 중요한 임무를 담당할 능력이 없다. 따라서 의결기관은 필요하지 않아도 적어도 자문기관을 설치하지 않으면 면 행정을 원만히 운용하기가 어렵다. 그리고 면제 안에서는 조선의 상황에 비추어 장래를 우려하여 면회와 같은 의결기관을 설치하는 것을 피했을 뿐만 아니라 자문기관으로서도 부제에서의 협의회 같은 회의 조직을 채용하는 것을 피하고, 단순히 상담역이라는 온건한 문자를 써서 각 상담역 개개인의 의견을 듣는 방침을 쓴 것은 크게 주의를 기울인 바이다. 이런 것은 조선의 현황에서 어쩔 수 없는 최소한도의 시설이라고 생각한다.

요약하면 아베 참사관은 조선 총독이 제출한 면제를 가리켜 새롭게 면에 법인격을 부여하고, 이로 하여금 공공사무를 집행케 하는 것이라 말했으나, 전술한 바와 같이 조선 고래의 제도에서 면은 지방의 하급행정기관인 동시에 재산의 주체 및 지방 공공사업의 주체여서 그 실질상 스스로 공공단체인 사실은 역사상 및 관행상 현재 논쟁할 만한 바가 아니다. 병합 후 총독부 각종 재판소의 판결에서도 종래 모두 면을 공공단체이자 재산 및 공공사업의 주체로서 그 인격을 인정하고 있다. 그뿐만 아니라 제령이나 기타 총독부령에서도 면이 공공단체로서 그 인격을 가지는 것을 사실상 인정해 왔다. 예를 들면, 1911년 제령 제14호로 공포한 국세징수령 제2조는 "국세징수법 중 시정촌이라 함은 부·면"에 해당한다고 규정하고, 제5조에는 "국세 징수의 비용은 부·면의 부담으로 하며, 국고에 납부한 세금의 100분의 2에 상당하는 금액을 그 부·면에 교부한다"라는 조항이 있다. 1914년 제령 제1호로 공포한 지세령 제8조에서는 지세를 면제할 토지에 대해 "면 또는 조선 총독이 지정한 공공단체에서 공용 또는 공공의 용도로 제공하는 토지"라고 규정했다. 1915년 제령 제2호로 공포한 전염병 예방령 제22조에서는 "전염병 예방상 필요한 시설 및 비용 부담에 관한 지방 공공단체의 의무에 대해서는 조선 총독이 이를 정한다"라고 규정하여 부·면에 대해 지방 공공단체라는 단어를 쓰고 있다. 기타 지방비 부과·징수 규칙, 도수 규칙, 도로 규칙 등의 총독부령에서도 모두 종래의 역사적 및 관행상 사실에 기초하여 면을 부와 마찬가지로 지방 공공단체로 지칭하고 규정해 왔다.

면제 안은 조선 수백 년 이래의 역사 및 관행과 병합 이래 시종일관 변하지 않은 현황에 비추어, 조선 통치를 위해 현재와 장래를 신중히 고려하여 면이 재산과 공공사업의 주체라는 움직일 수 없는 사실을 법문으로 한 것이다. 병합 이래 법제국이 이미 심의하여 공포한 위의 여러 제령에서는 면이 인격을 가진 공공단체라는 규정이 명확하며, 이에 대해 종래 아베 참사관은 하등의 이의가 없었다. 그럼에도 불구하고 갑자기 지금에 와서야 민족의 자각심을 자극하면 안 되며, '백성에게 복종시키되 알려서는 안 된다'는 사유로 조선 역사 및 관례에 깊은 근거를 가진 현재의 지방제도를 전연 무시하고, 또 병합 이래 지방통치에 대한 조선총독부의 일관되고 변하지 않는 일정한 방침 및 시설을 근본적으로 전복하고, 면의 인격을 삭탈하고 그 재산의 주체 및 공공사업의 주체인 점을 철폐하려고 하면 쓸데없이 백성의 목소리를 높이게 될 뿐이다. 단지 신중하지 못한 입론이며, 지나치게 경솔하다는 혐의가 있을 뿐 아니라 조선 통치에 관해 종래 법제국에서 직접 심의하여 결정 내린 많은 법령과 절대적으로 모순되는 것이라 말하지 않을 수 없다.

▲ 면비령에 대한 반대의견 요지

아베 참사관 의견의 요지는 면내의 공공사무 처리를 위한 사업 주체를 인정하는 것은 조선의 현황에서 필요하다고 생각하나, 면제는 새롭게 자치제를 창설하는 것이라 조선 민족의 자각심을 유발하고 자치 독립의 사상을 환기할 우려가 있으므로 다소 불편하더라도 면

비령의 형식에 의거하는 것이 옳다고 하는 데 있다. 그러나

1. 면제는 결코 새롭게 자치제도를 창설하는 것이 아니다. 단순히 고래의 관행에 기초하여 면의 인격을 인정하고 권리·의무의 주체임과 동시에 사업 경영의 능력을 인정하는 데 지나지 않는다. 그 실제는 순연한 관치로서 면의 사업과 사무는 모두 관청의 엄중한 감독하에 놓이며, 관선 면장에 따라서 집행될 뿐만 아니라 일본 정촌제처럼 의결기관을 두는 것도 아니라서 면민으로 하여금 행정에 참여시키는 것도 아니다. 단, 대전, 진해 등 실질적으로 부에 뒤지지 않는 특수한 면에 한해 사무 수행의 편의를 도모하고, 운용상 원만을 기할 필요에 기초하여 그 중요한 사무에 대해 의견을 듣기 위해 한두 면민을 상담역으로 관선하는 것에 불과하다. 따라서 가령 이것을 자치라고 칭할 수 있다 해도 일본 정촌과 같이 정촌민의 의사에 따라서 행정을 집행하는 것과는 크게 취지를 달리하는 것이다. 하물며 조선에서는 예부터 면·동·리를 하나의 집단적 구역으로 하여 공동 이익 증진을 도모하고 재산을 소유하는 관례가 있다. 가령 면민·동민의 자각 없이, 또 이를 표시할 법률상의 언어가 없어도 현재 법인과 거의 실질적으로 동일하므로 한국병합 이래 재판소의 판결에서도 면의 인격을 인정하고 있었던 것이다. 면제에서는 이 사실을 법문으로 한 것에 지나지 않는다.

2. 면은 예부터 재산과 사업 주체로서 인격을 가졌고, 조선총독부에서도 그동안 이 방침하에서 지방행정 개선에 노력을 해 왔다. 현재 각종 제령 및 부령 등에서도 면을 공공단체로 인정하고 규정한 것이 매우 많다. 이렇게 이미 제령에서도 규정한 이상, 단순히 조선총독부의 방침만이 아니라 중앙정부에서도 종래 이를 인용한 것이라 말하지 않을 수 없다. 그런데 갑자기 이를 일변하여 면을 공공단체가 아니라고 한다면, 위 각종 법령을 고쳐 병합 이후 이 점에 관해서 일관된 통치 방침을 일변시키지 않으면 안 된다. 이는 정부의 위신과 관련이 있을뿐더러 자칫하면 정부 시설에 대해 의혹을 품게 할 것이며, 새로운 영토의 인민에게 더욱 불안감을 키우고 여러 시설에 영향을 끼치게 될 것이다. 특히 종래 면·동·리가 소유한 재산의 조사를 행했을 때에도 정부에 몰수당할까 봐 재산을 은닉하는 상황이 벌어졌는데, 갑자기 면의 재산권을 부정하고 면의 재산을 면비에 속하게 하면 이들은 정부에 몰수된 것이라 생각할 것이며, 나아가 민심에 동요를 불러일으킬 우려가 있다. 하물며 최근에는 모범림, 묘포, 채종전, 시장 등 면유재산과 면 사업을 장려해 가고 있는데, 한층 더 그들의 의혹을 살 것이고, 장래 미치는 영향이 심대하리라 믿는다.

3. 면비령도 역시 재산권의 주체이며, 사업 경영 능력자인 일종의 법인을 창설하는 것이며, 실질적으로는 면제와 큰 차이가 없다. 면비령의 조문은 일견 간단해 보이고, 법인적 규정이 없는 것처럼 보이나, 면비 부과·징수 규정을 부령에 위임하고, 또 면장과 면비의 관계, 면의 직원 사용료 수수료 징수, 지불금 시효, 선취득권의 순위, 면의 일부의 재산 등 각종 필요한 규정을 결여하고 있다. 만약 이러한 규정을 면비령에 더하거나 또는 부령으로 위임하는 것으로 하면 면제와 거의 다를 바가 없을 것이다. 그런데도 면제는 자치제의 단서로서 민족 자각심을 자극하여 식민정책의 근본에 저촉하나, 면비령은 그렇지 않다고 함은 편견이 아니겠는가. 하등 법률상 관념이 없는 자에게는 면비나 면비령이나 마찬가지겠지만 이를 이해하는 자에게는 양자가 주는 관념이 동일하지 않다. 한걸음 양보하여 그 사이에 다소 차이가 있다고 해도, 조선의 옛 관례를 무시하고 병합 이후 일관된 지방통치 방침을 근본적으로 전복하며, 민심에 영향이 클 것임에도 불구하고 면비령이 가치가 있겠는가. 게다가 면제 제정이 민족의 자각심을 유발한다고 하지만, 병합 이후 민지(民智)를 증진하고, 산업을 개발하고, 조선의 급속한 진보를 촉구한 것은 모두 그 자각심을 자극한 결과이며, 조선민의 자각심을 현저히 유발할 만한 것은 매우 많다. 면제와 면비령의 차이로 인한 자각심의 증가는 거의 영향이 없을 것이라 믿는다.

결론적으로 면제를 고쳐 면비령으로 하자고 하는 것은 예부터 있던 조선의 지방제도의 역사 및 관행에 위배되고, 병합 이후 일관된 지방통치 방침을 거스르고 새로운 영토의 인민 사상에 영향 주는 바가 적지 않다고 생각한다. 따라서 조선의 상황에 비추어 원안과 같은 면제가 가장 적당하다고 믿는 바이다.

그리고 법제국 참사관 중에는 지방관 관제에 기초하여 조선총독부에서 제정한 부령(府令), 즉 "면에 관한 규정"을 개정하여 면의 사업 능력을 인정할 수 있지 않느냐는 의견이 있으나, 부령으로써 권의(權義)의 주체이자 사업 경영의 능력자인 단체를 인정하는 것은 온당하지 않다. 설사 이를 규정할 수 있더라도 면비령처럼 그 본질이 애매한 규정을 만들 수 있는데 그친다. 따라서 면비령과 마찬가지로 지장을 초래할 수밖에 없을 것이므로 위 의견에는 동의하기 어렵다.

▲ 1917년 2월 13일 우사미 장관이 도쿄 아키야마(秋山) 참사관에게

지난 9일 보낸 편지는 잘 받아보았습니다. 면제 안에 대해 법제국에서 강경한 반대의견이 있을 뿐 아니라 고다마(兒玉) 서기관장 등의 의견도 다소 심의의 진척에 장애가 되는 것 같아 고심이 많은 것으로 보입니다. 면제에 관한 근본적 방침이 이번에 보내신 아베 참사관의 반대의견처럼 준비가 부족한 데 있지 않다는 점은 입안의 정신으로 보아 충분히 이를 인정할 수 있을 것입니다. 단지 종래 집행해온 면에 대한 방침과 현재 급박히 필요한 사항을 제령으로 인정한 것에 불과합니다. 지금 다시 단순히 형식적으로 면비령을 제정하는 것은 헛되이 형식에 치우쳐 실제를 파괴하는 것에 불과하다는 점은 보내주신 서신중에 기재되어 있는 바와 같습니다. 형식론을 취한다고 해도 여러 관계상 단순히 아베 씨의 의견처럼 면비령으로는 충분치 않다는 점은 별지와 같습니다.

그리고 이 건에 관해 충분히 고려한 후 염려하는 점은 다시 말씀드릴 것이나 지금은 별지를 참조하여 원안의 취지를 관철하도록 노력해 주길 거듭 바라며, 우선 급히 염려되는 점을 말씀드립니다.

<별지>

1. 면의 법인격을 인정하지 않고, 또 공공단체로 인정하지 않는다고 하나, 면비를 설치하여 독립된 재산 주체로 하고, 또 사업 경영이 가능하도록 인정하여 공사법에 걸쳐서 각종 권리와 의무를 귀속시키는 것으로 한다면, 형식의 차이가 있을 뿐 원안의 취지와 차이가 없다. 그뿐만 아니라 면 사업이 착종되고 있는 현 상황에서 사실상 원안과 같은 규정이 필요하다. 면비령은 억지로 간략함을 가장하고 있으나, 관제 개정을 더하거나 혹은 조선 총독이 정하는 시행세칙 등 어느 정도까지는 원안을 채택해야 한다. 지금 임시로 아베 참사관의 제안을 시인한다 해도 역시 다음 사항을 제령이나 관제에 추가하거나 또는 총독부령의 규정에 위임해야 한다.

(1) 면 직원에 관한 건

① 면장은 관제에 따르면 "면내 행정사무를 보조집행"하는 데 그치나, 면비령은 면장의 직무에 관한 규정을 결여하고 있으므로 관제 중 개정이 필요하다.

② 면서기 등 직원을 둘 수 있는 규정을 면비령이나 관제로 만들거나 이에 관한 위임

규정이 필요하다.

(2) 지정면에 관한 건

대전, 진해, 나진 등 일본인 집단지의 시가지에서는 면의 공공사무로 처리해야 할 것이 많고, 현재 각종 단체에서 경영하고 있는 사업의 경비는 다액이다. 면제 시행 초기에 다소 이를 정리할 수 있겠지만 부보다 우수한 곳도 있다. 따라서 면비로 부과할 세목도 다른 면처럼 간단하지 않다. 때에 따라서는 기채를 해야 하는 곳도 있는데 지방 발전 상황에 따라 불가능한 곳도 있다. 이런 경우에 면장 개인이 이를 독단적으로 결정하기 어려울 뿐 아니라 많은 경우 이런 중책을 감당할 능력이 없다. 따라서 의결기관이나 또는 자문기관을 설치하지 않으면 면 행정의 원만한 운용을 기대하기 어렵다. 그러나 원안에서는 조선의 현황에 비추어 면회와 같은 의결기관을 설치하지 않았고, 물론 자문기관으로서도 부제의 협의회와 같은 회의조직을 채용하는 것을 피했다. 상담역이란 온건한 문자를 써서 각 상담역 개개의 의견을 듣는 방침을 채택한 것은 크게 주의를 기울인 것으로, 이는 조선의 현황에서는 어쩔 수 없는 최소한도의 시설이라고 생각한다. 어찌 태연히 경솔하게 자치의 파종을 한다는 비난을 감수하겠는가.

그리고 면비령에서 차입금 중 이른바 기채를 인정한다면 이의가 없으나, 만약 그렇지 않다면 기채를 인정하는 조항을 넣어야 한다.

(3) 사용료 수수료 징수에 관한 규정을 추가하거나 위임규정을 만들 필요가 있다.

(4) 면비의 지불금 시효, 징수금 선취 특권과 시효 등에 관한 규정을 추가하든가, 위임규정을 두어야 한다.

(5) 면비의 공동사업 관리 방법에 관한 규정을 추가하거나 면비령을 수정할 필요가 있다.

(6) 면의 일부가 소유한 재산에 관한 규정을 추가하거나 위임규정을 둘 필요가 있다.

▲ 면에 관한 제도 (미정고, 법제국 참사관 안)

제1조 면은 면장의 수당 및 그 사무 집행에 필요한 비용을 부담해야 한다. 그 외에 면이 부담해야 할 비목은 조선 총독이 정한다.

제2조 앞 조항의 비목에 속하는 사업에서 생기는 수입은 면에 귀속한다.

제3조 면은 그 재산에서 생기는 수입과 앞 조항의 수입으로써 제1조의 비용을 지변할 수 없을 때는 부과금, 부역 또는 현품 등을 부과할 수 있다. 부과금, 부역 및 현품 등에 관한 사항은 조선 총독이 정한다.

(제3조 면비에 충당할 부과금의 종류, 제한, 납기, 징수, 감면, 기타 부과금 등에 관해 필요한 사항은 조선 총독이 정한다)

(제4조 면장은 면비로써 지변하는 사업을 위해 필요할 때에는 군수의 인가를 받아 부역 또는 현품을 부과할 수 있다)

제4조 면은 도장관의 인가를 받아 차입금을 얻을 수 있다.

(제5조 면비에 속하는 차입금을 얻을 경우에는 면장은 도장관의 인가를 받아야 한다)

(제6조 면비로써 지변할 수 있는 사업 중 두 개 이상의 면에 걸쳐 공동시설의 필요가 있는 경우에는 면장은 도장관의 인가를 받아 면비에서 그 비용을 공동 지출할 수 있다)

제5조 면의 구역 변경에 따라 필요하다고 인정될 때 도장관은 관계 면장의 의견을 들어 조선 총독의 인가를 받아 면의 재산을 처분할 수 있다.

(제7조 면의 구역 변경에 따라 필요하다고 인정될 때 도장관은 관계 면장의 의견을 들어 조선 총독의 인가를 받아 면비에 속하는 재산을 처분할 수 있다)

제6조 면장은 매 회계연도 면의 수입 · 지출 예산을 만들어야 한다.

(제8조 면장은 매 회계연도 면비의 수입 · 지출 예산을 만들어야 한다)

부칙: 본령 시행 기일은 조선 총독이 정한다.

(부칙: 본령 시행 기일은 조선 총독이 정한다. 종래 면에 속한 재산은 면비에 속하는 것으로 한다)

▲ 1917년 4월 1일 사와다 참사관이 우사미 내무부 장관에게

법제국 수정안은 그 취지가 원안과 큰 차이가 없음. 결국 조문의 삭제 및 수정은 많으나, 조문을 정돈하고 면이 공공단체임을 명확히 하는 것을 가능한 한 피하는 것으로 해서 총독에 위임하는 범위를 확대함. 내용에 관계있는 것은 1조의 수정과 기재의 조건 정정, 27조 삭제 등에 불과함. 수정안은 어제 송부함.

저의 귀임 건은 아키야마 참사관과도 협의했고, 대체로 총독부의 취지도 관철했으므로 설명을 위해 예정대로 귀임하는 것이 어떠한지 다시 지휘해 주시기를 기다림.

▲ 1917년 4월 2일 아키야마 참사관이 우사미 내무부 장관에게

면제에 관해 법제국은 결국 총독부 제안의 취지를 수용하여 대체로 원안을 기초로 하여 수정안을 냈고, 사와다 과장과 제가 법제국에 가서 심의·보충한 결과, 실행에 지장이 없다고 인정되어서 총독부의 동의를 얻기 위해 사와다 과장을 지급히 귀임시키고자 하는데 이의 없으십니까.

▲ 1917년 4월 3일 사와다 참사관이 우사미 내무부 장관에게

4월 2일 "귀임해도 지장 없음"이라는 우사미 장관의 전보에 따라 출발 보고함.

〈자료 192〉 면 행정지침 [요시무라 덴(吉村傳), 1916, 『面行政指針』]

(상략-편역자)

제2항 면의 행정

제1목 면의 성질

면의 법률상 성질은 최하급 행정구획이요, 면장은 즉 그 시행기관이라. 행정구획이라 함은 지방 단체가 아님을 말함이니, 즉 사업 및 재산의 주체됨은 원칙을 하여 그 권한에 속함이 아니오, 단순히 예외의 경우에 있어서 상급 관청의 명령을 따라 사업의 경영 및 재산 소유를 인정하는 것이 있음에 불과하니, 즉 그 행하는바 행정은 중앙 행정의 일단에 불과함이니라.

그러나 면 경비는 면제 제3조에 따라 면의 부담이 되는 고로, 면비의 수입 및 지출에 대해서는 면은 일종의 권능과 의무를 가진 것이라 함이 가하도다. 요컨대 면은 최하급의 행정구획으로 됨은 내지의 시정촌과 동일하나 지방 단체가 아닌 점에서 다름이라.

제2목 면 행정의 범위 및 가치

앞에 술한 바와 같이 면은 행정구획으로서는 그 위치가 최하급에 있으나 이는 감독상 지칭에 불과함이요, 그 내용에 이르러서는 극히 광범하여 거의 국가행정의 전부를 포함하여 이를 직접 인민에게 시행하는 기관이라. 혹 상급 관청의 취지를 철저하게 하며, 혹 그 지휘·감독을 받아서 법령을 주지케 하며, 산업 경제, 위생 및 풍교 등에 있어서도 하나라도 그 힘을 갖추지 않는 것이 없은즉, 실로 행정의 근본은 면 행정에 있다 해도 과언이 아니로다.

제3항 면의 기관

제1목 면장

면의 행정상 위치가 극히 중대한 것은 전 항에 기술한 것과 같거니와 그 전 책임을 양 어깨에 진 것은 면 이원이고, 그중 면장이다.

인생의 쾌사가 적지 않으나 그 신(身)을 수(修)하며, 그 가(家)를 제(齊)한 후에 공공의 사업에 헌신 진력해서 영원한 공과를 후세에 남기는 쾌사와 같은 것은 없을지라. 고어에 말하길 호랑이는 죽어서 가죽을 남기고, 사람은 죽어서 이름을 남긴다고 한즉, 세도(世道)와 인심을 보익(補益) 하며 영구한 기념을 사람의 심령에 남길 자는 공공적 사업에 진력하지 아니하면 불능할지로다.

공공적 사업도 많은 것은 아니로되, 조선 현재 상태에 있어서는 오인은 면 사업에 진력함을 가장 지대하다 하노니, 왜냐면 조선 1,400만의 창생은 지금 총독 정치하에서 착착 진보하여 신기운에 향하는 터이나, 그 지식과 경험이 아직 새로운 운을 이용할 정도에 이르지 못하였은즉, 직접 그 손을 써서 지도하는 헌신적 인사를 요구함이 통절할지라. 그러한 인사는 면장 이하 면 이원이 아니면 구할 곳이 없을지니, 즉 면장 이하 면 이원은 가장 공공적이요, 또 명예가 있는 직무를 집행할 수 있는 지위에 있다고 할지로다.

그러나 지대한 쾌사에는 반드시 지대한 고로(苦勞)가 따르니, 면장 이하 면 이원의 직무도 가장 고로가 다대한 것의 하나이라. 그러나 그 직무가 공공적이요, 또 신성한 것을 잊지 않으면 능히 그 노고를 돕고도 남을지라.

면장은 종래 하등의 우우(優遇)를 받은 바 없고, 이원 역시 스스로 비하하는 마음을 품지 않은 자 없으나, 중요하고 고상한 직무에 위치한 자 됨으로써 지방관 관제 및 면에 관한 규정에 있어서 그 위치를 명백히 하여 이를 판임 대우로써 하고, 그 임명 또한 군수의 신청에 따라 도장관이 이를 행함이오. 그리고 각 관청도 항상 그 대우의 향상을 도모하는바, 그 선임에 대해서도 덕망, 세력, 자산 등에 비추어 가장 신중한 전의(詮議)를 행하는 바이라. 고로 면장의 직무를 받은 자는 항상 자중하고 수양을 태만히 하지 않고, 면의 책임자로서 면 행정의 주뇌(主腦)되는 것을 조금이라도 잊지 말지니라.

일본에서는 휴직·퇴직 중 칙임 주임의 문무관 등이 자진하여 시정촌장(면장에 해당함)의 직에 취하여 수십 년의 긴 세월에 예의(銳意)로써 정촌을 다스리는 데 진력하는 자가 적지 않으니, 시정촌 및 면 사업과 같이 공공적 사업에 진력함은, 즉 공덕적 정신의 발휘로 사회 도덕상 가장 존경할 것이며, 국가사회도 이들 인사에 대하여 경의를 표해야 한다. 장래 조선에서도 그 기운이 도래함은 자연스러운 추세라. 그런즉 이미 그 직에 있는 자는 더욱 분려하고 자중자애하여 헌신적으로 그 본분을 다해서 세(世)의 의표가 될 열매를 거두길 바라노라. 고어에 말하길 스스로 가벼이 여기는 자는 타인도 그를 가벼이 여긴다고 했으니, 금일의 면 이원에 대하여 가장 적절한 말이라 할지로다.

제2목 면서기

서기는 면장의 보조기관으로서 그 지휘·감독을 받아 사무에 종사하며, 면장의 결원 또는 사고가 있을 때는 그 상석 서기가 이를 대리하는 바이라.

이상과 같이 중대한 직무가 됨으로써 면서기는 면장의 의견을 청하여 군수가 이를 임명하여 그 위엄을 지키게 함이라.

면장은 항상 내외의 응접에 분망하므로 면 사무에 대해서는 면서기가 예의(銳意)로 이에 종사하여 추호도 흠결이 없도록 노력해야 하는즉, 면장과 면서기는 소위 순치보차(脣齒輔車)의 관계에 있다 함이 가하도다.

제3목 동장·이장

동장·이장은 면장의 지휘를 받아 동리의 구역에서 면 사무 시행을 원조함으로 그 인민에게 직접적인 점에서 중요한바, 이 면장에게 불하한 자이니, 즉 면장은 오로지 동장·이장에 따라 그 활동을 하는 것이라 해도 가하다.

동장·이장의 적부 여하는 행정 효과에 그 영향을 미치며, 인민의 이해에 소장(消長)을 가져오는 자이다. 동장·이장이 일단 성의가 없으면 하의상달할 수 없을 뿐 아니라 위정자의 취지를 또한 인민에게 철저하지 못하여 그 불행을 추측하기 어려운 바이라. 혹은 봉급 수당의 부담을 고창하며, 혹은 그 직을 비천하다 하여 스스로 가벼이 여기는 자가 있어 치정의 혜택이 흡족치 못함에 이르는 느낌이 있으니, 이 어찌 개탄치 아니리오.

조선은 고래로 공자·맹자의 덕풍이 융성함에도 불구하고 최근 이래 유식자의 덕의심도 소마(消磨)되었은즉, 동장·이장된 자는 능히 이를 유의하여 주민 복지의 증진을 노력하며, 자중자애하여서 그 천분을 다하지 아니함이 불가하도다.

제2장 집무

제1항 면 사무처리

면의 처무는 1913년(大正 2) 4월 1일 훈령 제5호 면 처무규정에 의함을 요하노니(특별한 규정이 있는 것 및 본 규정에 규정하지 않은 사항에 대해서는 해당 규정 및 상급 관청의 지휘·명령에 따름은 물론이라), 즉 면 사무의 처리는 모두 준승을 본 규정을 지키고 추호라도 위반 없도록 기함을 요하나 실제에 있어서는 위법의 처리가 있음을 면할 수 없으니, 이는 필경 규정의 연구가 충분하지 못하고, 또 주의가 주도하지 못함에 기인함이라. 고로 이에 대해 이하에 상설(詳說)을 시(試)코자 하노라. (하략-편역자)

〈자료 193〉 면제 설명서(朝鮮總督府 編, 1917, 『面制說明書』, 朝鮮總督府)

제1장 총설

본년(1917-편역자) 6월 공포되어 10월 1일부터 시행되는 면제는 조선의 시세 민조와 구관고례를 참작하고, 면민의 행복을 증진하며, 지방 개발을 도모하기 위해 제정된 것이다. 지방 주민의 행복을 증진하기 위해 종래 국비, 지방비, 임시은사금 등으로 제반 시설을 하고, 도로, 교량, 항만 축조, 농사, 양잠, 축산, 수산, 임업, 공업 장려, 교육 보급, 위생 개선 등에 노력해온 것은 제군이 이미 알고 있는 바이다. 그러나 이 경비로 사업을 경영할 범위는 매우 광범위하고, 조선 전체 또는 1도 전부에 걸친 것이므로 하나의 지방, 하나의 국부(局部)에 관계하는 극히 미세한 점까지 행하는 데 있어서 경영이 매우 곤란하다 말하지 않을 수 없다. 그래서 사업 경영에 따라 이익을 얻는 자로 하여금 그 비용을 부담시키고자 면으로 하여금 새로 면내 주민의 이익 증진에 관계있는 사업을 경영할 수 있다고 인정함과 함께, 이에 필요한 비용은 그 면민에게 부담시킴으로써 국비, 지방비, 은사금 등에 따라서 경영하는 사업의 부족한 점을 채우고, 더욱 지방민의 행복을 증진시키는 것을 기했다.

이상 설명에 따르면 면제는 일견 종래 존재하지 않은 새로운 제도를 둔 것처럼 보이나 이는 피상적인 관점이고, 실질적으로는 고래의 관례 및 현상과 크게 다른 점이 없다. 고래 조선에서도 도로, 교량, 도선 등은 그 관계있는 지방민이 이를 축조·유지하고, 송계(松契)를 만들어 산림을 보호하는 등 한 지방에서 그 지방의 공익 증진을 도모한 예가 있다. 단지 한국정부 시대에는 지방 주민의 복리증진을 목적으로 할 소위 조장 행정이란 것은 거의 유의할 만한 것이 없어서 그 예가 없을 뿐이다. 그런데 병합 후 신정이 행해지자 정부는 오로지 지방민의 행복 증진을 염두에 둠으로써 여러 조장 행정사무를 일으켰고, 혹은 도로계 혹은 도로협의비를 만들어 도로, 교량 등을 축조하고, 도선계를 만들어 도선을 경영하고, 위생 조합을 만들어 위생 개선을 기하고, 소방조를 만들어 화재의 소방을 도모하고, 또 협의비에 따라 모범림, 묘포, 채종전, 모범 상원(桑園), 산업강습회 등을 만들어 농사, 양잠, 임업 등의 장려에 이바지하는 등(이 예는 각 군에서 그 지방에 적절한 것을 선택한 것) 각종의 시설을 하고 있다. 면제는, 즉 면에서 이들 사무를 경영할 수 있는 것을 인정한 것이며, 실질적으로는 현상의 종합 외에 다름 아니다. 단지 종래와 다른 점을 들면 이들 사무의 대다수는 법령에 따라 인정되지 않고 단순히 지방의 필요에 응했기 때문에 그 사업마다 조합, 계, 협의비 등을 만들어 이를 경영하는 데 불과했지만, 면제에서는 사업마다 조합, 계, 협의비 등을 만들 것도 없이 명문화된 법에 따라 이들 사무를 면에서 통일적으로 경영할 수 있도록 인정한 점에 있다. 그리고 이렇게 면으로 통일·경영하는 것을 인정한 것은 큰 이유가 있는데, 한마디로 정리하면 면민의 부담을 경감시키기 위해서다. 상술한 바와 같이 사업 시설이 필요할 때마다 조합, 계, 협의비 등을 만들어 이를 경영하는 것으로 하면 그 조합, 계, 협의비마다 그 관리자가 다름으로써 각자 자기가 담임한 사업의 공과를 거두기에 급급하여 각 사업 사이의 완급과 필요·불필요와 지방민의 부담 경중을 고려한다는 생각이 결핍되기 때문에 자칫하면 그 부담이 과중한 경향이 있다. 그런데 이를 면에서 통일적으로 경영하면 면민 부담의 경중과 사업의 완급을 충분히 참작하여 이를 경영할 수 있으므로 면민의 부담을 과중시킬 우려가 없고,

사업 경영상에서 보아도 지방민의 부담도 극히 적당한 것이라 생각되는 것이다.

면제는 앞에서 말한 바와 같이 지방민의 행복 증진을 주안점으로 하여 제정된 것으로서 장래 면에서 점차 공익적 시설의 확충을 도모하고, 면민의 복리 증진에 노력할 것을 크게 희망하는 바이다. 그러나 조선의 현상을 보면 병합 이래 관의 시설과 지방민의 노력에 따라 제반 사무가 착착 개선·진보를 보기에 이름과 함께 생활 상태도 점차 개선되고, 옛날과 같은 피폐한 상태는 없으나 아직 도로 개선, 산업 장려, 위생 개량 등 현재 시설은 만족할 만한 것은 아니다. 장래 그 개선 충실에 관해 시설할 사항이 매우 많다. 더욱이 주민의 생활 정도는 아직 치산의 길을 얻는 데 불과하여 생계상 여유에 이르기에는 이를 장래를 기약해야 할 상태이다. 따라서 장래 면 사업 경영은 힘써 면민 부담을 증가시키지 않고, 지방 개선·진보에 이바지하는 것을 기하며, 가령 공익상 필요에 기초한다고 해도 면민 부담을 증가시키는 것은 매우 신중해야 한다. 이로써 당분간 현재 조합, 계, 협의비 등을 두어 경영하는 각종의 사업 내에서, 면의 사업으로서 경영할 수 있는 성질의 것은 이를 면에 통일하여 그 착실한 발달을 도모하는 데 그치고, 장래 민도 향상에 따라 서서히 그 시설을 확장하는 방침으로 임해야 한다.

면제를 제정한 취지는 대략 전술한 바와 같고, 면의 직원, 면의 수입, 면의 재무 취급 수속 등은 대체로 종래의 예에 따라 다소 변경을 가한 데 불과하다. 지금 종래와 다른 주요한 점을 들면 다음과 같다.

1. 면은 사업을 경영할 수 있음
2. 내선인 다수가 집단적으로 있는 면에서 조선 총독이 지정한 것에는 상담역을 두고, 또 부채를 일으킬 수 있음
3. 동장·이장을 폐지하고, 새로 구장을 둔 것
4. 호별할, 지세할 외 부과금 및 사용료, 수수료 등을 징수할 수 있음
5. 재무 수속을 상세히 규정한 것
6. 면 조합을 만들 수 있음

이들에 관한 상세한 것은 이하 순서에 따라 설명할 것이다.

제2장 면의 사무

면은 면제에 따라 사업을 경영할 수 있으나 그 처리할 사무 범위는 '법령에 따라 면에 속한 사무'에 한한다(제1조). 그러므로 법령에 따라 면에 속하지 않은 사무는, 가령 공익상 필요하다고 인정된다 해도 자유롭게 이를 처리할 수 없다. 그리고 현재 법령에 따라 면에 속한 사무는 (1) 면제 시행규칙에 규정한 사무와 (2) 기타 법령에 규정한 사무로 구별할 수 있고, 항목별로 이를 해설하겠다.

제1절 면제 시행규칙에 규정된 사무

면제 시행규칙에 따라 면에 속한 사무 범위는 다음과 같다(1조 1항).

1. 도로 교량, 도선, 하천 제방, 관개 배수
2. 시장, 조림, 농사, 양잠, 축산, 기타 산업 개량 보급, 해조충 구제
3. 묘지, 화장장, 도장, 상수, 하수, 전염병 예방, 오물 처치
4. 소방, 수방

이상 열거한 사항은 원래부터 면에서 경영할 수 있다고 인정한 것이다. 각 면으로 하여금 이들 사무를 경영시킨다는 취지와 다름 아니다. 따라서 면의 실상과 사무 정도에 맞추어 이를 잘 취사선택하는 것으로 한다.

이상과 같이 면 사무는 제한되어 있으나 면 상황에 따라서는 전기 이외의 사무를 처리할 필요가 생기므로 그 경우는 조선 총독의 인가를 받아 그 사무를 처리할 수 있다(1조 2항). 이렇게 면 사무의 종류를 한정한 것은 앞에서 서술한 것처럼 면제는 주로 지방 사무를 통일·정리할 목적으로 제정된 것임에 의한다. 현재 상황에서는 면에서 전게한 사무를 처리할 수 있고, 대체로 그 목적을 달성할 수 있음과 함께 민도가 아직 낮아서 면의 자금력 역시 매우 적으므로, 당분간 극히 필요한 것에 한정하여 이를 처리할 수 있는 것으로 하여 면민의 부담 증가를 방지하고, 면의 확실·원만한 발달을 기한 것에 다름 아니다. 그리고 전게 사무 중 도장, 공동정호, 공동변소, 묘포, 채종전, 도로 개수, 농업상 간이강습회 등 같은 것은 현재 이미 그 필요

성이 대두하여 조합 혹은 계의 사업으로 하고 또는 면민의 공동사업으로 하여 이를 경영하는 곳이 많다. 이들은 면에 통일·경영시킬 방침이라 해도 사업 경영은 곧장 면민의 부담에 영향을 주는 한편, 앞에 서술한 것처럼 면민의 부담력은 아직 박약하므로 이를 정리·통일하는 데 힘써 면민의 사실상 부담을 증가시키지 않고 종래 필요한 비용 범위 내에서 이를 처리할 방침하에 경영하는 게 필요하다. 그리고 면제 시행 때 협의비 등에 따라 면장이 관리해온 사무와 위생 조합 및 소방 조합 사무 등은 면에 인계하여 처리하는 것, 그리고 면제 시행 때 현재 면에서 처리하는 사무 외에 새로 면제 시행규칙 제1조 제1항 각 호에 해당하는 사무를 처리할 때는 사무의 종류, 경영이 필요한 이유, 경영의 방법, 경비 및 그 지변 방법 등을 갖춰 도장관의 승인을 받아 그 후 예산을 짜는 것으로 한다. 새로운 사업의 경영은 직접적으로 면민의 부담을 증가시키므로 그 부담력에 응함과 함께 사업의 남발을 피하게 한다.

면제 시행규칙 이외의 법령에서 면에 속한 사무는 시행규칙 제1조에 소위 "따로 정한 것"에 해당하고, 각각 법령에 따라 판단해야 한다. 그리고 "따로 정한 것"이란 종래 법령의 규정에 따라 면에 속한 것은 물론 장래에도 역시 법령으로 이를 속하게 할 것이 예상되는 것을 말한다. 현재 국세 징수령 시행규칙으로 면이 어떠한 종류의 국세를 징수하고, 지방비 부과금 징수 규칙으로 지방비 부과금 징수를 하고 있는 것처럼, 또 인감증명 규칙에 따라 면에서 증명해 주는 것 등은 종래 법령 규정에 따라 면이 처리할 사무를 정한 것의 일례이다.

또 한마디 할 것은 면에 속한 사무와 면장에 속한 사무의 구별이다. 면에서 처리할 사무는 면제 시행규칙 및 다른 법령이 정한 2~3가지에 한정되어 있으나, 면장은 면의 사무 담임자인 동시에 나라의 사무에 관해서는 군수·도사를 보조하는 직책이므로 면장이 처리할 사무는 이외에 여러 가지가 있음을 잊어서는 안 된다. 예를 들면, 근검저축 장려, 민적 사무, 교육 사무, 각종 통계 조사, 지방비 및 임시은사금 사업 보조 등 다양한 사무는 면의 사무는 아니지만, 면장이 처리하는 직책임은 물론이다.

제3장 면 직원

면 사무를 처리할 면 직원은 면장, 면서기, 회계원 및 구장 등으로, 종래의 예와 크게 변경된 점은 없다고 해도 특수한 사정이 있는 면에 한해 자문기관으로서 상담역을 두었다.

제1절 면장

제1목 면장의 지위

면장은 종래 군수·도사의 지휘하에 나라의 행정사무 중 면내에 관한 것을 보조 집행하는 데 그쳤으나, 이후는 종래 직책에 더하여 새롭게 생긴 면 행정에 관해 일체의 사무를 담임하는 것으로 되어 그 직책이 크게 중요해졌다. 즉 면장은 금후 면에서 경영할 사업 및 면 사무의 정돈 여부는 물론 면민의 복지 증진, 면내의 타협 등 여러 가지에 관해 책임을 가지게 되었다. 흡사 면내의 수장과 같은 관계가 생기기에 이르렀다. 고로 면장은 장래 일층 그 직무에 근면하고 또 언동을 신중히 하여 면민의 모범이 될 마음가짐이 필요하다. 그리고 그 직책을 면장이라고 봉한 것은 종래에 비해 일층 그 사람의 명예라고 생각한 것이나 면장의 지위가 이렇게 중대한 것은 곧 면 사무가 중대한 것에 다름 아니다. 면장은 법령에서 제시하는 바에 따라 항상 군수 또는 도사의 감독을 받아 그 사무를 집행하는 것으로 한다.

제2목 면장의 임면

면장의 임면은 종래와 다를 바 없다. 조선 총독이 정한 면에 관한 규정 제2조에 따라 도장관이 관장하는 것으로 한다. 그리고 도장관이 면장을 임명할 경우 참으로 그 면의 대표자로서 면민을 이끄는 데 충분하다고 생각되는 인물을 기용할 것으로 생각된다. 면장도 역시 이심전심으로 관의 기대에 부합하는 것을 염두에 두어야 할 것이다.

제3목 면장의 직무

면장은 군수·도사가 행하는 나라의 행정사무 중 그 면내에 관한 것을 보조집행 하는 것 외에(지방관 관제 25조 2항) 면제에 의한 면 사무의 일체를 담임하고, 안에서는 면 사무를 집행하고 밖에 대해서는 면을 대표하는 자이다(제2조).

면제에 의한 면의 사무 중 면장이 담임할 주요한 것을 들면 다음과 같다.

1. 재산 및 영조물 관리
2. 세입·세출 예산 작성 및 그 시행
3. 결산 작성

4. 수입·지출 결정 및 회계 감독

5. 증서·공문서류 보관

6. 사용료, 수수료, 부과금 및 부역 현품 등의 부과·징수

7. 기타 법령에 의한 위임 사무 집행(국세, 지방비 부과금 징수, 인감증명 등)

이상은 면장의 담임 사무 중 면의 사무만 게재한 것이고, 이외에도 면장으로서 처리할 다수의 사무가 있다는 점은 앞에 설명한 바와 같다.

제4목 면장의 복무와 징계

면장은 그 직책이 중대하므로 이를 완전히 하기 위해서는 일정한 규율에 복종해야 한다. 이것이 면장 및 면 이원 복무규율을 발포한 이유이다. 동 규율의 주안점은 (1) 충실·근면·직무에 앙장(鞅掌)[28]할 것(1조), (2) 염치를 중시하고 품위를 지킬 것(2조), (3) 직무상 비밀을 지킬 것(3조) 등 세 가지에 있는 것처럼 이러한 의무를 완전히 하기 위해서는 (1) 사람을 접할 때는 항상 공평할 것(2조 2항), (2) 재판소에서 직무상 기밀에 속한 사건에 대해 심문을 받을 때는 군수 또는 도사의 허가를 받아 그 후에 이를 진술할 것(3조 2항), (3) 직무상의 것에 관해 자기 또는 타인에게 증여 기타 이익을 공급하는 약속을 하지 않을 것, 또 그 직무상의 일에 관해 증여 등을 받을 때는 군수 또는 도사의 허가를 받을 것(4조), (4) 군수 또는 도사의 허가를 받지 않고 함부로 여행 등을 하지 않을 것(5조), (5) 면과 취인관계의 자, 면의 금전을 보관하는 자, 면의 보조금을 받은 자, 면과 토지 기타의 것에 관해 매매, 증여, 대차 등 계약을 한 자, 면 때문에 이익을 얻거나 또는 얻으려는 자로부터 향응을 받지 않을 것(6조), 만약 면장이 이상의 의무에 위배되어 면장 징계 규정에 따라 면직 또는 견책 처분을 받는 것 중 면직 처분을 받을 때는 2년간 관직에 나아갈 수 없다.

제5목 면장의 수당과 여비

면장의 수당과 여비는 종래와 다를 바 없이 면에서 지출한다(면에 관한 규정 제3조). 그 액수

28 매우 바쁘게 일함, 일을 맡아 봄.

및 지급 방법은 도장관이 정한다.

제2절 면서기

제1목 면서기의 지위

면서기는 면장의 명에 따라 면장을 도와 면 사무에 종사하는 유급의 면 이원이다(3조 3항). 종래에도 사실상 면에 면서기를 두었으나 이는 법령 규정에 의한 것이 아니고 단순히 실제상 필요에서 나온 것에 불과했는데 면제에서는 이를 규정함으로써 그 지위를 확실히 했다.

제2목 면서기의 정원

면제 시행규칙에서는 면에 면서기를 둔다(2조 1항)고 규정함으로써 반드시 각 면에 이를 둘 필요가 있다. 면 사무는 면장이 담임한다고 해도 면장 사무를 보좌할 부속원을 두지 않으면 면 사무 처리가 지극히 어렵다고 인정되기 때문이다. 그리고 면서기 정원은 도장관이 정한다(2조 1항). 고로 면 사무가 아무리 바쁘더라도 면장이 임의로 면서기를 증치하거나 또는 고원 등의 명목을 만들어 면서기의 대용으로 충당할 수 없다.

제3목 면서기의 임면

종래는 면서기의 임면에 관해 따로 법령으로 규정하지 않았으나 면제에서는 이를 군수 또는 도사가 임면하는 것으로 했다(3조 2항). 또 면제 시행 때 현재 면서기직에 있는 자는 새로 임명 수속을 요하지 않는 것으로 하고 당연히 면서기에 임하는 것으로 간주했다.

제4목 면서기의 직무

면서기는 면장의 보조자이고, 면장의 지휘 · 감독하에 그 분장한 사무에 종사한다(3조 3항). 면장 사고 시에는 상석 면서기가 그 직무를 대리하고 이 경우 당연히 면장 직무를 집행하는 것으로 한다.

제5목 면서기의 복무와 징계

면서기의 복무상 의무는 면장 및 면 이원 복무규율에 정한 바이고, 대체로 면장과 동일하다. 따라서 이를 상술하지 않으나 다른 점을 들면 여행 등 직무상 거주지를 이탈하는 경우 면장은 군수·도사의 허가를 받을 필요가 있으나 면서기는 면장의 허가를 받는다. 또 면장은 면의 사무에 관계한 일정한 자로부터 전연 향응을 받을 수 없으나 면서기는 그자와 관계된 직무에 있는 자에 한해 이를 받을 수 있다. 만약 면서기가 이들 의무에 위배될 경우는 면장과 마찬가지로 징계 처분을 받는다. 단, 징계 처분의 종류 및 이를 행하는 자는 면장의 경우와는 달라서, 면서기는 징계 처분의 종류는 견책, 감봉 또는 해직 등 세 종류이고, 또 이를 행하는 자는 군수 또는 도사이다. 면서기는 유급의 면 이원이며, 급료를 받는 것이 본질이다. 면서기의 급료액, 여비액과 그 지급 방법 등은 군수 또는 도사가 정한다.

제3절 회계원

제1목 회계원의 지위

회계원은 면서기와 마찬가지로 종래 필요상 이를 둔 면이라 해도 따로 법령으로써 그 지위, 직책 등을 규정하지 않았는데, 면제에서는 명문으로써 이를 인정하고 그 지위 직책 등을 명확히 했다. 면제 시행규칙 제3조에서 회계원은 면서기 중에 이를 명하는 것으로 한 것은 회계원의 직무 집행에 관해서는 면장의 명을 받아야 하는 것을 명확히 함과 함께, 회계원으로 하여금 회계원 본래의 사무인 출납과 기타 회계 사무 외에 여유가 있을 경우 다른 일반 사무도 종사시키려는 취지이다. 따라서 출납이나 기타 회계 사무가 바쁘지 않은 면에서는 회계원으로 하여금 다른 사무에도 종사시킴으로써 면 사무의 진척을 도모한다. 또 회계원은 종래 가급적 이를 두지 않는 방침을 써서 면 경비 절약을 도모했으나 금후에는 면에 사업 경영 능력을 인정하기 때문에 회계 사무도 역시 번잡해질 것이고, 또 금전 출납을 명령하는 쪽과 금전 출납을 관장하는 쪽은 다른 사람이 맡는 것이 공무 취급상 오류를 방지하는 편의가 있으므로 면제에서는 원칙적으로 회계원을 두게 했다. 그러나 회계원으로 적당한 인물을 얻기 곤란하다든가 또는 취급 공금이 적어 특별히 회계원을 둘 필요가 없고 면장이 이를 처리할 수 있는 등 특수한 사정이 있는 면에서는 회계원을 두지 않는 것으로 한다. 이 경우 회계원이 처리할 사무는 면장 스스로 이를 처리한다.

제2목 회계원의 명면(命免)

회계원은 군수·도사가 명면 하는 것으로 한다. 그리고 회계원을 두지 않은 곳도 군수 또는 도사가 이를 정하고, 면장이 스스로 이를 정하지 않는다. 또 면제 시행 때 회계원직에 있는 자는 새로 임명 수속이 필요 없이 면서기로 임명되고, 또 회계원을 명받은 자로 간주되었다.

제3목 회계원의 직무

회계원은 '출납 기타 회계 사무'를 관장한다. 출납이란 면비에 속한 일체의 금전과 물품의 출납은 물론, 면에서 처리할 국가 및 다른 단체 등에 속한 금전의 출납도 포함한다. 회계원은 면장의 명을 받아 금전 물품의 출납 및 회계 사무를 관장하며 면장과 서로 대립하지 않으나, 회계원을 특별히 두는 것은 금전 출납 기타 회계 사무를 장리하는 자를 정하여 충분한 책임으로써 일을 처리시킨다는 취지이다. 앞에 서술한 것처럼 특별히 회계원을 두지 않는 경우, 회계원이 처리할 사무는 면장이 이를 장리하고, 이 경우 면제 시행규칙에서 회계원에 관해서 규정된 것은 면장에게 준용된다.

제4목 회계원의 복무와 징계

회계원의 복무와 징계에 관해서는 특별한 규정이 없으나 회계원은 면서기로서 면 이원의 신분을 갖는 자이므로 그 복무와 징계는 당연히 면서기와 동일하게 취급된다.

제4절 구장

제1목 구장의 지위

구장은 종래 동장·이장에 상당하는 자이다. 종래 면 사무는 면사무소에서 직접 이를 처리하고, 가능한 한 동장·이장을 번거롭게 하지 않는 방침을 써왔으나 사실상 동장·이장을 번거롭게 하는 것이 적지 않다. 또 장래에도, 가령 면 사무의 대부분은 면사무소에서 이를 처리하나, 어느 범위의 사무는 종래의 동장·이장과 같은 자를 두어서 이를 보조하게 하는 것이 면행정의 집행상 편익이 적지 않으므로 면제 시행 후에도 동장·이장과 유사한 구장을 둔 것이다. 그리고 구장은 원래 동민·이민의 운영자와 같은 것이라서 동리 내에서 유력한 인물을 세울 필요가 있으나 종래 동장·이장은 흡사 동리의 소사(小使)와 같이 간주되어 일반이 비하하는 풍습이 있다. 동리 내 유력자는 그 직을 맡는 것이 불결하다고 하는 상황이라서 면제 시행과 동시에 동장·이장이라는 명칭을 고쳐 구장이라 칭하고, 종래의 폐풍을 일소함으로써 적임자를 얻는 데 일조하도록 기했다. 따라서 이 취지를 면민에게 잘 주지시켜 동리 내의 유력자로 하여금 구장에 취임하도록 권유함과 함께, 동민·이민으로 하여금 구장을 존경하는 생각을 함양시켜야 한다.

제2목 구장의 정원

구장은 정·동·리의 구역에 1명을 두는 것을 원칙으로 하나, 군수 또는 도사가 특별한 사정, 즉 한 사람의 구장이 맡은 정·동·리 구역이 협소하고 호구가 지나치게 적다든가 또는 반대로 구역이 넓고 호구가 지나치게 많다고 생각되는 경우는 도장관의 인가를 받아 둘 이상의 정·동·리에 구장 한 명을 두고, 또는 하나의 정·동·리에 두 명 이상의 구장을 두도록 한다.

제3목 구장의 임면

구장은 무급이나 면서기와 마찬가지로 면 이원이므로 그 임면은 면서기와 동등하게 군수·도사가 관장한다. 구장 자격은 정·동·리 내에 주소를 가진 것 외에 특별히 규정은 없으나 앞에 서술한 것처럼 구장은 정·동·리 내에서 운영자임에 수치스러움이 없는 인물을 내세워야 하며, 그 신용, 덕망 등에서 구내의 대표적인 인물이 필요함이 물론이다. 그리고 면제 시행 때에는 종래의 동장·이장은 면서기의 경우처럼 곧장 구장에 임한 것으로 간주되지 않으므로 종래의 동장·이장은 모두 해직하고, 10월 1일에 새로 구장을 일제히 임명하는 것으로 한다.

제4목 구장의 직무

구장이 보조할 사무는 면 사무 중 그 정·동·리 내에 관한 것이다. 그러나 구장은 면서기와 달리 무급의 면 이원이라서 본래의 임무와 동시에 그 직무를 행하는 것이므로 그 사무는 가능한 한 이를 경감시키도록 해야 한다. 따라서 가령 정·동·리 내에 관한 사무라 해도 전부를 구장에게 보조시킨다는 취지는 아니므로 가능한 한 면사무소에서 이를 처리하는 방침을 채택한다. 대체로 면 사무 중 동리 내에 고지가 필요한 것, 면이 경영하는 사업 중 동리 내에 관계한 것 등에 대해 이를 보조시키는 정도에 그침으로써 면 행정 집행에 편리를 도모한다.

제5목 구장의 복무와 징계

구장 역시 면 이원이므로 그 복무에 대해서는 면장 및 면 이원 복무규율에 따르고, 또 직무상 의무에 위배되는 것에 대해 징계 처분을 받는 경우가 있다는 점에서 면서기와 다르지 않다. 다만 구장은 전무적(專務的)으로 면 사무에 종사하는 것이 아니므로 시행 등을 할 경우에도 따로 허가받을 필요는 없다. 또 무급이므로 감봉 처분을 받는 것이 없다.

제6목 구장의 비용 변상

구장은 무급의 면 이원이나 그 직무 집행상 필요한 비용의 변상을 받을 수 있다. 직무 집행상 필요한 비용이란 지필묵 값, 여비, 일당 등을 지칭하는 것이나 이들 개개의 실비를 계산해서 이를 지급하는 것은 면에서 보아도 본인이 보아도 모두 번거로운 일이므로 변상액 및 지급 방법은 도장관의 인가를 받아 군수 또는 도사가 정하는 것으로 한다. 그리고 구장이 되는 사람은 그 정·동·리 내에서 유력자이므로 이들에게 근소한 비용 변상은 그다지 필요하지 않을 것이다. 또 구장도 사실 명예직이고, 그 정·동·리를 위해 진력할 것을 희망하는 자라서 비용 변상을 지급하지 않아도 괜찮을 경우는 가급적 지급하지 않는 방침이다.

제5절 상담역

제1목 상담역의 지위

상담역은 앞에서 말한 것과 같이 특수한 사정이 있는 면에 한해 두는 것으로 한다. 시가지 등 내선인이 다수 모여 있는 면에서는 경영해야 할 사업이 적지 않다. 따라서 면민의 부담도 비교적 클 것이다. 특히 부채를 일으키는 경우 등은 면내 유력자의 의견을 들어 이를 참고로 한다는 취지이다. 그러나 상담역은 그 이름이 보여주는 것과 같이 면장의 상담 대상이지만, 쓸데없이 논의를 일삼는 것 없이 극히 간담적(懇談的)으로 면장이 자문하는 사항에 대해 의견을 말하여 착실하고 원만한 면 행정을 기하고자 진력하는 데 그 주안점을 둔다.

제2목 상담역의 정원

상담역을 두는 면은 조선 총독이 이를 지정하고, 그 정원은 조선 총독의 인가를 얻어 도장관이 정한다.

상담역은 면내에 주소를 가진 자 중에서 도장관이 명하는 것이며, 그 임기는 3년이다. 상담역은 면장의 자문에 응하는 자이므로, 면내의 사정을 잘 아는 지방의 선각자로서 부끄럼 없는 자를 선임해야 한다. 그리고 상담역은 일정한 기간 재직한다고 해도 만약 그 직무를 태만히 하거나 상담역 체면을 더럽히는 행위가 있을 경우 도장관이 이를 해임할 수 있다.

제4목 상담역의 직무

상담역은 앞에서 말한 것과 같이 면장이 자문하는 사항에 대해 각 사람의 의견을 말하여 면장이 참고하도록 하는 것을 그 직무로 한다. 따라서 상담역의 의견을 듣기 위해 상담회를 여는 경우에도 면장이 자문한 사항에 대해 그 가부를 결의해야 하는 것은 아니고, 각 사람이 그 의견을 말하는 것으로 충분한 것으로 한다. 상담역에게 자문할 사항은 관계 면에 대해 따로 지시되는 것이 있으니 이것에 의한다.

제5목 상담역의 비용변상

상담역은 구장과 동등하게 그 직무에 필요한 비용의 변상을 받을 수 있다. 그 변상액 및 지급 방법은 모두 군수 또는 도사가 정한 바에 의한다. 그러나 상담역은 구장과 동등하게 그 지방의 명망가를 선임하는 것이라서 작은 실비 변상 같은 것은 받지 않아도 하등 지장이 없는 사람들일 것이다. 또 본인이 보아도 이를 받지 않고 완전히 명예적으로 그 지방 사무에 진력하는 것이 속마음인 자도 있으리라 생각하니, 이를 지급하지 않아도 되는 경우는 가급적 지급하지 않을 방침이다.

제4장 면의 지출 및 수입

제1절 면의 지출

면이 지출하는 비용은 그 필요한 비용과 법령에 따라 면 부담에 속하는 비용 두 가지이다. "그 필요한 비용"이란 면에서 면제 시행규칙 제1조의 사무를 처리하기 위해 필요한 비용 및 다른 법령에 따라 면에 속하지 않은 사무를 처리하기 위해 필요한 비용(예를 들면 인감증명 또는 국세 및 지방비 부과금 징수에 필요한 비용 등)을 말한다. "법령에 따라 면 부담에 속한 비용"이란 본래 면에서 처리해야 할 사무가 아니지만 필요한 비용을 부담하는 경우를 말하는 것으로, 예를 들면 면에 관한 규정에 따라 면장의 수당 및 기타 사무 집행에 필요한 비용을 부담하는 것 등을 말한다.

제2절 면의 수입

면의 지출은 가능한 한 소유한 재산 또는 비교적 면민이 고통을 느끼지 않는 수입에 따라 이를 지변하는 것이 가장 희망적인 바이다. 면유재산 중 수익재산은 기본재산으로 이를 유지하고 또 사용료 및 수수료를 징수할 수 있다고 되어 있으나, 이들 수입만으로 면 경비를 지변하는 것은 현재 상태로 지극히 어려운 일이므로 부족한 경우에는 부과금 및 부역 현품을 징수할 수 있는 것으로 한다. 그 상세한 것은 이하에 설명하는 바와 같다.

제1목 재산 수입

면유재산은 이를 1. 공공의 쓰임에 제공하는 재산, 2. 공용으로 제공하는 재산, 3. 수익용에 제공하는 재산으로 나눌 수 있다. 첫째, '공공의 쓰임에 제공하는 재산'은 시장, 도장 등과 같이 소위 영조물을 구성하는 재산이며, 그 사용으로 생기는 수입은 사용료에 속한다. 둘째, '공용에 제공하는 재산'은 일반 공공의 쓰임에 제공하는 게 아니고, 면의 사무를 행하는 데 필요한 재산이다. 예를 들면 면사무소 건물, 부지, 비품 등이다. 그리고 이러한 종류의 재산은 수입이 생기지 않는다. 끝으로 '수익용으로 제공하는 재산'은 전답, 산림, 대가(貸家), 금곡(金穀) 등이며, 이것들은 모두 상당한 수입이 있다. 따라서 이들 재산은 적당히 이를 이용 관리하여 가능한 한 그 수입을 많게 함으로써 면민의 부담을 경감시키는 데 힘써야 한다.

제2목 사용료 및 수수료

면은 시장, 화장장, 도장, 도선 등 영조물을 만들어 인민의 편리를 도모하고, 특히 그것을 사용하는 자에 대해서 사용료를 징수한다. 또 일개인을 위한 인감증명, 신원 증명 같은 사무를 행할 때 그 보상으로 수수료를 징수하여 면의 재산으로 할 수 있다. 그러나 이들 요금을 징수하는 것은 면민의 부담에 영향이 있으므로 면에서 임의로 이를 징수하는 것을 허가하지 않는다. 만약 이를 징수하려고 할 때는 조선 총독의 인가를 받아야 한다.

제3목 기타 면에 속한 수입

앞 2항에 해당하지 않는, 즉 교부금, 보조금, 기부금 등은 면제 제7조 제2항에 소위 "기타 면에 속하는 수입"으로 이것들도 면비 지변의 재산으로 한다.

제4목 부과금

부과금은 앞 3항의 수입으로써 면 경비를 지변할 수 없는 경우에 징수할 수 있는 것으로 한다. 부과금은 면이 징수하는 면민의 부담 중 가장 중요한 것으로 면제 시행규칙에도 상세한 규정이 있다. 여기서는 항을 나누어 설명한다.

(1) 부과금 납입 의무자

부과금은 ① 면내에 주소를 둔 자, ② 3개월 이상 면내에 체재한 자, ③ 면내에서 토지, 가옥, 물건 등을 소유·사용·점유한 자, ④ 면내에 영업소를 만들어 영업하는 자, ⑤ 면내에서 특정한 행위를 하는 자에 대해서 부과할 수 있는 것이다. 그리고 위 5항목 중 ①·②, 즉 면내에 주소를 가진 자 및 3개월 이상 면내에 체재한 자에 대해서는 어떤 종류의 부과금이라도 그 부과 표준에 해당하는 것이 있을 때는 이를 부과할 수 있다. 그러나 ③·④·⑤, 즉 면 외에 주소를 갖거나 또는 체재하는 장소를 가지고 면내에는 단순히 토지, 가옥, 물건 등을 소유하고 사용 또는 점유한 자, 면내에 영업소를 만들어 영업하는 자 및 면내에서 특정한 행위(연극, 구경거리 등)를 하는 자에 대해서는 그 토지, 가옥, 물건, 영업 혹은 그 수입 또는 그 행위 등에 대해서만 부과금을 부과할 수 있다. 예를 들면, 지세할 같은 것은 면내에 주소를 가지고 또는 체재한 자가 아니라 해도 그 면내에 토지를 가진 이상은 부과할 수 있으나, 호별할 같은 것은 토지, 가옥, 물건, 영업 또는 특정한 행위 등을 부과 표준으로 하는 것이 아니므로 이를 부과할 수 없는 것으로 한다. 이것들에 대해서는 그 물건·영업소 소재의 면에서 부과금을 부과함으로써 중복 부과를 피하기 위해서다.

(2) 부과금의 종류

면에서 징수하는 부과금은 국세에 부가된 지세할 및 시가지세할, 호별할, 특별부과금 등 3종류이다.

① 지세할 및 시가지세할

지세할 및 시가지세할은 모두 지세 또는 시가지세에 더해진 부과금으로 균일한 과율로써 지세 또는 시가지세 납세의무자에게 부과한다. 그러나 예를 들면, 특별히 일부의 사람에게 수익이 있는 저수지 수축 등의 경우는 그 이익을 향유하는 것에 대해 도장관의 인가를 얻어 다른 사람보다 다액을 부과할 수 있으며, 이를 '균일하지 않은 부과'라고 한다.

② 호별할

호별할은 독립 생계, 즉 자기 소득에 따라 생계를 유지하는 자에 대해 그 소득, 자산, 생활 정도 등에 등급을 두어 부과하는 것이다. 그러나 면내 주민의 빈부 정도가 심하게 차이 나지 않아 그다지 불공평할 우려가 없는 특별한 사정이 있는 경우는 군수 또는 도사의 인가를 받아 등급을 두지 않고 곧장 각인에게 동일한 액수를 부과할 수 있다.

③ 특별부과금

특별부과금이란 특별히 필요한 경우, 즉 지세할 및 호별할을 징수해도 면의 지출을 충당하기에 부족하거나 또는 토지 상황에 따라 지세할 및 호별할에 의하는 것보다도 다른 과목을 두어 부과하는 쪽이 면민의 부담을 공평하게 하는 데 적당하다고 생각되는 경우에 새로 과목을 만들어 부과하는 것이다. 즉 영업할 및 잡종할 등이다. 그리고 그 부과목 및 과율 등은 지방 상황에 따라 각각 다르고, 미리 정하기 어려우므로 면제 시행규칙에는 이에 관해 상세한 규정이 없다. 따라서 면에서 이를 선택하여 조선 총독의 인가를 받아 정해야 한다. 또 특별부과금은 징수 등이 번거로우므로 특별히 필요한 경우 외에는 만들지 않도록 한다.

(3) 부과금의 과율 제한

면에서 필요한 만큼 부과금을 징수할 수 있게 하고 하등의 제한을 두지 않을 때, 때때로 면민의 부담이 과중하여 고통 받는 경우가 없도록 하기 위해 면제 시행규칙 제17조로 그 과율의 제한을 만들었으며, 다음과 같다.

① 지세할: 지세 1원에 대해 평안남도, 평안북도, 강원도, 함경남도, 함경북도 등

에는 46전, 기타 도에는 23전

② 시가지세할: 시가지세 1원에 대해 40전

③ 호별할: 납입의무자 평균 1인에 대해 45전

그러나 천재지변 등 특별히 다액의 경비가 필요하거나 또는 재원이 매우 적다든가 해서 도저히 제한액 범위 내에서 필요한 경비를 지변할 수 없는 경우에는 조선 총독의 인가를 받아 제한액을 초과하여 부과할 수 있다.

끝으로 한마디 할 것은 이번에 정해진 제한액은 종래의 제한액에 비해 호별할, 지세할 모두 그 과율을 증가시켰다. 면은 새롭게 사업을 경영할 수 있으므로 종래의 제한액으로는 그 경비를 지변하기 곤란하다고 생각되어 그 자원을 부여한 것이다. 따라서 가령 제한액은 증가되었다 해도 금후 별로 사업을 경영하지 않는 면에게는 물론 그 부과액을 증가하여 이를 사무비에 충당하는 것을 허하지 않는다. 또 사업 경영에 있어서도 종래 그 사업을 위한 회비, 조합비, 협의비 등으로 징수하고 있었던 액수 정도로 이를 징수하고, 함부로 면민의 부담을 증가시키지 않는 방침이니 이 점에 깊이 주의할 필요가 있다.

(4) 부과금의 납입 연기 및 감면

한번 부과된 부과금은 가능한 한 징수에 조력하는 것이 면의 경비 지변상 가장 필요한 일이나, 납입의무자 중 천재지변 등 때문에 손해를 입거나, 또는 빈곤한 상태가 특별히 심한 경우 등의 사유에 따라 도저히 그 부담을 감내할 수 없는 자에 대해 면장은 군수 또는 도사의 인가를 받아 납입기일을 연기 또는 납입액을 낮추거나 면제할 수 있다.

다음으로 다음 토지에 대해서는 특히 군수 또는 도사의 인가를 얻을 것도 없이 당연히 지세할 및 시가지세할을 면제한다. 이미 국세도 면제된 경우로 면 부과금 역시 면제하는 것이 상당하다고 인정되기 때문이다.

① 나라, 도(지방비 및 임시은사금을 포함), 부, 군, 면 또는 조선 총독이 지정한 공공단체(현재로서는 학교조합, 수리 조합 및 공립 보통학교)에서 공용 또는 공공의 용도로 제공하는 토지

② 저수지

③ 천재지변에 따라 토지 형상이 변하거나, 농작지가 해를 입거나, 수확이 없게 된 경우에 지세 또는 시가지세를 면제한 토지

④ 지세를 부과하지 않은 토지에 노력과 비용을 가하거나 해면, 수면, 섬 등에 노력과 비용을 가하거나 지세, 시가지세 등을 부과하는 토지라 해도 지세, 시가지세 등을 면제받은 토지

그리고 위 ①의 토지에 대해서는 만약 그 토지가 개인으로부터 유료로 빌렸을 때는 그 소유자에 대해 지세할 또는 시가지세할을 부과하는 것은 지장 없다.

(5) 부역 현품의 부과

부역 현품 역시 면 공과(公課)의 일종으로 이를 강제로 징수하여 경비의 재원으로 한다는 점에 있어서는 부과금과 다를 바 없다. 금전 경제가 발달한 금일에 공과는 금전으로 징수함이 원칙이나 산간벽지의 면 같은 토지 상황 및 도로 교량 수축, 유지 등과 같은 사업 종류에서는 오히려 노력 또는 물품을 징수하는 게 편리한 경우가 없지 않다. 이것이, 즉 부역 현품의 부과·징수를 인정한 이유이다. 그리고 법규 중에는 부역 현품의 부과에 관해 제한을 두지 않았는데, 어떠한 경우에 있어서도 부역 현품을 부과하는 데 지장이 없다 해도 대체로 종래의 관례에 따라 도로 개수, 모범림, 식수 등 특수한 사유가 있는 것만에 국한하는 게 온당하다. 그리고 부역 현품은 이를 금액으로 환산하여 부과하고, 부과를 받는 자는 스스로 출역하든가 대신할만한 다른 적당한 사람을 출역시키든가 또는 환산 금액을 납부하는가는 그 의사에 따른다. 그러나 지정일에 부역에 출역하지 못해서 체납 처분을 받은 경우에는 그 환산 금액을 징수해야 한다. 그리고 부역 현품 부과는 군수 또는 도사의 인가를 받아야 한다.

(6) 몇 명 또는 면의 일부에 대한 부과

면에서 시설 경영하는 사업은 면민 전반의 이익을 위하는 것을 본의로 하므로 통례적으로 그 비용은 면민 일반으로부터 징수하게 되나, 예를 들면 동리 내의 토지에만 물을 대는 저수지 수축 같은 경우에는 그 이익을 받는 것이 면의 일부에 한정되므로 이

런 경우에는 도장관의 인가를 받아 그 사업 때문에 이익을 받는 특정한 자 또는 해당 부락의 사람에 대해서만 부과금 및 부역 현품을 부과할 수 있다. 이런 경우에는 그 이익을 받는 자들에게만 그 경비를 부담시키는 게 적당하다고 생각되기 때문이다.

제5목 면의 수입 징수 방법

면의 수입은 공법상 수입과 사법상 수입으로 나눌 수 있고, 사법상 수입 징수에 관해서는 특별한 수속을 요하지 않으므로 그 설명을 생략한다. 공법상 수입 중 인민이 납입 의무를 갖는 부과금, 부역 현품, 사용료, 수수료 등의 징수 방법에 대해 설명하겠다.

(1) 징수 기일

전술한 수입은 매년 일정한 기일에 징수하는 것과 수시로 징수하는 것 두 가지가 있다. 사용료·수수료는 대부분 후자에 속한다. 부과금의 다수는 전자에 속한다. 부과금 중 지세할 또는 시가지세할 및 호별할은 특별한 사정에 따라 군수 또는 도사의 인가를 받은 경우 외에 지세 또는 시가지세 및 호세와 동시에 징수한다. 즉 일정한 기일에 징수하는 것이다. 특별부과금은 그 규정이 정한 시기, 즉 일정한 기일 또는 수시로 징수할 수 있다. 그래서 아직 납부 기일에 도달하지 않은 부과금이라 해도 납입의무자가 납입 의무를 이행하기 곤란한 상태에 빠진 경우, 즉 ① 국세, 지방비 기타 공과 등의 체납에 따라 체납처분을 받은 때, ② 강제집행을 받은 때, ③ 파산 선고받은 때, ④ 경매의 개시가 있을 때, ⑤ 법인이 해산했을 때, ⑥ 납세인이 탈세 또는 체납을 꾀한 행위가 있을 때는 아직 납기일이 다다르지 않은 부과금이라도 그 납기일을 앞당겨 징수할 수 있다. 또 이 경우에는 국세 징수령 시행규칙 제10조 1항에 따라 납기일을 정하고, 납입을 고지하며, 또 납기일을 앞당기는 사유를 통지하고, 만약 이미 납입 고지했을 때에는 납기일 변경을 통지한다.

(2) 징수 수속

부과금, 현품, 사용료, 수수료 등은 그 납입액, 납기일 및 납부 장소 등을 기재한 납입고지서를 발하고, 이를 영수했을 때는 영수서를 교부한다. 단, 도선임(渡船賃) 또는 인감 증명료 같은 사용료 또는 수수료 중 납입 의무의 발생과 동시에 그 요금을 납부하는 것은 납입고지서 발부 및 영수증 교부를 필요로 하지 않는다. 그리고 해당 납입고지서의 지정 기한 내에 납입을 하지 않은 자에 대해서는 다시 그 의무 이행 기한을 지정한 독촉장을 발부하여 독촉 수수료를 함께 징수한다. 만약 그 의무를 이행하지 않을 때는 국세 체납처분의 예에 따라 체납처분을 행한다. 그리고 ① 상속 개시의 경우는 상속인으로부터 징수하고, ② 공유물, 공동사업 또는 공동사업에서 생긴 물건에 대한 부과금은 그 공동인 전체로부터 징수하고, ③ 기납한 부과금이 과납일 때는 이후 납기일에 징수할 동일 과목의 부과금으로 충당할 수 있다. 또 납입 의무자가 면내에 주소나 거주지가 없을 때는 납입 관리인, 즉 대납인을 정해 신고하게 하고, 납입에 관한 서류 송달 및 공시 방법은 국세징수법 제4조의 7 및 8에 따라 수취인 주소 또는 거주지로 송달하고, 수취인의 주소 또는 거주지에서 서류 수납을 거부하거나 주소 또는 거주지가 모두 외국에 있을 때, 또는 불명확할 때는 서류의 요지를 공고하고, 공고일부터 7일을 넘긴 때는 서류를 송달한 것으로 간주한다. 또 종전 규정에 따라 면 부과금 및 현품에 관해 9월 30일까지 행한 부과액의 결정, 납입 고지 및 독촉, 제한 외 부과의 인가 등 처분 수속은 10월 1일 이후에 신령(新令)에 따라 이를 행한 것으로 간주하고, 그 효력을 가지므로 신령에 따라서 다시 그 수속을 할 필요가 없다.

제6목 선취 특권과 추징 환부

면의 부과금, 기타 면에 속한 징수금 등은 나라 및 지방비 징수금 다음으로 다른 채권자에 우선하여 징수할 수 있는 선취 특권을 갖는다. 그 추징 환부는 국세의 예에 의하는 것으로 한다.

제7목 차입금

면 재정은 그 연도 내의 수입으로써 경비를 지변하는 것이라 해도 일반 면과 다른 지정면에서는 때에 따라 다액의 경비를 요하는 사업 경영이 필요하기도 하다. 이런 경우 그 비용을 일시에 면민으로부터 징수하기는 매우 어려우므로 일정한 경우에 한해 차입금을 할 수 있다. 그러나 차입금을 하는 것은 당장은 직접적으로 면민의 부담이 되지 않기 때문에 자칫하면 그 실력에 상응하지 않는 사업을 기획하거나 차입금에 따라 공연히 그 부담을 후년에 남기는 폐해가 없도록 조선 총독의 인가를 받지 않으면 차입금을 할 수 없는 것으로 한다.

(1) 차입금을 할 수 있는 경우

위와 같이 차입금을 어쩔 수 없이 해야 하는 경우 예외적 수단으로써 차입금을 할 수 있는 경우는 ① 천재지변에 조우하여 그 선후책을 강구하기 위해 비용이 필요한 경우, ② 현재 가진 부채의 이율이 지나치게 높아서 이를 저리의 부채로 상환함으로써 재정상 이익을 도모하는 등 기존의 부채 상환의 경우, ③ 제방 수축, 상수도 부설 등 영구적인 이익이라 할 만한 사업을 위해 필요한 경우 중 20년 이내에 그 차입금의 원리를 상환할 수 있는 확실한 경우 등 3가지 경우에 한하고, 이외는 어떠한 사정이 있어도 차입금을 할 수 없다.

(2) 차입금의 수속

차입 방법(차입의 출처, 차입 시기 등), 이율 및 상환 방법(그 재원, 거치 기간, 연부 또는 일시 상환 등) 등을 구비하여 조선 총독의 인가를 받아야 한다. 일단 인가받은 후 차입 방법, 이율 및 상환 방법 등을 변경할 때도 조선 총독의 인가를 받는 것이 필요하다.

제5장 면의 재무

앞 장에서는 면의 지출과 수입에 관해 설명했다. 본 장에서는 면의 지출 및 수입의 정리, 다시 말하면 세입·세출 예산의 조제, 집행, 결산 조제 등 면의 재무 정리에 관한 사항에 관해 설명한다. 그리고 재무 정리를 기하는 것은 면의 사무 중 가장 중요한 것의 하나이고, 만약 그 사무가 문란하면 면의 기초를 위태롭게 하여 면민에게 불이익을 주는 것은 필연적이다. 그러므로 그 정리에 대해서는 특히 깊은 주의를 요하며, 재무 정리를 기하려면 우선 다음의 여러 가지를 주의해야 한다.

1. 절대로 공금과 사금을 섞지 말 것. 공무를 처리하는 경우에 공사를 섞는 것은 폐해가

생기는 요소이다. 특히 금전 취급에 있어서 지금까지 면비 횡령의 예를 보면 대다수는 처음부터 횡령의 의사로 이를 사용한 게 아니라 단순히 나중에 이를 메운다는 생각으로 일시적으로 아무 생각 없이 이를 사용했다가 후일에 이르러 예정과 같이 이를 메우는 게 불가능하고, 결국 좋지 않은 생각이 일어나서 이를 호도함에 이른다. 따라서 가령 1리 1전의 소액이라도, 또 어떠한 사정이 있다 하더라도 공금과 사금은 절대로 섞지 말고 항상 확실하게 구별하여 언제 검사를 받더라도 추호도 부족금이 없도록 정돈해 두어야 한다.

2. 법령 규정을 엄수할 것. 이하 설명하는 바와 같이 면 재무의 정리를 도모하기 위해 면제 시행규칙으로써 상세하게 규정을 만들었다. 따라서 항상 이들 규정을 엄수하여 위반됨이 없어야 한다. 미세한 일이라도 한번 이를 위반하여 취급하면 여기서 생기는 파탄이 결국 면 재무 전체의 문란을 야기하기에 이른다.
3. 처리를 민속히 할 것. 어떤 사무라도 그 처리를 민속하게 하여 지체됨이 없도록 함은 물론이지만, 재무와 같이 자칫하면 어지러워지기 쉬운 사무는 특히 이 점에 주의를 요한다. 따라서 수입해야 할 것은 속히 이를 징수하고, 지불해야 할 것은 속히 이를 지불하여 막히거나 걸리는 게 없도록 해야 한다.
4. 재무 장부 기입을 태만히 하지 않을 것. 면 재무의 정리를 도모하기 위해 여러 장부를 둔다. 그런데 종래 왕왕 그 기입을 태만히 하고 수일 분을 한꺼번에 기입한다든가 하는 예가 없도록 한다. 이는 금전 출납이 어지러워지는 주된 요인이므로 사건이 발생할 때마다 반드시 이를 기입하여 한시라도 그 정리를 게을리하지 말고 항상 장부 면과 현금 재고가 들어맞도록 주의를 요한다.

제1절 회계연도

수입·지출을 정정할 때는 수지를 중단·정리할 일정한 기간을 정해야 한다. 이것이 곧 회계연도가 필요한 이유이다. 면의 회계연도는 정부 회계연도에 따라 4월 1일에 시작하여 익년 3월 31일에 끝나는 것으로 한다.

제2절 세입 · 세출 예산

면이 사무를 집행하고 그 사업을 경영하려면 우선 1회계연도 동안의 수지 관계를 명확히 하고, 그 근거가 될 기준을 정해야 한다. 이를 예산이라 하고, 예산이란 1회계연도 동안 수지의 견적 계산이다.

제1목 예산의 작성

면장은 부과금은 물론 교부금, 사용료, 수수료, 소작료, 보조금, 기부금 등 일체의 수입을 세입으로 하고, 면 사무와 사업 등에 필요한 일체의 경비를 세출로 한다. 1917년(大正 6) 훈령 제27호 제1호 양식에 따라 세입·세출 예산을 조제하여 연도 개시 1개월 전에 군수 또는 도사의 인가를 신청한다. 그리고 예산은 양식에 보이는 것처럼 세입·세출로 나누고, 만약 필요할 때는 다시 이를 경상부와 임시부로 나누어 각각 종류에 따라 과목을 만들어 관항으로 구별하고, 그 예산액의 산출 근거를 보이는 설명을 부기한다. 또 세출 예산 과목 중에는 예산 초과의 지출을 보충하기 위해 예비비를 두는 것이 필요하다. 대개 예산은 작성할 때 충분히 주의하여 실제 필요한 경비를 가능한 한 정확히 산출하고 계상한다고 해도 물가 등귀와 기타 피할 수 없는 사고로 인해 예산 금액 이상의 지출, 즉 예산을 초과하여 지출할 필요가 생기는 경우가 없지 않다. 이 경우 금액이 소액인데도 일일이 예산 추가 또는 경정 수속을 밟으면 번잡하므로 미리 일정한 금액을 예산에 계상하여 위에서 서술한 지출에 응하도록 한다. 이것이 예비비가 필요한 이유이다. 그러나 예비비는 예산 초과의 지출을 충당할 수 있는데 그친다. 예산 외 지출, 즉 예산에 예정되지 않은 사건 때문에 지출할 수 없음은 물론이다. 그리고 면 재무 취급심득에 따라 허가받아 정한 1917년도(大正 6) 예산은 10월 1일 이후에는 면제에 따라 정한 것으로서 그 효력을 인정한다. 또 종전의 예산 중 9월 30일까지 비목 충용, 예비비 지출 등 수속 중에 있는 것 역시 10월 1일 이후는 면제 시행규칙에 따라서 한 것으로 간주한다.

제2목 예산의 추가 경정

전술한 바와 같이 예산은 1회계연도 동안의 수지의 견적이라서 이를 집행할 때 새로운 수입 또는 지출할 필요가 생긴다. 또는 기정 예산액의 증액이 필요한 경우도 있다. 그래서 이 경우에 새로 예산 과목을 설하거나 또는 기정 예산 과목의 금액을 증가하는 수속을 예산 추가라 칭한다. 또 추가가 필요한 것과 동일한 사유로 기정 예산 총액의 범위 내에서 세입·출 과목의 예산 금액을 서로 증감하거나 삭제가 필요한 경우가 있다. 이 수속을 칭하여 예산의 경정이라 한다. 그리고 경정은 기정 예산 총액의 범위 내에서 예산 금액의 증감 또는 삭제를 말하는 것이므로 기정 예산 총액에 대한 증감이 발생하는 것은 아니다. 또 예산은 1회계연도를 한계로 하는 것이므로 연도 경과 후에는 추가 또는 경정을 할 수 있다. 또 예산 추가 경정은 예산을 변경하는 것이니 예산 작성의 경우와 같이 군수 또는 도사의 인가를 받아야 한다. 예산의 추가 경정을 했을 때는 세입 내역부 및 세출 내역부에서 이를 정리할 필요가 있다. 즉 세입 내역부에서는 해당 구좌의 예산 금액을 정정하고, 그 아래에 "몇 월 며칠 예산 변경"이라 기입하고, 조정액란에 증가된 것은 검게 쓰고, 감소된 것은 붉은색으로 쓰며, 각기 이유를 적요란에 기입한다. 또 세출 내역부에서는 예산액란에 그 금액을 증가는 검은색, 감소는 붉은색으로 쓰고, 적요란에 "몇 월 며칠 군수(도사)의 인가를 얻어 증(감)"이라 기입한다.

제3목 예산의 공고

예산은 면에서 어떠한 수입을 얻어 어떠한 지출에 썼는가를 보이는 것이니, 그 성립 후는 곧장 그 요령을 공고하고 일반에게 주지시킨다.

제4목 예산의 경리

면의 세입·세출 예산을 공정하고 적확하게 집행하는 것은 면의 재무상 가장 중요한 사항이니, 그 경리에 관해서는 여러 규정을 둔다. 이하는 그것을 설명한다.

(1) 세입 세출 소속 연도

기술한 바와 같이 회계연도를 정해도 세입·세출은 끊임없이 행해지므로, 그 수입·지출을 몇 년도 소속으로 할지를 정하지 않으면 경리가 혼란해질 우려가 있다. 이것이 세입·세출 소속 연도를 정하는 이유이다.

1) 세입의 연도 소속

세입의 연도 소속은 다음 구분에 의한다.

① 납기의 일정한 수입, 예를 들면 지세할, 시가지세할, 호별할 및 일정한 기일에 납입할 약속이 있는 전답의 임대료 등과 같은 것은 그 납기의 말일에 속하는 연도의 수입으로 한다.

② 수시로 징수하는 부과금, 사용료, 수수료 등에서 납입고지서를 발송한 것은 이를 발송한 일자가 속한 연도의 수입으로 한다.

③ 수시로 수입되는 것 중 납입고지서를 발송하지 않은 것, 예를 들면 즉납하는 사용료, 수수료 등은 이를 영수한 날짜가 속한 연도의 수입으로 한다. 단, 보조금, 기부금, 차입금 등 수시로 수입되는 것 중 납입고지서를 발송하지 않는 것은 연도 경과 후라 해도 출납 폐쇄기, 즉 익년 5월 31일까지는 그 수입을 예정한 연도의 수입으로 할 수 있다.

2) 세출의 소속 연도

세출의 소속 연도는 다음의 구분에 의한다.

① 상담역 구장의 비용 변상, 면 이원의 급료, 여비 및 소사의 급료, 인부의 노임 등은 그 지급 사실이 발생한 날짜가 속한 연도의 지출로 한다. 단, 지불 기일이 정해진 것은 그 지불 기일이 속한 연도의 지출로 한다. 즉 매월 인부의 노임은 다음 달 10일에 지불하는 것으로 약속한 경우 3월분의 임금은 익년도의 지출이 된다.

② 통신운반비, 토목건축비, 물건의 구입 대가, 기타 계약에 의한 지불금 등은 계약을 한 날이 속한 연도의 지출로 한다. 단, 계약에 지불 기일을 정한 때는 계약한 날에 의하지 않고 그 지불 기일이 속한 날짜에 따라 연도 구분을 정한다.

③ 앞 2항에 보인 것 외에는 면장이 지불 결정을 한 날짜를 속한 연도의 지출로 한다. 단, 보조금, 결손을 메운 것 등은 면장이 그 결정을 한 날짜를 속한 연도의 세출로 해도 지장 없다.

(2) 경비 지변 방법

각 연도에 있어서 소요 경비는 그 연도에 속하는 수입으로 지변하고, 또 예산에 예정한 수입으로 예산에 예정한 지출을 한다. 그 연도에 속하지 않은 수입을 사용하거나 또는 예산에 예정하지 않은 수입으로 경비를 지변하거나 또는 예산에 예정한 금액 이상의 지출을 할 수 있다. 그러나 예정된 수입을 얻지 않았음에도 불구하고 경비 지불이 필요해서 현금이 부족해진 때, 연도 경과 후에 이르러 세입으로 세출에 충당하기가 부족해졌을 때, 예산에 정해진 금액을 초과해서 지출이 필요한 때에는 예외로 다음과 같이 적당한 처치를 강구할 수 있다.

1) 익년도 세입의 조상(繰上) 사용

각 연도의 소요경비는 그 연도의 수입으로써 지변해야 하나, 연도 경과 후(연도 경과 후이므로 예산 추가 경정을 할 수 있다)까지 다액의 불납 또는 결손 등이 있으면 출납 폐쇄까지 예정된 세입을 얻는다. 그런데 그 세출은 이미 지불 의무를 확정한 다액으로 출납 폐쇄까지의 수입으로는 도저히 이를 지불할 수 없는 경우, 도장관의 인가를 받아 익년도(차년도) 세입을 앞당겨서 이에 충용할 수 있다. 그리고 이 경우 도장관의 인가를 얻을 때는 군수·도사의 인가를 얻어 익년도 예산에 "전년도 보충"이란 과목을 두어 추가를 하고, 현재 연도에서는 세입 내역부 및 현금 수불부에 기입하는 데 그치고 따로 예산 변경할 필요는 없으나, 결산에서는 세입의 부분에 "익년도 수입"이라는 정리 과목을 두어 예산액란은 "0"으로 하고, 결산액란에 그 금액을 기입하여 정리하는 것으로 한다. 그리고 익년도 세입을 조상하여 사용하는 것은 후년까지 누를 끼치는 것이니, 정말 어쩔 수 없는 경우에 한정하므로 예산 집행상 항상 그 수지에 주의하고, 이러한 필요가 생기지 않도록 힘써야 한다.

2) 일시차입금

부과금, 기타 면의 수입 시기 등을 정할 때는 그 지출 시기에 주의하여 수입·지출의 균형을 잃지 않도록 해야 하나, 혹시 예정된 시기에 예정된 수입을 얻지 못해도 지출은 연기할 수 없기 때문에 일시적으로 면의 현재 돈에 부족이 생기는 것을 피하기 어렵다. 따라서 이 경우 구제 방법으로 면은 도장관의 인가를 얻어 후일 그 연도 내의 수입으로 상환하는 것으로 하고, 일시적으로 차입금을 쓸 수 있다. 그리고 일시차입금은 그 연도 내에서 장래의 세입을 예견하여 사용하는 것이므로 어쩔 수 없는 경우 외에 이를 쓰지 않도록 한다. 또 어쩔 수 없이 이를 쓸 때는 장래 그 상환으로 예정한 세입의 징수에 노력하여 반드시 그 연도 내에 상환하도록 유의해야 한다. 또 일시차입금을 할 때는 현금 수불부 수입란에 그 금액을 기입하고, 적요란에 그 내용을 기입하고, 또 일시 차입금 정리부로써 그 차입 및 상환의 전말을 명확하게 해놓아야 한다.

3) 예산의 유용 및 예비비의 지출

이미 설명한 것과 같이 예산에 예정된 금액 이상의 지출을 할 수 있다. 만약 그 금액을 초과하여 지출할 필요가 있을 때는 기정 예산의 변경, 즉 추가 경정을 행하는 것이 필요하나 예산의 전체 틀 속에서 단순히 각 항의 과부족을 서로 융통하거나 또는 예비비로써 그 부족을 보충하는 것은 편의상 이를 인정한다. 이를 예산의 유용 또는 예비비의 지출이라 칭한다. 예산의 유용 및 예비비 지출은 앞에 설명한 것처럼 예산의 경정과 비슷하나, 예산의 경정은 예산 그 자체를 변경하는 것임에 반해, 예산 유용 및 예비비 지출은 예산을 변경하지 않고 예산액 이상의 지출을 하기 위해 예산 내의 금액을 융통하는 데 불과하다. 따라서 예산 경정을 할 때는 이에 따라 그 예산 금액을 변경하는 것이 필요하나, 예산 유용 및 예비비 지출을 할 때는 예산액은 그대로 두어야 한다. 그리고 예산 유용은 동일한 관(款) 내에서 각 항의 금액을 서로 융통할 수 있는데 그친다. 각 관 사이에서 서로 융통하는 것은 허가하지 않는다. 예산을 유용할 때는 세출 내역부에 이를 정리하는데, 유용 증가분은 예산액란에 그 금액을 기입하고, 적요란에 "몇 월 며칠 군수(도사)의 인가를 받아 무슨 비(費)를 유용"이라고 검은색으로 기입한다. 유용 감소분은 예산액란에 그 금액을 기입하며, 적요란에 "몇 월 며칠 군수(도사)의 인가를 받아 무슨 비(費)를 유용"이라고 붉은색으로 쓴다. 예비비에 관해서는 이미 설명한대로 이 예비비는 지출 과목이 아니고 어떤 비목의 견적(예산) 부족액에 대한 충당금이므로 어떤 경우에 있어서도 직접 예비비에서 지출하는 것 없이 일단 예비비 지출액을 충당되어야 할 비목으로 옮겨 그 후 해당 비목에서 지출하는 것으로 한다. 즉 이 경우에도 세출 내역부에서 이를 정리하는데, 예비비 부분에는 지출액란에 그 금액을 기입하고, 적요란에 "몇 월 며칠 군수(도사)의 인가를 받아 무슨 비(費)로 지출"이라 기입하고, 지출을 받은 비목 부분에는 예산액란에 그 금액을 쓰고, 적요란에 "몇 월 며칠 예비비에서 지출"이라 기입한다. 그리고 예산 유용 및 예비비 지출을 할 때는 모두 군수 또는 도사의 인가를 받는 것으로 한다.

(3) 지불 방법

면 경비는 대개 지불이 필요한 사업 발생 후, 즉 물품 구매 대금은 현품 수입을 한 후, 여비는 여행 종료 후에 그 지불에 대해 면장의 결정을 받아 채권자 또는 그 대리인에게 지불하는 것이 원칙이다. 그리고 지불을 할 때는 회계원이 영수증을 요구하여 면장의 지불 결정에 관한 서류에 첨부하여 예산의 관항별로 이를 편철한다. 면장의 지불 결정을 받는 형식은 보통 문서 결재를 받는 형식과 별로 다르지 않으나 가급적 간명하게 한다. 지불청구서가 있는 경우는 그 여백에 '지불하오리까' 등의 문자를 기입하여 결정받는다. 또 회계원이 지불을 할 때는 현금 수불부 및 세출 내역부의 해당 비목에 그 금액 및 사유를 기입한다. 이상은 보통의 지불방법이고, 멀리 떨어진 곳에서 지불을 필요로 하는 경비, 미리 소요 예정 금액의 지불을 하지 않으면 사건 처리상 지장이 있는 경비, 선금 지불을 하지 않으면 구입 또는 차입 계약이 불가능한 경비 등에 한해 구입품 수령에 앞서 그 사불을 할 수 있도록 한다.

1) 현금 선급

물품 등을 구입할 때 수용품의 공급지인 먼 곳에 면 이원 등을 파견하여 대금 지불을 하지 않으면 구매가 불가능한 경우가 있다. 이런 경우 파견 관리 등에 대해 미리 구매대금을 주지 않으면 구매상 지장이 있으므로 현금 선급의 길을 만든 것이다. 그러나 현금 선급을 할 수 있는 자를 면장 및 면 이원에 한정하면, 예를 들면 멀리 떨어진 생산지에서 종두우 구매를 군 기술원에게 위탁하는 경우 그자에 대해 현금을 미리 주지 않으면 불편하므로 면장과 면 이원 이외의 자에 대해서도 현금 선급을 할 수 있도록 했다. 현금 선급을 받은 자는 용무가 끝난 후 곧장 대금 지불 때 물품 공급자 등으로부터 받은 영수증을 첨부하여 선급에 대한 과부족을 정산하여 잉여가 있을 때는 이를 반납하고 부족할 때는 추가 청구한다. 또 회계원이 현금 선급을 할 때는 곧장 현금 수불부 및 세출 내역부의 해당 과목에 그 금액 및 사유를 기입하고, 만약 후일에 반납할 때는 현금 수불부에 기입과 함께 세출 내역부의 해당 과목에서 지출액란에 그 금액을 붉은 글씨로 쓰고, 잔액란에 그 금액을 가산하여 기입하며, 적요란에 사유를 기입한다. 만약 추가 청구한 때는 다시 면장의 결정을 받아 이를 지불하고, 현금 수불부 및 세출 내역부에 보통의 지불과 마찬가지로 그 금액 및 사유를 기입한다.

2) 개산불(概算拂)[29]

면장과 면 이원의 장기간 출장 때 미리 여비 소요 예정액 지불을 하지 않으면 출장 관리들이 다액의 출장비를 대신 내어야 하는 불편이 있다. 또 소송비용은 소송이 종료되지 않으면 확정되지 않는 것이라 미리 그 소요 예정액을 지불하지 않으면 쟁송의 목적을 달성하기 어려우므로, 이들 경우에 한해 그 비용을 견적 내어 개산불을 할 수 있다. 그리고 개산불을 할 때와 그 반납 또는 추가 지급 때는 현금 선급의 경우와 동일한 방법으로 지불받은 자는 정산하고, 회계원은 현금 수불부 및 세출 내역부 정리를 한다.

3) 선금 지불

관보 등은 선금 지불을 하지 않으면 구입 또는 차입 계약을 할 수 없으므로 선금 지불을 할 수 있다. 그리고 선금 지불할 때나 반납 또는 추가 지급할 때는 회계원은 앞 2항의 설명과 마찬가지의 방법으로 장부를 정리한다.

(4) 오납, 과납 및 오불 과도(過渡)의 정리

면 경비의 수입·지출을 할 때는 충분히 이를 조사하여 오류 없도록 함은 물론이나, 왕왕 수입해야 하는 것을 수납하거나 또는 정당하게 수입한 금액 이상의 수납을 하거나, 지불하지 말아야 할 것을 지불하거나, 또는 정당히 지불할 금액 이상을 지불하는 경우가 있다. 만약 오납·과납을 했을 때는 각각 그것을 수입한 세입에서 환불

29 갚거나 주어야 할 돈이 확정되지 않았을 때 그 금액을 예상해 미리 지급하는 것.

한다. 예를 들면 호별할의 과납·오납이 있을 때는 세입 내역부 중 호별할의 구좌에서 수입액란에 환불액을 붉은 글씨로 쓰고, 미수입액란에 그 금액을 가산하여 기입하고, 그 사유를 적요란에 기입한다. 만약 이 경우 조정액에 오류가 있을 때는 호별할 수납부의 금액 및 세입 내역부의 조정액도 정정한다. 또 이 경우 현금 수불부에 지출 기입을 한다. 환불에 관해서는 면장이 결정이 필요한 것은 물론이다.

다음으로 오불 과도(過渡)의 반납금은 세입으로 하지 않고, 이를 지불한 경비액에 도로 넣는다. 즉 세출 내역부에서 해당 구좌의 지출액란에 반납 금액을 붉은 글씨로 쓰고, 잔액란에 그 금액을 가산한 것을 기입하고, 반납 사유를 적요란에 기입한다. 이 경우 현금 수불부에 그 수입을 기재함은 물론이다. 이상은 출납 폐쇄 기일 전에 오납, 과납 또는 오불 과도를 발견한 경우이나 만약 출납 폐쇄 후에 발견한 때는 그 연도 소속으로 정리할 수 없으니, 이를 익년도의 세입·세출로 한다. 그리고 익년도에는 전년도 지출 또는 전년도 수입으로 정리한다.

(5) 출납 폐쇄

매 회계연도는 4월 1일에 시작하여 익년 3월 31일에 끝나지만 그 연도 내의 현금 수지는 전부 연도 내에 종료할 수 없는 경우가 있다. 예를 들면, 지세할 제2기분은 익년 2월 말일까지 징수하나 납입 의무자의 거주지가 불분명하여 연도 내, 즉 3월 31일까지 그 수입을 완료할 수 없다거나, 또 세출에 있어서는 물품을 판매한 자의 부재로 그 대금을 청구해오지 않기 때문에 3월 31일까지 지불이 불가능한 경우, 수입·지출은 가능한 그 연도 소속의 수입·지출로 정리를 마쳐야 하므로 연도 경과 후 일정 기일을 두고 그 정리를 할 필요가 생긴다. 이것이 출납 폐쇄기를 정한 이유이다. 면의 출납은 익년도 5월 31일에 폐쇄한다. 그리고 출납 폐쇄 후의 수입·지출은 그 연도의 세입·세출로 한다. 즉 이들 전년도에 속하는 수입금·지출금은 현재 연도에 있어서 과년도 수입 또는 지출에 속하는 것으로 한다. 그리고 시행규칙 제38조의 환불금 및 회수금도 전년도 소속의 환불금 또는 회수금으로 할 수 없으므로, 역시 현재 연도의 세입·세출로 한다는 것은 이미 설명한 바와 같다.

(6) 공사의 청부, 물건의 매매 대차 또는 노력(勞力)의 공급

공사의 청부, 물건의 매매 대차 또는 노력(勞力)의 공급을 할 때 면에 가장 유리한 조건을 제출하는 자와 계약을 맺는 것은 면비의 경리상 희망해야 한다. 동시에 이들 계약에는 왕왕 폐해가 생기기 쉬운 우려가 있으므로 이를 방지할 목적으로 이들 사건 중 1건 200원 이상의 것은 경쟁 입찰의 방법을 쓴다. 그러나 외딴 시골에서 가령 경쟁 입찰해도 2인 이상의 입찰인을 얻기 곤란하거나 또는 경쟁 입찰에 부치는 게 오히려 불이익이라고 생각되는 사정이 있는 경우, 군수 또는 도사의 인가를 받아 경쟁 입찰에 부치지 않고 면장이 적당하다고 생각되는 자에게 이를 청부할 수 있다.

(7) 세계(歲計) 잉여

각 연도의 세계 잉여, 즉 결산 잔금은 익년도의 세입 가운데 전년도 이월금으로 계상한다. 만약 기본재산 설치 규정 등을 만들어 세계 잉여금을 기본재산에 편입할 때는 곧장 잉여금을 기본재산으로 편입하지 않고, 일단 익년도 예산의 세입으로 넣어 그 금액을 세출로 짜서 축적하는 것으로 한다.

제5목 현금의 보관

면의 현금은 반드시 우편국 또는 확실한 은행에 예치한다. 그러나 면의 수입·지출은 수시로 발생한다. 소액의 금액도 보관을 허락하지 않으면 그때마다 우편국이나 은행에 가야 하므로 50원 이하의 금액에 한해 회계원(회계원을 두지 않은 면은 면장)이 보관할 수 있다. 그리고 우편국과 은행 소재지가 멀리 떨어져 있는 경우, 군수 또는 도사의 인가를 받는 방법으로 보관할 수 있다. 그리고 종래 면 공금 망실 횡령의 예가 꽤 많았기 때문에 면비 경리상 다대한 불리·불편을 끼쳤을 뿐 아니라 면민의 부담에 영향을 가져왔고, 또 면 이원의 위신을 실추시켰다. 이것들은 모두 공금 보관의 방법이 좋지 않아서 기인한 것이므로, 장래 특히 이 점에 유의하여 면제 시행규칙에 정한 바를 엄수하고 조금도 망실, 횡령 등의 피해가 없도록 노력을 요한다. 그리고 면 재무취급심득에 따라 이미 현금 보관 방법을 정한 것은 면제 시행규칙에 따라 인가를 받은 것이라 간주하므로, 이 보관 방법의 개정이 필요하기까지는 인가의 효력이 계속된다.

제6목 재무에 관한 장부

면은 그 수지를 명확히 하기 위해 수납부, 현금 수불부, 세입 내역부, 세출 내역부 등을 구비해야 한다.

(1) 수납부

수납부는 부과금 및 현품과 기타 여러 수입에 따라 그 양식을 달리한다. 즉 부과금 수납부는 그 납기일을 같게 하기 위해 이를 국세 수납부에 병기할 경우 외에 훈령의 양식에 따라 이를 작성하고, 납입별 부과액 및 그 수납 상황을 명확히 하는 것을 목적으로 한다. 이 장부는 부과금의 종류마다 별책으로 하고, 또 동리마다 구좌를 만들어, 혹은 분책하여 만들고, 동리마다 계산을 붙여 마지막에 통계를 붙여서 연도마다 새로 만드는 것으로 한다. 일반적인 이 장부 정리를 말하면, 사람별 부과액은 예산 및 징수상의 규정에 기초하여 부과 표준과 부과율에 따라 산출하고, 그 결정액을 각 사람별로 시기별로 기입하고, 그 대납인, 즉 납입 관리인이 있을 때는 납입자 이름란에 대납인의 성명을 기재하고 납입자의 성명을 오른쪽 위에 쓴다. 그리고 위 부과액의 합계는 각 시기의 조정액이 되는 것이라서 이 금액을 세입 내역부의 조정액으로 옮겨 적는다. 이상에 따라 각 사람의 납입액을 확정한 때는 이에 따라 앞 설명과 같이 납입고지서를 발부한다. 납기일에 이르러 납부 의무자가 납부할 때는 출납 폐쇄기까지는 각 사람별 자리에 이를 기입하고, 납기일을 지나고도 납부하지 않은 것에 대해서는 제4장 제2절 제4목에서 설명한 것처럼 독촉 수속을 밟는다. 그래서 이 장부는 출납 폐쇄기에 있어서 이를 폐쇄하고, 만약 이때 여전히 납부하지 않은 자가 있을 때는 이를 같은 양식의 과년도 수납부로 옮겨 차년도의 수입으로 처리한다. 이 장부의 비고란에는 독촉장을 발부한 때, 납입 연기를 한 때, 면제한 때, 결손 처분한 때, 과오납 환부한 때, 기타 사고가 있을 때 등 일일이 그 요지를 기재하고 수납상의 편의에 이바지한다. 또 이 장부의 첫머리에는 과율, 납입고지서 발부 날짜, 납기 기한 등을 기재하여 징수상의 편의에 제공한다. 이상은 부과금에 대한 설명이고, 만약 현품일 때는 금액란에 현품의 수량 및 환산 금액을 기재하고, 첫머리의 기사도 이에 준하여 과율에 대신하여 현품의 종류, 환산율 등을 쓰고, 현품의 대납금을 영수한 때는 비고란에 그 요지를 기재한다. 부과금을 수납한 때는 이 장부의 정리 외에 그날의 계산액에 대해 세입 내역부, 현금 수불부 등을 정리를 하고, 또 현품의 경우는 현품 수불부에 기입한다.

제(諸)수입 수납부는 사용료, 수수료, 소작료, 대가료(貸家料) 등 각 수납인별 조정과 수납의 상황을 명확히 하는 것을 목적으로 한다. 예산 항목별로 구좌를 두거나 또는 이를 분책으로 해도 지장 없다. 기타 적요란에 사고의 기재, 출납 폐쇄기의 처리, 과년도 징수의 취급 등은 부과금 취급과 하등 다른 것이 없도록 한다. 그리고 이 장부에 보조금, 교부금, 이월금, 차입금류 등을 기재할 때는 양식에 의한 번호, 납입고지서 발부 날짜, 납기 기한, 납입인 등은 기입을 요하지 않는 것으로 한다.

(2) 현금 수불부

이 장부는 면에 속한 현금 일체에 대해 그 수불을 명확히 하는 것이므로 면의 현금 재고와 이 장부의 잔고는 항상 부합해야 한다. 면에서는 왕왕 현금이 없거나 연도 내에 수입 예정이 없음에도 불구하고 물품 구입 등의 계약을 체결하여 지불을 연기하거나 또는 지불할 수 없는 일도 있다. 이것들은 집행함이 가당치 못하다 할 것이다. 따라서 항상 현금 재고에 주의하여 이 장부를 활용하고, 위와 같은 취급이 없도록 해야 한다. 이 장부의 수입은 세입 내역부의 합계와 지출은 세출 내역부의 합계와 부합해야 하나 일시차입금은 세입 내역부에 기입이 필요 없고, 또 오납·과납의 환불, 오불 과도(過渡)의 회수, 현금 선급, 개산불, 선금 지불의 반납 등이 있을 때는 각기 수입한 세입에서 지불하고, 또는 지불한 경비로 회수함에도 불구하고 현금 수불부에서는 모두 현실의 수입 또는 지불로 처리하므로 이 금액만 부합치 않게 된다. 그러나 이들 수지가 없는 이상은 반드시 이 장부의 수지는 세입 내역부 및 세출 내역부의 합계와 부합할 것이다. 또 현금 수불부는 출납 폐쇄기까지 이를 사용하는 것이므로 신년도 개시 후라도 출납 폐쇄기까지는 신년도 현금 수불부와 전년도 수불부 양자의 정리가 필요하다. 따라서 4월 1일 내지 5월 31일까지의 현금 재고는 양년도 현금 수불부의 잔액 합계와 부합해야 한다. 이 장부를 정리함에는 같은 날짜, 같은 종류의 수입·지출은 이를 총괄하여 기재하고, 매일의 합계와 매월의 합계 및 누계를 붉게 써서 매일, 매월 및 누계의 잔액도 기입해야 하며, 또 계약보증금 같은 일시적으로 이를 보관할 뿐 면에 귀속하지 않는 금액 및 현품에 대해서는 따로 이 장부에 준하여 세입·세출 외 현금 수불부 또는 현품 수불부 등을 작성하여 정리한다.

(3) 세입 내역부

세입 내역부는 세입 예산과 그 실수입 상황 및 조정에 대한 수납의 여부를 명확하게 하기 위해 대비하는 것이다. 이 장부는 예산의 항목마다 구좌를 만들어 작성한다. 인가 예산액을 첫 행에 제시하고, 만약 그 변경의 인가를 받는 경우는 그 금액을 정정하고, 그 아래에 "몇 월 며칠 예산 변경"이라 기재한다. 또 조정액을 증감할 경우에는 조정액란에 증가는 흑색으로, 감소는 붉은색으로 써서 각기 사유를 적요란에 게재한다. 과납·오납의 액수를 환불한 경우는 수입액란에 환불액을 붉게 쓰고, 미수입액란에 그 상당하는 금액을 증가시키고, 환불 사유를 적요란에 기재하며, 매일 수입의 마지막에 미수입액을 기입하고, 또 월계(月計) 및 누계를 붉게 쓴다.

(4) 세출 내역부

세출 내역부는 항상 예산액과 그 지출액 및 예산 잔액을 명확히 해서 예산 금액을 초과하여 채무를 지는 등의 착오가 없어야 한다. 그 구좌는 세입 내역부 부분에서 설명한 바와 같이 항별로 이를 만든다. 이 정리 방법을 보면 예산액에는 당초 인가액을 게재하며, 그 변경의 인가를 받는 때는 예산액란에 증가는 검게 쓰고, 감소는 붉게 쓰고, 적요란에 "몇 월 며칠 군수(도사)의 인가를 받아 예산 증가(감소)"라 기재한다. 예산 부족으로 인해 비목 유용을 한 경우에는 이미 설명한 바와 같이 유용을 받은 구좌의 예산액란에 그 금액을, 적요란에 "몇 월 며칠 군수(도사)의 인가를 받아 무슨 비(費)에서 유용"이라고 검게 쓰고, 유용한 구좌의 예산액란에 그 금액을, 적요란에 "몇 월 며칠 군수(도사)의 인가를 받아 무슨 비(費)에 유용"이라고 붉게 쓴다. 예비비의 지출을 한 경우, 그 지출을 받은 비목의 구좌의 적요란에 "몇 월 며칠 예비비에서 지출"이라 기입하여 그 금액을 예산액 란에 게재한다. 또 예비비의 구좌의 적요란에 "몇 월 며칠 군수(도사)의 인가를 받아 무슨 비(費)에 지출"이라 기입하고, 지출액란에 그 지출 금액을 쓴다. 또 현금 선급 또는 개산불의 정산 과잉금을 반납하게 한 경우에는 지출액란에 반납금을 붉게 쓰고, 잔액란에 그 상당하는 금액을 가산하여 반납 사유를 적요란에 기재한다. 오불 과도액을 반납하게 한 경우에도 이에 준한다. 요컨대 이들 반납금은 수입으로 처리하지 않고 모두 지출액을 감액하는 방법에 의하며, 또 잔액란에는 하루에 몇 건의 지출을 한 때는 마지막 행에만 이를 게재한다. 월계, 누계 및 그 금액 등은 붉게 쓴다. 또 출납 폐쇄 때에는 예비비 지출액, 유용 증감액 등은 따로 이를 합계하여 예산액 누계란에 쓴다. 이는 결산 작성상 편리하도록 이바지하고자 함이다.

마지막으로 한마디 할 것은 이 장부의 정리를 할 때는 반드시 현금 수불부와의 연결을 게을리하지 않는 것이다. 이상 4종의 장부는 각 면이 모두 반드시 구비할 장부이고 훈령으로써 동시에 정한 장부에 관해서 참고를 위해 이하에 설명한다.

(5) 독촉수수료 정리부

이 장부는 연도마다 작성하되 독촉장을 발부한 때는 이 장부 양식 각 난에 각각 소정의 사항을 기입하여 독촉수수료 징수의 용도에 제공함과 함께 겸하여 체납의 정리를 도모하는 것이다. 그러므로 체납 금액 및 독촉수수료를 징수할 때는 이 장부를 정리함과 함께 수납부도 정리하고, 과오납의 환부 결손 등이 있는 경우도 역시 같다.

(6) 현금 선급(개산불) 정리부

현금 선급 정리부는 세출 내역부의 보조 장부로도 볼 수 있다. 따라서 세출 내역부는 반드시 이를 작성해야 하나 이 장부는 반드시 작성할 필요는 없으며, 이 장부에 따라 정리하는 경우 반드시 세출 내역부도 정리하는 것이 필요하다. 선급 건수가 많아서 선급, 반납, 추가 지급 등을 정리하지 않으면 경리가 번잡해지는 경우에 이 장부를 작성한다. 개산불 정리부도 역시 같다.

(7) 과오납금 정리부

이 장부는 수납부 및 세입 내역부의 보조 장부로도 볼 수 있다. 따라서 과오납금을 환부할 때는 이 장부 외에 수납부 및 세입 내역부에도 상당히 기재해야 한다. 또 이 장부는 양식에 보이는 것처럼 환부금 지불의 결정과 그 영수증을 겸한 것이나, 만약 영수 인장을 요구하기 어려울 경우에는 영수 인장란에 그 내용을 기재하고 따로 영수증을 요구하여 보존한다.

(8) 일시차입금 정리부

이 장부는 일시차입금의 차입 및 상환의 전말을 명확히 하는 것이니, 차입금을 한 때는 이 장부 외에 현금 수불부의 정리가 필요하다.

(9) 차입금 대장

차입금 대장은 차입금의 차입 및 상환의 전말을 명확히 하는 것을 목적으로 하며, 겸하여 이에 따라 상환 기한이 도래했는데 상환을 게을리하는 등의 일이 없도록 하는 것이다. 차입금을 한 때는 이 장부의 정리 외에 세입 내역부 및 현금 수불부, 또 상환한 때는 세출 내역부 및 현금 수불부의 정리가 필요함은 물론이다.

(10) 기본재산 대장

기본재산 설치의 인가를 받은 경우 작성하는 것이며, 그 이동(異動)은 그때마다 추가, 삭제, 정정 등을 가할 것이다. 만약 이 정정을 게을리하는 때는 현재의 재산이 대장과 일치하지 아니하여 대장은 거의 무용지물이 되므로 깊이 주의해야 한다. 또 공용재산 및 적립 금곡 등에 대해서는 기본재산 대장의 예에 따라 각각 대장을 만들어 정리한다.

제7목 회계검사

누술한 바와 같이 면 회계사무는 면 사무 중 가장 중요한 것이므로 그 정확성을 기하기 위해 면장은 이 규정에 따라 반드시 매월 1회 이상 회계원의 보관에 속한 현금 및 장부를 검사한다. 그 검사 때는 ① 법령을 위배하여 수지를 한 것의 유무 여부, ② 계산에 오류가 있거나 기장에 과오가 있거나 태만히 한 것의 여부, ③ 금전의 현존액이 장부와 부합하는지의 여부, ④ 현금 보관의 정당 여부, ⑤ 증빙서류의 정리 적당 여부 등에 대해 특별히 주의하고, 또 회계원을 경질할 때는 그때마다 전술한 검사를 행한다.

제3절 세입·세출 결산

결산은 예산에 대한 현재 수지를 명확히 하고 그 연도 내의 수입·지출의 총감정을 하기 위해 만드는 것으로 그 수속 등은 이하 설명하는 것에 의한다.

제1목 결산의 작성

면장은 출납 폐쇄 후 1개월 이내에 예산과 동일한 구분에 따라 예산과 그 실제 수지를 대조하여 그 과부족에 대해서는 설명을 붙여 결산을 작성하고 군수 또는 도사의 승인을 받는다. 그리고 결산을 작성할 때 예산의 추가 경정 또는 예산 유용, 예비비 지출 등이 있으면 앞에 설명한 것처럼 예산 추가 또는 경정의 경우 그 금액을 정정해야 하나, 유용 또는 예비비 지출의 경우에는 예산 금액을 정정하지 않는다. 유용을 한 것은 유용한 과목의 부기란에 "무슨 비(費)에 얼마를 유용"이라 기재하고, 유용을 받은 과목의 부기란에는 "무슨 비로부터 얼마를 유용"이라 기재한다. 또 예비비를 지출한 것은 그 지출을 받은 과목의 부기란에 "예비비 지출 얼마"라 기재하고, 예비비 과목에는 결산액란에 그 지출액을 게재하지 않고 비교감(比較減)란에 예산액과 같은 금액을 기재하고, 부기란에 "무슨 비에 얼마를 지출"이라고 기재한다.

제2목 결산의 공고

앞에 설명한 바와 같이 예산은 공고해야 하고, 그 실제 수지를 보이기 위해 결산도 역시 앞항의 승인을 받은 때는 그 요지를 공고한다.

제4절 면의 수입금 및 지불금에 관한 시효

면의 수입금 및 지불금은 일정한 시기에 그 권리·의무를 끝맺지 않으면 면의 재무가 번잡해지므로 특히 그 시효를 정한 것이다. 즉 면의 수입금 및 지불금의 시효는 정부의 수입금 및 지불금의 예에 의하므로 그 수입한 연도 또는 그 지불한 연도 경과 후 만 5개년간 수입금은 납입의 고지를 않고, 또 지불금은 면에 대해 권리를 가진 자로부터 지불 청구를 받지 않을 때는 시효 완성에 따라 납입금 징수 권리를 잃고 또는 지불금 지불의 의무를 면제한다.

제5절 도장관의 인가를 받을 사항

면제와 면제 시행규칙 중 도장관 또는 군수, 도사 등의 인가를 받아야 할 사항은 관계 부분에서 이미 설명했으나 다음에 제시하는 건은 도장관의 인가를 받아야 한다.

1. 기본재산의 설치, 관리 및 처분 등에 관한 것
2. 적립금곡 등의 설치, 관리 및 처분 등에 관한 것. 단, 적립한 목적을 위해 처분한 경우는 인가받지 않는다.
3. 부동산 처분에 관한 건
4. 기부 또는 보조를 한 건
5. 세입·세출 예산으로 정한 것을 제외하고 새로 의무의 부담을 하거나 또는 권리 포기를 한 건, 예를 들면 수년간에 걸친 보조 약속을 하거나 또는 부담부증여(負擔附贈與)를 받은 것은 전자에 속하고, 채권을 포기하거나 재산을 증여한 것은 후자에 속한다.

제6장 면 조합

면에서 처리할 사무는 대개 그 면에만 관계되는 데 그치고 다른 면과의 이해에 직접 상관관계는 희박하나, 그 사무 종류에 따라서는 인접 면과 공동으로 경영하지 않으면 충분히 그 목적을 달성하기 어려운 경우가 있다. 이런 경우에는 관계된 각 면의 조합을 설치하여 서로 공동하여 그 사무를 처리하는 길을 강구할 필요가 있다. 이것이 면 조합이 필요한 이유이다.

제1절 면 조합을 둘 수 있는 경우

면 조합이 필요한 것은 위와 같으나 면 조합은 면의 일부 사무, 예를 들면 도로, 교량, 전염병 격리병사 또는 도장 등을 공동 처리할 경우에만 이를 설치할 수 있고, 면의 전체적인 사무를 처리하기 위해 이를 설치할 수는 없다. 면의 전체적인 사무를 공동 처리할 필요가 있는 경우는 면 조합을 설치할 것 없이 이를 합병하는 것이 적당하다고 생각되기 때문이다. 그리고 면 조합에는 이하의 설명 외에 면제 및 면제 시행규칙 중 면에 관한 규정을 준용한다.

제2절 면 조합의 설치

면 조합은 면과 면의 협의에 따라 설치하는 것이 아니고 도장관이 필요하다고 인정하는 경우에 조합 규약을 정하여 조선 총독의 인가를 받아 이를 설치한다. 조합을 해체하거나 또는 조합규약을 변경할 때 역시 마찬가지다.

제3절 조합규약

조합규약에는 조합의 명칭, 조합을 조직하는 면의 이름, 조합의 공동 사무, 조합 사무의 관리 방법 및 조합 비용의 분부(分賦)[30] 방법 등을 규정한다.

제4절 조합관리자

면 조합의 관리자는 도장관이 조합을 조직할 면의 면장 중에서 선임하는 게 원칙이나, 그 조합의 구역이 하나의 군 전체이거나 또는 군의 대부분과 관계가 있거나, 혹은 사무 성질상 면장으로 하여금 관리시키는 게 불편한 등 특별한 사정이 있을 때는 관계 군수 혹은 도사 중에서 선임할 수 있다.

제5절 조합의 비용 부담

조합의 소요경비는 그 재산에서 생기는 수입, 사업에서 생기는 수입, 기부금, 보조금 등으로 충당하고, 부족할 때는 관계 각 면에 나누어 부담시키고 각 면으로 하여금 납입시킨다.

제7장 면 구역 변경의 경우 재산 처분

면의 폐치·분합 또는 경계 변경에 따라 그 구역에 변경이 있을 경우 그 면에 재산이 있을

30 세금, 부역 등을 나누어서 물게 함.

때는 그 처분을 필요로 한다. 이 경우 도장관이 관계 면장의 의견을 들어 조선 총독의 인가를 받아 정한다. 그리고 이 재산 처분에 관해 9월 30일까지 신청을 한 것 또는 처분 허가를 받았으나 그 실행에 이르지 못한 것 등은 10월 1일 이후에 면제 시행규칙에 따라 수속을 한 것으로 간주하여 효력을 존속시킨다. 이로써 신령에 따라 다시 그 수속을 밟을 필요가 없다.

제8장 면의 공고

면의 공고는 면의 게시장에 게시하는 것으로 한다. 따라서 예산, 결산 또는 부과금 납입자의 행위 불명의 경우에 납입고지 공고를 하는 경우처럼 따로 신문 등에 공고할 필요는 없고, 면의 게시장에 게시하면 족한 것으로 한다.

〈자료 194〉 면 이원의 비행(《조선휘보》 지방호, 1917.10)

면 이원의 비행에 관해서는 종래 총독부 및 지방청에서 예의주시하여 교정에 노력한 바 있고, 즉 우선 면 이원의 소질의 개선을 급무로 하여 적임자를 천거하기를 도모하며, 또 취급 공금의 보관 방법을 엄히 하며, 세금 송납할 경우에 보호를 완전하게 하는 등 각각 피해 방지 방법을 강구하는 중이나 다수의 면 이원 중에는 아직 그 지위를 이해하지 못하는 자가 있으므로 비행자가 나오는 것이 적지 않은 것은 유감이다. 올해 1월부터 9월에 면 이원의 범죄 건수를 작년 같은 기간의 범죄 건수와 비교하면 다음 표와 같고 조금도 줄어들지 않은 상황이며, 특히 각종 범죄 중 여전히 공금 횡령 범죄가 다수를 점하고, 그중 면민의 모범이 될 면장의 비행이 가장 많은 것은 유감이다. 현재 면제가 실시되어 면이 경영하는 사무가 증가하는 동시에 그 취급할 각종 공금액도 자연히 증가하는 가을인데, 면 이원의 태도가 오히려 이러한 상태에 있어서 하등 숙정(肅正)한 추세가 없을진대, 지방행정에 진실로 우려를 금치 못하겠으니, 금후에는 한층 면장 기타 면 이원으로 하여금 능히 그 지위를 자각케 하여 관의 지도·감독과 더불어 발본적으로 이들 비행의 교정에 힘써서 지방행정의 위신을 지키고, 또 운용을 어그러뜨리지 않도록 할 필요가 있을지니라.

면 이원 비행 조사(1916년 1~9월, 1917년 1~9월) (표 생략-편역자)

〈자료 195〉 면제 시행될 임시(臨時)에 있는 지방 인민 및 면 당국자의 면제에 대한 이해

[조선총독부 속(屬) 히포 슈이치(飛舖秀一), 《조선휘보》 지방호, 1917.11]

나는 면제가 시행될 때 명을 받아 경상남도 관내 지방행정 시찰을 겸하여 면장 기타 면 이원의 면제에 관한 지식 정도의 실시 후 방침 등을 듣고, 또 지방 인민의 면제에 대한 감상을 물었더니, 지방 인민들은 상당히 유력한 집안의 선각자로 지목되는 자가 "면 제도가 변한다 함은 들었으나 사실상 어떻게 변경되며 그것이 지방 인민에게 어떤 영향을 줄 것인지는 알지 못하노라" 하며, 또 "이번 면 제도가 변한다고 함은 신문에서 보았으나 그것이 과연 지방 인민과 또는 지방 이해에 어떤 관계가 있을 것인지는 아직 연구를 아니 하였다. 대저 조선인은 수년 전에 발포된 법령이라도 지금까지 모르는 자가 많은 실정이니, 설령 그것이 면제라 하고 단지 지금 들어서 비로소 안 것처럼 사실상 과연 지방 인민에게 자못 중대한 관계가 있는 제도라 할지라도 그 제도가 시행되어 그 결과가 당장 자기 이해에 미치기 전에는 조선인은 별로 연구하거나 또 시비를 논하지 아니한다"고 경성일보를 선급(先給)으로 보는 독자라도 그리 말하더라.

그러나 혹자는 면제에 대해 그 이허(裏許)[31]를 연구하고, 시세의 요구에 부합한 극히 적당한 제도이고, 지방 인민의 복리는 지금 이후로 이로 인해 크게 진전될 줄로 생각하노라 하는 자도 있었으며, 간혹 천박한 의견으로 면제가 시행되면 면이 사업을 경영할 수 있다고 하니, 반드시 면비가 갑자기 증가되리라고 걱정하는 자도 적지 않으니, 실로 이는 무리한 걱정은 아닌 듯하므로 이런 기우를 하는 자에게는 "종래 면장이 사실상 관리하지 않던 사업이며, 위생 조합 또는 소방 조합에서 승계하지 않은 신사업은 건마다 도장관의 승인을 얻어 비로소 경영할 수 있으며, 또 제한 과율의 범위 내의 지세할이며 호별할 이외에 면 부과금의 부과목을 만들거나 또는 일정한 제한 이상에 부과율을 증가할 필요가 있는 경우에는 총독의 인가를 받아야 하게 되었으니, 도장관이나 총독은 그면 전체의 실제상 이해득실을 신중히 심의 고려한 후에야 인가 여부를 결정하므로 한량없이 부담이 늘어날 리가 없다"고 설명했더니, 그 말을 듣고 비로소 안심하는 모양이더라.

면담한 면장과 면 이원 중에는 아직 면제에 관한 강습을 받지 않은 자도 있었으니, 이 사

31 겉으로 드러나지 아니한 속마음이나 일의 내막.

람들이 면제에 대하여 충분히 해득하지 못함은 용혹무괴(容或無怪)[32]로되 실제로 전혀 연구하지 않은 자가 다수이며, 그중에는 면제에 관한 강습을 받지 않고 또 자기가 별로 연구하지도 않고 일찍 동장·이장을 모아서 면제의 취지나 이후 면 방침 등을 설명하는 면장도 있었으니, 이러한 면장이 과연 어떠한 것을 말했는지 다만 충분치 못하다 할 뿐이면 별로 장애될 일은 없을지라도, 만약 당치않은 것을 동장·이장에게 말했으면 불가하니, 이런 면장에게는 군에서 강습받은 바에 의하여 다시 동장·이장과 기타 면내 유지자에게 철저하도록 말함이 마땅하다 하였노라. 강습을 받은 자 중에도 면제의 취지와 그 실질을 분명히 해득한 자는 많지 않으니, 기왕의 면과 면제에 의하는 면의 그 차이가 어떠하냐? 시험 삼아 물은즉, "면제에 의한즉 면장이 법인이 되게 되었다"고 답하는 자가 있어서, 면장이 법인이라 함은 이상한 말이나, 다시 법인이라 함은 무엇이냐 물은즉, 대개 "무엇인지는 상세히 알지 못하나 하여간 법인이 된다는 말을 들었다" 하며, 또 혹은 "면이 법인이 되는 것이라"고 답하는 자도 있었으니 이는 무난한 답이나 역시 법인의 의의를 이해하고 해석함이 상세하지 않더라. 한마디로 말하면 면제에 관한 군 강습 중 가장 강습원의 귓불에 울린 것은 '법인' 두 글자인 듯하더라. 또 "종래 면은 군수의 보조기관으로 군수의 감독을 받았더니, 면제가 시행되면 면은 독립하여 군수의 감독을 면하고 총독이 직할하게 된다"는 뜻으로 답하는 면 이원도 있더라.

그러나 이러한 일은 어느 정도까지 어떻게 생각하든지 실제상에는 별로 장애 될 일은 없으려니와, 다만 한 가지 걱정되는 것은 면제에 의한 면은 군의 감독을 면하고 완전히 해방되어 지금 이후로 면장은 크게 기족(驥足)[33]을 신(伸)하여 자유의 별천지를 얻음과 같이 생각하는 자와, 면제 시행규칙 제2조 각 호의 사업은 면에서 모두 시행할 것으로 생각하는 자와, 사업 능력이 부여된 이상 자기 면에서도 무슨 사업을 아니 해서는 신제도의 취지에 부합하지 않으며 면장된 체면을 손상시킬까 하여 졸지에 무슨 사업을 하면 좋을까 궁리하는 면장도 있던 것이라. 합천군 내 산골에 있는 빈곤한 면의 면장이 말하되 군에서 면제의 강습을 받고 어제 돌아왔으니, 아직 사업에 대해 연구가 완전치 못하나(이 연구가 완전치 못하다는 것이 실로 무안한 모양으로) 우선 도로의 개수를 행하고, 또 잠업 전습소를 설치하려 한다 말하며, 기

32 혹시 그럴 수도 있으므로 괴이할 것이 없음.

33 준마의 주력(走力)이란 뜻으로, 재주가 뛰어난 사람을 가리키는 말.

타 각지에서 그 면의 실력을 돌아보지 않고 각 항 사업을 경론하는 면장도 적지 않으니, 이와 같이 각기 소견대로 사업 허가의 신청을 할진대, 감독관청도 난처할 터이니, 우선 군에서 도의 대체적인 의향을 문의하고 미리 각 면과 불가불 경영할 사업의 종류를 협의할 필요가 있을 줄로 생각하노라.

또 모 군 참사가 말하되 "종래는 면장이 면민에 대해 각 항 명령을 행하며 지도를 가할 때 모두 이는 군청 혹 도청 명령이다, 상부 취지가 이렇다 하면 면민이 복종했거니와, 면제 시행 후 면장이 자기 의사로 결정한 사항으로 면민에게 다다르게 되면 면장이 그런 일을 해라 말라 하냐 하는 자도 있을 터인즉, 면장은 심히 심력(心力)을 노비(勞費) 하리라"고 말하더라. 실로 면민 간에 면제, 즉 지방공공단체 용인의 취지가 충분히 해석되기 전에는 여러 가지 경우에 면장도 곤란이 적지 않을 줄로 생각하노라.

면 재정에 관한 것을 알지 못하는 면 당국자도 있으니, 5천 원으로 사방공사를 시행하겠다 말하는 합천군의 앞서 말한 면장은 이 5천 원은 물론이거니와 기타 소방, 위생사업 등에 필요한 경비까지 3년간 소요액을 미리 계산하여 일시에 기부금으로 모아두고, 또 그 후 3년을 경과할 때에 재차 기부금을 모집하여 이와 같이 3년마다 사업비를 마련할 터라고 말했으며, 또 어떤 곳에서는 "지금 이후로는 반드시 묘지의 사용료를 징수하지 않으면 안 되게 되었으니 간난(艱難)한 자에게 징수하기는 곤란하겠다" 말하는 면장도 있더라. 그는 면제 제7조에 따르면 면은 그 재산으로부터 생기는 수입, 사용료, 수수료 기타 면에 속한 수입 등으로 면의 당연한 필요비 및 법령에 따라 면에 부담을 명한 비용을 지변할 것이니, 이러한 수입에 부족이 생기는 경우에 비로소 부과금이며 부역 현품을 부과 징수할 수 있다고 규정된 까닭으로 이러한 오해를 한 듯하다. 이와 같은 염려를 가진 면장에게는 어떤 영조물에서 사용료를 징수할지 또 그 징수액을 어떻게 마련할지, 또 어떤 사정이 있는 자에게는 그 징수를 감면할지 하는 등에 대하여 면제 시행규칙 제46조에 의하여 면에서 규정을 만들고 총독의 인가를 받을 때 적당히 취사(取捨)할 것이니, 면 재정이 허락하는 이상에는 사용료는 징수하지 않아도 전혀 관계없으며, 특히 공동묘지와 같은 것은 되도록 사용료를 징수하지 않는 것이 좋을 줄로 생각한다고 설명하였노라.

이상을 열독(閱讀)하면 순연히 걱정되는 반쪽 면만 기술함이나 전체 면장, 면 이원이 이런 것이 아니라. 그중에는 능통한 사람도 있고 설혹 면장이 알지 못할지라도 면서기 중에 통효

(通曉)[34]한 자도 있더라.

대저 숙지하지 못하는 법률, 문자 등이 있는 법령의 내용에 대하여 처음부터 충분히 해득하기를 기대함은 조선의 현상으로는 실로 무리한 요구일지도 모르니, 일본에서도 1886년(明治 19)에 법률 제1호로 등기법이 발포되어 그 제6조 내에 "제3자에 대하여 효력이 없는 자라 함"이라 한 문자가 있었을 때 지방 인민은 물론이고 부·현 지사 중에도 이 제3자라 한 문자의 뜻이 불분명하고 의아한 자도 있었다고 하며, 또 1888년(明治 21)에 정촌제가 발포되어 그 제2조에 "정촌은 법률상 일개인과 균(均)히 권리를 갖는다 운운"이라 하고, 또 제12조에 "법률을 따라서 설립한 회사 기타의 법인 운운"이라 하였을 때도 이들 문자의 뜻이 지방 인민 간에는 해석키가 용이하지 못하였다고 하나, 실지 운용에는 하등의 장애가 없고 금일과 같이 발달하였는 고로, 면제의 운용에 대하여도 우리는 결코 걱정을 아니 할뿐더러, 겨우 수년간에 면 사무에 습련(習練)하여 지방제도 운용의 예비지식도 이미 대개 성취한 금일에 그 대다수는 본부에서 기대하는 성적을 거두기에 장애가 없을 줄로 생각하나, 참고하기 위하여 이에 비관적 반쪽 면만 기술하여 지방관청의 간절한 지도와 면 당국자가 충분히 노력하기를 희망하며, 또는 이로써 후일 회고 자료로 하고자 생각하노라.

〈자료 196〉 지정면의 면장과 상담역(《조선휘보》 지방호, 1917.11)

본년 9월 부령 제67조로서 면제 제4조에 따라 상담역을 두는 면을 지정했는데, 이들 면 이름 및 상담역 정원은 다음과 같다.

지정면명	상담역	정원
경기도	수원군(水原郡) 수원면(水原面)	4인
	개성군(開城郡) 송도면(松都面)	8인
	시흥군(始興郡) 영등포면(永登浦面)	4인
충청북도	청주군(淸州郡) 청주면(淸州面)	4인

34 환하게 깨달아서 앎.

충청남도	공주군(公州郡) 공주면(公州面)	4인
	대전군(大田郡) 대전면(大田面)	4인
	논산군(論山郡) 강경면(江景面)	4인
	연기군(燕岐郡) 조치원면(鳥致院面)	4인
전라북도	전주군(全州郡) 전주면(全州面)	6인
	익산군(益山郡) 익산면(益山面)	4인
전라남도	광주군(光州郡) 광주면(光州面)	4인
경상북도	김천군(金泉郡) 김천면(金泉面)	4인
	영일군(迎日郡) 포항면(浦項面)	4인
경상남도	진주군(晉州郡) 진주면(晉州面)	4인
	창원군(昌原郡) 진해면(鎭海面)	6인
	통영군(統營郡) 통영면(統營面)	6인
황해도	해주군(海州郡) 해주면(海州面)	6인
평안북도	의주군(義州郡) 의주면(義州面)	4인
강원도	춘천군(春川郡) 춘천면(春川面)	4인
함경남도	함흥군(咸興郡) 함흥면(咸興面)	6인
함경북도	경성군(鏡城郡) 나남면(羅南面)	4인
	성진군(城津郡) 성진면(城津面)	4인
	회령군(會寧郡) 회령면(會寧面)	4인

〈자료 197〉 조선인 군서기 강습회 개최(《조선휘보》 지방호, 1917.11)

총독부에서는 1913년(大正 2) 이래 면 사무의 실지 지도에 종사할 조선인 군서기를 훈련하기 위해 각 도에서 강습을 행하도록 했는데, 면제 시행 후에는 이들 군서기들이 한층 더 지도·감독의 방법에 숙련되는 것이 필요하므로, 본 연도에는 주로 면의 지도·감독과 면제에 관한 사항에 대해 각 도에서 사무가 한가한 시기를 택해 2주일간 내지 3주일간의 예정으로 각각 강습회를 개최하기로 되었다. 금일까지 개최 보고에 접한 도의 상황은 다음과 같다.

지역	기간	강습원 인원 수
충청남도	11월 12일부터 2주간	17명
전라남도	11월 5일부터 2주간	23명
경상북도	11월 15일부터 3주간	23명
평안북도	10월 22일부터 3주간	19명
강원도	1월 14일부터 1주간	21명

〈자료 198〉 도·군·도(道郡島) 서기 강습회 개최(《조선휘보》 지방호, 1917.11)

총독부에서는 일본인 도·군 서기에게 지방행정에 관한 사항을 강습하기 위해 1911년 이후 강습회를 개최해 왔는데, 본 연도에는 면제 시행을 보게 됨에 따라 주로 그 시행상 필요한 사항을 강습할 목적으로 각 도(道)·군(郡)·도(島) 등에서 면 행정에 관한 사무 취급자 약 100명을 경성에 소집하여 내년 1월 중순부터 약 2주간 예정으로 강습회를 개최할 예정이다.

〈자료 199〉 면제에 관한 오해(《조선휘보》 지방호, 1917.11)

면제 발포 후 본부 및 지방청에서는 그 취지 보급과 철저에 노력하는 바 있으나 오히려 왕왕 오해를 품은 자가 있는 듯하니, 이는 전혀 근거 없는 설에 불과함으로 면제의 취지가 철저함에 따라서 점차 풀어질 것으로 생각하나 참고하기 위하여 아래에 오해의 두세 가지를 게재하노라.

1. 면장 중 면제를 실시한 후에는 면장은 조만간 모두 일본인을 면장으로 하고 조선인 면장은 파면함에 이르리라 하는 기우를 품은 자가 있는 듯한데, 면장은 내선인 중 누구를 선임할는지는 모두 지방 사정과 인물 여하에 의할 것이오. 본래 법령으로써 규정한 것이 아니며, 현재 일본인 면장을 둔 것은 일본인 호구가 많고, 사무도 역시 극히 복잡한 등 특수한 사정이 있는 소위 지정면에 한하며, 또 지정면 중에 선인 면장을 채용한 것도 있는 상황이니, 보통 면에는 물론 종래와 같이 선인 면장을 임용하여 면 행

정을 담당케 할 취지로 인정하니 오해가 없기를 요함이라.

2. 이장 중에도 역시 면제 발포 후에는 면장, 이장 등은 점차 일본인으로 변함에 이르러 면민의 부담도 역시 증가하리라 우려하는 경우에 대하여는, 앞항에 설명한 바와 같은지라. 또 일본인을 이장으로 임용함도 있으려니와 그것은 일본인이 다수 거주하는 부락에 한할지며, 조선인 부락에 일본인 이장을 임용하는 일은 사정이 불허할 줄로 믿으나, 만약 혹 덕망이 높고 소행이 방정한 일본인 또는 조선인으로 공공사업에 진력하는 독지가가 있으면 일본인 부락과 조선인 부락을 물론 하고 이를 이장으로 추천함은 하등 불가한 것이 있으리오. 또 일본인 면장을 채용함은 자력(資力)이 극히 풍부하여 거의 부와 비슷한 상태를 보이는 면에 한하므로, 다소 급여를 높게 하여도 이로 인해 면민의 부담에 심한 영향을 미칠 것은 없을지라.

3. 면내 유력자 중에도 면제는 일본의 정촌제와 동일한 제도이므로 시기상조라고 하는 자가 있으니, 면제라든지 정촌제라든지 모두 그 목적하는 바는 지방의 공익을 도모하며 인민의 복리를 증진함에 있으므로 이 점은 동일하나 그 수단과 방법은 전연 같지 않으니, 즉 면제는 조선의 시세 민도를 참작하여 이를 정했으므로 제도의 모습이 정촌제와는 천양지차가 있을 뿐 아니라, 사업 경영 방침도 면제는 당장은 종래 지방에서 실제로 처리하던 사무를 종합 통일함으로써 목적을 삼아 장래 민력 발전에 따라서 서서히 그 시설을 확장하고자 하는 고로, 갑자기 신규사무를 경영하여 급격한 변화를 가져오는 일은 없고, 다만 종래와 다른 바는 면이 법제상 사업 능력이 있는 것을 명료히 한 점에 불과하나니, 고로 면제의 발포가 시기상조라는 느낌이 있다는 것은 깊이 면제의 모습과 취지를 연구하지 않고 종래의 지방 실제 정황을 살피지 않은 피상적 관찰에 불과하다 할지라.

4. 종래의 동장·이장은 면에서 수당을 받았으므로 항상 관청과 동민 간의 의사소통을 도모하며, 한편으로는 상의자도 되며 혹은 사환도 되어 제반 사항의 편의를 도모하였더니 면제 시행 후의 구장은 수당 지급이 없으므로 여러 세금 신고서 등은 각자 면사

무소에 갖고 가게 되며, 인민의 불편이 적지 않아 뭔가 조화책을 강구하지 아니하면 면 사무에 영향이 미치겠다 말하는 자가 있다. 그러나 구장은 동민·이민의 상의자도 되며, 혹은 법령의 주지를 도모하여 상하의 의사소통에 노력함은 원래 구장 설치의 취지에 부합하는 바이니, 이 점은 종래와 다른 점이 없을 뿐 아니라 금후는 일층 유력자를 구장으로 채용할 방침인즉, 더욱 그 목적을 달함에 편의 될지라. 그러나 각종 원서 및 신고 등과 같은 것은 원래 면민이 각자 처변(處辨)할 사항이나 이러한 일들을 구장의 당연한 직무라 하여 동민·이민이 강요하는 것은 이를 피하지 아니하지 못할지라. 요컨대 구장은 한 고을의 선각자로 신뢰하는 의미로 제반 사항을 상의함은 가하거니와 구장을 동민·이민의 사환으로 사유하여 사용함과 같음은 절대적으로 금치 아니하지 못할지라.

〈자료 200〉 면제에 대한 지방민의 감상에 대하여 [사와다 도요타케(澤田豊丈, 내무부 제1과장), 《조선휘보》 지방호, 1917.2]

면제의 취지와 그 시행상 방침에 관해서는 누차 설명한 바이고, 또 도·군·도(道郡島)에서도 여러 방법에 따라 그 보급에 힘쓰는 중이나 시행 후 아직 이를 오해하는 자가 적지 않음은 유감이다. 원래 이 오해들은 전혀 근거 없는 억측에서 나온 것이 없지 않다. 이것들은 시일 경과와 함께 조만간 풀릴 것이니 별로 심각하게 우려할 것은 아니나, 그중에는 다소 이유가 있다고 생각되는 것이 없지 않으니 지금 그 한두 가지를 들어 당국자의 참고에 이바지하고자 한다.

면제에 대한 지방민의 감상 중 다소 이유가 있다고 인정되는 것에 낙관적인 자와 비관적인 자 두 가지가 있다. 이를 낙관하는 자가 말하길, 종래 면은 하등의 사업 능력이 없었으나 지금은 여러 공익적 시설을 할 능력을 인정받게 되었으므로 이후 지방의 개발, 민복의 증진을 기대할 만하다고 한다. 이는 면제를 전체적으로 들여다본 자의 마음속에 있는 감상이라 할 것이다. 원래 면제는 논자가 생각하는 것처럼 현재 조선 지방제도에서는 사무 능력을 공인받는 하급 단체가 없기 때문에 각종 불편을 느껴 지방 개발상 유감이 적지 않아서 이를 개선하여 크게 지방 발달을 촉진하고 민복의 증진을 기하기 위해 제정한 것이다. 고로 그 종국의 목적은 논자의 말과 하등 차이가 없으나 사물에는 순서가 있고 계제가 있으니, 면제 시행으로써 곧장 지방 개발에 일대 진전을 가져올 것이라 생각하는 것은 아직 반만 알고 반을 간과한 것이라 하지 않을 수 없다. 무릇 제반 시설을 하고자 하면 이로 인해 다소의 경비가 필요하다. 만약 이에 상당하는 재원이 있어서 면의 활동에 필요한 경비를 충분히 지급할 수 있으면 지방행정에 일대 쇄신을 가하는 것도 별로 어려운 일이 아니다. 그러나 조선의 현재 민도는 면의 활동에 필요한 자원을 충분히 공급할 만한 여유가 있는가 없는가. 병합 이래 지방경제 발달이 현저하다고 하나, 아직 갑자기 지방민의 부담을 가중시키는 것은 택할 만한 길이 아닌 것은 말할 것도 없다. 따라서 면제 시행은 당분간 지방민의 부담을 증가하지 않는 범위 내에서 지방 개발에 이바지하게 하는 것을 기하여, 주로 종래 공과금 등과 유사한 자원에 따라서 경영하던 사업을 면에 통일함에 그치고 민력의 충실에 따라 서서히 그 시설을 확장할 방침이다. 즉 환언하면 면은 지방 공익상의 요구에 응하여 여러 시설을 할 수 있는 능력을 가지나, 충분히 그 능력을 발휘하는 것은 면민 부담 관계상 이를 부득이 제한해야 한다. 이로써 일부 사람이 예상함과 같이 면제 시행 후 각종 공공적 신사업 발흥하여 지방행정에 일대 쇄신을 가하는 것 등은 갑자기 이를 바라는 것은 불가능하다고 말하지 않을 수 없다. 민력의 충실에 힘써 그 향상과 맞추어 서서히 면의 시설을 나아가게 해서 면제 시행의 목적을 달성해야 한다.

다음으로 면제 시행에 대해 비관하는 자는 말하길, 면에 사업 능력을 인정한 결과 면비의 팽창을 가져와 면민은 그 부담을 이기지 못함에 이르리라 한다. 이 역시 다소간 일리 있는 말이나 하나만 알고 반만 해석한 억측이라 하지 않을 수 없다. 면은 새로 사업을 경영할 수 있게 되었으므로 금후 면 경비가 점차 팽창할 것은 부득이한 일이다. 그러나 그 팽창한 금액이 곧 면민의 부담을 증가시킨 금액이라고 해석함은 오해이다. 종래 면민은 면비 이외에 위생 조합비, 소방 조합비, 도로 협의비, 모범림비 등 공공적 경비를 부담하여 그 액수가 적지 않다. 그런데 이들 조합 또는 협의비 등으로 경영하던 사업의 대부분은 금후 면에서 경영하게 되므로, 한편으로 면비 부담을 증가할 것이나 다른 한편으로는 이들 조합비 또는 협의비 부담은 전부 또는 대부분 폐지될 것이다. 따라서 면비로 팽창하는 금액 중에는 적어도 그 일부는 종래 면민이 부담하던 것이니 단순히 그 형태를 변경함에 지나지 않다. 또 사업통일에 따라 그 사무비를 경감할 수 있으므로 면에 통일 후 필요한 금액은 동일한 사업을 각종 단체

조합, 협의비 등에 따라 개별로 경영하던 시대에 필요한 금액의 합계에 미치지 않을 것이니 이 점은 다소 면민의 부담을 경감시킬 것이라 말하지 않을 수 없다. 또 앞에서 설명한 것처럼 면제 시행 당초에는 주로 조합 또는 협의비를 두어 경영하던 사업을 면으로 통일하는 데 그칠 방침이므로, 가령 신사업으로 인해 증가할 부담이 있더라도 그 금액은 실로 적을 것이다. 결국 면민의 부담은 면제 시행 전후에 심한 차이가 없으리라 믿는다. 그래서 면제 시행으로 곧장 면민의 부담이 증가하는 것으로 생각하는 것은 역시 정확하지 못한 견해이다.

요컨대 면제에 대한 이상 두 가지 설은 모두 핵심에 닿지 않고 있으나 일면의 진리가 없는 것은 아니다. 면제 시행 당시에는 지방 공익적 시설에 심한 차이가 없다고 할지라도 세월의 경과와 함께 점차 그 시설이 진전하여 충분히 면이 활동할 시기가 올 것으로 믿으며, 면민도 그 재력의 충실에 따라 상당한 면비를 분담할 각오가 없으면 안 된다. 면 사업 발전은 누구든지 이를 희망하는 바이나 부담 증가는 누구든 이를 싫어할 것이다. 따라서 장래 면민의 부담을 심하게 증가함 없이 면 사업이 발전하는 것을 기해야 한다. 이는 다름 아니라 지금부터 적당한 방법에 따라 면유재산의 조성을 도모함에 있다.

〈자료 201〉 면 기본재산 조성에 대하여[도요다 주이치(豊田重一, 홍성군 서기), 《조선휘보》 지방호, 1918.1]

현재 면의 예산은 극히 경미하고, 사업 역시 볼만한 것이 없으며, 이는 지방 민력이 아직 빈약하기 때문이다. 즉 현재 면비와 같이 1면 평균 1,200원 이외에 1호 부담 평균 70~80전, 1군을 합해서 겨우 내지의 1정촌에 필적하는 데 불과하다. 그러나 장래 지방의 충실과 함께 사업이 증가하고, 면민 부담 역시 몇 배가 될 것이다. 지금 면 기본재산 조성을 급하게 하지 않는 것은 면의 장기계획이다.

일본의 우량 정촌(町村)을 보면, 당사자의 노력과 정촌민의 자각으로 기본재산 조성에 전력을 기울이고, 혹은 기본 조림, 기본금곡 적립 또는 부락이 가진 재산의 통일, 근검절약해서 합의하에 적립금 등이 정촌에 매년 증가하여 수만 원의 거액에 달하고, 그 이자로 정촌비의 전부 또는 반 정도를 지변하는 등 유종의 미를 거두고 있는 곳이 적지 않다. 그러나 처음에는 이론이 백출하고 몇 번이나 계획이 틀어져서 당사자의 노고가 이만저만이 아니었다.

사업 시초에 비로소 선각자의 견문과 학식이 위대함을 알게 된다.

이를 조선 지방에서 보면, 기본 재산에 적당한 사업이 결코 적지 않다. 우선 실행하기 쉬운 것부터 보면 ① 기본 조림, ② 정·리 소유 재산의 통일, ③ 미간지·간척지 이용, ④ 관혼상제 비용을 절약하여 기부, ⑤ 면비 적립 등으로 지방의 상황에 따라 많은 사업이 있을 것이다.

기본림 조성은 조선 현황에 비추어 수원(水源) 함양과 일반 조림의 모범을 보이는 게 가장 중요하다. 특히 다수 면민이 공동으로 출역할 때 일이 성공하기 쉽고, 각 면의 필수 사업이라 할 수 있다. (중략-편역자)

정·리 소유 재산 통일 같은 것도 역시 적당하다. 현재는 면장이 이를 관리하고 있으나 경리 정정을 하지 않아서 원금이 매년 감소하고, 또 대다수는 이용이 완료되지 않았다. 생각이 있는 사람들은 오히려 면이 이자의 통일을 도모하는 게 낫다고 말한다. 그 종류는 금전, 토지 건물, 미곡 등으로 연이자 4~5할로 일반에 대부한다. 이것들을 면이 정리하고 통일하면 그 액수가 적지 않을 것이다. 현재 일본에서 부락 소유 재산 때문에 정촌 내에 장벽을 두고 원만을 잃어 그 통일에 고심을 하고 있는 상황인데, 조선과 같이 이것을 면에 전속시켜야 한다.

미간지와 간척지 사업은 매우 어려우나 가급적 면민의 공동작업에 따라 연차계획을 세워서 이를 시행하면 목적을 달성할 수 있을 것이다. 본 사업은 비교적 빨리 수익이 난다는 이점이 있다.

관혼상제의 절약은 진흥회 등의 합의에 따라 그 비용을 절약해서 면 기본금으로 기증하는 것이다. 현재 이들 행사에 신분에 상응하는 사치를 부리고 채무가 많아서 이 때문에 일으키지 못하는 실상이다. 이를 절약하고 빈부에 따라 일정한 기부를 하게 하면 역시 하나의 지방 개량사업이 될 것이다.

면비 적립은 보통 기본재산인 재산 수입 세계잉여금, 기부금, 사환미 처분금 등으로, 기본 축적의 제1보로서 일반이 실행하기 극히 쉬울 것이다.

요컨대, 면 기본재산은 수익을 보는 것을 주안점으로 놓고, 매년 축적하여 일정한 연도까지는 절대로 이를 거치하고, 30~50년 후 비로소 목적 달성할 수 있는 것으로서 처음부터 과대하게 적립을 하거나 이 때문에 부과한다든가 함은 금물이다. 나는 면 당사자에게 면 기본재산 조성을 장려하여 그 면제 실시 최초의 시험대로서 면의 실정에 비추어 속히 그 계획을 세우길 권유한다.

〈자료 202〉 구장을 명예직으로 한 취지 [우사미 가쓰오(내무부 장관), 1918.2, 《조선휘보》 지방호]

이 글은 본부에서 개최한 도·군·도 서기(道郡島書記) 강습회 폐회식 때 강연한 것이다. 구장을 명예직으로 한 취지를 보급하고자 여기에 게재한다.

면제는 작년 10월부터 실시되었는데, 면제 실시는 대체로 시세 민도에 적응한 제도로서 세상에서 환영받았으나 그중에 하나 세간의 비평을 받는 것은 구장을 명예직으로 한 점이다. 혹자는 '대체 총독부는 알 수 없다, 지금은 물가도 등귀하여 관리·공리 모두 대단히 곤란해있지 않느냐, 그 때문에 관리·공리에게 특별 수당을 주거나 혹은 다양한 수단을 써서 이를 구제할 길을 강구하고 있다, 그런데 면을 위해 분주한 동장·이장, 즉,현재 구장에 대해서는 노잣돈도 지급하지 않고 무급으로 일하라 하는 것은 무자비하다 할지, 부조리라 할지, 실로 까닭을 알 수 없는 것이라 평하며, 구장이 이런 것이라면 우리는 일할 수 없다'고 말한다. 인민들은 구장이 우리의 일을 다양하게 주선하여 주지 않게 되어 곤란하다고 말하고, 한편 관청에서는 명예직으로 한 것이라 구장이 일하지 않아서 곤란하다고 말하고 있다.

이렇게 단순히 인민 측에서 이 명예 직제에 대해서 불평할 뿐 아니라 지방 관리 중에도 이 점에 관해 의혹을 품고 있는 자가 있다고 생각한다. 구장을 명예직으로 한 것은 극히 간단한 것이다. 그러나 구장을 명예직으로 한 취지가 불분명하면 자연 면 행정의 근본적인 사고가 불분명해지는 것으로 귀착하지 않을까 생각한다. 그래서 이 취지를 잘 이해하지 못하면 단순히 면제 그 자체에 누를 끼칠 뿐 아니라 총독 정치를 손상시킬 원인이 되지 않을까 생각이 여기에 이르면 매우 염려스러운 점이 있으므로, 구장을 명예직으로 한 취지에 대해 설명하고 싶다.

동장·이장을 명예직으로 하는 것은 면제로 인해 시작된 것이 아니고, 종래부터 본부가 집행해온 방침으로 도장관회의, 제1부장 회의 등마다 이것을 종용하고 있었던 것이다. 도에서는 이미 행하는 곳도 있고, 아직 행하지 않는 곳도 있으며, 또 전부 이를 행한 곳도 있고, 혹은 몇 개 군에 한하여 시도한 곳도 있다. 그래서 그 성적이 어떠하냐 하면 비상히 성적이 양호하다고 하는 곳도 있고, 또 아무래도 동장·이장은 일하지 않게 되어 사무상 크게 지장을 가져온다는 곳도 있고, 그 성적이 반드시 하나인 것은 아니고 구구히 되어 있다. 그러나 동장·이장을 명예직으로 한 방침은 본부가 종래 일관되게 집행해온 주지로 그것은 제군도 충분히 알고 있다고 생각한다.

무릇 우리 지방행정에 관계하고 있는 자는 지방행정에 심혈을 기울여 그 성적을 완전하게 하길 구하는 자가 많이 있으나 가장 중요한 것은 무엇이냐 하면 국가 제반 정무의 근저가 되는 면 행정을 확립하는 것, 그것이다. 이는 무엇보다도 긴요한 것이고, 또 우리가 진력하지 않으면 안 되는 것이다. 그렇다면 면 행정 확립이라 하는 것은 어떤 것인가. 이것을 말하려면 옛날을 돌아보아 종래 한국 정부 시대 및 병합 당시의 면은 어떤 상태에 있었는가를 말하지 않으면 안 된다.

제군, 돌아보면 옛날 면의 상태는 충분히 제군의 눈앞에 생생하게 떠오르리라고 생각하나, 그 당시 면은 있으나 거의 면 행정이라 할 것은 그 형체를 만들지 못했던 것이다. 또 병합 후에도 면장의 사무는 거의 사택에서 하는 것이라서 공사 구별이 세워져 있지 않았던 것이다. 면장은 물론 면의 사정에 대해서는 하등 지식이 없고, 면내의 주민에게 관계하는 것, 면내의 토지에 관한 것, 혹은 조세 징수에 관한 것, 혹은 주민의 직업에 관한 것, 산업 등 모든 사건을 면장은 조금도 알지 못한다. 면내 제반 사항은 동장·이장에게 가지 않으면 알 수가 없었다. 따라서 무슨 일이 있든지 그 지방 사정을 알고자 하면 면장 집에 가기보다 동장·이장 집에 가고, 동장·이장이 자기 눈으로 본 것, 귀로 들은 것에 따라 기억을 하고 있는 것을 찾아서 제반 행정의 기초를 만들 수밖에 없는 상태에 있었다. 즉 면장은 있지만 단순히 동장·이장과 군아(郡衙) 사이에서 매개하는, 하나의 전달 기관에 불과하고 면의 행정은 전혀 없었다. 생각건대 병합하던 해에 어떤 도를 순시하여 그 도의 참여관과 함께 어떤 면을 시찰한 적이 있는데, 그때 면장이 부재하여 겨우 찾아와 물으니 아무것도 모르고, 무슨 장부가 있을까 하여 조사해보니 수취서 같은 것을 어수선하게 철해놓은 것을 낼 뿐이었다. 그것을 보니 공사가 혼효되어 아무것도 쓸데없고, 그 외에 하등의 문서도 없고, 면사무소 자체가 만들어져 있지 않은 것이었다. 돌아오는 길에 도 참여관이 말하기를, 면장은 있으나 면 사무는 없다, 있는 사무는 무엇인가 하면 동장·이장이 징수한 세금을 면장이 모아서 그것을 재무서에 납부할 뿐이다, 그러나 인민으로부터 세금을 징수할 때 징세령서(徵稅令書)도 없으며, 영수증도 없고, 극단적으로 말하면 동장·이장은 임의로 징수하고 있고, 재무서에서 면장에게 약간 액을 납부하라고 하면 면장은 동리에 대해서 그 금액을 배부하고, 동장·이장은 그것을 모아서 면장 집에 가져오고, 그래서 면장은 누가 얼마 정도의 금액을 냈는지 그런 것은 전혀 알지 못하고, 면장의 일은 조세를 모으는 것 하나인데 그 일조차 이런 상황이다, 징세령서는 없더라도 영수증 정도는 내기로 하는 게 좋겠다고 한 이야기가 있었다. 면 사무는 실로 이런 상태였다. 또 면민의 행복을 증진코자 하는 데는 공공사업이 있어야 한다. 그런데 면은 있으나 면 사무는 이런 상태라서 면에서 공공사무가 있을 리가 없다. 그러나 인민의 부득이한 필요에서 잡다한 시설이 없는 것은 아니다. 혹은 동리계라 하여, 혹은 도로계라 하여, 혹은 식산계라 하여 계의 형태로, 혹은 조합의 형태로, 부득이한 공공사무는 처리하고 있었다. 그러나 그것조차 하나의 근저가 있는 것은 아니고, 실로 공공사무의 효과를 거둘 수 없는 상황이었다. 이런 상태에 있는 면, 그러한 면 행정을 확립하는 데는 우선 무엇을 하면 될까를 생각해 보면, 그것은 여러 가지이겠으나 대체로 두 가지로 나눌 수 있다. 하나는 면 사무 정리, 둘째는 면의 공공사업 경영, 이 두 가지로 나눌 수 있다고 생각한다.

면 사무 정리와 면 공공사업 경영을 하려면 어떤 것에 힘을 써야 할지 생각해 보면, 그 하나는 지방 인민과 면장과의 직접 교섭이 매우 필요하다. 더해서 말하면 관아와 면과의 직접 교섭도 역시 극히 필요하다. 면 행정을 확립하려면 면내에 있는 모든 것을 마치 손바닥에 놓고 보는 것처럼 면이 분명히 알고 있어야 한다. 그렇게 하려면 면과 인민의 교섭이 직접적이지 않으면 안 된다. 그 사이에 결코 누군가의 매개를 허락하지 못한다. 지금까지는 인민이 동장·이장의 집에 가서 무엇이든 알선받고, 경찰 관리든 군아(郡衙)의 관리든 면장을 대상으로 하지 않고 동장·이장에게 가지 않으면 안 되었다. 이렇게 해서는 도저히 면 행정은 확립되지 않는다. 고로 면 행정을 확립해서 면 사무의 정리를 도모하려면 면과 면민의 교섭을 직접적으로 해야 한다. 또 관리 측에서도 동장·이장을 대상으로 해서는 안 된다. 반드시 면장과 직접 교섭해야 한다. 이는 그 첫째이다. 둘째는 면 행정을 확립하여 사무를 정리하고 공공사업을 경영케 하고자 하는 데는 금액이 필요하다. 어디에서 그 재원을 구할까, 유감스럽게도 면민의 다수는 빈곤하다. 원래 다액의 부담을 하는 것이 불가능하다. 실로 고심하는 바이다. 그렇다면 어디에서 돈을 갖고 올지, 그것은 첫째로 현재 있는 면·리 소유 재산 등을 이용하여 활용하고 하나의 자원을 구하는 것이다. 또 종래의 도로계라든가 동리계라든가 다양한 경비가 어떠한 형태로 공공적 사업에 쓰이고 있는 것을 통일하여, 이를 유익한 면의 사업 경영 자원으로 쓰는 것도 그 하나이다. 또 하나는 면 사무를 정리하여 그 결과 얻은 금액이 있으면 그 금액으로써 사업경영 및 사무확장에 필요한 비용에 전용해야 한다. 즉 면 사무 정리, 면 사업 경영 등에는 여러 중대한 것이 있으나 그중 잊어서는 안 되는 것은 앞서 말한 것과 같이 인민과 면의 직접 교섭과 경비의 재원을 구하는 것, 이 두 건이다. 제군과 함께 지금까지 노력해온 이유는 필경 이것을 구하기 위한 것으로 그 외에는 결코 아무것도 없다. 또 제군이 노력한 결과는 지금 어떻게 되었느냐 하면, 어디에 가도 훌륭히 면사무소는 건축되어 있고, 제공한 시계는 간단없이 동작하고 있고, 의자며 탁자며 책장은 정연하게 비치되어 있다. 큰 면에는 금고까지도 구비하였고, 인민을 위해 접수처가 설치되었고, 서류에 대해 말하면 수수 발송의 장부가 있고, 직원근태부가 있으며, 예규철이 있고, 완결문서의 분류가 있으니 무엇이라도 구비하지 않은 것은 없다. 지금까지는 면내 인민의 일을 일일이 동장·이장에게 묻지 않으면 알지 못했던 것이 이제는 면에서 민적을 취급하고 있으므로 이 면에는 누구누구가 사는지, 누구와 누구가 결혼하며, 누구와 누구 사이에는 아들 혹은 딸이 출생했고, 어디의 노파는 몇 살에 죽었다 하는 것, 또 근래에는 아는 것처럼 인민 중 범죄가 있으면 그 범죄자의 씨명까지도 명료히 되어 있으므로 모든 사건을 다 손가락 가리키듯이 잘 알 수 있다. 이렇게 면의 모든 것을 면에 가면 다 알 수 있는 현재의 상태이다. 다음으로 토지는 어떠한가 하면 그것도 지세명기장 혹은 지적도라는 것이 있어서 이 면의 토지는 어느 정도의 면적이 있고, 또 그것이 어떤 형편이 되어 있는지를 정연히 알 수 있고, 누구누구는 얼마의 세금을 납부하는지 등이 일목요연하니 무엇이든 다 알 수 있다. 이런 것을 들면 셀 수 없을 정도로 만반의 일이 정연하고 분명하니, 즉 면의 사무 정리에 따라 우리가 이미 이상으로 하던 바는 대략 준비되어 간다고 말해도 좋다. 그러므로 도장관도 경무부에 조회하여 아무쪼록 동장·이장에게 물을 일이 있어도 불러내지 말고 되도록 직접 면장에게 교섭하게 해달라고 요구하고 있다. 또 세금은 인민 각자가 납부해야 하는 것이라는 이유에 따라 직접 납부를 장려하고 있지 않은가. 이는 무슨 까닭이냐 하면 면과 면민의 직접 교섭이다. 여러분의 노력에 따라 면 행정이 현재와 같이 진보했으면 동장·이장의 위치는 어떻게 되는 형편인지, 어떻게 변해야 하는지 생각해 봐야 한다. 그러나 마치 부자가 10원짜리, 5원짜리, 1원짜리 등을 늘어놓고 아침부터 밤까지 돈을 잘 모았다고 구경하며 희희낙락하듯이, 한갓 면의 장부가 정비되었다고 하는 것에만 만족해서 그 장부를 활용하지 않고 종래와 같이 아는 것도 군아(郡衙)로부터 이런 기별이 왔다 하고, 동장·이장에게 보내라 하고, 동장·이장에게 하라고 하는 지경이라면, 이는 당연히 지금 말한 것처럼 돈을 묻어놓고 오직 바라만 보고 좋아하는 노인과도 같으니, 여러분이 노력한 면 행정사무는 아무 소용도 되지 못하고 여전히 동장·이장에게 힘입어야 할 것이다.

면 사무는 여기까지 진행했다. 이후 면의 공공사업은 어찌할까. 종래 면에 사무 경영 능력을 부여하는 것이 필요하다고 몇 번이나 도장관회의에서 문제가 되어 논의되었으나 단지 면 사무 상태에 비추어 시기상조라 하여 실행이 되지 않았는데, 벌써 현재에는 면 사업도 경영하게 하는 시기에 도달한 것이다. 면제에서 사업을 경영하게 하도록 정한 것이다. 이상 말한 바에 따라 이를 생각하면 단순히 동장·이장을 명예직으로 한다는 그것만 생각해서는 하등 의미가 없다. 그러나 이는 면 행정 확립이라 하는 것에서 자연히 일어난 결과라고 보면 극히 의미심장하다. 또 하등 새로운 것은 아니다. 동장·이장을 명예직으로 한 것이 직접적인 목적은 아니고, 그것은 면 행정을 확립하는 것에 따라 생기는 자연적 결과이다. 따라서 제군은 그 의미로써 단순히 동장·이장, 즉 구장이 명예직이라는 점을 생각하지 말고 면 행정의 확립, 면 사무의 정리, 공공사업의 경영 등에서 일어났다는 점을 잘 기억하고 있지 않으면 거기에 잘못이 일어나기 쉽다.

면 행정의 확립과 면 사무의 정비가 여기까지 된 이상은 동장·이장의 사무는 없게 되니, 즉 면의 사무는 정비하면 할수록 종래의 동장·이장의 직무는 없어지게 된다. 환언하면 동장·이장의 직무를 없애지 않고 옛날 그대로 둔다는 것은 면의 사무를 정비하지 않았다는 것이다.

또 면의 재원을 구하는 때에 아무리 해도 면민의 부담을 증가시킬 수 없다. 그렇다면 무엇으로 재원을 구할까, 이는 앞에 말한 것처럼 면·동·리 소유재산 또는 종래에 있는 각 계의 경비의 통일 또는 필요하지 않은 쪽의 경비를 유용하게 전환시키며, 또 면 사무의 확립 결과로 생긴 동장·이장의 봉급을 공공사업의 경영, 즉 다른 면비의 유효한 쪽으로 전환 이용하는 것을 생각해야 한다. 1913년의 예를 들면, 면 경비의 총액은 319만 원인데, 그중 동장·이장에게 지급한 액수는 96만 원이니 결코 적은 금액이 아니다. 즉 이 금액을 전환시켜 다른 방면에 사용하는 것은 면 행정 확립상 지대한 효과가 있는 것이다. 그러나 이는 면 사업을 경영하고자 할 때 필요한 돈을 동장·이장에게 준다는 것이고, 우리가 노력한 결과 생긴 돈을 공공사업에 쓴다는 것이다.

면 사무의 정비와 함께 동장·이장 위치가 그러한 것이 되면 총독부는 왜 동장·이장을 폐하지 않는가, 왜 구장이라는 명칭을 생각해 내서 이를 존치하는가 하는 의심이 일어난다. 완전히 동장·이장을 폐지하는 것이 당연한 이치라고 생각되기도 한다. 여기서 생각해야 하는 점은 조선 인민의 지식은 일반적으로 여전히 유치하다. 지식이 유치하고, 또 면의 구역은 대단히 넓다. 현재 상태에서 곧장 동장·이장 같은 것을 완전히 폐지하는 것은 깊이 고려할 필요하다. 그렇다면 어떻게 할까, 그것이 당면한 문제다. 생각하면 현재 조선에서의 행정에는 교육이라는 의미를 가미해야 한다. 우리는 행정관이지만 이와 동시에 항상 교육가로서의 사고로 일에 임해야 한다. 면은 학교 같은 것이고, 면장은 교장 같은 것이다. 그런데 교육이라는 것은 단순히 학교에서 교장이 가르친다고 해도 그것만으로는 불충분하다. 참 인간을 만든다는 목적을 달성하려면 반드시 가정과 연결을 취해야 한다. 즉 부형과 연결을 취하지 않으면 실질적인 효과를 거둘 수 없다. 면장은 교장이니, 교장은 그 동리의 인민의 부형을 구해야 한다. 그 부형은 어디에 있는가. 탐색해 보면 반드시 동리 가운데에는 선각자로서 능히 도리를 분별하고, 자산을 가지며, 그 동민·이민의 존경과 신용을 향유하는 사람이 있다. 그 사람이 곧 동민·이민의 부형이다. 그 부형과 면장이 항상 연결되어 인민을 지도·계발하는 것이 극히 필요하고, 면 행정의 효과는 여기에서 비로소 완성될 수 있다. 그러나 종래 동장·이장의 다수는 별로 자산이 없고, 직업이 없으며, 사소한 문자를 알 뿐으로 동민·이민이 명하는 대로 곳곳을 돌아다녔던 것이다. 따라서 옛 동장·이장과 현재와는 그 책무의 내용이 자못 의미가 다른 것이다. 그리고 또 동장·이장이라 하면 역시 옛날과 같은 생각이 날 것이다. 그러나 이를 동부(洞父), 이부(里父)라 하는 것도 뭔가 우습다. 그래서 전에 협의원이라는 혹은 상담역이라 하는 명칭을 붙인 것처럼 동리의 부형이 되는 것을 구장이라 이름 붙인 것이다. 이에 면장은 교장, 부형은 구장이니, 그것과 함께 하게 한 것이다. 따라서 금후 구장의 사무는 옛날 동장·이장의 사무가 아니며 성질이 다르다. 그리고 이번에 동장·이장을 뽑는 경우에는 현재와 같은 동민·이민의 소사역이 되어서는 안 되고, 그 동리 인민에게 덕망과 신용이 있어 사부가 될 만한 자여야 한다. 인물도 다르고, 사무도 다른 것이다. 그러므로 면제 시행 때 종래의 동장·이장은 가능한 이를 파하고, 그 동리에서 가장 유수한 선각자를 선택하라고 지시한 것이다. 이미 하나의 동리는 하나의 집으로, 구장은 그 집의 아버지이므로 따로 봉급이 없으면 먹지 못하거나 혹은 사환을 하지 않으면 먹지 못하는 사람은 안 되고, 그래서는 다스릴 수 없다. 또 이 사부, 즉 구장은 인민과 면민 사이에 서서 하나의 법령이 발포되었다 하면 이번 법령은 이런 것이니 면민은 이런 마음가짐으로, 혹은 도청에서 이런 것을 시설한다, 군아에서는 이런 장려를 한다, 그것을 차근차근 인민에게 가르칠 지식이 없어서는 안 된다. 또 인민이 호적상 신고를 하든가, 혹은 자녀를 낳았을 때는 어떻게 할지 모른다고 할 때 사부 되는 구장에게 물어오면 구장은 친절하게 설명해 주고, 혹은 부역이 필요하다, 그때는 부형 되는 구장은 인민에게 너희들은 열심히 일해라, 공공사업을 위해서는 의무를 다해야 한다는 의미의 철저를 도모하고, 세금은 기일까지 의무로 납부해야 한다, 납부할 때는 자기가 면사무소에 가고, 만약 바빠서 가지 못할 때는 동리의 누구든지 확실한 자를 선택하여 납부하게 하는 식으로, 그때그때 가르쳐가야 한다. 즉 현재의 구장은 옛날 소사를 하는 동장·이장이 아니고, 참된 아버지나 형이 되는 명예로운 하나의 기관이다.

동장·이장에게 수당을 주지 않는 것을 이해할 수 없다고 하지만, 일반의 공공사무에 진력하는 것은 그 지방 선각자의 의무임과 동시에 그 사람의 명예이고, 역시 자진해서 해야 하는 것이다. 동장·이장으로서는 억울하다고 하나, 예컨대 계장(稧長)이나 조합장, 혹은 뭔가의 우두머리라는 자가 그 계 또는 조합 등을 위해 사무를 할 경우 결코 일일이 수당을 주지 않는다. 즉 그 인민을 위해 진력하며, 관의 명령을 전달하여 유용하는 기관이 되어 있다는 그 자체가 이미 명예이다. 그러나 명예라 해도 무엇이든지 그 구장에게 처리하라 할 수는 없다. 그것에 필요한 실비는 인민이 내야 한다. 이것이 비용 변상을 생각한 이유이다.

요컨대 선각자로서 힘써야 할 것은 수당의 유무에 따라 하는 것이 아니다. 따라서 제군이면 행정의 개선을 도모하여 그 확립을 기하여 면제 실시의 효과를 실현하고자 하면 노력하지 않아도 동장·이장, 즉 구장이 명예직이라는 점은 필연적으로 생길 수밖에 없다. 고로 구장이 명예직이 된 것을 단순히 생각하면 이는 실로 사소한 것이나 면 행정의 확립과 구장을 명예직으로 한 것은 그 의미가 다르지 않으므로 실로 중대한 것이라 말하지 않을 수 없다. 다시 말하면 지방행정은 면 행정 확립이 생명이요, 면 행정 확립에는 면 사무 정비, 공공사업 통일, 면 사업 경영 등이 모두 중요한 사업이다. 그것을 위해서는 첫째로는 면민과 면의 직접 교섭이 아니면 안 되고, 그 사이 다른 사람을 개재해서는 안 된다. 그리고 이를 위해서는 불용의 비용은 널리 연구하여 이를 유용한 데에 전용해야 한다. 즉 면 행정 확립만 되면 굳이 노력하지 않아도 동장·이장, 즉 구장의 위치가 자연히 변화할 것이다. 그 변화의 결과가 현재의 명예직 제도를 채택한 차제임을 잘 양해하고, 또 연구를 희망하며, 이 신제도의 취지를 면민에게는 물론, 관리 측에게도, 동료에게도 전달되기를 희망한다.

〈자료 203〉 우량 면 직원의 표창(《조선휘보》 지방호, 1918.2)

면 직원 중 성적이 직무에 정려(精勵)하며, 지방 개발에 노력하여 공적이 현저한 자에 대해 면 이원 선발 규정에 의하여 전라북도에서 표창한 자 중 특히 그 사적이 우량하므로 인정한 자를 뽑아 다음에 개재한다.

김제군 백학면장(白鶴面長) 김연식(金演植)

1. 면 사무

1912년 9월 원래 김제군 목연면(木淵面) 서기로 있다가 그 성적이 양호하여 1914년 4월 면 폐합 때 선거되어 백학면장이 되었다. 이후 직무에 정려하여 면 사무의 개선, 산업 개발, 근검저축 등에 노력하여 그 공적이 현저하며, 특히 회계 사무에 대해서는 세심한 주의로 경리하여 정리되지 않은 사소한 것이 없고, 또 부하 직원의 감독이 적당하여 사무 처리가 공평하고 민속하며, 하정상달(下情上達)을 저애함이 없으며, 또 국어에 통하여 면민에 대하여는 내선인의 구별 없이 관대하면서도 엄격하여 신망이 자못 높다.

2. 근검저축 기타 미풍양속 장려

저축 조합을 독려하여 저축 관습의 양성에 노력하고, 면내 유강리(柳江里)에 총독 남선 순시 기념으로 가마니 제조를 창설하여 그 수입을 우편저금하고, 또 관혼상제 비용을 절약하여 우편저금하게 하니, 그 실적이 극히 양호하여 교풍상에 미치는바 또한 다대하다.

3. 농사 기타 산업의 개선

본 면은 미작지이므로 개량종 보급을 가장 시급한 임무로 하여 그 보급에 진력하여 현재는 총 727정보의 농작지를 갖기에 이르고, 기타 개량 농구 사용이 또 다수에 이르고, 또 퇴비사의 설치, 축우의 충실 등을 도모하기 위해 축우 조합을 조직하고, 일본인 영농자를 더하여 그 연락을 갖게 하여 원만한 발달을 도모하더라.

4. 산림의 보호 및 식수의 장려

산림 소유자에 대해서는 그 벌채할 때 군수의 승인을 받게 하여 남벌의 폐해를 방지하고,

겸하여 식림 사상을 환기함에 노력하더라.

5. 도로 교량 기타 토목사업

면내 관통 요도는 전 군 도로 2리 20정, 김제-이리(익산) 도로 25정, 부용(芙蓉)역 도로 26정이요, 기타 각지에 통하는 노선이 다수 있으나, 매년 농한기에 도로 보호 구역 내의 주민을 독려하여 수선에 노력하고, 수해 시에는 가교 가설, 도선 설치 등 응급 처치를 조치하여 교통에 지장 없게 하였을 뿐 아니라, 지금은 복구공사를 완성하여 하등의 불편이 없음에 이르더라.

6. 조세 공과 및 역둔토 소작료의 징수

면내 납세가 다액이며, 또 새로 개발되는 이리(裡里)에 접근하여 일본인 농업자가 다수 거주함으로 인해 징세 상 곤란이 적지 않음에도 불구하고, 독려를 잘함으로 호성적을 거두어 1914년에 조정액 1만 4,000여 원에 대하여 납기 후 수입이 겨우 1원여이고, 1915년 조정액 1만 4,000여 원에 대하여 63여 원에 불과한 상황이더라.

7. 학사의 장려

면내에 공립 보통학교의 설치가 없음에도 불구하고 부형을 설득하여 입학을 권유하고 15명의 재학생을 얻음에 이르며, 또 유강리에 개량 서당을 설치하여 공립 보통학교와 동일한 과정을 교수케 하여 현재 무위도식의 아동을 줄임에 이르렀다.

8. 위생의 개선

종래 종두를 기피하는 자 다수였으나 면장이 그 효용을 설명한 결과 매년 그 수를 증가하여 지금 남녀노소 구별 없이 자청하여 종두를 받음에 이르며, 또 정호 변소를 개량하고 청결법을 힘써 행하는 등 열심히 위생 사상 발달을 도모하더라.

(하략-편역자)

〈자료 204〉 도·군·도 서기 강습회 상황(《조선휘보》 지방호, 1918.2)

본부에서 도·군·도 서기 지방행정사무 강습회를 개최하기로 계획함은 작년 11월호에 예보했거니와 해당 강습회는 1월 21일부터 임시토지조사국 내에서 개회하여 2월 2일로 종료하니라.

강습원은 도장관의 추천으로 총합 100명인데, 그중 도(道) 근무 13명, 군·도(郡島) 근무 87명이오. 강습 과목은 지방행정(주로 면제에 관한 사항)을 위주하고 산업, 교육, 토목, 위생, 경찰, 민적, 통계 등 각 과목에 걸쳐 그 총시간 수 63시간에 달했으며, 개회 중 토요일 및 일요일 등을 이용하여 실지 견학하기 위해 중앙시험장, 전매과 개성출장소, 개성군청, 개성군 송도면사무소 등을 시찰케 하니라.

개회 이래로 강사 강습원이 아무 사고 없고 각 강사의 간독한 강연과 강습원의 열심한 연찬(研鑽)으로 극히 양호한 성적을 거두어 예정한 강습을 종료하였는데, 개회식 때 하세가와(長谷川) 총독 훈시는 다음과 같다더라. (하략-편역자)

〈자료 205〉 선인 군서기 강습회 개최의 상황(《조선휘보》 지방호, 1918.2)

선인 군서기 강습회 개최에 관해 작년 11월호로 보도하였거니와, 각 도 사무의 편부(便否)[35] 여부에 의하여 미처 종료하지 못한 데가 있어서 3월 말이 아니면 전부의 성적을 거두기 어려우나, 충남, 전남, 경북, 평북, 강원 및 평남 등 6도에서는 이미 강습회를 종료했는데 이 6도에서는 모두 관내 각 군에서 면 사무 담임 서기 1명 내지 2명을 소집하여 1주간 내지 2주간 면제, 동 시행규칙 기타 본부에서 내시한 지방행정에 관한 각 과목에 대해 강습을 행하며, 또 개최 중 휴일을 이용하여 부근 면사무소를 실지 견학하게 했다고 하며, 강습 중 강습원은 모두 열심히 청강하여 연구를 마쳤는데, 모 군에서 폐회 전 강습 각 과목에 대해 시험을 행한 실례에 따르면 모두 그 답신이 적확하고 강습 사항을 충분 이해함을 알 수 있으니, 그 성적이 양호하여 면 사무의 쇄신 상 이바지하는바 적지 않을지니, 각 도의 상황은 다음과 같다. (하략-편역자)

---

35 편안함과 편안하지 않음.

〈자료 206〉 면의 사무 처리에 대하여(《조선휘보》 지방호, 1918.4)

세운의 진보와 함께 일반 행정사무가 복잡해지는 것은 피하지 못한다. 이를 면 행정에서 보아도 병합 당시와 현재를 비교하면 그 분량이든 내용이든 현저하게 다른 것은 명확한 사실이다. 특히 면제 시행 후 종래 지방에서 각종 기관을 설치하여 처리하던 사무를 그 성격이 허락되는 한까지 면에 통일하는 방침으로 정리했다. 이에 관해 금후 사업 계획과 실시에 관한 사무가 증가했을 뿐 아니라, 종래 면장은 군수 또는 도사의 지휘하에 군수·도사의 행정사무를 보조하는 입장에 있었으나, 면제에 의한 사무는 스스로 계획하고 실행할 임무이므로 그 책임의 정도가 점점 가중되고 있다고 할 것이다. 이미 이와 같이 사무의 양과 질이 증가했음에도 불구하고 이를 맡을 관리의 수는 경비 등 관계상 일시에 증가하기 어려우니, 가령 경비는 부과금에 따라 다소 증가할 여지가 있다할지라도 면제 시행을 위해 급격히 면민의 부담을 증가하는 것은 실정에 부합하지 않으므로, 우선 현재 인원과 경비에 따라 가급적 처리하도록 노력하고 정확하고 신속하게 이를 진척해야 한다. 이렇게 가장 적은 경비와 인원에 따라 비교적 많은 사무를 처리할 필요가 있고, 또 사무의 감소는 예상하기 어려운 이상, 그 처리상에서도 일반의 연구가 있어야 한다. 한마디로 말하면 "어떻게 해서 시간의 여유를 생기게 할까?" 하는 문제이다. 즉 사무의 간소화를 도모하여 이 절약한 시간을 다른 사무 처리에 전용하는 것으로 사무의 진척을 기하는 것이다. 생각건대 관심 여하에 따라 비교적 적은 인원으로써 많은 인원을 가진 면에 비해 오히려 양호한 성적을 거두는 것은 별로 어려운 일이 아니다. 이하 면의 사무 처리에 관해 주의할 점 두세 가지를 들어 면장 및 면 이원의 참고에 이바지하고자 한다.

1. 처무 규정의 준수

처무 규정은 사무 처리상 일반적으로 준수할 사항이다. 항상 규정이 구하는 바를 실시할 필요가 있음은 물론이나, 실제로는 이를 선반 위에 놓아두고 돌아보지 않는 경향이 없지 않다. 가령 문서 건명부를 잘 정리해 놓으면 문서 일체의 전말은 이 건명부에 따라서 그 처리 상황, 경과, 완결·미완결, 보존 편찬 등에 이르기까지 한눈으로 볼 수 있지만, 만약 반대로 문서 건명부의 정리가 불충분하면 일일이 이를 다수 서류에 비교해 조사해야 하고 이 때문에 완전히 무익한 시간을 허비하게 된다. 또 문서 건명부의 처리상 주의할 것은 숙직 중에 도착한 문서는 숙직원이 문서 건명부 정리해놓으면, 다음 날 사무를 그만큼 앞당겨 처리한 것이므로 사무 진척 상 유익할 것이다. 또 세세한 주의를 기울이지 않아 첨부물을 첨부할 것을 잊거나, 날인을 게을리하는 등 때문에 몇 번이나 서류 왕복을 거듭하거나, 혹은 문서의 요점을 다 적지 않아 쉽게 처리할 사항을 오히려 복잡하게 하여 결국 시기를 놓치는 일도 적지 않다. 이는 처음부터 세세한 주의를 게을리함에 기인한다. 또 문서 처리상 주의할 것은 간단한 처분안은 문서 위쪽에 처리안을 기재하면 족하나 일일이 처리안을 기초하는 일이 있으니, 이것은 모두 무용의 노력과 비용을 들인 것이다. 또 사무 처리상 일반적 관계가 있는 것은 법령 예규의 정리이다. 현재 면사무소가 법령과 예규를 완벽하게 정리하길 바라는 것은 무리이나, 면에서 일상적으로 처리하는 사무에 관한 예규는 그 정리를 하지 않으면 항상 사무의 지체를 초래하여 무용의 수고를 필요로 하는 경우가 많다. 예규로 할 사항에 대해서는 군·도(郡島)에서 서류의 여백에 '예규'라는 기호를 붙임으로써 이를 다시 사본 편찬할 때는 쉽게 정리할 수 있다. 또 면에 관계가 있는 법령을 일일이 이를 다시 사본으로 만들어 예규로 하기 어려운 것이므로, 이것들은 그 발포 연월 및 법령의 건명 등을 추출하여 좌우에 비치해놓으면 필요할 때마다 관보 등을 찾을 경우에 편할 것이다. 이상의 것 외에 면제 시행 후 각 면에서는 사용료, 수수료 등의 징수 규정을 만들고, 혹은 특별부과금 부과 규정을 만든 것이 적지 않은데, 이것들도 역시 일상적으로 필요한 규정이니 일일이 그 인가를 받은 원래 서류를 검색할 것 없이 미리 규정의 전문, 인가의 연월일, 번호 등을 기술해 예규로 하여 이를 책상에 비치하는 게 편하다. 또 처무규정 준수에 대해 한마디 하면, 면사무소에서 계(係)의 설치이다. 면 이원이 비교적 많은 면에서는 계를 두는 게 편할 것이다. 또 이원이 적은 면에서도 대체로 사무 담임을 정해두는 것은 원래 필요하나, 어떤 경우이든지 각 계 또는 각 담임자 공통으로 처무의 진행을 기하게 하는 것이 편하다. 지방에 따라서는 이원이 소수임에도 불구하고 엄격히 분장자를 정하여 그자가 출장, 부재 등의 경우에는 일시적으로 관계 사무를 정지해야 하는 경우가 있다. 이것들은 담당 이원의 출장 때도 사무는 다른 이원이 이를 처리할 수 있도록 평소에 연락해놓는 것이 편하다.

2. 구두 신고

구두 신고로 충분한데도 이를 실행하지 않아 공연히 업무가 증가하는 것이 있다. 가령 인감 신고 같이 본인이 출두하면 따로 서면 제출이 필요하지 않은데 일일이 서면 신고에 따라서, 또 그 증명 때도 신청 인감과 신고 인감이 부합하는지 아닌지를 조사하여 증명을 부여함으로써, 신청서는 1통이면 족한데도 일일이 신청서의 부본을 제출케 하는 예가 있다. 이것은 일례에 불과하나 장래에는 더욱 이런 종류의 사무가 증가하게 될 것이니, 그 처리상 힘써서 노고를 생략하고 자연스럽게 처무의 민활을 도모하는 데 이바지함과 함께 면민의 편의를 도모해야 할 것이다.

3. 여러 신고 용지의 인쇄

단순히 면사무소에서 처리할 수 있는 사항은 가급적 구두 신고를 활용하는 게 적당한 것은 앞항과 같으나, 사건에 따라서는 반드시 서면이 필요한 것도 있으므로 이것들은 미리 이에 상당하는 형식의 용지를 인쇄해두고 사용하면 단순히 면사무소와 면민의 편의에 그치지 않고 서류의 완비를 기할 수 있다. 수리 관청에서도 편의를 얻는 점이 지대할 것이다.

4. 대장류의 정리

면에서 대장의 종류는 그 수가 적지 않다. 그러나 항상 이의 추가·삭제·정정에 주의하지 않으면 대장의 효용을 잃게 될 뿐 아니라 오히려 오류를 초래할 우려가 있다. 따라서 일단 이를 준비해놓으면 반드시 항상 그 추가·삭제·정정을 게을리하지 말고 그 효용을 발휘시키도록 기해야 한다. 그리고 대장을 만들 사항은 일상 사무와 관계가 있고, 또 영구적인 성질을 가진 사항이어야 한다. 또 각종 대장 중 왕왕 동종의 사항 예컨대 호수, 반별(反別),[36] 세액 등을 각종의 대장에 기술하는 경우가 있다. 이것들은 가급적 이를 피하는 게 필요하나 규정에 기초한 경우에 어쩔 수 없을 때는 그것들을 연결하여 항상 숫자가 맞도록 해야 한다. 이것들은 당연한 것이나 많은 경우에 실행하지 않는 상황이 있다. 각종 대장 중 특히 이를 구비할 필요가 있는 것은 통계 대장이다. 면에서는 각 방면으로부터 각종 통계의 주문을 받으므로 미리 이를 조사하여 가능한 이 대장에 따라 곧장 회답하면 편리할 것이다. 또 누년의 상황을 연구할 때 매년 진척되는 상황도 알기에 편하고, 또 많은 주문사항은 이 대장의 숫자

36 단별(段別)과 같은 의미. 논밭을 1단보씩으로 나눈 것. 또 그것에 과세하는 것.

에 따라서 곧장 회답할 수 있으니 집무상 편의가 적지 않을 것이다.

5. 보고 기한 표

면에서 군·도(郡島)에 정기적으로 보고할 사항이 극히 많다. 이는 군·도의 행정은 극단적으로 말하면 면 행정의 집계 외에는 없기 때문이다. 그런데 실제로는 군·도의 사무에 가장 방해되는 것은 보고의 지연이다. 이 내용의 완전을 바라는 것은 물론이나 그 기한의 준수도 역시 중요하다. 면 하나에서 보고가 지연되면 결국 조선 전체의 총계에 영향을 가져오므로 기한이 정해진 것은 반드시 이를 지키도록 유의해야 한다. 그리고 보고 시기의 지연은 대부분은 잊어버리기 때문이므로 매월 보고사항을 추출해두고 보고 준비를 게을리하지 않으면 쉽게 기한을 지킬 수 있다. 이에 관해 이미 상당한 고심을 한 면도 있으나 다수의 면은 단순히 보고예에 의뢰하는 데 그치고, 보고예도 경우에 따라서는 그 소재가 쉽게 판명되지 못한 일이 없지 않으니 깊이 주의를 바란다. 또 단순히 보고 기한 준수에만 필요한 게 아니나 일반 서류 발송 시에 우편물 발착 시간을 조사해두는 것도 역시 극히 필요하다. 문서 발송 때 철도편을 이용할 수 있는 면에서는 그 이용상 어긋남이 없도록 물론 주의해야 하나, 그렇지 않은 경우에도 우편 집배 시간을 조사해두어서 서류 발송할 때 이용하면 집무 상 편의가 많다. 때를 놓치면 하루의 차이를 보이기도 한다. 극히 사소한 일 같지만 사실 사무 처리상 중요한 관계가 있는 경우가 없지 않다.

이상은 각 면 공통의 사항을 든 것에 불과하니, 이상을 약술하면 결국 '시간의 경제'에 귀착한다. 위에 서술한 것의 다수는 이미 평소 주의하는 바이고 별로 새로운 사항은 아니나, 사소한 것이라 오히려 등한히 하는 경향이 없지 않으므로 여러분의 기억을 새로이 하고 세심히 연구를 다하여 더욱 사무 개선 진보에 이바지하기를 바란다.

〈자료 207〉 면 직원 비행 방알(防遏)[37]에 대하여[야지마 스기조(矢島杉造, 조선총독부 사무관), 1918.9,《조선휘보》 지방호]

근래 면 직원 중 형벽(刑辟)[38]에 닿는 행위를 감히 하는 자가 그 수가 적지 않으니 실로 유감이다. 관부에서는 병합 이후 면 직원의 지위를 향상케 하기 위해 그 소질 개선에 노력하고 또 품위를 지키도록 필요한 정도에서 되도록 급여를 후히 했건만, 쉽게 비행의 자취를 끊지 못할뿐더러 도리어 비행이 증가하는 경향이 없지 않음은 실로 탄식을 금할 수 없다. 최근 세운의 진보에 따라서 사회 현상이 더욱 복잡하고 한편 물가 등귀는 일반 생활을 압박하고 있으니, 비행 증가 등도 간혹 이에서 기인함이 아닌지 의혹스러우나 사실은 이러한 경향을 말하고 있지 않다. 현재 가령 면 직원의 비행을 ① 면 직원의 지위에 관련하며 이용하는 것, ② 전혀 면 직원의 지위와 관계가 없는 것 등으로 구분하면 물론 ①의 기행이 많으니 관부에서 면 직원의 비행을 막기 위해 각종 시설에 힘쓰는 것도 주로 ①의 경우의 범행을 방지하고자 함에 다름 아니다.

또 그 죄의 종류를 보면 그 수가 가장 많은 것은 횡령이니, 이 중에 ① 실로 횡령할 의사가 있는 것과 ② 당초에는 횡령할 의사가 없다가도 사실상 횡령의 결과로 빠진 것 등 두 가지가 있다. 면 직원의 비행 중에는 ②에 속하는 횡령이 가장 많다. 예컨대 면에서 납세 성적을 서로 경쟁하기 때문에 납세자가 미처 납부하기 전에 우선 보관하던 공금을 일시 유용하여 완납한 것처럼 꾸미는 것이 그것이다. 이는 납세자가 납부를 완료한 식으로 처리하였다가 추후에 불입하는 절차를 하는 것이니, 만일 대납 후에 정당한 납세자가 납부하지 않는 경우가 있어도 강제 징수할 방도가 전무하기에, 그 결과 대납자가 이를 변상해야 하는데 대납자의 자비로 이를 메우기 어려울 때는 공금으로 변통하다가 마침내 이를 메우지 못할 지경을 당하거나 또는 미봉하는 도중에 발각되어 검거당하는 것이다. 또 인민의 협의로 된 각종 공동구입 대금과 기타 공금으로 명색(名色)을 지을 수 없는 각종 협의비를 교호 나용(挪用)[39]하다가 앞과 같은 결과에 빠지는 것도 적지 않다. 이것들은 그 상황을 생각하면 용서할만한 사유

37 막아냄.

38 형벌에 의하여 죽임.

39 물건이나 돈을 잠시 돌리어 씀.

가 없지 않은 것이지만 취한 수단이 불량하므로 결국 형벽에 닿는 것이니 실로 동정할 만하도다. 만약 각종 공금의 유용을 금하고, 구분을 명확히 할 수 있으면 횡령죄의 대부분을 방지할 수 있다고 하여도 과언이 아닐지니, 심히 면 직원의 계신(戒愼)[40]을 간절히 바란다.

그다음으로 건수가 많은 것은 공사금을 혼효하면서 생기는 횡령이다. 조선에서는 오랜 관습으로 공사금 구별을 중시하지 아니하는 폐해가 있어서 공사금의 구별이 불분명하므로 자연히 공금을 사적으로 소비하는 경우를 만든다. 이것들도 처음부터 횡령의 의사가 있는 게 아닐 듯하나 일시적인 소액의 융통도 그 회수가 중첩하면 결국 수습하지 못하게 되는 것이다. 면에 있는 현금은 우편국소 또는 확실한 은행으로 예입할 것이니, 국세 지방비 부과금 등도 각각 송납 기일 및 금액의 규정이 있어서 수중(手中) 보관을 불허하므로 각 규정을 잘 지키면 융통할 만한 현금이 있을 리가 없으며, 또 면에 있는 현금 취급자에 대하여는 매월 1회 그 보관에 속한 현금 및 장부를 검사하는 규정이 있으므로 가령 일시 소액금을 융통했다 할지라도 이 검사에 따라 이를 적발할지니, 그 변상도 그다지 곤란을 느끼는 일이 없을 것이다. 그러므로 다액의 금액을 횡령하는 기회를 주는 것은 필경 법규의 여행(勵行)을 아니함인즉, 면 직원이 이들 규정을 지키는 데 힘써야 함은 물론이고 그 감독 당국자도 미리 이에 주의하여 법규 이행을 도모하여 횡령할 기회가 없게 하도록 함이 면사무의 정리를 기하는 이유이다. ①에 속하는 횡령은 실로 반사회적 성격을 가진 것이니, 그 사람을 바꾸지 않으면 방지하기 어렵다. 결국 인선에 대해서 그 자질을 선택하는 외에 방법이 없다.

또 근래 특히 빈축을 사는 것은 면 직원의 도박범이다. 더욱 심하게는 공위(公衛) 일부에서 도박에 탐닉하는 자까지 있으니 이것들은 그 지위를 잊음이 심한 자라 할지며, 엄벌에 처해도 오히려 부족하다 할 것이다. 이들 면 직원 되는 지위에 상관없는 범죄는 그 생활상 압박으로 부득이하여 비행을 감행하는 것인지 여부를 생각한즉, 흔히 그렇지 않고 모두 신분에 맞지 않는 사치를 하거나 지탄할 만한 방종 생활을 감히 하여 그 저급한 욕망을 만족케 할 양으로 사건을 일으키는 것이니, 물가의 등귀와 현재 급여가 낮은 것이 직접적으로 비행을 유발함이 아니다. 또 이것들은 비행자의 평소 생활 상태와 소행에 주의하면 미리 다소간 그 징후를 감지할 수 있는 경우가 있을 듯하나, 요컨대 그 수양 부족과 의사 박약에 연유함

40 경계하여 삼감.

이니 앞에 말한 것처럼 첫째 등용에 주의하고, 또 그 행장을 신중하게 하여 만일을 생각하여 면에 피해를 적게 하기 위해 상당 자산이 있는 확실한 신원 보증인을 세우도록 함이 가할 것이다.

횡령에 버금가게 비행 건수가 많은 것은 문서 위조범이다. 문서 위조범은 흔히 앞의 횡령범과 관련한 것인데, 횡령범을 숨기는 수단으로 허위 문서를 작성함이 많다. 따라서 횡령범을 논하면서 말한 것처럼 그 범죄가 이루어진 정황이 오히려 가여울 만한 것이 있으나, 위법 행위 되는 점에 있어서는 동일하므로 그 책임을 묻는 대상으로 항상 삼엄한 법의 제재하에 놓여야 한다. 기타 비행은 그 건수가 매우 적고, 또 흔히 면 직원의 지위에 관련하지 않은 것이니 여기에서 특필할 것이 없다. 요컨대 면 직원의 비행은 일개인 자신이 사회상의 지위를 잃고, 행정청의 위신을 잃으며, 인민이 관에 대한 신뢰심을 손상시키는 것이 대단할뿐더러, 인지(人智)가 아직 미진한 조선에서 면 직원은 단순히 일개 사무원이 아니라 일면으로는 그 지방 선각자가 되고, 또 교육자도 되고, 일거일동이 항상 민중을 이끄는 처지에 있으니, 그 책임이 중대한 동시에 그 행장의 영향하는 바가 극히 다대하므로 평소 지위를 자각하여 능히 몸을 삼가서 형벽에 저촉하여 파산하며, 결국 일신을 지킬 도리가 없어지는 일 등이 없도록 기해야 할 것이다.

〈자료 208〉 면 이원 비행 증가의 경향(《조선휘보》 지방호, 1918.12)

면 이원의 비행 방지에 관해서는 본부 및 각 지방청에서 노력하는 바이나 추호도 비행의 감소를 보지 못할 뿐 아니라 반대로 증가의 경향이 있으니, 1917년에는 총 건수 247건이더니 올해 1월부터 10월 사이에 이미 그 건수를 초과하여 298건을 산함은 실로 유감이다. 각 도별 및 범죄별 건수는 다음과 같다. (하략-편역자)

Ⅳ

관련 법령

〈해제〉

이 장에서는 1910년대 지방제도와 관련된 법령을 1. 지방관 관제, 2. 면장협의회, 3. 공립보통학교비, 4. 부제(府制) 및 학교조합(學校組合), 5. 면 재정(面財政) 및 면제(面制) 등으로 절을 나누어 수록하였다.

1910년 8월 29일 한일병탄 이후 일제는 동년 9월 30일 조선총독부 관제(朝鮮總督府官制, 칙령 제354호)와 조선총독부 지방관 관제(朝鮮總督府地方官官制, 칙령 제357호: 자료 209)를 발포하여 지방제도의 새 국면을 열었다. 조선 총독은 천황에 직예하여 위임받은 범위 내에서 조선을 관리하는 광활한 권한을 가졌고,[1] 그 통치하에 지방행정도 내무부 지방국(地方局)의 담당 사무가 되면서 큰 변화를 겪게 된다.

지방제도와 관련한 1910년 10월 1일 일련의 관제 공포로 인해 그 이전과 달라진 점은 다음과 같다. 첫째, 1수부(首府) 13도(道) 11부(府) 317군(郡)이었던 것을 13도 12부 317군으로 바꾸었다. 즉, 수부(首府)였던 경성부를 보통의 부(府)로 격하하여 경기도에 소속시켰다. 그리고 성진부(城津府), 용천부(龍川府), 경흥부(慶興府) 등을 군으로 바꾸고, 부령군(富寧郡)을

---

1 제1조 조선총독부에 조선 총독을 둔다.
총독은 조선을 관할한다.
제2조 총독은 친임으로 한다. 육·해군 대장으로 이를 충원한다.
제3조 총독은 천황에 직예(直隸)하고, 위임 범위 내에서 육해군을 통솔하며, 조선의 방위를 관장한다. 총독은 제반 정무를 통할하고, 내각총리대신을 거쳐 상주하며 재가 받는다.
제4조 총독은 그 직권 또는 특별한 위임에 따라 조선총독부령을 발하고, 이에 1년 이하의 징역 혹은 금고, 구류, 이백 원 이하의 벌금 또는 과료(科料) 등의 벌칙을 부가할 수 있다.
제5조 총독은 소할(所轄) 관청의 명령 또는 처분으로 제규를 위반하고, 공익을 해하거나 또는 권한을 침범하는 자가 있다고 인정될 때는 그 명령 또는 처분을 취소하거나 또는 정지할 수 있다.
제6조 총독은 소부(所部)의 관리를 통독하고, 주임 문관의 진퇴는 내각총리대신을 거쳐 상주하며, 판임 문관 이하의 진퇴는 전행(專行)한다.
제7조 총독은 내각총리대신을 거쳐 소부(所部) 문관의 서위 서훈을 상주한다.
「朝鮮總督府官制」,『조선총독부관보』 제28호, 1910.9.30.

청진부(清津府)로, 평양군과 대구군을 부로 했다. 또 기존의 부의 명칭 중 옥구부(沃溝府)를 군산부(群山府)로, 무안부(務安府)를 목포부(木浦府)로, 동래부(東萊府)를 부산부(釜山府)로, 창원부(昌原府)를 마산부(馬山府)로, 삼화부(三和府)를 진남포부(鎭南浦府)로, 덕원부(德原府)를 원산부(元山府)로 바꾸었다. 이 12개의 부는 모두 통감부 때 일본 이사청과 거류민단이 있던 지역이었다. 둘째, 13도 관찰사의 칭호를 도장관으로 바꾸어 칙임관으로 하였다. 셋째, '면에 관한 규정'으로 면의 지위를 확정하고, 면에 도장관이 임명하는 면장을 두었으며, 면장은 부윤과 군수의 지휘·감독을 받아 면의 사무를 처리하게 되었다. 또 면사무소의 위치, 처무 규정, 면 사무의 지도·감독, 면 재산의 관리 방법 등을 통일적으로 규제하게 되었다.

2절에서는 면장협의회 관련 규정을 실었다. 면장협의회는 통감부 시기 지방 통제를 강화하기 위해 이미 설치된 기관이었다. 재무 활동을 중심으로 일반 행정사무를 돕는 기관으로서 면장의 기능을 적극 활용고자 위로부터 면장의 기능을 강화하려 한 것이었다. 1909년 8월 탁지부에서 「면장협의회규정준칙」을 제정하면서 지방위원회를 보조하는 기관으로 공식화되었다. 지방위원은 각 군에 1~2명이므로, 각 재무서를 관할구역으로 하여 면장협의회를 개최하고 관민의 의사소통, 법령 주지 등의 목적을 달성하며, 재무서장 또는 대리인이 면장협의회장이 되고, 재무서장의 소집에 따라 개회하는 것으로 했다. 면장을 징세 활동에 이용함으로써 면 단위 이하의 징세 활동을 더욱 강화하기 위한 의도였다. 이런 의도는 1909년 9월 면장협의회에 공전영수원을 열석시키는 조치로 분명하게 표현되었다. 지방위원과 면장, 그리고 직접 징세활동을 담당하는 공전영수원 등을 면장협의회에 참가시켜 지방위원회의 하부기구로 활용하려 했다.[2]

조선총독부 시기에 들어와 면장협의회는 1911년 2월 1일 총독부 훈령 제12호 '면장협의회에 관한 건'에 따라 설치되었다. 면장협의회는 부윤이나 군수의 자문에 대해 의견을 올리거나 면내의 상황 및 이에 관한 의견을 상신하는 기능을 가졌다(제2조). 협의회는 부윤이나 군수가 정시 또는 임시로 소집하여 개최할 수 있었다(제1조).

'면장협의회에 관한 건'(자료 213)은 1912년 '면장협의회규정'(자료 214)으로 바뀌었는데, 의견을 상신할 수 있는 기능이 빠진 것이 주목된다. 면장협의회는 1922년 폐지되었는데, 이

---

2 윤해동, 2006, 『지배와 자치』, 역사비평사, 78~79쪽.

는 출석하는 여비 및 비용을 국비로 지불했는데 이때부터는 면비로써 지불하게 되었으므로 법령상 폐지된 것이다.[3] 그러나 면장협의회는 이후 1920~1930년대에도 군수의 소집에 따라 빈번하게 개최되고 있음을 신문 기사를 통해 확인할 수 있다.

3절은 공립보통학교비 관련 법령을 수록했다. 식민지 조선의 교육 재정은 조선인과 일본인을 별도의 법령 체제하에 놓고 진행되었다. 1911년 10월 발포된 「공립보통학교비용령(公立普通學校費用令)」(제령 제12호: 자료 215)과 「공립보통학교비용령시행규칙(公立普通學校費用令施行規則)」(조선총독부령 제125호: 자료 216)은 조선인 초등교육의 재정을 법제화한 것으로 전자는 총 6조, 후자는 총 6장(총칙, 예산, 수입, 지출, 결산, 재산 등이며, 이 중 전반적인 내용을 확인할 수 있는 총칙만 수록) 26조로 구성되어 있다. 위 법령 등은 학교 운영에서 중요한 부분을 차지하는 재정 부분에 대한 내용을 세밀하게 담고 있어 일제 초기 조선인 교육정책을 이해하는 데 크게 도움을 준다.

위 법령 등에 따르면 조선인 초등 교육기관[4]의 설립지역은 총독의 인가를 받아 부윤·군수가 이를 정하고, 도장관의 감독을 받아 부윤·군수가 이를 주관하는 것으로 하였다. 재정 역시 같은 경로였다. 조선인 초등교육은 재정적인 측면에서 총독을 정점으로 한 도장관-부윤-군수의 지휘 계통하에 놓여졌다. 이외의 사립학교 등은 「기부금품모집취체규칙(寄附金品募集取締規則)」, 「향교재산관리규정(鄕校財産管理規程)」, 「사립학교규칙(私立學校規則)」 등을 통해 재정적 통제를 받으면서 경쟁력을 잃었고, 조선인들은 일제의 교육정책에 따를 수밖에 없었다.

지방비와 은사금, 향교재산을 주요 재정으로 하여 운영되던 1910년대 조선인 초등교육체제는 학교 숫자 자체를 크게 제한하였기 때문에 가능하였다. 위 법령 등에 따르면 조선인부담금이 크게 제한되어 있는 것이 확인되는데, 이는 조선인부담금을 줄이려는 것 자체가 목적이 아니라 1군(郡) 1교(校)의 방침하에 간이실용교육을 지향한 일제가 조선인 보통교육을

---

3 《朝鮮總督府官報》 제3019호, 1922.9.04: 〈面長協議會規程廢止〉, 《동아일보》, 1922.9.4.

4 일제는 1895년 7월 '소학교령'에 따라 설치된 관·공립 소학교를 1906년 8월 '보통학교령'에 의거하여 보통학교로 전환시켰다. 보통학교는 관립 보통학교, 갑종 공립보통학교, 을종 공립보통학교, 사립 보통학교, 보조지정 보통학교 등으로 나뉘어져 있었는데, 1910년대 초반 관립 보통학교 및 보조지정 보통학교 대부분이 공립보통학교로 전환되었다.

크게 제한하였기 때문이다. 이러한 체제는 1920년 7월 지방제도를 개정하면서 「조선학교비령(朝鮮學校費令)」(제령 제14호)과 「조선학교비령시행규칙(朝鮮學校費令施行規則)」(부령 제104호)을 발포하기까지 계속되었다.

4절은 부제와 학교조합 관련 법령이다. 1910년 9월 신관제 발포와 동시에 거류민단 제도는 폐지되어야 했다. 거류민단법은 외국 거류지에 시행하는 법률이었으므로 병탄 후 거류민단법은 한국에서 시행할 수 없는 것이었다. 그러나 재한 일본인 거류민단이 누리고 있던 자치권을 포기하지 않으려고 했기 때문에 이에 대한 조율이 필요했고, 1913년 10월에 이르러서야 거류민단을 해체하고 식민지 전역을 조선총독부가 통치·관할하는 일원적인 지방행정체제를 구축하기 위한 「부제(府制, 制令 第7號)」(자료 217)를 발포하기에 이른다. 거류민단의 사무 및 권리의무 중 교육에 대한 부분은 학교조합으로 승계하여 조선인 교육과 구별하였다.

부가 처리할 사무 범위는 일본인 교육을 제외한 일반 공공사무로 하고, 일본인 교육은 부제와 동시에 발표한 1913년 10월 30일 제령 제8호 학교조합령(자료 218)에 의하여, 각 부에 학교조합이라는 공법인(公法人)을 만들어 처리하게 하고, 조선인의 초등교육은 부윤과 군수 아래에 학교비(學校費)라는 기구를 두어 이를 관리하게 했다.

세 번째 자료인 1914년 1월 25일 '부제 및 학교조합령 시행에 관한 건'(조선총독부령 제2호, 자료 219)은 거류민단, 각국 거류지회, 한성위생회가 부에 사무 인계해야 할 절차를 상세히 규정하고 있다. 또 각국 조계가 있었던 곳이지만 부가 되지 않았던 유일한 곳인 성진(城津)에서는 성진군수에게 거류지회의 사무를 인계하라고 규정하고 있다. 다음 자료는 같은 날 공포된 '부제 시행규칙'(조선총독부령 제3호, 〈자료 220〉)을 수록하였다.

5절은 면 재정(面財政)과 면제(面制) 관련 법령을 수록하였다. 이미 1910년 10월 총독부령 제8호 「면에 관한 규정」에서 면장의 수당과 사무 집행에 필요한 비용을 면의 부담으로 한다고 정한 바 있다. 이를 위해 면에서 면민으로부터 면 부과금을 징수할 수 있도록 한 것이 첫 번째 자료 「면 경비 부담 방법」(1913, 〈자료 221〉)이다. 이로써 총독부 통치 행정의 비용을 면장을 매개로 하여 면민의 부담으로 만드는 법적 근거가 마련되었다.

그러나 아직 면은 독자적으로 사업을 경영할 수 있는 능력을 갖춘 것은 아니었다. 그전까지는 지역민이 계나 조합을 만들어 도로나 위생, 소방, 농사, 양잠 등을 위한 시설을 하고 있었다. 이를 면으로 통일하여 경영하도록 한 것이 1917년 「면제」이다. 두 번째 자료 「면제(面制, 制令 第1號)」(1917, 〈자료 222〉)에서는 면의 사업 능력을 인정하고, 조선 총독이 지정한 면에서는 상담역(相談役)을 두고 또 기채(起債)를 일으킬 수 있게 했으며, 동장·이장을 폐지하고 새로 구장(區長)을 두고, 재무 수속을 상세하게 규정했으며, 면 조합을 설치할 수 있게 했다. 세 번째 자료인 「면제 시행규칙」(자료 223)은 '면제'와 함께 발포된 것이다. 이 두 가지가 발포되면서 이전의 「면 경비 부담 방법」은 폐지되었다.

「면제」는 14개 조와 부칙으로 구성되어 있다. 면의 법적 지위, 면장과 면 이원의 권한과 임면 사항, 상담역의 역할, 면 재정 운영에 관한 기본 원칙 등을 규정하고 있다. 「면제 시행규칙」은 총 5장 54조로 구성되어 있다. 각 장은 제1장 면의 사무(제1조), 제2장 면 직원(제2~9조), 제3장 부과금 기타 면의 수입(제10~23조), 제4장 면의 재무(제24~48조), 제5장 면 조합(제49~51조) 등으로 이루어져 있다.

면제가 확정 공포되면서 초래된 면 행정상 주요한 변화는 첫째, 면이 모든 면 사무의 주체가 됨으로써 종래 조합, 계, 회(협의회) 등의 형식으로 이루어지던 면 사무가 모두 면으로 귀속되었다. 이로써 지방 운영에서 남아있던 각종의 공동체적 조직이나 그것이 지닌 자치적 요소는 소멸하고, 총독부 권력이 지방행정의 말단에 직접 침투할 수 있게 되었다. 둘째, 종래 동리에서 경영하던 사업이 면에 귀속되어 동리는 면 아래의 최하급 행정구획 이상의 의미를 갖지 않게 되었다. 이와 동시에 동장·이장은 무급의 구장으로 대체되고, 종래 동리유재산(洞里有財産)은 면유재산(面有財産)으로 귀속되었다. 셋째, 면의 사업주체의 성격을 강화하기 위해 면으로 하여금 사용료와 수수료를 징수할 수 있게 하고, 특별부과금을 부과할 수 있는 권한을 부여했다. 넷째, 면장의 권한이 강화되어 그 독립적 기능이 확대되었다. 다섯째, 일본인이 다수 거주하는 면을 지정면으로 하고, 지정면에는 상담역을 두도록 했다. 이는 지정면에 한하여 부제(府制)에 준하는 특권을 부여한 것이다.[5]

5 홍순권, 1997, 「일제 초기의 면 운영과 '조선 면제'의 성립」, 『역사와 현실』 23, 164~167쪽.

1. 지방관 관제

〈자료 209〉 (칙령 제357호) 조선총독부 지방관 관제[「朝鮮總督府地方官官制」, 『조선총독부관보(朝鮮總督府官報)』 제28호, 1910.9.30]

〈자료 210〉 (조선총독부령 제6호) 도의 위치 및 관할구역[「道ノ位置及管轄區域(朝鮮總督府令 第6號)」, 『조선총독부관보』 제29호, 1910.10.1]

〈자료 211〉 (조선총독부령 제7호) 부·군의 명칭 및 관할구역[「府及郡ノ名稱及管轄區域(朝鮮總督府令 第7號)」, 『조선총독부관보』 제29호, 1910.10.1]

〈자료 212〉 (조선총독부령 제8호) 면에 관한 규정[「面ニ關スル規定(朝鮮總督府令 第8號)」, 『조선총독부관보』 제29호, 1910.10.1]

2. 면장협의회

〈자료 213〉 (조선총독부 훈령 제12호) 면장협의회에 관한 건[「面長協議會ニ關スル件(朝鮮總督府 訓令 第12號)」, 『조선총독부관보』 제125호, 1911.2.1]

〈자료 214〉 (조선총독부 훈령 제14호) 면장협의회 규정[「面長協議會規程(朝鮮總督府 訓令 第14號)」, 『조선총독부관보』 제84호, 1912.11.9]

3. 공립보통학교비

〈자료 215〉 (제령 제12호) 공립보통학교비용령[「公立普通學校費用令(制令 第12號)」, 『조선총독부관보』 號外, 1911.10.28]

〈자료 216〉 (조선총독부령 제125호) 공립보통학교비용령 시행규칙[「公立普通學校費用令施行規則(朝鮮總督府令 第125號)」, 『조선총독부관보』 號外, 1911.10.28]

4. 부제(府制) 및 학교조합(學校組合)

〈자료 217〉 (제령 제7호) 부제(「府制, 制令 第7號」, 『조선총독부관보』 號外, 1913.10.30)

〈자료 218〉 (제령 제8호) 학교조합령[「學校組合令(制令 第8號)」, 『조선총독부관보』 號外, 1913. 10.30]

〈자료 219〉 (조선총독부령 제2호) 부제 및 학교조합 시행에 관한 건[「府制及學校組合令ノ施行ニ關スル件(朝鮮總督府令 第2號)」, 『조선총독부관보』 號外, 1914.1.25]

〈자료 220〉 (조선총독부령 제3호) 부제 시행규칙[「府制施行規則(朝鮮總督府令 第3號)」, 『조선총독부관보』 號外, 1914. 1.25]

5. 면 재정(面財政) 및 면제(面制)

〈자료 221〉 (조선총독부령 제16호) 면 경비 부담 방법[「面經費負擔方法(朝鮮總督府令 第16號)」, 『조선총독부관보』 號外, 1913.3.6]

〈자료 222〉 (제령 제1호) 면제[「面制(制令 第1號)」, 『조선총독부관보』, 1917.6.9]

〈자료 223〉 (조선총독부령 제4호) 면제 시행규칙[「面制施行規則(朝鮮總督府令 第34號)」, 『조선총독부관보』, 1917.6.9]

1. 지방관 관제

〈자료 209〉 (칙령 제357호) 조선총독부 지방관 관제(「朝鮮總督府地方官官制」, 『조선총독부관보』 제28호, 1910.9.30)

제1조 조선에 다음의 도(道)를 둔다.

경기도(京畿道) · 충청북도(忠淸北道) · 충청남도(忠淸南道) · 전라북도(全羅北道) · 전라남도(全羅南道) · 경상북도(慶尙北道) · 경상남도(慶尙南道) · 황해도(黃海道) · 평안남도(平安南道) · 평안북도(平安北道) · 강원도(江原道) · 함경남도(咸鏡南道) · 함경북도(咸鏡北道)

도(道)의 위치 및 관할구역은 조선 총독이 이를 정한다.

제2조 각 도(各道)에 다음의 직원을 둔다.

장관	칙임(勅任)
참여관(參與官) 1인	칙임 또는 주임(主任)
사무관	주임
통역관	주임
기사(技師)	주임

서기(書記), 기수(技手), 통역생 판임(判任)

장관은 당분간 주임으로 할 수 있다.

제3조 각 도를 통틀어 사무관은 전임(專任) 26명, 기사는 전임 6명, 서기, 기수 및 통역생은 전임 423명 등으로 한다.

통역관은 도의 수요(須要)에 따라 봉급예산 정액 내에서 이를 둔다.

제4조 각 도에서의 사무관, 통역관, 기사, 서기, 기수 및 통역생 등의 정원은 조선 총독이 이를 정한다.

제5조 도장관은 조선 총독에 예속되어 법령을 집행하고, 관내의 행정사무를 관리하며, 소속관리를 지휘 · 감독한다.

도장관은 도 행정의 집행에 관해 관내의 경찰관을 사용할 수 있다.

도장관은 지방경찰 사무에 관해 도(道) 경무부장으로 하여금 필요한 명령을 발하거나 또는 이에 대해 필요한 처분을 명할 수 있다.

제6조 도장관은 관내의 행정사무에 관해 직권 또는 위임 범위 내에서 도령(道令)을 발할 수 있다.

제7조 도장관은 부윤 또는 군수의 명령 또는 처분이 제규(制規)에 어긋나고 공익을 해하거나 또는 권한을 침범하는 것이 있다고 인정할 때는 그 명령 또는 처분을 취소하거나 또는 정지할 수 있다.

제8조 도장관은 안녕질서를 보지(保持)하기 위해 병력을 요할 때는 이를 조선 총독에게 구장(具狀)해야 한다. 단, 비상 급변의 경우에 즈음해서는 바로 해당 지방 주재 군대의 사령관에게 출병을 요구할 수 있다.

제9조 도장관에게 사고가 있을 때는 내무부장인 사무관이 그 직무를 대리한다.

제10조 도장관은 그 직권에 속하는 사무의 일부를 부윤 또는 군수에게 위임할 수 있다.

제11조 참여관은 도장관의 자문에 응하거나 또는 임시령(臨時命)을 받아 사무에 복(服)한다.

제12조 각 도에 장관관방, 내무부 및 재무부를 둔다.

관방 및 각 부(部)의 사무분장은 조선 총독이 이를 정한다.

제13조 내무부장 및 재무부장은 사무관으로 이를 충당한다.

내무부장 및 재무부장은 도장관의 명(命)을 받아 부무(部務)를 맡아서 처리하고, 부하 관리를 지휘·감독한다.

제14조 부장이 아닌 사무관은 상관의 명을 받아 도무(道務)를 주관(掌)한다.

제15조 통역관은 상관의 명을 받아 통역을 주관(掌)한다.

기사는 상관의 명을 받아 기술을 주관(掌)한다.

제16조 서기, 기수 및 통역생 등은 상관의 지휘를 받아 서무, 기술 및 통역 등에 종사한다.

제17조 각 도에 부(府) 및 군(郡)을 둔다.

부 및 군의 명칭, 위치 및 관할구역 등은 조선 총독이 이를 정한다.

제18조 각 부·군에 다음의 직원을 둔다.

부윤 또는 군수 주임

서기, 통역생 판임

부에 사무관 및 통역관을 둘 수 있다.

부(府) 사무관 및 부(府) 통역관은 주임으로 한다.

제19조 각 부를 통틀어 사무관 및 통역관은 전임 4명, 각 부·군을 통틀어 서기 및 통역생은 전임 2,022명으로 한다.

제20조 각 부·군에서의 사무관, 통역관, 서기 및 통역생 등의 정원은 조선 총독이 이를 정한다.

제21조 부윤 또는 군수는 도장관의 지휘·감독을 받고 법령을 집행하며, 관내의 행정사무를 맡아서 처리하고 부하 관리를 지휘·감독한다.

부(府) 사무관은 부윤의 명을 받아 부무(府務)를 주관(掌)한다.

부(府)통역관은 상관의 명을 받아 통역을 주관(掌)한다.

제22조 서기, 기수 및 통역생 등은 상관의 지휘를 받아 서무, 기술 및 통역 등에 종사한다.

제23조 각 도 및 각 부·군에 참사(參事)를 둘 수 있다.

참사의 정원은 조선 총독이 이를 정한다.

참사는 도·부·군 관할 내에 거주하고, 학식과 명망이 있는 자에서 취하며, 조선 총독의 인가를 받아 도장관이 이를 명한다.

제24조 참사는 명예직으로 한다. 도장관 또는 부윤, 군수 등의 자문에 응하는 것으로 한다.

참사에는 조선 총독이 정하는 바에 따라 수당을 줄 수 있다.

제25조 각 부·군에 면을 둔다.

면에 면장을 두고 판임관 대우로 한다. 부윤 또는 군수의 지휘·감독을 받고, 면내의 행정사무를 보조 집행한다.

면 및 면장에 관한 규정은 조선 총독이 이를 정한다.

제26조 각 도에 자혜의원을 부치(附置) 한다.

자혜의원은 질병의 진료에 관한 것을 주관(掌)하고, 아울러 총독의 지정에 따라 의사의 양성에 관한 것을 주관(掌)한다.

각 의원에 다음의 직원을 둔다.

원장, 의원(醫員), 주임 또는 판임

서기, 조수, 통역생 판임

각 의원을 통틀어 의원은 전임 28명, 서기, 조수 및 통역생 등은 전임 41명으로 한다.

각 의원에서의 의원, 서기, 조수 및 통역생 등의 정원은 조선 총독이 이를 정한다.

제27조 원장은 의원으로 충당하고, 도장관의 지휘·감독을 받아 원무(院務)를 맡아서 처리하며, 부하 직원을 감독한다.

제28조 의원은 원장의 지휘를 받아 의무(醫務) 및 의육(醫育)을 주관(掌)한다.

서기, 조수 및 통역생 등은 상관의 지휘를 받아 서무, 의무(醫務) 및 통역 등에 종사한다.

부칙(附則)

본령은 1910년(明治 43) 10월 1일부터 이를 시행한다.

〈자료 210〉 (조선총독부령 제6호) 도의 위치 및 관할구역[「道ノ位置及管轄區域(朝鮮總督府令 第6號)」, 『조선총독부관보』 제29호, 1910.10.1]

지방관 관제 제1조에 따라 도(道)의 위치 및 관할구역을 다음과 같이 정한다.

명칭	위치	관할구역
경기도	경성(京城)	종래의 한성부(漢城府) 및 경기도 일원(一圓)
충청북도	청주(清州)	종래의 충청북도 일원
충청남도	공주(公州)	종래의 충청남도 일원
전라북도	전주(全州)	종래의 전라북도 일원
전라남도	광주(光州)	종래의 전라남도 일원
경상북도	대구(大邱)	종래의 경상북도 일원
경상남도	진주(晉州)	종래의 경상남도 일원
황해도	해주(海州)	종래의 황해도 일원
강원도	춘천(春天)	종래의 강원도 일원
평안남도	평양(平壤)	종래의 평안남도 일원
평안북도	의주(義州)	종래의 평안북도 일원

함경남도	함흥(咸興)	종래의 함경남도 일원
함경북도	경성(鏡城)	종래의 함경북도 일원

(하략-편역자)

〈자료 211〉 (조선총독부령 제7호) 부·군의 명칭 및 관할구역[「府及郡ノ名稱及管轄區域(朝鮮總督府令 第7號)」, 『조선총독부관보』 제29호, 1910.10.1]

지방관 관제 제17조에 따라 부 및 군의 명칭 및 관할구역을 다음과 같이 정한다.

명칭	위치	관할구역
경성부(京城府)	경성	종래의 한성부 일원(一圓)
인천부(仁川府)	인천	종래의 인천부 일원
군산부(群山府)	군산	종래의 옥구부(沃溝府) 일원
목포부(木浦府)	목포	종래의 무안부(務安府) 일원
대구부(大邱府)	대구	종래의 대구군(大邱郡) 일원
부산부(釜山府)	부산	종래의 동래부(東萊府) 일원
마산부(馬山府)	마산	종래의 창원부(昌原府) 일원
평양부(平壤府)	평양	종래의 평양군(平壤郡) 일원
진남포부(鎭南浦府)	진남포	종래의 삼화부(三和府) 일원
의주부(義州府)	신의주(新義州)	종래의 의주부 일원
원산부(元山府)	원산	종래의 덕원부(德源府) 일원
청진부(淸津府)	청진	종래의 부령군(富寧郡) 일원
성진군(城津郡)	성진	종래의 성진부 일원
경흥군(慶興郡)	함흥	종래의 경흥부 일원
용천군(龍川郡)	용암포(龍巖浦)	종래의 용천부 일원

이상 열기(列記) 이외의 각 군 명칭·위치 및 관할구역은 모두 종전과 같다. (하략-편역자)

〈자료 212〉 (조선총독부령 제8호) 면에 관한 규정[「面ニ關スル規定(朝鮮總督府令 第8號)」, 『조선총독부관보』 제29호, 1910.10.1]

조선총독부 지방관 관제 제25조에 따라 면에 관한 규정을 다음과 같이 정한다.

1910년(明治 43) 10월 1일 조선 총독 자작(子爵) 데라우치 마사타케(寺內正毅)

면(面)에 관한 규정

제1조 면의 명칭 및 구역은 종전의 예(例)에 의한다.

면의 명칭 및 구역 변경은 조선 총독의 인가를 얻어 도장관이 정한다.

제2조 면장은 도장관이 그것을 임면한다.

제3조 면장의 수당과 사무 집행에 필요한 비용은 면의 부담으로 한다. 이 경비 지출과 부담 방법은 도장관의 인가를 얻어 부윤 또는 군수가 정한다.

제4조 본령(本令)에서 면이라 칭하는 것은 사방부(社坊部) 기타 어떤 명칭을 사용하더라도 면(面)에 해당하는 것을 말한다.

부칙(附則)

제5조 본령 시행 때 면장 또는 면장에 해당하는 직무에 있는 사람은 모두 본령에 따라서 그 직무를 맡게 된 자로 간주한다.

제6조 본령은 공포일부터 시행한다.

2. 면장협의회

〈자료 213〉 (조선총독부 훈령 제12호) **면장협의회에 관한 건**[「面長協議會ニ關スル件(朝鮮總督府 訓令 第12號)」, 『조선총독부관보』 제125호, 1911.2.1]

도·부·군(道府郡)

면장협의회(面長協議會)에 관한 건(件), 다음과 같이 정한다.

1911년 2월 1일 조선 총독 자작(子爵) 데라우치 마사타케(寺內正毅)

제1조 부윤·군수는 정시(定時) 또는 임시로 면장을 초집하여 협의회를 열 수 있다.

제2조 면장협의회는 부윤 혹은 군수의 자문에 응하여 의견을 개신(開申)하고, 또 부윤 혹은 군수에 대해 면내의 상황 및 그에 관한 의견을 상신(上申)할 수 있다.

제3조 면장협의회의 사무는 부윤·군수 또는 부윤·군수가 명령한 관리가 그것을 맡아서 처리한다.

제4조 면장협의회에 출석한 면장에게는 출석 일수에 응하여 일당 50전(錢)을 지급한다.

〈자료 214〉 (조선총독부 훈령 제14호) **면장협의회 규정**(「面長協議會規程, 朝鮮總督府 訓令 第14號」, 『조선총독부관보』 제84호, 1912.11.9)

도·부·군(道府郡)

면장협의회규정(面長協議會規程)을 다음과 같이 정한다.

1912년 11월 9일 조선 총독 자작(子爵) 데라우치 마사타케(寺內正毅)

제1조 부윤·군수는 정시(定時) 또는 임시로 면장을 초집하여 협의회를 열 수 있다.
면장 사고(事故) 있을 때는 그 대리자를 출석시킬 수 있다.

제2조 부윤 또는 군수는 특히 필요 있다고 인정될 때는 면 이원(面吏員)을 면장에게 수행시킬 수 있다.

제3조 협의회는 부윤·군수 또는 부윤·군수가 명한 관리가 이를 관장한다.

제4조 협의회에 출석한 면장, 그 대리자 및 수행원 등에게는 체재(滯在) 및 왕복의 일수에 응하여 1일 50전(錢) 이내의 여비(旅費)를 지급할 수 있다.

여비 지급의 방법은 도장관이 이를 정할 수 있다.

3. 공립보통학교비

〈자료 215〉 (제령 제12호) 공립보통학교비용령[「公立普通學校費用令(制令 第12號)」, 『조선총독부 관보』 號外, 1911.10.28]

제령(制令)

공립보통학교비용령(公立普通學校費用令)을 1911년(明治 44) 법률 제30호 제1조 및 제2조에 따라 칙재(勅裁)를 받아 이에 이를 공포(公布)한다.

1911년(明治 44) 10월 28일 조선 총독 자작(子爵) 데라우치 마사타케(寺內正毅)

제1조 공립 보통학교에는 기본재산을 설치할 수 있다.

제2조 공립 보통학교의 설립·유지에 관한 비용은 임시은사금이자, 향교 재산 수입, 기본재산 수입, 수업료, 기부금, 국고보조금 및 지방비보조금 등으로 그것을 지변(支辨)한다.

전 항 외 공립 보통학교의 설립·유지에 필요한 비용은 학교 설립 구역 내의 조선인의 부담으로 한다.

제3조 전 조 제2항의 규정에 따라 부담하는 비용은 국세 체납처분의 예에 따라 그것을 관장한다.

제4조 공립 보통학교의 설립·유지는 도장관의 감독을 받아 부윤 또는 군수가 그것을 관장한다.

제5조 공립 보통학교에 간이 실업학교를 부설할 때는 그 부설·유지에 관한 비용은 공립 보통학교의 설립·유지에 관한 비용 중에서 그것을 지변(支辨)한다.

제6조 공립 보통학교 설립 구역, 제2조 제2항의 규정에 따라 비용 부과의 정도 및 방법, 아울러 공립 보통학교에 속하는 재산의 관리 방법에 관한 규정은 조선 총독이 그것을 정한다.

부칙(附則)

본령은 1911년(明治 44) 11월 1일부터 그것을 시행한다.

〈자료 216〉 (조선총독부령 제125호) 공립보통학교비용령 시행규칙[「公立普通學校費用令施行規則(朝鮮總督府令 第125號)」, 『조선총독부관보』 號外, 1911.10.28]

부령(府令)

공립보통학교비용령시행규칙(公立普通學校費用令施行規則)을 다음과 같이 정한다.

1911년(明治 44) 10월 28일 조선 총독 자작(子爵) 데라우치 마사타케(寺內正毅)

제1장 총칙

제1조 공립 보통학교의 설립 구역은 예정 구역 내 면장(面長)의 의견을 듣고, 조선 총독의 인가를 받아 부윤·군수가 그것을 정한다. 그 변경을 하고자 할 때도 마찬가지이다.

제2조 공립 보통학교의 회계연도는 정부의 회계연도에 의한다.

매 회계연도 소속 세입·세출금을 출납함은 다음 연도 6월 30일한(限)으로 한한다.

제3조 기본재산에서 생기는 수입, 기부금 및 수업료, 기타 일체의 수입 등을 세입으로 하여 세입·세출은 예산으로 편입해야 한다.

제4조 각 연도에 속하는 경비정책은 그것을 다른 연도에 속하는 경비에 충당할 수 없다.

제5조 연도 경과 후 세입이 부족하여 세출에 충당할 수 없을 때는 도장관의 인가를 받아 다음 연도의 세입을 앞당겨서 사용할 수 있다.

제6조 세입·세출의 소속 연도는 다음의 구분에 의한다.

세입의 소속연도

일(一). 수입기가 일정한 것은 그 수입기 말일(末日)의 속한 연도

이(二). 수시의 수입은 영수를 한 날의 속하는 연도

삼(三). 기부금 또는 국고보조금의 종류는 그 수입을 예정한 연도

세출의 소속연도

일(一). 봉급, 여비, 제수당(諸手當), 수수료 및 인부임(人夫賃) 등의 종류는 그 지급해야 할 사실이 생긴 날의 속하는 연도

이(二). 공사비 기타 토지물건 구입비 등의 종류는 공사 또는 토지물건의 수도(受渡)를 한 날의 속하는 연도

제7조 공립 보통학교의 세입·세출은 부윤·군사가 그것을 취급함. (하략-편역자)

4. 부제(府制) 및 학교조합(學校組合)

〈자료 217〉 (제령 제7호) 부제 [「府制(制令 第7號)」, 『조선총독부관보』 號外, 1913.10.30]

제령(制令)

부제를 1911년(明治 11년) 법률 제30호 제1조 및 제2조에 따라 칙재(勅裁)를 받아 이에 이를 공포한다.

제1조 부(府)는 법인(法人)으로 하며, 관의 감독을 받아 공공사무 및 법령에 따라서 부에 속하는 사무를 처리한다.

제2조 부의 폐치(廢置) 및 구역은 조선 총독이 정한다.

부의 폐치 또는 경계를 변경하는 경우에 재산처분을 요(要)하는 때에는 도장관은 부윤의 의견을 들어 조선 총독의 인가를 받아 그 처분 방법을 정한다.

제3조 부내(府內)에 주소가 있는 자는 그 부 주민으로 한다.

부 주민은 본령(本令)에 의하여 부의 영조물(營造物)을 공용할 권리를 가지며, 부의 부담을 분담할 의무를 진다.

제4조 부는 부 주민의 권리·의무 또는 부의 사무에 관하여 부 조례(府條例)를 제정할 수 있다.

부의 조례는 일정한 공고식(公告式)에 의하여 이를 고시하여야 한다.

제5조 부윤(府尹)은 부를 총괄하며 대표한다.

제6조 부에는 부이원(府吏員)을 둘 수 있다.

부이원은 부윤이 임명한다.

부이원은 부윤의 명을 받아 사무에 종사한다.

제7조 부이원은 유급(有給)으로 한다. 단, 부 조례(府條例)의 정하는 바에 의하여 명예직으로 할 수 있다.

제8조 부윤은 부이원에 대하여 징계를 행사할 수 있다. 그 징계처분은 견책(譴責), 25원

이하의 과태금(過怠金) 및 해직(解職) 등으로 한다.

제9조 부에는 부의 출납관을 두며, 관리 또는 부이원 중에서 부윤이 이를 임명한다.

부의 출납관은 출납사무를 관장한다.

제10조 부윤은 부의 관리로 행정에 관한 사무에 종사하여야 하며, 이 경우에 그 직무 관계는 국가의 행정에 관한 직무 관계의 예에 의한다.

제11조 부에 협의회(協議會)를 두고, 부윤 및 협의회원으로 이를 조직한다.

협의회는 부윤을 의장(議長)으로 한다.

협의회원의 정원은 조선 총독이 정한다.

제12조 협의회는 부의 사무에 관하여 부윤의 자문(諮問)에 응한다.

협의회에 자문하여야 하는 사항은 다음과 같다.

1) 부 조례를 설치 또는 개폐하는 일

2) 세입·세출 예산을 정하는 일

3) 부채(府債)에 관한 일

4) 세입·세출 예산에서 정하는 것을 제외한 새로운 의무의 부담 또는 권리를 포기하는 일

5) 기본재산, 특별 기본재산 및 적립금곡(積立金穀) 등의 설치 또는 처분에 관한 일

6) 제2조 제2항의 재산처분에 관한 사항

7) 전(前) 각 호 외에 부윤이 필요하다고 인정하는 일.

제13조 협의회원은 부의 주민 중에서 조선 총독의 인가를 받아 도장관이 이를 임명한다.

협의회원은 명예직으로 하고, 그 임기는 2년으로 한다.

제14조 협의회원이 직무를 태만하거나 체면을 오손(汚損)한 행위가 있다고 인정되는 경우에는 조선 총독의 인가를 받아 도장관이 이를 해임할 수 있다.

제15조 협의회원 및 명예직 부이원은 직무에 필요한 비용을 받을 수 있다.

명예직 부이원에게는 비용 외에 근무에 상당하는 보수를 지급할 수 있다.

제16조 유급 부이원에게는 부 조례가 정하는 바에 따라 퇴은료(退隱料), 퇴직급여금, 사망급여금 또는 유족 부조금 등을 지급할 수 있다.

제17조 수익을 위한 부의 재산은 기본재산으로 하며, 이를 유지하여야 한다.

부는 특정 목적을 위하여 특별 기본재산을 책정하거나 또는 금곡(金穀) 등을 적립 할 수 있다.

제18조 부는 영조물 사용에 대하여 사용료를 징수할 수 있다.

부는 특히 개인을 위한 사무에 대하여 수수료를 징수할 수 있다.

제19조 부는 공익을 위하여 필요한 경우에 기부 또는 보조를 행할 수 있다.

제20조 부는 필요한 경비 및 법령에 의하여 부의 부담에 속하는 비용을 지불하여야 할 의무를 진다.

부는 그 재산에서 발생하는 수입, 사용료, 수수료 기타 부에 속하는 수입 등으로 전 항의 지출에 충당하고, 부족할 때는 부세 및 부역 현품(夫役現品)을 부과·징수 할 수 있다.

제21조 3개월 이상 부내에 체재하는 자는 체재를 시작한 시점으로 소급하여 부세를 납부할 의무를 진다.

제22조 부내에 주소가 있지 아니하거나 3개월 이상 체재하지 아니하더라도 부내에 토지, 가옥, 물건 소유·사용 또는 점유하고, 부내에 영업소를 두고 영업을 하거나 또는 부내에서 특정한 행위 등을 하는 자는 그 토지, 가옥, 물건의 영업 혹은 그 수입, 행위 등에 대하여 부과하는 부세(府稅)를 납부할 의무를 진다.

제23조 부세, 사용료, 수수료 및 부역 현품 등의 부과 징수에 관한 사항은 조선 총독이 정한다.

제24조 부세, 사용료, 수수료 및 영조물 등의 사용 방법에 대하여는 전 조(前條)의 규정에 의한 경우를 제외하고, 부 조례로 이를 정하여야 한다. 부 조례 중에는 10원 이하의 과료(過料)를 부과하는 규정을 둘 수 있다.

제25조 부세의 부과에 관하여 필요한 경우에는 당해 관리, 이원(吏員) 등은 가택 혹은 영업소에 대한 임검(臨檢) 또는 장부(帳簿), 물건 등의 검사를 행할 수 있다.

제26조 부세, 기타 부에 속하는 징수금 등은 지방비(地方費) 징수금에 이어 선취특권(先取特權)을 가진다. 그에 대한 추징, 환부(還付) 및 시효에 대해서는 국세의 예에 의한다.

제27조 부는 부채를 상환하기 위해, 부의 영구적인 이익을 위한 지출을 하기 위해, 또는

천재지변으로 인하여 필요한 경우에 한하여 부채(府債)를 일으킬 수 있다.

부는 예산 내의 지출을 위하여 일시적으로 차입금을 마련할 수 있다.

전 항(前項)의 차입금은 그 회계연도 내의 수입으로 상환하여야 한다.

제28조 부는 매 회계연도의 세입·세출 예산을 작성해야 한다.

부의 회계연도는 정부의 회계연도에 의한다.

제29조 부비(府費)로 지변(支辨)하여야 하는 사건이면서 수년에 걸쳐 그 비용을 지출하여야 하는 것은 그해의 기간, 각 연도별 지출액 등을 정하여 계속비(繼續費)로 할 수 있다.

제30조 부는 특별회계를 설치할 수 있다.

제31조 부의 지불금(支拂金)에 관한 시효(時效)는 정부의 지불금에 관한 예에 의한다.

제32조 부의 재무에 관한 규정과 부이원의 복무기율(服務紀律), 배상책임, 신원보증 및 사무인계 등에 관한 규정은 조선 총독이 정한다.

부칙(附則)

제33조 본령(本令)의 시행기일은 조선 총독이 이를 정한다.

제34조 거류민단(居留民團), 각국 거류지회(各國居留地會) 및 한성위생회(漢城衛生會) 등에 관한 법령은 이를 폐지한다. 제35조 거류민단의 사무 및 권리·의무이면서 교육에 관한 것은 학교조합이 이를 승계하고, 기타는 부가 이를 승계한다.

전 항 학교조합 및 부가 승계해야 하는 것의 구분은 조선 총독의 허가를 받아 도장관이 이를 정한다.

각국 거류지 회의 사무 및 권리·의무는 성진(城津) 각국 거류지회를 제외하고는 부가 이를 승계한다. 단, 각국 거류지 내에 있는 외국인묘지 및 인천 각국 거류지회의 적립금은 이에 해당하지 않는다.

한성위생회의 사무 및 권리·의무는 경성부가 이를 승계한다.

앞 4항에서 규정한 것 외에 재산 및 부채의 처분이 필요할 때 도장관(道長官)은 조선 총독의 허가를 받아 그 처분 방법을 정한다.

제36조 본령의 시행 시 필요한 규정은 조선 총독이 이를 정한다.

〈자료 218〉 (제령 제8호) 학교조합령 [「學校組合令(制令 第8號)」, 『조선총독부관보』 號外, 1913.10.30]

제령(制令)

학교조합령(學校組合令) 개정의 건(학교조합령)을 1911년(明治 44) 법률 제30호 제1조 및 제2조에 따라 칙재(勅裁)를 받아 이에 이를 공포한다.

제1조 학교조합(學校組合)은 법인(法人)으로 하고, 관의 감독을 받아 법령의 범위 안에서 일본인의 교육에 관한 사무를 처리한다.

제2조 학교조합을 설치하고자 하는 때에는 발기인은 구역을 정하고, 조합규약(組合規約)을 작성하여 조선 총독의 허가를 받아야 한다. 조합규약은 조합 구역 안에 주소를 두고 독립의 생계를 영위하는 내지인(內地人) 3분의 2 이상의 동의를 얻어야 한다.

제3조 학교조합 구역 안에 주소를 둔 내지인을 그 조합원으로 한다.

조합원은 본령에 의하여 영조물을 공유할 권리를 가지고, 조합의 부담을 분임(分任)할 의무를 진다.

제4조 학교조합의 분합(分合), 폐지 또는 구역 등을 변경하고자 하는 때에는 관계 조합은 그 조합회(組合會)의 의결을 거쳐 조선 총독의 허가를 받아야 한다. 이를 위하여 조합규약의 설정, 변경 또는 재산처분 등이 필요한 때에도 같다.

어느 학교조합의 구역에도 속하지 않는 지역을 조합의 구역으로 편입하고자 하는 경우에는 제2조 제2항의 규정에 준하여 새로 조합원이 되는 자의 동의를 얻을 것을 요(要)한다.

제5조 학교조합에 조합회를 둔다.

제6조 조합회 의원(議員)은 이를 선거한다.

조합회 의원은 명예직으로 한다.

조합회 의원의 선거인 및 피선거인의 자격에 관한 사항은 조합규약으로 정하여야 한다.

제7조 조합회는 조합에 관한 사건을 의결한다.

조합회가 의결하여야 하는 사건의 개목(概目)은 다음 각 호와 같다.

1) 조합규약을 변경하는 일

2) 세입·세출 예산을 정하는 일

3) 결산보고를 인정하는 일

4) 기본재산, 특별 기본재산 및 적립 금곡(金穀) 등의 설치, 관리 및 처분에 관한 일

5) 부동산의 관리 및 처분에 관한 일

6) 재산 및 영조물의 관리 방법을 정하는 일. 다만, 법령에 규정이 있는 사항은 그러하지 아니함

7) 법령에 정하여진 사항을 제외하고, 사용료, 조합비 및 부역 현품 등과 그 부과 징수에 관한 일

8) 조합채(組合債)에 관한 일

9) 세입·세출 예산으로 정하여진 사항을 제외하고, 새로 의무를 부담하거나 권리를 포기하는 일

10) 조합과 관계있는 소송 및 화해에 관한 일

제8조 조합회의 권한에 속하는 사건의 일부는 의결에 의하여 관리자가 전결 처분하게 할 수 있다.

제9조 전 4조에 정하는 사항을 제외하고, 조합회 및 조합회 의원의 선거에 관한 사항은 조선 총독이 정한다.

제10조 학교조합에 관리자를 둔다.

관리자는 조합원 중에서 도장관이 임명하고, 임기는 3년으로 한다.

관리자는 명예직으로 한다. 다만, 필요에 의하여 유급으로 할 수 있다.

부의 구역을 포함하는 학교조합은 부윤이 관리자의 직무를 수행한다.

제11조 관리자는 조합을 대표하고, 조합의 일체 사무를 담임한다.

제12조 조합회의 의결이 권한을 넘어 법령 또는 조합규약에 위반하거나 공익을 해치는 것으로 인정되는 때 관리자는 도장관의 지휘를 청하여 의결을 취소하고 사건을 처리할 수 있다.

조합회가 성립하지 아니한 때, 회의를 열 수 없는 때 또는 의결하여야 하는 사건을 의결하지 아니한 때는 관리자가 도장관의 지휘를 청하여 의결하여야 하는 사건을 처리할 수 있다. (중략-편역자)

제31조 조합은 제1차로 군수가, 제2차로 도장관이, 제3차로 조선 총독이 감독한다. 다만, 부윤이 관리자의 직무를 수행하는 경우에는 제1차로 도장관이, 제2차로 조선 총독이 감독한다.

조합 구역이 수군(數郡)에 겹치는 때에 그 감독관청은 조선 총독이 이를 지정한다.

감독관청은 조합의 감독상 필요한 명령을 발하거나 처분을 할 수 있다.

제32조 다음 각 호의 사항은 조선 총독의 허가를 받아야 한다.

1) 조합규약을 변경하는 일
2) 조합채를 발행하고, 기채의 방법·이식(利息)의 정률(定率) 및 상환 방법 등을 정하거나 또는 이를 변경하는 일. 단, 그 연도 내의 수입으로 상환하여야 하는 일시차입금은 이에 해당하지 않음

제33조 다음에 기재한 사건은 도장관의 허가를 받아야 한다.

1) 기본재산의 관리 및 처분에 관한 일
2) 특별 기본재산 및 적립 금곡 등의 설치관리 및 처분에 관한 일. 다만, 적립 금곡 등을 그 목적을 위하여 사용하는 경우에는 이에 해당하지 않음
3) 부동산의 처분에 관한 일
4) 기부 또는 보조하는 일
5) 사용료·조합비 및 부역 현품 등의 부과 징수에 관한 일
6) 일시차입금을 차입하는 일
7) 계속비를 정하거나 변경하는 일
8) 세입·세출 예산으로 정한 사항을 제외하고, 새로 의무를 부담하거나 권리를 포기하는 일

제34조 감독관청의 허가가 필요한 사건은 감독관청은 허가신청의 취지에 반(反)하지 아니한다고 인정되는 범위 안에서 경정(更正)하여 허가를 부여할 수 있다.

제35조 감독관청의 허가가 필요한 사건은 조선 총독이 정하는 바에 따라 그 허가의 직권을 하급 감독관청에 위임하거나 경미한 사건에 한하여 허가를 받지 아니할 수 있다.

제36조 도장관은 조합관리자에 대해 징계를 할 수 있으며, 징계처분은 견책(譴責), 25원 이하의 과태금 및 해직 등으로 한다.

제37조 조합의 재무에 관한 규정과 조합 관리자 및 조합 이원의 복무 기율, 배상책임, 신원보증 및 사무인계 등에 관한 규정은 조선 총독이 정한다.

부칙(附則)

제38조 본령(本令) 시행기일은 조선 총독이 정한다.

제39조 본령(本令) 시행 당시 존재하는 학교조합은 본령에 의하여 설치한 것으로 간주한다.

제40조 청진(淸津) 이외 부의 부윤은 본령 시행 후 즉시 학교조합의 구역을 정하고, 조합 규약을 만들어 조선 총독의 허가를 받아 학교조합을 설치하여야 한다.

전 항의 규정에 따라 설치한 학교조합은 본령 시행일에 설치한 것으로 간주한다.

제41조 이 영(令) 시행 당시 필요한 규정은 조선 총독이 정한다.

〈자료 219〉 (조선총독부령 제2호) 부제 및 학교조합 시행에 관한 건 [「府制及學校組合令ノ施行ニ關スル件(朝鮮總督府令 第2號)」, 『조선총독부관보』 號外, 1914.1.25]

조선총독부령 제2호

부제 및 학교조합령 시행에 관한 건을 다음과 같이 정한다.

1914년 1월 25일 조선 총독 백작 데라우치 마사타케(寺內正毅)

제1조 종전의 거류민단규칙 중 부에 속하는 재산의 관리 방법, 영조물 관리 사용 방법, 사용료, 소방, 오물 소제, 구조, 시료 및 독촉 수수료 이외의 수수료 등에 관한 규정은 부제 또는 부제에 따라 발포하는 명령에 저촉하지 않는 한 당분간 부 조례로서 효력을 가진다. 부 주민 중 특히 재산이나 영조물을 사용할 권리를 가진 자가 있을 때는 부 조례로써 그 사용에 관한 규정을 만들 때까지 관행에 의할 수 있다.

제2조 부 구역을 포함하는 학교조합에 속하는 재산 및 영조물의 관리 방법, 수업료 및 보육료에 관해 거류민단 규칙으로써 정한 종전의 규정은 학교조합령 및 학교조합령에 따라 발포하는 명령에 저촉되지 않는 한 학교조합령에 따라 조합회의 의결을 거쳐 정한 것으로 간주한다.

제3조 부제 시행 전 거류민단의 징수금 체납자에 대해 거류민단 민장이 했던 독촉 또는 체납 처분은 부윤이 한 것으로 간주한다.

제4조 부제 시행 전 거류민단법 시행규칙 제38조 제2항 또는 제39조 제3항에 따라 한 이의 신청은 종전 규정에 따라 완결해야 한다.

제5조 부제 시행 전 거류민단법 시행규칙 제39조 제1항 또는 제2항에 따라 민장에게 한 이의 신청은 부윤이 이를 결정해야 한다.

제6조 부제 시행 전에 한 민단세, 사용료, 수수료, 부역 현품 등의 부과 또는 재산이나 영조물 등의 사용 권리에 관한 처분에 대해 이의가 있는 자는 종전 규정에 의한 기간 내에 부윤에게 이의 신청을 할 수 있다. 거류민단법 시행규칙 제38조 제2항 처분에 관해 이의가 있는 자 역시 같다.

제7조 앞 5·6조의 이의에 관해 부윤이 한 결정에 대해서는 이의 신청을 할 수 없다. 앞 조의 이의 신청은 문서로 해야 한다.

제8조 거류민단 민장, 각국 거류지 회의 사무 담임자 및 한성위생회 회장 등은 서류, 장부, 재산 및 부채 목록 등과 처분이 끝나지 않았거나 아직 착수하지 않았거나 또는 장래 계획할 예정인 사항 등에 대해 그 순서, 방법, 의견 등을 기재한 서류를 만들어 부제 시행 후 20일 이내에 그 담임 사무를 부윤에게 인계해야 한다.

제9조 거류민단의 회계역 또는 회계 사무를 담당한 자, 각국 거류지 회의 사무 담임자 및 한성위생회 회장 등은 현금, 서류, 장부 기타 물건 목록 등을 만들어 부제 시행 후 20일 이내에 그 담임하는 회계 사무를 부윤에게 인계해야 한다.

제10조 앞 8·9조의 기간 내에 인계를 끝내지 못할 때는 도장관의 허가를 받아 그 기간을 연장할 수 있다.

제11조 거류민단의 사무 인계는 도장관이 정한 바에 따라 부 또는 학교조합에 인계할 것과 1913년도 재무에 관한 것으로 구분하여 서류, 장부, 재산 또는 부담 목록 등을 각기 따로 만들어야 한다.

제12조 성진(城津) 각국 거류지 회의 사무는 성진군수에게 인계해야 한다. 그 인계에 관한 성진 각국 거류지 회의 사무 및 권리·의무 등에 관해서는 조선 총독의 허가를 받아 함경북도장관이 이를 정한다. (하략-편역자)

〈자료 220〉 (조선총독부령 제3호) **부제 시행규칙** [「府制施行規則(朝鮮總督府令 第3號)」, 『조선총독부관보』 號外, 1914. 1.25]

제1조 부 구역은 행정구획인 부 구역에 따른다.

제2조 협의회원의 정원은 다음과 같다. 경성부 16명, 인천부 10명, 군산부 6명, 목포부 8명, 대구부 10명, 부산부 12명, 마산부 8명, 평양부 12명, 진남포부 8명, 신의주부 6명, 원산부 10명, 청진부 6명.

제3조 부세로 부과할 수 있는 것은 다음과 같다. ① 시가지세 부가세, ② 가옥세 부가세, ③ 특별세 부가세는 균일한 세율로 부과해야 한다. 단, 제10조에 따라 허가받은 경우는 제외한다.

제4조 국가 또는 공공단체에서 공용으로 제공하는 토지, 가옥, 물건 및 영조물 등에 대해서는 부세를 부과할 수 없다. 단, 유료로 이를 사용시키는 자 및 사용 수익자 등에 대해서는 제외한다. 은사금 사업 용도로 제공하는 토지, 가옥, 물건 등도 제외한다. 국가에 대해서는 부세를 부과할 수 없다. 신사, 사원, 사우(祀宇), 불당 등의 용도로 제공하는 건물 및 그 경내 땅과 교회, 설교소의 용도로 제공하는 건물과 그 경내 땅에 대해서는 부세를 부과할 수 없다. 단, 유료로 이를 사용시키는 자 및 주택을 교회나 설교소 용도로 쓰는 자에 대해서는 제외한다.

제5조 납세자가 부 밖에 소유, 사용, 점유한 토지 가옥 물건 또는 그 수입이나 부 밖에서 영업소를 만들어 영업한 수입 등에 대해서는 부세를 부과할 수 없다. (하략-편역자)

5. 면 재정(面財政) 및 면제(面制)

〈자료 221〉 (조선총독부령 제16호) 면 경비 부담 방법[「面經費負擔方法(朝鮮總督府令 第16號)」, 『조선총독부관보』 號外, 1913.3.6]

조선총독부령 제16호

면 경비 부담 방법을 다음과 같이 정한다.

1913년 3월 6일 조선 총독 백작 데라우치 마사타케(寺內定毅)

제1조 면 경비는 재산에서 생긴 수입, 면 교부금과 기타 면에 속하는 수입 등으로 충당하고, 부족할 때는 면 부과금을 부과·징수할 수 있다.

제2조 면 부과금으로 부과할 종목과 제한은 다음과 같다.

1. 호별할: 평균 1호당 30전 이내
2. 지세 부가금: 본세 1원당 평안남북도와 함경남북도는 80전 이내, 기타의 도는 50전 이내

제3조 지세를 부과하지 않는 지방 또는 특별한 사정이 있는 지방에서는 도장관 허가를 얻어 다른 종목을 만들어 지세 부가금을 대신할 수 있다.

제4조 지방 사정에 따라 특별히 필요할 때는 도장관 허가를 얻어 제2조의 제한을 초과하여 면 부과금을 부과할 수 있다.

제5조 호별할은 면내에 거주하며 독립된 생계를 영위하는 자에 대해 부과한다. 호별할의 부과, 징수 기일은 국세 호세의 예에 따른다. 단, 특별한 사정이 있을 때는 부윤·군수의 허가를 얻어 따로 부과, 징수 기일을 정할 수 있다.

제6조 호별할은 소득 또는 자산을 표준으로 하고, 등급을 만들어 부과해야 한다. 단, 특별한 사정이 있을 때는 부윤·군수의 허가를 얻어 균일하게 부과할 수 있다.

제7조 지세 부가금은 면내에서 지세를 납부하는 자에 대해 본세와 동시에 부과 징수한다. 단, 특별한 사정이 있을 때는 부윤·군수의 허가를 얻어 따로 부과, 징수 기일을 정

할 수 있다.

제8조 면 주인·면 하인의 수당, 급료 등을 충당하기 위해 필요할 때는 부윤·군수의 허가를 얻어 제2조 부과금 외 현품을 부과할 수 있다. 현품을 징수할 때는 조정(調定) 당시의 가격에 따라 그 환산 금액을 정하고, 이를 고지해야 한다. 현품 부과를 받는 사람은 금전으로 이를 대신 납부할 수 있다.

부칙

본령은 1913년 4월 1일부터 시행한다.

〈자료 222〉 (제령 제1호) **면제**[「面制(制令 第1號)」, 『조선총독부관보』, 1917.6.9]

1911년 법률 제30호 제1조 및 제2조에 따라 칙재(勅裁)를 받아 면제(面制)를 공포한다.

1917년 6월 9일 조선 총독 백작 하세가와 요시미치(長谷川好道)

제1조 면은 법령에 따라 면에 속한 사무를 처리한다.

제2조 면 사무는 면장이 담임한다.

제3조 면에는 조선 총독이 정한 바에 따라 유급(有給) 혹은 무급(無給)의 면 이원(面吏員)을 둘 수 있다. 면 이원은 군수(郡守) 혹은 도사(島司)가 임면한다. 면 이원은 면장의 명을 받아 사무에 종사한다.

제4조 조선 총독은 면을 지정하여 면장의 자문에 응하는 상담역(相談役)을 둘 수 있다.

제5조 앞 3조에서 규정한 것 외에 면장, 면 이원 및 상담역 등에 대해 필요한 사항은 조선 총독이 이를 정한다.

제6조 면은 영조물(營造物)의 사용에 대해 사용료를 징수할 수 있다. 면은 특히 개인을 위해 하는 사무에 대해 수수료를 징수할 수 있다.

제7조 면은 그 필요한 비용과 법령에 따라 면의 부담에 속하는 비용을 지변(支辨)할 의무를 진다. 면은 그 재산에서 생기는 수입, 사용료, 수수료, 기타 면에 속한 수입 등으로 앞항의 지출에 충당하고, 부족한 때에는 부과금 및 부역 현품을 부과 징수할 수 있다.

제8조 부과금과 기타 면에 속한 징수금은 지방비(地方費) 징수금 다음으로 먼저 취득할 특권을 가지며, 그 추징 및 환부는 국세의 예에 따른다.

제9조 제4조에 따라 지정한 면은 천재지변 혹은 구채상환(舊債償還)을 위해 필요한 때에는 조선 총독의 인가를 받아 차입금(借入金)을 할 수 있다. 영구한 이익이 될 만한 사업을 위해 필요한 상황에서 20년 이내에 차입금의 원금과 이자를 확실히 상환할 수 있는 경우에도 이와 같다.

면은 예산 내의 지출을 하기 위해 필요할 때는 도장관의 인가를 받아 회계연도 내의 수입으로써 상환할 일시의 차입금을 할 수 있다.

제10조 면은 회계연도마다 세입·세출 예산을 작성하고 군수 혹은 도사(島司)의 인가를 받아야 한다. 면의 회계연도는 정부의 회계연도에 의한다.

제11조 면의 수입금 및 지불금에 관한 시효에 대해서는 정부의 수입금 및 지불금의 예에 따른다.

제12조 부과금, 사용료, 수수료 및 부역 현품 등과 그 부과 징수에 관한 사항, 기타 면의 재무에 관한 사항 등은 조선 총독이 이를 정한다.

제13조 면 사무의 일부를 공동 처리하기 위해 필요한 때에 도장관은 조선 총독의 인가를 받아 면 조합(面組合)을 설치할 수 있다. 면 조합에는 본령 중 '면에 관한 규정'을 준용한다. 준용이 어려운 사항에 대해서는 조선 총독이 별도로 정할 수 있다.

제14조 면의 구역 변경에 따라 필요하다고 생각될 때는 도장관은 관계 면장의 의견을 들어 조선 총독의 인가를 받아 면에 속한 재산을 처분할 수 있다.

부칙(附則)

본령의 시행 기일은 조선 총독이 정한다.

본령을 시행할 때 필요한 규정은 조선 총독이 정한다.

〈자료 223〉 (조선총독부령 제34호) 면제 시행규칙 [「面制施行規則(朝鮮總督府令 第34號)」, 『조선총독부관보』, 1917.6.9]

제1장 면의 사무

면제 시행규칙을 다음과 같이 정한다.

1917년 6월 9일 조선 총독 백작 하세가와 요시미치(長谷川好道)

제1조 면은 따로 정하는 것 외에 다음 사무를 처리할 수 있다.

1. 도로, 교량, 도선, 하천 제방, 관개 배수
2. 시장, 조림, 농사, 양잠, 축산, 기타 산업 개량 보급, 해조충(害鳥蟲) 구제(驅除)
3. 묘지, 화장장, 도장, 상수, 하수, 전염병 예방, 오물 처치
4. 소방, 수방

면은 특별히 필요한 경우에는 조선 총독의 인가를 받아 앞항 각호 이외의 사무를 처리할 수 있다.

제2장 면 직원

제2조 면에 면서기를 두고 그 정원은 도장관이 정한다. 면서기는 유급으로 한다. 면장 사고 시 상석 면서기가 그 직무를 대리한다.

제3조 군수 또는 도사는 면서기 중에서 회계원을 명해야 한다. 단, 특별한 사정이 있을 경우 도장관의 인가를 받았을 때는 제외한다.

제4조 정·동·리에 구장을 둔다. 특별한 사정이 있을 때 군수 또는 도사는 도장관의 인가를 받아 두 개 이상의 정·동·리에 하나의 구장, 또는 하나의 정·동·리에 둘 이상의 구장을 둘 수 있다. 구장은 무급으로 하며, 그 정·동·리 내에 주소를 둔 사람 중에서 임명한다. 구장은 면의 사무에서 정·동·리에 관한 것을 보조한다.

제5조 군수 또는 도사는 면 이원에 대해 징계를 할 수 있다. 징계는 견책, 감급 및 해직 등으로 한다.

제6조 상담역은 면내에 주소를 가진 자 중 도장관이 명한다. 상담역은 무급으로 하고 임

기는 3년이다. 상담역 정원은 조선 총독의 인가를 받아 도장관이 정한다.

제7조 상담역이 직무를 태만히 하거나 체면을 훼손하는 행위를 했다고 생각될 때는 도장관이 해임할 수 있다.

제8조 상담역 및 무급 면 이원은 직무를 위해 필요한 비용의 변상을 받을 수 있다.

제9조 비용 변상액, 급료액, 여비액 및 그 지급 방법 등은 도장관의 인가를 받아 군수나 도사가 정한다.

제3장 부과금과 기타 면의 수입

제10조 부과금 및 부역 현품은 면내에 주소를 가진 자에 대해 부과한다. 3개월 이상 면내에 체재한 자에 대해서는 그 체재의 처음으로 거슬러 올라가 부과금을 부과할 수 있다.

제11조 면내에 주소를 갖지 않거나 또는 3개월 이상 체재하지 않아도 면내에서 토지, 가옥, 물건 등을 소유·사용·점유하고, 면내에 영업소를 만들어 영업하거나 또는 면내에서 특정한 행위를 하는 자에 대해서는 그 토지 가옥 물건 영업과 그 수입, 그 행위 등에 대해 부과금을 부과할 수 있다.

제12조 납입자가 면 밖에서 소유·사용·점유하는 토지, 가옥, 물건 또는 수입, 면 밖에서 영업소를 설치한 영업 또는 그 수입 등에 대해서는 부과금을 부과할 수 없다.

제13조 부과금으로서 부과할 것은 다음과 같다.

1. 지세할 또는 시가지세할
2. 호별할
3. 특별부과금

제14조 지세할 또는 시가지세할은 균일한 과율로 지세 또는 시가지세의 납세 의무자에게 부과해야 한다. 단, 제20조에 따라 인가받은 경우는 그렇지 않다.

V

실행 결과

〈해제〉

이 장에서는 1910년대 일제가 시행한 지방제도 개정 결과를 보여주는 자료를 수록하였다. 『조선 시정의 방침 및 실적(朝鮮施政ノ方針及實蹟)』(자료 224)은 1915년 조선총독부 시정 5주년 기념으로 열린 조선물산공진회를 맞아 총독부가 5년간의 조선 시정 방침과 실적을 기록하여 총독부 직원들에게 열람시킨 책으로, 그중 지방제도와 관련한 부분을 수록하였다. 1910년 지방관 관제 제정 이후 지방행정구역 정리와 직원 배치, 면의 통폐합 과정, 부제 실시 과정 등이 개괄적으로 서술되어 있다.

『조선총독부시정연보: 1914년(朝鮮總督府施政年報: 大正3年)』(자료 225)은 총독부 시정의 개요를 집록한 책으로, 따로 『조선총독부통계연보(朝鮮總督府統計年報)』를 발행하기 때문에 통계 부분은 주요한 것을 골라서 싣고 있다. 여기서는 '지방행정' 부분을 수록하였고, 각 절의 내용은 지방제도 통일의 결과, 부제 시행, 부·군·면 폐합의 결과, 도·부·군·면(道府郡面), 지방청비, 지방비, 면비, 부·군 임시은사금 사업, 거류민단의 실적, 학교조합, 부동산증명, 이재 구휼금의 은사, 제생원 등이다. 지방행정과 관련된 여러 통계 자료를 한눈에 확인할 수 있다.

「1913년 부·군 폐합 사정의 추억(大正二年府郡廢合事情の追憶)」(자료 226)을 쓴 하야시 시게키(林茂樹)는 1913년 조선총독부 내무부 시보로 관직 생활을 시작하여 이후 전북지사, 경북지사, 학무국장 등을 역임한 인물이다. 이 기사는 그가 내무부 지방국 1과에서 근무하면서 부·군·면 폐합 원안을 기초했을 때를 회고한 것으로, 행정구역 개편을 위해 실지답사를 할 때의 정황을 엿볼 수 있다.

『최근의 지나와 만선(最近の支那と滿鮮)』(자료 227)은 스기모토 마사유키(杉本正幸)가 도쿄전등회사에서 함께 근무했던 안도 야스타로(安藤保太郎)와 만주, 조선, 중국 등을 시찰하고, 1915년에 서술한 책이다. 스기모토는 홋카이도 사족(士族)으로 1887년생이며, 1908년 니혼대학(日本大學)을 졸업하고, 이후 1928년 도쿄농공은행 이사(취체역)를 지낸 인물이다.

이 책의 초점은 주로 중국인데, 제1차 세계대전의 반향이 동아시아에 파급되는 와중에서 '동아 백년의 대계'를 계획한 일본이 '유색 민족의 운명을 결정'하기 위해 중국을 잘 알아야 한다는 것이 저술의 목적이라고 서언에 쓰여 있다. 조선에 관해서는 조선의 사상, 종교, 산업, 완고한 유생들, 총독 정치, 조선 각지를 둘러본 소감 등을 통해 총독 정치의 관료 만능주의와 억압적인 모습을 비판했다. 특히 지방에서 도장관이 경무부장과 대립함으로써 발생하는 폐해를 지적하는 것이 눈에 띈다.

〈자료 224〉 조선 시정의 방침 및 실적(朝鮮總督府, 1915, 『朝鮮施政ノ方針及實蹟』)
〈자료 225〉 지방행정(地方行政)[《조선총독부시정연감(朝鮮總督府施政年報): 大正3年》, 1916]
〈자료 226〉 1913년 부·군 폐합 사정의 추억(大正二年府郡廢合事情의 追憶)[하야시 시게키(林茂樹, 경상북도 지사), 1931.1, 《조선(朝鮮)》 제159호]
〈자료 227〉 최근의 지나와 만선[스기모토 마사유키(杉本正幸), 1915, 『最近の支那と滿鮮』, 如山居]

〈자료 224〉 조선 시정의 방침 및 실적(朝鮮總督府, 1915, 『朝鮮施政ノ方針及實蹟』)

제3절 행정구역의 정리 및 직원의 배치

(상략-편역자) 1910년(明治 43) 총독부 설치 때 새로 지방관 관제를 제정하여, 재무감독국(財務監督局) 및 재무서(財務署)를 폐지하고 도·부(道府) 또는 군의 지방청에 합했다. 또 이사청의 사무를 각 관계지방청으로 분속(分屬)하여 종래 농상공부(農商工部)에 속한 종묘장(種苗場), 기타 지방 산업 장려에 관한 사무 등도 지방청으로 이속시켰다. 그리고 13도 장관 중 7명은 일본인 관리로 임명하고, 다른 6명은 구(舊) 관찰사(觀察使)인 조선인으로 충당하고, 서기에는 내선인을 함께 임용하고, 또 각 도에 조선인 참여관(參與官) 1명, 참사(參事) 3명 등을 두고 도장관의 자문(諮問)에 응하도록 하였다. 부(府)는 일본인의 집단지이므로 부윤으로는 종래 이사관(理事官)이었던 자 또는 일본인 고등관(高等官)을 임용하고, 군수로는 모두 구(舊) 군수였던 자 또는 학식 명망 있는 조선인을 임용하였으며, 각 부·군 모두 자문기관으로서 조선인 참사 2명을 설치하였다. 또 동(同) 관제로는 면(面) 및 면장에 관한 규정을 설치하여, 면장은 판임대우(判任待遇)로 하여 부윤 또는 군수의 지휘·감독을 받아 행정사무를 보조 집행하는 하급행정기관으로 했다. 그리고 중앙에서 긴축을 가함과 동시에 지방행정기관의 충실을 도모하여, 도(道)에는 사무관 일본인 26인, 통역관 동 1인, 서기 일본인 247인, 조선인 102인 계 351인, 기수 일본인 6인, 기수 동 72인, 부(府)와 군(郡)에는 사무관 일본인 3인, 통역관 동 1인, 서기 통역생 일본인 811인, 조선인 1,211인 계 2,022인을 배치하였다. 이어 1911년(明治 44) 및 1912년(明治 45) 양회에 걸쳐 다시 지방청의 증원을 도모하여 각 도를 통틀어 사무관 일본인 13인, 서기 일본인 43인 등을 증원 배치하고, 도 기사(技師) 및 기수(技手)는 별도로 정원을 설치하지 않고 예산 정액 내에서 그것을 배치하는 것으로 하였다.

종래 부와 군의 구역은 그 광협이 심하게 차이가 있어서 큰 것은 수백(數百) 방리(方里)에 이르고 적은 것은 수(數) 방리에 불과했다. 따라서 그 호구 수도 심히 균형을 잃고 있었으므로 교통 및 경제상의 관계를 고사(考査)하여 그것을 분합 정리하기 위해 병합 이래 신중한 조사를 거듭하였는데, 1914년 3월에 이르러 점차 그것을 실행하게 되어 그 결과 군(郡)은 97개를 감소하고, 도계(道界)에 있어서도 다소의 변경을 가하였다. 그와 동시에 지방 직원을 적당하게 안배하고, 또 동년 4월 부제(府制), 시가지세령(市街地稅令), 연초세령(煙草稅令) 등의 시행에 수반하여 서기 일본인 36인, 조선인 40인 등을 증원하여 관계 부·군에 배치했다. 부사무관은 1912년(明治 45) 4월 일단 폐지하였으나 1914년(大正 3) 4월에 이르러 부활하였다. 앞으로도 또 지방행정구획을 변경할 필요가 생길 것이지만 행정 이원의 수는 그 사무가 극히 번잡해질 것임에 따라 점차 증가를 보게 될 것이다. 또 제주도(濟州島) 및 울릉도(鬱陵島)는 종래 군수가 관할했으나 교통상 불편한 것이 많아서 1915년 4월 별도로 도사(島司)를 두어 군수 및 경찰서장의 직무를 행하게 했다.

제4절 면(面)의 정리

부·군 아래에 있는 면의 구역은 병합 때 모두 예전대로 하는 것으로 하였는데, 이 또한 크고 작음이 같지 않아 가장 큰 것은 면적 170여 방리에 이르러 일본의 1부·현(府縣)을 초월하고, 가장 작은 것은 겨우 1방리의 3분의 1도 되지 않았다. 그 호수(戶數)를 보아도 많은 곳은 7천여 호에 이르고 적은 곳은 90호도 되지 않았다. 이로써 부·군의 분합(分合)을 행함과 동시에 대략 호수 800, 면적 5방리를 표준으로 하여 그것을 정리하고, 총수 4,322면의 중 1,801면을 줄여서 2,521면이 되었다. 면 이원 정리 및 감독에 관해서는 병합 이래 점차 주도를 가해 종래 공전영수원(公錢領收員), 수직(守直), 집강(執綱), 유사(有司) 기타 지방의 여러 가지 명칭을 붙인 이원이 있었으나 점차 그것을 폐지하고 면장, 면서기, 동장·이장(洞里長), 면주인(面主人), 면하인(面下人) 외에는 어쩔 수 없는 경우를 제외하고 그것을 설치하는 것을 허락하지 않았다. 또 급여의 표준을 정하여 면 사무의 지휘·감독에 관한 준칙을 정함으로써 공사(公私) 혼효의 폐해를 제거하는 데 힘썼다.

면의 재무(財務)에 관해서는 구한국 정부 시대에는 근거로 삼을 표준이 없이 면 직원은 면민으로부터 수의(隨意)로 금품을 징수하여 그간 폐해가 적지 않았으므로, 병합 후에는 이름 없는 징수를 피하고 면비(面費)의 절약을 도모하여 면민의 부담을 경감시키는 방침을 채택하였다. 부윤·군수가 도장관의 인가를 거쳐 면비 부담 및 지출의 방법을 정하고, 다시 1913년(大正 2) 3월 총독부령으로 면 경비 부담 방법을 정해 면 부담으로 부과해야 할 종목을 호별할(戶別割), 지세부가금(地稅附加金) 등 두 가지로 하고, 호별할은 1호 30전(錢) 이내, 지세부과금은 평안남북도·함경남북도에서는 본세(本稅) 1원(圓)에 대해 80전 이내, 기타의 각 도에서는 본세 1원에 대해 50전 이내의 과율로 했다. 특별한 종목을 설치하거나 제한 외

부과를 해야 하는 경우에는 도장관의 허가를 받는 것으로 하여, 도장관은 이 허가를 부여할 때는 미리 총독의 승인을 얻어야 하는 것으로 함으로써 부담의 자연 팽대를 방지하였다. 또 이상의 제한과율은 면 폐합과 지세의 증징에 수반하여 한층 더 긴축할 필요를 느꼈기 때문에 1914년 3월 지세부과금 과율을 평안남북도, 함경남북도 및 강원도 등에서는 본세 1원에 대해 40전 이내, 기타 각 도에서는 20전 이내로 개정하고 1914년도부터 실시하였다. 또 면 경비 부담 방법의 제정과 동시에 면재무취급심득(面財務取扱心得)을 발포함으로써 면의 세입·세출 예산 결산의 방법을 정하고, 또 현금은 우편국이나 은행에 예입시키는 것을 원칙으로 하여 특수의 사정으로 예입하기 어려운 것은 부윤·군수의 허가를 받도록 했다. 또 출납상 구비해야 할 장부의 종류를 정하여 면 경비 경리(經理)의 방법을 명확하게 했다. 또 면 경비 이외의 협의비 지출을 폐지하고, 그와 동시에 면 직원의 정원과 급여를 제한하여 세입·세출과 맞물리게 해 면비의 절약을 기했다. 그 결과 면비에 관한 부담은 병합 당시에 비해 현저하게 감액되었다.

면은 현재 단순히 최하급의 행정구역에 그치고 스스로 공공사업을 경영하는 능력을 갖추지는 않지만, 그중 지방에 따라서는 구한국 정부 시대부터 재산을 소유한 것이 있다. 이 재산을 이용하는 데 필요한 행위는 원래 이를 인정하지 않을 수 없다. 또 최근 묘지 규칙과 같은 법령에 따라서 어떤 종류의 사업에 한해 면이 경영하는 것을 인정하는 것이 있다. 또 면으로 하여금 지방에 모범을 보이도록 함과 함께 면 재원(財源)의 함양을 위해 소규모의 식림(植林)을 하도록 하기 위해 국유 산야(山野)를 대가 없이 양여하는 길을 열어, 이미 많은 면에서는 그 실행에 착수하고 있다. 이외에도 병합 이전에 공동의 비용에 따라서 도로, 교량 등 그 지방의 공공사업을 경영한 관례가 있다. 또 현재에도 면 묘포(苗圃) 등을 경영하는 것도 있다. 그러므로 사실 면은 현재 극히 협소한 목적의 범위 내에서는 지방 단체에 가까운 성질을 갖고 있다. 따라서 장래 적당한 시기에 그 법인격을 인정함으로써 사업 능력을 부여하고 지방 개발에 이바지하도록 한다. 또 동리(洞里)가 종래 재산을 소유한 것이 적지 않다. 그러나 왕왕 그 관리의 방법을 잘못하거나 또는 수입의 사용 방법이 적당하지 않은 것이 있으므로, 그 준칙(準則)을 세워서 도장관으로 하여금 관리 방법을 정하도록 함과 함께 수익은 모두 면비로 수납하거나 공공 비용으로 충당시켜서 그 이용의 증진을 도모하고 있다.

제5절 신부제(新府制)의 시행

조선에서 본방재류민은 처음에 일본인회 또는 거류민회(居留民會) 등을 조직하여 필요한 공공사무를 처리하였는데, 1905년 거류민단법(居留民團法)이 시행되자 경성, 인천, 부산, 평양, 진남포, 군산, 목포, 마산, 원산, 대구 및 신의주 등에서는 차례로 거류민단을 조직하고 교육, 위생, 토목, 구조 등의 사무를 처리하였다. 기타 일본인 집단지에서도 1909년 학교조합령(學校組合令) 발포 이후 점차 일본인회 조직을 학교조합으로 고치고 교육과 위생 사무를 처리하기에 이르렀다. 또 거류민단 외에 인천, 진남포, 군산, 목포, 마산 및 성진 등에는 각국 거류지가 있다. 인천, 부산 및 원산 등에는 중국 전관거류지가 있다. 일정한 지역에 한해 그 지역 내의 행정은 각국 거류지에서는 해당 지방관, 각국 영사 및 영대차지인(永代借地人) 대표자로 조직된 거류지회(居留地會), 중국 거류지에서는 해당 영사관이 이를 집행하였다. 이들 행정기관은 병합과 동시에 정리해야 할 것이었으나 당시 갑자기 그것을 폐지하여 일반 지방행정구역에 편입할 수 없는 사정이어서 잠시 그 존재를 인정하여 여러 조사를 행함과 동시에 관계된 여러 외국과 협상을 마치고, 1914년 4월 1일부터 이들 여러 제도를 철폐하여 부제를 시행하여 내선인은 물론 구거류지 내에 거주하는 외국인도 일반 행정하에 통할하기에 이르렀다.

부의 행정은 부윤이 그것을 담임하고, 또 자문기관으로 협의회를 두고, 항산(恒産)을 갖고, 부의 실정(實情)에 통하고, 상식이 풍부한 명망 식견 있는 인재를 들어서 협의회원에 선입하고, 부의 시설로 그 지방의 실상에 적응시킴에 있어서 유감없게 할 것을 기약하였다. 부의 발달을 도모하고 부주민의 복리를 증진하는데 필요한 사업은 모두 부의 경영을 기다려 부 행정의 장래는 극히 다단하다. 항상 민도(民度)와 재력에 비추어 완급 마땅함을 제어함을 요한다. 지금에 있어서 부의 사업은 공공적 시설 중 수도, 하수도, 오물 소제, 피병원(避病院), 묘지 등과 같은 도시 생활의 안전을 기대하는 데 있어서 필수불가결한 것이다. 또 시가의 개선, 도로의 개수, 공원, 감화, 구제 등에 관한 사업도 점차 완성을 도모하지 않을 수 없다. 그것을 위해 다액의 경비를 요구함은 물론이다. 그리고 부의 경비는 사용료, 수수료, 재산 수입 등으로써 그것을 지불해야 하는 것을 본칙(本則)으로 하고, 또 부족할 때는 부세를 징수하여 그것을 충당할 수 있으나 사용료, 수수료 등은 재원으로써 거의 말할 것도 없다. 재산 기타의 수입 또한 풍부하지 않음으로써 다시 어쩔 수 없이 부세(府稅)로 재원(財源)을 구하고, 또는 기채(起債)로써 그 급무에 응하고 있다. 그렇지만 이와 같은 것은 영구의 득책이 아니므로 부의 재정 계획은 기본재산의 조성과 기타 재력의 충실을 도모하고, 부세의 부과에 대해서는 내선인(內鮮人)을 통해서 공평하게 또 가능한 한 용이하게 징수할 수 있는 세종(稅種)에 대해 확실한 조사를 마침으로써 각 부의 재력에 응해 적절한 세제(稅制)를 정하는 것으로 한다.

〈자료 225〉 지방행정(地方行政)[《조선총독부시정연감(朝鮮總督府施政年報): 大正3年》, 1916]

제2장 지방행정

제9절 지방제도 통일의 결과

지방제도 정리 통일의 요점은 지방행정구역의 정리를 행함과 동시에 종래의 거류지 제도 및 거류민단 제도를 철폐하여 새로 부제를 시행함에 있다. 그 결과 외국 거류지는 모두 그것을 지방행정구역에 편입하고 종래 일반 지방행정 외에 특립(特立)하여 구역 내의 공공사무를 취급한 각국 거류지회, 거류민단 및 한성위생회 등은 그것을 폐지하고, 그 사무 중 일본인의 교육에 관한 것은 부로 인계하였고, 그와 동시에 관계 각국 영사관에서 외국인의 영대차지권에 관한 등기사무는 그것을 재판소로 승계하였다. 종래 거류지 제도 존속을 위해 외국영사관 또는 각국 거류지 회의 관리에 속했던 행정사무를 우리가 회수하고, 거류지 지역에 대한 과세권을 회복하여 한국병합에 수반한 치외법권 철거에 완성을 기하였을 뿐만 아니라 병합 후 조선 전 토(全土)의 일본인·조선인·외국인을 통일적인 제도 아래에 통치하여 시정통일의 결실을 거둘 수 있게 되었다.

제10절 부제 시행

부제는 올해(1914) 4월 1일부터 시행했다. 부 구역은 국가의 행정구획인 부의 구역에 따라 각 부 보두 일본인 14만 2,733명, 조선인 33만 522명, 외국인 7,187명을 포용했다. 부의 기관 조직과 재무에 관한 규정의 완성 기간은 3개월을 예정으로 하고, 필요한 비용은 임시 예산에 따라 집행했다. 올해 4월 7일 부 협의회 조직을 완료하고 세제, 기타 필요한 조례 등을 정하게 했으며, 동시에 1914년도 본예산의 성립을 고했다. 본예산 세출 중 가장 많은 액수를 점하는 것은 수도비 52만 8,804원이고, 오물 소제비 25만 4,138원, 토목비 18만 8,232원, 병원비 6만 8,776원, 경비비 5만 3,473원, 전염병원 및 격리병사비 4만 1,398원 등의 순이다. 그리고 이 재원의 가장 다액을 점한 것은 부세 53만 6,518원이며, 사용료 및 수수료 19만 3,518원이다. 부세는 일본인, 조선인, 외국인 등에 구별 없이 평등하게 부과하고, 또 부민 부담의 증가를 우려하여 기채를 피하고, 부의 재력에 적응한 시설을 하도록 했다. 그 종류의 선택을 일반 보편적 사업에 국한시키고, 특히 부제 실시 초기에 주민 부담을 완화하기 위해 국고금 20만 원을 부비(府費)에 보조함으로써 신제도 취지의 실현에 유의하도록 했다. 1914년과 1915년의 부세 입출 예산 대조표를 표시하면 다음과 같다. (중략-편역자)

부제 시행과 동시에 폐지된 거류민단의 사업 및 권리·의무 중 일본인 교육에 관한 것은 부의 구역을 포함한 신설 학교조합에, 기타는 부에 승계시켜서 올해 4월 30일까지 전부 그 인계를 완료했다. 그 결과 민단 재산 중 부에 승계한 것은 토지 85만 8,455평, 건물 4,292평, 현금 5,099원이며, 학교조합에 승계한 것은 토지 33만 9,768평, 건물 1만 6,800평, 현금 4만 5,327원, 유가증권 330원이고, 부채 중 부에 승계한 것은 267만 7,156원, 학교조합에 승계한 것은 41만 6,652원이다. 또 각국 거류지 회의 사무 및 권리·의무는 성진(城津) 각국 거류지 회에서는 이를 성진군수에게 인계하고, 기타는 모두 부에 승계하여 올해 4월 20일까지 전부 인계를 완료했다. 재산 인계액은 토지 4만 4,829평, 건물 762평, 현금 5,221원이며, 부채 인계액은 9,197원이다. 또 한성위생회의 사무 및 권리·의무는 부제 시행 당일 이를 경성부에 인계하고, 그 재산 인계액은 토지 21평, 건물 959평이다.

위에 서술한 폐지 단체의 1913년도 예산에 관한 잔무(殘務)는 거류민단 및 한성위생회에 관한 것은 부윤이 종전의 예에 따라 처리하도록 하고, 각국 거류지회에 관한 것은 올해 3월 31일 단체 폐지 당일에 결산서를 만들어 인계했다. 이들 지방 단체의 폐지 때에 의원 기타 공로자를 표창하고, 또 퇴직·해고자에 대해서는 부에 상당한 보조금을 주어서 퇴직 급여금 또는 위로금을 급여하게 하고, 유능한 사람은 가능한 한 부 또는 학교조합의 직원으로 채용하도록 하고, 유자격자는 정원이 허락하는 한 부서기(府書記)로 임용했다.

부제 시행에 관해서는 미리 제반 관계 법령을 발포하고, 내무부장 및 부윤회의와 거류민단 민장회의를 개최하여 훈시 지시를 하는 등 신중한 조치를 취했기 때문에 실시 결과는 양호했다. 부의 호구는 점차 증가하여 사무 역시 원활하게 진행되었다. 부제 시행 처음에는 일본인 중에서 자치권 상실과 내선인의 합동이 지방 발전을 저해하는 것처럼 생각하는 자가 없지 않았으나, 부 협의회원을 명망과 식견이 있는 자로 신중히 선임하여 사실상 공선(公選)을 택하지 않아 일본인과 조선인 회원이 서로 잘 조화하여 의사 진행에 지장은 없었다. 그 의견 역시 온당하고 적절하여 부이사자가 용인하는 수준이었다. 부 협의회의 현황은 이른바 의사기관(意思機關)과 다르지 않은 상황이다. 세제는 가능한 한 종래의 관행을 답습하여 공정하게 부과하고, 부 시설이 민력에 적응하도록 했으므로 일본인들도 결국 부제의 운용을 크게 신뢰하기에 이르렀다. 또 조선인들은 신제도의 시행에 따라 비로소 일본인과 동등한 이권을 향유하게 된 것을 기뻐하며 조선인 부 협의회원 선임으로 부 행정에 참여할 특권을 얻게 되었다. 또 일본인과 동등한 지위에 서는 당연한 보상으로서 부담의 증가를 달게 받아들이고 민심 일반이 평온하게 되었다. 외국인들도 거주국인과 평등한 지위를 갖게 된 것을 당연시하고 하등 이의를 표시하는 자 없었다.

제11절 부·군·면 폐합의 결과

부·군의 폐합은 1914년 3월 1일 실시한 것으로 이전 연보 기재와 같다. 그리고 면의 폐합은 일찍이 일정한 표준을 알려서 각 도 장관이 신중하게 조사한 후 본부(本府)의 인가를 거쳐 본년 4월 1일 시행하게 되었다. 그 결과 부는 계속 12부로 숫자는 변함이 없으나 부제 시행의 편의상 현저하게 그 지역을 감축하고, 군은 97군을 줄여서 220군으로 하고, 면은 당초 1,800면을 감소시키고, 그 후 8월 다시 2면을 병합하여 1면을 둔 것으로 현재 총 면수(面數) 2,521면이며, 그 결과를 표시하면 다음과 같다. (중략-편역자)

이상의 행정구역 정리는 대체로 현저하게 행정상 편의를 더함과 동시에 경비의 절약을 가져와 부에서는 부제의 시행을 원활하게 하고, 군에서는 각 지역 모두 지세(地勢), 교통 등의 상황에 적응하여 종래의 불편을 제거하고 군수(郡數)의 감소와 정원의 집중 및 감소로 인해 사무의 처리가 더 빠르고 활발해졌다. 또 경비는 총액 17만 1,773원을 절감하고, 면의 수가 감소함으로써 지도와 감독의 주도를 기할 수 있을 뿐만 아니라 종래의 현저한 차등을 완화하고, 면민의 부담을 경감(輕減), 평형하게 하고, 또 부·군 또는 면에 대한 각 감독 관헌의

사무에 현저하게 간첩(簡捷)을 초래하기에 이르렀다. (하략-편역자)

〈자료 226〉 1913년 부·군 폐합 사정의 추억(大正二年府郡廢合事情의 追憶)[하야시 시게키(林茂樹, 경상북도 지사), 1931.1, 《조선》 제159호]

머리말

1914년 4월 1일 현행 행정구역인 부·군 폐합이 실시된 후 십몇 년을 경과하여 그동안 조선 사정도 다양한 변화가 있었는데, 당시의 추억의 궤적을 돌아보면 아득히 멀어서 꿈과 같고 실로 격세지감이 있다. 당시 이 일에 관계했던 선배 동료의 다수는 조선을 떠나거나 관직을 그만두고 다른 일에 종사하고 있는 사람도 많다. 또 세상을 떠난 사람도 있고, 현재까지 조선에서 관직에 있는 사람은 극히 희박하다. 이렇게 말하는 나도 그 희박한 사람 중 하나이다. 이번에 문서과장이 잡지 『조선』에 그 당시 사정을 써달라고 의뢰하여, 중앙을 떠나있어서 당시 기록을 자유롭게 참고한 편은 아니지만 단지 옛 기억을 되돌려 새롭게 잡지에 쓰기로 한다.

폐합 전 부·군(府郡)의 정황

한일병합 후 얼마 지나지 않은 1913년(大正 2)의 부·군 상황은 병합 전 상태를 그대로 지속하고 있었으므로 행정 조직이건 구역의 면적이건 또 조선인과 일본인 사이의 행정이건 천차만별로 복잡했다. 이를 지리적으로 보아도 면적 160만 방리(方里)가 넘는 군(郡)이 있는가 하면, 그 옆에는 4방리도 되지 않는 군이 있다. 이러한 상태는 각 도 여러 곳에서, 동일한 군내에서도 대단히 차이가 있었다. 따라서 면에서도 마찬가지로 크고 작은 차이가 있어서 행정 통제를 하는 데 극히 불편했다. 또 이를 인적 방면에서 보아도 일본인 측은 구한국 정부 시대부터 존재했던 거류지제하에서 만들어진 일본인회가 있고, 일본인만의 특별한 자치기관을 구성하고 있었다. 즉 현재 부제 시행지에는 조선인만의 행정기관(옛날의 부)과 일본인만의 행정기관(일본인회)이 대립해 있었는데, 그 수는 12개였다.

당시 군과 면의 수는 군이 317개, 면이 4,351개라는 많은 수로, 그중 가장 많았던 것은 경상북도 40군 524면이고, 다음은 경기도 36군 454면, 다음은 충청남도 37군 393면이었다. 충청북도도 18군 199면이 있었고, 충청남북도에는 극히 작은 면적의 군이 많았다. 참고를 위해 부·군 폐합 전, 즉 1914년 3월 31일 현재의 부·군·면의 수를 게시한다.

〈행정구역 일람〉

도명(道名)	부수(府數)	군수(郡數)	면수(面數)
경기도	2	36	495
충청북도	1	18	199
충청남도	1	37	393
전라북도	1	27	378
전라남도	1	28	448
경상북도	1	40	524
경상남도	2	27	458
황해도		19	348
평안남도	2	17	304
평안북도	1	20	260
강원도		25	233
함경남도	1	13	189
함경북도	1	10	122
계	12	317	4,351

부·군 폐합의 급무

부·군 폐합(府郡廢合)의 급무(急務)

위에 기술한 상황과 같았으므로, 지리적으로 보아도 또 인적으로 보아도 속히 군·면 폐합을 행하여 일정한 면적, 일정한 인구를 가진 군·면으로 만들고 행정상의 불편을 제거하며 그 통제를 할 필요가 있다. 동시에 부에도 내선인을 동일 행정조직 아래에 두고 소위 병합의 성지(聖旨)에 기초하여 내선일가(內鮮一家)의 화목을 이루게 하는 점에서 보더라도 이를 융합·조화한 동일적 행정조직으로 하는 것이 긴급한 요무(要務)이었으므로 부·군 폐합의 대사업이 기도되었다.

부·군 폐합에 관계한 사람들

부·군 폐합은 당시에도 상당한 대사업이었다. 군청(郡廳) 하나의 위치 변경에서도 여러 문제는 일어나는 것이다. 하물며 이 폐합은 전 조선에서 시행한 것이어서, 군은 약 100개를 줄이고 면은 그 반수에 가깝게 폐합했으므로, 관계 당사자의 고심과 노력이란 실로 돌아볼 만한 것이었다고 생각한다. 그리고 이 사업이 극히 원활히 하등의 지장 없이 수행·실시된 것은 실로 동경할만한 것이라 생각한다. 이에 추억과 존경의 의미에서 당시의 관계자 씨명을 열거하기로 한다.

총독 고(故) 데라우치(寺內) 백(伯)

정무총감(政務總監) 고(故) 야마가타(山縣) 공(公)

내무부 장관 우사미 가쓰오(宇佐美勝夫) 씨(현 자원국 장관)

총무국장 고다마(兒玉) 백(伯) (현 정무총감)

지방국장 오하라 신조(小原新三) 씨(퇴관, 도쿄 주재)

지방국 제1과장 사와다 도요타케(澤田豊丈) 씨(현 동척 이사)

지방국 제2과장 고(故) 오쓰카 쓰네사부로(大塚常三郎) 씨

제1과 부사무관(附事務官) 고(故) 다나카 우조(田中卯三) 씨

제2과 부사무관 이마무라 다케시(今村武志) 씨(현 내무국장)

제1과 주임속(主任屬) 사타니 에이지로(茶谷榮次郎) 씨(현 만철 근무)

동(同) 사와무라 아라지로(澤村荒次郎) 씨(현 내무국 촉탁)

동(同) 와타나베 아키라(渡邊彰) 씨(퇴관, 도쿄 주재)

당시 관계자들 중에는 세상을 떠난 사람도 많아서 다시 애도의 염을 새로이 한다. 그리고 군·면 폐합을 직접 관장한 과(課)는 내무부 지방국 제1과로, 과장 사와무라(澤村) 씨 아래에 사무관 다나카(田中) 씨가 있고, 주임속은 사타니(茶谷) 군이었다. 부에 관해서는 지방국 제2과가 주관했다. 나는 당시 학교를 졸업한 시보(試補)로 제1과에 소속되어 다나카 씨의 직접 지도를 받아 사타니 속(屬)의 가르침을 구하여 원안을 기초했다.

그 방침과 조사의 곤란

부(府)는 원래의 부와 일본인회를 합하여 행정조직 아래에 두는 것을 목적으로 했다. 부는 한정된 지역이고, 또 그 수도 비교적 적었기 때문에 조사할 때 군이나 면 정도의 곤란은 없었지만, 인적 문제에 대해서는 관계자가 꽤 고심을 하는 모습이었다. 이는 내가 관계한 일이 었으므로 그 상세한 부분은 생략하고자 한다.

군과 면의 폐합에 대해서는 당시 전 조선의 317군, 4,351면을 군 하나씩 그 면적, 인구, 지형, 관습 등을 조사했는데 상당히 힘들었다. 당시는 현재와 같은 참모본부의 지도가 없었을 뿐만 아니라 토지조사도 완료되지 않았으므로 준거할 정확할 지도가 하나도 없었던 점이 조사하는 데 대단히 고심한 부분이었다. 그리고 군의 면적은 대개 40방리, 면은 약 4방리, 군 1개는 약 10면 정도로 하고, 인구는 남조선은 1군을 대략 10만, 북조선은 그 반수, 또 새 군청 및 새 면사무소는 가능한 한 원래의 것을 사용하는 것으로 하는, 대체적인 방침에 따라 조사하지 않을 수 없었으므로, 헌병의 실지 답사도나 세무 관리의 견취도(見取圖)를 중심으로 해서 실지를 견문한 사람의 의견을 참작하여, 때로는 옛 조감도식의 조선 지도까지 꺼내어 조사하고, 또 실지 답사도 여러 번 했다. 그러나 지역 형편과 옛 관습 등 때문에 근본 방침으로 나아가지 못한 경우가 많이 있어 일일이 과장 이하가 모여서 협의했으나, 꽤 논의가 많아서 결정되기까지 시일이 필요한 모습이었다. 처음에는 군은 20방리, 면은 2방리로 하는 방침으로 조사했으나, 여러 지장이 있어서 결국 군은 40방리, 면은 4방리로 하는 것으로 되었다. 하나의 성안을 얻기까지 많은 나날이 소요되었다. 점차 안을 구체화하여 상부에 제출하면 의장·국장·장관 쪽에서 일일이 고쳤다. 몇 번이나 고쳐야 겨우 통과되는 형편으로 이 상태를 몇 번이나 반복하여 약 1년의 시일이 걸려 완성, 1914년 4월 1일 12부 218군 2,517면이라는 현행 부·군·면 행정구역이 부령으로 공포되었다. (하략-편역자)

〈자료 227〉 최근의 지나와 만선[스기모토 마사유키(杉本正幸), 1915,『最近の支那と滿鮮』, 如山居]

(상략-편역자)

평이 좋지 않은 총독 정치

문명의 정도가 낮고, 다년간 폭정하에 약육강식의 사회를 영위한 조선인이 영성문무(英聖文武)한 우리 황제 폐하의 대자대비한 통치를 받기에 이른 것은 지극한 행복이다. 병역 의무는 없고, 향토는 안전하게 보호되며, 인민을 학대한 양반의 특권은 폐지되고, 화적은 자취를 감추고, 세금은 가볍고, 모종을 받고, 농구를 대여받고, 밭에는 수확이 많고, 산은 푸르러지고, 비용을 들이지 않고 자제를 교육하는 것도 가능하다. 그들은 한국 시대에는 꿈에도 상상하지 못했던 많은 특전을 향유하고 있다. 그들은 삼가 총독 정치를 구가하지 않으면 안 된다. 물론 선정에 감읍하는 자도 다수이지만, 또 역사적 감정에서 신정에 반감을 갖는 자도 결코 적지 않다. 이는 어쩔 수 없는 현상이지만, 어느 정도는 총독 정치에 책임을 지지 않으면 안 된다. 이를 한마디로 말하면 총독 정치의 관료 만능주의가 극단으로 흐른 결과 선의의 간섭이 항상 의외의 나쁜 결과를 만든다는 것이다. 재선 일본인의 불평은 또 그 자유를 인정하지 않은 것에서 기인한다. 조선에서는 무차별적으로 일체 언론 자유를 인정하지 않는다. 결사도 허락하지 않고, 거류민단도 해산하고, 지금은 학교조합이란 것이 약간 자문적인 기관이 되어 있을 뿐이며, 일본의 자치를 인정하지 않는다. 입을 막고, 붓을 빼앗아 거의 자유를 인정하지 않는다. 조선에 있는 신문은 모두 어용신문이다. 그 외에는 허락하지 않는다. 그 신문은 사이비이고, 명찰하지 않으며, 단지 맹목적으로 총독 정치를 구가하고 있다. 이것이 또 총독 정치를 그르치는 원인이 되고 있다.

조선인에 대한 압제도 때로는 심한 것도 있다. 어떤 사람이 말하길 관유지의 지적(地籍)을 실지로 답사하는 경우, 진술이 좀 자세하지 않으면 곧 몰수해버리니 어떤 조선인이 분을 참지 않을 수 있겠는가. 친구나 증인을 데리고 진정하러 가서 관리의 일갈에 거세게 저항이라도 하려고 하면 곧장 호되게 당한다. 더욱이 총독에의 보고도, 신문 기사도 폭민이 봉기를 일으킨 것처럼 되어 있으니 너무 가혹하지 않으냐고 분개하는 사람도 있다.

도로를 개통할 경우에도 공공을 위한다고 하면서 별로 중요하지 않은 곳까지 몰수하는 곳도 있다. 현재 나는 충청북도에서 경편철도를 깔기 위해 총독 허가를 얻은 곳 이외까지 징수한다고 들었다. 급하지 않은 도로를 신설하여 잡초가 생기도록 방임하는 곳도 있다든가, 극단적인 사례를 들면 실로 셀 수 없는 정도이다. 요컨대 약자에게 이 정도의 강압을 가해도 대한 시대보다는 그들에게 행복이 아닌가 하는 관념이 총독에게는 조금도 없지만, 하급 관리 특히 헌병 등에 잠재하고 있는 모습으로 보인다. 모든 일이 이런 방식으로 행해지고 있다. 식민지 통치의 이상이 구시대 정치보다 더 나으면 괜찮다는 사고를 품고 있는 관리가 한 사람이라도 있다면 진실로 제국을 욕보이는 것이라 하지 않을 수 없다.

조선 행정의 폐해는 또 제도의 불비에 기인해서도 생긴다. 즉 각 도 장관은 일본과 같이 경찰권을 갖고 있지 않다. 경찰권은 중앙 경무총감에게 속하고, 각 도에 경무부장을 두어 장관과 대립시키고 있다. 그 결과 서로 반목하여 때로는 불통일을 면할 수 없다. 총독은 지방 장관을 신임하지 않고, 경찰권으로써 이를 감시하며 탐정을 풀어 그들의 사적인 행동까지도 지켜보고 있다. 특히 경무부 세력이 항상 한걸음 앞서가므로 언제라도 내무행정은 추종적이 된다. 이것이 역시 산업이 일어나지 않는 하나의 요인이 된다. 경찰 조직은 일사불란하여 실로 정연하다. 경무부에는 헌병과 순사가 있고, 관내의 요소마다 군용 전화가 있고, 관내의 사건을 손에 쥐고 있는 것으로 생각된다. 뭔가 사건이 일어난다든가 또는 조사를 명령받는다든가 하는 경우에는 언제라도 경무부가 기선을 제압하고 또 보고가 확실하므로, 자연히 경무부를 중시하는 경향으로 가지 않을 수 없다.

참정권을 부여하라

물론 새로이 추종하는 민이 아직 역사적 정념을 떠나지 않는 경우 여기에 편승하지 않으려는 것이 많을 때, 그들에게 언론 자유를 허락하고, 결사를 허락하며, 자치를 허하는 것은 매우 위험하다. 그러나 이 때문에 일본인을 희생하는 것은 부당하지 않을까. 일본인을 조선인급으로 하는 것은 대화혼(大和魂)을 모욕하는 것이라는 점이 재선 일본인 불평의 골자이다.

이를 일본인에게 허하면 조선인을 다스릴 수 없을지도 모르지만, 생기 없고 거의 반죽음의 조선인을 이렇게 위험시하는 것도 적절치 않을 것이다. 구미 각국은 모두 자기보다 열등하다고 생각되는(물론 이 사고는 부당하다) 유색인종의 토지를 점령하고 식민지로 삼았다. 그러나 그들은 토착민의 참정권을 무시하지 않았다. 소위 식민의회라는 것을 설치하고 본국인과 토착민에게 일정한 인원의 비율을 정하여 정치상 민간의 의견을 구하는 길을 열었다.

조선인은 흑인과는 댈 정도가 아니고, 그들은 한번은 고도의 문명에 도달한 인민이다. 신교육 보급과 동시에 점차 각성해 왔다. 조선을 완전히 통치하기 위해서는 이 참정권을 부여하는 것을 이상으로 하지 않으면 안 된다.

재선 일본인 중에는 꽤 열등한 자도 있다. 그러나 아무리 사정이 있더라도 참정권을 부여했을 때 그들이 제국의 진운에 방해되는 폭거를 단행하지는 않을 것이다. 만약 그런 자가 있으면 그에 상응하는 수단을 쓰면 되지 않을까. 이를 예단하여 걸리는 법은 없다. 설령 현재 상태를 누르려고 해도 과연 어디까지 계속될 것인가. 일본에 살면 훌륭한 자치 국민인데 신영토에 들어오면 자유가 없고 인권도 없고 전제정치 하의 민으로 되지 않을 수 없다. 이러면 사람은 오지 않을 것이다. 조선이 부진한 원인은 바로 여기에 있다. 지금은 일본인이 겨우 20만 정도라서 위압이 유리할지 모르지만, 이것이 50만, 60만에 달하는 경우는 과연 어떻게 될까. 자연히 그 귀추는 명확하다.

결국 조선인의 동화정책은 우선 첫째, 그들에게 철저한 종교적 신사상을 부여하는 것, 둘째, 총독 정치의 관료 만능정책을 바꾸는 것, 셋째, 재선 일본인 및 일본인의 조선에 대한 기풍을 바르게 하는 것, 넷째, 일본 조선 모두 공히 본성을 열고 화친하는 것, 다섯째, 일본인과 조선인에 정수를 정하여 의원을 뽑아 식민의회를 만들고, 그들에게 참정권을 부여하는 것을 이상으로 하는 것에 다름 아니라고 생각한다. (하략-편역자)

| 자료목록

1. 통감부 시기 자료

연번	문건명(호수, 일자 등)	자료(책)명	발행처	발행일	비고	본문쪽수
1	논설 - 의선수내정(論說: 宜先修內政)	皇城新聞	皇城新聞社	1905.9.1	2면 1단	32
2	합군 실시(合郡實施)	皇城新聞	皇城新聞社	1906.3.23	2면 1단	34
3	논설 - 지방제도(地方制度)	萬歲報	萬歲報社	1906.7.1	1면 1단	34
4	감저의결(監邸議決)	大韓每日申報(국한문)	大韓每日申報社	1906.7.25	2면 5단	36
5	논설 - 합군이 부당기시(合郡이 不當其時)	皇城新聞	皇城新聞社	1906.7.23	2면 1단	37
6	논설 - 합군이 부당기시(속)[合郡이 不當其時(續)]	皇城新聞	皇城新聞社	1906.7.24	2면 1단	39
7	재론 - 지방제도 개정(再論: 地方制度改正)	皇城新聞	皇城新聞社	1906.9.6	2면 1단	42
8	지제제의(地制提議)	皇城新聞	皇城新聞社	1906.9.19	2면 2단	44
9	논설 - 경고 전국이민(警告 全國吏民)	皇城新聞	皇城新聞社	1906.10.25	2면 1단	45
10	논설 - 의도 귀화방법의 설(義徒歸化方法의 說)	皇城新聞	皇城新聞社	1907.12.20	2면 1단	47
11	구역 변경과 면장(區域變更과 面長)	皇城新聞	皇城新聞社	1909.12.3	2면 3단	49
12	합군 실시(合郡實施)	大韓每日申報(국한문)	大韓每日申報社	1909.12.21	2면 1단	49
13	정부 반대(政府反對)	大韓每日申報(국한문)	大韓每日申報社	1906.9.7	2면 6단	50
14	회의제건 결정(會議諸件決定)	大韓每日申報(국한문)	大韓每日申報社	1906.9.12	2면 5단	50
15	지방제도 결정(地方制度決定)	萬歲報	萬歲報社	1906.9.21	2면 2단	51

연번	문건명(호수, 일자 등)	자료(책)명	발행처	발행일	비고	본문쪽수
16	지방관제(地方官制)	大韓每日申報(국한문)	大韓每日申報社	1906.11.21	1면 5단	52
17	지방세 조사(地方稅調査)	皇城新聞	皇城新聞社	1906.11.29	2면 3단	52
18	지방위원회 설립 훈칙(地方委員會設立訓飭)	皇城新聞	皇城新聞社	1907.6.4	2면 3단	52
19	면장체차필신(面長遞差必愼)	皇城新聞	皇城新聞社	1907.7.1	1면 4단	53
20	일인으로 군주사	大韓每日申報	大韓每日申報社	1907.10.27	2면 2단	53
21	면장직제 반포(面長職制頒布)	大韓每日申報(국한문)	大韓每日申報社	1908.5.17	2면 2단	54
22	지방관제 개정 내용(地方官制改定內容)	皇城新聞	皇城新聞社	1908.7.3	2면 3단	54
23	지방관청의 일인 임명(地方官廳의 日人任命)	皇城新聞	皇城新聞社	1908.8.19	2면 3단	54
24	논설 - 숣기고져 하는 일은 더욱 드러나나니라	大韓每日申報	大韓每日申報社	1908.1.14	1면 1단	55
25	협잡거리 생겼네	大韓每日申報	大韓每日申報社	1909.3.11	2면 1단	56
26	면장직제 반대(面長職制의 反對)	大韓每日申報(국한문)	大韓每日申報社	1909.6.6	2면 2단	56
27	면장협의회(面長協議會)	大韓每日申報(국한문)	大韓每日申報社	1909.9.4	2면 2단	57
28	논설 - 면장직제 실시(面長職制實施)	皇城新聞	皇城新聞社	1909.9.12	2면 1단	57
29	지방행정조사회(地方行政調査會)	皇城新聞	皇城新聞社	1909.11.18	2면 2단	59
30	논설 - 관찰도를 폐지한다는 말	大韓每日申報	大韓每日申報社	1909.12.29	1면 1단	59
31	소네 통감의 정책(曾禰統監의 政策)	皇城新聞	皇城新聞社	1910.1.16	2면 4단	61
32	행정통일설(行政統一說)	大韓每日申報(국한문)	大韓每日申報社	1910.1.21	2면 1단	61
33	점점 우 심하다	大韓每日申報	大韓每日申報社	1910.129	2면 1단	61
34	지방행정 통일 문제(地方行政統一問題)	京城新報	京城新報社	1910.121	2면 4단	62
35	지방관제 개정(地方官制改正)	慶南日報	慶南日報社	1910.2.16	2면 2단	62

연번	문건명(호수, 일자 등)	자료(책)명	발행처	발행일	비고	본문쪽수
36	면장직제의 교섭(面長職制의 交涉)	皇城新聞	皇城新聞社	1910.5.20	2면 4단	62
37	지방행정을 쇄신키 위하야(地方行政을 刷新키 爲하야)	皇城新聞	皇城新聞社	1910.5.25	3면 2단	63
38	지방제도 개혁설(地方制度 改革說)	皇城新聞	皇城新聞社	1910.6.16	2면 5단	63
39	논설 - 지방관을 천거하여 쓰는 방법	大韓每日申報	大韓每日申報社	1910.7.9	1면 1단	63
40	준비시대 부향자치(속)[準備時代 附鄕自治(續)]	萬歲報	萬歲報社	1906.8.26	1면 1단	66
41	경상북도 대구부 민의소장 김광제의 경고문(慶尙北道 大丘府 民議所長 金光濟氏의 警告文)	大韓每日申報 (국한문)	大韓每日申報社	1906.8.26	3면 2단	67
42	강서향약(江西鄕約)	皇城新聞	皇城新聞社	1906.10.20	2면 6단	69
43	자치의의(自治擬議)	皇城新聞	皇城新聞社	1906.10.30	2면 2단	69
44	논설 - 지방자치제도(地方自治制度)	皇城新聞	皇城新聞社	1906.11.2	2면 1단	69
45	제의 자치(提議自治)	皇城新聞	皇城新聞社	1906.12.18	2면 3단	70
46	시제 준비(市制準備)	皇城新聞	皇城新聞社	1907.5.10	1면 4단	71
47	자치제도 청의(自治制度請議)	萬歲報	萬歲報社	1907.5.30	2면 3단	72
48	시사평론	大韓每日申報	大韓每日申報社	1907.8.23	2면 5단	73
49	자치제 지연(自治制遲延)	皇城新聞	皇城新聞社	1908.6.7	2면 3단	73
50	논설 - 농업계에 새 복음	大韓每日申報	大韓每日申報社	1908.6.10	1면 1단	73
51	사설 - 지방자치제에 주의함(地方自治制에 注意함)	慶南日報	慶南日報社	1909.11.28	2면 1단	74
52	개동명정(改洞名町)	皇城新聞	皇城新聞社	1905.5.13	3면 2단	76
53	대한정책의 밀수(對韓政策의 密受)	皇城新聞	皇城新聞社	1905.5.24	1면4단	76
54	거류민장회의 결의(居留民長會の決議)	東京日日新聞	東京日日新聞社	1905.7.16	_	76
55	거류민단법 세칙(居留民團法細則)	大阪朝日新聞	大阪朝日新聞社	1906.7.15	_	78
56	이사지난(理事持難)	皇城新聞	皇城新聞社	1906.9.6	3면 3단	78
57	거류지수세	大韓每日申報	大韓每日申報社	1908.5.10	2면 3단	78
58	외인 거류지 세칙(外人居留地稅則)	大韓每日申報 (국한문)	大韓每日申報社	1908.5.22	2면 3단	79

연번	문건명(호수, 일자 등)	자료(책)명	발행처	발행일	비고	본문쪽수
59	청인거류규정(淸人居留規定	皇城新聞	皇城新聞社	1909.225	2면 3단	79
60	거류지협정	大韓每日申報	大韓每日申報社	1909.12.18	3면 1단	79
61	거류 문제 실시기(居留問題實施期)	皇城新聞	皇城新聞社	1910.3.13	1면 4단	80
62	조선과 외인 토지소유권(朝鮮と外人土地所有權)	神戶新聞	神戶新聞社	1910.10.4		80
63	법률상 자치의 관념[차종호(車宗鎬), 法律上 自治의 觀念]	西友 第9號	西友學會	1907.8.1		87
64	일본의 자치제도[오가키 다케오(大垣丈夫), 日本의 自治制度]	大韓自强會月報 第4號	大韓自强會	1907.10.25		88
65	지방자치제도론[윤효정(尹孝定), 地方自治制度論]	大韓自强會月報 第4號	大韓自强會	1907.10.25		91
66	한 내지의 시찰[시가 시게타카(志賀重昻), 韓內地の視察]	朝鮮 第1卷 第4號(通卷4號)	朝鮮雜誌社	1908.6		94
67	시사-민단장의 관선(時事: 民團長の官選)	憲政本黨黨報 第2卷 第12號	憲政本黨本部	1908.9.10		95
68	정무조사 제12회 정무조사회(政務調査 第12回 政務調査會)	憲政本黨黨報 第3卷 第1號	憲政本黨本部	1908.10.10		97
69	자치의 의의를 개론함[정달영(鄭達永), 自治의 義意를 槪論함]	大韓協會會報 第8號	大韓協會	1908.11.25		98
70	한성부민회 창립 이유서(漢城府民會創立理由書)	大韓協會會報 第10號	大韓協會	1909.12.5		99
71	지방제도 개정 청의서(地方制度改正請議書)	地方制度調査		1906		109
72	지방행정구역 분합 설명서(地方行政區域分合說明書)	地方制度調査		1906		110
73	지방구역 분합 설명서(地方區域分合說明書)	地方制度調査		1906		110
74	한국 시정 개선에 관한 협의회 제1~15회[韓國施政改善ニ關スル協議會 第1~15回, (4·7·11·13回 제외)]	統監府文書1卷	國史編纂委員會	1998		111
75	한국 지방제도(韓國地方制度)	韓國施政一般	統監府	1907		132

연번	문건명(호수, 일자 등)	자료(책)명	발행처	발행일	비고	본문쪽수
76	(휘보의 부) 감독분임관서장 및 지방위원회 회의 전말[(彙報의 部)監督分任官署長及地方委員會會議顚末],	財務週報 第71號	度支部	1907.9		137
77	(휘보의 부) 제1회 개성지방위원회[(彙報의 部) 第1回開城地方委員會]	財務週報 第30號	度支部	1907.11		140
78	각 도 관찰사 회의 개요(各道觀察使會議槪要)	各道觀察使會議槪要	統監府	1908		145
79	면에 관한 조사(面制改良ニ關スル事項)	面ニ關スル調査	度支部司稅局	1908		156
80	지방비법 제정의 이유 및 입법의 취지에 대해서(地方費法制定ノ理由並ニ立法ノ趣旨ニ付テ)	地方費法關係法令要錄	內部地方局	1909		164
81	(부록) 사무관 및 서기관 협의회 의사요록[(附錄) 事務官及書記官協議會議事要錄]	漢城府事務官及各道書記官會議要錄	內部	1909.6		168
82	(보고 제137호) 면·동·리 합병에 건(面洞里合倂의 件)	東萊府各面報告書 3冊	東萊府	1910.2.21		171
83	동래부 사하면 규약 등본책(東萊府沙下面規約謄本冊)	東萊府各面報告書 3冊	東萊府	1910.6.11		172
84	인천 거류지제의 상황 및 장래(仁川ニ於ケル居留地制ノ狀況及將來)	居留地關係書類 (1908~1910)	統監府 外務部	1908.2.10		175
85	제21회 제국의회 중의원 거류민단법안 위원회 회의록(필기) 제2회[第21回 帝國議會衆議院居留民團法案委員會會議錄(筆記) 第2回]	帝國議會會議錄	帝國議會	1905.2		183
86	제25회 제국의회 중의원 거류민단법 중 개정 법률안 위원 회의록(속기) 제2회[第25回 帝國議會衆議院居留民團法中改正法律案委員會議錄(速記) 第2回]	帝國議會會議錄	帝國議會	1909.2.22		185
87	인천 각국 거류지회에 관한 보고(仁川各國居留地會ニ關スル報告)	居留地關係書類 (1908~1910)	統監府 外務部	1910.5.5		196

연번	문건명(호수, 일자 등)	자료(책)명	발행처	발행일	비고	본문쪽수
88	각국 거류지 정리 방침[各國居留地整理方針(原案)]	在鮮外國居留地整理ニ關スル下協議會概要參考書類	朝鮮總督府	1910		196
89	서임 및 사령[(敍任及辭令) 地方調査委員]	官報 第3424號	議政府官報課	1906.4.11		204
90	칙령 제29호 지방관리직제 중 개정건[(勅令 第29號) 地方官吏職制中改正件]	官報 第3486號	議政府官報課	1906.6.22		204
91	칙령 제49호 지방구역정리건[(勅令第49號) 地方區域整理件]	官報 附錄	議政府官報課	1906.9.28		205
92	칙령 제50호 지방관 관제[(勅令 第50號) 地方官官制]	官報 附錄	議政府官報課	1906.9.28		206
93	칙령(勅令) 제52호 지방관 전고규정[(勅令 第52號) 地方官詮考規程]	官報 附錄	議政府官報課	1906.9.28		209
94	칙령 제60호 조세징수규정[(勅令 第60號) 租稅徵收規程]	官報 第3589號	議政府官報課	1906.10.20		211
95	칙령 제81호 지방세규칙[(勅令 第81号) 地方稅規則]	官報 第3651號	議政府官報課	1907.1.1		213
96	칙령 제31호 지방위원회규칙[(勅令第三十一號) 地方委員會規則]	官報 第3768號	議政府官報課	1907.5.17		216
97	탁지부령 제18호 지방위원회규칙 시행에 관한 건[(度支部令 第18號) 地方委員會規則施行ニ關スル件]	『財務週報』6月號 法規ノ部 11號	統監府財政監査廳	1907.6		216
98	칙령 제6호 지방위원회규칙 중 개정건[(勅令 第6號) 地方委員會規則中改正件]	官報 第3849號	議政府官報課	1907.8.20		218
99	칙령 제21호 지방위원회규칙 중 추가건[(勅令 第21號) 地方委員會規則中追加件]	官報 第3871號	內閣法制局官報課	1907.9.14		218
100	칙령 제40호 지방관 관제[(勅令 第40號) 地方官官制]	官報 第3952號	內閣法制局官報課	1907.12.18		218
101	고시 제1호 한성위생회규약[(告示 第1號) 漢城衛生會規約]	官報 第3956號	內閣法制局官報課	1907.12.23		221

연번	문건명(호수, 일자 등)	자료(책)명	발행처	발행일	비고	본문쪽수
102	칙령 제35호 군수임용령[(勅令 第35號) 郡守任用令]	官報 第4106號	內閣法制局官報課	1908.6.22		222
103	칙령 제49호 지방관 관제 중 개정건[(勅令 第49號) 地方官官制中改正件]	官報 第4133號	內閣法制局官報課	1908.7.23		222
104	법률 제12호 지방비법[(法律 第12號) 地方費法]	官報 第4340號	內閣法制局官報課	1909.4.2		224
105	법률 제41호 거류민단법(御署名原本 明治38年 法律第41号居留民團法)		太政官 內閣	1905.3.7		226
106	통감부령 제21호 거류민단법시행규칙(居留民團法施行規則)	居留民團法 要義	日韓圖書印刷 株式會社	1906		227
107	한일협상조약(韓日協商條約)	舊韓末條約彙纂 上	國會圖書館 立法調査局	1905.11		227
108	칙령 제267호 통감부 및 이사청 관제[(勅令 第267號) 統監府及理事廳官制]	統監府法令資料集 上	大韓民國 國會圖書館	1905.12		228
109	통감부령 제48호 한국 지방 시정에 관한 이사관의 집무규정[(統監府令 第48號) 韓國地方施政ニ關スル理事官ノ執務規程]	統監府法規提要	統監府 總務部法制課	1906.11		229
110	칙령 제47호 감리와 목사를 폐지하는 건과 그 사무를 인계에 관한 건[(勅令 第47號) 監理와 牧使를 廢止하는 件과 其 事務를 引繼에 關한 件]	現行大韓法規類纂	大韓國政府 財政部顧問部	1907		230
111	통감부령 제71호 학교조합령(學校組合令統監府令 第71號)	『公報』號外	統監府	1909.12.27		230
112	지방행정론[조성구(趙聲九), 地方行政論 自序]	地方行政論: 全	中央書館	1908		237
113	조선통치 3년간 성적(朝鮮統治三年間成績)	朝鮮統治三年間成績	朝鮮總督府	1914		238
114	조선 시정의 방침 및 실적(朝鮮施政ノ方針及實蹟)	朝鮮施政ノ方針及實蹟	朝鮮總督府	1915		241
115	조선 지방제도 강의[후루쇼 이쓰오(古庄逸夫),朝鮮地方制度講義]	朝鮮地方制度講義	帝國地方行政學會 朝鮮本部	1926		241

2. 1910년대 자료

연번	문건명(호수, 일자 등)	자료(책)명	발행처	발행일	비고	본문쪽수
116	조선의 자치제도 - 이노우에(井上) 내무참사관 담(談)	京城新報	京城新報社	1910.9.9	1면 1단	261
117	금후(今後)의 행정조직	每日申報	每日申報社	1910.9.4	2면 2단	262
118	신관제(新官制)와 지방행정	每日申報	每日申報社	1910.9.15	2면 2단	262
119	사설: 지방행정 쇄신	每日申報	每日申報社	191.1.13	1면 1단	263
120	지방행정 감독규칙	每日申報	每日申報社	1911.4.20	2면 2단	264
121	면 경비 부담 방법	每日申報	每日申報社	1911.4.20	2면 2단	264
122	우사미(宇佐美) 장관 훈시 - 8월 28일 부·군서기강습회(府郡書記講習會)에서	每日申報	每日申報社	1911.9.2	3면 1단	265
123	조선 내지의 행정 개선	每日申報	每日申報社	1911.1.17	2면 5단	266
124	지방행정의 확장	每日申報	每日申報社	1911.11.21	2면 5단	267
125	지방행정의 개선	每日申報	每日申報社	1911.12.27	2면 3단	267
126	지방행정의 확장	每日申報	每日申報社	1912.1.9	3면 3단	268
127	사설: 면장 자격의 필택(必擇)	每日申報	每日申報社	1912.3.8	1면 2단	268
128	총독의 훈시(2) 서	每日申報	每日申報社	1913.5.1	1면 1단	269
129	총독의 훈시(3)	每日申報	每日申報社	1913.5.2	1면 1단	270
130	거류민단의 폐지기	每日申報	每日申報社	1913.5.23	2면 4단	272
131	데라우치(寺內) 총독 담(談) 8 - 제도 정리	每日申報	每日申報社	1913.7.3	1면 1단	272
132	데라우치 총독 담 9 - 제도 정리(制度整理)	每日申報	每日申報社	1913.7.4	1면 1단	274
133	제령(制令) 기타의 개정	每日申報	每日申報社	1913.8.22	2면 3단	276
134	사설 - 재고(再告) 지방 관리(地方官吏)	每日申報	每日申報社	1913.10.19	1면 1단	276
135	한성에서	京城新報	京城新報社	1910.9.3	1면 1단	278
136	군·면·동(郡面洞) 폐합건	慶南日報	慶南日報社	1910.11.15	2면 3단	278
137	민단 폐지안 심의(審議)	每日申報	每日申報社	1912.10.25	2면 3단	279
138	부제령안(府制令案) 심의	每日申報	每日申報社	1912.10.31	2면 4단	279
139	부제령 개정 발표기	每日申報	每日申報社	1913.10.28	2면 2단	279
140	우사미(宇佐美) 내무부 장관 담(談)	每日申報	每日申報社	1913.11.2	3면 2단	280

연번	문건명(호수, 일자 등)	자료(책)명	발행처	발행일	비고	본문쪽수
141	사설: 부제령(府制令) 발포(發布)	每日申報	每日申報社	1913.11.4	1면 1단	284
142	부제공포(府制公布)에 대하여, 요시하라(吉原) 부총재 담(談)	每日申報	每日申報社	1913.11.4	2면 3단	285
143	군·면 폐합(郡面廢合) 발포기(發布期)	每日申報	每日申報社	1913.12.11	2면 3단	286
144	조선의 지방행정 - 총독부 모(某) 당국자의 담(談)	每日申報	每日申報社	1914.1.3	2면 1단	286
145	부·군 폐합(府郡廢合)에 대하여 - 자작(子爵) 조중응(趙重應) 씨 담(談)	每日申報	每日申報社	1914.1.5	1면 1단	288
146	부제와 공동묘지	每日申報	每日申報社	1914.3.28	2면 3단	290
147	부제 시행과 회의	每日申報	每日申報社	1914.3.31	2면 2단	291
148	부제와 삼세(三稅)	每日申報	每日申報社	1914.4.10	2면 4단	291
149	지방행정 개혁(1) - 오하라(小原) 지방국장 담	每日申報	每日申報社	1914.4.15	2면 2단	292
150	지방행정 개혁(2) - 오하라(小原) 지방국장 담	每日申報	每日申報社	1914.4.16	2면 2단	294
151	지방행정 개혁(3) - 오하라(小原) 지방국장 담	每日申報	每日申報社	1914.4.18	2면 2단	296
152	사설 - 각 부협의원	每日申報	每日申報社	1914.4.22	1면 1단	297
153	총독 훈시(2) 중추원 고문 회동 석상 - 부·군·면 폐합(1)	每日申報	每日申報社	1914.9.11	1면 1단	299
154	총독 훈시(2) 중추원 고문 회동 석상 - 부·군·면 폐합(2)	每日申報	每日申報社	1914.9.12	1면 1단	300
155	사설 - 부세와 부담액	每日申報	每日申報社	1914.11.20	1면 1단	301
156	회고 신정(新政) 5개년 - 병합 이후의 개관	每日申報	每日申報社	1916.1.1	2면 1단	302
157	면 행정지침 발행	每日申報	每日申報社	1916.1.7	3면 1단	305
158	지방행정 개선 후의 실황	每日申報	每日申報社	1916.11.4	2면 3단	306
159	지방행정에 취(就)하야 - 평양숭실대학교에서 시노다(篠田) 평남 제1부장 강연	每日申報	每日申報社	1916.2.20	1면 3단	307
160	신면제(新面制)와 실시기(實施期)	每日申報	每日申報社	1916.12.3	2면 3단	309
161	신면제(新面制)의 내용	釜山日報	釜山日報社	1916.12.3	2면 2단	309
162	조선 면제(面制) 내용	釜山日報	釜山日報社	1917.2.2	2면 4단	310

연번	문건명(호수, 일자 등)	자료(책)명	발행처	발행일	비고	본문쪽수
163	면 제도의 제정에 취(就)하야, 제정의 취지와 규정의 경개(梗概), 내무부 장관 우사미 가쓰오(宇佐美勝夫)씨 담	每日申報	每日申報社	1917.6.19	2면 3단	311
164	면제 실시의 특소(特所), 면장에는 일본인	朝鮮時報	朝鮮時報社	1917.7.26	2면 3단	316
165	면제 실시와 면장강습회, 9월 상순경 개최	釜山日報	釜山日報社	1917.7.27	2면 6단	317
166	내지인 면장 임명	每日申報	每日申報社	1917.10.3	2면 5단	317
167	신면제 하의 제1일, 면제 시행되던 첫날의 두 면사무소	每日申報	每日申報社	1917.10.3	3면 1단	318
168	알알이 주어먹는 더러운 일본 한국에 새 면제를 실시, 새 면제가 실시되면 면은 어떻게 변하는가? 2천 5백여 면의 한인면장을 몰아낼 터이로다	新韓民報	新韓民報社	1917.11.15	3면 1단	319
169	희망과 주장: 면제의 확장 쇄신 - 호남 긍운생(肯雲生)	每日申報	每日申報社	1919.10.2	2면 5단	321
170	작년의 조선, 총독부 조사, 지방행정	每日申報	每日申報社	1920.2.7	1면 2단	322
171	시사소감2칙 - 개정 사법제도와 민단 폐지 문제(皆川廣濟, 時事所感2則 - 改正司法制度と民團廢止問題)	朝鮮及滿洲 51호	朝鮮及滿洲社	1912.5.1		329
172	조선의 자치기관은 어떻게 해결(岡田榮, 朝鮮の自治機關は如何に解決)	朝鮮及滿洲 51호	朝鮮及滿洲社	1912.5.1		330
173	경찰행정론(鶴原定吉, 警察行政論)	朝鮮公論 1권 4호	朝鮮公論社	1913.7		332
174	민단 철폐는 잘못이다(大隈重信, 民團撤廢は非なり)	朝鮮公論 1권 5호	朝鮮公論社	1913.8		332
175	조선내치와 선민	朝鮮公論 1권 7호	朝鮮公論社	1913.10		335
176	사설 - 재선(在鮮) 모국인(母國人)의 자치제 존폐문제를 논한다	朝鮮公論 1권 8호	朝鮮公論社	1913.11		336
177	유명무실한 협의회와 신선인의 부담력[후카미 기요시(深水淸), 有名無實の協議會と鮮人の負擔力]	朝鮮及滿洲 77호	朝鮮及滿洲社	1913.12.21		339
178	당국의 의향과 협의원에 대한 희망	朝鮮及滿洲 77호	朝鮮及滿洲社	1913.12.21		341
179	면제 소감	朝鮮佛敎叢報	三十本山聯合事務所	1918.12		343
180	면제 소감(속)	朝鮮佛敎叢報	三十本山聯合事務所	1919.2		346

연번	문건명(호수, 일자 등)	자료(책)명	발행처	발행일	비고	본문쪽수
181	조선 지방제도 개정에 관한 의견	朝鮮地方制度改正ニ關スル意見	朝鮮總督府 內務部	1911		360
182	조선총독부 도·부·군 서기 강습회 강연집	朝鮮總督府 道府郡書記講習會 講演集 1	朝鮮總督府	1911.11		374
183	부제안 관계 서류(제령)[府制案(制令)]	府制案關係書類	朝鮮總督府	1912		385
184	부제 시행규칙안(고마쓰 안)[府制施行規則案(小松案)]	府制案關係書類	朝鮮總督府	1912		387
185	고마쓰(小松) 외사국장의 담(談) 각국 거류지 회의	朝鮮及滿洲 75	朝鮮及滿洲社	1913.10.1		388
186	부제 시행과 일본인	朝鮮公論 2권 4호	朝鮮公論	1914.4		390
187	조선경찰행정요의	朝鮮警察行政要義	朝鮮警察行政要義	1916		391
188	(잡록)도장관회의[(雜錄)道長官會議]	朝鮮總督府月報	日韓書房	1914.5.1		394
189	조선도장관회의 속기록(朝鮮道長官會議速記錄)	朝鮮道長官會議速記錄	朝鮮總督府	1914.4		398
190	조선도장관회의 속기록(朝鮮道長官會議速記錄)	朝鮮道長官會議速記錄	朝鮮總督府	1916.4		419
191	면제 관계 서류(面制關係書類)	面制關係書類	朝鮮總督府	1917		470
192	면 행정지침	面行政指針	吉村傳	1916		495
193	면제 설명서	面制說明書	朝鮮總督府	1917		498
194	면 이원의 비행	朝鮮彙報 地方號	朝鮮總督府	1917.10		537
195	면제 시행될 임시(臨時)에 있는 지방 인민 및 면 당국자의 면제에 대한 이해	朝鮮彙報 地方號	朝鮮總督府	1917.11		538
196	지정면의 면장과 상담역	朝鮮彙報 地方號	朝鮮總督府	1917.11		541
197	조선인 군서기 강습회 개최	朝鮮彙報 地方號	朝鮮總督府	1917.11		542
198	도·군·도(道郡島) 서기 강습회 개최	朝鮮彙報 地方號	朝鮮總督府	1917.11		543
199	면제에 관한 오해	朝鮮彙報 地方號	朝鮮總督府	1917.11		543
200	면제에 대한 지방민의 감상에 대하여	朝鮮彙報 地方號	朝鮮總督府	1917.12		545
201	면 기본재산 조성에 대하여	朝鮮彙報 地方號	朝鮮總督府	1918.1		547
202	구장을 명예직으로 한 취지	朝鮮彙報 地方號	朝鮮總督府	1918.2		549

연번	문건명(호수, 일자 등)	자료(책)명	발행처	발행일	비고	본문쪽수
203	우량 면 직원의 표창	朝鮮彙報 地方號	朝鮮總督府	1918.2		556
204	도·군·도 서기 강습회 상황	朝鮮彙報 地方號	朝鮮總督府	1918.2		558
205	선인 군서기 강습회 개최의 상황	朝鮮彙報 地方號	朝鮮總督府	1918.2		558
206	면의 사무 처리에 대하여	朝鮮彙報 地方號	朝鮮總督府	1918.4		559
207	면 직원 비행 방알(防遏)에 대하여	朝鮮彙報 地方號	朝鮮總督府	1918.9		563
208	면 이원 비행 증가의 경향	朝鮮彙報 地方號	朝鮮總督府	1918.12		565
209	(칙령 제357호) 조선총독부 지방관 관제(朝鮮總督府地方官官制)	朝鮮總督府官報 제28호	朝鮮總督府	1910.9.30		574
210	(조선총독부령 제6호) 도의 위치 및 관할구역[道ノ位置及管轄區域(朝鮮總督府令 第6號)]	朝鮮總督府官報 제29호	朝鮮總督府	1910.10.1		577
211	(조선총독부령 제7호) 부·군의 명칭 및 관할구역[府及郡ノ名稱及管轄區域(朝鮮總督府令 第7號)]	朝鮮總督府官報 제29호	朝鮮總督府	1910.10.1		578
212	(조선총독부령 제8호) 면에 관한 규정[面ニ關スル規定(朝鮮總督府令 第8號)]	朝鮮總督府官報 제29호	朝鮮總督府	1910.10.1		579
213	(조선총독부 훈령 제12호) 면장협의회에 관한 건[面長協議會ニ關スル件(朝鮮總督府 訓令 第12號)]	朝鮮總督府官報 제125호	朝鮮總督府	1911.2.1		580
214	(조선총독부 훈령 제14호) 면장협의회 규정[面長協議會規程(朝鮮總督府 訓令 第14號)]	朝鮮總督府官報 제84호	朝鮮總督府	1912.11.9		580
215	(제령 제12호) 공립보통학교비용령[公立普通學校費用令(制令 第12號)]	朝鮮總督府官報 號外	朝鮮總督府	1911.10.28		582
216	(조선총독부령 제125호) 공립보통학교비용령 시행규칙[公立普通學校費用令施行規則(朝鮮總督府令 第125號)]	朝鮮總督府官報 號外	朝鮮總督府	1911.10.28		583
217	(제령 제7호) 부제[府制(制令 第7號)]	朝鮮總督府官報 號外	朝鮮總督府	1913.10.30		584
218	(제령 제8호) 학교조합령[學校組合令(制令 第8號]	朝鮮總督府官報 號外	朝鮮總督府	1913.10.30		588
219	(조선총독부령 제2호) 부제 및 학교조합 시행에 관한 건[府制及學校組合令ノ施行ニ關スル件(朝鮮總督府令 第2號)]	朝鮮總督府官報 號外	朝鮮總督府	1914.12.5		591

연번	문건명(호수, 일자 등)	자료(책)명	발행처	발행일	비고	본문쪽수
220	(조선총독부령 제3호) 부제 시행규칙[府制施行規則(朝鮮總督府令 第3號)]	朝鮮總督府官報 號外	朝鮮總督府	1914.125.		593
221	(조선총독부령 제16호) 면 경비 부담 방법[(面經費負擔方法(朝鮮總督府令 第16號)]	朝鮮總督府官報 號外	朝鮮總督府	1913.3.6		594
222	(제령 제1호) 면제[面制(制令 第1號)]	朝鮮總督府官報	朝鮮總督府	1917.6.9		595
223	(조선총독부령 제4호) 면제 시행규칙(面制施行規則)	朝鮮總督府官報	朝鮮總督府	1917.6.9		597
224	조선 시정의 방침 및 실적(朝鮮施政ノ方針及實蹟)	朝鮮施政ノ方針及實蹟	朝鮮總督府	1915		602
225	지방행정(地方行政)	朝鮮總督府施政年報: 大正3年	朝鮮總督府	1916		606
226	1913년 부·군 폐합 사정의 추억[하야시 시게키(林茂樹), 大正二年府郡廢合事情의 追憶]	朝鮮 제159호	朝鮮總督府	1931.1		609
227	최근의 지나와 만선[스기모토 마사유키(杉本正幸), 最近の支那と滿鮮]	最近の支那と滿鮮	如山居	1915.2		613

찾아보기

ㄱ

ㅅ

ㅇ

ㅈ

ㅊ

ㅋ

ㅌ